U1000534

國家古籍整理出版專項經費資助項目

宋代史料叢編

宋朝中興紀事本末

上

〔宋〕熊克 撰
辛更儒 點校

鳳凰出版社

圖書在版編目（CIP）數據

宋朝中興紀事本末 / （宋）熊克撰 ； 辛更儒點校
. -- 南京 ： 鳳凰出版社，2022.9
（宋代史料叢編）
ISBN 978-7-5506-3733-7

Ⅰ. ①宋… Ⅱ. ①熊… ②辛… Ⅲ. ①中國歷史一南宋一紀事本末體 Ⅳ. ①K245.044

中國版本圖書館CIP數據核字(2022)第146071號

書　　名　宋朝中興紀事本末
著　　者　(宋)熊　克 撰　辛更儒 點校
責任編輯　蘭淑坤
裝幀設計　徐　慧
出版發行　鳳凰出版社(原江蘇古籍出版社)
　　　　　發行部電話025-83223462
出版社地址　江蘇省南京市中央路165號,郵編:210009
照　　排　南京凱建文化發展有限公司
印　　刷　徐州緒權印刷有限公司
　　　　　江蘇省徐州市高新技術産業開發區第三工業園經緯路16號
開　　本　880毫米×1230毫米　1/32
印　　張　39.25
字　　數　697千字
版　　次　2022年9月第1版
印　　次　2022年9月第1次印刷
標準書號　ISBN 978-7-5506-3733-7
定　　價　428.00圓(全二册)

(本書凡印裝錯誤可向承印廠調换,電話:0516-83897699)

目録

熊克著宋朝中興紀事本末考（代前言）

辛更儒

一、宋朝中興紀事本末與中興小曆是一書異名

宋熊克所著皇朝中興紀事本末（今改名宋朝中興紀事本末）又名中興小曆，是南宋高宗一朝三十六年的編年史，是一部頗受治宋史者重視的史學著述。但歷來僅以中興小曆爲名著録於目録之書，爲學者所研習，宋朝中興紀事本末之名反而不甚爲人所知，以至作者姓名亦久佚無考。中興小曆雖有刻本流傳，然而自陳振孫直齋書録解題、宋史藝文志及明初文淵閣書目著録之後，原本佚失，不爲世人所睹，也已有六百餘年。

目前流傳於世的中興小曆，只有一個四十卷的四庫全書本，是四庫館臣從永樂大典中輯録出來的。但此本爲了避清乾隆皇帝的名諱，竟把書名改爲中興小紀，并且這個本子及其傳刻本還有殘闕不全、竄改文字等諸多問題，受到學者們的詬病。

中興小曆需要整理纔能更好地利用。最近幾年，筆者曾據宋人文獻增補校訂此書，雖有所獲，但終不能令人滿意。有幸的是，筆者之後在北京國家圖書館看到了清抄本宋朝中興紀事本末（現已被北京圖書館出版社影印出版），經考察，筆者認爲它就是熊克中興小曆最早印行而以「紀事本末」爲名的一個本子。

宋朝中興紀事本末抄本現存二十册，七十六卷，不著撰人姓名，每卷之下題署「學士院上進」五字。每葉十一行，行二十二字。其記事起建炎元年（一一二七）五月「康王即皇帝位於南京」，迄紹興二十年（一一五〇）十二月，相當於四庫本中興小紀卷一至卷三四的記事範圍，而高宗朝尚缺佚紹興二十一年至三十二年的記事，可見抄本已非完帙。

這個本子是清雍正九年（一七三一）的抄本，全書的最後，還附了一篇傳抄者宋筠的跋文，具録如下：

南北宋正史外，如莆田陳均九朝編年備要、學士院上進中興紀事本末，皆足以廣聞見，補正史所不及。然此二書流傳絶少。康熙辛丑歲，於吴門藏書家借録編年備名爲熊克的另一個新編本，即改名爲中興小曆者，得以在坊間印行。而到了嘉泰間，却因此引發了一次禁止印行私家史學著作的政治風潮。事見於李心傳的建炎以來朝野雜記：

近歲私史益多，郡國皆鋟本，人競傳之。嘉泰二年春，言者因奏禁私史。……其秋，商人戴十六者，私持子復中興小曆及通略等書欲渡淮，盱眙軍以聞，遂命諸道帥、憲司察郡邑書坊所鬻書，凡事干國體者，悉令毁棄。七月戊申。中興小曆者，自建炎初元至紹興之季年，雖已成書，未嘗進御。〔三〕

其時正當韓侂胄實行黨禁時期。其事的内在原因，是中興小曆受到慶元黨人的語録、家語、家傳的牽連而受到禁毁。但是不久，黨禁學禁解除，學術著作的印行又得以恢復自由。所以到了南宋中晚期，中興小曆一書流傳甚廣，遂爲文人學士大量引用參考。如徐自明宋宰輔編年録南宋高宗朝紀事即主要依據中興小曆；章如愚撰山堂羣書考索、李傳中也記載熊克「所著有高宗紀事本末及九朝通略」等書。另外，將此本與四庫本對校，可以發現兩本實即一書。所有這些外證和內證，都有力地證明，由學士院上進的宋朝中興紀事本末與後來改換書名刊印的中興小曆，其撰作者正爲熊克，這應當是無可懷疑的。

熊克字子復，建陽人，宋高宗紹興二十七年（一一五七）進士，宋史卷四四五文苑七有傳，稱其「博聞强記，自少至老，著述外無他嗜，尤淹習宋朝典故」。宋孝宗淳熙九年（一一八二）七月以秘書郎兼直學士院。其皇朝中興紀事本末撰寫於淳熙十四年（一一八八）前後〔二〕。其書以「紀事本末」爲名，是因爲此書雖以編年爲體，然而又注重把事件之起訖本末作綜合記述，多「某事在某年某月，今聯書之」之例，故初時以此爲名。而在有明一代和清代初年，這部中興紀事本末是和中興小曆并行不悖的。

二、宋朝中興紀事本末暨中興小曆的流傳及版本考

宋朝中興紀事本末應撰寫於淳熙末至紹熙間（熊克卒於紹熙末），由於是南宋中期出現的第一部記載當代史的著作，頗能引起當時讀書人的興致，所以問世不久，此書即有署

「犬羊」「禽獸不知信義」之類詞語，在抄本中也一概保留而未作任何改動，顯示了原本爲宋本的面貌。再考朱彝尊的跋文，知原書也只有七十六卷。而明初文淵閣書目著録中興紀事本末却顯示并無缺失，可知宋刻本流傳至清初，已有若干卷散佚〔一〕。

朱彝尊和宋筠都稱得上是飽學之士，雖然他們在宋朝中興紀事本末久佚無傳的情況下載録抄存此書，爲此書由晦轉顯起到重要作用，然而他們都未對此書細加研考，推尋其作者并發現其與中興小曆之間的關係。今查宋人王應麟於玉海卷四七載録宋代史書時已明確記載：「熊克中興紀事本末，一名中興小曆。」王應麟雖不是熊克同時期人，但與熊克同時的記載既都歸於泯滅，則此記載尤爲寶貴。而宋朝中興紀事本末卷一七於紹興元年五月江東大帥吕頤浩言韓世清可疑的一條記事後，有撰者所作的評述，其中説：「時吕頤浩方招安張琪，而世清辨白而未果。今敷文閣直學士程大昌亦徽人，知其事，嘗親與克言之。」「親與克言之」正是撰者自及其名。上述這段話，同樣載於四庫本中興小紀的卷一〇，可知兩書本一書異名，其撰作者本就是同一個人。明代中期所編纂的明一統志卷七六熊克要，鈔本已藏之家塾矣。曩閱朱竹垞先生集，有中興紀事本末一跋，惜未見其書。偶於京師書肆獲覩宋槧精本，目駭情移，不能遽購，嘗往來予懷。雍正庚戌，得於晉陽觀察署中，如逢故人，頓還舊觀。摩挲展覽，爲狂喜者久之。案牘紛紛，未暇題誌。兹攜清江館舍，濡筆述獲書之緣起，并録竹垞跋語於前，以見余於古帙中生有夙好，必償所願，豈此中亦有神契耶？爲示子孫，永永寶之。壬子閏五月，筠又識。

在此跋語之前，宋筠還從朱彝尊的曝書亭集卷四五移録了宋學士院中興紀事本末跋一文，并署「梁園宋筠録於晉陽臬署，時雍正九年辛亥正月三日也」一行字。宋筠字蘭揮，商丘人，宋犖（清史稿有傳）之子，是清初的藏書大家。他在跋語中介紹了獲得此書的經始，但對於原刻本及抄寫的情況（如是否爲影抄及是否按原刻格式抄寫）却極少涉及，只有一句「宋槧精本」極具價值。對照抄本，可以發現，書中遇宋帝名諱多以他字取代，如「魏徵」改爲「魏證」，「齊桓」改爲「齊威」，「章惇」改爲「章厚」，避諱至宋光宗趙惇止，大概原書是慶元間的傳本。另外，南宋人對敵國女真的蔑視性稱呼，如「虜」「胡」「賊」「夷狄」

幼武續編宋名臣言行録、岳珂寫金佗粹編續編，都大量引用或論證了中興小暦的紀事條目。而陳振孫直齋書録解題卷四則記載「中興小暦四十一卷，熊克撰」，馬端臨文獻通考卷一九三、宋史卷一五六藝文志二因襲不改，四十一卷本中興小暦遂大行於世，而宋朝中興紀事本末反而很少被提及，僅明文淵閣書目卷二著録爲一部二十一册，流傳至清初，便只有七十六卷尚存於世了。

中興小暦在元、明兩代未見重刻。明初，永樂大典全文收録了此書，而稍後的文淵閣書目著録爲一部十册，表明直到明初，它還未嘗稍缺，是一個完整的傳本。然而自此以後，此書便從人們的視野中消失了。

行文至此，還須順便澄清一個問題。四庫館臣爲李心傳建炎以來繫年要録作提要時曾説：「元代修宋、遼、金三史時廣購逸書，其目具見袁桷、蘇天爵二集，并無此名，是當時流傳已絶，故修史諸臣均未之見。」這段話影響很大，直到現在還有人經常提起，以爲中興小暦和繫年要録同樣未載於元代修史時的購書目録中，表明當時二書已經亡佚。然而這種看法是不對的。一則，因爲此二書在宋代都進呈於史館，後來又被元人北運至大都，二書未佚，當然不在廣購遺書之列。再則，袁桷所開列諸書主要是爲了解決北宋史事的闕疑，故書單中除了因涉及靖康之變而列入三朝北盟會編等三四種書籍之外，并未有一種涉及南宋的史籍，豈能因此斷言繫年要録等書的存佚呢？儻若兩書真的流傳已絶，明初編永樂大典時，又從何處收録二書？

中興小曆的絶迹，是在明、清之際。我們所能見到的中興小曆，是清四庫館臣從永樂大典中輯録的重編本，因小曆之名對乾隆皇帝名諱有不敬之嫌，館臣遂改書名爲中興小紀。館臣并作提要，略述輯本的整理經過：

中興小紀四十卷，永樂大典本。宋熊克撰。克字子復，建陽人。孝宗時官至起居郎兼直學士院，出知台州。事迹具宋史文苑傳。是編排次南渡以後事迹，首建炎丁未，迄紹興壬午，年經月緯，勒成一書。宋制，凡累朝國史，先修日紀，其曰「小紀」，蓋以别於官書也。……惟原書篇第爲編纂者所合併，舊目已不可尋，今約略年月，依宋史所載原數，仍勒爲四十卷。〔四〕

宋代修史先修日曆是事實，但并無「日紀」之名。館臣因擅改書名，連帶竄改史實，十分荒唐。應當説，四庫本中興小紀的輯出，使中興小曆由絶迹到再現於世，四庫館臣功不可没。然而輯本在質量上却有嚴重的問題，主要就是爲了逢迎清朝統治者的需要而對原書肆意竄改和删削。竄改的文字包括宋人對女真人的所有敵視性文字，以及女真人的名字、官職和地理名稱等（其中還有一些不屬於上述範圍的改動）。這樣有意或無意的删削導致輯本殘闕不全，是早在發現宋朝中興紀事本末之前已經爲學者論證過的事實。宋宰輔編年録卷一四、一五、一六中著名或不署名的中興小曆的引文，很多都不見載於中興小紀，便已説明問題。因此我們有理由説，四庫館臣所輯出的中興小紀，是一個存在嚴重缺欠的不合格輯本。

自四庫全書編成，中興小紀的第一個刊本是光緒十七年由廖廷相校勘的廣雅書局中興小紀刻本。廖氏所據的本子，是「巴陵方氏傳抄本」，應即傳世的四庫抄本的再抄本。這一抄本較之四庫本更加粗率。廖廷相在跋文中已説「原文訛奪，不可卒讀」。然而其所謂「詳加校正」，其實并没有任何版本的依據，更未能用四庫本校改抄本的問題，而只是根據三朝北盟會編、建炎以來繫年要録等書所載記事，對中興小紀進行勘正。所以，廣雅本的質量更是遠在四庫本之下。今略舉其校勘上的幾方面問題加以説明：

一是四庫本中興小紀原本不誤，而廣雅本因抄本訛奪致誤。以此書錯誤較少的前幾卷爲例，如卷一「屬方勤於北顧，難遽議於東巡」，廣雅本誤「屬」爲「屢」；「靡所不至」誤作「靡所不亟」；「控扼」誤作「控鎮」；「一軍壘守倅乃敢誅之，必健吏也」，誤「健吏」爲「健俠」；「受命捍敵者」，誤作「受命持敵者」；卷二「相視矍然」誤作「相視瞿然」；「相挻爲變」誤作「相挺爲變」。又如，「特進、提舉崇福宫」不誤，廣雅本誤作「提舉特進崇福宫」。「詔遣殿中侍御史馬伸往湖南四路，監察御史寇防往江淮四路，吏部郎官黄次山往京東西路，兵部郎官汪端友往兩浙、福建路」語中，只有「湖南四路」應是「湖廣四路」之誤，其餘則不誤。而廣雅本對「湖南」未予校改，却將「京東西路」誤作「京東四路」，將「兩浙、福建路」誤作「兩浙、福建四路」。豈不知京東西只有兩路，而兩浙及福建只有三路！「金人左副元帥尼雅滿之自草地歸雲中」，地名無誤，而廣雅本誤作「尼雅滿自池歸雲中」。此「池」字不知可作何解，若謂池州，則池州在長江以南，粘罕（即尼雅滿）足迹未至其地。至於「吉之太和縣」誤作「信之太和縣」，「募士賫帛書，夜縋城出」誤作「募士賫帛，晝夜縋城出」，都是不應有的錯誤。類似問題，在此書其他各卷中不可勝數。

二是廣雅本所謂「詳加校正，隨綴案語」者有近四十處。據筆者的復核，由於并無版本依據，其校改大多數是不正確的。如其中有因抄本有訛脱，以致不可卒讀而未加是正者；有因四庫本不誤，抄本有誤，而據建炎以來繫年要録諸書補改，皆失原意者。四庫本卷二四有「户部侍郎向子諲奏事稍久，而吏部侍郎晏敦復待對未得，中書舍人潘良貴權侍立殿上」一句，本無誤，校改者輒加案語云：「案，『權侍』二字疑有脱誤，繫年要録作『攝起居郎立殿上』。」其實，校改者不知宋代官制，「權侍立殿上」即「攝起居郎立殿上」之意，二者并無不同，豈須校改？卷二五有「詔(何)掄知邛州」一句，史實本無誤，校改者却於其下加案語，謂「繫年要録作『邳州』」。按，邳州在山東，其時尚屬金地。廣雅本之所謂「校正」者，類皆如此。

三是廣雅本的所謂校改頗有擅改文字之嫌。如四庫本中興小紀卷一有「皇太后遣左丞安岳馮澥、權右丞江寧李回來奉迎」一語，可能抄本「江寧」字迹不清，遂改作「權右丞相李回」，豈不知南宋初尚循元豐官制，并無右丞相之稱，所謂左右丞，即後來所改稱的參知政事，故其所改反致大謬！卷四有「遣兩浙武憲趙哲統兵二千人」一句，廣雅本的校改者不知「武憲」即武臣提刑之意，改爲「武縣」。其最無理者，四庫本卷一三洪擬論吏治的奏疏有云：「先世之吏正，後世之吏邪。故有所謂猜禍吏，有所謂豪惡吏，有所謂輕黠吏，有所謂深刻吏。尹賞、張湯、王温舒之徒猶能制而用之。」此中「猜禍」二字出漢書酷吏王温舒傳：「召猜禍吏與從事。」應劭注謂「取吏好猜疑、作禍害者任用之」。四庫本無誤，而校改者不知「猜禍」作何解，遂改作「猜猾」。

嚴格説來，廣雅本尚不是一個具有學術意義的校勘本。其所據抄本拙劣，加以對抄本的大量疏陋舛誤之處昧於別擇，其質量可想而知。即使同四庫本相比，它也只能算是一個相當低劣的本子。

廣雅本之後又有叢書集成刊本。此本全出廣雅本，故無特别價值。一九八五年由福建人民出版社出版的點校本中興小紀，點、校兩方面都做得相當粗率。這個本子，對於四庫本、廣雅本、叢書本以來的大量紕繆訛誤，幾乎一無是正。而且更在上述諸本之外增加了無法統計的錯字别字，幾乎無頁無之。而其標點，亦大有問題。略舉數例：卷一二「詔樞密籍之以充效士，月給錢十緡，米十石」被標點爲「詔樞密籍之以充效，士月給錢」云云，不知「效士」謂何；卷二四「鄉人能爲我言於子尚否？易置偏裨，似未宜遽，先處己可也。不知身在朝廷之上得幾日，其已安乎」，是張俊對大理寺丞劉時説的，要他轉告樞密副使王庶的話。子尚是王庶的字，點校者不知，遽標點爲「鄉人能爲我言於子？尚否易置偏裨」云云；卷二九「士大夫言恢復者，皆虚辭非實，用兵自有次第」，標點爲「皆虚辭非實用，兵自有次第」，以「實用」爲一詞，不知「兵自有次第」如何作解。卷五引朱勝非閑居録的一段原文，記哲宗孟后事：「靖康初，京城失守，二聖、皇族皆詣金營中。議亦取后，淵聖意張邦昌必不能久僭，欲留孟后以爲興復基本。因遣人入城取物，紙尾批度辭與府尹徐秉哲云：『趙氏注孟子，相度分付。』會金人以后廢歲久，無預時事，不復取。至是前識乃驗，蓋孟入者兩復入也，蟬者禪也，兩御簾帷之應也。大統中絶而復續，天位暫傾而復正，皆后之力，可謂異人也。」而此本則標點爲：「……二聖皇族皆詣金營中議，亦取后淵聖意。……紙尾批度辭，與府尹徐秉哲云，趙氏乃注孟子相度分付。會金人以后廢，歲久無預時事，不復取。……大統中，絶而復緒，天位暫傾而復正。……」經如此標點，誰又能看得懂原文呢？

三、宋朝中興紀事本末較之輯本中興小紀遠爲優勝

宋朝中興紀事本末的發現，使我們得以窺見此書宋本的基本面貌。雖然此書和中興小曆的原本卷帙不同，但内容應無變動（宋朝中興紀事本末流传於熊克晚年，而中興小曆的印行則在熊克去世之後，他本人自不能對原書進行增改）。所以，通過宋朝中興紀事本末即可看出中興小曆的原貌。或者可以説，熊克所著高宗一朝歷史，自建炎元年至紹興二十年，已經基本恢復了宋本的原貌。

筆者在前文已經指出，中興小紀輯自永樂大典的中興小曆，但它不是一個好輯本。這一點，經與宋朝中興紀事本末比照研究已經得到認定。宋朝中興紀事本末雖是抄本，且并非全帙，但其優勝處已確然無疑。爲了説明此書之可貴，兹再列舉中興小紀種種竄亂訛脱事例加以論證。

中興小紀的魯莽悠謬，除了竄改中興小曆原書，改换個别字詞如「胡」「虜」「夷狄」之類外，有時竟隨意發揮這種民族偏見，肆以己意擅改原文。例如：

（一）宋朝中興紀事本末卷五：「曲端……長於兵略，與虜戰屢捷，虜頗畏之。」原意只是説金人對曲端畏服，館臣以爲「畏」字等於蔑視金人，中興小紀卷三遂把「畏之」改爲「勇之」。

（二）宋朝中興紀事本末卷五：「（高麗國王）楷降階拜之。」四庫館臣不但對涉及女真族的用詞十分敏感，對其他民族亦保持警惕性。「降階」有臣服之意，中興小紀卷三遂有意將此删除。

（三）宋朝中興紀事本末卷一〇：「右監軍兀朮請提兵窺江浙，二酋不許，大酋許之。」句中的二酋指窩里嗢，大酋指粘罕。紀事本末原文表明，金軍事首腦對入侵江南的態度并不一致，館臣爲彌合女真軍事貴族之間的矛盾，故將此句改爲「二大將許之」，見中興小紀卷七。建炎以來繫年要録卷二五亦僅云「完顔宗弼請侵江浙，左副元帥宗維許之」，可見館臣此處的竄改完全歪曲了歷史真實。

（四）宋朝中興紀事本末卷四七：「金人以舊嘗臣劉豫者李鄴爲翰林承旨，馮長寧爲户部使。户部在平陽府。二人受命，皆髡髮而左其衽以赴焉。」「髡髮而左其衽」本是北方辮髮民族的特徵，無須回避。但四庫館臣對提及這些民族特徵十分敏感，中興小紀卷二五遂將此語改爲「皆更服以赴焉」。

（五）宋朝中興紀事本末卷四九：「時悟室之黨皆爲都元帥兀朮所誅。奉使洪皓與悟室密邇往來，兀朮不知之，故免。」此記載與洪皓之子洪适先君述及宋史洪皓傳的記載明顯不同。二書都以爲，悟室被誅，之所以未牽連洪皓，是因爲其與悟室「異論幾死」。而此云洪皓與悟室之關係不爲兀朮所知，故爾得免。在四庫館臣看來，這未免有失兀朮之明，中興小紀卷二七便鹵莽滅裂地將「密邇往來」以下竄改爲「持論幾死，烏珠知之，故得免」。這樣做，雖然合於宋史，卻大失作者本意！

（六）宋朝中興紀事本末卷五〇：「契丹未降，雖或遊獵，未嘗立四時定制。自中國講好之後，復併諸蕃，境内無事，始於每歲春水放鵝，秋山射鹿。」這裏所講的是契丹的剌鉢體制。自「未降」以下，全指契丹未亡之前的事。而四庫館臣卻錯誤地理解爲女真之事，中興小紀卷二七故將「未降」改爲「先世」；而「春水放鵝，秋山射鹿」本亦契丹事，所謂「中國講好」應指北宋澶淵之盟。館臣將「中國」改爲「中興」，如此一來，「復併諸蕃」以下便全成了女真人的行事了。

（七）宋朝中興紀事本末卷五七：「且飛提重兵十餘萬，無横草之勞。」中興小紀改「横草」爲「捍禦」。「横草」二字本不應引起四庫館臣的忌避，其之所以必改，大概是以爲金人昔處草莽，「横草」亦因此而遭到猜嫌。

（八）宋朝中興紀事本末卷五八：「先是，獄之成也，太傅韓世忠嘗以問檜，檜曰：『飛子雲與張憲書不明，其事體必須有。』世忠曰：『相公言「必須有」，此三字何以使人甘心？』」「必須有」，被中興小紀卷二九改作「莫須有」。而宋宰輔編年録卷一六徵引中興小曆，原文亦作「必須有」。可知「莫須有」乃是四庫館臣所擅改。朱彝尊稱「必須有」較「莫須有」更「得其實」。未必！其實，「莫須有」之意即「應當有」，亦即「必須有」，四庫館臣不解其意，遂改從「莫須有」，其意雖不變，奈其非原文何！

肆意竄改古籍舊本，乃是四庫館臣不可原諒的過失。而中興小紀是慘遭四庫館臣竄亂較爲嚴重的一種。以上所舉詞語、段落就是四庫全書本中興小紀擅改原文的典型例證。對於館臣的這類行徑，後人是不能不予以譴責的。

宋朝中興紀事本末的發現，更進一步證明四庫本存在大量錯訛脱佚之處。以下舉例説明（先引四庫本中興小紀文字）：

（一）中興小紀卷一：「丁卯，上以京東漕臣閭丘生所領濮州兵及深州守臣姚鵬、博州守臣孫振等兵一萬四千隸宗澤，新降到賊軍丁順以及軍州王澈、廣濟軍孟世寧等兵三萬七千人隸潛善。」「軍州王澈」不可解。宋朝中興紀事本末卷一上作「單州王澈」，遂順暢。

（二）中興小紀卷一：「詔遣統制官薛廣、張瓊將所部各三千人，廣自内黄，瓊自開德過河北，山水寨義兵二萬同復磁、相。」「過河北」之後顯有脱文。宋朝中興紀事本末卷一上作：「廣自内黄，瓊自開德過河，會河北山水寨義兵二萬，同復磁、相。」遂皆補足。

（三）中興小紀卷二：「初，藝祖六世孫選之子偁娶張氏。」此乃述宋孝宗趙昚誕生事。子偁即趙昚之生父。然文中「選之」不可解，而宋朝中興紀事本末卷三作「選人」，其義遂明。

（四）中興小紀卷六：「金人入東京，命平寇將軍范瓊領兵入江西。至是，右正言吕祉論其罪，且進取瓊之策。」此文當有脱漏。范瓊既領命入江西，又有何罪？宋朝中興紀事本末卷一〇作：「初，金虜入東京，命平寇將軍范瓊禦之，瓊領兵入江西。」知范瓊乃擅入江西，以其輕朝廷之命，故稱爲有罪。補入三字，語意遂完整。

（五）中興小紀卷一一：「金左監軍達喇大憾之，盡却所獻之物而去。豫遣僞相張孝純隨而和之，數日乃回。」此文中顯有脱略。四庫本加小注云：「按句中『之』字無着，句上疑有闕文。」廣雅本則據建炎以來繫年要録，認爲應補入「左監軍昌自宿遷北歸，過東平，劉豫不出迎，昌怒責之」數語。而據宋朝中興紀事本末卷一八，文作：「金左監軍撻辣自宿遷北歸，路由東平府，劉豫不出迎，使人議於撻辣曰：『豫今爲帝，相見無拜之理。』撻辣大憾之，盡却所獻之物而去……」原文即可補足。

（六）中興小紀卷一〇：「（范）宗尹因論宰相非其人，則人主不惟骨肉不能相倚，如明皇相李林甫，以刑措受賞。」此言唐明皇事，莫知所云。宋朝中興紀事本末卷一六於「相李林甫」之後，「以刑措」之前還有「一日殺三子，而李林甫」九字，遂無疑義。

（七）中興小紀卷二〇：「初，内侍馮益以潛邸舊恩，恃此頗恣。建炎間，駕幸浙東，因與大將張俊争渡，以語侵俊，俊訴於上。事下御史臺，趙鼎時爲殿中侍御史，嘗論益之横。以爲明受之變，本於内侍，覆車之轍，不可不戒。」四庫本止於此，馮益事未有結局，不符紀事本末體裁。繫年要録卷一〇三注云：「小曆稱趙鼎『意益未戢，言於上前』，今參考書之。」而宋朝中興紀事本末卷三七於此後接書「至是，鼎見益猶出鋒芒，意其未戢，乃言於上前。庚辰，上謂宰執曰：『馮益頗預外事，寖不可長。令與宫觀，日下出門。』於是，鼎等再三賀上威斷」云云，始末遂足。

四庫本中興小紀删節原文，更是一種惡劣的行徑。根據筆者不甚精確的統計，四庫本前三十四卷，即相當於建炎元年五月至紹興二十年十二月的七十六卷宋朝中興紀事本末，共删削小曆原文近七百條，有十萬字左右的篇幅。這些文字量，相當於今三十四卷的近一半。而上述删削，也許是四庫館臣有意爲之，不像是原本斷爛叢殘所致。因爲被删削的皆爲完整的一條記事，完整的一節對話，完整的一段奏疏，以及完整的一篇原始典籍的全文。

而綜觀其所删削的條目，大致有三種情況：第一類，即觸四庫館臣忌諱而有意回避者。

宋朝中興紀事本末卷七有云：

金虜進陷兖州。時漢兒有發孔子墓者，粘罕聞之，問通事高慶裔曰：「孔子何人？」對曰：「古之大聖人。」粘罕曰：「大聖人墓焉可發？」皆殺之，故闕里得全。

因此事所記載的是漢族文明在中原地區所遭遇到的破壞，據此則可聯想到當時中原受禍之慘烈及女真貴族的無知，故此被删。

宋朝中興紀事本末卷四八紹興九年六月載宋簽書樞密院樓炤等巡視汴京及大内，以及趙士㒟、張燾等朝拜西京陵寢的事。兩段共六百餘字，其中有：

太學廊廡皆敗屋，中存敦化堂，榜尚在，軍人雜處其上，而牧彘於堂下。……金明池斷棟頹壁，望之蕭然也。

……諸陵前控洛水，左少室，右嵩高，山川佳氣不改，而室屋皆爲僞守賨玠所毀。宫墻内草深，不見遺址。舊分水南、水北，今水北有二千户，水南墟矣。

這些段落皆因披露女真貴族在中原地區的破壞及對文化歷史的摧殘而被删削。

第二類，屬於四庫館臣認爲不值得抄録的，其實主要是記載一些日常政事的條目。如宰執拜罷、近臣任免、言官彈奏、朝廷禮儀、詔令頒布、君臣議論以及邊防攻守、地方民事、金人動息等，被删獨多。尤以紹興十一年宋金議和之後，記内政之事多被删，有一卷之中近半數被删者。然而，其中并非皆瑣屑破碎、無關宏旨者。如宋朝中興紀事本末卷一的一則是：

（建炎元年五月）己亥，詔略曰：「朕將謹視舊章，不以手筆廢朝令，不以内侍典兵權。容受直言，雖有失不加以罪。非奉典禮，上方無飾繡繪；非急繕治，大匠無營土木。非軍功無異賞，非戎備無僝功。斷以必行，無或有貳。尚慮羣臣有獻奇巧，薦祥瑞，褒頌以導諛，隱諱以蒙蔽，大臣所舉非實，臺諫所言非公，凡此之屬，必罰無赦。用修播告，以敷朕心。」

此詔頒布於高宗建立南宋王朝的第十天。它既是針對宋徽宗一朝弊政諸端而言，也可以説是高宗朝的施政總綱。其廢止内批、内侍典軍，優待言者，以及禁奢靡，罷土木工程及無軍功不賞等幾項原則，極爲重要。而繼觀建炎以後的施政情況，高宗本人在其統治前期大體上是能够遵守其即位時的這些諾言的，其後期，對此詔的部分原則也經常重複提及。如禁遏戚里，使不與軍功同賞，禁止用青緑、繆鈿，銷金器物，行宫内殿不修及禁止内侍交通兵官等做法，都具有防微杜漸的作用，可以視爲謹守此詔的一些事項。因此對此詔給予積極評價不爲過。而今本中興小紀删去此詔，此後如上述防微杜漸之事也多有删削，顯然是没有認識到它的重要性的。李心傳建炎以來繫年要録卷五雖載此詔，亦多有删改。如删去「雖有失不加以罪。非奉典禮，上方無飾繡繪；非急繕治，大匠無營土木」

這樣一些具體内容，而「僝功」作「僝工」，亦非是〔五〕。

在四庫本删削的大段記事中，除宋金間經常性的争戰外，幾次較大的戰役之過程，亦删削過甚。例如，紹興六年十月劉豫僞齊兵馬的南侵，及劉猊敗於李家灣一役，宋朝中興紀事本末有記事三段共六百餘字，及所引趙鼎事實的兩段共五百餘字，叙戰事及所以致勝諸方面甚詳，而皆爲所删。經四庫本删削之後，我們已很難對此役有全面的瞭解了。又如紹興十年六月己酉的順昌之役，最關鍵的兩處記載，共一千餘字，皆爲四庫本所删。其中如劉錡破兀朮鐵浮屠、拐子馬之經過，四庫本亦俱删除，其意甚難讓人理解。被四庫本删削的類似重要記載，幾乎各卷都有。

第三類，即原文較長，館臣不耐其煩而予以删削者。這類條目多爲大段的奏疏議論及原書所引各類原始史料。例如爲館臣所删的臣僚奏疏數百字以上者有：

（一）建炎二年四月信王趙榛在五馬山的奏疏三百餘字；

（二）建炎三年正月葉夢得、張守言邊事七百餘字；

（三）建炎四年正月趙鼎、汪藻言禦敵對策一千餘字；

（四）紹興元年二月汪藻、陳戬、胡交修等准詔言事一千四百餘字；

（五）紹興二年五月韓肖胄應詔言省費裕國强兵息盗三百餘字；

（六）紹興五年正月前宰執呂頤浩、朱勝非、李綱、翟汝文各條敵退善後之計一千二百餘字。

以上所删削的臣僚奏疏，爲建炎以來繫年要録所援引者大都又經删節，而有的奏疏已爲要録所遺。如韓肖胄的奏疏，要録即失載，因而極具文獻價值。至於上述奏疏爲四庫館臣有意删削，亦有例證。如其中紹興元年二月汪藻奏疏，四庫本存前半段四百六十餘字，後半段自「竊觀陛下對大臣不過數刻，而諸將皆得出入禁中」以下九百餘字皆被攔腰斬斷，并陳戬、胡交修、洪擬奏疏五百四十餘字皆罹其災。而原本於臣僚奏疏之後又有總括前文的「上皆然之」一語，四庫館臣因已删掉陳戬等奏疏，爲彌縫前文，遂將此語之「皆」字删去。這一字之删，露出了馬脚，正暴露了其對中興小曆的原文故意删削的事實。

原書所徵引的各種筆記雜談的原文，亦是四庫本重點删削的一個對象。因其爲數甚多，故不具載。必須加以强調的是，原書所徵引的筆記雜談，有些是極爲重要而爲三朝北盟會編建炎以來繫年要録等書所不載，今已佚失的宋人文獻。要録雖以小曆爲基礎，但小曆所引，要録或删節或改編作爲正文出現，而小曆却保存了原文，因而其文獻價值就遠不如小曆。

例如紹興八年五月，宋朝中興紀事本末卷四四徵引張戒的默記，論金人歸還河南地之事。原文云：

戒又曰：「國家機事，小臣不敢知。然備員御史，義當憂國。王倫使事如何？」上曰：「去歲上皇訃至，朕若不遣使，天下謂朕何？因令倫與虜酋四太子言：『河南之地，大國既不有，與其付劉豫，曷若見歸？』既而虜人廢豫，遣人賚四太子者書來，言當歸河南及梓宫、淵聖、太后。四太子者，乃朕使虜時素所識也。」戒曰：「中原萬里之地，虜竭兵力十年取之，一日無故復還，此非堯、舜不能，載籍亦無此事。陛下謂虜棄中原何意？」上曰：「不能守。」戒曰：「虜據中原久矣，山東、陝西皆傳檄聽命。以臣觀之，虜蓋能守。」上曰：「和議成否，姑置勿論，當嚴設備爾。」戒曰：「去歲淮西之變，失精甲四萬，張浚用吕祉，誤國至此。但祉欲得簽樞耳，然亦緣將相不和。頃者國威稍振，外却金虜，内平湖寇，乃趙鼎、張浚協和之時。」上曰：「時鼎與浚協和如兄弟。」戒曰：「去歲若非浚逐鼎，則鼎未去，必不令浚遽罷劉光世而用祉也。光世雖號爲怯，然累世將家，豈祉書生可比？」上曰：「浚但惡光世湛於酒色。」戒曰：「此亦將之常也。」

這一大段記事，對於研究金人棄河南地歸南宋的動機及宋人對此的認識，可以説是不可多得的材料。中興小紀已將其全部删去。要録見於卷一一九，但差不多是照原文抄録，却改作正文，不注出處。今從此書得知爲張戒默記原文，而默記今佚失已久了。

同年十二月，宋朝中興紀事本末卷四六於「丁丑詔令尚書榜諭金國講和」條下復引勾龍如淵退朝録一千一百餘字。其中有云：

先是，如淵請對，條取虜書之策，曰：「昨日三衙楊沂中、韓世良、解潛來見臣云：『某等昨訪都堂，覆宰執説，問官家受虜書，必欲行屈己之禮。萬一軍民洶洶，即某等彈壓不得，有一札子，今將副本來呈中丞，此亦非某等生事，蓋緣又有大底三箇在外，它日問某事云：爾等爲宿衛之臣，如何却使官家行此禮數？不知使某等如何辭對。』其所説大底三箇，蓋謂韓世忠、張俊、岳飛也。此言雖似挾持，然亦此事涉大利害，誠不可輕議。臣告以：『諸公不須如此，他日只是令王倫取虜書，納入禁中，必不行其他禮數。』三人者以手加額曰：『若得如此，天下萬幸。』臣所見惟是令倫早開諭，使人取得虜書納入，最良策。」自後數日，不知消息，但聞上決欲行屈己之禮，軍民時出不平之語，聞之有可駭者。上自大臣，下至百執事，朝夕惴惴，恐此禮一行，或生意外之變。合城百姓，有終夕不能寐者。而近甸常、潤、會稽之間，民并不安。於是入文字，同諫議大夫李誼請對，又呼臺吏問：「朝廷有大議論，在法許臺諫見宰執商議否？」曰有。取法來，果有之，乃入文字，乞赴都堂與宰執商量取書事。即日有旨，并許之。

勾龍如淵其時任御史中丞，亦以當時人記當時事，從中備見南宋軍民對投降政策的激烈反對。要録將此文改編，作爲正文記於各日條下，而不注出處。今之學者論及紹興八年宋高宗、秦檜確定對金實行屈己投降的決策，凡引用此事時，無不注明出自要録，却不知要録抄自小曆，而小曆則是徵引退朝録。退朝録亦已佚失良久，如此珍貴的一千餘字，宋朝中興紀事本末予以引用而保存，四庫本却將其全部删除了。

四、論宋朝中興紀事本末的學術價值

宋朝中興紀事本末的發現，不但據以補足并恢復了原書四分之三的篇幅，還使我們具備了重新審視和判斷此書的是非與價值的條件。今姑分爲三題進行論述：

（一）開南宋編年史先河的功績。

自此書印行以後，由於受偏見的支配，包括李心傳在内的某些學者，對其頗多訾議。李心傳説它「多避就，未爲精博」，而在建炎以來繫年要録中更是對它横加指責，如余嘉錫先生所説「李心傳於此書頗致不滿，其作繫年要録，駁正小曆之誤，幾於指不勝屈」。然而，李心傳果真對此書極不重視嗎？事實并非如此。

熊克此書既然是記載高宗中興的第一部編年體史書，則其對此後的同類史書所能起到的「篳路藍縷，以啓山林」的先導作用應當是不言而喻的。即以建炎以來繫年要録爲例，儘管李心傳曾批評熊克此書不爲精博，但清人蕭藩曾説此書「記高宗一朝政事，編年紀月，蓋以日曆小曆爲本」〔六〕。繫年要録借鑒之處，主要的一個方面是照録小曆的條文，包括記事的全部和大部。其照抄照録小曆舊有文字之處，雖均無注明，但把兩書文字加以比照便清楚了。如宋朝中興紀事本末卷六〇，紹興十二年八月宋金議和後，高宗論金國國情的文字：

丙子，上諭大金内侍有用事者，因謂宰執曰：「今内侍中寄資有犯雖降官，然奉物不減，何以勸懲？今小者有犯，可恕即恕，不可恕即撻之，庶使知懼。」且云：「唐末内侍如田令孜輩羣唱爲亂者，良由天子縱之所致。朕今在宫中，都知、押班、御藥素號最親密者，非時未嘗見，見未嘗不正色。」秦檜等曰：「有以仰見陛下聖鑒高遠，不昵於近習，防微杜漸如此。」

己卯，上謂宰執曰：「比聞大金中宫頗恣，權不歸其主。今所須者無非真珠、靸鞋之類，此朕所不顧，而彼皆欲之，則侈靡之意可見矣。宜令有司悉與，以廣其欲。彼侈心一開，則吾事濟矣。」時金人又須白面猢孫及鸚鵡、孔雀、獅子猫兒，上亦令搜訪與之。上曰：「敵使萬里遠來，所須如此，朕何憂哉？」秦檜歎上之沈機灼見如此。

這兩段文字必是作者據高宗日曆的記載改寫而成，爲今四庫本中興小紀删削不存者。建炎以來繫年要録卷一四六亦在同兩日記載此二事。其前段僅將開頭處改作「上諭大臣曰：『聞大金内侍有用事者』」，其下即接以「今内侍中寄資」云云，文字全同宋朝中興紀事本末；第二段則將「宰執」换成「大臣」，其餘文字均同，只是删去兩段中的秦檜云云。其照録文字，可見一斑。

又如宋朝中興紀事本末卷一二建炎四年正月汪藻論禦敵對策一疏，在今本汪藻的浮溪集卷一中題爲奏論諸將無功狀，其第一段自「臣竊惟金人爲中國患雖已五年」以下約二百字，宋朝中興紀事本末卷一二改寫爲五十餘字：

> 金人爲患，今已五年。陛下即位以來，土宇日促，至以萬乘之尊而乘桴入海，倀然未知税駕之所者，由將帥無人，而陛下御之未得其術也。

而繫年要録卷三一則再縮減爲不足四十字：

> 金人爲患，今已五年。陛下以萬乘之尊，而倀然未知税駕之所者，由將帥無人，而御之未得其術也。

則其重編時還參據汪藻原文改寫。

建炎以來繫年要録糾正中興小曆的錯誤，即余嘉錫所説的「駁正小曆之誤，幾於指不勝屈」那一部分，其中有些確係熊克記事有誤，因而亟應糾正者；但有些指責并不十分準確，屬於兩説可并存、不可以此説爲是而以彼説爲非的；有一些則因不瞭解中興小曆亦即宋朝中興紀事本末的記事本末體例，因誤解而導致其糾誤反而錯誤的。

如繫年要録卷一三九紹興十一年正月己未「劉錡渡江援淮西」條，李心傳有小注云：「熊克小曆：『烏珠入犯，己未，命劉錡統所部渡江禦之。』按淮西從軍記云：『正月，金人犯壽春。是月十九日，錡被命北渡江。』己未，十九日也。據此則錡先被命，但此日出師耳。克恐小誤。」今復查此按語所引的淮西從軍記，「錡被命北渡江」一語，正應理解爲此日劉錡接到渡江的指令，而并没有特别指出此是劉錡的渡江之日。所以，宋朝中興紀事本末卷五五所載「己未，命淮北宣撫判官劉錡統所部兵二萬渡江禦之」的記載是没有錯誤的。

中興小曆原名宋朝中興紀事本末，作者記載某史事時往往總括其始末源流，或追述，以「先是」開頭；或述現狀，以「至是」爲繼；或寫其結果，記事之末又多有「某事在某年某月，今聯書之」云云，將相隔數月或更長時間的後續事件綜述於此。李心傳由於不知此書體例，遂多於小注中糾纏「此事應在某月某日，而熊克誤記於此」。因此，這一類問題的提出本身就存在着很多問題。

然而，不論李心傳在建炎以來繫年要録中是抄録還是引證或糾駁中興小曆，也無論怎樣執意貶低此書，它都是繫年要録編纂中最重要的參考書籍之一。始創未精，後來居上，却不應以後學過分責難前修。四庫提要説，中興小紀「上援朝典，下參私記，綴緝聯貫，具有倫理。其於心傳之書，亦不失先河之導。創始難工，固未可一例論也」。這種評價無疑是公允確當的。余嘉錫以李心傳對此書「頗致不滿」、多所駁正爲由，説「心傳之書自是以李燾長編爲法，不假此爲先河之導也」〔七〕，雖爲辨四庫提要之誤，却是但見其偏，未見其全，不免讓人有千慮一失之歎。

（二）此書在南宋時期的影響遠在建炎以來繫年要録之上。

如上所述，宋朝中興紀事本末暨中興小曆印行後，曾風靡一時。南宋寧宗之後言及中興史籍者，無不舉述此書。從成書於嘉定間的徐自明宋宰輔編年録、山堂羣書考索到理宗淳祐之後出現的宋名臣言行録别集、古今源流至論及羣書會元截江綱等類書都是如此。其中所關高宗一朝的史事、典制或人物，其徵引或抄録的大都出自此書而非建炎以來繫年要録。以宋宰輔編年録爲例，此書雖刻於寶祐丁巳，寫成却在嘉定乙亥〔八〕。此書付印時，陸德輿作序稱：

故太常博士徐君自明纂成宋朝宰輔編年録二十卷，首起建隆庚申，至於嘉定乙亥，凡二百五十餘年。本之以長編繫年録，緯之以大詔令拜罷録與夫玉堂制草諸書。

其所依據諸書，雖是重點標出了建炎以來繫年要録，然而衆所周知，繫年要録一書寫成於嘉定元年（一二〇八），因其卷帙浩繁，直至李心傳去世後的寶祐元年（一二五三）始刻印於揚州〔九〕。宋宰輔編年録作於嘉定八年（一二一五），距李心傳寫成繫年要録僅八年，繫年要録尚未付印或廣泛傳抄，此書怎麼可能以它爲本呢？事實是，宋宰輔編年録記高宗朝宰執拜罷及其事迹的卷十四至卷十六三卷，其中所載宰執事迹，作者於部分條目下分別自注了出處，主要是熊克中興小曆和趙甡之中興遺史，個別條目引自拜罷録等。其中并無一條繫年要録。這三卷中，還有大量未注明出處的條目，經筆者逐條考證，查明其不出自中興遺史即出自中興小曆。而以中興小曆的條目居多。三卷中，署名或不署名遺史者九十餘條；署名爲中興小曆者二十三條，而未署名實爲中興小曆者一百九十八條，共計二百二十一條。另外，還有引自拜罷録、行狀、本傳的七條以及孝宗以後的記事寥寥數條。在屬於引自中興小曆的條目中，大都還包含着相續或不同年月的有關記事若干條，實際上此書所收中興小曆記事達數百條。考定其中未署名而實爲中興小曆的條目并不難。因爲這些條目凡屬於紹興二十年前的記事，皆見於宋朝中興紀事本末；屬於紹興二十一年以後的條目，其中也有爲四庫本中興小紀所載者，亦可據此斷定其絶無繫年要録。如宋宰輔編年録卷一四不載出自何書的一條是：

（紹興元年）十二月，宣撫處置使張浚以功除檢校少保、定國軍節度使，職仍舊。初，宣撫處置使張浚以書與宰相范宗尹，報關陝曲折及言去秋出師失律，上章待罪。時宗尹已去，執政以書進呈。上曰：「比屢有人言，便要行遣。朕言人君用人，當以大度聽其所爲。但責成功，俟無成，責之未晚。」先是，浚以關陝失律，上章待罪。上謂宰執曰：「張浚放罪，詔須早降。」因言：「浚用曲端、趙哲、張錫，見其過即重譴之，浚未有失，焉可罷也？」李回曰：「須得勝浚者方可易。」上曰：「有才而能辦事固不少，若孜孜爲國，無如浚。亦有人言其過，朕皆不聽。」范宗尹曰：「賴陛下保全之也。」

查此條記事首見於宋朝中興紀事本末卷一九，而自「初，宣撫處置使張浚以書與」以下至「責之未晚」，則見於宋朝中興紀事本末卷一八，可見這是將宋朝中興紀事本末一書記事重新進行了編排，但文字均照録不改。

從上引事例中可以看出，宋宰輔編年録這三卷主要引自中興小曆及遺史，并無一條文字出自建炎以來繫年要録，則不但陸德輿所言甚誤，四庫提要及今點校本宋宰輔編年録校補前言所謂「本之通鑑長編、繫年要録、丁未録、東都事略」云云，亦爲襲訛踵謬。

(三) 對研究南宋國策的演變及其決策過程所具有的重要參考價值。

宋朝中興紀事本末不僅是研究南宋中興初期有關政治、軍事、經濟、文化狀況的重要參考書,更具意義的是,它還爲我們研究南宋國策的發展變化及其決策過程,提供了許多有價值的資料。

從宋高宗在商丘建立南宋政權的第一天起,南宋政府内部無論哪一派政治力量,所面對的最迫切問題,都是如何對付金人的入侵。從主張抗金的第一任宰相李綱到獨攬朝政的宰相秦檜,他們所反對或貫徹的高宗意旨其實始終是一條對金人的投降路綫。而這條路綫并非創自高宗,乃是從毁滅了北宋政權的宋徽宗、欽宗父子那裏傳承下來的,又被高宗奉爲不容稍有違失的所謂祖宗家法。宋徽宗的「海上之盟」,欽宗的割讓兩河之議,是對金人只能和不能戰,只能把河南、河北甚至更多的土地奉獻給女真主子。高宗的立國大計,實際上同他的父兄并無不同。所以,與金人議和乃是高宗不變的家法。宋朝中興紀事本末記載了高宗即位的第三天,便令張邦昌作國書、與金帥議和書,當月便派出了第一批議和使者;記載了高宗在毫無金人威脅情況下放棄中原,南遷揚州。只是在貪婪欲望的驅使下，女真貴族并不滿足於獲得兩河土地，還要繼續追擊，企圖消滅南宋政權。於是又有了建炎三年春突襲揚州、此年底次年初的入侵江南逼迫高宗航海之役。在金人的壓力下，高宗爲争得足够的資本，不得不加强軍力，削平内亂，組織了幾次有效的抵抗。然而，即使在女真人憑藉武力已不可能消滅南宋之後，高宗也没有允許抗戰派去實現用武力收復失地的目標，而是在紹興八年、十一年金人兩次誘和時，以最屈辱的方式接受金人的議和條件，最終實現了對金投降。顯然，宋高宗所制訂的國策，就是從徽宗父子那裏傳承下來的投降路綫和政策。李綱違背了它，只做了七十五日的宰相；趙鼎違背了它，被誣陷致死；岳飛違背了它，被殘酷殺害。對這些軍國大計的決策過程及其間的重大事件，宋朝中興紀事本末都有充分的記述。且不説李綱，紹興八年趙鼎第二次罷相事件，導火索是在立儲問題上同高宗、秦檜的意見相左，深層的原因還是趙鼎對無條件投降的反對。宋朝中興紀事本末卷四五紹興八年七月「以王倫充迎奉梓宫使」條之後，徵引趙鼎事實有云：

王倫報聘，稟所授使指二十餘事。一議和後禮數，鼎答以「上登極既久，四見上帝，君臣之分已定，不可更議禮數」。一割地遠近，鼎答以「大河爲界，乃淵聖舊約，非出今日。宜以舊河爲大河，若近者新河即清河，非大河也。二事最切，或不從，即此議當絶」。倫受之而去。

此條四庫本中興小紀不載，而建炎以來繫年要録卷一二一改作正文。由此文聯想可知，趙鼎所堅持不允的，在高宗、秦檜那裏暢通無阻。紹興十一年高宗接受金人册封，兩國劃淮水爲界，都從趙鼎的條件上大大後退了。即便如此，高宗君相後來還一再誣陷趙鼎在議和問題上反覆。

岳飛慘遭殺害，是被秦檜等誣以謀反，但深層次的原因也仍然是主張收復失地。宋朝中興紀事本末卷四〇載紹興七年四月丁未岳飛入對，請以三年爲期，由商虢取關陝，爲高宗所駁詰。次日，左司諫陳公輔對高宗説：

昨親奉聖語，説及岳飛。前此採諸人言，皆謂飛忠義可用，不應近日便敢如此。

恐別無他意，秖是所見有異，望陛下加察。然飛本粗人，凡事中少委曲。臣度其心，往往謂其餘大將，或以兵爲樂，坐延歲月，我必欲勝之。又以劉豫不足平，要當以十萬横截虜境，使虜不能援，勢孤自敗，則中原必得。此亦是一說。陛下且當示以不疑，與之反復詰難，俟其無辭，然後令之曰……

岳飛主張「横截虜境，使虜不能援，勢孤自敗」，與高宗的一貫政策即投降政策格格不入，陳公輔揣摸高宗旨意，斥之爲「亦是一説」，實即異論謬説，這當然不能不觸及高宗等人的大忌。岳飛之遭禍，早已於此埋下伏筆。

宋朝中興紀事本末的重要價值，就在於它爲我們研究上述重大問題提供了極有意義的資料。而且它在對待這一系列重要事件、重大問題時所採取的方法也别具特點。作者没有對複雜的歷史現象做簡單化處理，主觀判斷其是非曲直，而基本上是通過大量官私兩方面的史料進行客觀記述，把結論留給讀者去做。所謂官私史料，主要是官修的高宗日曆和衆多私家記載。凡屬爲口曆記載的内容，如涉及高宗的言行，與近臣討論政事的對話，行在的移徙，宰執臺諫、侍從將帥的遷黜，臣僚的奏疏，等等，大都移録或概括日曆的文字；其他要事爲日曆所不及或不周，則雜引諸書。重大事件始末未詳或諸説紛紜者，還直接徵引各類私史原文。作者直接徵引諸書，并不表明作者同意其説法。因諸書判斷好惡的標準并不一致，但無論是詆排何人，針對何事，都是撰著者的所見所聞，極具第一手史料價值。作者不因其毀譽時賢而否定其存史的價值，從而不予徵引。

但作者這種處理史料的方式，引起了當時和後世某些學者的誤解。李心傳批評他「多避就」，陳振孫批評他「多牴牾」，清末的廖廷相更具體地批評「此書所紀，多詆抑李綱、趙鼎諸賢，而傅會和議，是非已謬。於當時君臣諛頌之辭，瑣屑必録，而韓、岳戰功反略。武穆之冤，未能表白。所徵引如汪伯彦時政記、朱勝非閑居録等，尤屬誣辭，殊少別擇」。

筆者認爲，上述責難是不能被接受的。李心傳説此書「多避就」，應當指其未能就某些歷史問題表明觀點。豈不知，李心傳作建炎以來繫年要録，是在熊克撰寫宋朝中興紀事本末的二十餘年之後。當熊克撰寫此書時，做太上皇的宋高宗尚猶在世（高宗卒於淳熙十四年十月，熊克撰寫宋朝中興紀事本末當不晚於是年），是非未定。以當時之人寫當時之事，自不能像生活在寧、理之世的人士那樣無所顧忌。他必須小心避免直接揭露宋徽宗的亡國之罪，避免涉及高宗的某些隱私及失德之處，當然也不可能對高宗的那條投降路綫進行批判。儘管如此，書中對其畏懦失機、惑於奸佞還是多有揭露。且書中如實記載高宗的言行，有識的讀者從中自能分辨是非善惡，這與李心傳之書作於高、孝、光三帝均已作古之後不可同日而語。

至於陳、廖二氏所言，固然有此一説，但必須指出的是，在熊克撰寫宋朝中興紀事本末之際，作者所能參考利用的官私記載畢竟有限，許多資料尚未公布。其所依據的高宗日曆，是在秦檜專制朝政的十餘年間，由其子秦熺主持撰寫的，其間抹殺岳飛的抗金戰功，污蔑詆毁抗戰派，以及對宋高宗、秦檜媚敵求和行徑的贊諛之辭隨處可見。見之於宋朝中興紀事本末者，恐怕也不在少數。但作者仍以日曆爲主要依據，并不表明作者是什麽主和派。相反，作者在徵引日曆的同時還徵引了其他與官史不同的史料。如記載紹興十一年岳飛冤獄，據日曆述寫了岳飛的獄案具體内容之後（此非據官史，顯然無法得其詳），還據野史對岳飛的功績進行了總括的介紹：「飛知書而待士，且濟人之貧。用兵秋毫無犯，民皆案堵，不知有軍。先計後戰，屢勝强虜，號爲良將。其死也，天下寃之。」據此，能説岳飛之寃「未能表白」嗎？可見，宋朝中興紀事本末的重要價值，在於保存史料，考證異同，反映歷史真實。筆者以爲，這一任務，作者較好地完成了。

校勘記

〔一〕景泰建陽縣志卷七載録熊克中興小曆爲一百卷。按：據直齋書録解題和宋史藝文志，小曆爲四十一卷。此云一百卷，必指中興紀事本末。紹興二十一年以後史事，除紹興末年因有金亮南侵事而略繁雜外，餘年都較爲簡略，故此十二年事，完全可以包容在二十四卷之中，况且依此書體例，某一卷還可分爲上下卷，因知中興紀事本末當以一百卷爲原書總卷數。

〔二〕熊克自述有「今敷文閣直學士程大昌亦徽人，知其事，嘗親與克言之」數語。查周必大益國文忠公集卷六二爲程大昌所作神道碑，程氏爲徽州休寧人，淳熙六年冬以敷文閣直學士知泉州。十三年秋至十四年知建寧府。其知建寧時，熊克正家居於建陽，故知其編著宋朝中興紀事本末當不晚於淳熙十三年。

〔三〕見建炎以來朝野雜記甲集卷六嘉泰禁私史。

〔四〕四庫全書總目卷四七。

〔五〕「僝功」，出尚書堯典：「共工方鳩僝功。」

〔六〕轉引自耿文光萬卷精華樓藏書記卷二九。

〔七〕四庫提要辨證卷四。

〔八〕據永樂大典卷一二九七所引宋宰輔編年録作者徐自明之子徐居誼之跋。

〔九〕四庫全書總目卷四七建炎以來繫年要録提要載：「永樂大典别載賈似道跋，稱寶祐初曾刻之揚州。」

整理説明

一、宋朝中興紀事本末（原名皇朝中興紀事本末），是記載宋高宗趙構於建炎元年（一一二七）繼承北宋統治，建立南宋政權，到紹興三十二年（一一六二）傳位給繼子趙昚的三十六年歷史事件的編年體史書。史學家歷來稱南宋的創建，是北宋覆滅後宋朝的中興；而編年體史書亦多聯書歷史事件的起訖終始，故此書以中興紀事本末爲名。

二、宋朝中興紀事本末的作者熊克，見於王應麟玉海卷四七的記載。熊克，建安人，是宋孝宗時期的歷史學家。宋史卷一五六記載熊克撰有中興小曆四十一卷，此書傳本僅有清人改編的中興小紀。四庫提要稱「是編排次南渡以後事迹」，而玉海却記載「熊克中興紀事本末，一名中興小曆」。而在宋朝中興紀事本末卷一七與中興小紀卷一〇都有一段話記載着：「今敷文閣直學士程大昌亦徽人，知其事，嘗親與克言之。」這是作者熊克自及其名。顯然，此二書雖不同名，但記載的是同一時期的歷史，是一書二名，其作者就是熊克，應無疑義。

三、宋朝中興紀事本末一書，目前傳世的僅有藏於中國國家圖書館的皇朝中興紀事本末抄本一種，其未著録熊克之姓名，署「學士院上進」五字。查熊克於淳熙末年曾除起居郎直學士院（見宋史卷四四五熊克傳，其時所任實爲起居舍人兼直學士院），故應即進獻於朝廷之書。據宋筠記載，清康熙間，他曾在北京書肆中偶見此書「宋槧精本」，後雍正中再見於山西晉陽，乃鈔録一本流傳至今。二〇〇五年，北京圖書館出版社將此書影印出版，遂爲廣大讀者所知聞。

四、宋史卷一五六藝文志曾記録熊克著有中興小曆四十一卷。此書久佚。清乾隆間開四庫全書館，館臣從永樂大典中抄出中興小曆，依宋史藝文志及諸家書目，編爲四十卷。然而館臣爲避高宗弘曆之諱，將書名改爲中興小紀。

五、此次點校宋朝中興紀事本末，以清抄本皇朝中興紀事本末爲底本，以文淵閣四庫全書本中興小紀爲校本，以宋人所編著之其他公私史書如建炎以來繫年要録三朝北盟會編等爲參校本。底本錯譌或脱衍之處，據校本、參校本等予以校改補删，必要時出校説明。

六、據景泰、萬曆兩建陽縣志所載，宋朝中興紀事本末原本應爲一百卷，而今中國國家圖書館所藏僅爲七十六卷。其七十六卷之後，原抄本缺佚。而今本中興小紀，乃四庫館臣自永樂大典所載之中興小曆抄出，故其紹興二十年以後至紹興三十二年之記事，雖無法與宋朝中興紀事本末全本對照比勘，但二者既同爲一書，以其所餘，補宋朝中興紀事本末之所缺，似乎就成爲惟一可行之辦法。雖然今本中興小紀卷三五至卷四〇很可能因四庫館臣做了較多刪削而篇幅不足，特别是其中所引宋人雜史的原文多不見載，然而爲使此書保持其完整，故今次整理全書，逕以文淵閣四庫全書本中興小紀補宋朝中興紀事本末之缺佚。具體而言，中興小紀卷三五，對應本書卷七七至八〇；中興小紀卷三六，對應本書卷八一至八四；中興小紀卷三七，對應本書卷八五至八八；中興小紀卷三八，對應本書卷八九至九二；中興小紀卷三九，對應本書卷九三至九六；中興小紀卷四〇，對應本書卷九七至一〇〇。凡此，希望能得到讀者之諒解。

七、宋朝中興紀事本末一書的清宋筠抄本，仍保留宋刻原貌，如宋人對宋、金對峙鬥爭期間特定的稱謂、行文和語言習慣，與清代文淵閣抄本中興小紀相比多有不同之處。

如女真人名，所用大都符合當時南宋人的稱呼，而清人改編的中興小紀，則依據所謂金人地名考證加以任意竄改，如「阿骨打」改爲「阿古達」，「兀朮」改爲「烏珠」之類，今一律改從原本。對于漢人名的歧異，本書則依據宋史及其他公私史書記載，取其通用的名字。

八、不容忽視的是，底本由於抄録草率，失於校讎，存在大量的異體字、俗體字和錯別字。如「亨」與「饗」、「寘」與「置」、「揜」與「掩」、「偏」與「遍」、「辦」與「辨」、「副」與「付」之類，一般逕據文義處理，不另出校。其中有底本失誤而校本中興小紀不誤者，如「宮祠」，底本「祠」作「詞」，「顰蹙」，底本作「頻蹙」，則改從校本。而類似「未易遽」之「易」，則從底本作「宜」；「太平將帥子」則從底本回改「將」作「邊」。這些歧異叢脞的情況，雖然本書多從底本，但也依據具體文字内容而確定。缺字則用「□」表示。

九、本書使用專名綫以清眉目。凡屬人名、地名、建築名以及書名、文章篇名皆加專名綫。

一〇、本書包括兩部分附録，一爲有關此書之序跋文，一爲有關作者熊克的生平事歷之文。

宋朝中興紀事本末卷一上

起建炎元年五月庚寅朔盡其月

建炎元年歲在丁未。

夏五月庚寅朔，大元帥康王即皇帝位於南京。

上，道君皇帝之第九子，母曰賢妃韋氏。以大觀元年五月乙巳夜，生於宫中，紅光照室。

初，賜名廟諱。授武定軍節度，封蜀國公。二年，進封廣平郡王。宣和四年正月，冠於文德殿，賜字德基。三月，出外第，拜太保，遂安、慶源兩鎮節度，封康王。

上博涉經史，道君問以古事及應詔制述，率常稱旨。五年，娶邢焕次女，封嘉國夫人。嘗侍道君習射於鄆王府〔一〕，上挽弓至一石五斗。

宣和末，金虜入寇，淵聖皇帝方受内禪。虜騎抵城下，遣燕人吴孝民賫書請和，欲得親王宰相爲質。時諸王皆從道君南幸，惟上與肅王留京師。淵聖召上，具言孝民所陳，上毅然請行。遂命少宰張邦昌副上，使於虜寨。時列兵四遶，上意閒暇如平日〔二〕，數與大酋斡離不觀蹴踘雜技。留軍中經月，會都統制姚平仲以所部兵劫寨。虜人以用兵責使者，邦昌懼而泣，上止曰：「爲國家，何愛身耶？」斡離不由是憚之，不欲上留，更請肅王。淵聖嘉上忠勤，遂拜太傅。

靖康改元冬，金虜再入寇。刑部尚書江都王雲奉使至虜寨，先遣親吏李裕回，道斡離不語：「須康王親到，議乃可成。」於是，上奉詔使斡離不軍，請緩師，雲副之。上請門下侍郎開封耿南仲偕行。淵聖曰：「南仲老矣。」乃令其子中書舍人延禧與觀察使高世則爲參議官。世則，瓊孫也〔三〕。以十一月丁丑發京師，晝夜行。庚辰，至相州。民遮道曰：「肅王已不返，乞大王起兵拒賊，不宜北去。」辛巳，至磁州。

初，王雲使虜歸，過磁、相，勸二郡爲清野計。二郡從之，悉徹近城民居，運粟入城。洎虜再至，果以磁、相無糧，由他路入。二郡人怨雲，以爲雲通於虜。磁有崔府君祠，乃東漢之崔子玉也，封嘉應侯，號曰應王。上至，州人擁神馬，謂應王出迎。守臣秘閣修撰義烏宗澤啓上謁其廟〔四〕。雲從上入，上既出，雲爲百姓所害。上檄澤，捕得害雲者斬之，乃定。磁人力請上無北去，謂離北門五六十里即有虜兵。知相州、直龍圖閣祁門汪伯彥蠟書至，亦言虜五百餘騎，沿路問上所，於是，延禧等皆勸上回相州。

閏十一月，朝廷議畫河，遣簽書樞密院臨川聶昌之河東，耿南仲之河北，皆爲割地使。昌偕虜至絳州，絳人殺之。南仲偕虜使王汭至衛州，衛人幾殺汭。南仲遂如相，見上。乃與南仲連銜揭榜，召兵勤王，人情大悦。

戊申，上登郡圃飛仙亭，因持弓矢，咒之曰：「若次第中此牌字，則必聞京師音耗。」果三發三中，左右動色相賀。

己酉，上與幕府從容語曰：「夜來夢皇帝脱所御袍賜吾，吾解舊衣而服所賜，此何祥也？」頃之，報京師使人來，乃武學生借閤門祗候秦仔賫蠟詔，命上爲大元帥，陳亨伯元帥〔五〕，汪伯彦、宗澤副元帥，速領兵入衛。上捧詔嗚咽，軍民感動。上乃命耿南仲同預軍謀。

十二月壬戌朔，大元帥開府，奏除汪伯彦爲集英殿修撰。上初開府，服排方玉帶，語伯彦等曰，言陛辭日，皇帝賜以寵行。吾遜辭久之，皇帝曰：「朕昔在東宫，太上解此帶賜朕，卿宜收取。」不得已拜賜。癸亥，南仲等言，軍行先藉糧食，今勤王之師經由河北、京東兩路。乃差徽猷閣直學士河北都漕樂壽張慤、直龍圖閣京東黄潛厚并隨軍應副。

乙亥，閤門祗候侯章賫蠟書至，催發勤王兵。章言：「陛辭日，皇帝諭臣曰：『康王辟中書舍人從行，可令便宜草詔，盡起河北兵，守臣自將入援。』」是夜，上命延禧草詔，曉頒諸郡，惟中山、慶源被圍不得達。元帥府五軍總一萬人。上遣使招劇賊楊青、常景等，皆效順，又得一萬餘人。丁卯，上欲引兵渡河，與幕屬謀所向。或請出濬、滑，或請度王俞，或請趨魏縣，言人人殊，猶豫未決。汪伯彦獨曰：「非出北門，濟子汸河不可〔六〕。」衆莫能奪，上從之。仍遣前軍統制劉浩統兵出南門，陽爲濬、滑之行，以疑虜。

乙亥，上發相州。使還，馳報黄河未凍，衆失色。上禱於天地河神，至子河渡，報河凍已合。丙子，上總師渡河，至大名。都漕、權府事張慤與北道副總管奉符顔岐率衆郊迓。時京城圍久，及上駐北門，而四方事皆取決霸府矣。壬午，副元帥宗澤部兵二千人，自磁州先諸軍至，上悦。癸未，知信德府、直徽猷閣梁揚祖兵萬人，馬千匹繼至。諸將兵官如張俊、苗傅、楊沂中、田師中皆在麾下。揚祖，子美子。傅，授子。俊，成紀人。沂中，崞縣人。師中，秀容人。上問揚祖孰優，揚祖以俊對。上亦喜俊，自此常在左右。上以揚祖爲隨軍轉運使。甲申，始聞金虜登城，斂兵未下。淵聖詔：「見通和，卿等兵未可動。」上涕泣，知詔書爲虜所迫。宗澤請進師直趨開德，解京師之圍。汪伯彦等執講和之説，且言：「虜兵十萬，吾兵纔一萬三千人，如何解圍？合使大王安居，更檄宣總司、陝西、江、淮勤王之師，約日俱進，乃可破敵。」時北道總管趙野至南京，與宣撫使范訥合軍，自號宣總故也。野、訥并開封人。伯彦請上移軍東平，則措身於安地，身安，國難可圖。上問耿南仲，亦以爲然，遂決東去。澤請自領兵至開德〔七〕，許之。戊子，澤兵行出南門，進屯開德府，揚聲大元帥在中軍。庚寅，上離北京。

二年正月辛卯朔〔八〕，上入東平府界。癸巳，帥臣盧益、漕臣黄潛厚率衆出迎上達府治。丁酉，右文殿修撰、知冀州權邦彦以兵千人至，上命屯開德，隸於宗澤。壬寅，徽猷閣待制、知河間府黄潛善與高陽關副總管楊惟忠將數千兵至。益，開封人。邦彦，樂壽人。潛善，潛厚弟。惟忠，西戎部族也。潛善請上移書斡離不，與辨曲直，令退軍，通京城之問。耿南仲曰：「使虜知元帥府所在，非利也。」潛善計不行，乞戍兵於曹，從之。上留惟忠爲元帥府都統制。

丁卯〔九〕，上以京東漕臣閭丘陞所領濮州兵及深州守臣姚鵬、博州守臣孫振等兵一萬四千隸宗澤，新降到軍賊丁順及單州王徹、廣濟軍孟世寧等兵三萬七千人隸潛善。壬申，上已約諸路合兵，而東平去京師差遠，與幕屬議進屯濟州。庚辰，上發東平府。癸未，至濟州。諸路兵大集，軍糧日廣。梁揚祖言：「京城圍久，鹽法不通。宜比河北榷貨務法〔一〇〕，使人入錢，給鈔請鹽。」上從之。纔及一月，給鈔一百萬緡，公私俱便。宗澤率兵至韋城，與虜大戰，敗之。上奏除澤徽猷閣待制。

丁巳，黄潛善以機事赴府禀議，且引探事人張宗得金虜僞詔及邦昌僞赦并迎立孟太后書。上揮淚大慟，期身先士卒，追二聖於河北。諸將曰：「此將臣職爾。大王乃宗廟所繫，不可輕舉。」時兵部尚書吕好問亦遣勇士李進持帛書至。好問，希哲子也。

戊午〔一一〕，上以便宜除汪伯彦顯謨閣待制，充元帥，而黄潛善爲副元帥。

癸亥〔一二〕，耿南仲等率文武官吏勸進。書再上，上流涕不受。諸路帥臣監司推戴無虚日。使臣鄭安自京回，傳到少帝嚙血書襟詔，上讀之慟哭。南仲又言：「帝王之興，必有受命之符。大王陛辭，皇帝賜以排方玉帶。大元帥建府，有賜袍異夢。四方申呈，或曰靖王，或曰康王。今始悟『靖』之爲字，皇帝『立十有二月』而元帥府建。則靖康紀元實爲符兆，願大王亟即位以當天心。」上不納。丙寅，張邦昌以諮目至，大略言：「國禍之酷，權以濟事，故寧忍死以報之於殿下。」上答邦昌書亦曰：「九廟不毁，生靈獲全，皆相公之功。」邦昌又遣上舅、忠州防禦使韋淵賫書稱臣，且言封府庫以待。又曰：「臣之所以不死者，以君王之在外也。」丁酉，吏部侍郎汝陽謝克家以邦昌命，賫玉璽至，文曰「大宋受命之寶」。克家跪進，上慟哭，命汪伯彦司之。皇太后遣左丞安岳馮澥、權右丞江寧李回來奉迎。澥，康邸舊人也。又令侄權衛尉卿孟忠厚賫書詣上，略曰：「王其速驅輿衛，入處宸居，上以安九廟之靈，下以弭四方之變。」上覽書，乃命移檄諸道，具言邦昌忠順之意，約束不得擅入京城。於是濟之父老，請上即位於濟。宗室仲琮議用晉武陵王遵承制故事〔一三〕，幕屬難之，謂宜如唐肅宗即尊位以定天下。又宗澤言：「恐邦昌等陰與虜結，毋或信。且開府於南京，乃祖宗受命之地，取四方中，汴漕尤易，庶爲萬全。」時使臣曹勳自河北竄歸，進道君御札曰：「便可即真，來救父母。」上慟哭拜受，由是決意趨應天府。庚辰，上發濟州。鄜延副總管劉光世來，上命光世都提舉五軍。光世，延慶子也。簽書樞密院沙縣曹輔來。癸未，上至應天府。甲申，皇太后遣吏部尚書仙井王時雍、開封尹永嘉徐秉哲奉乘輿服御來。而張邦昌繼至，伏地慟哭請死。

丙戌，上以便宜進汪伯彦、黄潛善爲雜學士。於是，耿南仲等議改元，謂宜仿藝祖建隆之號，且本朝以火德王，請曰建炎云。

改元，大赦天下，除常赦所不原者〔一四〕。赦書首令從臣、監司、郡守訪求文武才略出倫之士，雖布衣亦聽舉。又：「誤國害民如蔡京、童貫、王黼、朱勔、孟昌齡、李彥、梁師成、譚稹及其子孫見流竄者，更不復叙。民貸常平錢穀，悉與蠲放。又散斂青苗，本以便民，歲久法弊，反爲大患，亦令罷去。祖宗上供，自有常數，後緣歲增，不勝其弊，當裁損以紓民力。比來州縣受納租税，務加概量，以規出剩，可令禁止。應臨難死節，義不受辱，出使軍前及因守戰没於王事，許其家自陳，優與褒賞。應違法賦斂，與民間疾苦，許臣庶具陳，言雖詆訐，亦不加罪。」

初，睢陽當五代之末，有狂僧日呼於市曰：「此地將來有聖人出世。」及我太祖以歸德之節度受周禪而國號宋，人以爲應矣。至是，乃正應其語。

上之初即位也，門下侍郎耿南仲等請用漢光武故事，爲壇於宋之陽，先告天地，北望二聖，然後受命。上登壇受寶，涕泗交流，百官環視，無不感動。因名其壇曰「中興受命之壇」。

權左僕射張邦昌與耿南仲進呈三省事，以顯謨閣直學士、大元帥府元帥汪伯彥爲同知樞密院事，徽猷閣直學士、大元帥府副元帥黄潛善爲中書侍郎。

皇太后在東京。是日，手詔徹簾。

初，靖康末，金虜入寇，置四路都總管，分制諸路，以衛京師。有詔，事得專決，財得通用，官得辟置，兵得調發，有警則留其副以守，而都帥自將入援。既而南道都總管張叔夜統兵三萬至京城下，與虜戰，遂除簽書樞密院事，從二聖北狩。東道都總管胡直孺亦統兵勤王，戰敗，爲虜所獲，後遣之還。惟副總管、直龍圖閣朱勝非留治應天府事。勝非頗能均節調度，帑藏得以不空。至是，上即位，犒賜半出於此。叔夜，耆之孫。直孺，開封人。勝非，上蔡人也。

辛卯，上謂宰執曰：「少帝事上皇，仁孝升聞，爰自臨御，沉機淵嘿，聖不可測。乃遭厄運，暫爲北狩。朕念手足之恩，常若神會。太后當二聖北轅，以聖德起於宮闈，乃眷朕躬，膺天曆數，累章勸進，於國有功。乾龍皇帝宜上尊號曰孝慈淵聖，元祐皇后册爲隆祐太后。」

壬辰，宰執奏事。張邦昌先退，上問黄潛善等曰：「朕何以處邦昌？」潛善等曰：「邦昌僭號，罪在不貸。然爲金人所脅，不得已而從權，惟陛下睿斷處之。」上曰：「邦昌小心，不幸逢此，雖不能死，然遭變從權，使宗廟不隳，社稷不壞，一城生靈獲全肝腦。金人纔退，遣人賫書赴愬，及歸寶璽，駿奔來朝，北面事朕。既貸其初，欲馭以王爵。異時金人有詞，使邦昌具書報之曰：『中國不忘趙氏。』彼師不旋踵，而天下勤王之師皆左袒歸宋。故邦昌懼，不待問罪，幸保首領而反籍於朕，使金人知天下之歸出於自然，卿等以爲何如？」潛善等曰：「陛下聖意，非臣等所及。」於是邦昌罷爲太保、奉國軍節度使、同安郡王，五日一赴都堂，參決大事。上即命潛善等募忠信能專對之士，奉使通和，除作國書，命邦昌更作金人書，早遣使行。尋詔：「加拜邦昌太傅，依文彦博故事，每月兩赴都堂，以稱朕優賢之意。」

册賢妃韋氏爲宣和皇后，立嘉國夫人邢氏爲皇后。

侍御史績溪胡舜陟首言：「今日措畫中原，宜法藝祖命郭進、李漢超、董遵誨等守邊之術，以三京、關、陝析爲四鎮，拱、滑、潁昌隸東京，鄭、汝、河陽隸西京，恩、濮、開德隸北京，而同、華、陝隸京兆。擇人爲節帥，使各以其地産之賦，養兵自衛，相援鄰鎮〔一五〕，如犬牙相錯。又京帑積錢千餘萬緡，宜給四鎮爲糴本。若四帥得人，則隱然爲國長城，庶幾中原不失，江左可居。」詔付三省。未幾，言者謂舜陟爲臺官而事僞庭，遂除秘閣修撰、知廬州，其議遂寢。

門下侍郎耿南仲告老。癸巳，除觀文殿學士，提舉洞霄宫。而元帥府參議官耿延禧、高世則亦以宫觀去。

上欲命相而難其人。黄潛善、汪伯彦皆元帥府舊寮，新擢執政，人望未孚。惟資政殿大學士李綱，當靖康京城初被圍時能建議力守，後宣撫河東，救太原，雖無功，而士論恕之，謂其平日有志，宜今可用。甲午，綱自外除右僕射兼中書侍郎。綱，邵武人。淵聖除綱領開封府，路梗，尚未赴也。

乙未，上恭謝於鴻慶宫，以五月二十一日爲天申節。

言者謂：「吏部尚書王時雍昨留守東京，虜人取皇族，遣之殆盡。及取其婿太學博士熊彦詩，則設計爲免。後虜晝廢帝，百官相持以泣，時雍獨無戚容。已而，百官哭於南薰門，時雍亦不預。又竊禁中寶物，以遺虜使爲名。自以兼將相之重，請用二府鞹。蓋曾不知愧，有何面目復見陛下？」詔罷時雍爲提舉玉局觀。彦詩，鄱陽人也。

尚書左丞馮澥乞罷，除資政殿學士、知潼川府。以兵部尚書呂好問爲右丞，又以延康殿學士、提舉萬壽觀李回知洪州。澥尋落職，提舉玉局觀。

呂好問家傳曰：時賜對，上勞之曰：「宗廟獲全，皆卿之力。」遂除右丞。

時金虜主晟起燕，雲，上、中京，遼東、西，長春，平州凡八路民兵，隸於諸萬户，分寇兩河。於是，渤海萬户撻不也屯河間府，女真副統詔合屯真定府，契丹都統馬五屯平陽府，女真萬户銀朱屯太原府，女真萬户婁宿屯河中府，而雄、霸、嵐、憲、澤、潞諸州皆有萬户分屯。自虜之初入寇也，朝廷許諸郡得便宜行事，故各務自保。逐路帥司不能調發，無連衡合從相援之勢。又虜兵方盛，非一州之力所能敵。故虜得併兵，既破一州，又破一州。至是，女真副統蒙哥進據磁、相。詔統制官馬忠、張換將所部兵五千人，自恩、冀趨河間以襲之。

時靖康執政皆去，而簽書樞密院曹輔已病，丙申，卒。

丁酉，詔宣仁聖烈皇后保祐哲廟有大功，而姦臣造言，仰誣盛德，著於史牒，以欺後世。可令國史院據實而修，播告天下。於是，蔡卞、邢恕皆追貶。

詔遣統制官薛廣、張瓊將所部各三千人，廣自内黄，瓊自開德過河，會河北山水寨義兵二萬同復磁、相。尋以遣宣教郎臨江傅雱借工部侍郎，爲祈請使。又令廣、瓊且駐河南。

戊戌，以禮部侍郎謝克家爲翰林學士，徽猷閣待制、北道副總管顔岐爲御史中丞。翰林學士莫儔除述古殿學士，承旨吴幵除龍圖閣學士，皆奉祠而去。儔，歸安人。幵，清流人也。

己亥，詔略曰：「朕將謹視舊章，不以手筆廢朝令，不以内侍典兵權。容受直言，雖有失不加以罪。非奉典禮，上方無飾繡繪；非急繕治，大匠無營土木。非軍功無異賞，非戎備無僝功。斷以必行，無或有貳。尚慮羣臣有獻奇巧，薦祥瑞，褒頌以導諛，隱諱以蒙蔽，大臣所舉非實，臺諫所言非公，凡此之屬，必罰無赦。用修播告，以敷朕心。」

先是，知揚州許份言〔一六〕：「濟、鄆與寇爲鄰，南京雖興王之邦，而胡騎屢至。惟揚州前江後淮，有險可恃，願駐蹕於此。」是日，詔略曰：「屬方勤於北顧，難遽議於東巡。」份，侯官人，將子也。

初，江寧府禁卒周德等叛，執知府資政殿學士宇文粹中，殺官吏，嬰城自守。會經略司屬官鮑貽遜統勤王兵七千至城下，發運判官方孟卿檄貽遜進兵逼城，德等乃受招安。粹中，華陽人，靖康中自右丞出帥。貽遜，龍泉人。孟卿，鄱陽人也。時新除右僕射李綱行次江寧，因與漕臣、權府事吴人李彌遜謀，是日，誅首惡五十人，其衆千餘，令提舉常平官王枋部赴行在。

庚子，詔靖康主議誤國之臣，前宰執李邦彦、吴敏、蔡懋、宇文虚中等悉竄廣南。邦彦潯州，敏柳州，懋英州，虚中韶州。邦彦，河内人。敏，揚子人。懋，確子。虚中，粹中弟也。

徽猷閣待制、新知揚州梁揚祖改除江淮等路發運制置使，以直龍圖閣向子諲副之。子諲，敏中孫也。

癸卯，罷天申節上壽常禮。

資政殿學士宋城路允迪，靖康初爲簽書樞密院，未幾奉祠去。丁未，召爲吏部尚書。資政殿學士建陽范致虛，靖康末以前執政帥長安，嘗統兵復西京，擒僞留守高世由。未幾兵敗，退駐潼關。至是，復命爲京兆經略安撫使。

初，西道總管資政殿學士王襄、北道總管資政殿學士趙野，皆以前執政任總，帥兵赴闕，而遷延不進。至是，襄、野并責分司。詔略曰：「豈有兩君之在野，略無一騎之入關，故取迂途以爲遁計？」尋又各以散官安置。襄，永州；野，邵州。野，開封人〔一七〕。襄，南陽人也。

戊午，詔太常少卿周望借給事中，充大金軍前通問使。武功大夫趙哲除達州刺史，副之。望，上蔡人也。

是月，以直龍圖閣、東道副總管朱勝非爲中書舍人兼直學士院。時事皆草創，詔書填委而院無几案。勝非嘗憑敗鼓草詔，然文氣嚴重如平時。勝非因奏：「陛下新即位，宜正始。正始之説無他，仁義而已。仁義者，天下大柄也。人主當持之，而朝廷奉承之，則人主尊；朝廷當持之，而四方順從之，則朝廷尊；中國當持之，而夷狄欽服之，則中國尊。

人主失其柄，必有大臣跋扈之患；朝廷失其柄，必有尾大不掉之患；中國失其柄，必有夷狄交侵之患。國家與北虜結好一百二十餘年，彼既亂弱，乃遠交金戎爲夾攻之計。天祚匿於近塞，遣使指蹤，令金戎取之，且露章稱賀，是中國失其柄矣。金戎内侵，每以渝盟失信爲辭，此皆燕人之語，怨我背契丹之約也。不然，金人通好以來，何嘗違其意哉！願睿明務思其本，凡進退人才，弛張法度，禮樂征伐，慶賞刑威，一話言，一嚬笑，必加詳審。合於仁義者行之，不合於仁義者置之，則可以弭兵保民，紹復大業，迎還兩宮矣。」上嘉之。

時在京榷貨務鬻鹽鈔茶引，而道途未通。發運使梁揚祖請權於真州置司，詔揚祖兼領其事。於是，歲入六百萬緡。歲入六百萬，據揚祖行述。

校勘記

〔一〕嘗侍道君習射於鄆王府　「嘗」，原作「常」，據文淵閣四庫全書本中興小紀卷一改。

〔二〕上意閒暇如平日　「閒」，原作「間」，據文義逕改。類此異體字，後不出校。

〔三〕世則瓊孫也　「瓊」，四庫本及廣雅書局本中興小紀卷一均作「瑗」。按：高世則應爲高瓊之後。建炎以來繫年要録卷一：「世則，公繪子。」小注：「公繪，蒙城人，韓武烈王瓊元孫，仕至保静軍節度使。」

〔四〕守臣秘閣修撰義烏宗澤啓上謁其廟　「烏」，原作「馬」，據四庫本中興小紀改。

〔五〕陳亨伯元帥　「陳亨伯」，陳亨伯名遘，見建炎以來繫年要録卷一。因宋高宗名構，爲避諱，故本書以字行。此句原闕，據四庫本中興小紀補。

〔六〕非出北門濟子汸河不可　「子汸河」，四庫本作「子城」。按，湯陰北有防城、防水。而三朝北盟會編卷七二云：「會孟世寧自北京遣人來投文字，自元水鎮過子城渡。」子城渡僅見於此，未知孰是，姑仍舊文。

〔七〕澤請自領兵至開德　「開德」，原作「東平」，四庫本中興小紀卷一作「都城」，俱誤。據建炎以來繫年要録卷一，其時宗澤請「進屯近畿」，即指開德，康王然之，遂命進屯澶淵。因據以改。

〔八〕二年正月辛卯朔　此「二年」指靖康二年。

〔九〕丁卯　此爲二年二月丁卯。

〔一〇〕宜比河北榷貨務法　「宜比」，原闕，據四庫本中興小紀卷一補。

〔一一〕戊午　「戊午」原誤作「戊子」，據四庫本中興小紀卷一改。

〔一二〕癸亥　此爲四月癸亥。

〔一三〕宗室仲琮議用晉武陵王遵承制故事　「陵」，原作「靈」，據四庫本中興小紀卷一改。按晉書安帝紀，元興三年四月，大將軍武陵王遵稱制。知以「陵」字爲正。

〔一四〕除常赦所不原者　「赦」字，原闕，據四庫本中興小紀卷一補。

〔一五〕相援鄰鎮　「鄰鎮」，原闕，據四庫本中興小紀卷一補。

〔一六〕知揚州許份言　「份」，原作「邠」，按中興小紀及宋史建炎以來繫年要録諸書皆作「份」，因據改。

〔一七〕野開封人　原闕，據四庫本中興小紀卷一補。

宋朝中興紀事本末卷一下

起建炎元年六月己未朔盡其月

六月己未朔，李綱至行在。初，御史中丞顏岐言：「張邦昌爲金人所喜，雖已位三公，宜增其禮。綱爲金人所惡，宜置閒地。」至是，綱入見，首言：「陛下用臣爲相，而外廷之論如此，臣願歸田里。至如命相於金人喜惡之間，更望聖心審處。」上曰：「顏岐嘗有此言。朕告之以『如朕之立，恐亦非金人所喜者』，岐無辭而退。」綱乃赴堂治事。時諫議大夫范宗尹亦言：「綱名浮於實，而有震主之威，不可以相。」章三上不報。宗尹，穀城人。

既而綱上十議：一議國是，謂當以自治爲上策；二議巡幸，謂關中爲上，襄陽、建康次之；三議赦令，不當以張邦昌僞赦爲法；四議僭逆，謂邦昌宜正典刑；五議僞命，謂受僞命者宜依唐肅宗以六等定罪；六議戰，謂宜一新軍政；七議守，謂沿河、沿淮、沿江宜控扼其衝；八議本政，謂崇、觀以來政出多門，今宜歸中書；九議久任，謂宜擇大臣，責其成功；十議修德，謂當上施德以感天人之心。詔國是中書遵守，巡幸當還京城。

辛酉，詔潛邸名升暘宮。

先是，圍城百官中有余大鈞、陳沖、王及之、洪芻等八人，皆誘内人爲妾，及因鈔金銀，自盜入己。事覺，送御史臺鞫治。

壬戌，李綱再論圍城中受僞命者。上曰：「國家顛覆，士大夫不聞死節，往往因以爲利。如余大鈞、洪芻誘宫嬪爲妾，王及之坐蕃衍宅門詬諸王，卿知否？」曰：「見鞫之，必得其情。」〔一〕

中興記曰：李綱入來，方成朝廷者，正謂此也。公之十議一一施行，而議僭叛、議受僞命二章獨不下。綱曰：「此刑政之大者。」蓋謂臣之罪莫甚於僭叛，莫大於從僞。此而不誅，何以正朝廷，何以正百官，何以曉天下，何以懲戒萬世之事君者？上未遽行者，以祖宗不忍殺大臣也。邦昌忍於易姓，忍於負宗社；王時雍之徒，忍於覆國，忍於事異姓，苟可以謀身者，皆無所不忍。若使覆宗社而無誅，宗社何罪焉？棄主事僞而無刑，彼盡忠守節者何辜哉？」然綱之議雖行，而公之謗愈多矣。

綱又言：「靖康之禍，在内惟李若水，在外惟霍安國，死節甚著。而吴幵、莫儔、王時雍、徐秉哲皆奉金人指，立張邦昌，及捕宗室戚里，及一受僞命爲執政，此爲罪首。」先是，若水已贈觀文殿學士，秉哲以散官安置。乃詔贈安國延康殿學士，貶時雍高州，幵永州，儔全州，并安置。時在圍城中者，綱概欲以叛逆罪之。右丞呂好問曰：「王業艱難，正含垢納污之時，遽繩以峻法，懼者衆矣。責以不能死則可，若直謂之叛逆，彼豈無辭乎？」綱意不厭，乃遣其客正字晉陵胡珵要説好問，區別圍城人爲三等，以差行戮。且曰：「必如是，方可表公之忠節。」好問謂珵曰：「某與君俱處城中，衆以爲可罪者纔十許人耳！餘人本末，吾輩所共悉，寧可以叛逆加之邪？」綱由是不樂。

呂本中雜説曰：虜再犯京師，謝克家、耿南仲黨人往往在圍城中，皆前日力攻李綱者也。綱既相，復以圍城中事中傷之。以邦昌僭號叛逆，凡在圍城中皆次第論罪。吕好問謂綱曰：「圍城中固可罪，若但責以不能死節，彼無所逃罪矣。然其間尚有曲折，若專以叛逆罪之，則彼必有辭矣，恐反爲害。」由是綱不悦，即使言者中好問，上深以爲非。然好問亦不敢留，綱亦旋罪去。由是觀之，耿南仲、李綱之黨，苟以罪更相加誣，於國事所害甚大，皆不得無罪也。〔二〕

綱又言：「當靖康元年二月虜退之後，士大夫樹黨邪正，在都者曾無伏節死難，而多偷生取容。甚者乘時爲奸，靡所不至，爲中國羞。姑取其尤，量加竄責，以爲臣子之戒。至於卒伍，理當闊略，以責後效。」既而臺獄具，余大鈞等皆當棄市。上曰：「有司之法如此，新政重於殺士大夫。」李綱等亦言：「天地之大德曰生。」於是詔流大鈞與陳沖、洪芻於沙門島，王及之與張卿才、李彝、周懿文、胡思恭，廣南諸州安置。臺獄具在八月戊午朔，今聯書之。

李綱又奏：「張邦昌侍金人盜神器，國破而資之以爲利，君辱而攘之以爲榮。迨知陛下總戎於外，天人所歸，乃始退舊班，遣使奉迎。今冒處王爵，平章大政，方且偃然自得。

儻或逃誅，何以立國？臣請以春秋之法斷之。若都城人則謂因邦昌得生而德之，若元帥府則謂邦昌不待討而恕之，若天下則謂邦昌易姓建號而憤之。都城人德之，元帥府恕之，私也；天下憤之，公也。春秋之法，大臣無僭，僭而必誅。今陛下欲中興，當先正朝廷，乃崇僭逆之臣，以示四方，其誰不解體？若執政中有議不同者，臣乞與之廷辯。」上乃召黄潛善、吕好問、汪伯彦再對。而潛善主邦昌甚力。綱曰：「陛下必欲用邦昌，乞罷臣相。」上顧好問曰〔三〕：「邦昌僭位，人所共知。既已自歸，惟陛下裁處。」綱又曰：「卿在城中知其詳，謂當何如？」好問曰：「邦昌罪當誅，陛下以其自歸，則貸死而遠竄之。」潛善乃言：「在遠不如在近。」是日，詔邦昌以散官，潭州安置。

以中書侍郎黄潛善爲門下侍郎。

新除翰林學士謝克家力乞祠，遂除述古殿學士，提舉洞霄宫。既而言者論其嘗受僞命〔四〕，乃詔落職。

初，知陳州趙子崧、知汝州趙子櫟、知蔡州閻孝忠，皆密邇寇兵，能保全境内。知襄陽府黄叔敖、知漢陽軍李彦卿、通判鄂州陳規，皆扞賊有勞。又荆南府帥臣鄧雍棄城南遁，賊欲乘勢渡江破公安縣，知縣程千秋率民禦之，賊不敢犯。是日，詔子崧陞二秩，子櫟寶文閣直學士，叔敖秘閣修撰，孝忠、彦卿皆直秘閣，千秋陞一秩，就除本府通判。叔敖，分寧人。雍，雙流人。規，臨沂人〔五〕。尋詔雍爲禁從，賊來先遁，落職與宫觀。既而襄陽復不守，叔敖落職，降充監當。

甲子，召通奉大夫傅墨卿爲禮部尚書，龍圖閣學士郭三益爲刑部尚書。墨卿，山陰人，前知舒州，以武昌寇作，遣其孥還越，道由江寧，遇周德之變，一家盡死。墨卿方遭患，不及就職。三益，嘉興人也。

初，上諭宰執，令置登聞檢鼓院，以通下情。至是，置於行宫門外。

李綱言：「今日中興規模，有先後之序。當修軍政，變士風，裕邦財，寬民力，改敝法，省冗費，誠號令，信賞罰，擇帥臣，選監司。使吾政事已修，然後可議興師。而所急者當先理河北、河東，蓋兩路國之屏蔽。今河北惟失真定等四郡，河東惟失太原等六郡，其餘皆在，且推其土豪爲首，多者數萬，少者數千。不早遣使慰之，臣恐久之食盡，援兵不至，即爲金人用矣。謂宜於河北置招撫司，於河東置經制司，擇有才者爲使，以宣陛下德意。有能保一郡者寵以使名，如唐之方鎮，俾自爲守，則無北顧之憂矣。」上曰：「誰可任此者？」綱因薦前監察御史張所於河北，直秘閣傅亮於河東。乃詔借所直龍圖閣、招撫河北，又以樞密副承旨王𤫊經制河東，而亮副之。皆賜錢百萬緡，以備募兵。又給半歲糧及空名告千餘道，用畿兵千人爲衛，遣之。𤫊，成紀人；所，益都人，靖康末皆至河北募兵，時因論黃潛善坐貶。亮，馮翊人，號知兵，初以布衣得召〔六〕，權京西統制官，將兵數千，直至汴京城外，與虜戰。至是，綱皆引用之。

丁卯，詔略曰：「行在將士適當隆暑，暴露之久，尤軫朕懷。又賦斂之繁，當謀蠲減。法令之敝，當議改更。潰兵爲盜，因間虜掠，殘破郡邑，已降赦令，當遣使招集，許令自新。贓吏爲姦，乘時掊克，重困吾民，罪不可貸，當遣使按治，置於典憲。靖康間敢言之士或至竄逐，宜悉召還。自今有智謀之人如能獻諫〔七〕，宜悉擢用，協成治道，以篤中興之烈。」

辛未，以皇子生，大赦天下。

上登極赦書已罷神霄宫。是日，又詔本宫錢穀并付轉運司以充省計。既又詔道士林靈素、鄭知微、傅希烈家資，令温、處二州籍没。

上初詔取進士，命兼權直學士院河南王綯條所當行者。綯言經義當用古注，不專取王氏說。乃詔復元祐詩賦經義兼收之制〔八〕。

鴻臚主簿鄧肅，沙縣人也，宣和間因進花石綱詩得名。李綱爲起居舍人，論京城水災，謫沙縣監税，與肅游，相善。靖康間，肅被召得官。京城破，遂入統制官傅亮軍中。至是，以肅爲右正言。肅首論：「圍城中有以侍從官而爲僞執政者，有庶官而爲侍從者，有爲張邦昌撰赦文者，有因邦昌而改名者〔九〕，是皆不復知有宋德，請悉以叛臣目之。其上者置於嶺外，次則遠處編管。卿監而下，朝廷本不以國士待之，難以國士責之，但籍其姓名，自是不復任爲臺諫侍從。若用此，則一綱而盡，不惟上報二聖之德，亦破天下姦雄之膽也。」時右司諫潘良貴亦論圍城中人，乞分三等定罪。良貴，金華人也。

呂本中雜記曰：鄧肅前一年因李綱進得官，時又用汪伯彦薦爲右正言，故傅會綱意，專以圍城爲言。既而潘良貴又乞分三等誅罰。

癸酉，詔河外、陝西、山東與鄰路相援，如常山之蛇，首尾互應，令虜腹背受敵。每路帥臣統之，猶一人而運四體。寇至援兵四集，則賞不踰時，違者必罰無赦。

詔諸縣添置武尉一員。

戊寅，同知樞密院汪伯彥進知院事。

己卯，詔於沿河、沿淮、沿江置帥府要郡以扼之。帥府帶安撫，要郡帶鈐轄，各武臣爲之副。又別置淩波等水軍。

上之初即位也，即命寧武軍節度使范訥爲京城留守。而李綱素與訥不協。至是，右正言鄧肅言：「訥去年出師兩河，望風先遁，遂奔南京，擁衆自護。今在東京，揭榜曰『今日汴京已爲邊面』。且兩河之地，陛下未嘗棄之，民效死者幾於百萬，日有捷報。而訥乃自呼邊面，且率百姓而去。訥家有房緡，盡鬻之以市兼金，而爲去計，遂使居民皇皇不能安席。况訥嘗謂過客曰：『留守之説有四，戰、守、降、走而已。今戰則無卒，守則無糧，不降則走矣。』此語大播，羣臣皆知，不止於風傳而已。漢得人傑乃守關中，豈奔軍之將可與此乎？」庚辰，詔罷訥，仍降授承宣使，淄州居住。

先是，召延康殿學士張慤爲户部尚書。至是，首言：「陛下當判忠邪，忠邪判則治亂分。」壬午，遂除慤同知樞密院事兼提舉户部財用。

初，召舊相、觀文殿學士宋城徐處仁爲大名尹。處仁時已被病，至是，卒於大名。

初，言者論：「靖康末，折彦質爲宣撫，錢蓋爲制置，高亢總兵守河，皆不戰而遁。今置不問，則後將何以使人？」彦質，可求子。可求見知府州，猶未陷於虜。蓋，惟演孫也。詔貶彦質昌化軍，蓋落職，高亢編管海外。亢行次南康軍，至是，知軍李定、通判韓璹奏亢欲謀變，已誅之，且待罪。右僕射李綱曰：「亢將兵守河，賊未至而先走，朝廷不能正軍法，一軍壘守倅乃敢誅之，必健吏也。使後之受命扞賊者少知所戒，是當賞。」上曰然。乃詔定、璹各轉一官。

初，金虜左元帥粘罕，自河東歸至雲中，右副元帥窩離孛自河北歸至燕山。至是，聞上龍飛睢陽，張邦昌入覲，遂會於山後草地議事。窩離孛中暑死，乃以其弟窩離嗢爲右副元帥。時金國主晟嘗遣使諭粘罕，止南寇之兵。粘罕報以本朝數遣人要約契丹、漢兒，欲共攻其國，以激怒之。蓋粘罕專權，晟不能令。至於命相亦取決焉，晟守虚位而已。

初，錢蓋制置陝西，嘗議湟、鄯之地於朝廷無毫髮利而歲費不貲，不若立青唐之後，使爲藩臣。有益麻黨征者，故王之子，國人所服，儻立之，必得其力。至是，用蓋策。乙酉，復蓋元官，除陝西總制使，賫告授益麻黨征，仍賜姓名曰趙懷恩，因召五路兵赴行在。

以延康殿學士宗澤爲東京留守。時馬軍都指揮使郭仲荀見統禁旅在京城〔一〇〕，執政黄潛善、汪伯彦頗疑澤，故就命仲荀副之，又以顯謨閣待制杜充爲北京留守。仲荀，逵孫。充，安陽人也。

詔罷州縣職田。

右僕射李綱請令河北諸路募兵及募民出財助軍費。且言：「熙、豐間，内外禁旅五十九萬。今禁旅單弱，何以捍强敵而鎮四方？故莫若取財於東南，募師於西北。若得數十萬付諸將，以時練之，不久皆成精兵，此最爲急務。」丙戌，乃詔陝西、河北各募三萬，京東、河東各募二萬，合爲十萬，仍創驍勝、壯捷、忠勇、義成、龍武、虎威、折衝、果毅、定難、靖邊，凡十號，每號四軍，二千五百人。

綱又上三議，一曰募兵，二曰買馬，三曰募民出財助軍費。且言：「熙、豐間，内外禁旅五十九萬。今禁旅單弱，何以捍强敵而鎮四方？故莫若取財於東南，而募師於西北。若得數十萬付諸將，以時練之，不久皆成精兵，此最爲急務。」於是，詔陝西、河北各募三萬，京東、河東各募二萬，仍創驍勝、壯健、忠勇、義成、龍武、虎威、折衝、果毅、定難、靖邊，凡十號，每號四軍，每軍二千五百人。李綱又言：「步不足以勝騎，而騎不足以勝車。」乃請以車制頒於京東西路，使制造而攻習之。

諫議宋齊愈入對，以綱招軍買馬、勸民出財助國非是。

上皇北遷，龍德宫器玩悉爲都監王球所竊。及是，内侍陳烈以其餘寶器來上，皆遐方異物。李綱諫，上亟命碎之。

董氏女死於盜。

命王淵、劉光世、韓世忠、張俊分討羣盜〔一一〕。

上嘗問綱：「靖康初能守京城，金人再來，遂不克守，何也？」綱曰：「金人初來，未知中國虛實。雖渡河，而粘罕之兵失期不至。及再來，則兩路並進。初時，勤王之師數日皆集；再來，圍城，始召天下兵，遂不及事。初時，虜寨於西北隅，而行營司兵屯城外要地，四方音問不絶。再來，朝廷自決水浸西北隅，而東南無兵，賊反據之，故外兵不得進。又淵聖初即位，將士用命，其後人稍解體。又虜初來，城中措置有叙，其後無任責者。賊至，造橋渡壕，恬不加恤，賊遂登城。此前後所以異也。」

丁亥，上諭宰執：「東京發到内庫寶器，有玻璃、碼碯之屬，皆遐方異物，内侍陳烈以進。朕念玩物喪志，悉令碎之。」汪伯彦曰：「陛下初即位，便能以道養志，不累於物，中興之功，不足致也。」

詔：「河東、河北自太原失守之後，列郡被圍，誓以死守。昔有一城固守不下，則載信史以耀後世。今數千里之廣無一人肯負國者，忠義之俗，古所未有。訪聞失職之吏，失機之軍，失業之民，渡河而南，未有所歸。其令帥臣監司，悉心措置，分布而收係之。」

初，淵聖登極，高麗國入貢，遣吏部郎官華亭衛膚敏爲宣問使，至明州迓之。始許使人春見，而虜已逼城，詔令不通。使人坐館淹久，日費以萬計。膚敏度不可留，乃以幣易金繒，厚餉其使而遣之還朝，請矯制之罪。上嘉賞，遷爲衛尉少卿。至是，膚敏言：「屬者虜犯汴京，乘輿保金湯而居，固善。然知虜雖棄去，秋必復來，而尚嬰孤城，此大臣不知變之過也。今兩河諸郡幸皆堅守，臣謂宜陰以帛書，許其世封，使人知自愛，不爲賊有。其陝西、山東、淮南則令增埤濬湟，訓齊其人，而擇大臣以鎮撫之可也。」

是月，顯謨閣直學士、知越州翟汝文奏：「陛下即位赦書，祖宗上供悉有常數，後爲獻利之臣所增者，當議裁損。如浙東和預買，絹歲九十七萬六千匹，而越乃二十萬五百匹。以一路計之，當十之三。如杭歲數之額蓋與越等。杭去年已減一十二萬匹，獨越尚如舊數。矧經方寇焚劫，户口凋耗，蕭山一縣，家業纔一百七十緡，則民力之困可知。今乞將户三等已上減半，四等以下權罷。及身丁錢鹽，舊皆有定制，其後折米而已。今悉爲帛，臣已祇令納見直。」從之。於是，兩浙轉運判官吴昉劾其擅放物帛。詔鐫汝文二秩。汝文，丹陽人。昉，侯官人也。

校勘記

〔一〕必得其情　本條，按：原本以下原有「綱又上三議」以下五節，其中惟所引中興記與李綱上十議相銜接，其餘各事，如所謂「上三議」，據建炎以來繫年要録卷六，乃在本月底，知原本此處錯簡。因將中興記附後，而餘事并置於丁亥記事之前。

〔二〕自「綱又言」至此三節，原俱闕，據四庫本中興小紀卷一補。建炎以來繫年要録卷六亦於注中引小曆此二節原文，知確爲原本所佚失者。而所引雜記之「虜」字原作「金人」，應係四庫本所改，今依本書體例回復。

〔三〕曰卿在城中知其詳謂當何如好問　「曰卿」至「好問」十四字，原闕，據四庫本中興小紀卷一補。

〔四〕既而言者論其嘗受僞命　「嘗」，原作「常」，據建炎以來繫年要録卷六改。

〔五〕臨沂人　「沂」，原誤作「行」，據四庫本中興小紀卷一改。

〔六〕初以布衣得召　「召」字，原作「名」，據四庫本中興小紀卷一改。

〔七〕自今有智謀之人如能獻諫　「諫」，原作「便」，據四庫本中興小紀卷一改。

〔八〕乃詔復元祐詩賦經義兼收之制　「收」，原作「經」，據四庫本中興小紀卷一改。

〔九〕有爲張邦昌撰赦文者有因邦昌而改名者　以上兩句，原俱闕，據四庫本中興小紀卷一補。

〔一〇〕時馬軍都指揮使郭仲荀見統禁旅在京城　「京」後原衍「師」字，據文義删。

〔一一〕綱又上三議……命王淵劉光世韓世忠張俊分討羣盜　以上五節，皆自壬戌日移此。按：李綱上三議事，建炎以來繫年要録卷六置於此月二十八日丙戌。而碎龍德宫寶器事，又與丁亥記事相銜接，知必此時事，故移此也。

宋朝中興紀事本末卷二

起建炎元年七月盡九月

秋七月己丑朔，以徽猷閣直學士董耘爲兵部尚書。耘，須城人，嘗爲元帥府參議官，初以兵部侍郎召。至是，擢用之〔一〕。

己亥，詔：「臺省寺監，以繁簡相兼，館職學官減半。開封府曹掾依舊爲推官，諸路提舉常平并歸提點刑獄司。兩浙、福建市舶并歸轉運司。諸州司録依舊爲簽判，曹掾官依舊爲節察推判官、支使、掌書記、録事司户司理司法參軍。縣不滿萬户，不置丞，罷吏員三之一。堂吏遵祖宗法，轉官止朝散大夫。初除外任，只爲通判。前宰執子弟緣恩數帶貼職及待制以上并罷。宰執并見任宫觀待闕未有差遣京朝官以上俸錢，并權減三分之一。」

右僕射李綱言：「中原天下根本，一去之則人心摇。臣昨建策，以適襄、鄧爲次者，示不去中原，且繫其心耳。近外議紛紜，謂陛下將幸東南，果然，臣恐中原非復我有。」上曰：「但欲奉太后及六宮往東南，朕當留中原。」綱曰：「陛下英斷如此，雖漢之高、光，唐之太宗，不過是也。乞降詔。」上乃命綱擬詔。辛丑，詔略曰：「朕將親督六師，以援京城及山東、河北諸路。已奉迎隆祐太后津遣六宮及衛士家屬置之東南，朕與羣臣獨留中原。應在京屯兵聚糧，修樓櫓，治器具，令留守司趣辦之。」

壬寅，以右僕射李綱爲左僕射兼門下侍郎，門下侍郎黄潛善爲右僕射兼中書侍郎。時初建御營司，綱與潛善并兼使，而同知樞密院事張愨副之，又擢鄜延副總管劉光世爲本司都統制。

癸卯，尚書右丞呂好問除資政殿學士、知宣州。

呂好問家傳曰：時臺諫官多李綱所厚，因論圍城事，并以中好問。上出手札付尚書省曰：「昨邦昌僭號之初，呂好問即募人賫帛書，具道京城内外事。金人甫退，又遣人勸進。考其心迹，與餘人不同。言官所不知，仰尚書省行下。」於是好問力求去，乃除職知宣州。時七月己酉也。家傳記好問罷政日，與建炎詔旨所書皆不同。

召延康殿學士、提舉鴻慶宫許翰爲右丞。翰，襄邑人，靖康爲同知樞密院，與李綱最厚，故復用之。

乙巳，李綱言：「今未能幸關中，宜適南陽。」乃詔委守臣修繕城隍。又降鈔鹽錢帛，令漕臣范之才儲糧草。及命江、湖綱運由襄、漢通漕，并四川轉輕貨，自歸、峽以輸於鄧。於是，中書舍人劉珏言：「當今之要，在審事機，愛日力爲急。自虜北歸，已再踰時。陛下中興，亦既數月矣。而六龍時巡，靡所定止。攻戰守備，闕然不講。臣聞近臣有欲幸南陽者，南陽密邇中原，易以號召四方，此固然矣。然今日兵弱財單，陳、唐諸郡，新刳於亂。千乘萬騎，何所取給？南陽城惡，亦不可恃。夫騎兵，虜之長技，而不習水戰。金陵天險，前據大江，可以固守。東南久安，財力富盛，足以待敵。」又衛尉少卿衛膚敏亦言：「建康實古帝都，望詔東幸，徐圖北向，爲萬全之策。」珏，長興人也。

丙午，户部侍郎黄潛厚遷尚書。於是，中書舍人劉珏言：「潛厚乃宰臣親兄，祖宗以來，無兄弟同居一省者。」上遣同知樞密院張慤諭珏：「所論固當，以濬厚明於國計，姑從權宜可也。」

丁未，以虞部郎官張浚爲殿中侍御史。浚，綿竹人，咸子也〔二〕。

時諸路各置總管。己酉，詔四路都總管并罷。

右諫議大夫臨邛宋齊愈，初在圍城中，自外至會議處，寫「張邦昌」三字。至是，鞫於御史臺，獄具。壬子，賜死。

丙辰，上出道君親書「便可即真，來救父母」八字，以示宰執。上泣，羣臣皆泣。李綱曰：「此陛下受命於道君者，宜藏之宗廟，以示萬世。」從之。

初，江浙經制使翁彦國橫賦暴斂，致亂東南。而其黨兩浙轉運判官吴昉助之爲虐，人不聊生，至有擊登聞鼓以訴者。時彦國移知江寧府，上乃亟罷二人。丁巳，降詔引咎。略曰：「比緣時巡，深戒有司從儉。而彦國與昉，同惡相濟。今彦國罪盈物故，而昉已罷，庶幾吾民少安。」先是，左僕射李綱以彦國姻黨庇之，至貼改聖旨而獨罪昉。中書舍人朱勝非言：「舍渠魁而責支黨，臣所未喻。」卒正彦國罪。彦國，崇安人也。

初，諸路發禁兵，會東道總管司勤王至，則總管胡直孺已陷於虜，遂留南京。上即位，遣諸路兵還。時杭州兵纔三百餘人，有故童貫下勝捷殘兵初爲盜。將兵者遂誘以足數。軍校陳通等見杭州富饒甲東南，因謀歸爲亂。

八月戊午朔，通等夜劫庫兵以叛，拘帥臣、龍圖閣學士葉夢得，殺轉運判官吴昉與副將白均以下凡十二人。時轉運副使顧彦成方出巡，通欲候其歸併害之。彦成歸，及城外而變作，遂復走秀州。通等逼令前執政、特進薛昂領郡事，昂不能拒。夢得，吴縣人。昂，餘杭人也。

己未，浙東帥臣翟汝文集兵於西興渡，以禦杭寇，且奏乞令浙西兵亦聽其節制。

壬戌，詔御史中丞顔岐除待制，提舉明道宫。

初，右正言鄧肅言：「陛下欲進兵援京城，爲耿南仲父子所沮。」時南仲爲觀文殿學士、提舉洞霄宫，詔併其子龍圖閣學士延禧并落職。至是，侍御史侯官王賓復累疏論南仲罪。

癸酉，責授散官，建昌軍居住。

丙子，詔依祖宗故事，改帝姬復爲公主。

先是，杭寇申翟汝文，云若得内翰親至即降。汝文信之，是日以兵七千渡江。時經制司遣屬官鮑貽遜領槍仗手二千人亦至城下，賊不聽命，汝文復回越州。

初，左僕射李綱薦張所招撫河北，傅亮經制河東。至是，所言乞置司北京，俟措置就緒即渡河。而權北京留守張益謙，奏以爲招撫不當置司北京。亮亦言經制司兵纔萬人，河外皆虜界，乞權置司陝府。右僕射黄潛善頗沮所，又以兵少不如勿遣罷之。綱言：「潛善力沮二人，乃所以沮臣，使不安職。臣每覽靖康大臣不和之失，凡事必與潛善等議而後行，不謂彼乃設心如此，乞歸田里。」殿中侍御史張浚與宋齊愈素善，知齊愈死非其罪，謂上初立，而綱以私意殺侍從，典刑不當，有傷新政，恐失人心。於是首論綱罪。丁丑，綱罷爲觀文殿大學士，提舉洞霄宫。制辭略曰：「謀猷弗效，狂誕罔悛。虧恭孝之通規，負弼諧之初望。既盡括郡縣之私馬，又竭取東南之民財。出令符於公議，則屢抗以淹留；用刑怫於羣情，則力祈於親札。以至貼改已畫之旨，芘其外姻之姦。兹遣防秋之師，實爲渡河之援。預頒誥命，厚賜緡錢。費踰百萬之多，僅達京師而止。專制若此，設心謂何？」綱相凡七十五日。

於是，右正言鄧肅言：「人主之職，在論一相。陛下初登九五之位，召李綱於貶所，而任以臺衡，待之非不專也。然綱學雖正而術疏，謀雖深而機淺。陛下嘗顧臣曰：『李綱真以身徇國者。』今日罷之，而責詞甚嚴，臣所以疑也。且既非臺章，又非諫疏，不知遺詞者何所據而言。臣若觀望，豈爲愛君？且兩河百姓，雖願效死，而數月間茫然無所適從，及綱措置不一月，而兵民稍集。又僞楚之臣，紛紛皆官於朝，綱先逐邦昌，而叛黨稍正其罪。今綱去，則二事將如何哉？兩河無兵，則夷狄驕；叛臣在朝，則政事乖。綱於此不可謂無一日之長也。」肅尋與郡。而言者極論其罪。上曰：「肅亦何罪？送吏部足矣。」

右丞許翰因求去，且力言：「綱忠義英發，非綱無可與建中興之業者，今綱罷而留臣無益。」既而張所亦罪去，傅亮引兵歸陝西，招撫、經制司皆廢矣。

馬軍都指揮使郭仲荀自京東部禁旅詣行在。仲荀以七月至。至是，詔仲荀護衛隆祐太后之江寧府，及制置東南盜賊。

初，李綱建議買馬及勸民出財。至是，上慮擾民，且東南非產馬之地。已詔罷之，惟陝西每州令買馬百匹。

辛巳，提舉明道宫顔岐再除御史中丞，不就職，遂改工部尚書。

先是，召太學生丹陽陳東赴行在。東既至，上書論宰執黄潛善、汪伯彦不可任，李綱不可罷，仍告駕還汴京，治兵親征。凡三上。會進士臨川歐陽澈亦上書極詆用事者，其間有及宫禁燕樂事不實。上因與大臣語及之，謂澈不審。潛善乘是密啓，誅澈併以及東。壬午，皆就誅。

詔遣殿中侍御史馬伸往湖、廣四路〔三〕，監察御史寇防往江、淮四路，吏部郎官黄次山往京東西路，兵部郎官江端友往兩浙、福建路，并爲撫諭使。伸，須城人。次山，南昌人也。

尚書右丞許翰見陳東死，謂所親曰：「吾與東皆争李綱者，今東戮於都市，吾在廟堂，可乎？」乃力求去。丙戌，罷爲資政殿學士，提舉洞霄宫。時正字胡珵爲東潤澤書稿，又便文攝地官，從綱而行，同舟東下。而言者論之，詔停其官，送梧州編管。

以給事中瑞安許景衡爲御史中丞。

資政殿學士宗澤留守京城，於四壁置統領官，募義兵分隸之。仍團結軍民之可用者以備緩急，及治城池，修器械略備，而宗廟宮室臺省，皆隨宜緝治。澤乃上疏，乞不南幸，其辭甚切。又遣使將兵護西京陵寢。時羣盜多起，王善兵十萬擾京東，王興兵五萬掠京西，楊進號没角牛，兵尤衆，圍光州甚急。澤遍遣人招之，悉聽命。而宰執黄潛善、汪伯彦皆忌澤，將罷之。於是，許景衡言：「得宗澤方能保東京，有東京行在始安枕。」上悟，遽封所上章示澤。故終景衡之去，澤賴以安。景衡又言：「遷都南陽，無險阻城池，而密邇盜區，且漕運不繼，不如建康天險可據，請定計巡幸。」凡八上疏争之。

初，詔發建州禁卒守京西滑州，爲金虜所攻而退，復回本州，請卸甲錢，轉運司不即支。九月己丑，因大閲，軍校張員等遂作亂，殺本路都監田其姓者，及害漕臣毛奎，拘守臣張動、提舉官王浚明，嬰城固守。於是，提點刑獄陳桷檄朝請郎王淮爲統制官，率諸縣弓手、土軍及南劍州將兵，集於賊下討之。奎，西安人。動，侯官人。浚明，金華人。桷，永嘉人也。

時江東漕臣劉蒙、提舉官陸友諒奏，乞優加翁彦國贈典。於是，言者謂：「彦國乃李綱姻黨，爲之腹心。原蒙等之意，蓋欲附綱。使綱未逐，其計得行，則爲綱所擢何疑。」庚寅〔四〕，詔蒙、友諒各降五官。

己亥，以皇長子旉爲集慶軍節度使，封魏國公。

先是，詔兩浙諸州兵掩捕杭寇，委提刑司節制。時文臣周格，武臣高士曈并領憲事。士曈，戚里子也，欲招安之。浙東帥臣翟汝文奏，以謂：「浙東軍與經制司槍仗手合萬人，兵勢已盛。而憲臣意在黨賊以受其降。昨嚴賊有倪從慶者止十數輩，跳踉山谷，朝廷不責帥臣誅討，苟就招安，致人無所畏。今杭賊悖甚，至於主帥横屍，漕臣斷首，而反寵以官，是誘人作賊也。」時帥臣葉夢得但爲賊所拘，而誤報已死，故汝文之語如此。賊乃遣其黨往秀州誘士曈及轉運副使顧彦成來杭州受降，復劫寓居、前秘書監上虞李光至秀，約士曈以甲午素隊入城。是日，士曈纔至，賊百餘騎突出，欲執以入。賴鮑貽遜下槍杖手在北門，士曈跳奔獲免。繼而周格亦領兵至，士曈與格始别議，約日進兵，然諸軍爲賊誘去者甚衆，人無鬥志。又諸處所集皆鄉夫，不識金鼓。一日，賊自小堰門出，衝散浙東兵，次攻鮑貽遜寨。貽遜率將士迎敵，殺賊兵七百餘人。於是，朝廷詔遣統制官辛道宗將西兵二千人討之。道宗至秀州，其軍自亂，潰而去者六百人。趙邦、郭青爲之首，賊勢益張。提刑司所領蘇、秀及淮南兵數百人，緣此小驕。辛丑夜，賊攻周格寨，害格。蘇、秀兵遂脅淮南之衆，共入杭投賊。淮兵不從，盡爲所殺。即自往投之，致賊愈盛。又刺城中百姓爲兵，且虜子女以分其黨，復以金帛遺人誘諸郡不逞，使據城相應。翟汝文慮變生肘腋，急引軍回去。此據汝文奏狀修入。

丁未，特進、提舉崇福宫白時中卒。

戊申，詔淮、浙等路當三錢并許用，從同知樞密院張慤請也。

時報金虜犯淮陽、汜水，已逼東京。於是羣臣多請幸東南。丙辰，下詔暫於淮甸駐蹕，應接四方，稍定即還京闕。仍命知揚州吕頤浩修城池，膳部郎官陳兗辦頓遞，虞部郎官李儔具舟船。頤浩，歷城人，靖康初爲燕山漕，金虜入寇，執至京城下，講和，乃送之還。

辛道宗下叛兵回至平江府，守臣趙研集軍民登城嚴備。賊畏之，自城外徑過，一城貼然。至常州，守臣何衮不爲備，且厚犒之。賊既受犒，即劫府庫及居民之家幾盡，復拘通判曾緯以行。至無錫縣，知縣郗漸單馬造賊中，大言曰：「聖駕幸東南，旦夕且至，知之乎？」皆言不知，漸曰：「若等無他，宜於此轉禍爲福。」衆相視瞿然，不敢動，即送之出境。

研，高密人。漸，臨清人。緯，布子也。至鎮江府，守臣趙子崧禦之鋭甚，及與戰，府兵敗績，子崧領親兵渡江保瓜洲。賊入城，遂據之。其後，子崧以散官貶南雄州。

金虜遣左監軍撻辣將兵圍中山。時河北官軍多自亂，河東守臣皆棄城走。於是，賊乘而取之。惟中山、慶源、保、莫、邢、洺、冀、絳，久而方陷。

校勘記

〔一〕秋七月己丑朔以徽猷閣直學士董耘爲兵部尚書耘須城人嘗爲元帥府參議官初以兵部侍郎召至是擢用之　以上己丑記事，原闕，據四庫本中興小紀卷二補。

〔二〕丁未以……咸子也　此二句原闕，據四庫本中興小紀卷二補。「咸」，中興小紀誤作「感」，據朱熹朱文公文集卷九五張浚行狀改正。

〔三〕詔遣殿中侍御史馬伸往湖廣四路　按湖、廣四路謂湖南南北、廣南東西路。

〔四〕庚寅　「寅」，原作「午」，據四庫本中興小紀卷二改。

宋朝中興紀事本末卷三

起建炎元年十月盡十二月

冬十月丁巳朔，上登舟幸淮甸。宰執、侍從、百司、三衙禁旅、御營司將佐，扈衛而行。知秀州、權浙西憲趙叔近往招安杭寇。時槍仗手屯秀州，賊畏之，遂聽命。甲子，叔近以素隊入城，賊兵猶不解甲。

時諸處有寓居及待次官，多擅自募兵，以勤王爲名，或稱材武子弟，皆徒爲紛擾，有害軍政。戊午，詔禁止。仍命帥臣憲司察之。

隆祐太后至高郵軍，聞叛兵焚鎮江，遂遣兵控扼瓜洲。戊午，太后入揚州。

先是，雄州失守，知歸信縣李成者，本縣之弓手，以勇聞於河朔，累功爲縣令。成妻子在城中爲亂兵所戮，乃率其衆數萬來歸。詔授忠州防禦、京東河北都大捉殺使。朝廷慮成衆太盛，命分二千人往南京，一千人於宿州就糧，餘衆令成部赴行在。成遣其將史亮部所分兵以行。亮至宿而殺掠居民，且焚汴河橋〔一〕，成躡其後亦至。有道士陶子思者，善談兵，成道遇之，子思謂成面有割據之相，勸成西往取蜀。成惑其邪説，遂叛，分兵寇兩淮。乙丑，命江淮制置使劉光世領統制官苗傅兵二萬討賊。光世下令得成者，以成官爵與之。故士皆力戰。賊衆大潰，降者數千，擒史亮及其黨張勝、王宜等數人，成僅以身免，收殘兵北走。

初，靖康末，有勒停人前忠翊郎趙叔向者，於京城募兵，以救駕爲名，所募皆游手之人。上即位，與敦武郎，而叔向尚謀作亂。至是，亦命光世擒之。

詔罷招新軍，其凌波等水軍亦罷之。

戊辰，宰執御舟奏事。上曰：「昨有内侍至自東京，進内府珠玉二囊，朕投之汴水。」黄潛善曰：「可惜。有之不必棄，無之不必求。」上曰：「太古之世，擿玉毁珠〔二〕，小盜不起。朕甚慕之，庶幾求以息盜耳。」

庚午，上次泗州。

壬申，詔升天長縣爲軍，以其近行在也。

初，藝祖六世孫、選人子偁娶張氏。一夕，張氏夢絳衣神人，自言崔府君，擁一羊，謂之曰：「以此爲識。」已而有娠。戊寅，子偁次子生於嘉興縣。是夜，赤光滿室，如日正中。子偁以歲在協洽，其屬爲羊，故字之曰羊。

己卯，隨駕後軍至楚州寶應縣作過，逼逐左正言盧臣中墜水死。殿中侍御史張浚以爲雖在艱難中，豈可廢法，乃論都統制韓世忠師行無紀，士卒爲變，乞正其罰。有旨從贖，而中書後省言：「世忠若止罰金，何以懲後？」於是，浚再論，且乞擒捕爲變者，遂奪世忠觀察使。既又詔：「臣中知無不言，而死於非命，特贈諫議大夫。」臣中，歙縣人。世忠，膚施人也。

庚辰，詔遣御營使司都統王淵捕浙西羣盜。既而淵總兵入鎮江城，賊猶不知，悉解甲就招。淵給以勤王，先遣步兵過江至瓜洲登岸，盡殺之，騎兵百餘人戮於市。淵，福津人也。既而言者論浙東帥臣、顯謨閣學士翟汝文總兵臨城，不肯會戰，詔令具析。汝文言：「自杭賊作亂，首提孤軍，與賊鏖戰，而諸將悉爲憲臣所制。除鮑貽遜槍仗手在城下與臣相聞，令無單車一介與臣犄角，不知使臣與誰會合。并前後乞討賊奏牘具在，焉可誣也！」詔汝文降充直學士。

癸未，上至揚州駐蹕。

十一月丁亥朔，詔揚州路滑，始許百官乘轎。

初，觀文殿大學士李綱還至鎮江府，而潰兵趙萬已迫常州，遂由外江歸宜興，且出家財犒之。至是，言者謂：「綱獨擅朝政，杜絕言路。臺諫官則陷以罪，或置之閒散。又括馬之擾，招兵之暴，與勸民納財之虐，皆優立賞格，召吏爲奸，民無所告。以至陛下德意，綱沮之而不行。陛下號令，綱改之而自專。人臣不道，無過於此。」遂詔綱落職。

戊子，言者又論：「綱悖戾輕狂，嘗易詔令以芘翁彥國之親黨，捐金帛以資張所、傅亮之妄用。奸迹謬狀，皆不逃聖鑒。昨綱初相，首置檢鼓院，蓋欲引羣不逞以譽己耳。綱以小人譽己則己尊，己尊則朝廷可以脅制，而政事皆由其出，甚者造成靖康之伏闕，雖人主不得而令。又辛道宗兵叛以來，綱居無錫，乃傾家貲，製緋衣數千，遣其弟綸迎賊。且綱不任討賊之責，避之可也，豈有甘言重幣，與之交通？如常州閭閻之俗浮淺，知有李綱而已。萬一賊起，藉綱爲名，臣恐國家之憂不在金人而在蕭墻之内。」於是，貶綱鄂州居住。時虚傳貶綱嶺南。綱單騎南去，既而知無後命，乃還。

庚寅，詔：「以二聖、母后在遠，兩遣使迎請，未副所期，而中原固守之圖亦虞弗至。思得忠信宏博，可使絶域，智謀果毅，能將萬衆者，以成朕志。慮其湮沉，弗能自達，不以有官無官，并許詣登聞檢院自陳，朕將優禮遇之。」

以禮部侍郎朱勝非爲翰林學士。

乙未，以同知樞密院事張慤爲尚書左丞，工部尚書顔岐爲同知樞密院事，慤仍兼御營副使。先是，慤言：「三河之民，怨虜入骨，欲殲殄之。請依唐人澤、潞步兵雄邊子弟遺意，募民聯以什伍，而寓兵於農，使合力抗虜，謂之巡社。」又太中大夫許翰陳利害，使州縣什伍其民而教之戰，以效唐昭義步兵之制。詔悉付慤，遂著爲令。每十人爲甲，五甲爲隊，四隊爲部，五部爲社。各有長，至五社則有都社，有正及副。如兩都社及萬人以上，擇土豪一人爲都副總轄。其借補官之制，則萬人以上成忠郎，千人以上保義郎，八百人以上承節郎，五百人以上承信郎。自甲長至都總轄，三歲遞遷。諸州以守爲統制官，縣以令爲統領官，歲終以較守令優劣，而逐路提刑爲提舉官。書成，詔頒於天下行之。

丙午，再遷慤爲中書侍郎，仍提領措置户部財用，顔岐爲尚書左丞。又以刑部尚書郭三益爲同知樞密院事，吏部侍郎周武仲爲刑部尚書。武仲，浦城人。其初召也，鄧肅時爲諫官，言：「武仲宣和間任中丞，顧望王黼等，不敢出一語。又嘗與趙良嗣同使金虜，去年良嗣已殺，武仲不殺，亦云厚矣，其可復使之出入禁闥以誤國乎？」不報。至是，復進用之。

初，宣教郎傅雱奉使，自河陽渡河，疾馳十餘日至雲中，見虜酋右監軍悟室〔三〕，至是回。時又得修職郎王倫，授以朝官，借刑部侍郎，充大金軍前通問使。倫，旦孫也。遣倫在是月壬辰。

辛亥，除雱爲考功郎官。即與倫至河東粘罕軍前，爲其所留。

初，右諫議大夫衛膚敏入對，勸上以守法度、重爵賞數事。上曰：「崇寧、大觀以來，所以亂祖宗法者，由宰相持禄，惟恐失人主之意，故於政事無所可否，馴致前日之禍，自今當以爲戒。」至是，有旨建承慶院，令内侍典之。膚敏乃請以承慶之役付之揚州，并升暘宫造作事亦歸有司。又請禁中差除須索，必關三省。其有戾祖宗之法，許大臣執奏，大臣不正救者黜之。時中書舍人劉珏又言：「陛下以前朝房院故，建承慶院，而論者以爲修營寢廣。陛下以隆祐太后故，間有御筆指揮，而論者以爲内降復出。蓋護視工役，領之内侍，而除授不歸中書，此人言所以籍籍也。今陛下既以承慶之役付之揚州矣，願因是凡所典興繕，悉委之有司。既以一二人除官爲不當矣，願因是申命三省，皆許執奏，則衆論息矣。」

初，諸州進士合於今春赴京省試，緣軍興已展一年。上方急於用人，慮寒畯無以自達，然巡幸既非久居，又四方道梗難赴。

十二月丙辰朔，詔以合取人數，分卜諸路，於轉運置司處類試，仍令提刑司差考官，每十四人取其一。

詔：「朕念親儒臣以稽先聖之格言，雖羽檄交馳，巡幸未定，亦不可廢。可差講讀官四員，萬機之暇，令於内殿講讀。」

自中原俶擾，内外財賦多失，往往吏毀其籍，漫無可考。上獨委中書侍郎張慤理財，而慤曉錢穀利害〔四〕，吏無敢欺。元豐舊制，中書專取旨。大臣所擬，慤輒屏不奏。時宗澤守東京，右僕射黄潛善、門下侍郎汪伯彦皆笑其狂。慤曰：「如澤之忠義，若得數人，天下定矣。」於是二人語塞。此據野記修入。

直龍圖閣、知秀州權浙西提刑趙叔近，招到杭卒陳通等。戊午，叔近言：「杭卒初無叛心，止緣守臣葉夢得不以時支賞，遂致紛紛。今已招安，乞給告身。修武、從義郎各二，秉義、成忠、忠翊、保義郎各五，承節郎三十，承信郎五十，進武校尉二十，進義校尉一百〔五〕。付叔近書填給之，仍乞不依常格注擬。」詔從之。於是給事中劉珏言：「自羣盜蜂起，率用招安，此叛者所以滋熾也。屬者金陵之亂，凶黨無不得所欲。故道宗之卒，建安之卒，相挺爲變。今吴興諸營又以反側告矣。其視逆上命，殺長吏，習以爲常，朝廷又從而寵之。謀國若此，豈可謂工哉？今叔近所請給告身二百二十餘人，朝廷不以爲過而遽從之，或者襲是迹而動，將見爵賞不足以給之矣。」

先是，以隆祐太后兄子、直徽猷閣孟忠厚爲顯謨閣直學士，皇后父、右文殿修撰邢焕爲徽猷閣待制。右諫議大夫衛膚敏、殿中侍御史張浚皆論，以爲不可。甲子，焕改授觀察使，而上以太后故，不忍罷忠厚職名。給事中劉珏、中書舍人汪藻引故事極論之。藻，德興人也。於是，翰林學士朱勝非言：「膚敏所論有故事。陛下即位，四方引領以望新政，今乃坐戚里而去諍臣，非所以示天下也。」

都統制王淵至秀州，下令訓兵十日方行。杭寇陳通等聞之，爲備稍緩。翌旦，淵馳至杭州，通走不及，遂出迎，淵入城撫定。癸亥，斬通并其黨一百八十餘人。乃詔帥臣龍圖閣直學士葉夢得落職奉祠，知秀州趙叔近落職放罷。

丙子，御史中丞許景衡除尚書右丞，以右諫議大夫王賓爲中丞。

初，故崇政殿說書河南程頤以道學爲天下倡。其門人高第，有故監察御史建陽游酢與今徽猷閣待制將樂楊時。是日，以時爲工部侍郎。年七十九矣。及入對，首言自古聖賢之君未有不以典學爲務者，以君德在是故也。尋詔時兼侍講。是時，如右丞許景衡、右文殿修撰胡安國、左司郎官吳給、殿中侍御史馬伸，皆號得頤之學。安國，崇安人。給，須城人也。自後傳之寖廣，志於利祿者，託其說以自售，而世莫辨真僞矣。此據楊時墓志及胡安國奏狀修入〔六〕。

初，建州禁卒張員等既叛，統制官王淮雖駐兵城下，未能破賊。有軍校魏勝者獨不從亂，頗能調護其黨。於是，守臣張動與提舉官王浚明令諭員等：「已奏朝廷，軍人本無叛心，緣轉運司不支卸甲錢，以故作鬧。」自此稍定。是月，有詔本州招安，補勝承信郎，權監押。賊遂開城門，縱人出入，動與浚明各罷去。

金虜左副元帥粘罕之自草地歸雲中也，遣使往夏國，約同寇陝西，夏人從之。及知張邦昌已廢，遂率諸酋分道入寇。右副元帥窩里嗢與其弟兀朮自燕山率衆由滄州渡河寇山東，粘罕自雲中率衆下太行，將由河陽渡河攻西京。又別遣萬户婁室，副以萬户撒離曷及孛堇黑峰寇陝西，及萬户銀朱等寇漢上。燕山軍欲先圍汴京，又分兵趨揚州。時留守宗澤，增修禦敵之備。城外地方千里，無糧可因。兀朮乃遣人告粘罕，謂獨力難攻。粘罕報以將輟西京之行，併力圍汴。既而知未可圖，如兀朮所言，遂已。於是燕山軍肆暴於京東諸路。而婁室等至河中府，本朝官軍扼蒲津西岸，賊不得渡，遂潛由上流韓城縣一夕履冰而過，直犯長安。於是，蒲津官軍不戰自潰。初，河東之民，心懷本朝，所在結爲紅巾，出攻城邑，皆用建炎年號。見有脱身南歸者，往往助以衣糧。具言：「只俟天兵過河，亦不須多，當藉聲勢，孰蓄人戮之。」虜衆之在河東者，稍稍遷以北去。虜之兵械亦不甚精，但心協力齊，奮不顧死，故多取勝。然河東人與之習熟，略無所懼。是年，於澤、潞之間，劫粘罕寨，幾獲之。故虜捕紅巾甚急。然不能得其真，則捉平民以塞責，有舉村被害。故强壯者多奔以逃命，而紅巾愈熾矣。

校勘記

〔一〕且焚汴河橋　「焚」，原作「楚」，據四庫本中興小紀卷二改。

〔二〕擿玉毁珠　按，「擿玉毁珠」云云，見莊子胠篋。

〔三〕見虜酋右監軍悟室　「右」，原誤作「左」。按：悟室應爲右監軍。其時金人左監軍爲撻懶。

〔四〕上獨委中書侍郎張慤理財而慤曉錢穀利害　「理財而慤」四字，原闕，據四庫本中興小紀卷二補。

〔五〕秉義成忠忠翊保義郎各五承節郎三十承信郎五十進武校尉二十退義校尉一百　「各五承節郎」，原闕，「二十」，原作「三十」，今均據四庫本中興小紀卷二補改。蓋趙叔近建言補官二百二十四人，建炎以來繫年要録總其數爲二百二十人，與此數接近。而若照原本，則應爲三百零四人，故從四庫本。

〔六〕楊時墓志及胡安國奏狀　原作「楊時及胡安國墓志奏狀」，據四庫本中興小紀卷二改。

宋朝中興紀事本末卷四

起建炎二年正月盡三月

建炎二年歲在戊申。

春正月丁亥，復詔：此事前已降詔〔一〕。「河東、河北郡縣失職之吏，失次之軍，失業之民，渡河而南。仰陝西、京西帥臣監司悉心措置，於沿河分布收納。官員即赴行在，公人充補職役，兵士就填逐處闕額，百姓給以官田，假其牛種，仍令於寺觀權居。」

金虜將銀朱兵號二十萬，攻鄧州。先是，詔諸道貢賦皆聚於鄧。守臣、直龍圖閣兼京西帥劉汲營繕儲峙，所以待乘輿之具甚備。戊子，城陷，汲死焉。

庚寅，以秘閣修撰呂源爲兩浙轉運使，直秘閣姜仲謙副之。源，升卿子也。於是，言者謂：「源家富於財，初結林靈素、孟昌齡而得監司，復結梁師成而爲廣帥。若仲謙則爲譚積之奴，至除延閣〔二〕。今兩浙人心未安，豈堪二小子擾之耶？」詔與別路。既而源知揚州，仲謙廣西轉運副使。

先是，杭、温二州上供物留鎮江府，有以螺鈿爲之者。上惡其奇巧，乃命守臣錢伯言毁之。壬辰，伯言奏已毁於市，觀者悦服。上因謂宰執曰：「朕早來語御史張浚曰：『還淳反樸，須人主以身先之，天下自然向化。』」黄潛善曰：「誠如聖諭。」

初，榷貨務都茶場既移真州。至是，户部尚書黄潛厚言其地近行在〔三〕，而兩處給鈔引非便，請併歸一司。從之。時給事中劉珏論潛厚不已，遂除延康殿學士，提舉醴泉觀。

先是，有撰勸勇文者，揭於關羽廟中。略曰：「蕃賊擾亂甚久，百姓因賊破家者，皆當復讎力戰。若不能此，枉作男兒，雖活何益？去歲賊來，百姓已錯。今年防賊，不可怯懦。汝若怕賊則敗，不怕則勝。況賊有五事易殺：連年戰辛苦，易殺；馬倒便不能起，易殺；深入重地力孤，易殺；多帶金銀，易殺；作虚聲嚇人，易殺。各宜齊心協力，共保今歲無虞。」於是，直秘閣、京西提刑謝貺得而上之，詔兵部刊板，散示諸路。

初，本朝取士制，進士外有諸科，而明法在其中。熙寧以來，罷諸科，獨明法爲時所尚，故存之。然以舊科但取記誦之學〔四〕，乃致號雜科明法，許曾應諸科人就試。崇寧初併入進士科，此科遂廢。至是，大理少卿吴瓌言法官闕人〔五〕，乞復立明法之科，進士曾預薦者聽其試。癸巳，詔從之。

先是，迪功郎周公彦上言：「今兹正月之交，乃太一遷正之日，宜於禁中設壇拜迎。」許甲午，上問宰執當如何，黄潛善曰：「太一所遷之方，災祥應之。如建臺望拜，不可也。」許景衡曰：「修德愛民，天自降福。」時有前朝奉郎崔穆所生母曰沈氏，訴穆舊未嘗駡母，抱冤久廢，乞因赦叙。是日，張慤言：「臣知穆爲詳。穆乃翰林學士張閣之婿，蔡京謫詞，閣所草也。京憾之，開封尹盛章阿京〔六〕，鍛煉穆罪，人以爲冤。」上曰：「抱冤者獲伸，則人心悦而天意格，豈不賢於周公彦望拜之禱乎？」乃詔復穆舊官。

殿中侍御史張浚言：「兵部尚書董耘，諂事童貫，南征北伐，首尾幕中。納賄賂以市官資，飾表章以肆欺罔，海内咸怨。陛下總師濟、鄆，仍緣獲進，蓋有所自，豈可濫居高選？」丙申，以耘爲延康殿學士，提舉洞霄宫。遂召徽猷閣待制、知東平府盧益爲兵部尚書。

金虜將婁室乘地大震，進攻長安。時城中兵僅千人，帥臣、龍圖閣直學士唐重嬰城固守，援兵無至者。戊戌，經制判官傅亮以所部兵降虜，城遂破。重與轉運副使桑景詢、總管楊宗閔、通判曹謂皆死。重，眉山人，後謚曰恭愍。宗閔，嶂縣人。景詢，懌孫也。先是，重辟雅州知録丹棱楊仁，欲以自助。仁辭不行，乃爲重言：「今全陝之重，必宰輔親臨，大號召天下之兵，勢可百倍。昔婁敬脱挽輅一言〔七〕，漢祖感悟，既自駕關中。況近臣爲帥，有請上當必從。」重未及用而死。

金虜左副元帥粘罕攻河南府，留守孫昭遠遣驍將姚慶拒之於偃師，軍敗，慶死。昭遠命將王仔奉啓運諸殿神御，間道走行在〔八〕。至是，虜兵益熾，昭遠戰不利。己亥，其下擁昭遠南去避虜，昭遠駡之曰：「若等衣食縣官，不以此時報國，南去何爲？」叛兵怒，擊昭遠死焉。昭遠，抃孫也。是秋，神御乃至行在。

粘罕恐東京留守宗澤以兵要擊萬户銀朱，故自據西京，與澤相持，使銀朱無後顧之憂云。

庚子，以主客郎官謝亮爲陝西撫諭使。

羣盜有張遇者，號一窩蜂。初，犯江寧府，江淮制置使劉光世截其後軍，破之。遇轉由真州。是日攻陷鎮江府，守臣錢伯言棄城而去。

内侍邵成章不守本職，輒言大臣。辛丑，詔：「自祖宗以來，未有内侍言大臣者，成章可除名，南雄州編管。」

先是，劇賊丁進號一箭者，以萬餘人攻壽春府。守臣、直秘閣康允之率軍民固守，賊解圍去。允之奏至。甲辰，上謂宰執曰：「此郡守得人之效也。卿等六人，宜廣詢人才，若人得二人，則列郡便有十餘守臣稱職。然須參議，不可詢私。」張慤曰：「崔祐甫嘗謂非親非舊，安敢與官。今日當問所除當否耳。」上曰：「徇私用親舊固不可，果有真賢實能〔九〕，是親舊乃不敢用，亦非也。但挾公議〔一〇〕，抑僥倖，自無嫌怨矣。」黄潛善曰：「好惡之言，事定則是非方見。如周公亦未免於疑，所以古人多期於後世之君子。」上曰然。尋除允之直龍圖閣。

鳳翔府奏以方士彭知一所燒金發來。上札付三省曰：「朕不忍燒假物以誤後人。」令發還之，仍毁其燒金之具。

乙巳，右僕射黄潛善言：「臣等伏讀親札，知陛下側身修政，動民以行，四方鼓舞，蓋盛德之舉也。」上曰：「當與卿等共持此誠，以隆中興之業。」

初，詔在京三省、樞密院、省、臺、寺、監、百司當番人吏〔一二〕，隨到駐蹕處先轉一資，事定別推賞。不到者勒停編管。至是，中書舍人汪藻取到門下省七十九人，中書省七十一人，尚書省一百八人皆當轉資。庚戌，上問宰執曰：「到者二百五十八人，其不到者何不具？此賞未可行，候見罰人數上。」於是，黄潛善等皇恐。蓋上勵精庶政，洞察如此。

右諫議大夫衛膚敏因論孟忠厚不合，改除中書舍人，不肯就職。辛亥，上以問宰執黄潛善等曰：「給事中劉珏亦未書讀，殿中侍御史張浚章再至，中書舍人汪藻亦言忠厚與邢焕事同，難獨草焕制。」於是，張慤流涕曰：「陛下循祖宗成憲，惟忠厚冒此職，士論甚喧，諫官卧家幾月，臣竊惜之。」郭三益曰：「陛下屈法於忠厚，爲太后也。」慤流涕而請，爲天下也，願從慤言。」潛善與伯彦亦論：「忠厚當换武階。陛下重違太后意，即乞以臣僚論疏納東朝，自降處分。」上曰：「不若以疏付忠厚，令自請，則上下兩全。」

壬子，宰執奏事，上曰：「太后已令與忠厚换武階矣。」遂除正任承宣使。上曰：「朕爲兹事不下懷，今月餘矣。」潛善曰：「天下幸甚。」懿又曰：「昨日高遵惠之子能，言其父在元豐末除待制，宣仁不敢私之，但遷一秩。其後遵惠爲侍從乃紹聖間，非宣仁垂簾時也。」時忠厚以遵惠藉口，故朝論不平。因詔后族自今勿任侍從官，著爲令。

初，一窩蜂張遇既破鎮江府，遂屯於金山寺及揚子橋，衆約三萬。詔兩浙制置使王淵招安之，賊遂聽命。至是淵歸自杭州，自將數百騎穿遇寨而過，遇見淵器械精明，皇懼，迎於馬首。淵曰：「汝等賴我來晚故得受降，若來早，已無遺類矣。」淵奏授遇閤門宣贊舍人，其將劉立等各補官。守臣錢伯言始歸鎮江府。既而詔降伯言二秩，淵自承宣除嚮德軍節度使。

初，言者乞以崇寧無狀之人編爲一籍，省臺各録副本，不許堂除及任守宰，已得旨行矣。是日，詔略曰：「朕惟臣寮趣操弗端，致貽國患，理宜昭示好惡，使人同知。然念才行難於兼全，一眚不可終廢，除罪重人外，并隨材選任。如率職勵行，可補前失，則與擢用。」

以吏部尚書路允迪爲簽書樞密院事。言者因論允迪嘗託朝士郭太沖買妾，遂薦爲本部郎官。於是，允迪以疾乞祠。

二月丙辰，除資政殿學士，提舉洞霄宫。

宣教郎馮鐸言：「今潰兵爲害，乞令鄰州之在五百里内者互相策應。」是日，詔諸路鄰州三百里内互相策應，承制而不去者，重寘之法。

言者論：「龍圖閣直學士鄭修年乃居中之子，顯謨閣直學士劉阜民乃正夫之子，徽猷閣待制余日章、白彦暉乃深與時中之子，皆乳臭小兒，初無出身及文學政事，乞并鐫其職。」是日，詔從之。

龍圖閣直學士、知洪州胡直孺奏江西五害：「經制司敷磚瓦萬，數浩大，一也；誘民以私財助官，旁及寺觀，使臣人吏，亦均其數，二也；州縣受納米一石加至五斗，三也；朝廷所需皆取之行户，動以千計，四也；監司多不體國〔一二〕，務收己恩爲保家之計，不因有勞，巧爲犒設，動摇軍情，致其愈驕，使帥守之威令不行，五也。望詔除此五者以固人心，然後汰監司之躁妄，去兵官之愚怯者，實中興之先務也。」詔獎之。

詔刑部尚書周武仲移吏部，以御史中丞王賓爲刑部尚書，户部侍郎兼知揚州呂頤浩進尚書。時劇賊張遇等雖受招安，而猶縱兵四劫，乃詔頤浩率江淮制置使劉光世、兩浙制置使王淵等圖之。於是，頤浩單騎入賊營，遇等皆出迎。惟劉彦不至，乃主謀不降者。頤浩斷其足，釘於揚子橋，餘黨怖而釋甲。

丁卯，詔延康殿學士復爲端明殿學士，述古殿直學士復爲樞密直學士。

時四方薦士皆試於中書後省。潭州布衣何烈對策，用廷試體稱臣。壬申，諫官李處遯請黜烈〔一三〕，并劾考官。於是降烈充末名，而中書舍人汪藻、滕康、衛膚敏并罷。處遯，河南人，淑孫。康，宋城人也。

三月乙酉朔，詔京城留守宗澤自端明殿學士加資政殿學士，大名尹杜充自寶文閣直學士加樞密直學士。

初，詔遣御營使司左翼軍統制韓世忠統領軍陳思恭及新招到張遇等軍一萬人赴西京。

時虜將婁室自長安進攻秦鳳，右都護張嚴等擊敗之。又虜將銀朱既破鄧，遂併掠汝、金、房凡四郡之民以歸。左副元帥粘罕聞世忠將至，而婁室已敗，欲親援之，乃留右監軍悟室與右都監余睹屯河陽以待世忠。庚子，粘罕盡焚西京，掠其民而去。知河南府翟進遂入洛陽城。進，伊陽人也。

時以前起居舍人許亢宗知壽春府，前秘書少監李光知江州。言者以謂：「二人皆附蔡攸以擢要官，及吴敏爲相，引蔡㦧爲助，遂除亢宗右史，光南槅。淵聖察其朋比，故因言章罷亢宗而逐光。蓋天下皆知其爲蔡氏，如谷永之附王鳳也。」乙巳，詔亢宗、光并主管崇福宫。

初，靖康宰執何㮚、陳過庭、聶昌皆扈二聖北狩。丙午，除㮚觀文殿大學士、提舉玉局觀，過庭資政殿大學士、提舉太平宫，昌資政殿學士、提舉崇福宫。時昌已死，朝廷未之知也。

初，浙東副總管楊應誠嘗爲廉訪使者。至是，頗爲帥臣翟汝文所抑，不能自安，遂首應詔，願使絶域。謂嘗隨其父任邊吏，熟知虜情。若自高麗至女真，其路甚徑。請身使三韓，結雞林，以圖迎二聖。是日，詔應誠借刑部尚書，充大金、高麗國信使，以武臣韓衍借忠州防禦使，副之。於是汝文奏：「應誠欺罔君父，自爲身謀，實無奇策可返翠華。苟應誠至高麗，辭以大國之使，假道以問二聖之所，敢不承命？或金人聞使人至自敝邑〔一四〕，却請問津以窺吴、越，將何辭以對？決辱命，取侮遠夷。臣已檄四明，若應誠至，毋濟其行。」不報。應誠聞此，乃自杭州登海舶以往。

校勘記

〔一〕此事前已降詔　此小注原闕，據四庫本中興小紀卷三補入。

〔二〕至除延閣　「延」，四庫本中興小紀卷三作「秘」，非是。建炎以來繫年要録卷一二及浮溪集卷一奏論吕源除兩浙轉運使姜仲謙除轉運副使不當狀均作「延」。此所謂「言者」，汪藻也。

〔三〕户部尚書黄潛厚言其地近行在　「户」，原作「吏」，據四庫本中興小紀卷三改。

〔四〕然以舊科但取記誦之學　「科」，原作「利」，據四庫本中興小紀卷三改。下同。

〔五〕大理少卿吴瓌言法官闕人　「瓌」原作「環」，此據四庫本中興小紀卷三及建炎以來繫年要録卷一二改。

〔六〕開封尹盛章阿京　「京」後原衍「彦」字，據建炎以來繫年要録卷一二刪。

〔七〕昔婁敬脱挽輅一言　「敬」字，應避宋太祖大父趙敬諱改爲「欽」而未改，不知宋本避諱體例不甚嚴格抑或抄本之問題。

〔八〕間道走行在　「在」，原作「走」，據四庫本中興小紀卷三改。

〔九〕果有真賢實能　「實」，原作「顧」，據四庫本中興小紀卷三改。

〔一〇〕但挾公議　「挾」，原作「扶」，據四庫本中興小紀卷三改。

〔一一〕詔在京三省樞密院省臺寺監百司當番人吏　「番」，原誤作「悉」，據四庫本中興小紀卷三改。

〔一二〕監司多不體國　「國」，原作「朝」，據四庫本中興小紀卷三改。

〔一三〕諫官李處遯請黜烈　「遯」，原誤作「遜」，據四庫本中興小紀卷三及建炎以來繫年要録卷一三改。

〔一四〕至自敝邑　「敝」，原作「弊」，據四庫本中興小紀卷三改。

宋朝中興紀事本末卷五

起建炎二年四月盡六月

夏四月，時諸路方行巡社之法。東平府守臣權邦彦，亦奏東阿縣民自相糾集爲巡社，寇不敢犯。而言者以謂，其法利於西北而不利於東南，乞罷之。己未，詔陝西、河北巡社依舊，餘路并罷。時杭、温二州已就緒，請存留，亦不聽。

言者以謂：「近日帥守之棄城者，習以成風。如鄧雍之於荆南，何元同之於潁昌，趙子崧之於鎮江，皆擁兵先遁，今則安居薄責，而未正其罪。如康允之之於壽春〔一〕，陳彦文之於九江，以數千之疲旅，捍十萬之强寇，而允之止遷一職，彦文纔復舊官。議者惑焉，願著其賞罰，以示勸懲。」是日，詔從之。

時經筵講論語及讀資治通鑑。故事，五月至八月罷講。庚申，上諭宰執曰：「朕履兹艱難，方孜孜經史，若廢累月，則疑義無所質，朕欲勿罷，可乎？」宰執皆稱善，遂詔勿寢。

又，上欲旌賞有功將士，嘗令綾錦院監官姜涣揀工匠，權赴軍器所織戰袍，以備宣賜。或言少府監於織作所捉人，而監丞許任申初無是事，宰執以奏，上始知言者之妄。因問少府官爲誰，黄潛善等曰：「監少馬居中、張元膺皆小心，能辦事。」張慤曰：「若只付綾錦院，令長貳督之，保不誤事。」詔可。潛善曰：「陛下洞察人情，庶政各歸攸司，鑑前日因事置局，紊亂綱紀之弊，蓋中興之兆也。」

初，上登極赦，覃恩轉官，朝請大夫至中奉不限止法。而三省樞密院吏亦有合轉者，宰執奏取旨。甲子，上曰：「吏雖該恩，豈宜與士大夫等？可令回授有服親。」潛善等曰：「陛下既分流品，增榮士類，則人知歆豔，相率赴功，此致治之本也。」

乙丑，上諭宰執曰：「昨有内侍輒奏云：『比侍經筵，見講讀官某敷陳甚善，陛下必亦謂然，臣擬獎諭詔書以進。』朕曰：『此當出朕意，若降詔，自有學士，爾等小臣，豈宜不安分如此？』」上因曰：「朕退朝，押班以下奏事亦正衣冠，再坐而聽，未嘗與之款曙。又不喜與婦人久處，多坐殿旁小閤，筆研外不設長物，静思軍國大事，或閲章疏。宫人有來奏事者，亦出閤子處分，畢而復入，無日不如是也。」黄潛善曰：「陛下躬行不倦，中興之業自此日隆矣。」

御營使司左翼軍統制韓世忠至西京。虜將悟室、余睹之衆屯河陽。世忠約知河南府翟進及新降丁進及孟世寧等三軍，併力與虜戰。丙寅，進夜攻虜營，而虜已預知，乃反爲所襲而敗。悟室復入據西京。進乃爲世忠前導，再與虜戰於永安縣。會丁進等不至，而統制官陳思恭領後軍先走，世忠敗績。其將張遇救之，僅得免，收潰卒數千歸行在。

辛巳，羣盜有號九朵花者，焚鄂州漢陽縣。

先是，扈聖駕後軍至寶應縣而亂，既而殺統制官姓龐人，遂去爲盜。有孫琦者爲之首，衆至五萬。癸未，琦等入據唐州。

初，二聖北狩，諸親王皆從，獨信王榛至慶源府遁歸，乃變姓名，隱於真定境内。又宣和末，童貫宣撫河東，自太原遣保州廉訪使者馬擴往真定募兵。或告擴於帥臣劉韐，謂擴欲獻城於虜，韐收擴繫之獄。韐，崇安人。擴，狄道人，政子也。既而韐去，虜陷真定城，擴與羣囚走出，爲虜所敺，不死。時有武翼大夫趙邦傑者，聚忠義鄉兵於五馬山作寨，擴往依之。邦傑與擴聞信王竄在民間，遂率兵擊虜，奪王以歸，奉之爲首。故兩河遺民，聞風響應，皆受旗榜。至是，榛奏略曰：「自金賊劫遷二聖，舉族三千餘口，悉驅而北。臣至慶源府，謀竄得免，今在五馬山。臣竊見邦傑與擴累與賊戰，皆獲小捷，其忠義之心，堅若金石。臣自陷虜中，頗知其虛實。賊今稍隳，皆懷歸心。且屢敗於西夏，而契丹亦出攻之。今河北、河東十陷七八，惟山西一帶諸寨鄉兵約十餘萬，力與賊抗。但晝夜暴露，農事失時，率皆困窘，兼闕戎器。臣多方存恤，借稱官資，使忠義之徒，竭節不變。惟望朝廷早遣兵來援，不然，久之恐反爲賊用，則河南難保。宜乘此時速取所失州縣，以副民望。臣願陛下念祖宗創業之艱，二聖播遷之難，於布衣小官中選其先公後私、爲國家效死之人，付以事權。即下明詔，委臣總大軍，與諸寨鄉兵約日齊舉，決見成功。仍給空名誥敕二萬道，及河東、河北兵馬元帥印付臣佩之。臣粉身碎首，所不敢憚。況於陛下，以禮言則君臣，以義言則兄弟，其憂國念親之心，共想無異。興言及此，不覺流涕。」時榛此疏，附東京留守宗澤奏，雖尚未達，而朝廷已聞信王有渡河入京城之謀。

五月乙酉，乃詔：「朕將還京闕，恭謁宗廟。仰三省、樞密院、御營使司條所當辦者，取旨行之。」此據汪藻建炎詔旨及馬擴自叙參纂。

左僕射黄潛善等以右丞許景衡議論與己異，始共排之。初，李綱去，而遷都南陽之議格，遂幸維揚。景衡復請上渡江，潛善等因乞降詔回京。故言者以景衡之説爲非，至是，罷爲資政殿學士、提舉洞霄宫。未幾卒，識者哀之。

言者以謂：「頃歲民間養馬，州縣皆著之於籍，時或和雇亦借用之，人苦其擾，乞今後不得拘籍，仍免雇借。」從之。

戊子，以翰林學士朱勝非爲尚書右丞。

陝西、京東諸路及北京留守并奏金人分兵渡河。辛卯，詔統制官韓世忠、閭勍各領所部兵迎敵，令京城留守宗澤遣新招到楊進等援之。世忠至京東，爲虜所敗，其將張遇死焉。

甲午，曲赦河北、陝西四路。

時江淮等發運復添副使一員。是日，以秘閣修撰、知揚州吕源爲之。

太常少卿周望奉使未行，除起居郎。

先是，謫授散官、韶州安置宇文虛中，應詔願使絶域，遂召赴行在。丙申，詔虛中復資政殿大學士。

羣盜有號李鐵棒者，與靳賽等合兵四萬人擾隨州。是日，破光山縣。

壬寅，中書侍郎張慤卒，士庶皆痛惜之，謚曰忠穆。

熙河經略使華陰張深奏：「走馬承受、内侍蘇淵尚習故態，敢陵帥臣。」乙巳，詔承受見帥臣，如屬官禮。

丁未，復置兩浙福建提舉市舶司。

己酉，秀州禁卒徐明等叛，因守臣襄陽朱芾。詔帶御器械張俊統兵往討，遂平之，擒明獻於行在。復秀州在六月戊辰，今聯書之。

是月，金虜將婁室至鳳翔府，熙河帥張深遣裨將劉惟輔統兵三千禦之。惟輔以精騎千餘，夜踰新店。虜恃勝不虞，惟輔舞槊刺殺其將黑風大王者，婁室勢窮遁走。深更檄右都護張嚴以兵繼進。嚴趨鳳翔，戰五馬山下，兵敗而死。虜謀趨涇州。時涇原統制官曲端與本路正將吴玠屯軍原上，有統領官劉彦希自鳳翔退歸，端斬以徇，乃遣玠率前軍據青溪嶺以拒虜。端，鎮戎人。玠，隴干人。端知書，善屬文，長於兵略，與虜戰屢捷，虜頗畏之。左副元帥粘罕聞嚴已敗，取平陸渡河，由解、絳、晉、汾以歸雲中。婁室遂自馮翊渡河，破潼關，陷同、華、陝以歸。於是，直龍圖閣、知延安王庶遣將斷河橋，又遣將屯龍水峽〔二〕，斷其歸路，虜遂遁。時有詔陞庶龍圖閣待制、六路軍馬制置使。庶，慶陽人也。此據庶傳修入〔三〕。

初，建州叛卒張員等雖受招安，而疑權監押魏勝圖己。一日，勝於通衢呼員等至曰：「我心爲汝而見疑如此，可決於神。若卜不吉，汝當殺我。」員等舉筊擲之而吉，自此始安。時以職方郎官邵武謝如意爲福建轉運判官。如意至建陽，密遣人結路分都監黃濤及勝，共誅員等首惡六人。勝結員等赴路分廳受宣札，既至，悉擒誅之。後數日，如意入城，人情稍定。既而新守臣莆田方承被命賫敕，榜諭衆卒，承留建陽不敢進。

六月丙辰夜，軍校葉濃復叛，突城而出，遂犯福州古城縣。

戊午，以禮部侍郎兼直學士院王綯爲御史中丞。時内侍康履用事，諸將有奉之者。而綯不敢言。此據野記修入。

借刑部尚書楊應誠等奉使至高麗。丁卯，見國王楷，傳聖旨借道以達金國。楷降階拜謝，與應誠等對立論事，且言：「事大朝日久，皇帝即位，方欲入貢，遽蒙降使。昨聞二聖北狩，本國皇懼。金人舊時最弱，今兵威如此。亦嘗遣兵來奪去所築九城，因此不和。」應誠等言：「本朝累聖待貴國最異，非他國之比。今時偶多難，借道北去，只是講和，於大國無害。」楷曰：「大朝自有山東道，何不由登州以往？」應誠等曰：「不如貴朝去金國最徑。但煩國王報金國，應誠至界首，待報而後行，兼三節人皆自賫糧，不敢以浼貴國，惟借馬二十八匹而已。」楷曰：「容與諸臣議。」遂遣門下侍郎傅佾至館，議曰：「聞金人見造海船欲往兩浙，若引使至其國，却要借路至兩浙，則何以處？」應誠等曰：「女真不能水戰。」佾曰：「東女真嘗於海道往來，況女真舊臣本國，近却要臣事，以此可知强弱。」留數日，楷又遣中書侍郎崔洪宰、知樞密院事金富軾來議，亦守前説。蓋其君臣畏金人之强，堅不肯假道，且言二聖見留燕、雲，不在金國。又曰：「金國決不肯和。」應誠不得已，遂回。

言者以爲，東南武備利於水戰，宜於江上廣造戰艦列於南岸，仍防姦人有乘風盜爇之患。設不此圖，則寡不足以敵衆，步不足以敵騎，誤事必矣。己卯，詔沿江措置，限一月畢。

資政殿學士、東京留守宗澤病。諸將楊進等曰：「今四方義士，雲集都城幾百萬，糗糧亦備。聞河北虜兵殊少，脅從者日望王師之至。而留守嬰疾，進等懼焉。」澤遂力疾而起，合諸將鋭兵數十萬，涓日渡河。復抗疏請上還京，且曰：「臣若誤國，一子三孫，甘被顯戮。」是月，澤卒，謚曰威愍。

殿中侍御史晉陵張守言：「今防秋在邇，而朝士往往引去。願榜朝堂，以戒敕之。」

校勘記

〔一〕如康允之之於壽春　「於」，原作「餘」，據四庫本中興小紀卷三改。

〔二〕又遣將屯龍水峽　「龍」，四庫本中興小紀卷三作「神」。按：續宋編年資治通鑑卷一、大金國志卷五同原本，而建炎以來繫年要録卷一五、宋名臣言行録别集上卷三王庶傳則作「神」。未知孰是。陝西通志卷一三耀州同官縣謂神水峽在縣北三十里，兩山峻削險阻。或當以神水峽爲是。

〔三〕此據庶傳修入　此小注原闕，據四庫本中興小紀卷三補。

宋朝中興紀事本末卷六

起建炎二年七月盡九月

秋七月，先是，湖州薦選人張體純，敦遣赴行在，授江東茶鹽司幹官，又提領措置茶鹽所辟朝官鄭待問爲屬官。於是，言者論：「體純、待問皆以進頌得官，豈可冒部使者之屬？」癸未朔，詔悉罷之。仍詰問湖州及提領官，以二人皆係濫補，因何舉辟。體純，金壇人。待問，江山人也。

丁亥，宰執奏楚州發來歸朝官事。上曰：「聞諸州多囚繫。此輩經歲不釋，小有疑則加害，朕甚閔之。覆燾之間，皆吾赤子，偶生邊地，豈可與金人一概待之？金人與吾戰，率諸國之衆，薦冒鋒鏑，使肝腦塗地，彼亦何辜？朕欲悉發行在存撫之，庶可召和氣。」汪伯彦曰：「王者仁不異遠。陛下皆與生全，蓋如天矣。」黄潛善曰：「陛下一視同仁，愛之如傷，此盛德所以通於神明矣。」

是日，詔：「國步多艱，人材爲急。如蔡京、王黼當國日久，孰不由其擬授？果賢或才，豈不可用？自今無得分別，使自奮忠義。三省遵行之。」

戊子，上詔宰執曰：「朕昨親筆，外人頗聞之否？」黃潛善曰：「陛下廣收人才，以濟時艱。天下士聞之，必歸心矣。」潛善又曰：「昨詔士卒有犯，并依軍法，不得剜眼刳心，過爲慘酷。御營使司已遵德音宣布，兵衆皆鼓舞感戴。」潛善又曰：「内侍王嗣昌以何罪送吏部？」上曰：「嗣昌爲門司，好大言議國政，與邵成章爲死黨，不可不斥。」潛善曰：「臣一刻之間，三聞陛下大哉王言，此中興之象也。」

丁酉，以吏部尚書周武仲爲龍圖閣學士，提舉太平觀。

新通判襄陽府程千秋，昨因守公安縣有功，朝廷再加二秩，就命通判荆南。時有譖其短於帥臣唐慤者，千秋請避之，改倅襄陽。未行，荆南轉運司擒千秋置之獄，巧誣以罪。其弟千乘詣闕訴冤，已得旨免勘，而慤猶未肯釋。至是，言者謂：「方羣盜薛廣、祝靖、李孝忠相繼犯荆南，監司帥臣望風悉遁。賊既據城，與公安止隔一水，維舟絞筏，欲乘勢南來。千秋奮不顧身，率縣民禦之，使人夜渡，焚舟毀筏，殺賊甚衆，遂不敢犯。鄂、岳、鼎、澧[一]，皆賴以安，民間繪其像而祠之。緣有全軀保妻子，棄城與賊者，欲依公安，千秋以其位居己上，恐掣肘敗事，拒之不納。賊平，悉懷愧恨，媒孽於愨，欲殺之以快其意。愨深加鍛煉，違詔不釋。且忠義立功之士，所宜加恤，罪猶當宥，況無辜乎？」己亥，詔釋千秋，乃降愨貼職爲直秘閣。

辛丑，詔略曰：「乃者春多雨霪，夏仍旱暵。飛蝗爲沴，遺寇尚有。弗能導天地之和，何以弭邦家之患？永惟厥咎，當在眇躬。應故事有未便者，俾郡守監司條上。被災處驗實，與免租税。楚囚淹延，促其結絶。」

甲辰，詔樞密直學士、大名尹杜充爲東京留守，令盡瘁國事，以繼前官之美，深戒妄作，以正前官之失。又以馬軍都指揮使郭仲荀爲殿前都指揮使，副之。仍召龍神衛四廂都指揮使楊惟忠赴行在，爲主管馬軍。時已遣宇文虚中使金國，祈請二聖，道由京城，乃令攝留守司事。既而仲荀先充以至，虚中乃行。

先是，提舉洞霄宫謝克家因言者論其嘗從僞命落職，遂進狀自辨，略曰：「國家傾危，二聖播遷。臣不能徇節以死，何所逃刑？顧如言者所論，則未之察也。三月七日，張邦昌爲虜人迫脅，圍城士大夫恃陛下之在外也，共爲後圖，吕好問不能獨任其責。方邦昌之在尚書省也，好問遣人起諸退人，故次日皆仍舊職。臣嘗遣長男伋往見李回，欲同詣元帥軍中，回言將令高世賞同臣以行。而胡直孺、李擢繼道邦昌之言，且趣之出，與回語合。臣始見邦昌，面決行日。則臣之復出，爲陛下出也。四月八日，奉寶璽出門。十二日，見陛下於濟州，蒙陛下洞然照知，委任元帥府差提舉一行事務。自濟還京，不復入省，即整辦儀物，催發百司官吏，前往南京，粗免闕誤。如臣才短力憊，方多事日，享祠官之禄，臣分已足，但所造罪名至醜。使如章言，則爲大惡，不宜尚齒搢紳，否則爲至冤，亦不宜默。如臣所陳涉妄，甘受欺君之誅。若原情昭洗，死無所恨。」丁未，召克家爲吏部侍郎。時殿中侍御史馬伸聞召克家，及中書舍人晉陵孫覿已去復召，乃言：「克家與覿皆小人之雄，不可用。二人在靖康間皆附耿南仲，倡爲和議，助成賊謀。有不主和者則欲執送虜營，人畏其險而不敢較。陛下即位，灼見其情，逐去是矣。近者不知誰爲之地，皆得被召，復將進用，望竄之遠方，以御魑魅。」不報。於是，克家乞郡，除龍圖閣待制、知台州。伸此疏在是月丁酉。

先是，朝議大夫惠厚下及密院小史楊雍，皆自虜境逃歸，言中原之人聞上登極，咸以手加額，曰：「聖明既立，將有息兵之望。」又有録登極赦書奏道君者，聖情甚悦，趣宣和皇后作燕相賀。厚下，華原人也。辛亥，宰執早朝以奏，上斂容不語，久之曰：「宣和皇后性極儉，每得月賜，未嘗妄用。衣或破，則補而服之。」黄潛善曰：「躬儉節用，服浣濯之衣，詩人所美。臣等今聞后之儉德如此，豈勝幸甚！」此據顔岐所編聖語。

壬子，詔圭田士以養廉，自今毋借。

是月，燕山府人劉立芸聚衆攻破城邑。立芸諭衆曰：「吾欲致南北太平，所至不殺掠，但令饋糧。」於是，蕃漢之民，歸者甚衆。

時吏部案牘散逸殆盡，選者與吏并緣爲姦，多冒名寄版之弊。右選侍郎吴江魏憲在宣和間，已貳銓曹，熟於典選。至是，乃請嚴保任以核實，開告賞以扼姦，急期會以取闕〔二〕，故姦弊稍戢。憲屢言：「古未有背天險而爲都者，虜之勁騎由京西不四五日可至淮、泗，宜有以俟之。」未幾，憲以雜學士奉祠而去。

户部所餘金帛尚數百萬，尚書吕頤浩、侍郎葉夢得皆慮倉卒難於輦運，遂以行在府庫充牣爲言，請自今上供之物，兩浙、福建者寄平江府，江、湖、二廣者寄江寧府。從之。據葉夢得行述修入。

言者請復常平官修補助之條，廣儲蓄之具。

八月癸丑朔，詔從之。既又詔：「常平之法，歲久多弊。頃以紹述爲名，雖公私不便，當增損者亦不敢言。今止爲常平〔三〕，本法所係甚大，非可他司兼領，宜復置提舉官，然慮襲前弊，反致害民。」遂令葉夢得與中書舍人孫覿、張澂共討論之。澂，舒城人也。

戊午，以夢得爲翰林學士，覿爲給事中。

初，徽猷閣待制、江淮等路發運使梁揚祖兼措置真州茶鹽。至是，就緒。戊辰，進揚祖爲雜學士。

時諸路類試合格進士并集行在。甲戌，上御集英殿策試既，遂賜李易以下四百五十人及第出身。易，江都人也。上曰：「聞易甚貧，寄食於人。」黄潛善曰：「易，揚州學士，郡庠正録，學業必優。」上又曰：「御藥院舊例，上十名文卷於御前定高下。朕謂取士至公，考官足信，豈以朕一人之見更自陞降？」潛善等再三稱賀。

試辭學兼茂科，考到朝奉郎袁正功合格。正功，晉陵人也。

初，信王榛已上奏，復遣保州廉訪使者馬擴，詣行在乞師。擴至東京，見留守宗澤，遂達行在。擴自離五馬山寨，麾下五百人。至是，不滿百人。上識榛書迹，即除河外兵馬都元帥。制辭略曰：「覽封章之近奏，聞行役之獨留。慨然壯圖，副朕本旨。宜就䪿於臨制，庶盡總於營屯。以迎二聖之還，以慰兩河之望。」又以擴爲元帥府都總管，俾將兵北討。據張彙所記與馬擴自叙。

初，道君北狩，自燕京遷霫郡。一日謂駙馬都尉蔡鞗曰：「宸極失御，播越至此。荷天眷祐，建炎中興。今草得一書，欲厚遺本路都統，求通於左副元帥。」先是，御史中丞江寧秦檜，當靖康末，不肯推立異姓，爲金虜驅去，亦寓此地。道君乃命鞗以書示檜，檜讀之，嗚咽不勝，謂鞗曰：「天祚吾宋，必將有主。聖慮如此，定應昭格。」遂具酒殺，延本路都統，後聞此書得達粘罕。是月，道君徙居韓州。先是，諸王有得春秋閱之。道君曰：「春秋多殺君父之事，爲人臣子，豈宜觀哉？」鞗曰：「春秋者，孔子所以正褒貶。故司馬遷曰：『春秋，禮義之大宗也。』願陛下試取觀之。」他日，道君諭鞗曰：「比讀春秋，始知宣聖之深意，恨見此書之晚。」曾因乾興節宴，道君賦詩以與淵聖，乃用親仁善鄰事，曰「此出春秋也」。道君每南望，必注目久之，曰：「陵寢在何處？」泣數行下。遇忌辰，時輟膳，追慕終日。雖在蒙塵，教子必以義方。宗室自孝騫以下九百人，每相見，撫問再三。有挾私恨而致争者，必告以身在他鄉，幸得相聚，毋挾私憤。然紹述神宗之志，未嘗忘懷。適有貨王安石日録者，輟衣而易之。

先是，殿中侍御史馬伸言：「陛下龍飛河朔，近得黄潛善、汪伯彦以爲宰輔，任之不疑。然施設識非高，如制夷狄，在今實難，不敢望之。若中國常事，皆可施設，豈宜悖謬，以敗中興之業也哉？且二帝北狩，宗社不絶如綫者，繫陛下一人。三鎮未復，不當都汴以處危地，而前日下還都之詔，以謫許景衡，其輕詔令如此。待闕官俸，減三之一，又有闕不許差權，所以省用，而近日廣宫祠之請〔四〕，與復提舉，添教授，皆與初意相戾，其市私恩如此。草茅對策，誤不如式，考官贖金可也，而一日黜三舍人，乃取其門人孫覿諸羣小以掌絲綸，其黜陟不公如此。壽、江二州官吏，均能守城，壽則推賞，江則不賞，其政令不一如此。邵成章緣上言遠竄，今日何時？以言爲諱，其塞言路如此。舊制，臺官有闕，中丞、學士各薦，而三省不與，潛善乃自除李處遯之徒，欲爲己助，其毁法如此。張慤、宗澤、許景衡才皆可任，乃忌而沮之，至死使不得展，其妨功如此。人有問以救危拯溺之事，則曰難言，其意蓋謂陛下制之，或問陳東事，則曰朝廷初不知，蓋謂事在陛下也，其歸過於君如此。」又曰：「吕源狂横，陛下逐去，不數日由郡守而陞發運，凡陛下所欲用者必去之，所欲去者必留之，其强很自專如此。又御營使實主兵權，而潛善、伯彦各别置親兵一千，所給優於衆兵，此何意哉？」疏奏，改伸爲衛尉少卿。

九月癸未，伸自乞誅責，詔伸言事不實，送吏部差濮州監酒。

初，上嘗語宰執，以廷中從班未富。又謂黄潛善曰：「求賢，宰相之職也，宜加意詢訪。」乃詔取舊從臣姓名來上，亦有召還復用者。上意猶未足，黄潛善曰：「祖宗時，多命從官各舉所知三二人，以俟選擇。」上從之。乃詔行在從官，各舉所知。於是，列曹尚書吕頤浩、盧益、王賓，翰林學士葉夢得，端明殿學士黄潛厚，御史中丞王綯，列曹侍郎劉珏、張浚、康執權，給事中黄哲，中書舍人黄唐傳、張瀓各奉詔舉二人。執權，開封人。哲，華陽人。唐傳，侯官人也。時頤浩舉朝議大夫褚宗諤、修職郎李迨，益舉朝請郎惠柔民，賓舉前公安知縣程千秋，夢得舉直龍圖閣知潭州辛炳、朝散郎致仕王庭秀，潛厚舉登州教授鄒潛，綯舉通直郎蔡向，珏舉崇德縣令鄧根，浚舉校書郎富直柔，執權舉前知永州李公彥，哲舉杭州教授李誼，唐傳舉知興化軍張讀，瀓舉從政郎周虎臣。宗諤，高密人。潛，浩弟。根，邵武人〔五〕直柔，弼孫。公彥，臨川人。誼，南昌人。讀，閩縣人。虎臣，舒城人。

壬辰，宰執進呈，上曰：「所舉人卿等有識者否？」黄潛善曰：「臣等未識，然皆名士。」上曰：「朕得人才又近三十人，殊可喜也。」

權管密州杜彥進瑞芝一本。狀辭云：「草葉純赤，實符建炎美號。形如指掌，應股肱宣力之義。殆將有熊羆之士，窮討强敵〔六〕。」蓋彥自謂也。

時上親寫書之旅獒及大有大畜二卦，與孟子之言於座右素屏，宣示宰執。甲辰，黄潛善等謝曰：「陛下於書取謹德昭德之義，於易取有賢畜賢之道。蓋正心誠意以齊家治國者在德，立政造事以致君澤民者在賢，與孟軻之格言，皆今日之急務。因知心術之妙，不以字書爲工也。」潛善又曰：「自古千歲乃生聖人，後世之君欲法堯、舜、文、武，必待偶聖而生，則多歷年所，願治之志莫就。蓋在則人亡則書。陛下聽朝之暇，擇經子之言，寫之於屏，所謂日與聖賢對。」汪伯彦曰：「陛下寫聖賢垂範之言，置諸左右，則非爲翰墨，乃進德修業，日躋之盛也。」上曰：「如孟子言，用賢與殺，皆察於國人。朕每味斯言，欲謹守之。」潛善曰：「願陛下允蹈其言，則天下幸甚。」

己酉，同知樞密院事郭三益卒。

初，成都府路轉運判官安居趙開奏：「祖宗以三司總諸路轉運使，此成憲也。熙寧後，因事設官，而漕司遂至不足。今榷茶買馬，乞依嘉祐故事，併歸漕司。仍減額以蘇茶户，減價以惠茶商，則私販衰而盜息。」是秋，擢開主管川陝茶馬事，使推行之。開乃先更茶法，官買官賣茶并罷，酌政和都茶場法，印給茶引，使茶商執引與茶户交易，改成都茶場爲合同場，仍置茶市，交易者必由市，而引與茶必相隨，茶户茶鋪，皆籍其姓名，使之互察。此其大略也。

校勘記

〔一〕鄂岳鼎澧　「澧」，原作「禮」，據四庫本中興小紀卷四改。

〔二〕急期會以取闕　「闕」，原作「關」，據四庫本中興小紀卷四改。

〔三〕今止爲常平　「令」，原作「令」，據四庫本中興小紀卷四改。

〔四〕而近日廣宫祠之請　「請」，原誤作「誚」，據四庫本中興小紀卷四改。

〔五〕潛浩弟根邵武人　以上原闕，據四庫本中興小紀卷四補。

〔六〕殆將有熊羆之士窮討强敵　「窮討强敵」四字，原闕，據建炎以來繫年要録卷一七補。其後又有「上曰：朕以豐年爲瑞，今密爲盜區，且彦所獻，何足爲瑞，其還之」云云，知原文已殘闕。

宋朝中興紀事本末卷七

起建炎二年十月盡十二月

冬十月，河北制置使李彦自東京赴行在，上召見。彦見潛善、伯彦，力陳：「兩河忠義民，引頸以望王師，願因人心向順，大舉北征，犄角破賊，收復故地。」言極憤激，大忤二人之意，降旨除閤門宣贊舍人，免對。

甲寅，借刑部尚書楊應誠等奏使高麗回，具奏高麗君臣見拒之意。宰執皆欲罪其負恩，上亦怒形於色。朱勝非曰：「彼國爲北虜密邇，與中國隔，遠近利害甚明。自是前此待之太厚，彼安能責報？」黄潛善曰：「若以巨舟載精甲數萬，徑造其國，彼能無懼乎？」勝非曰：「越海征伐，燕山之事可戒也。」上怒稍解。後兩月，高麗奉使表謝罪，執禮甚恭，優詔答之。此據朱勝非閑居録〔一〕。

監察御史寇防宣諭江、淮四路回，因奏：「祖宗朝三京各置留守司、御史臺，每於月旦率屬拜表如宣詔，其餘列郡附遞以進，故三京之俗，號知禮義。今諸州亦望依三京故事，月旦拜表，庶幾四方咸知尊君之義。」戊午，詔從之〔二〕。

時四方貢賦，不能如期而至，行在仰給，惟茶鹽鈔法。然視商賈去來，不可爲準。初，宣和因方臘之亂，江、浙被賊諸州，皆蠲其賦，而官兵無所給，乃詔發運使陳亨伯經制東南。亨伯請以七路之財補其乏，始設比較酒務，量添酒價，及商税額亦增一分。并賣契紙，與公家出納每緡收二十三文，并號經制錢。斂之少，聚之多，而無損於民，靖康罷之。至是，翰林學士葉夢得言：「設經制之法，添酒價，增税額，并賣契紙、頭子等錢，皆求於民之所欲，而非强其所不欲。故酒價雖高，未有驅之使飲，税額雖增，未有迫之爲商者。其他類此，望復行之。」户部尚書吕頤浩亦言：「經制之法，始於陳亨伯，若循之，可以助國而無害於民，賢於緩急暴斂多矣。」

知沛縣李膺又言：「昨來經制司酒漕税契、頭子等錢，所收至微，所得至多，儻復行之，爲利不細。」乃復經制錢〔三〕。壬戌，乃詔諸路提點刑獄司拘收，仍依封樁錢法，不可擅用。

金虜右副元帥窩里嗢，以衆渡河，攻下開德府，遂攻濮州。癸亥，奏至，詔御營使司統制官張俊、左軍統制官韓世忠各帥所部兵，俊由京師至開德，世忠由徐州往東平府迎敵。又令見屯冀州總管馬擴援之。議者謂俊乃中軍統制，不可遠去，遂以統制官范瓊代俊行。

初，知河南府翟進與金虜夾河而戰，屢破之。至是，留守司遣所招到楊進者來與同捍賊，乃擁衆數十萬，殘汝、洛間，翟進諭之不聽。癸酉，楊進忽遣數百騎絶之，犯翟進營。翟進已謀知其姦，乘半渡縱擊之，追北數十里。而翟進躍馬墮壕遇害。時御營使司都統王淵頗忌楊進，故進懼而復叛。

知樞密院汪伯彥有子曰似，與其女之婿梁汝霖者，嚮皆爲金虜掠去，拘於湯陰縣寨中一年矣。至是，似、汝霖同日南遁，至河，偶得漁舟以濟。都水使者榮薿馳報伯彥。

十一月壬午，伯彥以其事奏，且曰：「二聖在遠，陛下無足以解憂者。臣於子婿之愛，宜在所後。已不令入城，徑歸鄉矣。」

癸未，詔獎伯彥，略曰：「卿仰思二聖之未還，不忍一門之私喜。」

丙戌，以户部尚書吕頤浩爲吏部尚書，翰林學士葉夢得爲户部尚書，御史中丞王綯爲禮部尚書，中書舍人張澂爲御史中丞。初，頤浩在版曹，嘗乞輦致左藏庫官物過江，言未及行而徙。

初，虜嘗遣萬騎渡河，先攻虢，後圍陜。知陜州李彦先極力禦之〔四〕，虜不能破。其酋至拜於城下而去。復攻虢州，陷之。有内侍高邈嘗官陜西。至是，彦仙寓書於邈，言其與虜戰獲捷之狀，又言鄜延帥王庶節制六路之後，將士用命，亦屢勝敵。彦仙，鞏縣人也。己丑，上以語宰執，且曰：「朕聞之，喜而不寐。」黄潛善曰：「邈得彦仙書，是何月日？」上曰：「朕不欲觀其私書。」潛善曰：「前代帝王，或複道窺人之私，此陛下盛德事也。」既而朝請郎范寅敷自北地歸，言每見漢兒説彦仙名，乞朝廷究其實而優獎之。寅敷，致虚子也。

先是，庶用涇原統制官曲端爲都統制。庶政嚴，多誅將士。嘗曰：「設曲端誤我，亦當斬之。」端聞而退，未有以報。時虜驟至，延安正軍纔二萬，庶召諸道兵未集，端不出兵爲援，庶退屯龍坊，虜乘虚陷延安。數日，端至龍坊，以兵衛庶，且曰：「節制何自至此哉？節制固知愛身，不知爲天子愛城乎？」庶曰：「吾數令不從，誰其愛身者？」端怒，謀即於軍中誅庶而併其兵〔五〕。因問庶印何在，欲奪之。會朝廷遣主客郎官謝亮使夏國，端夜往見之曰：「延安五路，喉衿今既已失，春秋大夫出疆之義，得以專之。使者苟一誅敗將，南歸而報，乃使者展節之時也。」亮曰：「奉使有旨，以人臣而擅誅於外，是跋扈也。公爲則自爲之，亮無預也。」端乃去。庶以故忿端，欲死之。時新知鳳翔府王瓔，自陝府將兵三千人之新任，亦爲端所襲而敗。瓔不能軍，遂將其餘衆轉入西蜀。

初，直龍圖閣張所招撫河東，有前清河尉王彥投所軍中，所奇其才，不數月，擢都統制。彥以效用人岳飛爲軍將。彥，河內人。飛，安陽人也。久之，飛見疑於彥，乃去，自爲一軍。至是，飛降於東京留守杜充。又故大將种師道帳下小校桑仲爲潰兵所推，亦降於充，并用爲統兵官。未幾，郡盜張用、王善等來寇，充命飛、仲與戰，破之。

李成之敗也，獲其黨之家屬，詔分養於真、承、楚之三州。至是，江淮制置使劉光世具上男女六百餘人。上謂宰執曰：「此曹身且不顧，豈恤其家？朕念作亂者非其家屬之罪，故令分養之。」黃潛善曰：「臣聞光世凱旋過楚州，降卒見家屬無恙，皆感泣，仰戴聖恩。」

朱勝非曰：「郊赦中可載此，以見陛下德意。」上又曰：「昨於光世處得李成所用持刀一，重七斤，成能左右手運兩刀，所向無前。惜也，成惑於陶子思邪説，使朕不得用之。」潛善曰：「陛下英武大度，惜人才如此。」

金虜既陷延安，又破綏德，遂犯晉寧軍。初，守臣徐徽言與府州折可求約出兵夾攻虜衆。時可求之子彦文自東京來，被虜至雲中。左副元帥粘罕以利啖之〔六〕，使爲書以招其父。於是，可求遂降於虜。可求與徽言親也，虜挾可求招徽言於城下。徽言登陴，以大義責之。可求曰：「君與我胡無情？」徽言曰：「爾於國家不有情，我尚於爾何情？」即引弓射之，可求走。徽言因出兵擊虜，大敗之，斬婁宿孛堇之子。時河東環境爲盜區，惟晉寧獨存，其地勝，號天下險，而徽言設械甚備，虜數負，不得志。一夕，内應者啓扉以納虜，徽言率帳下力戰，虜兵猥至，被執。婁宿百計誘之不屈，遂遇害〔七〕。徽言，西安人，後謚曰忠壯。

時奉使宇文虛中甫渡河。辛卯，上夢道君在延福宫，亟往拜之。

壬辰，上以語宰執，且曰：「朕何時得見上皇耶？」黄潛善曰：「陛下夙夜以二聖爲念，孝弟之至，無所不通，故與上皇神交如平日。近聞虛中十月二十六日過河，與金人議事，自兹二聖歸必有期，望陛下少寬聖抱。」上頷之。

時吏部尚書呂頤浩、户部尚書葉夢得、御史中丞張澂、給事中孫覿共討論常平法，謂此法不宜廢，如免役、坊場亦可行，惟青苗、市易當罷。上曰：「青苗法永勿復行。」夢得請選實歷州縣通世務者爲提舉官，而頤浩又請追還常平糴本，皆從之。此據顔岐所編聖語及朱勝非閑居録修入。時立法已定，未及頒行〔八〕。

先是，詔遣常德軍承宣使孟忠厚從衛隆祐太后往杭州。癸巳，宰執奏所經州縣日用飲食事。上曰：「太后於此，朕雖粗留意，亦不以口腹勞人。如朕於兩膳，物至則食，未嘗問也。向自相州渡河，野中寒甚，燒柴温飯，用瓢酌水，與汪伯彦於茅舍下同食。」伯彦曰：「追念此時，與光武滹沱河燎火食麥飯何異？皆中興之象也。」黄潛善曰：「陛下可謂險阻艱難，備嘗之矣。願崇儉以濟斯民，天下幸甚。」

初，太學生建安魏行可應詔願使絶域，遂借禮部侍郎充大金軍前通問使，仍兼河北京畿撫諭。時有金虜之舅王策者，拘囚在東京。行可經由，或勸之取旨帶行，庶可爲悦虜之計。行可不敢有請，徑馳北去。戊戌，渡河至開德府左城虜寨，是日，紅巾四出，虜曰：「既云奉使，乃欲以計襲我耶？」然紅巾亦不知行可爲奉使，及見使旌，乃引去。此據行可墓志修入。

詔有司築圜壇於南門外。

初，政和所造九寶，其八爲金虜劫取，惟鎮國寶在焉。至是，上以宣示宰執，玉色温潤，真希世之珍也。

己亥，上朝饗太廟。

辛丑，宿齋於行宫。

壬寅，冬至，自常朝殿詣壇祀昊天上帝，以太祖配，大赦天下。赦書令侍從於廢放黜謫之中，舉才幹强敏者二人。吏民因忤李彦、朱勔被罪者，許自陳改正。是日又詔，略曰：「朕適歲當郊，大懼菲德，弗獲顧歆。乃者先事，三日陰翳，震於朕心。逮徂廟及壇，垂象燦炳，夜氣晏温，迄用成禮。顧朕眇昧，敢曰馨香上聞，實惟祖宗之靈相佑在天，亦爾萬方有衆，不替忠順，協於天心。股肱大臣，其同寅協恭，輔朕不逮。耳目之言必忠，毋奪於私。有官君子，惟職是修。爪牙之臣，咸奮忠力。至於怙衆爲暴，亦當革心自效。朕言不渝，爾無怠忽。」

初，信王榛遣馬擴請兵於行在，而五馬山寨中有亡歸虜者，告於見屯真定女真萬户詔合。詔合馳禀東元帥府，謂擴將得兵而來。於是，右元帥窩里嗢、左監軍撻辣報左元帥粘罕〔九〕，共爲之備。粘罕留右監軍悟室守雲中，而自率其衆下太行，南渡黎陽。然尚未至，窩里嗢、撻辣先會虜衆攻破山寨，信王不知所在。而擴持大軍，方次於北京之清平。窩里嗢、撻辣復攻，敗之。擴下統制官阮師中、聳平仲力戰而死，任琳引衆叛去，擴總餘兵歸行在。粘罕進攻澶、濮，爲將官姚端夜襲而敗。再攻陷之，盡屠其城。東京留守杜充慮賊西來，決大河沮之。賊不能西，遂東會窩里嗢同入寇。

初，遣統制官范瓊將兵拒虜，瓊至東平府，虜衆方盛，守臣寶文閣直學士權邦彦力不能守，棄城而走。瓊乃脅邦彦與之南歸〔一〇〕。

濟南府守臣劉豫者，阜城人。中元符第，嘗爲臺官。因論禮制局事，道君批曰：「劉豫河北村叟，不識禮制。」遂黜於外。至是，纔復爲郡。時虜衆來攻，豫遣其子麟部兵出戰，爲虜所圍。豫檄通判張東援之，虜解去。粘罕乃遣人啖豫以利，豫即詣軍前通款。

甲辰，金虜陷德州，都監趙叔皈死之。

初，杜充尹大名，提點刑獄郭永爲充畫數策，充不能用。永曰：「人有志而無才，好名而遺實，以此而當大任難矣。」充愧疚謝之。充移守東京，詔就除漕臣張益謙代充爲尹。時北京與東平實相犄角，東平已陷，大名塊然孤城，當虜之衝。叛臣劉豫舉濟南之衆，引虜騎來攻甚急。益謙與轉運判官裴億，皆齷齪無能爲。或勸益謙委城遁者，永曰：「北門所以遮梁宋，虜得志則席捲而南〔一一〕，朝廷危矣。借力不敵，猶當死守，徐挫其鋒，以待外援。」因自率兵，晝夜乘城，且募士賫帛書夜縋城出〔一二〕，詣行在告急，且請朝廷先爲之備。虜俘東平、濟南人大呼城下，曰：「二郡已降，降者富貴，不降無噍類。」益謙、億輩相顧色動。永曰：「今日正吾儕盡節之時。」及行城，撫將士曰：「王師至矣。」衆皆感泣。甲申，城陷，益謙、億率衆迎降。虜曰：「城破而降，何也？」皆以永不從爲辭。虜遣騎召之，永正衣冠，南面再拜訖，易幅巾而入。粘罕曰：「沮降者誰？」永熟視曰：「不降者我。」虜見永狀貌魁傑，且夙聞其賢，欲以富貴啖之。永駡曰：「無知犬豕〔一三〕，恨不醢爾以報國，何説我降乎？」時大名人在縶者，無不出涕。虜并其家害之。永，元城人，後贈資政殿學士，謚節勇。

金虜進陷兖州。時漢兒有發孔子墓者，粘罕聞之，問通事高慶裔曰：「孔子何人？」對曰：「古之大聖人。」粘罕曰：「大聖人墓焉可發？」皆殺之，故闕里得全。

是月，有狂人具衣冠，執香爐，攜絳囊，拜於行宮門外。內侍以聞，押赴都堂詰之，但云「天使我爲官家兒」。送揚州根治，亦無他語。雖加箠楚，終不言其姓名，乃釋之。

中書舍人周望，請除鄉兵外，民有子弟願習射者聽之，仍籍其姓名。守令每月一試，取藝高者賞以銀絹。而最優者如三路保甲法，量與補官。

十二月乙卯，詔尚書省立法。

隆祐太后御舟以是月至杭州。詔鼎州團練使苗傅爲扈從統制官，駐軍於奉國寺。上初開府時，傅爲右軍統制官，與楊惟忠比肩，如王淵、張俊、韓世忠皆出其下者。

先是，建州叛卒葉濃等破古田縣，徑犯福州。入西門，劫前太宰余深家金帛，且欲縱火。本路提刑李芘登城諭之，乃去。深、芘皆閩縣人。濃遂犯寧德縣，官軍追擊之不利，濃等回破建之政和、浦城、建陽三縣，復歸城下。時詔御營中軍都統制張俊遣兩浙武憲趙哲〔一四〕，統兵二千人，號萬人，討之。大軍至，賊迎戰連敗，東走。哲遣人招安。庚申，濃等遂降。後濃至俊軍中，復謀爲亂，俊擒而誅之。

己巳，以右僕射黄潛善爲左僕射兼門下侍郎，知樞密院事汪伯彦爲右僕射兼中書侍郎。

汪伯彦時政記云：潛善、伯彦入謝，上曰：「潛善作左相，伯彦作右相，朕何患國事不濟？更同心以副朕之意。」皆稽首謝。

伯彦所記其果有之耶？若果有之，而二臣不能副上所期，罪益深矣。

尚書左丞顔岐爲門下侍郎，右丞朱勝非爲中書侍郎〔一五〕，兵部侍郎盧益爲簽書樞密院事。

中丞張澂言：「建卒之殘福州，一方騷動。余深以前宰相與提刑司都吏王宏謀，率郡人申朝廷，乞留知州江常。蓋常善而易制，故爲此姦謀以窺朝廷。又杭卒之叛，薛昂不緣君命，自知杭州。又耿南仲趣李綱往救河東，以致軍潰。蓋不恤國事，用此報讎。又許翰與綱最厚，方在樞府，則迫种師中急救太原，致其覆師。及綱作相，引爲執政。此四人者，豈可置而不問？」時深爲特進、衛國公，昂爲金紫光禄大夫，皆已致仕〔一六〕。南仲見謫散官，臨江軍居住。翰見任資政殿學士、提舉洞霄宫。丁丑，詔深責臨江軍，昂責徽州，南仲責授别駕依舊臨江軍，并居住。翰落職。未幾，南仲卒。

言者論：「刑部尚書王賓乃李綱之黨，昨爲中丞，無一字及綱。比盧益爲副樞，賓翊日講筵留身。夫侍從選居政府〔一七〕，身偶後於他人，而躁進如此。」庚子，賓除龍圖閣學士，與郡。

初，虜陷東平、襲慶二府，有土人前左司郎官吴洽、朝奉郎孫億并於徂徠山建寨保聚。兩處軍民，及累下山與賊戰。至是，京東帥臣益都劉洪道聞於朝。乙亥，詔洽爲徽猷閣待制、知東平府，億爲直龍圖閣、知襲慶府。

户部尚書葉夢得嘗請上南渡，阻江爲險，以備不虞。上曰：「自揚至瓜洲五十里，聞警而動，未晚。」夢得曰：「運河僅通一舟，恐非一日可濟也。」復乞命重臣爲宣總使，一居泗上，總兩淮及東方之師以待敵，一居金陵，總江、浙之路以備退保。不報。

上一日召諸軍議事，帶御器械張俊奏：「敵勢方張，宜且南渡，俟國勢定圖之。」復請移左藏庫於鎮江。又吏部侍郎劉珏亦言：「備敵之計，兵食爲先。今以降虜爲見兵，以糴本爲見糧，二者無一可恃。維揚城池未修，卒有不虞，何以待之？」宰執皆不以爲然。

初，遣統制官范瓊北征，支金帛數萬，令其犒師。瓊悉以入己，且買女色以自奉。乃引所部軍，由間道自淮西趣江東。至是，又轉而之江西。

一時金虜橫行山東，羣盜李成輩因之爲亂。虜左元帥粘罕將由東平歷徐、泗以犯行在。左右僕射黃潛善、汪伯彦皆無遠略，且斥堠不明〔一八〕。自京城至泗州，道途甚遠。其京城斥堠，但委之御史臺，南京則委之留臺〔一九〕，泗上則委之郡守。未嘗多以金帛，專遣人探虜之動息。成雖前爲江淮制置使劉光世所敗而走，然成衆猶未殄也。是月，淮北屢有警報，皆謂成餘黨，無足畏者。虜覘知朝廷不戒，亦僞稱成黨以款我師云。初，成之來歸也，朝廷既授以官，復多給空頭官告與之。成敗，皆爲光世所奪，遂以賞所部立功將士，凡書填五十道。至是，光世納其餘，且言：「恐軍中有得之者，亦效其書填，異時真僞不辨，乞除所中姓名外，許人告捕。」詔從之，仍立賞錢三百緡。詔立賞在明年正月二日，今聯書之。

初，夏國因契丹爲金人所敗，遂率衆取其天德八館之地。八館者，膏腴産稻，夏國得之殊喜。至是，金虜怙强，遣使求之，謂他日以陝西奉償。夏國懼不敢違，而中懷怨憤。又夏國世爲知府州折氏所困，時折可求已降於虜，欲因折氏以併夏境。

校勘記

〔一〕此據朱勝非閑居録　以上原文及小注，原本闕，據四庫本中興小紀卷四補。

〔二〕監察御史寇防宣諭江淮四路回……戊午詔從之　「監察御史寇防」至此，原闕，據四庫本中興小紀卷四補。原本以下仍有「知沛縣李膺言，昨來經制司酒糟税契頭子等錢所收至微，所得至多，尚復行之，爲利不細，乃復經制錢」云云一節，乃見以下「時四方貢賦」一節中，此處故刪。又有「壬寅，郊祀昊天上帝，奉太祖配，就江都縣築壇行事」紀事，及「十二月，金人陷襲慶府，有欲發孔子墓者，誅之」之記載，皆爲亂簡。又有「宇文虛中爲祈請使，楊可輔副之。劉誨、王貺爲通問使。虛中奏曰，奉使北去祈請二帝。二帝未還，陛下亦望依三京故事，月旦拜表，庶遠方咸知尊君之義。戊午，詔從之」記事。按：虛中出使在本年五月，此不應重複，且「尊君」本寇防所請，亦與虛中無關，故皆删之。

〔三〕知沛縣李膺言……乃復經制錢　此上據前引文字補入，以代替原文。

〔四〕知陝州李彦先極力禦之　「知」，原闕，據四庫本中興小紀卷四補。又，「先」字，小紀一書，或作「仙」，或作「先」，今一律改爲「先」。以下同。

〔五〕謀即於軍中誅庶而併其兵　「軍」，原闕，據四庫本中興小紀卷四補。

〔六〕左副元帥粘罕以利啖之　「啖」，原作「陷」，據四庫本中興小紀卷四改。

〔七〕婁宿百計誘之不屈遂遇害　「遇」，原作「寓」，據四庫本中興小紀卷四改。

〔八〕未及頒行　「頒」，原作「班」，據四庫本中興小紀卷四改。

〔九〕右元帥窩里嗢左監軍撻辣報左元帥粘罕　據金史所記，金元帥府初建，撻辣爲左監軍，悟室爲右監軍，此書將左右顛倒，實誤。又，「辣」，原作「懶」，本書多處書爲「辣」，因改之。

〔一〇〕瓊乃脅邦彦與之南歸　「乃脅」，原闕，據四庫本中興小紀卷四補。

〔一一〕虜得志則席捲而南　「南」，原闕，據四庫本中興小紀卷四補。

〔一二〕且募士賫帛書夜縋城出　「書」，原作「晝」，據四庫本中興小紀卷四改。

〔一三〕無知犬豕　「犬豕」，四庫本中興小紀卷四改作「之徒」。

〔一四〕時詔御營中軍都統制張俊遣兩浙武憲趙哲　「中」，原作「十」，據四庫本中興小紀卷四改。

〔一五〕右丞朱勝非爲中書侍郎　「中書」，原作「門下」，據四庫本中興小紀卷四改。

〔一六〕皆已致仕　「仕」，原作「士」，據四庫本中興小紀卷四改。

〔一七〕夫侍從選居政府　「夫」，原作「央」，據四庫本中興小紀卷四改。

〔一八〕且斥堠不明　「斥」，原作「伺」，「堠」，原作「侯」，均據四庫本中興小紀卷四改。

〔一九〕御史臺南京則委之　以上原闕，據四庫本中興小紀卷四補。

宋朝中興紀事本末卷八上

起建炎三年正月盡二月

建炎三年歲在己酉。

春正月，中丞張澂言：「邊事未寧，請詢於衆，爲禦敵之策。」從之。於是，吏部尚書呂頤浩奏曰：「天下多事，聖哲馳騖而不足。金虜已破河北、山東與陝西諸郡，近復引兵渡河，駐於澶、濮之境。祈請之使雖行，而未有報。韓世忠、范瓊統兵北去，亦未有期。致宸慮焦勞，下詢羣策。今虜騎漸逼京東〔一〕，若民心一摇，淮南望風而下，則不能枝梧。望降哀痛之詔，赦河北、京東兩路，蠲其二税與公私積欠，及人户避虜而南者，令州縣優恤。又虜長於攻城，若難以堅守，許官吏與民入山避賊，庶免全郡皆爲魚肉。凡此皆以收民心也。今百辟皆言强弱不敵，臣願廟算先定，陰爲過江之備，而大爲禦寇之資。申飭諸將，訓習强弩，以俟夾淮一戰，此不易之策。夫彼之所長者騎，而我以步兵抗之，故不宜於平原曠野，惟扼險用奇，乃可掩擊。又水戰之具，在今宜講。然防淮難防江易，近雖於鎮江之岸，擺泊海船，而上流諸郡自荆南抵儀真，可渡處甚多，豈不可預爲計？望置使兩員，一自鎮江至池陽，一自池陽至荆南，專提舉造船，且詢水戰利害。又駐蹕維揚，當以一軍屯盱眙，一軍屯壽春，以備衝突。夫虜兵雖勇，而素無陣法，若遇節制之兵，一敗必至顛沛，但令王師仿古陣法。常山蛇勢，雖茫昧不傳，而陣圖别有可考，願早圖之。」

户部尚書葉夢得奏曰：「兵機事也，不度時則爲之每難。今視去冬，又爲難矣。去冬虜但游騎出入陝西、河北，未知總帥者何人。今主兵乃粘罕，且親至相、濮及開德矣。向者開德、大名、東平三大鎮，鼎足而立，今惟東平巋然獨存，以當宋、魏之衝，而滄州孤絶在後。又南京最重，而虜騎已至楚丘。且靖康之失，在固守京城而不知避也。事有緩急，必當從權。伏望陛下通下情，遠斥堠。如必至於過江，則亟降詔，以諭中外，則人心安矣。臣又願取諸要郡，東則鄆、徐、南京，西則廬、壽、和州，南則唐、襄、荆渚，各立軍數，使之召募，仍命大將與帥參治，復選近臣爲總帥以節制之。又乘輿或至兩浙，則鎮江、金陵尤當先治。陛下毋以宇文虛中奉使未回，意和議爲可恃也。靖康正緣恃和議而墮虜計，今安可待萬里之報哉？」

又起居郎張守言：「金人自去冬已破澶、濮、德、魏，而游騎及於濟、鄆。雖遣范瓊、韓世忠會戰，而二將未可恃。臣謂今日莫先於遠斥堠。昔三國時烽火一夕五千里，而前日北京失守，再浹始知。今之爲策有二，一防淮，二渡江。若屯重兵於楚、泗及淮陰三處，賊亦未能遽犯。然恐我師怯戰，望風先潰，則舟楫拘於南岸，而賊亦能斬木繫栰以濟。或以精騎間道，先絕吾渡江之路，此可患者一也。我若渡江，而宿重兵於昇、潤，賊亦未能遽侵。然去中原益遠，而民易搖動。又行在兵多，西人不樂南去，或生意外之事。然維揚亦須留兵，則扈蹕而行，兵分而勢弱，此可患者二也。惟其利害相形，遂不能決。若爲中原計，而幸虜不至，則用防淮之策。若爲宗社計，而出於萬全，則用渡江之策。然權其輕重，勢當南渡。別擇重帥鎮維揚，則中原不患於動搖；明諭諸軍以禍福，則西人不患於不樂。昇、潤亦擇重帥，使當一面，則兵分勢弱，亦非所患。望明詔大臣預區處以俟，探報速聞，則在我之計可得而用也。」

甲申，以資政殿學士、提舉洞霄宫路允迪爲簽書樞密院事。

時已差中書舍人周望等爲祈請使〔二〕。己丑，上諭宰執，令擇日進發。朱勝非曰：「須支金帛，方能辦私覿物。彼方辭所進官職，耻於自乞。」上命依格支，仍優加其數。且曰：「國家惜財，正謂積以待用。若二聖得歸，朕豈吝金帛之數？」

上又命黄潛善撰大金二帥書。潛善曰：「元帥書只平文，不用四六。」上曰：「能寫朕欲言之意足矣，不必四六也。」

戊戌，宰執奏徽猷閣待制晁説之乞致仕。上曰：「是嘗非孟子者乎？孟子發揮王道，説之何人，敢非之！」乃令轉官致仕。

辛丑，詔：「有警，見任官輒般家者徒二年，因而動摇人情者流二千里。」故一時間皆未敢動。此據張澂論黄潛善等疏。

時羣臣准詔論邊防事，皆送御史臺。

户部尚書葉夢得請以行在所藏金帛五十萬，分其半，併歸姑蘇、金陵二處，從之。夢得即具舟楫，從大將假二千人津發，一日而畢。然公私舟交河中，跬步不容進矣。夢得改請以户部所餘物，前期支六軍春衣及官吏俸一月，亦從之。

時禮部尚書王綯，以爲金虜必犯行在，率從官二三人同對便殿，上令詣都堂議。綯等見黄潛善、汪伯彦，二人乃曰：「諸公所言，三尺童子皆能及之。」於是宰執相約曰：「六宫先渡江，百官家屬，亦聽其便，惟吾黨骨肉不可動，動則軍情不安。」至是，虜左副元帥粘罕，以輕騎五千，自山東徑趨淮甸。己酉，泗州將官閻瑾失守〔三〕。中夕奏至，朝廷震驚。

二月庚戌朔，上即欲南渡，潛善、伯彦力止上：「姑俟實報，渡江未晚。」上然之。少頃，又傳瑾懼而自反。虜見瑾已敗，謂朝廷無備，遂徑至天長軍。時統制官俱重、成喜兩軍共萬人，望見虜先鋒百餘騎即遁。亟遣江淮制置使劉光世領兵拒之。行都人謂光世必能禦賊，而士無鬥志，未至淮即潰。遂遣統制官劉正彦，以所部兵從皇子六宫往杭州。是晚，出門〔四〕。皇子六宫往杭州，據趙鼎扈從録，疑不是今日〔五〕。

揚州城内居民争門以出，踐死者無數。從官有詣都堂問二相者，潛善、伯彦皆曰：「已有措畫，不足慮。」百官聞此，復自相慰，以爲知事實者莫如宰相，今既云爾，未宜輕動。居民亦以爲然。夜，江都縣火，皆戍卒自焚民居。

壬子，得天長報，虜已至，上乃躬甲冑，乘馬南巡，惟内侍及護聖軍從之者數人而已。二相方會食堂中，有審其事者，猶以前言爲對。堂吏呼曰：「駕行矣。」於是宰執以戎服從，户部尚書葉夢得隨其後，百司諸軍并扈駕行。上天性慈仁，與路人相先後，不令訶止。時事出倉卒，朝廷儀物皆委棄之。太常少卿龍泉季陵，亟取九廟神主奉之，及出門，甲騎已塞道。行數里，回望揚州城中，煙焰燭天。臣僚士庶及帑藏所儲，爲金虜殺掠殆盡。給事中黄哲、左諫議大夫李處遯、太府少卿朱端友皆死。揚州守臣黄願遁去。時公私所載之物，舳艫相銜，而潮不應閘〔六〕，膠泥淖中，虜悉取之。大理卿黄鍔至江口，軍人以爲潛善，罵之曰：「誤國誤民，皆汝之罪。」鍔方辨其非是，而首已斷矣。少卿史徽、丞范浩繼至，亦死。鍔，南城人也。吏部尚書吕頤浩、禮部侍郎張浚聯馬追及。

上渡揚子江，至鎮江府。初，右諫議大夫建安鄭瑴累章請移蹕建康，宰執沮之。至是，瑴扈從，上曰：「不用卿言及此。」此據瑴傳〔七〕。

癸丑，虜騎至瓜洲，詔以吕頤浩爲資政殿學士，充江浙制置使，又命奉國軍節度劉光世守鎮江府。

甲寅，宰執、從臣入對，議幸杭州，未決。呂頤浩、葉夢得以首叩地：「願且留此，爲江北聲援。不然虜乘勢渡江，愈狼狽矣。」宰執以爲是。上曰：「則須宰執同往江上，令江北諸軍結陣防江。」於是，宰執馳詣江干。有統領官安義自江北遣人至，言今早虜百騎來犯，已射退矣。遂以義爲江北統制官，收兵以捍瓜洲。既而都統制王淵言：「暫駐鎮江，止捍得一處，若虜自通州而渡〔八〕，先據姑蘇，將若之何？不如錢塘有重江之阻。」上以語宰執，於是，黄潛善曰：「淵言如此，臣何敢留陛下。」俄而有内臣奏城中火起，又聞衛士涕泣且籍籍。上驚，命中書侍郎朱勝非與管軍左言傳旨問所以。勝非呼之前使言，皆以未見家屬對。勝非即諭之曰：「已有旨分遣舟，專載衛士妻孥矣。」衆帖然。因問駕去留利害，則曰：「一聽聖旨。」無敢嘩者。乃許以俟駐蹕定當，録扈從之勞，優加賞給。三軍欣諾。方指揮之際，上於屏後皆聞之。勝非復命，上曰：「適已聽得。」上即時乘馬南幸。自駕起，而鎮江城中無賴輩與軍人縱意抄掠，民悉奔竄矣。

乙卯，上至常州。

羣盜丁進等雖已受招，而縱兵掠民。至是，欲走山東。朱勝非至丹陽，都統制王淵遣使臣張青領五十騎馳護勝非，因令青圖進。青以白勝非。勝非曰：「丁進不除，必爲巨盜。聞渠有數百人，爾五十騎，可敵否？」青曰：「不足畏。」於是，以檄誘進至勝非所而誅之，其衆惕息聽命。

丙辰，上至無錫縣。

丁巳，上至平江府。始去介冑，易黄袍，儀衛稍備，隨駕至者皆有生意。資政殿學士呂頤浩從行，遂除簽書樞密院事，仍充江浙制置使。詔張邦昌親屬張邦榮、張元亨等并令録用。又命朱勝非同禮部侍郎、御營司參贊軍事官張浚守平江府，節制平江、常、秀軍馬，控扼通、泰之衝。時潰軍在江北，多乘時作過，統制官王德以衆攻和州，靳賽以衆攻通州，二城垂破。於是，勝非與浚作蠟書招之，德、賽皆聽命，訴以無食，乃漕米給之。劉光世又遺以戰袍器甲，於是相繼渡江。時德招到張育之兵萬人，光世得之，其軍復振。德，鞏縣人，號王夜叉者是也。頤浩遂以精兵二千回鎮江節制，劉光世以下捍瓜洲渡。

庚申，上次秀州。

壬戌，上次崇德縣。

初，户部尚書葉夢得以本省所藏皆棄江北，欲急趨杭州爲備，乃由宜興間道先往。壬戌，上至。夢得迎於臨平，上入州治駐蹕。

詔遣御營中軍統制張俊往吴江控扼。

汪伯彦時政記曰：時黄潛善等言：「陛下已留朱勝非、張浚、王淵在平江，居吴江之北，若更差張俊去，臣等慮行在只有苗傅一軍，不惟緩急有警，傅不可倚仗，兼恐無以相制，可虞非常。乞留俊，庶幾行在不至誤事。」

葉夢得言：「臣昨至杭，見以轉運司爲升暘宫，小人遂傳復開應奉之端。」上即詔罷之。夢得見宰執言：「百官六軍，券曆不存，請别給新者。又姑蘇、金陵兩處所留上供，約可支半載。欲刷杭州諸司所有借支，候取兩處物至償之。又户部、司農、太府及倉庫官吏無一至者，願差官攝事。」皆從之。

御史中丞張澂論：「左右僕射黄潛善、汪伯彦輔政無狀，有大罪二十，致陛下蒙塵於外，天下人切齒唾罵，望重賜竄黜。」己巳，罷潛善、伯彦并爲觀文殿大學士，潛善知平江，伯彦知洪州。又以户部尚書葉夢得爲左丞，而澂爲右丞。言者再論潛善、伯彦，遂降充觀文殿學士，提舉外祠，尋皆落職。

庚午，右諫議大夫鄭瑴言：「今宜用兩浙人才，如晉元帝渡江擢用吴中之秀，庶衆情翕然歸附。」從之。

湖州民王永錫獻錢五萬緡。執政言版計無闕。上曰：「如此安用？」即詔却之。

辛未，虜退。江浙制置使吕頤浩帥兵渡江至真州，收榷貨務錢物。

初，婺州歲貢羅萬匹，崇寧以後，希進者增其數至五萬八千匹。至是，守臣蘇遲乞減其半，上問執政：「祖宗額幾何？」葉夢得曰：「皇祐編敕一萬匹。」上歎曰：「民將何堪？可依皇祐法。」執政奏今用度與祖宗時不同，乃詔減二萬八千，著爲定制，仍給見緡。遲，轍子也。

丙子，下詔責躬，略曰：「朕已放宫嬪，損服御，黜宰輔，召忠良。尚慮多方未知朕志，自今事有關於國體，益於邊防，許士民直言，朕採擇行焉。仍旌以示勸，言之或失，亦不汝尤。」

初，臺官馬伸嘗論黄潛善、汪伯彦之過，而太學生陳東、進士歐陽澈於二人秉政日，以言被刑。上曰：「以言責人，朕甚悔之。」乃詔以衛尉少卿召伸，而東、澈并贈京秩。

上初至杭州，霖雨不止。至是，執政奏事。葉夢得曰：「東南春夏地濕。」上曰：「自朕渡江，百官六軍皆失所，朕何獨求安？今尚寢堂外，俟稍定方入正寢。」執政曰：「如此，人心孰不感動？」

故事，惟侍從乃許薦士，不及郎官。是日，詔郎官以上各薦二人，仍不俟都堂審察。執政曰：「陛下搜賢不倦如此，天下幸甚。」

校勘記

〔一〕今虜騎漸逼京東　「京東」，原本誤倒，據四庫本中興小紀卷五乙正。

〔二〕時已差中書舍人周望等爲祈請使　本條，據三朝北盟會編卷一二〇、建炎以來繫年要録卷一九，時朝廷已復李鄴官，令與周望分别出使河東北，故下文有「撰大金二帥書」語，此處闕李鄴出使事。

〔三〕泗州將官閻瑾失守　「瑾」，原作「僅」，據四庫本中興小紀卷五、建炎以來繫年要録卷一九改。下同。

〔四〕遂遣統制官劉正彦以所部兵從皇子六宫往杭州是晚出門　以上原闕，據四庫本中興小紀卷五補。

〔五〕皇子六宫往杭州據趙鼎邕從録疑不是今日　以上小注原闕，亦據四庫本中興小紀卷五補。

〔六〕而潮不應鬧　「鬧」，原作「閑」，據四庫本中興小紀卷五改。

〔七〕此據轂傳　以上小注原闕，據四庫本中興小紀卷五補。

〔八〕若虜自通州而渡　「州」，原作「川」，據四庫本中興小紀卷五改。

宋朝中興紀事本末卷八下

起建炎三年三月己卯朔盡其月轉

三月己卯朔，詔金人已退，當移駐江寧，經理中原。仍命簽書樞密院呂頤浩兼領府事。召中書侍郎朱勝非至行在，禮部侍郎張浚獨留平江，節制如故。

庚辰，除勝非右僕射、中書侍郎兼御營使。

辛巳，張浚乞於沿江置强弩營，選州禁兵、縣弓手爲之。

言者乞依唐及祖宗舊制，應章奏委學士、給、舍轉日閱於禁中，不令内官傳送，只實封往覆，庶免交結之弊，從之。

上嘗謂左丞葉夢得曰：「今日兵、食二事最大，當擇大臣分掌。朕自募十萬人將之，須與虜力戰，先欲得鐵甲五千，卿爲朕辦之。」

莫濟撰夢得行述曰：時顏岐等見夢得數論事，心忌之。及上委以鐵甲，愈不樂，乃給杭守康允之云：「上欲除君待制，而左丞沮之。」即與其將曹世英謀謂：「頃者本州兵變，但誅首惡，餘三千人尚在。聞夢得秉政，反側不自安，皆謀爲亂。」岐等證之。

是日，詔夢得深曉財賦，可除資政殿學士，提領財賦，充巡幸頓遞使，乃分任之意也。於是，同知樞密院事盧益遷左丞，又以嚮德軍節度、御營使司都統制王淵爲簽書樞密院事，仍兼都統制。舊制：簽書必帶檢校官，故治平中郭逵以檢校太保爲之。至是，淵以節制直除，非制也。命下，諸將有不樂者。

壬午，右僕射朱勝非言：「王淵除命，諸將有語。臣記武臣作樞，有免進呈書押故事。今淵又兼都統制，於諸將尤有利害。臣欲用故事免之，仍罷其兼管，庶弭衆論。」上然之。勝非又曰：「葉夢得執政旬日即罷，何也？」上曰：「提領財用亦有例。」勝非曰：「頃張慤兼此，至於自作酒肆，人以爲非。」於是，夢得力辭不就職，益亦罷爲資政殿學士，提舉崇福宫。

益行述云：時政府欲損禮求於虜，益奏：「如封册正朔之文，割地稱臣之禮，犒軍歲幣之數，建都屯兵之所，事大難悉從。願據形勝，嚴守備，爲自治計，庶中興之業日隆，而將士之體不解。」執議不回，因責授梅州安置。翌日，上省察，復其官。

以吏部侍郎孫覿爲户部尚書。

時御營前軍統制官苗傅與副統制劉正彦，見王淵擢用，且乘有狄難，遂圖不軌。正彦，法子也。淵故爲法部曲。先是，以舊恩從淵求官，淵薦於朝，而以文换武，得威州刺史，又以所領精兵三千付之。正彦因招到賊丁進等，久之，除團練使。正彦意不滿，而淵檄取其兵，正彦固執不遣，以此怨之。又傅以淵素出其下，尤怏怏不平。上之在維揚也，内侍康履頗切威福，諸將皆嫉之，未有以發。洎至杭州，江下觀潮，中官供帳，赫然遮道。傅等切齒曰：「汝輩使天子顛沛至此，猶敢爾邪？」癸未，奉國軍節度劉光世爲殿前都指揮使，百官入聽宣制，傅等脅所部兵以叛〔一〕，執淵殺之，併殺内侍數十人。傅等與中軍統制官吴湛通爲表裏，湛亟閉宫門。宰執入奏事，朱勝非、顔岐、張澂、路允迪急趨樓上，傅、正彥與其屬張逵、王鈞甫〔二〕、馬柔吉、王世修輩列樓下，皆被甲露刃，以竿梟淵首。知杭州康允之扣內東門求見，請上御樓，不然無以止變。上從之。管軍王元大呼曰：「聖駕來！」傅等望見黃蓋，即山呼而拜。時百官咸在，三軍恟恟未定。傅乞誅康履，上未允，軍器監泰寧葉宗諤曰：「陛下何惜一康履？姑以慰三軍。」上命吳湛執履，付傅等，即殺之。衆猶未退，乃請遣使金人，且乞隆祐太后垂簾聽政。上顧羣臣曰：「今日之事如何？」有浙西機宜時希孟者輒曰：「乞問三軍。」於是，杭州通判章誼越班出斥希孟曰：「問三軍何義？若將鼓亂耶！」誼，浦城人也。上曰：「太后意何如？」勝非曰：「無此理。」上乃命顏岐奏請太后出宮。太后不登樓，徑往諭諸軍。勝非從太后至樓前，太后鐫諭久之。傅等以垂簾請，樓上傳旨可之，太后乃還。傅等不退，復請上爲太上皇帝，魏國公攝政，庶便和議。勝非泣曰：「逆謀一至於此，臣位宰臣，義當死國。」乃趨出，呼其將佐幕屬至前曰：「諸君言，二將此事，出於忠義爲國耶，或更有他圖？」皆曰：「忠義爲國。」勝非曰：「若果忠義，則當上下一心，并聽朝廷處分，有異志者誅之。」皆曰諾。時兵部侍郎、直學士院鉅野李邴亦以逆順之理曉之，由是兇焰少挫。既退，勝非奏：「來日當降赦，蓋羣兇殺王淵，又劫掠，意必望赦，然不知逆惡自不容赦。」上可之。上曰：「康履忽諸將，有取死之道。」勝非曰：「奉履必有所求，求而不得則怨矣。」上曰：「此事終如何？」勝非曰：「臣觀王鈞甫輩乃其腹心，適嘗語臣云：『二將忠有餘而學不足。』此語可爲後圖之緒。」上曰：「來早太后御殿。」勝非曰：「母后稱制，須一人同對。承平故事，於今難用。乞許獨對，仍自苗傅始，與其徒日引一人上殿，以弭其疑。且乞太后隨宜勉之，庶有動心者。」兩宮以爲然。太后語上曰：「賴用此人，若舊相未去，事已不可收拾矣。」時傅等揭榜通衢，有「天其以予救萬民」之語，見者憤之。

甲申，上徽號於上曰睿聖仁孝皇帝，遂幸睿聖宫，以杭州顯寧寺爲之。太后臨朝，魏國公攝政，大赦天下。自是日引傅等，太后勉之，皆有喜色。而臣僚獨對論機事，賊亦不疑矣。

朱勝非閑居録曰：元祐末，哲宗方擇后，京師里巷作打毬戲，以一擊入窠者爲勝，謂之「孟入」。紹聖間，宫掖造禁纈，有匠者姓孟獻新樣，兩大胡蝶相對，繚以結帶，曰「孟家蟬」，民間競服之。未幾后廢，處瑶華宫，議者皆以爲讖。蟬者，禪也，出家之兆也。靖康初，京城失守，二聖、皇族皆詣虜營，營中亦議取后。淵聖意張邦昌必不久僭，欲留孟后，以爲興復基本。因遣人入城取物，紙尾批廋辭〔三〕，與府尹徐秉哲云：「趙氏注孟子，相度分付。」會虜人以后久廢，無預時事，不復取。至是，前讖乃驗。蓋孟入者，兩復入也。蟬者，禪也，兩御簾帷之應也。大統中絶而復續，天位暫傾而復正，皆后之力，可謂異人矣。

丙戌，赦書至平江府，張浚即走介入杭，伺賊狀。

丁亥，赦書至江寧府，簽書樞密院事吕頤浩亦走介入杭，仍寓書於浚及劉光世，約共起兵。

孫覿作李謨志曰：明受赦書至建康，官吏讀之皆失色，獨吕頤浩怡然自若。謨時爲江東漕，白頤浩曰：「樞密大臣，盍召天下兵，以除君側之惡？」頤浩顧左右，接以他語。謨曰：「王室在難，如救焚之急，公不應躊躇，在衆人後。」方議行，而張浚檄書至。及二兇伏誅，而頤浩第功進右丞相。謨歎曰：「羣兇稱亂，全軀保妻子之臣，握兵坐視，相顧不發。幸諸將謀復王淵梟首之禍，而因人成事者，遂至宰相。」初，頤浩與謨同官河北，不相悦。至是，聞其言益怒。然當時勤王之舉，頤浩實爲之倡。今覵所志如是，未必然，姑附之於此。

朱勝非因王鈞甫來見，問之曰：「君前言『二將學不足』，何也？」對曰：「如殺王淵，軍中亦有以爲非者〔四〕。」曰：「君必以爲非矣。」鈞甫唯唯。勝非察其意已喻，不復言之。

戊子，召端明殿學士王孝迪爲中書侍郎，資政殿學士盧益爲尚書左丞，并奉使金國。孝迪，下蔡人。靖康初爲中書侍郎，今再用之。

召張浚爲禮部尚書，令以所部兵付浙西提刑趙哲，復令御營前軍統制張俊留所部兵付統制官俱重，仍赴秦鳳總管新任。浚與哲各不奉詔。浚召哲及守臣金壇湯東野，令各具奏，言虜未盡退，若浚朝就道，則夕敗事。浚又慮苗傅等兵上抵平江，則失枝梧，乃令俊先遣精兵三千扼吴江。於是浚上表，大略言國家多難，正人主馬上圖治之時。願請睿聖不憚勤勞，親總要務。復與二兇咨目，且欲得辯士往説之，使無他圖。浚與蜀人馮轓有太學之舊，時轓在平江，浚乃遣之入杭，見二兇爲陳逆順之理。初，上之御樓，已除苗傅承宣使，劉正彦觀察使。至是，又以其屬士鈞甫爲右文殿修撰，張逵、馬柔吉、王世修并直龍圖閣。

庚寅，再除二兇節度使，依前御營使司都統制。

黄潛善責衡州，汪伯彦責永州并居住。時潛善之兄通議大夫潛厚，亦責分司南京，道州居住。

提領行在茶場葉份，言榷貨務都茶場乞就行在一處置司，人吏雖分，而提轄監官并令通管。份，劍浦人也。

時二兇日以殺人爲事，且頻入都堂，右諫議大夫鄭瑴嘗面折之。壬辰，擢瑴爲御史中丞。瑴遂遣所親承議郎建安謝嚮微服至平江見張浚等，令嚴備而緩進。又作杜鵑詩諭百官，當迎乘輿反正之意。瑴言：「傅等便宜軍法，止可行於所部士卒。又都堂國論所出，非庶臣得與請。」頒其章示之。傅等雖怒，然由此少戢。簽書樞密院事吕頤浩自江寧上表，請睿聖復辟，親總萬機，乃幸金陵，以圖舊疆，不然，恐天下必亂也。

壬辰，馮轓至行在，遂見二兇等，爲陳成敗甚悉。右僕射朱勝非奏授轓朝官，除兵部員外郎。

朱勝非召二兇及其屬，與之語，知王世修可以利動，許以從官。於是世修爲之往來傳道。時二兇請移蹕建康，勝非曰：「勤王兵在平江，君等難與相遇。」又趣遣使，勝非曰：「未知酋長所在，宜先遣小使訪之。」又言：「炎爲兩火，故多盜，宜改元以厭勝焉。」勝非以三事奏太后，曰：「年號似可從。」乃詔改元明受。勝非曰：「反正事已有緒，惟二兇謂元請本爲和戎，須待遣使。然虜兵近在江北。若遣使，虜知朝廷有變，必挾此而來，以持其事，即害反正。臣俟所召兩使來，諭之力辭，先遣小使，亦密令留於勤王所矣。此必破其謀，可無憂也。」太后曰：「天生相公，救此患難。」既而小使止平江，而新除尚書右丞盧益辭行，遂以本職提舉崇福宫，二兇之議遂息。

兩浙轉運副使王琮言：「本路夏税及和買絹一百一十七萬餘匹，欲令民間每匹折價錢二緡，足計三百五萬餘緡，省仰助國用。」從之。

時兩浙轉運副使劉寧止行部至鎮江府，聞難，乃越境至江寧，見呂頤浩，獻以計謀。寧止，歸安人也。

兵部侍郎、直學士院李邴嘗見管軍王元，密令出禁旅擊賊，元怯懦不能從。於是，朱勝非言：「浹日以來，從官中能助朝廷者惟邴與鄭㲄。如中書舍人林遹、刑部侍郎衛膚敏皆杜門不出，此何意也？乞遷邴、㲄，以厲其餘。」遂以邴爲翰林學士。

甲午，簽書樞密院事呂頤浩自江寧起兵〔五〕。

乙未，次丹陽。殿前都指揮使劉光世出鎮江以兵來會。

丙申，御營平寇將軍韓世忠以兵由海道至平江，見張浚泣曰：「我便去救官家。」浚曰：「投鼠忌器，事不可急。已遣馮轓甘言誘賊矣。」初，王淵識世忠於微時，待之絕等。至是，世忠奮發，討賊尤力。

迪功郎、前太學正晉陵吳若言：「今中原未可遽復，惟當阻江拒守。其術莫如木柵，宜侵水際一二丈，以大木爲之而銳其上，仍用小木枝撐，交格於其間。蓋銳上則敵不能踰，支撑交格則我於内可施弓弩。又侵水際，則舟渡而將登者無所措其手足。兼火不能焚，砲不能壞，更厚踰丈，則敵之長槍俱廢矣。但沿江可渡處一一爲之。然此事必須浙西民力，願毋暴其説，恐有掣肘。俟得材則官募工急造，横議不暇施矣。」庚子，詔沿江相度行之。

先是，二兇與禮部侍郎張浚書，言：「伊、周之事，非侍郎孰當之？朝廷見以右丞相待。」浚復書曰：「自古言涉不順，謂之指斥乘輿。事涉不順，謂之震驚宫闕。是以見君路馬則必加禮。至於遜位之説，必其子長而賢，因托以政，使利天下。不然，謂之廢立。若握兵在手，責其君以細故，而議廢立，古豈有是禮哉？上春秋鼎盛，一旦遜位，似非所宜。嗚呼，天祐我宋，所以保衛聖躬者，歷歷可數。出質則虜畏之而不留，奉使則民謳歌而有屬。天之所興，孰能廢之？」二兇得書，與其屬俱至都堂，言：「浚見詆，以爲逆賊，所不能堪，如吕樞密則曉事。」朱勝非曰：「罷張而以兵權付吕，無事矣。」辛巳，責浚散官，郴州安置。中書舍人草制，有「輕脱寡謀」之語。時有小黄門密趨睿聖宫，傳太后之命曰：「張浚不得已貶郴州。」上方啜羹，不覺羹覆於手。

朱勝非閑居録曰：平江檄書至，二兇怒，此時檄書猶未草，蓋因浚答書爾。若檄書則吕頤浩自爲盟主，賊不應言吕樞密曉事矣。

張浚復辟記曰：二兇得臣手書，立具札子，乞誅臣以令天下。朱勝非力沮之，見其狂悖已甚，恐生他變，遲之七日，始有郴州之命。

浚自記如此，蓋得其實也。

壬寅，頤浩至平江府，凡三萬人。張浚乘小舟迓之，於郵中得堂帖，乃貶郴州之命。浚恐將士觀望，即袖之，語書吏云：「有旨，趣速赴行在。」令申已發之命〔六〕。是夜，共宿城外，頤浩呼其屬删定官李承造草檄文，浚爲潤澤之。時韓世忠兵寡，頤浩與張俊議，分俊兵濟之。俊乃以統領官劉寶一軍二千借世忠。二兇矯制召世忠，陽爲好語以報曰：「殘兵不多，欲部至行在。」二兇許之。時張俊下將安義陰結二兇，欲代俊奪其兵，斷吴江橋以應賊。浚乃遣世忠屯秀，以伐其謀。世忠至秀，乃稱疾不行，而造攻具，二兇始駭。於諸將皆謂賊窮則邀駕入海，浚又遣統制官陳思恭、辛道宗治舟師於海道，以遮賊南遁。於是傳檄内外，以世忠爲前軍，俊以精兵翼之，頤浩總中軍，劉光世親以選卒爲游擊而分兵以殿。於是，知平江府湯東野悉倉儲以餉，軍用不乏。

二兇聞之，甚恐。馮轓知可動，乃白右僕射朱勝非曰：「張侍郎以國步艱難，正當馬上治之。主上傳位幼子，恐有不測之變。縱主上固執内禪，猶有一説。主上受淵聖詔，爲兵馬大元帥，嗣聖易稱皇太侄，太母垂簾聽政。大元帥總兵，征伐於外，此最爲得策。」勝非令轓與二兇議，二兇有許意，遂拉同議都堂。甲辰，轓同二兇及王鈞甫等并引見，太后勞問曰：「卿等皆忠義之臣。」初，張浚戒轓，乞以鐵券賜二兇，用釋其疑。轓遂奏，太后許之，議遂定。

癸卯，詔百官赴睿聖宫奏請。人皆歡呼，以謂復辟。至則宣詔，睿聖皇帝稱皇太弟，依舊康王，天下兵馬大元帥，皇帝宜稱皇太侄。於是，中丞鄭轂極論以爲不可。百官退詣睿聖宫，上御殿引見二兇，勞問有加，詞色粹然。二兇以手加額曰：「聖天子度量如此。」二兇歸營，逆黨張逵曰：「趙氏安，苗氏危矣。」王世修大悖，夜詣勝非府，欲變其事，復欲正嗣皇依舊，而睿聖之名止稱處分天下兵馬重事。勝非不能奪，轓力争，勝非曰：「勿與較，其實一也。」

乙巳，勤王之師五萬發平江。時久陰乍晴，識者知必破賊。先是，二兇懼外師之至，檄杭州集保甲，選器械，扃城門，塞河道。守臣康允之悉不爲行。是日，將下詔，率百官請上復辟。朱勝非召傅等六人至，語之，令軍中自爲一奏。傅無語，劉正彦尚以爲疑，勝非曰：「勤王之師未來者，使是間自反正耳。所以招君等議，蓋欲上下和同。不然，下詔率百官六軍，請上還宫，君等置身何地？」正彦退立，傅長吁曰：「獨有死爾！」勝非以責世修，於是世修以言逼，傅等不能答。勝非乃使世修草奏，持歸軍中，諸將書名。

丙午，除世修工部侍郎。將賜金帶，而内帑適無，乃用七百緡市於户部尚書孫覿家以寵之。勝非即召學士李邴、直院張守分作百官章，三奏三答，及太后手詔與赦文皆具。

詔移蹕江寧府。

以禮部侍郎、御營使司參贊軍事張浚爲同知樞密院事，浚不受。

翰林學士李邴、御史中丞鄭瑴并爲端明殿學士、同簽書樞密院事。

賜二兇鐵券。

丁未，文武百官赴睿聖宫，迎請復辟。是日，駕還行宫，都人夾道焚香，衆情大悦。

勤王之師至秀州，吕頤浩問韓世忠曰：「賊計有他虞乎？」對曰：「彼怙勢憑衆，脅取鐵券，自謂不死，安有它虞？」是夜，有刺客至張浚帳前，浚顧左右已睡，問：「爾欲何爲？」對曰：「某粗讀書，知逆順，豈爲賊用？况侍郎忠節，安忍相害？但見爲備不嚴，恐後有來者。」浚下執之問其姓名，曰：「言之是徼利。某河北人，有母在，今徑歸矣。」浚翌日取郡獄死囚斬以徇，曰此刺客也，後竟無他。

是春，山東河決，歲復大饑。自上渡江之後，羣盜紛起，閻皋衆二萬據濰州，張成衆五萬據萊州。有葛進者來攻青州，帥臣劉洪道擊走之。時粘罕自揚州歸東平府，遣衆攻青州，洪道棄城而去，乃密約安丘縣巨盗宫儀同復青州，不克。又約閻皋併兵劫虜寨，復值大雨，火滅而止。副總管王涣領將官崔邦弼復青州，聞洪道退軍，尋亦棄去。洪道又同儀、皋攻密州，杜彦值虜騎亦來，儀、皋戰敗。於是，濰、萊、密三州皆降於虜。儀等無所掠，至以車載乾屍爲糧。洪道領兵一千赴行在，諸重鎮於是相繼陷於虜矣。

校勘記

〔一〕傅等脅所部兵以叛　「脅」，原作「協」，據四庫本中興小紀卷五改。

〔二〕王鈞甫　「甫」原闕，據文義與史實補。

〔三〕紙尾批廋辭　「廋辭」，原作「瘦詞」，據四庫本中興小紀卷五改。

〔四〕軍中亦有以爲非者　「有」，原闕，據四庫本中興小紀卷五補。

〔五〕簽書樞密院事吕頤浩自江寧起兵　「簽」，原作「尚」，據四庫本中興小紀卷五改。

〔六〕令申已發之命　「命」，原作「日」，據四庫本中興小紀卷五改。

宋朝中興紀事本末卷九

起建炎三年四月盡六月

夏四月戊申朔，上御朝，太后便欲還政。上以問朱勝非，對曰：「卷簾當先降詔。」乃乞太后暫出，仍下詔，明日卷簾，并復建炎年號。又奏二兇未有以處，乃并除淮南西路制置使〔一〕，許以所部兵行，仍以其屬張逵爲本路轉運判官。二兇請鐵券，乃令有司檢故事，如法製造焉。二兇又言：「王世修尚可從軍否？」勝非曰：「渠爲從官，難復預軍謀矣。」時傳遣其弟翊，伏赤心軍於臨平，伺擊勤王之師。御營前將軍韓世忠曰：「乳臭兒敢爾耶？」是日，翊戰敗，二兇遣兵救之。朝廷諸將皆集兵皇城門外，守臣康允之以爲不可，不若遣人諭二兇，速引兵去。是夕，二兇乃開湧金門以出，遇大雨，倉皇而遁。世忠勤王之師至北關。辛亥，入城，擒工部侍郎王世修及中軍統制官吳湛，皆戮之。

壬子，以禮部侍郎、御營使司參贊軍事張浚爲知樞密院事。

時中司闕官，右僕射、中書侍郎朱勝非因薦中書舍人張守，以爲守與聞反正謀議，詔以守爲中丞。勝非因力請解政。癸丑，出爲觀文殿大學士、知洪州。以資政殿學士、同簽書樞密院事吕頤浩爲右僕射、中書侍郎。一時執政俱罷。於是，門下侍郎顔岐爲資政殿學士、提舉鴻慶宫，中書侍郎王孝迪爲端明殿學士、提舉崇福宫，尚書右丞張澂爲資政殿學士、知江州，資政殿學士、簽書樞密院事路允迪以本職提舉醴泉觀兼侍讀，惟同簽書樞密院事李邴遷尚書左丞，同簽書院事鄭㲄進簽書院事。詔管軍王元、左言各責散官，并浙西機宜時希孟并安置。元英州，言賀州，希孟吉陽軍。初議反正，樞密都承旨馬擴亦往來其間。至是，以擴爲觀望，停其官，責永州居住。

初，户部郎官張虞卿等一十九人皆乞建藩鎮，朱勝非嘗奏其事，謂當仿藝祖之初，權時制宜，以行在爲京師，淮北爲鎮，淮南爲郡。至是，勝非去，未果行之。虞卿，建安人也。

甲寅，以奉國軍節度、殿前都指揮使劉光世爲太尉、御營副使。

劉光世行述曰：時上回授光世簽書樞密院，光世力辭。定國軍承宣使、帶御器械韓世忠爲武勝軍節度、左軍都統制，寧武軍承宣使、帶御器械張俊爲鎮西軍節度、右軍都統制，餘皆進秩二級。

乙卯，大赦天下。

知樞密院張浚薦朝奉大夫趙鼎。

趙鼎事實曰：上初渡江，詔郎官以上薦士。時都司黃槩以鼎應詔。鼎至杭，聞復辟，始入城，而浚又薦之。

鼎見浚，首曰：「隆祐復辟，其功甚大。當檢累朝卷簾故事，推恩其家。」

丁巳，常德軍承宣使孟忠厚除寧遠軍節度、醴泉觀使，遂以鼎爲司勳郎官。鼎，聞喜人也。

詔：「崇寧以來，内侍用事，自今不得與主兵官交通及干預朝政。如違，并從軍法。」

初，虜犯淮甸，發運副使吕源以兵三千自衛而遁，爲中丞鄭瑴所論，已詔停其官，送邵武軍編管。至是，軍器監葉宗諤除直龍圖閣，與右文殿修撰葉焕并爲發運副使。除葉焕在是月辛酉，今聯書之〔一〕。

戊午，户部尚書孫覿除龍圖閣直學士、知温州，既而改知平江府。

苗傅攻衢州城，守臣晋陵胡唐老禦之。會大雨，賊遂引去。

時言者引元祐宰臣司馬光併三省狀，乞舉行之。詔侍從、臺諫集議。中丞張守以謂：「光之所奏，較然可行，若更集衆，徒爲紛紛。」庚申，右僕射吕頤浩等乃言：「左右僕射不兼門下、中書侍郎，并帶平章事，舊門下、中書侍郎改爲參知政事，其左右丞并罷。」從之。於是，左丞李邴改參知政事。

詔都亭驛、同文館并罷，都水監仍置使者一員。

癸亥，以給事中周望爲江浙制置使。

乙丑，望言乞降賞以來賊之降者。從之。

丁卯，上發杭州，幸江寧府。

命御營左軍都統制韓世忠亦爲江浙制置使，統一軍追捕苗傅。

初，賜門下詔略曰：「東朝有垂簾保佑之勞，元子有踐祚纂承之託。宜上徽稱於長樂，正家嗣於青宮。」太后上尊號曰隆祐皇太后，嗣君立爲皇太子，皆令有司擇日。壬申，乃克行禮。於是，禮部尚書王綯除資政殿學士、權太子太傅。

時殿帥劉光世已遣其將王德、喬仲福追賊至信州，皆令受周望節制。初，朝廷遣統制官巨師古將兵討江東賊趙不忙〔三〕。至是，回信上，與德等遇。而韓世忠下裨將陳彦章亦至，德與之同見郡守，語不協，彦章欲刺德，德手刃殺之。

苗傅等聞信城有兵，不敢進，乃屯於衢、信之間，且黥居民爲兵。其衆方盛，勢未可擒。言者謂王鈞甫、馬柔吉初不與謀，見將赤心隊爲先鋒以拒王師，宜下詔寬二人之罪，以誘致其降。從之。

時州縣添差官猥衆。如平江府監酒四五員，湖州監税五六員，安吉縣監酒六七員。是月，詔官冗蠹財，理當澄汰，除宗室、歸朝官外，餘悉罷之。監司屬官，亦依此行。

初，勤王所檄至湖州，守臣梁端會寄居官葉夢得、賈安宅、曾懋等謀之。衆未及言，主管鴻慶宮曾紆曰：「此逆順甚明，出師無可疑者。」趣端張榜，用建炎年號。時賊使來取兵器，紆又請繫之，毋令還，既而端被賞。至是，中丞張守言紆首明大義，詔除直顯謨閣。而殿中侍御史楊庭秀亦言杭州通判章誼首叱時希孟，使人知逆順。詔擢誼爲郎官。安宅，歸安人。懋，贛縣人。紆，南豐人，布子也。

初，叛臣劉豫據濟南以降虜。至是，虜徙豫知東平府兼節制河南。於是，右副元帥窩里嗢與監軍撻辣分占山東諸郡，惟濟、單、興仁、廣濟以水阻〔四〕，尚存焉。

五月戊寅朔，以知樞密院、御營副使張浚爲川陜宣撫處置使。初，命浚爲招討使，左司郎官、權中書舍人江都李正民言：「川、陜吾境，難名招討，請用唐裴度故事。」從之。仍詔浚便宜黜陟。正民未幾真除中書舍人。時秘書省權罷，而日曆局亦廢，正民謂宜置著作一二員，選文學之士兼領，仍以日曆案隸門下省，亦從之。

江浙制置使周望之入衢州。庚辰，苗傅等寇江山縣。王鈞甫、馬柔吉叛苗傅，率赤心隊降於望。望方使人受降書，而裨將張翼等七人謂鈞甫、柔吉反覆，斬其首，以衆降。其後，翼等授觀察、防禦使。

辛巳，上次鎮江府，諭宰執曰：「張慤，古之遺直。陳東，誅死可念。二人皆葬郡境，已親札令有司置祭，可更議恤其家。」

先是，右僕射呂頤浩建議幸武昌，爲趨陝之計，既又欲徙中原之民於東南。御史中丞張守、右諫議大夫滕康皆持不可。守曰：「東南，今日根本也。」康語守曰：「吾曹當以死爭之。」於是，上擢康爲翰林學士。癸未，又以康爲端明殿學士、簽書樞密院事。康既執政，再懇言之，上悟而止。頤浩語康曰〔五〕：「公真執政也。孰有受命二日，而能決此大計者乎？」

召徽猷閣直學士、提舉崇福宫曾楙爲翰林學士。

中書舍人金壇張忞入對。甲申，上謂呂頤浩曰：「忞謂朕即位以來無纖毫之失。自古人君不患無過，患不能改過爾。忞諂諛如此，豈可置之從班？」於是，詔忞奉祠而去。

乙酉，上至江寧府駐蹕，仍改爲建康府。時以保寧寺充行宫。

時統制官王德欲與江浙制置使韓世忠戰。世忠曰：「苗、劉未平，若與之戰，乃是更生一敵，不如避之。」

丙戌，苗傅等寇浦城縣。韓世忠將兵夜至縣北十里，賊跨谿據險，設伏於路。世忠使統制官馬彦輔擊賊，伏發，死之。賊乘勝至中軍，世忠率親兵力戰，傅大敗，遂擒劉正彦。有舉子程妥者，崇安人，時虜在傅軍，乃爲傅畫策，領餘衆由小路入崇安縣境。既又夜棄其軍，變姓名作賈人，偕妥及其愛將張政西走〔六〕。至劍鋒村，爲土豪承節郎詹標所邀，苛留數日。妥覺不免，密告標曰：「此苗傅也。」標即報福建提刑林杞，遂聞於朝。杞，永嘉人也。既而告者謂政本誘傅出降，杞等惡分其功而殺之，故杞、標皆就逮。杞除名連州安置，而標死於獄。

林杞遺事曰：苗傅、劉正彦既敗，擁衆南走，大將韓世忠尾賊而追之。時杞爲閩憲，恐賊至得脱，預檄諸郡，扼其奔衝。既而正彦先爲大軍所擒，傅與其徒數人變姓名竄伏，人莫能蹤迹。杞立重賞捕之，俄而募士詹標擒傅與其徒張政以至。是時世忠已班師，由太末以歸。杞冒暑親部送傅、政，欲追赴世忠軍。至富沙境上，會日暮大雨，政乘此謀竄去，爲護兵所殺。杞獨以傅追及世忠授之。世忠得傅喜曰：「今當還朝，首爲公論功。」杞曰：「此非某之本心。况太尉自浙右提師，破賊而追至此，某借大軍餘威獲之，匹夫力耳，何功可論？」初，知建州某人者，與當軸爲姻，恃勢貪婪，用官錢至累巨萬，而監司忌於投鼠，皆不敢發。杞曰：「吾爲憲官，豈可開眼放贓吏？」亟以其罪聞。某人讒於當軸，遂以張政爲告苗傅反者，宜得重賞，而杞殺之。遂下杞於獄，幾欲置之死，不得已猶削籍，連州安置。

然苗、劉事有本末，傅天姿很暗，正彦直狂者耳。而政實爲之腹心，既敗，猶與傅同竄，其不告之明矣。臺諫知杞冤，相繼論列，不數月，有旨許自便。遺事所記小異，蓋其辭不無緣飾也。

甲辰，龍圖閣直學士、提舉萬壽觀詹乂兼權直學士院。乂，縉雲人。未幾乞祠，詔升徽猷閣學士、提舉洞霄宮，以示優禮。

癸巳，詔諸路預和買絹綿〔七〕，即支其直，違置之法。

丁酉，尚書省言，江、池、饒、信爲江州路，知州帶安撫制置使，建康、太平、宣、徽、廣德爲建康路，知州帶安撫制置使〔八〕，庶幾任責稍專。從之。

己亥，宰執請依祖宗官制，置中書門下檢正官、樞密院檢詳官各二員，仍減左右司郎官兩員。從之。

初，羣盜薛慶、靳賽皆嘯聚淮上。慶據高郵軍，衆至數萬。知樞密院張浚聞其欲歸麾下，請自往招撫之。纔渡江，而賽率兵降於浚。浚往至高郵，入慶壘，從行者不及百人，出黄榜諭之，慶感服再拜。慶欲求厚賞，留浚三日。而外間不知〔九〕，浮言胥動。真州守臣以聞，宰執議，遽罷浚，除資政殿學士，奉祠。仍遣統制官王瓊提兵往平其事。瓊渡江，慶先以兵衛浚而出。乃召浚赴行在，浚辭曰：「高郵之行，徒恃忠信，雖不至如所傳聞，然臣爲大臣，輕動損威，爲罪莫大。」詔不允。辛丑，浚還，上太息彌日，趣就職。既又改高郵軍爲承州，仍命慶守之。

先是，上方擇人使虜，宰執薦持服人、朝散郎鄱陽洪皓，乃擢爲徽猷閣待制、禮部尚書，奉使大金軍前，以明州觀察使龔璹副之。時淮上賊蜂起，李成甫就招安，詔皓兼淮南、京東撫諭使，命成以兵護至南京。皓至淮南，成方引兵與耿堅共圍楚州，責守臣趙立，謂其降虜，而成等自持叛心。立，彭城人也。成以汴、泗及虹有紅巾爲辭〔一〇〕，且言非五千騎不可往，軍食絶，不克惟命。皓知堅可撼，遣人說之曰：「山陽縱有罪，當禀朝令。擅兵攻圍，名爲勤王，實作賊爾。」堅遂强成斂兵。皓即疏言：「李成以朝廷不恤之，時稽饋餉，有『引衆納命建康』之語。今靳賽據維揚，薛慶據高郵，若三叛連衡，何以待之？此含垢之時，宜遣辯士諭意，優進其秩，畀以京口綱運，如晉待王敦可也。」上遂遣宣贊舍人賀子儀撫諭成，給米五萬石，而皓轉由滁陽以至太原〔一一〕。

六月己酉，上以陰雨不止，慮下有陰謀，或人怨所致，以諭宰執。於是，吕頤浩、張浚皆謝罪求去。上曰：「宰執豈可容易去位？」遂詔郎官以上，各實封言事。

時御史中丞張守讀詔泣下。初，守爲殿院，嘗言：「陛下處宫室，享膳饈〔一二〕，服輕暖，親嬪御，及夫視朝之際，其亦思夫二聖與吾母后居穹廬毳幕，羶肉酪飲，起居動作，受制於人者乎？」至是，復申前說。且曰：「陛下罪己之詔數下，而災變未息。意者實有所未至。與漢制，災異，策免三公。今位宰相者雖有勳勞，然其才可以辨一職，而識不足以斡萬機。願更擇全才，海内所共推者擢而任之。」吏部侍郎劉珏言：「北戎强大，陰盛陽微，故陰雨爲災，此羣臣所共知也。若乃孝悌通神明，至誠動天地，此陛下所宜知，羣臣未嘗言也。今二聖遠在龍荒，陛下居九重之尊，享四海之奉，亦嘗思其燕處之不安，飲食之不時乎？願陛下精禱於天，詳見於事，揭爲臺觀，以表望思。時遣使人，以伸祈請，則孝悌之道至矣。陛下有上聖之資，而二三執政專爲蔽塞，使不外見。夷狄已和而背之，盜賊已降而殺之，詔令徒文具而無其實。實之不至，何以能格？願取建炎以來所下詔令，參稽而行，則至誠之道著矣。此感人心、銷天變、召和氣之大者也。」上嘉納之。又司勳郎中趙鼎以謂今日之事，衆所共知者，人人能言之。乃言：「自熙寧間王安石用事，肆爲紛更，祖宗之法掃地，而生民始病。至崇寧初，蔡京托名紹述，盡祖安石之政，以致大患。今安石猶配饗廟庭，而京之黨未族，臣謂時政之闕，無大於此，何以收人心而召和氣哉？」

詔初下，劉珏忽謁告，一日之蔣山。明日同舍問：「獨登山樂乎？」珏曰：「非登山也，特往拜舒王墓爾。」〔一一〕

誅苗傅、劉正彦及張逵等於建康市。

按：建炎復辟記以是日誅苗傅等，而呂頤浩勤王記乃十五日壬戌。

三省樞密院置賞功司。自軍興以來，立功將士許之持文自陳，各以輕重推恩。

甲寅，吏部侍郎劉珏遷尚書。

時舊相黄潛善、汪伯彦皆已遠貶。丁卯，左司諫袁植請誅潛善、伯彦等九人。上謂宰執曰：「渡江之後，方責己思爲後圖，豈可盡歸罪宰執？植乃朕親擢，雖敢言，至導朕以殺人，此非美事。」呂頤浩曰：「聖朝弼臣罪雖大，止貶嶺外，故盛德可以祈天永命。植發此念，已傷和氣。」滕康曰：「如植言，傷陛下好生之德矣。」即出植知池州。

戊辰，康見上，又曰：「昨見罷植之命，有曰『忠厚之言不聞，殺戮之事可戒』〔一四〕，大哉王言也。太祖以來，未嘗戮大臣，國祚久長，過於兩漢者此也！」未幾，潛善卒於貶所。

是日〔一五〕，詔將親閲諸軍，庶知諸將能否，仍令宰執預觀。

庚午，中書舍人汪藻兼權直學士院。

辛未，上謂宰執曰：「近有上言者，請朕與皇太后異宫〔一六〕，豈有此理？朕事皇太后如母，帷帳皆親視，或得時果，必躬進，然後敢嘗。」呂頤浩曰：「陛下聖孝出於天性，外人不知爾。」張浚曰：「此氣象甚好，蓋陛下容納直言，故有此也。」

先是，御史中丞張守再論呂頤浩難以專任，而張浚不宜西去。甲戌，除守禮部侍郎，以中書舍人范宗尹爲中丞。時殿中侍御史王庭秀亦論頤浩除擬不公，詔庭秀罷職與郡。於是，右正言呂祉言：「今日緣論大臣移一言官，明日緣論大臣罷一言官，則後日大臣行事有失，誰復敢言者？願陛下以言章示人臣，使之自省，置身無過之地，庶兩全之。如或不悛，黜之何惜？」祉，建陽人也。

時以華藏寺爲建康府治，而江浙制置使韓世忠權住蔣山。詔世忠候建康府移保寧宮，即聽居華藏寺，緣保寧有先朝房院尚在。守臣顯謨閣直學士安陸連南夫未及遷入，而世忠逼其骨肉狼狽出寺。於是，殿中侍御史趙鼎言：「世忠躬率使臣，排闥而入，逐天子之京尹。此而可爲，則無不可爲者矣。南夫治郡，緩不及事，願先罷之。然後降詔切責世忠，仍治其使臣之先入者，此爲兩得。」上深嘉納，且曰：「唐肅宗興靈武，諸事草創，得一李勉，然後知朝廷尊。今朕得卿，無愧昔人矣。」於是諸將帖然畏服，亦罷南夫，而以兵部侍郎湯東野兼知建康府。

校勘記

〔一〕乃并除淮南西路制置使　「淮南西路」，原本、四庫本中興小紀卷六均作「淮南兩路」。建炎以來繫年要録卷二二、三朝北盟會編卷一二七與揮麈後録卷九所載王廷秀閲世録均爲「淮南西路」，據改。

〔二〕除葉焕在是月辛酉令聯書之　此小注原闕，據四庫本中興小紀卷六補。

〔三〕朝廷遣統制官巨師古將兵討江東賊趙不忙　「江」，四庫本中興小紀卷六作「山」。按：此趙不忙首見。建炎以來繫年要録卷三七載：「賊趙延壽號趙不忙，以衆犯德安府。」自注：「延壽紹興元年五月就招。」疑以「江東」爲是。

〔四〕惟濟單興仁廣濟以水阻　「濟」，原作「齊」，據四庫本中興小紀卷六改。

〔五〕上悟而止頤浩語康曰　「而止」，原作「用吕」，據四庫本中興小紀卷六改。

〔六〕偕妥及其愛將張政西走　「政」，原作「正」，據四庫本中興小紀卷六及建炎以來繫年要録卷二三改。下文謂「政本誘傅出降」，正作「政」。又，「西走」，原闕，亦據補。

〔七〕預和買絹綿，原作「買和買綿絹」，據四庫本中興小紀卷六改。

〔八〕建康太平宣徽廣德爲建康路知州帶安撫制置使　以上原闕，據四庫本中興小紀卷六補。

〔九〕而外間不知　「間」，原作「闡」，據四庫本中興小紀卷六改。

〔一〇〕成以汴泗及虹有紅巾爲辭　「泗」，原作「涸」，據四庫本中興小紀卷六改。

〔一一〕滁陽以至太原　「滁」，原作「滌」，據四庫本中興小紀卷六改。

〔一二〕陛下處宮室享膳饈　「饈」，原作「修」，據建炎以來繫年要録卷二四改。四庫本中興小紀卷六無此條。

〔一三〕詔初下劉珏忽謁告一日之蔣山明日同舍問獨登山樂乎珏曰非登山也特往拜舒王墓爾　按：此條記事疑有闕誤。劉珏往蔣山事，諸書不載。建炎以來繫年要録卷二四僅載「同日上以久雨，令郎官以上赴都堂言闕政」。而吏部侍郎劉珏所言亦未及舒王王安石事。惟「司勳員外郎趙鼎言王安石不當配饗廟廷」，或與此事有關聯。以別無可參，姑仍舊文。

〔一四〕戊辰康見上又曰昨見罷植之命有曰忠厚之言不聞殺戮之事可戒　「康見上又曰」，四庫本中興小紀卷六作「秀王見上曰」。「昨見罷植之命有曰」，原闕，據四庫本中興小紀卷六補。

〔一五〕是日　原作「戊辰」，據四庫本中興小紀卷六改。

〔一六〕近有上言者請　原闕，據建炎以來繫年要録卷二四補，四庫本中興小紀卷六無此條。

宋朝中興紀事本末卷一〇

起建炎三年七月盡九月

秋七月，秘閣修撰、知廬州胡舜陟言：「虜人見侵，鑾輿順動。使之深入中原，往來自如，我莫敢抗，惟務逃遁，何時而已？臣願身當江北之地，以護行在。儻仗天威，稍摧犬羊，則生靈休息，庶幾有期。今淮南羣盗，多者數萬，少者數千〔一〕。臣欲以本州將兵、鄉兵及所降劉文舜之衆共二萬餘人，仍更招羣盗，須得數萬，結之以信，輔之以威，足以捍虜。今日侍從近臣，多擇閩、浙大郡以往，而臣乃欲當江北地，非狂則愚，第以忠義所激，不敢愛生。若養兵之物，與夫屯泊訓練戰陣之方，乞容臣赴闕面奏。」甲申，詔舜陟議論慷慨，除徽猷閣待制、淮西制置使。

時江浙制置使韓世忠已除兩鎮節度。於是，周望自給事中爲兵部尚書，立功將佐皆第賞之。世忠訟王德擅殺陳彦章，詔鞫於御史臺。殿中侍御史趙鼎攝德下獄，案成，以死刑定斷。朝廷以德有戰功，貸其命。於是鼎言：「德緣兵敗自慚，而忌世忠之功。彦章乃世忠將，故特加害。且德總兵在外，而擅殺不顧，此風一長，其禍有不可勝言者。」乃編置德於江州。

丁亥，皇太子旉薨，謚曰元懿。

簽書樞密院事鄭瑴卒。己丑，詔恩數依郭三益。上慘然謂宰執曰：「瑴論事豈易得？昨元子薨，朕雖動懷，然聞瑴亡，尤悼之。」

資政殿學士、權太子太傅王綯言：「臣爲傅無狀，故事當免。」不報，即除綯參知政事，又以兵部尚書周望爲端明殿學士、簽書樞密院事。於是，綯言：「川、陝重地，張浚爲宣撫，不可專任，宜求同德之臣協贊之。」時雖不行，人以綯言爲當。

辛丑，詔諫議別置局，不隸後省，仍許與兩省官相見議事。

初，金虜寇京東，命平寇前將軍范瓊禦之。瓊領兵轉入江西。至是，右正言呂祉論其罪，且進取瓊之策。乃召瓊赴行在。時瓊駐軍南昌，徘徊觀釁。詔監察御史松溪陳戩趣其入覲。戩至〔二〕，瓊整兵而後見，即剥人以懼之。戩諭瓊曰：「聖上勇智天錫，宵旰圖治。將軍宜戮力濟難，以遺澤於子孫，效郭汾陽朝聞命，夕引道可也。」瓊尚未決，戩曰：「將軍不見苗、劉之事乎？願熟計。」瓊翻然北向謝恩，遂引兵赴闕。既至，未肯釋兵。自陳祖宗以來，三衙不任河東北及陝西人，且乞除殿前司之職。又言自鄂、岳以來，凡招盜十九萬。上謂宰執曰：「瓊罪甚大。靖康圍城，日與金人交通，逼宗室出城。且爲張邦昌之衛，都人恨不食其肉。貸而不誅，以安反側，今復無禮如此。且盜雖多，安得十九萬人？瓊言此，欲以恐動朝廷耳。」張浚曰：「臣自平江勤王，凡三遣人致書，約令進兵，瓊皆不答。今呼吸羣兇，布在列郡，以待竊發。若不乘時顯戮，他日必有王敦、蘇峻之患。」上深以爲然。命浚召瓊赴都堂議事，密謀誅之。浚與樞密院檢詳文字劉子羽，選院吏數輩，作文書札榜皆備，鎖吏於府中。子羽，崇安人，韐子也。壬辰，遣御營前將軍張俊以千人渡江，若捕他寇者，使皆甲而來。因召瓊、俊及殿前都指揮使劉光世詣都堂計事，爲之設食。食已，相顧未發。子羽坐廡下，恐瓊覺事變，遽取寫敕黄紙趨前，舉以麾瓊曰：「有敕，將軍可詣大理置對。」瓊愕不知所爲，遂擁置輿中，衛以俊兵，送獄。乃使光世出撫其衆，數瓊罪狀，且曰：「所誅止瓊耳，若等固天子自將之兵也。」衆皆投刃曰諾。

初，河北制置使王彦在太行山聚兵，皆刺其面曰「誓殺金賊，不負趙王」，號八字軍，金虜頗畏之。瓊之往山東也，彦與偕行，彦以疾留真州，瓊併領其兵而去。時浚薦彦爲御營使司統制〔三〕，遂以瓊衆分隸神武諸軍，而八字軍復隸於彦，皆頃刻而定。瓊至獄，不服。大理少卿王衣鞫治之，瓊稱「無罪」。衣徐以圍城鼓衆不順語折之，遽曰：「瓊死罪。」衣顧吏曰：「囚辭伏矣。」遂賜瓊死。衣，歷城人也。

詔朝奉郎、監諸司審計院崔縱除右文殿修撰，借工部尚書充奉使大金軍前，武節郎、閤門宣贊舍人郭元明借遥郡刺史，副之。縱，臨川人也。

初，上問大計於張浚，浚請身任西事，置司秦州。乞別委大臣與韓世忠鎮淮東，令呂頤浩扈駕來武昌，張俊、劉光世等從行，庶與秦州首尾相應。議已定，庚子，浚發行在，王彦統八字軍隨之。時浚之屬官馮康國等往別臺諫〔四〕，殿中侍御史趙鼎謂之曰：「元樞新立大功，出當川、陜，半天下之責，邊事外悉當奏稟。蓋大臣在外，忌權太重也。」

時金虜左副元帥粘罕自東平府歸雲中，右副元帥窩里嗢自濱州歸燕山〔五〕。左都監兀朮請提兵窺江、浙〔六〕，二酋不許，大酋許之。仍留左監軍撻辣屯濱州，以守山東。乃遣女真、渤海、漢軍諸萬户等，大起燕、雲、河朔民兵付兀朮，將之入寇。

上以金虜將入寇，方遣兵守淮及控扼江上，未有順動之意。壬寅，下詔奉隆祐皇太后率六宫先往南昌。詔略曰：「朕念邊隅震擾，國制搶攘。因時變通，隨事參酌。合三省樞庭之任，總百司庶府之繁，爰命近臣，以司厥職。若征伐財用賞罰選任等事，悉屬行營，具關朕聽。其常程有格法事，如四六刑獄奏案、吏部注授，并隸洪州三省樞密院。」遂以參知政事李邴、同簽書樞密院事滕康并爲資政殿學士。邴權知三省樞密院事，康權同知，扈從以行。監察御史陳戩一員，而從官郎吏皆分其半。又召東京留守杜充已至，是日，除充同知樞密院事。陳戩行狀。據趙鼎奏議，本用二員，而沈與求改除〔七〕。

金虜試舉人於蔚州。初，太原帥張孝純因城陷降虜，見粘罕不肯拜，虜莫能强，執歸雲中〔八〕。至是，以孝純主文柄。使孝純能守初志，寧死不污於僞，後世必以爲忠臣，今乃爲虜用。是時遼人皆用詞賦，兩河人皆用經義，而孫九鼎者爲第一，忻州人也。九鼎，政和間游太學，與洪皓同舍，陷虜十年始登第，皓在北方屢見之。

八月戊申，宰執奏環慶帥王似言：「今方用兵，陝西六路帥乞用武臣。」呂頤浩曰：「今之武臣皆戰將，罕有智略，如向之种諤者。」杜充曰：「方艱難時，帥臣不得坐籌，當以冒矢石爲事。」上曰：「王似未知此。若有練達邊事如范仲淹，何用武帥哉？」周望曰：「如趙卨亦不易得。」上曰然。似，安陽人也。

己酉，翰林學士曾楙改除禮部尚書。召龍圖閣待制、知台州謝克家爲兵部尚書。

下詔添置發運副使，從太后往江西，以直秘閣劉寧止爲之，仍命龍神衛四廂都指揮使楊惟忠領兵萬人以從。初，有司月供太后錢一千緡。后聖性儉約，至是，斥賣本殿絹二千匹充費。上方知尋常用度不足，因謂宰執曰：「朕事太后，與所生母同。近買得衣絹數千匹，即先分獻，飲食亦然。今往洪州，未有回期，除禁中自分納外，令户部供錢絹各二萬，銀一萬，可趣令辦之〔九〕。」

資政殿學士、權知三省樞密院事李邴，與右僕射呂頤浩議不合〔一〇〕，力丐罷，詔以本職提舉洞霄宫。

壬子，更命資政殿學士滕康權知三省樞密院，而擢吏部尚書劉珏爲端明殿學士以貳之。賜康等手詔，許綴宰執班奏事，寓治都堂。於是，頤浩言：「人謂陛下雖下詔固守建康，而陰爲避寇之計，如曾楙尚疑之，况小民乎？宜量留嬪御，掌批奏牘，以固人心。且免令内臣權管，恐其不密，或緣此開端。」上納之。

壬戌，隆祐太后登舟以行。

東京副留守、殿帥郭仲荀以虜逼京城，軍儲告竭，乃領兵赴行在，都人從之南來者以萬數。以京畿轉運使上官悟爲東京留守。悟，邵武人，均子也。

詔浙西安撫司移於鎮江，仍改杭州爲臨安府，帶管内安撫使。

丙寅，上謂宰執曰：「國用匱乏，政以所費處多。」呂頤浩曰：「用兵費財，最號不貲，故漢文帝不言兵而天下富。」上曰：「用兵與營造最費國用，深可戒也。」

上聞道君遣二内臣二宫女，將與高麗人使同至。壬申，謂宰執曰：「朕聞之，一則以喜，一則以悲。朕别二聖已三年，忽得安信，豈不喜？但道君當承平之久〔一一〕，以天下奉一人〔一二〕。今彼中凡百粗陋，而朕居深宫廣殿，極不遑安。且朕父母兄弟及妻皆在異域，惟一子又薨，孑然一身，當此艱難，所以悲也。」玉音未已，潸然淚下。呂頤浩曰：「願陛下少寬聖抱，力恢中興之業。」周望曰：「此必金人之意。若非彼意，數人者雖至高麗，高麗亦不肯令來。」上曰然。

甲戌，以禮部尚書曾楙兼翰林學士承旨，禮部侍郎張守爲翰林學士。

先是，殿中侍御史趙鼎因對，言守無故下遷。上曰：「以其資淺。」鼎曰：「中丞朝綱所在，豈計資耶？且言事官無他過，願陛下無沮其氣。」故有是命。

兵部尚書謝克家言：「今之官冗，外方尤甚。如添招弓手，董以舊尉足矣，乃更置新尉。又諸州不分大小，例置訓練官三員，請悉罷之，以紓民力。」又言：「官軍單寡，而郡縣皆有土豪，宜令自相推擇有智勇者各守一方。」又言：「有闕官處，乞許郡守自辟，吏銓無礙，則付以告身。若其徇私，則監司御史得以糾之。」又言：「京東西及江、淮悉爲榛莽，難用常法，宜建藩鎮，文武并授，令得便宜從事，財賦亦聽自用。如捍虜有功，則許世襲。」又云：「國典不存，宜詔諸郡訪求傳録，俟駐蹕既定，悉上送官，凡此皆急務也。」

閏八月丁丑朔，詔百官議：「朕今定居建康，不復移蹕，與右趨鄂、岳，左駐吳、越，孰安孰危，其明告朕。」於是宰執召百官詣都堂，應詔條具者二十五對，皆以鄂、岳道遠，恐饋餉難力。又慮聖駕一動，江北羣盜必乘虛以窺吳、越，則二浙非我有矣。

戊寅，上猶未觀，吕頤浩曰：「祖宗時議大事，亦召公卿集議。」上曰：「但恐封事中趣向不一。大凡公生明，偏生暗。人能至公，議論自有見處。昔真宗澶淵之役，陳堯叟蜀人則欲幸蜀，王欽若南人則欲幸金陵，惟寇準決策親征。人臣若不以家謀，專以國計，則無不利矣。」

初，宰執奏淮西制置使胡舜陟請專治軍旅，前迎大敵，仰護行在。王綯曰：「舜陟語甚壯，似可托以方面。」上曰：「言未可信，須在行事。」宰執奏在六月壬子，今聯書之。至是，改舜陟爲沿江制置使。見知建康府湯東野令隨駕應辦，仍先往平江府。見知平江府孫覿落職罷，以資政殿學士李邴代之。

乙酉，上謂宰執曰：「士大夫間有言李綱可復用者，朕以其人心雖忠義，但志大才疏，用之必至誤國，故不復用。」吕頤浩曰：「志大才疏，誠如聖諭。」上曰：「如聽邢倞之計，遂結余睹，虜人至今以爲釁端。」周望曰：「如宣撫河東以救太原，先於河陽置納級庫，虜聞而笑之，亦足見其疏也。」時倞知鼎州。未幾，以倞始禍，除名，送英州編管。貶倞在九月辛酉，今聯書之。

丁亥，以右僕射吕頤浩爲左僕射，同知樞密院事杜充爲右僕射，并同平章事兼御營使。

是日，上召諸將張俊、韓世忠、辛企宗等，問以移蹕之地。俊、企宗勸上徑之潭州，世忠後至，曰：「官家已失河北、山東，今又棄江、淮，更有何地？」上乃令内侍押三人就都堂商議。

戊子，宰執入奏，上曰：「昨世忠欲往吴、越，則我可以戰。俊、企宗不敢戰，故欲避於湖南。朕遂令引去商議。朕自聞遠避之説，怫鬱不平，至晚不食。朕嘗思金人所恃者騎衆耳，浙西水鄉，騎雖衆不得騁也。」吕頤浩曰：「誠如聖訓。」上曰：「人心安定，吴、越可居。人心動摇，雖至川、廣，恐舟中皆敵國。」頤浩曰：「金人之謀，以陛下所至爲邊面。今當且戰且避，但奉陛下於萬全之地。臣願留常、潤死守。」上曰：「朕左右豈可無宰相？」

周望曰：「臣觀翟興、李彦先輩，以潰卒羣盜，猶能與金賊對壘，堅守陜、洛。臣等爲宰執，若不能死守，異日何顔見興、彦先輩也？」上曰：「張守請留杜充守建康。」頤浩曰：「臣等與世忠議亦如此。」上曰：「善。」遂決吴、越之行。與張浚前所請武昌之議變矣。仍令世忠守鎮江，劉光世守太平及池州。自餘諸將，分守沿江。詔杜充兼江淮宣撫使，領行營之衆十餘萬，以節制諸將。

戊子，百官迎太廟神主於清凉寺以行。

先是，右正言呂祉言安遠軍節度使范致虚才，在今日可當一面。雖有過，宜棄瑕用之。召至行在。己丑，賜對。而右諫議大夫富直柔力詆致虚不當復用，遂除致虚知鼎州，祉亦隨罷言職。

癸巳，隆祐太后御舟至南康軍。

乙未，過落星寺。六宫及後軍舟飄覆五六十隻，惟太后舟無虞。

壬寅，上發建康府，幸浙西。初，太白犯前星，次逼明堂只一舍，上心甚懼。至是，稍北，復歸黄道。上語宰執曰：「天之愛君，猶父之於子，見其過告戒之，及懼而改，則益愛之。」王綯曰：「今夜必益遠。」既而果然。雖古人三言而熒惑退舍，殆不過此。

時江東宣撫使劉光世、江浙制置使韓世忠各提重兵，畏杜充之嚴峻，論説紛紛。光世見駐軍江州，乞不受充節制。上怒曰：「豈容如此跋扈！」遂詔：「充除相，出自朕意，令盡護諸將。光世如尚敢違，置之法。」光世乃即時渡江，而世忠移屯江陰軍、常州境上。於是，光世奏起流人王德，復爲統制官。

上自發建康，陸行之日皆霽。癸卯，次鎮江府，乃降微雨。

初，陳東以言事被誅。至是，參知政事王綯言：「此東之鄉里。」上命以金賜東家，且官其子。綯退，語人曰：「乃知東死，非上意也。」

甲辰，上次常州。

乙巳，御營前將軍張俊入見，陳所統兵事。上曰：「近者諸將要多得兵，則朝廷難制。惟卿不然，自隨朕五年，備見赤心，亦欲卿知耳。」

叛臣劉豫在東平府，遣人説東京留守上官悟，令降於金虜，悟斬其使。豫乃賂悟之左右喬思恭等，與之同説，悟復斬之。

時禮寺典籍散佚亡幾，太常博士張宗元白宰執，謂宜遣官往京城訪故府，取見存圖書，悉輦而來，以備掌故，此若緩而甚急者，宰執不能用。宗元，方城人也。

宣撫處置使張浚至襄陽，留幾二十日，召帥守監司，令預儲蓄，以待聖駕西幸。

王之望紀西事曰：浚之至襄陽也，留幾二十日。程千秋、王擇仁之軍咸在，及諸盜之來降者凡數萬人。浚謂襄陽乃衿喉之地，因薦千秋爲京西制置使，假以便宜，許之久任，自屬郡守貳以下，皆得誅賞。

浚方搜攬豪傑爲用。時新除御營使司提舉事務曲端，前在陝西，屢嘗挫虜。浚欲仗其威聲，乃承制拜爲威武大將軍、本司都統制。於是有詔賜端，略曰：「卿久提貔虎之師，式遏犬羊之衆。覽行臺之近奏，知分閫之賢勞。已建隆名，俾護諸將。兼制五路，折衝二邊。庶覽盡於猷爲，豈復憂於讒間？」學士張守詞也。

九月丙午朔，巳初日食，僅四分，未幾退。上謂宰執曰：「太史初奏日蝕早而分深，朕適觀之，蝕淺而退速，何也？」吕頤浩曰：「陛下嚴恭寅畏，感格如此。」

諜報金虜又陷登州，左都監兀朮將自登入海道以窺江、浙。而右僕射杜充在建康，距錢塘、明、越道途繚繞，慮失事機。時江浙制置使韓世忠駐軍江陰。是日，宰執請以鎮江隸世忠，而常、蘇、圌山諸處控扼官軍，并隸御營使司。上曰善。又請以世忠充兩浙沿江守禦使〔一三〕。上曰：「未可。此曹少能深識義理，若權勢稍盛，將來必與杜充争衡，只令兼圌山足矣。」

辛亥，上至平江府。時金虜已破單州、曹州。

壬子，犯南京。

先是，左僕射吕頤浩欲自留平江府，若胡騎侵軼，則督諸將力戰。乃命簽書樞密院事周望宣撫江湖，駐兵鄂渚，以控上流。既而，上以頤浩不可離行在，改除望爲兩浙宣撫使，總兵留於平江。又以翰林學士張守爲端明殿學士、同簽書樞密院事。

户部侍郎李棁遷尚書。棁，臨沂人，請康爲執政。至是，再用之，使往建康督饋餉，以贍沿江諸軍。

高麗國王楷欲遣使入貢。丙辰，詔止之。略曰：「比年多故，强敵稱兵，如行使之果來，恐有司之不戒。俟休邊警，當問聘期。」直學士院汪藻詞也。

金虜陷沂州。

詔新改官人張邵特轉五官，除直龍圖閣，借禮部尚書，奉使大金軍前，武翼郎楊憲借忠州防禦使，副之。

宿、泗等州都大捉殺使李成奏所統軍衆，天寒無衣，今艱難之際，府庫不充，欲望量賜，支絹以激戰士。癸亥，詔户部輟二萬匹賜之。

己巳詔：「朕累下寬恤之詔，而迫於經費，未能悉如所懷。今聞東南和預買絹，其弊尤甚，可下江、浙，減四之一，以寬民力。仍俵見錢，違置之法。」

壬申夜，潭州兵亂於城南，殺一兵官。守臣向子諲遣人招安之，畏其黨，不能盡誅。子諲，敏中五世孫也。

癸酉，上謂宰執曰：「有爲朕言，移蹕浙東，人情未孚，宜降詔具述初非朕意，悉出宰執，庶幾軍民不怨。朕既爲天子，當任天下之責，舉措未當，豈可歸過大臣？」王綯曰：

「古之賢君，不肯移災股肱，無以過此。」

初，金虜既陷延安府，而帥臣郭浩寄治德順軍。浩，德順人也。虜遂趨慶州。環慶帥王似選勁兵邀擊於險，虜不能進。詔加似徽猷閣直學士。至是，大酋婁室孛堇引衆渡渭河，犯永興軍。甲戌，帥臣郭琰棄城遁去。

是月，以兵部尚書謝克家爲徽猷閣學士、知泉州。

中丞范宗尹一日因奏事，言趙鼎由司諫遷殿中非故事。上曰：「朕除言官，即置一簿，考其所言多寡，此祖宗舊制，外廷未必知也。鼎所言四十事，已行三十六事。」即除鼎侍御史。

金虜分河間、真定二府爲河北東西兩路，平陽、太原二府爲河東南北兩路。去中山、慶源、信德、隆德府號，皆復舊州名。自餘軍壘，亦多改焉。下令禁民漢服，及削髮不如式者，皆死。

校勘記

〔一〕少者數千　「千」，原作「十」，據四庫本中興小紀卷六改。

〔二〕戩至　原闕，據四庫本中興小紀卷六補。

〔三〕時浚薦彦爲御營使司統制　「浚」，原作「瓊」，據四庫本中興小紀卷六改。

〔四〕時浚之屬官馮康國等往别臺諫　「時浚」，原闕，據四庫本中興小紀卷六補。

〔五〕時金虜左副元帥粘罕自東平府歸雲中右副元帥窩里嗢自濱州歸燕山　「自東平府歸雲中」，原闕，據四庫本中興小紀卷六補。

〔六〕左都監兀朮請提兵窺江浙　「左都監」，原作「右監軍」，誤。查金史各紀傳，知兀朮自天會七年，即建炎三年金左都監闍目死後，方補左都監，爲元帥府官。此前未嘗任都監或監軍，其入侵江南時，尚無元帥府官職。小紀與大金國志之兀朮傳皆謂其以右監軍身份請於左副元帥粘罕，實誤，故據改。下同。然則此時，其實不當署以左都監或右監軍官稱也。

〔七〕陳戩行狀據趙鼎奏議本用二員而沈與求改除　以上小注原闕，據四庫本中興小紀卷六補。

〔八〕虜莫能强執歸雲中　「雲中」，原作「中京」，據四庫本中興小紀卷六改。按：雲中即大同府，而遼與金初中京即大定府，與雲中非一地。

〔九〕可趣令辨之　「辨」，原作「辨」，據四庫本中興小紀卷六改。下同。

〔一〇〕與右僕射呂頤浩議不合　「右」，原作「左」，據四庫本中興小紀卷六改。

〔一一〕但道君當承平之久　「久」，原作「夕」，據四庫本中興小紀卷六改。

〔一二〕以天下奉一人　「一」，原作「之」，據四庫本中興小紀卷六改。

〔一三〕又請以世忠充兩浙沿江守禦使　「兩浙」，原闕，據四庫本中興小紀卷七補。

宋朝中興紀事本末卷一一

起建炎三年十月盡十二月

冬十月戊寅，上發平江府。

癸未，上至臨安府。

庚寅，上御舟濟江，幸浙東。

辛卯，金虜陷滁州。

山東賊首郭仲威至通州，受宣撫使周望招安。望以便宜補官，令屯平江府。

壬辰，上至越州，因晚朝，謂宰執曰：「朕自建康至此，并無擾民，欲赦所經州縣。朕誠知數赦非良民之幸，但金人榜文要動摇民心，使歸怨國家，强使從彼。因赦諭以朕意，謂巡幸非出得已，事定當議蠲除，令詞臣深知此意。」

戊戌，金虜犯壽春，官吏以城降。

壬寅，宣撫處置使張浚抵興元。於是浚言：「漢中實形勢之地，已理財積穀，願陛下於來夏早爲西行。前控六路之師，後據兩蜀之粟，左通荆、襄之財，右出秦、隴之馬。天下之大勢，斯可定矣。」浚知主管川陝茶馬趙開有心計，即承制以開爲本司隨軍轉運使，總領四川財賦。開言：「蜀民已困，獨榷率尚有嬴餘，而貪猾認爲己私。惟不恤怨詈，斷而行之，庶救一時之急。」浚以爲然。開於是大變酒法，自成都始，先罷公帑賣酒，即舊坊場所置隔槽，設官主之，麴與釀具，官悉就買，聽釀户各以米赴官自釀。凡米一石，輸錢三千。其釀之多寡，惟錢是視，不限數也。既，遂行於四路。又依成都法，於秦州置錢引務，興州鼓鑄銅錢，官賣銀絹，聽民以錢引或銅錢買之。凡民錢當入官者，并聽用引折納，官支出亦如之。民私用引爲市，於一千及五百，止許從便加擡，惟不得擅減錢引法，民頗便之。

十一月乙巳朔，金虜陷廬州。

戊申，犯和州，守臣李儔以城降〔一〕。

己酉，金虜陷無爲軍，守臣李知幾挈帑藏與民渡江南歸。

知建康府胡舜陟改除兩浙宣撫司參謀官，以刑部侍郎陳邦光代之。時隆祐太后頓洪州。而金虜已自黄州渡江。御營副使劉光世復還江州，亟遣統制官王德拒之於興國軍，德敗績，光世馳輕騎以聞。壬子，太后退保虔州。戊午，虜騎至洪，而太后去已七日。守臣王子獻棄城走，吉州守臣楊淵亦棄城走。虜騎至撫州，執守臣王仲山。子獻，建陽人。仲山，珪子也。於是，福建諸州震恐。光世退屯南康軍，而四廂都指揮使楊惟忠所領衛兵亦潰，其將傅選、司全皆反爲盜，以掠諸州，後乃復歸。

趙鼎扈從録曰：洪州御史臺申，太后移赴虔州，至吉之太和縣，楊惟忠前後軍連兩日作亂，内人被害者甚衆。方兵亂時，太后、賢妃用村夫荷轎，更無一人扈從者〔二〕。

時虜又犯湖南之境，帥臣向子諲遣兵禦之，不敵。虜至潭州城下，攻圍八日。城破，子諲率衆死戰，奪門以出，駐於湘西。虜縱掠四日而去，子諲復入城，後以失守罷之。

庚申，金虜陷真州。守臣向子忞棄城保沙上。子忞，子諲弟也。

右僕射杜充在建康，會諜言李成師老可擊，充遽遣兵，而金賊大至，與成併力入寇烏江縣。充聞虜至，以其軍六萬人列戍江南岸，而閉門不出，師無統一。壬戌，虜由馬家渡過江，充急遣都統制陳淬同統制官岳飛等一十七員〔三〕，領兵二萬與賊死戰。時御前前軍統制王𤫉受充節制，乃引軍先遁。

岳飛等兵既敗，退屯蔣山，以俟再戰，然皆無鬥志。丙寅夜，皆引去。

丁卯，充領親兵三千，絶江而北。時上遣内侍任源至充軍前，道梗不達，以狀申充。充即附奏，以謂：「初乞御營諸將聽其節制，實無妄自尊大之意。但欲人情相諳，緩急可使。今者劉光世遠在九江不得使，韓世忠近在鎮江不能使，儻王𤫉有心報國，當陳淬等接戰之際，乘勢向前，番賊必敗，豈有今日？𤫉之不忠，萬死有餘。臣今在儀真，檄召滁、泗二州趙立、劉立等集兵，却回鎮江，以護王室，此區區困獸之志也。」於是，虜入建康。户部尚書李棁、知建康府陳邦光皆降。通判廬陵楊邦乂獨不降，見大酋兀朮詈之曰：「汝夷狄而圖中原，天寧久假？行誅汝矣，尚安能污我！」遂爲所害。

葉夢得避暑録曰：兵興以來，未見以大節名世者。在建康得一人，曰通判楊邦乂〔四〕。嘗表諸朝，爲請謚立廟。

又夢得褒忠廟記曰：虜入建康，李棁與陳邦光不能守，棁先降，邦光欲棄城去，後亦降。通判楊邦乂力拒不從，大書其衣裾曰：「寧作趙氏鬼，不作他邦臣。」以授其僕曰：「持此以見吾志，吾即死矣。」棁、邦光愧謝，猶强擁邦乂上馬，即郊次，與俱見僞四太子。命使拜〔五〕，邦乂叱曰：「我不降，何拜？」亟遁歸卧其家。虜雖暴，猶未敢辱邦乂也。明日，遣其酋張太師好諭邦乂，授以舊官。邦乂以首觸階陛曰：「我以志死，何多誘我爲？」虜大驚，捽止之〔六〕。徐曰：「公所守固高，奈勢不可何？第歸審思之，吾明日復見公。」邦乂退，亟貽書其囚曰：「世有不畏死而可利動者？幸速殺我，無久留我死。」即日，其酋燕，棁、邦光坐堂上。樂方作，召邦乂立庭下。邦乂瞠視棁、邦光叱曰：「天子以若拒賊，不能抗，俛首求活，犬豕已不若。復與共燕樂，尚有面目見我乎？」賊將有起取幅紙書死活二字，佯脅邦乂曰：「公無多言，即欲死，趣書『死』字下，我乃信。」邦乂視吏有簪筆持文書者側立，即躍起奪其筆，引手掣紙書字曰「死」。虜相顧色動，又使引去。明日，再以見僞四太子，邦乂不勝憤，遙望大駡曰：「若夷狄而圖中原耶，天寧久假汝？行磔汝萬段，尚安得污我！」虜怒，使人疾擊之，梃交下，邦乂駡不絶口，遂殺之。

癸亥，金虜陷太平州。

乙丑，臨安守臣康允之奏金人數道并入，已自采石濟江。朝廷以未得杜充、周望報，衆情大駭，集侍從官議之。時給事中汪藻、中書舍人李正民議欲上移蹕平江，親督諸將拒敵，緩急則登海舟以避之。宰臣呂頤浩又同從官對於便坐，或謂宜遣兵將，或謂宜募敢戰士前去，而頤浩請自行，議未決。是午，周望録到杜充書，謂虜騎至和州，充親督師詣采石防江，朝廷稍安，然不知建康已陷矣！

時又慮虜騎自江、黄間南渡，或徑趨衢、信，以逼行在，乃命中書檢正官傅崧卿爲浙東防遏使，令募土豪，集鄉兵，以守衢、信陸路。崧卿，山陰人，墨卿弟也。

丙寅，諜報金虜已渡江。從官入對，慮胡騎不測馳突，請以殿帥郭仲荀輕兵三千從駕至平江，倚周望、韓世忠兵以爲重。且謂仲荀方自杭來，其兵之老幼未至，易作去計。仍令張俊兵以次進發。上以俊重兵不可留，遂決議偕行。退命直學士院汪藻草詔：「朕當移蹕浙西，爲迎敵之計。」

己巳，上發越州。

庚午，至錢清鎮，得杜充奏，大戰江上，我師敗績。又康允之報，賊犯臨安府界，長驅而來。上亟詔回鑾，侍從官晚次於河亭上。侍御史趙鼎以爲衆寡不敵，勢難與戰，宜姑避之。左僕射吕頤浩乃請上航海。時廷臣所論多不同，吏部侍郎、御營參贊軍事鄭望之尤以爲非便。惟户部侍郎葉份、中書舍人綦崈禮曰：「若別有策甚善，不然，舍海道將安之？」望之，彭城人。崈禮，北海人也。頤浩請令侍從官以下，各從便而去。上曰：「士大夫當知義，豈可不扈從？」於是，郎官以下多留越，亦有徑歸者。

初，上之在建康也，御史中丞范宗尹言：「金人爲國大患，戰之不能勝，禦之不能卻，固已擞矣。兩河陷没，陛下駐蹕維揚。虜騎遽至，僅能匹馬渡江。至錢塘未閲月，而苗、劉之變生於肘腋。此皆禍之大者，其小者不可悉數。大抵所爲皆不成，所向皆不利，豈徒人謀乖剌，實由天意之未同也。苟不能隱忍順受，以紓目前之急，深恐天意之不測，別置非常之禍，此臣所以日夜寒心也。設若虜騎深入，當以控扼之事責之將相，陛下姑引而避之。言至於此，可謂無策。然譬人之大病垂絶〔七〕，投之善藥，但得不死，則徐議補治。陛下誠能側身修行，以享天心，發政施仁，以從民欲，選將練卒，繕甲儲糧，數年之後，以弱爲强，孰曰不可？則今日之無策，乃爲異時之長策也。」至是，以宗尹爲參知政事。

又以侍御史趙鼎爲中丞，殿前都指揮使郭仲荀爲兩浙宣撫副使，與御營都統領辛企宗并留越州〔八〕，久以御營前軍統制張俊爲浙東制置使。

癸酉，上出門，時連雨泥淖，吏卒暴露，命兩浙漕臣莆田陳國瑞沿路犒設衛士，肉纔有六百斤，炭倍之而已。

先是，京西制置使程千秋在襄陽，而所降桑仲有衆數千，屯漢水之北。時商賈巨舟無數，載四方之貨，皆列於南岸，以傍府城。舟中多至百人，少亦數十，各有兵械自護，緩急亦能併力禦寇。千秋一日下令欲盡拘之，商賈曰：「此利吾貨也。」中夕悉遁去。說者謂千秋自撤藩籬，已是失策。又城中統兵官有李忠及號徐大刀、曹火星者三人，仲遣人以二馬遺徐曰：「本欲取襄陽而兄在焉，今且去勤王矣。」徐以良甲二報之。千秋怒其與賊通，因長至日，諸將列賀，執而誅之，一軍皆憤，奔以告仲。仲曰：「我以兄故不入襄陽，今千秋乃敢殺吾兄！」遂回軍攻城，千秋遣曹火星出戰，又使一將援之。曹曰：「徒撓我軍，政不須爾。」獨與仲戰一晝夜，殺傷相當。黎明，仲盡驅良人各持竹一竿，第見城外青竹蔽野，仲軍繼之，曹再戰，遂大敗。仲入據襄陽，千秋遁去，仲追之不及。

王之望記西事曰：張浚用程千秋，久之又疑其跋扈，乃以郭永爲檢察軍馬，李允文爲京西憲使，左右徹其肘。二人傾險輕躁，欲得其處，更譖撓之，使不得有所爲。既又奪其便宜，諸將以故解體，遂至於敗。千秋之庸繆，固足以敗襄陽，然觀浚所以用之之道，使能者亦不能有功也。

宣撫處置使張浚至秦州置司，節制五路諸帥。纔數日，即出行關陝，移環慶帥王似知成都府，而以武臣趙哲代之。於是，參議軍事劉子羽薦涇原都監吳玠，浚與語大悅，拔爲統制官，又以其弟小使臣璘領帳前親兵。

十二月乙亥朔，金虜犯臨安府，守臣康允之退保赭山。錢塘縣令朱蹕白允之，自帶本縣及仁和縣弓手土軍於前路款敵，使杭民爲逃死計。行二十里，遇虜騎，蹕兩中流矢，左右掖至天竺山，猶能率鄉兵以擊賊。後數日遇害。蹕，安吉人也。

初，鎮江府無守兵，獨恃浙西制置使韓世忠之軍以爲固。時世忠引兵駐江陰，而建康潰卒戚方等迫城，以萬計。守臣胡唐老度不能支，因撫定之。無何，方欲犯浙西，妄言赴行在，請唐老部衆以行。唐老不從，戊寅，爲方所害。

己卯，上次明州，召集海舟甚急。先自中春，遣監察御史莆田林之平往福建募船千隻，至是，相繼而至，朝廷甚喜。參知政事王綯曰：「豈非天耶？」上曰：「亦非偶然。」

辛巳，戚方等犯常州。守臣周杞守子城以拒賊，亟遣統領赤心隊官、朝請郎劉晏出戰，遂破之。

時杜充下諸將潰去，多行剽掠，獨統制官岳飛屯宜興縣，不擾居民。晉陵士大夫避寇者，皆賴飛以全，故時譽翕然稱之。

壬子，上將登海舟，只帶親兵三千餘人。

呂頤浩逢辰記曰：精兵萬餘人，與此不同。

隨駕有衛士張寶、譚煥等，不欲入海，謀作亂，因宰執入朝，百餘輩譟而前。呂頤浩怒詰之，范宗尹曰：「此輩豈可以口舌爭？」引其裾入殿門。閉，衆不得入。上遣内侍宣諭，衆遂定。命中軍統制辛永宗勒兵捕寶、煥輩十七人誅之〔九〕，餘黨分隸諸軍。除衡門外，盡廢其直〔一〇〕。

趙鼎事實曰：駕之幸四明也，敵騎侵迫，乃議登舟。以一舟處班直六十人，人不得過兩口。諸班直相語曰：「我有父母，有妻子，不知兩者如何去留。」訴於皇城司内侍陳宥，宥不能決，令自陳於朝。人衆語喧，有肆惡言者，蓋激於一時，非本謀也。後數日擒之，斬其同謀者二十餘人〔一一〕。

時金虜已渡浙江，知越州李鄴奏至。

甲申，宰執早朝，上於御袍中出示之。

乙酉，上登舟。

戊子，詔六曹百司官吏從便寓於明、越、温、台諸處。於是，左右司御營使司參議官以次皆留。時留者有兵火之虞，去者有風濤之患，皆面無人色。此據趙鼎扈從録。

辛卯，上次定海縣，聞有虜使至，不欲令朝行在，即命范宗尹、趙鼎、汪藻復回明州修報，且令宗尹盡護諸將。

壬辰，宗尹等至明州。乃昨隨崔縱奉使人盧伸，自虜中歸。時虜破和州，得歸朝官程輝，令與伸偕來。所攜國書，語極不遜。既非專使，宗尹遂不奏。

癸巳，上次昌國縣。户部郎官李承造往台州刷錢帛事。

杜充所遣屬官直徽猷閣陳起宗至，言充敗，欲引衆趨行在而路不通。是晚，呂頤浩折簡與范宗尹，言充在儀真甚的。

浙東制置使張俊自越州領兵至明州，時已無船可載，俊因納隱士劉相如之策，遂留以抗虜。

丁酉，上謂宰執曰：「昨者朕將御舟楫，令從官聚議都堂，鄭望之不肯同衆所論，亦未爲通。」呂頤浩曰：「望之在假續告，不知衆人所對。」王綯曰：「崇寧以來，大臣專權，不容立異。比者會議都堂，更相詰難，臣不意復見此氣象，皆陛下優容忠讜所致。望之自守所見，乃朝廷之福也。」上嘗問望之曰：「苗、劉時卿在甚處？」對曰：「臣竄在嶺表，得之道途，臣以爲陛下甚錯。」上曰：「何故？」曰：「二兇既就擒，陛下不送天獄，却付韓世忠軍中，今日在陛下左右者，得以面諂爾〔一二〕。」上又問：「卿見洪皓三蕃國書否？」望之曰：「臣無緣得見。」上命内侍取示之，蓋上以望之累使虜中，欲使之料敵情也。望之未幾奉祠而去。

戊戌，金虜犯越州，帥臣李鄴以城降。虜即渡其家屬先往錢塘。鄴，邴兄也。既而邴坐此亦落資政殿學士〔一三〕。

親事官唐寶袖石擊大酋兀朮不克，死之。

金虜犯明州。張俊下令曰：「天子即巡海道，汝輩宜用命。進者重賞，不進者不貸。」癸卯，歲除，賊至城下。俊令統制官劉寶先與之戰，若不勝，則以兵横衝之。既而寶兵少却，統制官楊沂中、田師中，統領官趙密與之戰，又不勝。寶率兵再進，沂中舍舟登岸，與師中、密等皆死戰，而守臣劉洪道率州兵以射其旁，遂大破之，殺數千人。密，太原人也。

金虜既破杭州，乃遣人檄秀州令降。守臣程俱言小邦不敢專，遂解虜人赴平江宣撫司〔一四〕。又慮見襲，遂率官吏棄城，出保華亭縣。朝廷遂命俱押米綱赴行在。於是，同知樞密院、宣撫使周望追俱赴司，幾爲所斬。遂劾之云：「朝廷私此一人，遂失億兆之心。」士論是之。

先是，奉使洪皓自太原至雲中左副元帥粘罕軍前，時奉使王倫亦留在彼。有商人陳忠因倫從者楊永亨見倫，密告兩宫太母起居狀。倫遂與皓共以金遺忠，令聞於兩宫，以爲倫輩皆本朝遣來通問。於是兩宫始知建炎中興之實。既而皓爲粘罕送於冷山，遂依右監軍悟室以居〔一五〕，爲之教子。

校勘記

〔一〕守臣李儔以城降　「儔」，原作「鑄」，據四庫本中興小紀卷七改。

〔二〕趙鼎扈從録……從者　以上原闕，據四庫本中興小紀卷七補。

〔三〕充急遣都統制陳淬同統制官岳飛等一十七員　「遣」，原作「遇」，據四庫本中興小紀卷七改。

〔四〕兵興以來未見以大節名世者在建康得一人曰通判　以上原闕，據四庫本中興小紀卷七補。

〔五〕命使拜　「拜」，原闕，據四庫本中興小紀卷七補。

〔六〕捽止之　「捽」，原作「率」，據四庫本中興小紀卷七改。

〔七〕譬人之大病垂絶　「垂」，原作「乖」，據四庫本中興小紀卷七改。

〔八〕與御營都統領辛企宗并留越州　「統」，原作「總」，據四庫本中興小紀卷七改。

〔九〕命中軍統制辛永宗勒兵捕賓焕輩十七人誅之　「中軍統制」前原有「都」字，據建炎以來繫年要録卷三三删。

〔一〇〕除衡門外盡廢其直　以上原闕，據四庫本中興小紀卷七補。

〔一一〕趙鼎事實……餘人　以上原闕，據四庫本中興小紀卷七補。

〔一二〕得以面諂爾　「諂爾」，原作「闊」，據四庫本中興小紀卷七改。

〔一三〕既而郉坐此亦落資政殿學士　「坐」，原作「在」，據四庫本中興小紀卷七改。

〔一四〕遂解虜人赴平江宣撫司　「虜人」，四庫本中興小紀卷七作「槖入」。按此謂送金誘降使赴平江也。四庫本誤。要録及宋史本傳無此事。

〔一五〕遂依右監軍悟室以居　「右」，原作「左」，誤。悟室爲右監軍，左監軍蓋撻辣也。

宋朝中興紀事本末卷一二

起建炎四年正月盡三月

建炎四年歲在庚戌。

春正月甲辰朔，上至台州章安鎮駐蹕。兩浙宣撫副使郭仲荀既不能遏虜，又棄越城而遁，其兵多散爲盜。至是，來朝，責授散官，廣州安置。

上以虜騎驚擾，慮隆祐太后徑入閩、廣。己酉，詔遣使臣賫書至虔州，尋問艤舟之所。詔浙西制置使韓世忠赴行在。世忠言：「見駐華亭縣江灣，願將所部全軍往昇、潤，邀金虜歸路，盡死一戰。」丙午，詔從之。

丁未，御史中丞趙鼎、諫議大夫富直柔、户部侍郎葉份、中書舍人李正民〔一〕、綦崇禮、太常少卿陳戩同對於舟中。時扈從泛海者〔二〕，宰執外惟此六人。而給事中汪藻與其餘皆未至也。

户部侍郎李迨自明州來。戊中，入見，言張俊在明州爲戰守備，城外居民盡爇之，其意亦欲赴行在也。

庚戌，兩浙宣撫使周望奏虜之在建康者，皆焚糧草，收金帛，稍稍渡江北去。

虜酋兀术引衆再犯明州。丙辰，浙東制置使張俊率兵禦於高橋，一日戰數合，慮其益兵復來，俊與守臣劉洪道俱避去。兀术遂破明州，屠其城。時提舉明道宫鄭億年避地山間，爲虜所得，驅以北去。億年，居中子也。

虜衆以船犯昌國縣，欲追襲御舟。時提領海舟張公裕引大舶擊散之，虜遂退。

初，金虜萬户婁室及銀朱與吾叛將折可求聯衆十萬圍陜州，時關以東獨陜在焉。寧州觀察使李彦仙守禦甚備，遇士卒有恩，食既盡，煮豆以啖其下，而取汁自飲。至是，虜亦無食欲去。有人告以急擊可入〔三〕。虜益生兵，攻之愈急。丁巳，城陷，彦仙巷戰而死。雖民之婦女，猶升屋以瓦擿賊，哭李觀察不輟，虜殺其家。陜民無噍類，虜始敢西，而全陜没矣。

先是，宰執、臺諫會食於金鰲山寺，范宗尹密謂趙鼎曰：「近諸將姚端等進見大率，所錫極厚。國用窘甚，見上幸一言也。」戊午，鼎草奏乃聞。上以在四明時衛士紛擾，盡廢禁直，獨中軍統制辛企宗有兵數千，而端即御營使吕頤浩親兵之將〔四〕，其衆獨盛，所以優遇之也。

己未夜，大雷雨。

庚申，上謂宰執曰：「昨夕雷聲頗厲。晋志以雷發聲非時，爲女主顓權，君弱臣强，四夷兵不制所致，朕與卿等當共修德以應天也。」

癸亥，上曰：「昨日雷再發聲，今日方二月節，要亦非時也，與晋志所占無異，惟發頻者應速耳。」

甲子，詔中書舍人李正民往江西問安隆祐太后，仍稱撫諭使。中丞趙鼎薦永嘉吴表臣〔五〕、林季仲以補臺官之闕。季仲避地未至，而表臣先對，是日除監察御史。

時聞明州失守，海道可虞。丙寅，上移次温州館頭。

殿中侍御史張延壽論權知三省樞密院滕康及同知劉珏之罪。詔罷康、珏，仍并落資政殿學士。

遂以新復端明殿學士盧益權知三省樞密院〔六〕。而參知政事范宗尹因薦李回。時回以散官居吉州，召復端明殿學士，以爲之貳。

庚辰，趙鼎對，因言豫章之擾。上曰：「太后僅以身免，乘輿服御之物悉棄之，宮人失一百六十餘人。」上曰：「已黜滕康、劉珏，用盧益、李回替之矣。」

己巳，上幸水陸寺，侍從、臺諫官稍集，班列差盛。

辛未，詔侍從官條具金人退與不退，如何措畫及於何處駐蹕。

户部侍郎葉份言：「淮鹽路梗，防阻客販。浙鹽數少，積壓客鈔，請權以福建鹽通商，仍稍還責鹽本錢，即本路官搬官買，兩下相妨。」壬申，詔從之。

初，政和中，遣左司郎官張察至本路參定鹽法，歲以三分爲率，二分歸朝廷，許商人輸錢於榷貨務給鈔，即本路受鹽一分歸漕司，許自買鹽，積於海倉，令上四郡及屬縣般賣，以辦歲計。時商販官搬二法并行，靖康俶擾，商販殆絶，故官悉自鬻。至是，份請行鈔法，而姦民乘之，盜販多矣。

御史中丞趙鼎準詔言事，以謂：「今日所先，正在却明、越之兵，然後可議立國。臣嘗乞詔周望分兵出廣德，邀虜歸路矣。今乞遣使，督王瓊進軍宣州，與周望合。仍責其不策應杜充之罪，俾立功自贖。及詔劉光世渡江，駐軍蘄、黄，牽制湖、廣賊兵，與杜充爲聲援，并趣韓世忠爲邀擊之計。賊與杜充會於楚、泗，使賊知江右兵衆，歸路稍艱，必有退軍之漸。如尚占臨安、建康，則乘暑擊之，期於克復而後已。

給事中兼直學士院汪藻準詔言事，以謂：「金人爲患，今已五年。陛下即位以來，土宇日促，至以萬乘之尊而乘桴入海，倀然未知税駕之所者，由將帥無人，而陛下御之未得其術也。如劉光世、韓世忠、張俊、王瓊之徒，皆極富貴之欲，而志意已驕。敵人之來，曾不能爲陛下施一矢之勞，獨俊明州僅能少抗，若堅守數日，待其再來，極力剿除，虜必終身懲創。敵退未數里，乃遽引軍而行。未幾，虜果殘明州，至無噍類。陛下再有館頭之幸者，俊使之也。臣痛念自入去秋，陛下宵旰焦勞，爲宗社大計，以建康、京口、九江皆要害之地，當宿重兵。以杜充守建康，韓世忠守京口，劉光世守九江，而王瓊隸充。其措置非不善也。若虜騎渡江，充、世忠、瓊并力拒其前，光世掩其後，可使奔北不暇，而世忠乃取鎮江之所儲，盡裝海船，焚其城郭而去，諸將聞之竊笑。洎充力戰於前，世忠、瓊卒不爲用，光世亦偃然坐視，不出一兵，方與韓栝朝夕歡宴。朝廷失建康，虜犯兩浙者，世忠、璦使之也。失豫章，太母播越者，光世使之也。既而俊冒不貲之賞，自明引軍至温，道途一空，居民皆逃避。世忠逗留於秀，浙西騷然，周望僅能守城中而已。陛下親御宸翰，召世忠不來，元夕取民子女，張燈高會。璦自信入閩，所過州縣邀索，動以千計，公移文曰無枉害生靈，其意安在？蓋諸將所爲如此，人皆知之，而無敢爲陛下言者。夫人主平日取民財力以養兵，則緩急之時，排難解紛，當使民安業，今則見敵望風而遁，且反爲民害。臣恐民心一解，陛下無所恃矣。臣謂今日諸將，在古法皆當誅，然不可盡誅也。惟璦本隸充，充敗而璦坐視不救，此獨不可輕赦，當先斬璦，而其餘皆可貶。如俊之軍，獨可賞其將士，而俊引軍輒遁，罪亦何逃？如此則國威少振。虜退之後，再立綱紀，以新人耳目，莫若擇有威望大臣，盡護諸將。雖陛下親軍，亦聽其節制，稍稍以法裁之。凡敢擅移屯而以護駕爲名者，并論如法。仍於偏裨中擇人才可用者，間付以權，陰爲諸將之代。若陛下取臣所陳，則俟虜已盡過江，駕回臨安，則徐議所向。留江、浙亦可，幸湖、湘亦可，如其不然，何益於事？願陛下與大臣熟講，斷而行之。」

金虜萬户婁室與其副撒離曷及黑峰等寇邠州，宣撫處置使張浚遣都統制曲端拒之，兩戰皆捷。至白店原，撒離曷據高原而陣。婁室與黑峰引衆來犯，爲端所敗。撒離曷乘高望之，懼而號哭，虜人因目之曰「啼泣郎君」。既而賊勢復振，端所部統制官張中孚、李彦琪連戰不利，虜亦引去。

二月乙亥，上至温州江心寺駐蹕，因改曰龍翔。東有小軒，遂曰浴日，皆宸翰書額賜之。

詔啓運宫神御於福州奉安。

熒惑犯紫微垣，侵相位。癸未，吕頤浩乞解機務，不允〔七〕。

知温州盧知原有治績，詔除右文殿修撰。知原，秉子也。

丙戌，知明州劉洪道奏已復本州，詔非晚移蹕明州。

金虜元帥兀朮尚據臨安，聞浙西制置使韓世忠自江陰復趨鎮江，恐邀其後。丁亥，兀朮遽引衆殺掠而去，縱火城中，數日方滅。

戊子，詔萬壽觀會聖宫章武殿神御，於温州天慶宫奉安。

時右僕射杜充已降虜，而御營副使劉光世奏充敗事，未知存亡。光世又言：「金虜遣兵由湖州攻兩浙，而王瓊所統前軍亦潰，韓世忠自浙西上海船而去。臣今孤軍駐南康，遠避賊鋒，俟春暄，破之不難。」詔光世乘間擊之，無失機會。及虜退，光世遣統制官王德躡其後，擒數百人以歸。

庚寅，上至温州，駐蹕州治。先是，主管明道宫薛弼見吕頤浩，謂宜遷蹕入城，且獻策，請平其直以鬻官産。既而駕留一月，所費不貲，皆取足於鬻産之直。弼，永嘉人也。

王瓊引餘軍赴行在，自觀察使降爲防禦使。

先是，詔募海船百餘隻於福建、廣南，獨廣東漕臣趙億所發船先諸路而至。福建漕臣祖秀實、魯詹與權提刑梁澤民共裒一路經費之餘，得銀八萬兩上之。億，西安人，抃之孫。秀實，浦城人。詹，海鹽人。澤民，邵武人也。

初，鼎州武陵縣有土豪鍾相者，以左道惑衆，乃結集爲忠義民兵。其徒呼相爲老父，士大夫之避地者多依之。相所居村有山曰天子岡，遂即其處築壘浚濠，以捍賊爲名。且承帥檄，聚衆閱習武藝。時有中州潰兵孔彦舟等擾湖南，詐稱鍾相民兵，相聞之懼。又因其子奪監司之馬於白沙渡。是月，相等遂作亂，遠近響應，僭號楚王，改元天戰，自補官屬。尋詔湖南北帥司發兵討之。於是〔八〕，鼎之武陵、桃源、龍陽、沅江，澧之澧陽、安鄉、石門、慈利，荆之松滋、公安、石首，潭之湘陰、益陽、湘鄉，岳之華容，辰之沅陵諸處，皆爲盜區矣。

時太常少卿陳戩扈蹕，準詔論時事。其略謂：「兵將用命則寡可以敵衆，不用命則多適以致敗。今之握兵柄，秉旄鉞，非闒冗即跋扈也。國之典刑不能加之將，將之威令不能施之軍。宜申嚴紀律，使進退左右，惟命之從，則虜可破矣。」

先是，知真州向子忞言，昨攜本州金帛，皆爲韓世忠所奪。且言杜充已投降而去，麾下兵有走回者。癸巳，上謂中丞趙鼎曰：「自聞充之報，不食者累日，蓋非朝廷美事也。」

乙未，罷右僕射、御營使杜充爲觀文殿學士，提舉太平觀。

是日，温州奏故右丞許景衡妻胡氏乞給借所僦官屋。上顧呂頤浩曰：「朕即位以來，執政中張慤最直。」頤浩曰：「慤未病時，嘗語臣云：『惟一許少伊，不轉了。』少伊，景衡字也。臣以是知景衡略與慤同，宜睿意之不忘也。」乃詔以官屋賜其家。

丙申，以虜退，赦諸路。

兀朮引虜衆回至平江府城下，同知樞密院事、兩浙宣撫使周望與守臣湯東野力不能拒，棄城避之。初，郡人恃望以爲安，賊至欲遁，而舟楫皆爲諸軍所奪，故不能脱。戊戌，虜入城，縱兵殺之，焚掠而去。過吴縣，宣撫使司統制官陳思恭以舟師邀於太湖，擊敗之，幾獲兀朮。既而擢思恭爲後軍統制。

丁酉〔九〕，中丞趙鼎、諫議大夫富直柔同對，彈右僕射杜充，乞先罷相，候得其投降的報，則别議罪。

三月丙午，以上欲幸平江府。趙鼎言：「萬一虜去未遠，或作回戈之期，何以待之？」於是，行期稍緩。

左僕射吕頤浩奏：「户部侍郎葉份，言駕幸浙西，須早除發運使。臣觀可任漕計極難得人，間有之，又素行不修。」上曰：「有德者率淳直，或不能辦事，有才者多是小人。如梁揚祖誠無學術，使爲發運使則有餘矣。大抵小人不可在侍從之列，若藉其才，任於外，亦何不可？」是月，遷份爲尚書。

宣撫處置使張浚奏大食國進奉珠玉至熙州。己酉，上謂宰執曰：「大觀以來，川茶不以博馬，惟市珠玉，故武備不修。今若復捐數十萬緡，易無用珠玉，曷若惜財以養戰士？」乃詔浚勿受，量賜以答其意。

辛酉，上曰：「張浚措置陝西極有條理。」呂頤浩曰：「陛下雖失之杜充，復得之張浚。」上曰：「浚自薦辛興宗作秦帥，比至陝西，見孫渥才優，則奏罷興宗而用渥，蓋其用心公也。」上語在是月辛酉，今聯書之〔一〇〕。

時浚聞虜大入寇，上浮海東征，亟治兵入衛。未至襄、漢，遇德音，知虜退，乃復還關、陝。

王之望記西事曰：浚歸自秦亭，士馬甚盛。至房陵，畏桑仲而不敢近。乃以王以寧爲制置使，王擇仁爲節制，步騎數萬，措置漢上。以寧至襄陽，乃卑辭假道而去，擇仁孤軍不敢進，頓於均州。後其將王闢叛去，衆潰而亡。於是西師東下者，星散盡矣。桑仲知浚畏己，而西師之易與也，益無所憚矣。

己未，上詣天慶觀，朝辭九廟，宰執、百官扈從。自渡江，至是，始有此禮。上發舟回鑾。

乙丑，上次台州松門寨，宰執奏駐蹕之所。上曰：「會稽只可暫駐，若稍久，則人懷安而不樂屢遷。」呂頤浩曰：「將來宜駐浙右，徐謀入蜀。」上曰：「蜀財用富饒，秦士馬精勇。朕倚秦之兵，資蜀之貨固善，但張浚奏漢中只可備萬人糧，恐太少。若兩浙委得人，錢帛猶可泝流而西。至於糧斛，豈可運致？」頤浩曰：「若只攜萬兵入蜀，則淮、浙、江、湖、閩、廣將爲盜區，非國家之有矣。」上曰：「當益進上流，用淮、浙鹽息以贍軍費，江、湖之粟以爲軍食。」王綯曰：「或者輕議晉元帝遠都建業，不能復中原，而多以入蜀爲便。抑不知自秦用張儀，至本朝王繼恩，下蜀者八矣〔一一〕。取輒得之，不勞再舉，亦未爲便也。」范宗尹曰：「若使入蜀，則恐兩失之。據江表而圖關、陝，則將兩得之。」上曰然。

是夕風順，御舟與宰執以下諸船先後行，不相見。第聞探者唱云「御舟在前」，而探者亦不知御舟遇淺幾覆，尚未至也。既而宰執入港復回。丙寅，臺諫官亦遑遽回船，至港口，始迎見御舟。

辛未，上次定海縣，顧縣爲金虜所焚，惻然曰：「爲民父母，不能保民，使至如此！」王綯曰：「陛下留杜充提兵四萬守建康，留周望提兵二萬守平江，非輕棄江、浙而遠適南方。不幸充、望不稱任使，乃至如此也。」

呂頤浩因奏事，言承平之久，士多文學，而罕有練達兵財，可濟今日者。上曰：「前此太平，朝士若乘馬馳騁，言者必以爲失體；纔置良弓利劍，以爲謀叛。」綯曰：「大抵文學之士未必應務，有才者或短於行。自非陛下棄瑕録用，則舉世無全人矣。」

以禮部尚書曾楙爲顯謨閣直學士、知洪州。

是月，金虜左監軍撻辣自維州遣太一孛堇等提兵南寇，以援兀朮，因圍楚州，守臣趙立乘城禦之。虜進圍揚州。朝廷恐守臣張績力不能支，許退保鎮江，績不爲動，虜遂至真州。績，金壇人也。

時東京雖城守而勢益危，金虜更遣河北簽軍首領聶昌領衆來攻，留守上官悟力不能拒，城破，爲虜所害。

校勘記

〔一〕中書舍人李正民　「書」，原誤作「正」，據四庫本中興小紀卷八改。

〔二〕時扈從泛海者　以上原闕，據四庫本中興小紀卷八補。

〔三〕有人告以急擊可入　「急擊」，原作「馬㯇」，四庫本中興小紀卷八據建炎以來繫年要録改，今從之。

〔四〕而端即御營使吕頤浩親兵之將　「親」，原作「新」，據四庫本中興小紀卷八改。

〔五〕中丞趙鼎薦永嘉吴表臣　「吴」，原作「吕」，據四庫本中興小紀及建炎以來繫年要録卷三一改。

〔六〕遂以新復端明殿學士　以上原闕，據四庫本中興小紀卷八補。

〔七〕熒惑犯紫微垣侵相位癸未吕頤浩乞解機務不允　以上原闕，據四庫本中興小紀卷八補。

〔八〕於是　「是」，原闕，據四庫本中興小紀卷八補。

〔九〕丁酉　「丁」，原作「乙」，此三月丁酉，據四庫本中興小紀卷八改。

〔一〇〕上語在是月辛酉今聯書之　以上小注原闕，據四庫本中興小紀卷八補。

〔一一〕下蜀者八矣　「八」，原作「入」，據建炎以來繫年要録卷三二、宋史全文卷一七改。四庫本中興小紀卷八無此條。

宋朝中興紀事本末卷一三

起建炎四年四月盡六月

夏四月甲辰，上至明州。

中丞趙鼎言：「吳、越介在一隅，非進取中原之勢。荆、襄左顧川、陝，右視湖、湘，而下瞰京、洛，在三國所必争，真帝王之宅也。宜以公安爲行闕，而屯重軍於襄陽，前爲屏翰，運江、浙之粟，資川、陜之兵，經營大業。計無出此，願敕張浚，未可長驅深入，姑令五路各守其地，犄角相援可也。」

丙午，上至餘姚縣，海舟大，不能進。詔易小舟，仍許百官從便先發。

癸丑，上至越州，駐蹕州治。

兀朮回至鎮江，而浙西制置使韓世忠已提兵駐揚子江焦山以邀之。左僕射吕頤浩請駕幸浙西，下詔親征以爲先聲，亟命鋭兵策應世忠，庶擒兀朮〔一〕，亦一奇也。參知政事王綯亦請遣兵，與世忠夾擊。甲申，乃下詔親征。

中丞趙鼎以爲平江殘破最酷，人心不樂是行，即奏曰：「臣在温、台，屢言當俟浙西寧静及建康之寇盡渡江，然後回蹕。今遽有此舉，必以韓世忠之報虜騎窮蹙，可以剪除耳。萬一所報不實，及建康之衆未退，或回戈衝突，何以待之？兼饒、信魔賊未除，王瓊潰軍方熾，陛下遽捨而去，兹乃社稷存亡至危之幾也。」時臺諫亦皆言之，乃除鼎翰林學士，鼎力辭，改吏部尚書，亦不受，遂復爲中丞。

時虜衆數萬，世忠戰士纔八千。兀朮遣使與世忠約日會戰。世忠募海船百餘艘，進泊金山下，仍植一旗，書姓名表其上。虜望見，大笑曰：「此吾几上肉耳！」世忠預命工鍛鐵相聯爲長綆，貫一大鈎，遍授諸軍之强健者。平旦，虜擁千舟噪而前。比合戰，世忠分海船爲兩道，出其背，每縋一綆，則曳一舟而入。虜不得渡，復遣使願還所掠，及獻馬五千。世忠不聽，曰：「只留下兀朮，乃可去。」時撻辣所遣之兵在儀真，江之南北，兩岸皆虜衆，而世忠據中流，與之相持。知揚州張績亦命偏師控扼要處，與世忠爲援。兀朮閉壘不敢出，乃即城之西南隅鑿渠三十里，欲潛師渡建康，而地勢高，潮不應。虜之在儀真者，復於城外鑿小渠三十里，屬之江，以通漕。兀朮刑白馬，殺婦人，自刃其額以祭天，幸風濤之息，竊載以逃。世忠諜知之，悉師督戰，而風弱帆緩，我師不利，統制官孫世詢、嚴永吉死之，所掠金人復爲奪去。虜以輕船絶江而遁，世忠曰：「窮寇勿追，使去。」

先是，世忠視鎮江形勢，無如龍王廟者，虜來必登此，望我虛實，因遣將蘇德以二百卒伏廟中，又遣三百卒伏江岸，遣人於中望之，戒曰：「聞江中鼓聲，岸下人先入，廟中人繼出。」數日虜至，果有五騎趨龍王廟。廟中之伏，聞鼓聲而出，五騎者振策以馳，僅得其一。有人紅袍白馬，既墜，而跳馳得脱。詰二人者，云即兀朮也。是舉也，俘獲殺傷甚衆。虜所遺輜重山積，又獲龍虎大王舟千餘艘。龍虎大王者，乃僞封王爵而監龍虎軍，兀朮之婿也。

自主管川陝茶馬趙開變榷茶法〔一〕，怨詈四起。至是，言者以爲合罷，若謂軍賦所資，乞札與宣撫使張浚行之。詔下其説，浚不爲之變也。

知宣州李光奏鎮江、建康金人悉已遁去。

先是，湖北帥司檄本路捉殺官孔彦舟權副總管，領兵往鼎州捕鍾相。彦舟過澧州，民有應相者，乘而攻，彦舟喪甲，僅以身免。及入鼎，復有應相者，遂屠其城，民死十八九，餘悉黥爲兵。時賊勢甚盛，彦舟據城，時出兵與戰，勝負相當。彦舟每得賊黨不殺，惟斷其指及耳鼻，縱之去曰：「汝爺有神，能爲汝續則復來。」相得之，惡其彰己之妄，即養之密室，自是其黨亦生疑心。彦舟乃聚竹爲筏，若將去者，且爲竹簽題云：「爺若休時我也休，依舊乘船向東流。」遇獲相黨，則簪其首而遣之。相得簽喜，謂實將避己。彦舟又潛遣人投相，謂之入法。相素自誇，喜人從己，亦受之。至是，彦舟乘筏夜渡，而入法之人内應，相敗走。癸未，獲之，并其妻子及僞官，悉檻送行在。詔擢彦舟爲利州觀察使。時宣撫處置使亦檄彦舟權湖北副總管。

戊子，韓世忠奏捷。上曰：「金人侵侮以來，兵將多是望風奔潰。今歲如世忠輩，雖不成大功，皆累獲捷。若自此訓卒繕甲，極力措置，今冬虜來，似有可勝之理。朕觀自古恃衆而敗，如尋邑、昆陽之戰者多矣。」參知政事范宗尹曰：「古者取勝皆有先定之謀。惟漢敗尋邑，晉敗苻堅，全是天意。今此力戰，天意可知。更願陛下修德，臣等以公心處之，庶幾天意必回，則事可爲矣。」

辛卯，詔淮、浙鹽場已復，昨行福建鈔法可罷之。壬辰，詔廣西監司乞罷催税户長，依熙、豐法〔三〕，村疃三十家，每科輪差甲頭一名。

可，仍推行於諸路。

乙未，詔行在榷貨務分官吏之半，於臨安府置司。

遂安軍奏，近緣御前後軍統制陳思恭到州，兩日間軍中竄者四十七人，皆思恭誘去。

乃詔宰執召思恭赴都堂約束之。

中丞趙鼎等交論吕頤浩之失，乃罷爲鎮南軍節度、開府儀同三司、太一宫使〔四〕。制曰：「下吴門之詔，則有失於先時；請浙右之行，則力違於衆論。」於是，參知政事范宗尹攝行相事。

以浙東制置使張俊爲浙西江東制置使，除劉光世、韓世忠外，并聽節制。令同知樞密院事兩浙宣撫使周望以所領兵付俊。

是月，以户部侍郎李迨爲江浙諸路發運使。

湖寇鍾相雖已敗，而餘黨所在嘯聚。如慈利縣之陳寓信，松滋縣之李合式〔五〕，澧陽縣之吴宣，各有衆數千，其後亦稍稍撲滅，惟龍陽之楊華、楊廣、楊太最爲劇盜〔六〕。太年幼，楚人謂幼爲么，故曰楊么。時么之名未著，惟稱華、廣。至是，知蔡州、直龍圖閣程昌寓被召，以蔡兵三千人，統制官杜湛、統領官邵宏淵以下自隨。道鼎、澧間，撫諭使馮康國以羣盜方盛，乃奏乞留昌寓攝帥事。於是，權副總管孔彦舟引全軍去。昌寓入鼎州〔七〕，自此數遣杜湛等與賊戰，常獲小捷。

五月癸卯，言者以御舟經由，知明州張汝舟應奉簡儉，粗能給足，知台州晁公爲頗務豐華，不免擾民。乞行賞罰，以示好惡。參知政事范宗尹曰：「若黜公爲，則温州盧知原、發運使宋暉皆當貶矣。」上曰：「只褒汝舟，則好惡自明。如公爲輩，不必皆黜。」乃詔汝舟轉一官。

時諸路盜起，大者至數萬人，朝廷力未能制。范宗尹以謂此皆烏合之衆，急之則併死力以抗官軍，未易禦也。莫若析方鎮以處之，羣盜有所歸，則衆當懷土，是不攻而自潰矣。乃奏曰：「昔太祖受禪，與趙普合謀，收方鎮之權，天下晏然無事一百五十餘年，可謂良法。比年國難如此，四方帥守皆束手環視，莫知所出。蓋事力單寡，不可以有爲，此法之弊也。今日救弊之道，當稍復藩鎮之制。況諸郡爲盜所據者凡十數，則藩鎮之勢駸駸已成。朝廷雖不爲，人亦自爲之矣。曷若朝廷爲之，使恩有所歸也？今亦不盡行之，天下且裂河南江北數十州爲之，少與之地而專付以權，擇人久任，以屏王室，實今日之當務也。」羣臣多以爲不可，宗尹力陳，上亦決意行之。

甲辰，以宗尹爲右僕射平章事。

知光州吴翊報虜中事宜。

庚戌，上謂宰執曰：「聞杜充在南京，受劉豫命，遣人誘陷東京。朕待充，自庶官除從官，建節，遂召同知樞密，未幾拜相，可謂厚矣，何故至是？」王綯曰：「陛下去秋若不相充，無知之俗至今必以爲恨。陛下待之既盡，彼自失節，國家何傷焉！」

詔三省樞密院同班奏事，令輪修時政記。

辛亥，上謂宰執曰：「從班人極少，卿等當共議，務取其實，不厭多也。朕乘輿服御，悉從簡儉，如除一省郎，費亦不多〔八〕，苟得人，其利博矣。」范宗尹曰：「用人之法，須擇可爲執政，方除從官，可除從官，方除省郎，則選精而真才出矣。」上曰然。上又言：「神宗選將，必詳考然後命之，庶必有成。」因曰：「祖宗多有所傳家法，外人豈得盡知？」王綯曰：「如宣帝所謂漢家自有制度是也。」

壬子，召知成都府盧法原、知泉州謝克家、知洪州胡直孺并爲尚書，法原吏部，克家禮部，直孺刑部。法原不及供職，改知夔州。法原，秉子也。

以簽書樞密院張守爲參知政事。

御史中丞趙鼎爲端明殿學士、簽書樞密院事。

時宰臣未兼樞密，而同知樞密院周望在平江府，故一院之事，簽書得以兼總。前此兵政悉隸御營使司，事權既分，又再經大變，文移紛亂。至是，鼎始檢故事舉行，以正西府之體。

參知政事王綯累章求退。上曰：「綯醇儒，嘗爲朕宫僚，事朕始終如一，不欲遽令去。」乙卯，除資政殿學士、提舉萬壽觀兼侍讀，蓋優禮也。

時朝廷聞登、萊多積粟，因知海州李彦先遣使至。丁巳，宰執奏，欲李彦先用海舟轉輸以助軍食。上曰：「登、萊道梗，今既未能厚恤，乃反責其積粟以輸行在，於理未安。」范宗尹等退曰：「聖慮高遠，非羣臣所及。」

時占象者言，夜有赤氣蔽天，中又有白氣，如練貫之。殿中侍御史德清沈與求言：「此天心仁愛陛下，出變示警也。且天子所在，謂之朝廷。今虔州一朝廷，秦州一朝廷，號令之極至爲詔矣。願敕張浚等，止降指揮，勿得爲詔。」

朱勝非閑居録曰：唐制，不經鳳閣鸞臺，不得謂之敕。敕者，三省奉行聖旨之書也。張浚以知樞密院爲川陜處置使，得旨許便宜行事，事多出敕。勝非在朝廷日見之，前云某司，次述事，因右語云奉敕如何，末以使銜押字〔九〕。黄紙大字，皆過於敕。時席益、徐俯大不平之，指以爲僭。勝非曰：「川士性誇侈，意以札子爲不尊，故用便宜作敕，初不知奉何敕也。聞渠向自建康出使，未出國門，已行便宜事矣。」

又論：「相，天子之職也。願親書所屬意之臣姓名，禱於天地，占而用之。又天子之兵，而劉光世則曰太尉兵。顧如龍騎、虎騎之類，則立軍號，使大將自刺之。」戊午，詔三省條上。

初，上在明州，諸班直謀亂，已誅其爲首者。自駕還越，上遂廢班直親從，别選御營中軍五百人，入直陛巖，然皆烏合之衆。至是，宰執奏事，趙鼎留身曰：「陛下初即位，議復祖宗之政，至今未行一二。而祖宗於兵政最爲留意。熙寧變亂舊章，獨不敢議改軍政。蓋自藝祖踐祚，與趙普講明利害，著爲令典，萬世守之，不可失也。昨明州班直即訴事紛亂，非其本謀，乃盡廢之，是因咽而廢食。今諸將各總重兵，不隸三衙，則兵政已壞，獨衛兵仿佛舊制，亦掃蕩不存，是祖宗之法廢於陛下之手，臣甚惜之。仁宗時，親事官謀不軌，直入禁庭，幾成大禍，既獲而誅，不復窮治，未聞盡棄之也。」上悟，仍復舊制。

宰執擬以朝奉大夫陳桷爲閩憲。范宗尹曰：「桷有學行，本擬郎官，近除郎多儒生，欲兼用才吏，以備緩急。」上曰：「才吏亦不可無，但不可太多，如吕頤浩純用掊克之吏也。」

沈與求論同知樞密院事周望宣撫浙西，脱身先遁避寇，縱兵大掠，致賊破吴門。又擁重兵，坐視臨安之陷而不赴援。甲子，以望提舉太平觀。與求再論，遂責衡州居住。

范宗尹等聚議，欲將京畿東西、湖北、淮南并分爲鎮，以鎮撫使爲名。除茶鹽之利，國計所繫，合歸朝廷，依舊置提舉官，餘監司悉罷。財賦除納上供外，并聽帥司移用。州縣官許辟置，内知、通，奏朝廷審授，遇軍興，許以便宜從事。帥臣不因召擢，更不除代。如捍寇立功，特許世襲。詔從之。初擬世襲，上曰：「若便世襲，恐太重，當俟其保守無虞，然後許之。」乙丑，詔曰：「河南、孟、汝、唐四郡授知河南府翟興〔一〇〕，楚、泗、漣水三郡授知楚州趙立，滁、濠二郡授知滁州劉立，光、黄二郡授知光州吴翊，舒、蘄二郡授知舒州李成，海、淮陽二郡授知海州李彦先，承、天長二郡授知承州薛慶，和、無爲二郡授知和州趙霖，并爲鎮撫使。」既而成以舒、蘄叛，徑擾江西。

江浙制置使張俊薦統制官岳飛爲通泰鎮撫使。時飛獻金人之俘，上呼譯問得實者八人，付中軍磔之。

戊辰，上謂宰執曰：「金人頗能言二聖動静，云今在韓州，及皇后宫人皆無恙。」上感動，不懌者久之。

三省言：「沿江道遠，緩急恐失機會。鄂、岳雖係湖北，且撥屬江南。今欲建三安撫大使，一置司鄂州，則鄂、岳、筠、袁、虔、吉、南安隸之。一置司江州，則江、洪、撫、信、興國、臨江、建昌隸之。一置司池州，則建康、池、饒、宣、徽、太平、廣德隸之。建康本帥治，緣沿近鎮江，而去江州一千四百里，獨池在其間，若置帥於此，則緣江相去甚均。」從之。

朱勝非閑居録曰：時於沿江易置帥藩，創安撫大使，但約每帥相去七百里，不問形勢，如池陽僻陋，乃置江東大帥，事同戲劇耳。

詔諸路帥臣見帶制置使并罷。

初，金虜既陷山東，左監軍撻辣居濱、濰，而叛臣劉豫在東平，奉之尤謹，撻辣嘗有許豫僭立之意。豫使其子麟用重寶陰賂諸酋左右，求贊立。而僞雲中留守高慶裔者，粘罕心腹也，乃獻議於粘罕曰：「吾君用兵，止欲收兩河。故汴京既得，而復立張邦昌。後邦昌廢，遂再有河南之役〔一一〕。自下河南，官制不易，風俗亦無所更。可見吾君意非貪土，亦欲循邦昌故事也。元帥可首建此議，無以恩歸他人。」粘罕於是遣人馳稟虜主晟，晟許之。粘罕乃命慶裔詢訪河南，求賢人建國。衆未及對，豫鄉人進士張浹首願立豫，其議遂決。時諸郡迎合虜意，亦共推豫。慶裔歸〔一二〕，粘罕復令慶裔馳問豫可否，豫佯推之，且推前知太原府張孝純。粘罕曰：「戴爾者河南百姓，推孝純者獨爾一人。爾可就位，我當遣孝純輔爾。」於是虜王晟遣慶裔、同知制誥韓昉，以是月立豫於北京。册文略曰：「今命爾爲帝，國號大齊。世修子禮，永虔貢誠。付爾封疆，并用楚舊。」改元曰阜昌。豫受册之初，告天祝版，誤書年號爲靖康，又純用趙野家廟祭器，識者知其不久也。虜乃以孝純爲豫僞相，但言送之歸鄉。故奉使宇文虛中贈以詩云：「閭里共驚新素髮，兒孫將整舊斑衣。」孝純至汶上，而豫已僭立，遂相之。

先是，官軍之陷賊在北京者，聞豫將至，遂閉門殺金人。豫至，誅其首者數十人，由此豫不居北京，而復歸東平。豫以前宗正丞李孝揚、前通判濟南府張東權左右丞，以其弟益爲北京守，陞東平爲東京，以東京爲汴京，南京爲歸德府。尋又移益守汴京。虜以左都監兀朮南寇所降李儔、李鄴、鄭億年等臣豫〔一三〕。豫命儔守襲慶，鄴守東平，億年爲禮部侍郎。豫以生景州，守濟南，節度東平，僭位北京，遂起四郡强壯爲雲從子弟，應募者數千人。又置三衛官曰翊衛、勳衛、親衛，以有官人或其家世有官者爲之。

此據劉豫傳及張彙所記。彙言九月九日立豫，而豫傳乃五月戊申。豫傳所記差詳，今從之。

民或醉酒慢豫云：「汝何人？要作官家！」又滄州進士邢希載上言，乞遣使密通江南，豫皆斬之。

是月，以吏部侍郎綦崇禮兼權直學士院。

六月壬申，上謂宰執曰：「卿等識万俟詠者否？必是小人。昨其親戚奏求還兩官，朕已擲之矣。」范宗尹曰：「其人實如聖諭。」張守因奏詠工小詞，嘗爲大晟府撰樂章以得官者也。

初，周望宣撫兩浙，請以徽猷閣待制湯東野守平江府。及望敗，東野自劾，而言者亦攻之。癸酉，詔東野落職，依舊知平江。

言者以本朝分兩府，而兵權盡付樞密，比又置御營使司，是政出於二也。望罷是司，而諸將處以軍職，提軍如故。甲戌，詔御營使司併歸樞密院，爲機速房，仍令宰相兼知樞密事。

大理少卿王衣上殿奏事。丙子，上謂宰執曰：「衣似淳樸。治獄既要盡情，又不可慘刻，以傅致其罪，如衣恐須平允。」范宗尹曰：「人多稱其長者。」張守曰：「衣雖法科，然議刑頗近厚。」

己卯，詔浙西帥臣於鎮江府置司〔一四〕，其臨安府罷兼帥職。

庚辰，又詔以德安、復、漢陽三郡授知德安府陳規，荆南、歸、峽、荆門、公安五郡授知荆南府解潛，鼎、澧二郡授知鼎州程昌寓，金、均、房三郡授知金州范之才，襄陽、鄧、隨、郢四郡授知襄陽府陳求道，淮寧、潁昌二郡授知淮寧府馮長寧，并爲鎮撫使。之才，雍孫也。求道在襄陽，既而有劇賊劉忠，號白氈笠者，擁衆來犯，求道禦之，戰敗，爲賊所害。又長寧在淮寧，亦不能守，以其地降於劉豫。後長寧至豫所，勸其行什一稅法，僞授户部侍郎。

初，孔彦舟權湖北總管，移檄本路提舉官曾幾，求鹽以給軍食。本司官屬懼，請予之以紓禍。幾拒之不與。既而程昌寓復欲得鹽，幾曰：「使吾畏死，則輸彦舟矣。」亦不與。幾，楙弟也。

壬午，宰執擬前淮東提舉官潘良貴爲湖南提刑〔一五〕，詔可。上因曰：「良貴頃爲諫官，與袁植皆勸朕誅殺。祖宗以來未嘗戮近臣，故好生之德，信於天下〔一六〕，若此必失人心。」趙鼎曰：「諫諍之職，尤不當以此導人主也。」

丙戌，以開府儀同三司吕頤浩爲建康府路安撫大使、知池州，觀文殿學士朱勝非爲江州路安撫使、知江州，太尉劉光世爲浙西安撫大使、知鎮江府。每路置參謀、參議官各一員。是後諸路皆有之。此據徐度却掃編。

時光世獲到虜俘號簽軍者，謂此不宜留，蓋知吾山川險易，後日叛去，幾爲鄉道。己丑，上謂宰執曰：「祖宗未嘗好殺。彼皆吾民，朕不能保之，不幸陷金，遂爲虜用，其本心可憫。」張守曰：「若散隸諸軍，豈能遽叛？」上曰然。守曰：「陛下好生如此，天人必助，信順實爲中興之基也。」

先是，醫官、開州團練使王繼先遇登極，特許不轉防禦，换武功大夫。給事中富直柔封還録黄，謂侍醫當還本色官，何與武功？宜惜名器，以勵戰士。三省亦奏伎術官法不許换前班。上曰：「朕於言無不從，但頃冒海氣，繼先診視有功，彼未嘗請，皆朕意爾。直柔抗論不撓，朕當屈意從之。」甲午，詔寢前命。於是，范宗尹等退而歎曰：「上從善如轉圜，中興之業，其庶幾乎？」

中書門下奏：「行在仰食者衆，廩粟不豐，今秋成可期，宜及時儲蓄。」乃詔委諸路漕臣，廣東令褚宗諤糴十五萬石，福建令魯詹糴十萬石，各運至漳、泉、福州，仍以所部年額上供爲本錢。詹，嘉興人也。己亥，又詔宋輝糴之浙東，又給銀十萬兩，屬郡錢非茶鹽及朝廷寄樁者，如經制折帛之類，皆許爲糴本。衢、婺運至越州，越、温、台皆即其地儲之。

諸統兵官，非有制書而妄取及在州妄發與之者，皆從軍法。

户部尚書葉份言：「人主以清心省事爲本，以節用愛人爲先〔一七〕，凡無名之費，不急之務，皆所當去。」至是，言者謂份買宗女爲妾，下吏鞫之。乃份爲都司時同舍郎有姓同者，誤以爲份也。事雖白，份亦求去，乃除龍圖閣學士、知泉州。

金虜左都監兀朮回江北，屯於六合縣。時左監軍撻辣在山東，遣人誚兀朮入寇無功，合止於淮東，候秋高相會，再寇江南。兀朮以前日渡江之危爲辭，會聞王師將出陝右，因西往應之，留渤海萬户撻不也等軍於淮東，以待撻辣。

通泰鎮撫使岳飛統兵捕劇賊戚方。至是，方始就招安。

校勘記

〔一〕庶擒兀朮　原闕，據四庫本中興小紀卷八補。

〔二〕自主管川陝茶馬趙開變榷茶法　「開」，原作「門」，據四庫本中興小紀卷八改。

〔三〕依熙豐法　「依」，原作「昔」，據四庫本中興小紀卷八改。

〔四〕中丞趙鼎等交論呂頤浩之失乃罷爲鎮南軍節度開府儀同三司太一宫使　「太一」前，原有「中」字，據四庫本中興小紀卷八删。

〔五〕松滋縣之李合式　「式」，四庫本中興小紀卷八作「戎」，建炎以來繫年要録卷三二作「李令戎」，未知孰是。

〔六〕惟龍陽之楊華楊廣楊太最爲劇盜　「楊華」，原闕，據四庫本中興小紀卷八補。

〔七〕攝帥事於是權副總管孔彦舟引全軍去昌寓　以上原闕，據四庫本中興小紀卷八補。

〔八〕朕乘輿服御悉從簡儉如除一省郎費亦不多　以上原闕，據四庫本中興小紀卷八補。

〔九〕末以使銜押字　「押」，原作「愧」，據四庫本中興小紀卷八改。

〔一〇〕河南孟汝唐四郡授知河南府翟興　「府」，原作「州」，據四庫本中興小紀卷八改。

〔一一〕遂再有河南之役　「河」，原作「江」，據四庫本中興小紀卷八改。

〔一二〕慶裔歸　此三字原闕，據四庫本中興小紀卷八補。

〔一三〕虜以左都監兀朮南寇所降李儔李鄴鄭億年等臣豫　「左都監」，原作「左監軍」，四庫本中興小紀卷八則作「右監軍」。按：兀朮自天會十年即紹興二年，以左都監遷右監軍。而本年猶應在左都監軍任上，故據改。

〔一四〕詔浙西帥臣於鎮江府置司　「鎮」，原作「平」，據四庫本中興小紀卷八改。按：咸淳臨安志卷四七載：「建炎三年，移浙西安撫司于鎮江府，臨安守臣帶浙西同安撫使。四年，罷守臣兼浙西同安撫使帶兵馬鈐轄司事。」因知今年所移安撫司，必仍在鎮江府而非平江府也。

〔一五〕宰執擬前淮東提舉官潘良貴爲湖南提刑　「提刑」，原闕，據四庫本中興小紀卷八補。

〔一六〕信於天下　「信」，原作「倍」，據四庫本中興小紀卷八改。

〔一七〕己丑上謂宰執曰……以節用愛人爲先　以上共四〇七字，原闕，據四庫本中興小紀卷八補。

宋朝中興紀事本末卷一四

起建炎四年七月盡九月

秋七月，時已除開府儀同三司呂頤浩建康路大帥。甲辰，宰執擬提舉太平觀劉洪道爲參議官。上曰：「不可，是又欲與頤浩同官。」趙鼎曰：「頤浩之來尚遲，今先令洪道往池陽措置防江。」上乃許之。因曰：「議者謂頤浩多引用山東人。且頤浩爲相，當收天下之材，而獨私鄉曲，非公道也。」張守曰：「立賢無方，正謂此耳。」既而頤浩過闕，見上言曰：「自臣去闕〔一〕，不知金虜之實，聞已渡淮北去，然虜人多詐而難測，臣亦未闇。比經四明〔二〕，見朝廷集海舟於岸下，是必爲避寇之備。夫避寇固當預力，然禦寇之計，尤不可緩。臣仰料聖駕萬一避寇，不過如永嘉及閩中爾〔三〕。望鑑去歲虜騎追襲之事，選兵二萬〔四〕，分爲二項，一項浙西，一項江東。或據水鄉，或扼山險，邀而擊之，使將士戮力，如四明城下之戰，則無不勝矣。萬一今冬虜不渡江，則願宰執預爲之計，俟來夏則遣兵北向〔五〕，分二萬由海道趨登以摇青、齊，分二萬由淮陽趨彭城以撼鄆、濮。蓋虜人用兵，深忌夏月，我必乘其忌而攻之。故大暑用兵，臣前後屢陳此計。然安危治亂之要，尤在人主能察。方去冬虜人分三路追襲，廷臣皆以航海爲非，惟陛下斷而必行，故至今帖然無虞。夫難得易失者天之時，難成易敗者人之功。臣願陛下愛惜分陰，汲汲圖之。近臣有獻計者，必參以行事而驗其是非，則人不難知矣。此陳蕃所謂成敗之幾在察言也，願留聖意。」

丙午，右諫議大夫黎確言：「陛下念劉光世之功，穹資峻秩，舉無所吝。今又與舊相并命爲大帥，處以鎮江。光世乃預擇便地自安，而委郡政於添倅。陛下聖斷不從，尚遷延未行，公議憤之。」詔以章示光世。確，邵武人也。

辛亥，右僕射范宗尹言張俊自浙西來，稱岳飛可用。上曰：「飛，杜充愛將，充於事失節，而能用飛，亦有知人之明也。」

新肇慶府鈐轄曾訥者，初以貢獻得官，後因忤梁師成，以至編管籍没。上憐其無辜，令宰執與一差遣。而言者乃謂訥因請託得之。戊午，上曰：「朕何嘗有此？可亟罷前命，使中外曉然。」趙鼎曰：「訥已除鈐轄，猶上書乞郡不已。」乃詔并鈐轄罷之。

知平江府湯東野乞祠。乙丑〔六〕，上謂宰執曰：「中間趙鼎言東野與康允之皆有才，但當外任繁劇，不可處獻納之地。」范宗尹曰：「議者謂允之優於東野。」張守曰：「二人皆能辦事，而允之不擾。」上曰：「既能辦事，無不擾之理。」

己巳，禮部尚書謝克家奏：「故翰林學士范祖禹，當元祐中終始實在經筵，所著唐鑑已進御，又有仁宗訓典及帝學二書，深裨治道。今其子前宗正少卿沖見寓衢州，乞給札令沖投進。」詔從之。

初，河北賊酈瓊等五萬人來降，浙西大帥劉光世遣統制官靳賽往招納之。又饒、信間有妖寇王念經等聚衆數萬，光世亦命統制官王德同賽引兵致討。德涉彭蠡，道出饒州，羣盗劉文舜攻城甚急，守臣連南夫馳書求救，德引兵壓壘而陣，賊舍兵請降。時權知三省樞密院盧益護迎隆祐太后過撫州，勵德進兵，德遂抵貴溪，一鼓而擒念經。是月，獻俘行在。

道君自韓州徙居五國城。虜人請道君減去隨行官吏，道君力懇之不從，乃召諭之曰：「卿等相隨而來，憂樂固當同之。但事屬他人，無如之何。」言訖泣下。官吏皆號呼而出。宗室亦不許隨行，惟孝騫嫡孫有奕等六人從焉。五國孛堇八曷打下通事慶哥，詐傳八曷打之言，求北珠，道君與之。他日事發，八曷打欲殺慶哥，遣人審覆，道君曰：「初無此事，恐誤傳。」北人聞之，皆手加於額。太子斡離歡遣人奉書求內侍兩輩，道君不悅，曰：「誰肯往者？然五太子不可違。」乃遣王田、陳思正，且復書曰：「二人自汴京隨至此，艱苦萬狀，望優容之。」

時開府劉光世以公事移牒六曹。

八月辛未朔，言者謂：「承平之時，雖宗室戚里爲使相者，莫敢用牒。在今尤宜尊朝廷。若可牒六曹，則亦可關三省樞密院矣。光世非敢淩蔑六曹，特不知事體，望申戒飭。」乃詔與光世。

以禮部尚書謝克家爲參知政事。克家首言呂頤浩老成練事，去歲勤王有大功。時方艱難，强寇內逼，望留之行在，以備咨訪。

甲戌，詔新江州鈐轄張忠彦受朱勝非節制。上謂宰執：「勝非當苗、劉之變，不爲無功。」范宗尹曰：「勝非能使二兇不疑，以待勤王之師，議者咸稱其有謀。」上曰：「是時惟勝非、鄭瑴與之抗。若顏岐雖好士人〔七〕，亦怯懦不能有爲，故古人以威武不能屈爲大丈夫也。」

先是，江西、湖南北路正賦外多别科米，則有正耗、補欠、和糴、斛面等，自一石輸及五六石，錢則有大禮、免夫、綱夫、贍軍等，自一緡輸及七八緡。吏緣爲姦，其名日新。復調丁壯，把隘修寨，富者出財，貧者出力。民不堪命，則據險結黨，抗拒縣官，既免征徭之苦，且獲攘掠之利，故多去爲盜。至是，勝非上疏極論，而宗尹未嘗歷州縣，不甚知民疾痛，但降旨依累降赦令而已。

參知政事謝克家請日輪從官一員，以前代及本朝之關治體者具兩事進入，庶裨聖學，從之。命侍從進故事自此始。既而吏部侍郎、直學士院綦崇禮乞止令講讀官三五日一進〔八〕，乃詔翰林學士兩員，如前詔。

丁丑，詔故言官常安民、江公望皆抗節直詞，觸權强之怒，擯斥至死，可并贈諫議大夫。仍召安民子同赴行在。

隆祐太后自江西回。庚辰，上出行宫門外迎之。

初，侍御史沈與求言右僕射范宗尹，年少驟進，不更世務，恐誤國事。上頗難之。既而户部侍郎季陵，乞詔宰執於罪累中選真賢碩能，量付以事，責功補過。雖蔡京、王黼、張邦昌之所主者，亦不以一眚廢其終身。詔臺諫勿復以言，遂榜朝堂。至是，與求同右諫議大夫黎確、右正言吴表臣論列，以爲自古豈有禁臺諫不得言者？且不應榜。表臣，永嘉人也。上命撤之。宗尹請坐三章行出，曰：「臣惟是之從，豈敢固執？」與求再論陵承望宰執風旨，有「變朱成墨，指鹿爲馬」之語。宗尹請去，上令張守諭旨留之。辛巳，上批，略曰：「季陵爲侍從，乃令用罪戾之人，使箝臺諫不得言，可罷與外祠。與求令顯黜獻言者，其論爲當，至云『變朱成墨，指鹿爲馬』，使大臣不敢安位，可除職與郡。」遂以與求爲直龍圖閣、知台州。

初，宣撫處置使張浚復歸秦州〔九〕。至是，以虜衆猶在淮甸，恐復擾東南，欲分撓其兵勢。故陝西獻計者，多以擊虜爲便。浚召都統制曲端等問之，端曰：「平原曠野〔一〇〕，賊便於衝突，而我師未習戰，須教士數年，然後可以大舉。」統制官吴玠曰：「高山峻谷，我軍便於駐隊，賊雖驍果，甲馬厚重，終不能馳突。我據關輔之勢，可以徐圖。」諸將耻於不武，莫肯出言。參議官劉子羽爭之，以爲不可。浚曰：「吾寧不知此？顧今東南之事方急，不得不爲是爾。」

張浚丁巳瀟湘録曰：浚奉使川、陝日，奏上曰：「陝西士馬凋弊，勢非五年之後，不可大舉。」既上往會稽，賊乘隙侵陵，海道之行危甚。後雖退師，而僞四太子者，猶於淮西駐軍。浚與參議劉子羽議曰：「今度虜勢，必再犯江南，儻事有不意，爲天下後世罪人矣。勢當傳檄舉兵，以爲牽制。」子羽曰：「相公不記臨行天語乎？此兵非五年訓練，安可輕用？」浚曰：「事有不可一拘者。假令萬有一前日海道之行，變生不測，吾儕奈何？雖欲復歸陝西，號令諸將，其可得乎？」子羽之議遂塞。此事外人不及知，多誚浚輕舉，且歸罪子羽爲多，天實鑑之也。

先是，端驟得志而驕，自白店原之敗，少沮。參謀官王庶乘此言於浚曰：「端有反心久矣，盍早圖之？」浚乃罷端兵柄，遷之恭州。統制官張中孚、李彦琪等諸州羈管。陝西人恃端爲命，及爲庶譖而貶，軍情頗不悅。

王之望西事記曰：張浚至陝西也，易置諸路帥臣，權勢震赫。是時五路未破，士馬强盛，加以西蜀之富，而貸其賦五年，金銀糧帛之運不絶於道，所在山積。浚爲人，忠有餘而才不足。雖昧於知人，短於用兵，而清修篤謹，有志於天下，古人不能過也。復果斷敢爲，諸將亦莫敢桀驁。曲端者，初爲五路統制，拜威武將軍，屢與金人角，更勝迭負，西人以爲能。然心常少浚，浚乃奪其兵廢之。

浚於是決策治兵，移檄河東問罪。癸未，復永興軍。金虜大懼，急調左都監兀术〔一一〕，自京西令星馳至陝右，與萬户婁室等會。而浚亦劄五路，合兵四十萬，約日會於耀州，以與虜戰。

權知三省樞密院盧益，令權輟宰執班，今後奏事取旨。時同權知三省樞密院李回，護六宮在道尚未至，而寧遠軍節度使孟忠厚扈從先還，乃乞蠲太母所過秋税。丙戌，宰執奏夏税已放，若更免秋税，恐州縣經費有闕，却至横斂。上愀然曰：「常賦外横斂及贓吏害民，最宜留意。祖宗雖崇好生之德，而贓吏非未嘗末減。自今雖未欲誅，杖脊流之，不可貸也。」

金虜左監軍撻辣自濰州引衆寇淮東，又欲南渡。議者將復爲海道之行。范宗尹以爲危事不可再蹈。頻年浮海，則遠近離心，大事去矣。上以爲然，乃詔金賊見於真、揚出没，恐不測南渡。令浙西安撫大使劉光世往鎮江分兵，以備江岸，及會淮南諸鎮，并力擊之。

盧益上疏，言民困，乞頒霈澤。戊子，曲赦饒、信二州。

承州鎮撫使薛慶故爲盜時，嘗掠於通、泰。及作守，則重税，往來民甚怨之。承、楚相距有樊梁等三湖，綿二百里，饒魚稻菱蒲之利，賊張敵萬往來其中，衆致數萬，旁郡被害。慶與敵萬通和，承州賦入城者多得達，楚州鎮撫使趙立不與敵萬通，故楚獨受苦，絶賦入路，由是乏食。夏中米價，承二百，楚五百，以敵萬賦入路爲厚薄也。至是，虜攻揚州急，鎮撫使郭仲威求援鄰鎮，慶走救之，戰敗而死。楚勢亦危，趙立遣人告急。己丑，樞密院奏仲威兵力不加，簽書院事趙鼎欲遣神武右軍統制張俊往救之。俊曰：「虜方濟師，撻辣善兵，其鋒不可當。立孤壘危在旦暮，若以兵委之，譬徒手搏虎，并亡無益。」鼎曰：「楚當敵衝，所以蔽兩淮。若委而不救，則失諸郡之心。」俊曰：「救之誠是。但南渡以來，根本未固，而宿衛寡，人心易摇。此行失利，何以善後？」鼎曰：「江東新造，全藉兩淮。若失楚，則大事去矣。是舉不惟救垂亡之城，且使諸將殫力，不爲養寇自豐之計。若俊憚行，臣願與之偕往。」俊復力辭。乃詔通泰鎮撫使岳飛率兵腹背掩擊，又令浙西大帥劉光世遣兵渡江爲援。

趙鼎事實曰：時諫官亦乞趣光世渡江解圍。上顧鼎曰：「移文不足以盡意，可作書與光世詳言之。」鼎曰：「昨聞光世亦欲渡江，一屬官有異意，遂已。臣嘗以書抵光世曰：『參謀諸君，久在幕府，必能裨替聰明，固不可輕舉妄動，貽朝廷憂，亦豈可坐視不救，滋長敵勢？』」上曰：「諭諸將當如是。」鼎曰：「若其屬時時以言警之，彼必自籌畫矣。」又曰：「臣待罪本兵，不能遣一將，何以勵其餘？陛下有唐憲宗任使之明，而臣無杜黄裳協贊之助。」因力求去。

辛卯，建州民范汝爲者，粗知書，其諸父以盜販爲事，而號黑龍、黑虎者尤善格鬥，羣不逞附焉。每數百人負鹽横行，州境官不能捕。有選人建陽江錮，老矣，郡守謂錮有謀，使攝令甌寧以圖二范。未幾，果擒之，皆斃於獄。其徒無所歸，復依汝爲。一日，因刃傷人至死，遂作亂。事在七月。時方艱食，饑民從之者甚衆。州兵戰敗，賊勢滋盛。

癸巳，詔福建帥臣徽猷閣待制歙縣程邁遣兵討之。

言者論：「前權知三省樞密院滕康及同知劉珏，昨聞警報，了無憂國之心，使太后乘流涉險，爲虜騎所追，望行竄逐。」乙未，詔康永州，珏衡州，并居住。言者又論資政殿學士盧益，奉迎太后歸行在，所至苛擾，亦降兩官。時右正言吴表臣復論帶御器械潘永思，恃與益深交，擅作威福，恣行貪饕。上詔罷之，且曰：「永思無狀，朕未嘗假以事權。」宰執請除一差遣，上曰：「未可。且罷禄以困之，庶知悔過。朕於戚里未嘗私以恩，如邢后之父不復收召，張才人兄弟皆小官，卿等所知。益陰結永思，非端人也。」

先是，州縣繫囚，多以盜販茶鹽及逋官物[一二]，數雖少，而連逮甚衆，獄不速決，致有死者，實傷和氣。

九月壬寅，乃詔諸路提刑司將實犯罪者早結，絶干係者先放。上曰：「不惟州縣如此，大理獄亦多淹延。朕昨以一二事赴寺，至今未了。大凡罪當笞杖徒流，或至於死，法有等差，而久繫於獄，是重其罪者也，可呼獄官戒諭之。」

甲辰，皇后鄭氏崩於五國城。其後，太母回鑾，知爲此日。

時越州秋試官宋愈、陳協所出策問，語多尚諛。愈以爲宰相今得王佐，協又以爲雨暘今已時若。於是，言者謂：「陛下駐蹕海隅，會稽實同首善之地。而試官全不體國，以詢良圖，以爲進身計，因言獻諛如此。是崇、觀、政、宣之風到今未殄，爲國大累。乞略賜懲之，亦望陛下惡佞之意不減於責張悫時也[一三]。」庚戌，詔協、愈各罰銅十斤。

言者論：「近世銓衡之官，法守不正。自蔡京、王黼用事，有詣堂求部闕者，雖已注人，亦奪而與之。甚者部有佳闕，且密獻之，遂至堂選溷淆[一四]，爲寒士之患。朝廷今已酌見斯敝，望明戒吏部長貳，如堂中取闕，并不得報，庶幾紀綱復振。」癸丑，詔吏部遵守。

乙卯，罷中書門下檢正官。

丙辰，詔左右郎官依舊復置四員。

有王師旻者〔一五〕，岢嵐軍人，上書誑誕惑衆。戊午，詔送鄰州編管。上曰：「朕大開言路，檢鼓進狀，日闢聽覽。言有可采，致命以官。其或不當，雖斥朕躬，亦置不問。至於惑衆，不免禁止，宜以此意，曉諭士民。」

己未，上曰：「昨韓世忠進一馬，高五尺一寸，云非人臣所敢乘。朕答以九重之中，未嘗出入，何所用之？卿可自留，以爲戰備。」時世忠妻和國夫人有未支積俸〔一六〕，詔以隆祐太后殿下供奉物給之，他不得援例。既而賢妃位亦乞勘請，不允。上曰：「朕妃嬪所請，可以不給，如將帥，朕所委用，當厚恤其家也。」

內降御厨官潘績特令再任。庚申，宰執奏績乃添差，不應再任，須特旨再添差一次。上恐人得援例，遂曰：「寢前命。」

宣撫處置使張浚以熙河經略使劉錫爲都統制，與涇原經略使劉錡、秦鳳經略使孫渥、環慶經略使趙哲及諸將，各率所部兵，共會於耀州。錫、錡，仲武子也。浚進駐邠州。於是，知鳳翔府兼權永興路總管吴玠與秦鳳提刑郭浩〔一七〕，皆言虜鋒方鋭，當且分守其地，犄角相援，待其敝乃可乘，浚不從。諸軍行至富平縣，錫會諸將議，玠曰：「兵以利動，今地勢不利，未見其可。宜擇高阜據之，使不可勝。」諸將皆曰：「我衆彼寡，又前阻葦澤，敵有騎不得施，何用他徙？」將戰，乃詐立前都統制曲端旗以懼虜。虜酋婁室曰：「彼紿我也。」癸亥，婁室擁兵驟至，輿柴囊土，藉淖平行進，薄吾營。錫等與之戰，錡身率將士，殺虜頗衆，勝負未分。而虜鐵騎出不意，直擊環慶軍，他路兵無與援者。會趙哲離所部，哲軍見塵起驚遁，諸軍亦退。虜乘勝而前，於是，陝西人情大震。

浙西大帥劉光世解到降羌，詔分隸五軍。己丑，三省言：「陛下推赤心置其腹中，固盛德事，然非我族類，其心必異。國家前日招納，已陷郭欽、江統所論之失，今日不可不思魏證所争，以爲戒也。」乃令諸軍常察之。

先是，劉光世畏虜騎之衆，不能援揚、楚，止遣統制官王德、酈瓊將輕兵趨承州。時淮西乏食，諸將多猶豫不進，獨海州鎮撫使李彦先以兵至淮岸。虜人攻其衆，殲焉。真揚鎮撫使郭仲威兵屯天長，掠往來之人以自給。德等至承州，有兩校不應命，斬之。通泰鎮撫使岳飛亦屯三墩爲援。至是，虜急攻楚州，鎮撫使趙立中砲死，城遂陷，而朝廷尚未知也。

時虜留淮上未退。一日，宰執奏邊事，范宗尹曰：「虜未必能再渡。」趙鼎曰：「勿恃其不來，恃吾有以待之可也。」乃乞詔州縣，各爲移治自保之計，毋得拘留百姓，及虜至即脱身而遁，使民肝腦塗地。又曰：「三省常爲虜不來，而爲陛下拔人才修政事；密院常爲虜見侵，而爲陛下申軍律治兵甲，即兩得之。」上曰：「卿等能如此，朕復何憂？」忽有牒報謂虜衆引舟自漕渠而南，行在震擾。鼎謂宗尹曰：「不速動，恐後有維揚之變。」宗尹曰：「今日之事，在維揚則不可，在會稽則可。」鼎曰：「相公定道着。」李回曰：「丞相之言，差强人意。」此據范宗尹、趙鼎事實參纂。

被召人朝散大夫毛隨言：「按漢志，歲星所在，國不可伐。昔湯之元祀〔一八〕，歲星順行，與日合於房，房心，宋、亳分也。周武王至豐之明年，歲星順行，與日合於柳建，留於張，其分實河、洛之墟，故武王定鼎而周公迄營成周。今年冬，歲星當躔於斗牛，吴、越之會，蓋與商、周之事略同，天其或者將厭亂〔一九〕，而興宋乎？虜不南渡矣。然禦戎上策，莫先自治。今宜保天險，修戰備，權宜定都，不爲輕動，以保四方之觀聽，則士氣日壯。」隨，江山人也。

校勘記

〔一〕自臣去闕　原闕，據四庫本中興小紀卷九補。

〔二〕比經四　原闕，據四庫本中興小紀卷九補。

〔三〕夫避寇固當預力……不過如永嘉及閩中爾　以上原闕，而闌入「未幾，詔議駐蹕地，遂決吴越之行，於是命諸將分守沿江，防淮之議遂外，爲援及門中耳」三十四字，應屬衍文，據四庫本中興小紀卷九補删。

〔四〕望鑑去歲虜騎追襲之事選兵二萬　「事選兵二萬」，原作「士提領海船」，據四庫本中興小紀卷九改。

〔五〕俟來夏則遣兵北向　「向」，原作「面」，據四庫本中興小紀卷九改。

〔六〕乙丑　「乙」，原作「癸」，據四庫本中興小紀卷九、建炎以來繫年要録卷三五改。

〔七〕若顔岐雖好士人　「人」，原闕，據四庫本中興小紀卷九、建炎以來繫年要録卷三六補。

〔八〕乞止令講讀官三五日一進　「乞」，原作「令」，據四庫本中興小紀卷九改。

〔九〕宣撫處置使張浚復歸秦州　「處」，四庫本中興小紀卷九原作「制」。按：張浚初使蜀，以宣撫處置使爲名，而本書或書「制置使」，今一律改爲「處置使」。

〔一〇〕平原曠野　「曠」，原作「易」，據四庫本中興小紀卷九改。

〔一一〕急調左都監兀朮　「左都監」，原作「右監軍」，據前文改。

〔一二〕金虜左監軍撻辣自濰州引衆寇淮東……州縣繫囚多以盜販茶鹽及逋官物　以上數段文字，原本俱闕，據四庫本中興小紀卷九補入，并酌復文中避諱諸字。

〔一三〕亦望陛下惡佞之意不減於責張忞時也　「忞」，四庫本中興小紀卷九作「吝」。

〔一四〕遂至堂選溷淆　「淆」，原作「殽」，據四庫本中興小紀卷九改。

〔一五〕有王師旻者　「旻」，四庫本中興小紀卷九作「昊」。

〔一六〕時世忠妻和國夫人有未支積俸　「和國」，原闕，據建炎以來繫年要録卷三七補。四庫本中興小紀卷九無此條。

〔一七〕浚進駐邠州於是知鳳翔府兼權永興路總管　以上原俱闕，「秦鳳」原作「鳳翔」，皆據四庫本中興小紀卷九補正。

〔一八〕昔湯之元祀　「祀」，原作「紀」，據四庫本中興小紀卷九改。

〔一九〕於斗牛吴越之會蓋與商州之事略同天其或者將厭亂　以上原闕，據四庫本中興小紀卷九補。

宋朝中興紀事本末卷一五

起建炎四年十月盡十二月

冬十月，初，建州軍賊作過。時將官曹維纔到任，而浙西提刑趙哲招撫賊衆，刼維之罪。又衢州開化縣最僻，叛將苗、劉所不到，縣令范填乃結守臣胡唐老，作守禦有勞，改京秩。至是言者論之。庚午朔，詔并究實改正。

先是，兩浙漕臣李承造言嚴、秀二州守倅及漕司官吏，催科預辦，乞行推賞。詔二州守倅〔一〕，各轉一官。癸酉，言者謂恐此例一開，州縣之吏，以亟辦相勉。若嚴、秀成命既行，不欲追寢，即漕司官吏更不推賞，詔從之。

是日，諫官論監司體量滅裂等事，上喜，謂宰執曰：「近來臺諫官日有章疏，未嘗放過一事。」范宗尹曰：「陛下開廣言路，是以人得公言無隱，此朝廷美事也。」

責授中大夫余深，昨因渡江赦，復還鄉里。至是，遇郊禮，乞奏薦。在法，應責降而官品高者取裁。丙子，宰執奏深乃蔡京死黨，乞勿令奏薦。詔從之。上因曰：「如蔡卞真所謂姦邪。比閱王球家所收御製鶺鴒賦，京、卞皆賦於其後。卞賦盛言繼述哲宗之志，屏斥元祐黨人，因致斯瑞。後苑叢茂珍禽翔集〔一〕，乃其常事。太平時不無緣飾，而其言若此，豈非姦邪耶？」范宗尹曰：「紹聖以來，賊害忠良，皆卞之力。」謝克家曰：「卞之陰險，過於京也。」

言者論防海利害，可慮者二，不足畏者三。大略謂：「海道風帆，瞬息千里，舟師徑至，勢難枝梧。又出沒示疑，牽制王師，揚旗伐鼓，中夜而至，我若驚潰，彼計得行，所可慮者此也。冒涉風濤，虜衆方病，乘其未定，易以進擊。又或爲風阻，咫尺不前，港道回曲，加以泥濘，其隙易乘，不足畏者此也。由是言之，無備則可慮，有備則弗畏。今莫若委之沿海巡尉及民社兵。大抵海舟不能齊一，未集而擊之，必可成功。」甲申，詔從之。

是日，宰執奏諫官有疏，乞詔劉光世渡江，解楚州之圍。上曰：「趙立堅守孤城，雖古名將無以過之。」遂以手札賜光世，促令渡江。

己丑，端明殿學士、權同知三省樞密院李回爲同知樞密院事。

辛卯，詔故中書侍郎張慤忠實剛毅〔三〕，乃心王室。其子瑜久已服除，宜與差遣。

是月，贈故執政耿南仲爲觀文殿學士。

先是，宣撫處置使張浚聞軍潰，自邠州退保秦州。而虜侵軼未已，浚復退保興州，斬敗將趙哲以徇。陝右兵各散歸本路，諸帥皆寓治他所。知鳳翔府吴玠收秦鳳餘兵，閉大散關，以斷虜騎來路。統領官關師古收熙河餘兵，以保岷、鞏。知秦州孫渥收涇原餘兵於階、成、鳳三州，以捍蜀口。既而，大散關又不守，浚惟有親兵千餘人實從。或建策徙治夔州，參議官劉子羽曰：「若東走夔州，則與關中血脈不相通矣。今當且留興州，外繫關中之望〔四〕，内安全蜀之心。」浚乃止。遂令子羽以單騎至秦亭，分遣腹心，召諸亡將。時虜騎四出，道阻不通，忽聞子羽至，諸將悉來。浚檄玠與提刑郭浩收合散卒，視大散關之東有險曰和尚原，方據險列栅守之，而賊已抵原下矣。浚於是又退保利州。或謂吴玠，漢中扼蜀口，宜屯以安蜀。玠曰：「我保此，敵決不敢越我而進。堅壁臨之，彼懼吾躡其後，是所以保蜀也。」虜知我有備，乃引去。

王之望西事記曰：張浚之戰於富平也，金人亦畏之。然浚喜功名，銳於進取。而幕下多川南官，不練軍事，欲決勝負於一舉，以至於敗。遂走興元，又走閬中。陝西諸郡不殘於金人者，皆爲潰兵所破矣。

前宰臣杜充降虜，至雲中見左副元帥粘罕，不之禮。久乃令知相州。

時巨寇李成據江、湖十餘州，衆號百萬。與羣盜合謀，造文書符檄，以動州縣。江東大帥呂頤浩欲之池州治所，而成遣其黨馬進圍江州。於是，頤浩駐兵饒州，適會建武軍節度使楊惟忠有兵七千屯州境，頤浩乃請惟忠同解江州之圍，合一萬五千人，自饒乘舟趣南康軍。

十一月庚子朔，遂復南康。頤浩遣統制官巨師古引兵往江州，幾至城下，遇伏，爲賊所敗。賊衆三萬，乘勝至南康，與官軍鏖戰。頤浩、惟忠以衆渡江避之，陣於北溪州。

癸卯，詔元祐故臣呂公著、呂大防、范純仁皆盛德元老，而遭罹貶斥，未獲昭雪，可各贈太師，追封魯、宣、許三國公。其餘黨籍令有司具名，取旨褒贈。

上欲除神武副軍都統制辛企宗爲節度使，端明殿學士、簽書樞密院事趙鼎格詔，遂再乞罷。甲辰，鼎以本職提舉洞霄宫。鼎既去，上欲申前命，參知政事謝克家曰：「企宗非有大功，今若必行前命，是使鼎得名，企宗得利，而陛下獨負議論於天下後世也。」上感悟，乃止。

前御史中丞秦檜自虜中歸，時朝士多疑之〔五〕。惟右僕射范宗尹、同知樞密院李回力薦其忠。丙午，檜入對，仍進其所與金酋撻辣書云。

有直秘閣李允文者，盧陽人，初受辟於宣撫處置司。時諸路潰兵坌集於湖北之境，復辟允文知鄂州兼節制兵馬〔六〕。如張用、曹成、馬友、李宏皆劇盗，亦頗爲之用。又李成方擾江西，故允文得以自恣，一切便宜從事，邀留上供綱運，且遣其屬孫濟、耿棫用軍法脅取州縣物犒師，以千萬計〔七〕。知岳州袁植條其姦狀，附置以聞，爲允文所得，亟遣兵執植至鄂州。丁未，沉之於江而殺之。

戊申，上謂宰執曰：「秦檜忠樸可用，朕昨爲之喜而不寐。蓋聞二聖諸后起居，而又得一佳士也。」范宗尹曰：「檜在沙漠四年，昨至都堂議事，氣不少衰。」李回曰：「檜舊曾除資政殿學士，可以經筵留之。」上曰：「未須如此。」遂除禮部尚書，以春官事簡也。張守曰：「陛下獎檜如此，可以風厲多士。」上以檜初歸用乏，賜其銀絹各二百。

朱勝非閑居録曰：秦檜自京城隨虜北去，爲大酋撻辣郎君任用。虜騎渡江，與之俱來，回至楚州，虜遣舟送歸。檜，王仲山婿也。别業在濟南，虜爲取千緡贐其行。檜之初歸，自言殺虜人之監己者，奪舟來歸〔八〕。然全家同舟，婢僕亦如故，人皆知其非逃歸也。

以御史中丞富直柔爲端明殿學士、簽書樞密院事。

建賊范汝爲衆益盛，官軍多失利。庚戌，詔神武副軍都統制辛企宗將兵一萬討之。企宗入閩，不敢進，而駐於邵武軍，尋以企宗爲福建制置使〔九〕。初，漕臣魯詹，謂漕於統制本不相屬，公事移牒，遂失其意。及企宗陞制置，督軍需甚急，且促詹至其軍，人爲危之。詹見企宗言：「邵武見糧未乏，乃責漕臣挽他州以取贏，某不敢愛死，恐終非制置利耳。」企宗不能屈。

知湖口縣孫咸以贓罪抵死。壬子，詔貸命黥之。上謂宰執曰：「祖宗時，贓吏有杖朝堂者，黥尚爲寬典。」又曰：「自今贓吏須與痛懲，庶幾可革久弊。」謝克家曰：「聖訓及此，吏知所畏矣。」

乙丑，詔改樞密院幹辦官爲計議官。

初，右正言吴表臣以趙鼎薦爲臺官，至是，乞補外。戊午，上謂宰執曰：「羣臣之進，雖多爲大臣薦引，若臺諫，朕豈不能辨其賢否？而表臣用意黨私，朕何賴焉？」范宗尹曰：「昨吕頤浩罷相，所薦人多被彈擊。臣力懇陛下保全之，正欲革此也。」乃除表臣直秘閣，與郡。

江東大帥吕頤浩奏李成兵衆，此所以敗，請益兵以討之。甲子，上謂宰執曰：「頤浩奮不顧身，爲國討賊，羣臣不能及，但失於輕進。今兵既少衄，須令持重。」乃詔神武前軍都統制王𤫉引全軍萬人助之。范宗尹曰：「頤浩欲更得韓世忠兵爲助。」上曰：「賊騎尚在江北，世忠未可遽行。」李回曰：「成敢擁衆跨江，正以虜方南寇，朝廷不能遣兵。若陛下親御六師，移蹕饒、信間，則成破膽矣。」上曰：「朕決須親往，但虜騎稍北，遣世忠先行，朕總兵臨之。仍以賞招攜其衆，則成必易擒，亦不欲多殺士衆。」富直柔曰：「聖斷如此，天下大幸。」乃詔江、湖、川、廣所輸上供，悉令寄儲信上。起居郎丹陽洪擬曰：「審如是，則遷蹕之議決矣。捨四通五達之郡，而趨偏方下邑，道里僻遠，非所以示恢復。形勢卑陋，不足以堅守禦。水道壅隔，非漕挽之便。輕棄二浙，失煮海之利，非策也。」因極論之，議由是寢。

先是，趙哲既誅死，陝西漕臣、權環慶帥孫恂又斬敗軍統領官喬澤、張忠等〔一〇〕。時統制官慕洧守慶陽，懼將及己。洧本路熟户，其族甚大，遂首以城叛，進攻環州。宣撫處置使張浚檄涇原路經略使兼知渭州劉錡以兵解圍。錡至環州，與洧相拒。虜以輕兵破渭州〔一一〕，次潘原縣。錡留統制官張中孚、李彦琪捍洧，親率精鋭赴渭州，而城已陷。錡退屯瓦亭，中孚與其弟統領官中彦送款降賊。彦琪以餘兵遁歸古原州，中孚等又引虜人劫降之。中孚、彦琪皆自羈管中起以爲將而叛。錡至花石峽，統制官趙彬又劫其軍與金帛以降虜。彬乃書生，嘗爲曲端館客，其人尤桀黠。虜進犯秦州，秦無帥。又犯熙河，總管劉惟輔死之，統制官俱重亦降於虜。虜由秦鳳還，趙彬引之圍慶州，守將楊可昇以城降〔一二〕。於是，五路相繼悉陷。張浚以中孚、彦琪皆恭州流人，曲端心腹，其降也，端必知其情。而參謀官王庶譖端不已，時人多上書爲端訴冤，浚亦畏其得衆心，乃送於恭州獄，逼而殺之。然議者以爲無辜，其後追復宣州觀察使，謚壯愍〔一三〕。制略曰：「屬委任之非人，致刑誅之横被。悉還舊秩，申賁美名。」制辭，李誼行。

王之望西事記曰：張浚之敗於富平也，人皆歸咎於曲端之廢。人多上書訟其冤，浚亦畏其得衆心，殺之獄中，以病死聞。西人以此益非之。然端負才喜犯上，非浚所能御也。既不能御之，不若殺之。天下無一曲端，未必便乏才。端而不死，一日得志，逞其廢辱之憾，一摇足，川、陝非朝廷有也，然則雖殺之可也。議者罪浚以據天下富强之地，權傾人主，而不能有尺寸功。蜀之士人，貽書詆訐者不可勝數，浚皆優容之，或有金帛之賜。其去陝西而至房陵也，有題五言詩於傳舍者，又有從而跋之者，皆訕罵難堪之詞。浚見之，命籠以碧紗，且書於其後，謂實中其病。此亦其所長也，所以獨當一面，累年雖敗而不亡者耶？

湖寇楊華等一日乘船至鼎州城下，聲言乞招安。鎮撫使程昌寓遣孔目官劉醇持檄以往，醇登舟而賊斷其首，鼓棹東去。

十二月，先是，金虜西元帥府密遣人馳諭諸路，令同一日大索兩河之民。辛未，虜境州縣皆閉門，及拘行旅於道，至癸酉，凡三日而罷。應客户并籍入官，刺其耳爲官字，鎖之雲中，及散養民間，立價鬻之，或驅於達靼諸國以易馬。蓋既立僞齊，以舊河爲界，恐陷虜者逃歸豫地故耳。是時，父母夫婦皆星散，號哭之聲滿路，死於非命者無數。欒壽縣得客户六十八人，誤作六百八人以報。粘罕必責其數，縣官執窮民以足之。民被掠歸雲中者，不許出城，無以自活，士大夫往往乞食於途。粘罕見其多，恐或生事，聚三千人，坑之城外。

建康府大帥呂頤浩奏討李成事。乙亥，上謂宰執曰：「虜退，當使諸將併力擊成。成敗，則諸寇自歸矣。」范宗尹曰：「誠如聖訓。」

樞密院都承旨闕，上令宰執具其人。甲申，乃擬邢焕、辛道宗、藍公佐。上曰：「焕係戚里，朕不欲令朝廷差遣。次乃道宗，但不甚知兵。」道宗時爲後軍都統制，遂除副都承旨。於是，給事中陳戩言道宗不當除，不報。

浙西大帥劉光世探報虜不渡江。辛卯，上謂宰執曰：「虜不渡江，天意可見。朕當修人事，以答天意。」范宗尹曰：「聖訓及此，天下幸甚。」

李成將馬進圍江州未解，右僕射范宗尹請命大將致討，上從之。乙未，以神武右軍都統制張俊爲江南招討使，仍詔在宣撫使之下，制置使之上。乃令前軍統制王𤫉、後軍統制陳思恭與通泰鎮撫使岳飛皆隸於俊。以會要及范宗尹事實參纂〔一四〕。

舊制，川、陝買馬三千匹，即轉一官，故有一任轉數官者。主管茶馬趙開以爲濫，乃奏用馬到京實數推賞，若斃於道則有罰，立爲定格。是冬，買馬踰二萬匹，而茶引收錢一百七十餘萬緡。

初，福建制置使辛企宗駐兵邵武，距賊洞二百餘里。時遣兵攻賊，率爲所敗。邵武有選人施逵者，嘗爲潁上教官，以策干企宗，辟充慕屬。而逵反爲賊游説，欲得招安。時監司亦以招安爲便。朝廷乃遣承議郎謝嚮、迪功郎陸棠同往招之。嚮、棠皆建安人。賊黨葉鐵者恃其勇，未即聽命，惟汝爲慕得官，亦懼大軍繼至，雖受招安而不肯散其徒。於是授汝爲閤門祇候、民兵統領，以鐵副之。鐵改名徹，仍就命。嚮、棠爲措置民兵寨栅官。

校勘記

〔一〕及漕司官吏催科預辦乞行推賞詔二州守倅　以上原闕，據四庫本中興小紀卷九補。

〔二〕後苑叢茂珍禽翔集　「苑」，原作「宛」，據四庫本中興小紀卷九改。

〔三〕詔故中書侍郎張慤忠實剛毅　「實」，原作「岩」，據四庫本中興小紀卷九改。

〔四〕外繫關中之望　「繫」，原作「擊」，據四庫本中興小紀卷九改。

〔五〕時朝士多疑之　「士」，原闕，據四庫本中興小紀卷九補。

〔六〕復辟允文知鄂州兼節制兵馬　「制」，原作「度」，據四庫本中興小紀卷九改。

〔七〕且遣其屬孫濟耿棫用軍法脅取州縣物犒師以千萬計　「耿」，原闕，據四庫本中興小紀卷九補。「以」，原在「犒師」前，今亦據改置於此。

〔八〕奪舟來歸　「奪」，原作「奔」，據四庫本中興小紀卷九改。

〔九〕將兵一萬討之企宗入閩不敢進而駐於邵武軍尋以企宗　以上原闕，據四庫本中興小紀卷九補。

〔一〇〕陝西漕臣權環慶帥孫恂又斬敗軍統領官喬澤張忠等　「環」，原闕，據建炎以來繫年要録卷三九補。四庫本中興小紀卷九無此條。

〔一一〕虜以輕兵破渭州　「渭」，原作「涇」，據四庫本中興小紀卷九改。

〔一二〕守將楊可昇以城降　「昇」，原作「升」，四庫本中興小紀卷九作「弁」，據宋史卷二六高宗紀三、建炎以來繫年要録卷二六改。

〔一三〕謚壯愍　「愍」，原作「敏」，據四庫本中興小紀卷九改。

〔一四〕以會要及范宗尹事實參纂　以上小注原闕，據四庫本中興小紀卷九補。

宋朝中興紀事本末卷一六

起紹興元年正月盡三月

紹興元年歲在辛亥。

春正月己亥朔，詔改元。

癸卯，上謂宰執曰：「張浚短於知人，所用多浮薄妄作。」李回曰：「浚行倉卒，故不暇詳擇。」上曰：「國人皆曰賢，然後察之，見賢焉然後用之，用人豈可不審也？」

尚書省言鄂、岳道遠〔一〕，合撥還湖北，其江南仍舊分爲東西路，以池州爲東路，以江州爲西路，皆爲帥府〔二〕。戊申，詔開府儀同三司吕頤浩爲江南東路安撫大使兼知池州，觀文殿學士朱勝非充江南西路安撫大使兼知江州〔三〕。

參知政事謝克家以病求去，辛亥，除資政殿學士、提舉洞霄宫。

先是，江南招討使張俊入辭〔四〕，頗言李成兵衆。上曰：「成兵雖衆不足畏，汝將全軍，設爲朕攻一郡若何？」俊曰：「臣朝至而夕可入也。」上曰：「成竭力攻九江，兩月不能下。則成雖衆，何能爲？」俊大以爲然。上因諭以：「今日諸將，獨汝未曾立功。」俊曰：「臣何爲無功？」上曰：「如韓世忠擒苗傅，則功著，汝大不如。」俊恐悚承命，誓必擒成以獻。丙辰，上以語宰執，於是，范宗尹等曰：「陛下誠得御將料敵之術，賊不足破矣。」

是日，宰執奏每旬仍舊作假〔五〕。上曰：「一日休務，不至廢事。使一月間措置得十事，雖二十日休務，何害？若無所施設，雖窮朝夕，何補也？」

戊午，户部侍郎甄城孟庾言：「兩浙路夏税及和買紬絹一百六萬餘匹，令一半輸價錢，每匹三緡。」詔從之。

庚申，詔趙普有佐命之勳，宜録其子孫。

初，神宗嘗封太祖孫爲安定郡王，宣和末遂廢。辛酉，詔復封之，世世勿絕。

主管閤門宋籛孫早事潛邸，爲内知客。至是，親筆轉横行一官。上曰：「籛孫稍習朝儀，而法，非横行不使知閤門〔六〕，故與進一官。朕藩邸舊人，皆與外任，蓋恐其請託，或紊朝政，惟籛孫姑留之。」上又曰：「朕頃在藩邸，入見淵聖，用家人禮。一日，論金人事，嘗奏曰：『今兵雖不少，皆墮而未練，敵人若來，不敗即潰。陛下宜少避其鋒，以保萬全。』淵聖曰：『朕爲祖宗守廟社，勢不可動。』後以朕爲元帥，在相州得親筆，謂：『悔不用卿言。』是時，近習小人争言用兵以惑聖聽，殊不量力，致今日之禍也。」

癸亥，詔：「福建僻陋，近者民多爲盜，繼踵不絶，豈守令不知省其疾苦？可令監司帥臣各條上弭盜與便民利物之事。」

甲子，上曰：「天下事非一二着可勝。」又曰：「治亂安危，固有天命，亦必修人事以應之。若人事不至，而專聽天命，固無是理。」

二月己巳，詔遣吏部郎官益都仇悆往鎮江府，究乏糧之實。上謂宰執曰：「劉光世一軍，月費廩給萬數，如此宜速爲屯田之計。」富直柔曰：「近辛道宗具陝西弓箭手法，頗類屯田之制。」范宗尹曰：「容臣等細議之。」

辛未，宰執奏江南招討使張俊行軍事。李回曰：「俊軍極肅。」上曰：「朕亦聞之，犯軍律者已誅六七人矣。」范宗尹曰：「臣已以書奬其美。」上曰：「朕亦作詔〔七〕，勉之立功。

俊心忠，惟好官職，正當以此使之。」張守曰：「陛下深得御將之術也。」

先是，詔和州鎮撫使趙霖以屯田法養兵。己卯，宰執奏，令候就緒日優與推恩。上曰：「此不須行。凡以賞行法，則吏必募賞而不恤擾民。候其成功，朝廷自賞之可也。」范宗尹曰：「此臣等愚慮所不及，當如聖訓。」

辛巳，以禮部尚書秦檜爲參知政事。

初，皇祐明堂合祭天地，奉太宗、真考并配〔八〕，而五帝神州地祇亦親獻之，日月河海諸神悉如圜丘從祀。至是，上取法仁宗，欲舉行之。癸未，詔將來明堂，一遵皇祐之制。

是日，太史奏日有黑子。范宗尹曰：「此在修德以消弭之。臣等輔政無狀，當罷。」上曰：「日爲太陽，人主之象，豈關卿等？惟在君臣同心，行安民利物實事，庶幾天不爲災也。」

建炎初，權罷秘書省。至是，復置監、少、丞、郎、著作郎、佐郎各一員〔九〕，校書、正字各二員，以直秘閣程俱爲少監。俱，開化人也。

神武前軍都統制王𤫊軍至饒州，江東大帥吕頤浩乃趨左蠡下砦，其地在饒、池之境。

會淮南水軍統制官崔增有衆八千，頤浩以書招置麾下，合變同增與賊戰於湖口之南。增大捷，乘勝至江州城下，而守臣以糧盡，已棄城去矣。賊魁李成據城而處，又遣其黨馬進南犯筠、袁，而招討使張俊大軍五萬，由江西路已至南昌。辛卯〔一〇〕，移檄頤浩，協力攻賊，無失機會。於是頤浩言，權湖北總管孔彦舟昨剿殺鍾相，師律甚嚴。因又詔彦舟統兵，亦至筠、袁掩捕。

癸巳，詔：「侍從、臺諫官各條上弭盗之術，遏虜之策，與夫豐財强兵之要，朕當虚己而力行之。」於是，兵部侍郎兼權直學士院汪藻承詔言，略曰：「臣昨扈蹕永嘉，陛下賜以條對，臣謂所急惟御將一事，更無他説，時亦頗蒙採納。臣區區之意，猶守前見，敢再陳之。今之諸將，爵禄極而家資盈，習成驕而無鬥志。一方有警，輒狐疑相杖，誰肯奮然請行？或迫之不得已而行，則必過有邀求，朝廷爲之黽勉曲從，不啻如奉驕子，是豈能爲國立功者哉？臣有三説：一曰示之以法。夫君之於將，賞刑未嘗偏廢，豈有獨恩無威，漫然不治，如今日之甚者？議者謂國難未已，方藉此曹以爲腹心，若不孜孜撫循，誰肯前死？此言是也。臣所謂以法治之者，豈欲明主自親其文哉？必有人焉任其責。唐李祐縛吴元濟，其功大矣，違詔進馬，温造劾之，祐言膽落於温御史。臣竊聞今諸將雖驕，亦尚畏法，使知朝廷有人〔一一〕，小過不貸，則惡意不復萌於胸中矣。二曰運之以權。君之於將，必有得其腰領，而後使之心畏而誠服。唐杜黄裳令高崇文將兵討蜀，然崇文素憚劉澭，黄裳乃使人謂之曰：『君不奮命，當以澭代。』崇文懼，盡力縛賊以獻。陛下於平居時亦當察其好惡，如以澭代崇文之術不可不知。三曰别之以分。唐太宗所與謀者，房、杜而已，英、衛之徒則不得而與。竊觀陛下對大臣不過數刻，而諸將皆得出入禁中，是大臣見陛下有時而諸將無時也。此曹何識？必不能有補聰明，不過入則求恩澤，出則藉權勢而已。道路流傳，遂謂陛下進退人材，諸將與焉。陛下擇善而從，於此曹何有？然致是言者，必有其迹。又廟堂者具瞻之地，大臣如天子立政事以令四方者也。今諸將帥驟謁徑至，便衣密坐，視大臣如僚友，百端邀求，期於必得，朝廷豈不自卑哉？祖宗時，三衙見大臣，必執梃趨廷，肅揖而退。蓋等威之嚴，乃足相制。又遣將出師，詔侍御集議者，所以博衆人之見，今則諸將在焉。且諸將聽命者也，乃使之預謀。彼既各售其説，則利於公不利於私者，必不以爲可行；便於己不便於國者，必不以爲可罷，欲其冒鋒鏑趨死地難矣。自今諸將當律以朝儀，毋數燕見，其至政事堂亦有祖宗故事，且無使參議論之餘，則分既正，而可責其功。是三説果行，則足以御諸將矣。何艱乎弭盜，何患乎遏虜哉？若夫理財則民窮至於骨，臣願陛下毋以生財爲言也。今國家所有不過數十州，所謂生者必生於此數十州之民，其何以堪之？惟痛加裁損，庶乎其可耳。外之可損者，軍中之冒請；内之可損者，禁中之泛取。今軍中非戰士者，率三居其二，有詭名而請者，則挾數人之名；有使臣而請者，則一使臣之俸，兼十戰士之費；有借補而請者，則添支禄稟，與命官一同。訪聞岳飛軍中如此者數百人，州縣懼於憑陵，莫敢呵詰，其盜支之物，可勝計哉？臣竊觀禁中有時須索，而户部銀絹以萬計，禮部度牒以百計者，月有計焉。以陛下清心恭儉，必無燕游侈費、營繕浮耗。然人主用財要須有名，而使有司與聞。至於度牒，則以虚名而權實利。以濟軍興之用，誠非小補。幸無以方寸之紙，捐以與人〔一二〕，而不之惜也。然臣復有私憂過計者，自古以兵權屬人，久未有不爲患者。蓋予之至易，收之至難。不早圖之，後悔無及。國家以三衙管軍，而出一兵必待密院之符，祖宗於兹，蓋有深意。今諸將之驕，密院已不能制。臣恐寇平之後，方勞聖慮。自古偏霸之國，提兵者未嘗乏人，而寥寥如此者，意偏裨之中必有英豪，特爲二三大將抑之而不得伸耳。宜用漢衆建諸侯而少其力之法，精擇偏裨十餘人，纔付兵數千，直隸御前，不隸諸將，合爲數萬，以漸消諸將之權。此萬世計也。」

又給事中陳戩言：「今此當省徭薄賦，務本厚生，先以保民，然後用光武策，聽盜自相糾擿，以追捕多少作守令殿最，可爲弭盜之術。占上流，據形勢，可爲遏虜之策。而躬儉節用，量入爲出，斥内庫之藏以歸太府，乃生財之計也。」

又中書舍人胡交修言：「天下有道，盜其先變乎？昔人謂甑中有數升麥飯，牀上有一故絮被，雖儀、秦説之於前，韓、彭驅之於後，不能使之爲盜。惟其饑凍無聊，日與死迫，然後棄而爲之。陛下哀憫無辜，詔許自新，則悔悟悉歸，不變者其黨攜落，爲吏士所繫，則盜可弭矣。民既復於南畝，官無急征暴斂，而俾安其故，高下種植而無廢壞，男女耕織而無懈人，穀帛不可勝用，則財豐而國裕矣。日者翟興在西洛〔一三〕，什伍其民，爲農爲兵，不數年而雄視十萬。彼起於盜，猶能屹然自立於虜巢之中而不可犯，矧吾以東南二百郡，欲强兵禦戎而不能爲興所爲乎？」交修，晉陵人也。

又中書舍人洪擬言：「兵興累年，饋餉悉出於民，無屋而責屋税，無丁而責丁税。不時之須，無名之斂，殆無虚日，民所以去而爲盗。今閩中之盗不可急，急則變，益大宜講所以消之；江表之盗不可緩，緩則其勢益張，更講所以滅之。又古人有言，兵可以計勝而不可以力攻。若乃招納窮民，誘掠餓夫，以爲功而上之，此豈謂却敵者耶？夫豐財者政事之本，而節用又豐財之本也。以之屏盗，以之却虜，無不可者。」上皆然之。

時有司方以財匱爲憂，而大饗明堂已下詔矣。江南招討使司隨軍轉運使詹至言：「今大敵在前，國勢不立，請停大禮，悉以其費佐軍。仍督諸將，分道攻守，以慰祖宗在天之靈，繼志述事，莫大於此。」至，桐廬人也。

初，桑仲據襄陽纔兩月，有盗張莽蕩者，引衆來攻。仲遣其將李横拒之。横，高密人，本黄河埽兵，以勇自負。莽蕩爲横所敗而去，是後羣盗皆畏仲，不敢犯其境。仲跨鄧、隨、郢等數州，益無所憚，放兵四出。久之野無所掠，其軍絶食，乃以人爲糧。每遇打請，則全隊撥男女給之，至自食其愛妾。於是，襄陽之民殲焉。然仲性頗孝，或盛怒欲殺人，其母戒之即止。每自稱：「桑仲本王官，終當以死報國。」以故能服其下。至是，有衆號二十萬，而無食。仲自知不可以久，乃長驅西上，有吞蜀之志。先遣横攻金州，金房鎮撫使王彦與參謀官續觱畫策，以數千衆扼險拒之。横敗走，彦追至竹山縣。横據房州，彦合諸統制兵官韋知幾等軍二萬以備之。既而，復與戰於房，横連敗，乃還襄陽。

王之望記西事曰：張浚向之東下而復西也，或謂非桑仲之畏，有詔止之。然臨敵而退，賊得以譎使其衆。故漢上之禍，皆浚爲之。然羣盗不能入蜀者，亦其用王彦之力也。

時右僕射范宗尹念其鄉國被禍之酷，請赦仲罪。遂以仲爲鄧隨郢州鎮撫使〔一四〕。仲命横屯鄧州，又令别將霍明屯郢州。明嘗爲中都親事官，性尤嗜殺。初，仲結義兄弟九人，横、明皆其一也。

朱勝非閑居録曰：范宗尹以其兄宗禮在桑仲軍中，故授仲襄陽鄧隨郢均房等郡鎮撫使，地大人衆，稍稍爲患。

又王銖亦言仲授襄陽鎮撫使。今據汪藻外制，乃鄧、隨、郢三州，而襄陽不在其數，合依藻制辭。

三月辛丑，宰執奏事，李回曰：「江上渡軍有覆舟者。」上顧秦檜曰：「卿在軍中備知，此亦常事。軍行無不損者，如出軍一萬，未見敵者，回校未出之數，已減數百。要是兵真不得已之事，稍得已，不如戢兵之愈也。」

宣撫處置使張浚以關陜失律，上章待罪。壬寅，上謂宰執曰：「張浚放罪詔須早降。」因言：「浚用曲端、趙哲、劉錫，見其過即重譴之，浚未有失，焉可罷也？」李回曰：「須得勝浚者方可易。」上曰：「有才而能辦事，固不少。若孜孜爲國，無如浚。亦有人言其過，朕皆不聽。」范宗尹曰：「賴陛下保全之也。」

辛亥，詔：「諸路閑田甚多，百姓慮將來租役〔一五〕，且乏牛種，遂不敢耕，彌望荒蕪。今遣官則慮成騷擾，若立法又土俗不同，宜俾守令，各以所宜措畫。或官耕，或予民，或假貸以取贏，或召募以共利，凡有施設，朝廷并不牽制，惟在簡而可行，公私兼濟。候秋成覈實，其有效者當擢以不次，如古循吏入爲公卿，次猶增秩賜金，或怠惰因循，視爲文具，亦必按其罪，以懲不恪。」

夔路安撫司奏，昨有楊文貴者作過，募土人捕殺，乞依元許推賞。戊午，上謂宰執曰：「朝廷事急時，多許人賞典，事平則不能如所許與之，甚不可也。」范宗尹曰：「當以此爲戒。」

時江東大帥呂頤浩駐軍左蠡，以守其境。而江南招討使張俊方會諸將議所以破賊，皆欲分道而進。右軍統制官楊沂中曰：「兵分則力弱，又諸將位均不相下。」通泰鎮撫使岳飛亦密爲之定計。俊乃急趨南昌，與賊夾江而營。飛自請爲先鋒擊之。沂中由上流徑絶生米渡，出賊不意，遇其先鋒擊之。賊將馬進鋭卒數萬來犯，沂中語俊曰：「彼衆我寡，當以奇勝，願以騎見屬，公率步兵攻其前。」沂中乃將騎數千，與神武後軍統制陳思恭同出山後。俊嚴陣以出，前後夾擊，遂大破之，俘獲數萬。俊以其太衆，且疑復叛，是夕，令思恭盡殺之。遂復江州。

沂中追成於江、筠、蘄之間，與統制官趙密合擊，又大破之。

己未，俊捷報至。上謂宰執曰：「李成雖號數萬，其實皆吾民被虜。若設賞，募人擒成，餘皆不問，所活多矣。」秦檜曰：「只此心便可以破賊。」張守曰：「若降赦書，體尤正，非若遣使之比。」范宗尹因言今日之事不可消弱。上曰：「豈可消弱！祖宗基業宏固，偶遭戎寇，故劉豫、李成輩跋扈猖獗。或謂止於淮上作籬落，朕甚不取。要當以次收復，須一統乃已。」宗尹曰：「君臣修德，以次圖之。」

甲子，乃詔除李成不赦外，餘并許出首。先是，上聞捷，曰：「兵既精，又治器甲，所以成功。以此知軍器當留意，朕計見甲已四萬。」范宗尹曰：「得十萬粗足。」上曰：「可令軍器所足之。財固當惜〔一六〕，但合用處亦難吝也。」

是日，詔樞密副都承旨辛道宗與外任。上謂宰執曰：「近者從官條對，以爲辛氏兄弟擅權市恩，朕未深信〔一七〕。至爲福建提刑柳瑊乞章服，始信人言之不謬。朕鑑往者，羣小侵紊朝政，求章服雖小事，漸不可長。」范宗尹以下共奏：「外議稱愜服上之英斷〔一八〕。」

是月，詔顯謨閣直學士致仕翟汝文爲翰林學士。

有司議明堂配祀，疑於嚴父之文，不克時定。禮部郎官江都王居正議曰：「古之帝王，非肇造區夏者，皆無配天之祭。聖宋崛起，非有始封之祖。太祖則周之后稷，配祭於郊者也。太宗則周之文王，配祭於明堂者也。皇祐宗祀，固宜以太宗配。當年蓋拘嚴父之説，故配帝并登真宗。其後英宗朝，孫抃請專配以近考，司馬光、吕誨争之，以爲絀祖進父。而神宗亦謂周公宗祀在成王，以文王爲祖，則明堂非配考明矣。今主上紹統〔一九〕，自真宗至於神宗，均爲宗廟，獨躋則患無名，并配則同祫饗。請今祭昊天上帝、皇地祇於明堂，宜奉太祖、太宗配。」上是其議。

是春，金虜左監軍撻辣引衆攻泰州水寨張敵萬〔二〇〕，爲敵萬所敗，擒其婿萬户不剌，殺五千餘衆。

初，契丹之亡也，其族有大石林牙、佛頂林牙者，竄於漠北，據曷董城以自立。至是，金虜右副元帥粘罕在雲中欲圖之。雲中距曷董三千里〔二一〕，而右都監余睹乃本土人，知其巢穴。於是，粘罕遣余睹將女真及燕、雲漢軍二萬往攻之。然不付以契丹兵，且留其妻子，蓋疑之也。又起燕、雲及河東夫負糧隨去。蓋虜自用兵以來，驅民征役，民不憚者，往時有虜掠無戰鬥，計其從軍之費及回日所獲數倍。自立劉豫之後，南則寇淮，西則寇川，有戰鬥無虜掠，生還者少，而得不償費，民始爲患。故漠北之行，人不勝其苦矣。

是春，詔分鄂、岳、潭、衡、永、道、郴、桂陽八郡爲湖東路，安撫置司於鄂。分鼎、澧、辰、沅、靖、合、邵、全、武岡九郡爲湖西路，安撫置司於鼎。

初，湖南帥臣向子諲既罷去，以本路漕臣賈收權帥事。有節制兵馬王以寧者，開封人，因宣撫處置使司所辟，徑來潭州外駐軍。未幾，鼎澧鎮撫使孔彦舟引兵擊以寧，逐之。又有詔起子諲復帥湖南。而羣盜馬友自江北趨潭，子諲欲得人以利害説友，令受招〔一二〕。前户部郎官致仕賀允中適在郡境，乃爲子諲見友，説之曰：「宋祚更興，足下正宜立功名，何自棄於此？自古有盜賊而壽終者乎？」友心動，改容謝允中，卒不犯城而退。子諲乃檄友共擊彦舟，敗之。又宜章土寇李冬至，方擾縣境，而益陽有吴錫者，提精兵數千屯本縣，告邵州守臣魏舜臣乞糧不得，錫以兵趨邵，舜臣懼而走。於是，子諲遣人招，錫欣然歸附。遂遣錫討冬至，滅之。時分路詔下，子諲方欲之鄂，而劇寇曹成擁衆數萬，自江北掠湖南，屯於攸縣。時鼎之諸縣，大半爲賊所據，賦入絶少，米斗直二千，而養兵頗衆，軍糧屢竭，有五日纔給糯米一升，軍人鬻妻子以自活。至是，鼎守程昌寓兼湖西帥，即調兵糧於屬郡，事急上聞，得報不及，爲諸司所劾。又水陸道阻，民力頗爲之困。

校勘記

〔一〕尚書省言鄂岳道遠　「岳」，原作「兵」，據四庫本中興小紀卷一〇改。

〔二〕以池州爲東路以江州爲西路皆爲帥府　四庫本中興小紀卷一〇作「東路以池州，西路以江州爲帥府」。

〔三〕朱勝非充江南西路安撫大使兼知江州　「江南西路」，原作「江西」，依東路書寫體例改。

〔四〕江南招討使張俊入辭　「俊」，原作「浚」，據宋名臣言行録別集下卷六楊沂中傳改。

〔五〕宰執奏每旬仍舊作假　「旬」，原作「詢」，據前後文義改。

〔六〕非横行不使知閤門　「非」，原作「外」，據四庫本中興小紀卷一〇改。

〔七〕朕亦作詔　「朕」，原作「待」，據前後文義改。

〔八〕奉太宗真考并配　四庫本中興小紀卷一〇於前有「太祖」，爲原本所無。按：此既云并配，當指太宗與真宗而已。故從原本。

〔九〕監少丞郎著作郎佐郎各一員　「監少」原誤倒。按次序，監在少監之上，故依宋職官乙正。

〔一〇〕大軍五萬由江西路已至南昌辛卯　以上原闕，據四庫本中興小紀卷一〇補。

〔一一〕使知朝廷有人　「知」，原作「之」，據四庫本中興小紀卷一〇改。

〔一二〕捐以與人　「捐」，原作「指」，據汪藻浮溪集卷一所載行在越州條具時政札子改。

〔一三〕日者翟興在西洛　「洛」，原作「落」，據建炎以來繫年要録卷四二改。四庫本中興小紀卷一〇無此條。

〔一四〕遂以仲爲鄧隨郢州鎮撫使　「隨郢」原闕，據四庫本中興小紀卷一〇補。

〔一五〕百姓慮將來租役　「姓」，原作「如」，據四庫本中興小紀卷一〇改。

〔一六〕財固當惜　「財」，原作「則」，據四庫本中興小紀卷一〇改。

〔一七〕朕未深信　「未」，原作「爲」，據四庫本中興小紀卷一〇改。

〔一八〕外議稱愜服上之英斷　「稱」，原闕，據四庫本中興小紀卷一〇補。

〔一九〕今主上紹統　「今」，原作「令」，據四庫本中興小紀卷一〇改。

〔二〇〕金虜左監軍撻辣引衆攻泰州水寨張敵萬　「泰州」，原作「太州」，據四庫本中興小紀卷一〇改。

〔二一〕雲中距曷董三千里　「距」，原作「拒」，據四庫本中興小紀卷一〇改。

〔二二〕令受招　「受」，原作「授」，據四庫本中興小紀卷一〇改。

宋朝中興紀事本末卷一七

起紹興元年四月盡六月

夏四月己巳，參知政事秦檜言：「臣昨與何㮚、孫傅、陳過庭、張叔夜同扈二聖北狩，今臣偶獲生還，而四人皆死異域，望依聶昌例贈官，仍給其家，以爲死事之勸。」詔并特贈開府儀同三司，各與十資恩澤。既而，御史章誼論㮚誤國，遂格贈典。檜再爲明其死節，乃贈觀文殿大學士。

庚辰，隆祐太后崩。詔以繼體之重，當從重服。於是，討論册禮。上諭宰執曰：「太母失位於紹聖，其後欽聖復之。再廢於崇寧，雖出於大臣，恐天下不能户曉，或得以竊議兩朝。」范宗尹曰：「太母聖德在人心，自陛下推崇，四海欣悦。前後之廢，實由章厚、蔡京，非二聖之過。」上曰：「然。昔高宗欲立武氏，長孫無忌、褚遂良皆以爲不可。李勣獨曰：『此陛下家事，何須問外人。』帝意遂決。則隆祐之廢，出於惇、京明矣。」宗尹因論宰相非其人，則人主不惟骨肉不能相保。如明皇相李林甫，一日殺三子，而林甫以刑措受賞。上曰：「明皇相姚、宋而治，相林甫而亂。明皇在天寶，比開元時如兩人所爲。」宗尹曰：「誠如此。」富直柔曰：「陛下推崇隆祐，天下以爲當，亦不尤哲宗與上皇，願陛下勿復疑之。」既而，禮部郎官王居正以謂：「國朝追策母后，皆由前日未極尊稱。恭惟太后，蚤儷宸極，蒙垢紹聖，退處道宫。按元符三年五月已復爲元祐皇后，乃上皇受命欽聖獻肅皇后，復冢婦之意明甚。崇寧初，權臣悖禮，顧以卑廢尊。是太后隆名定位，正於元符，而不在於靖康變故之日也。謂宜專用元符詔書，明指姦臣沮格之意，告於天地宗廟可也。」遂不果册。

金虜左監軍撻辣自爲張敵萬所敗，其氣挫折，又馬災多死。是月，遂歸，休兵於宿遷縣。時渤海萬户撻不也亦北歸〔一〕，過淮陽，與知軍張渙飲於舟中，因語及劉豫僭立事。撻不也歎曰：「某契丹之大臣，渤海之大姓，初金人見招，許開國遼東，累載從軍，被堅執鋭，今雖一郡之安，亦不可得。豫山東郡守，勢孤而降，乃當是任，豈不負我哉？」渙，孝純猶子也。

五月丁酉，詔淮南守臣尚有闕官，民未復業，全藉威望大臣措置，宜令呂頤浩兼壽春、滁、廬、和、無爲，朱勝非兼德安、舒、蘄、光、漢陽，劉光世兼真、揚、通、泰、承、楚、漣水，并爲宣撫使。

上自南渡，頗憂假衛士，每兩月輒一賞賚。至是，右僕射范宗尹言：「昨嘗犒軍，今已五十日矣。」辛丑，詔犒設諸軍一次。上曰：「朕不欲數，凡三月可省一次。今財賦止出東南數十州之地，不免痛省。若更廣用，竭民膏血，將何以繼之？」宗尹等曰：「陛下言及於此，天下幸甚。」

癸卯，内殿宣示執政「大宋受命中興之寶」并道君所獲元圭。上曰：「此玉今不復得，比上皇定命寶尤大半分。元圭映日則色紅，偶今日陰晦，卿等不見也。」

時江東大帥呂頤浩在假。丙午，上謂宰執曰：「江西盜，非張俊未易辦。頤浩須少推之，如廉、藺，以濟國事。」即降手札，趣頤浩出視事。

己酉，詔以米價湧貴，令州縣誘積穀之家出糶，自三千石至一萬石，補官有差。

真揚鎮撫使郭仲威擅補官資，謀與劉豫連和。浙西大帥劉光世遣統制官王德渡江，誘而擒之。癸丑，詔斬仲威於平江府。將佐木非豫謀，皆釋其罪。

朝散郎呂安中言：「舊官給錢，募户長催税。近已差甲頭，宜椿其雇錢以助經費。」戊午，詔諸路依經制錢例拘之。

自建炎初罷太府寺，至是復置丞一員。既而加至三員，後又復置長貳。復置長貳在四年五月。

李成既敗，江西大帥朱勝非以七月入江州城。而賊猶據江北不退，勝非與之對壘。又虔州有寇，而吉州李亭仁者〔二〕，與虔寇相交通。勝非遣辯士彭世範請亭仁出降，然後諸郡解嚴，民稍還業。先是，九江被禍最酷，異於他處。勝非奏：「臣被詔赴任，來自桂嶺，至衡州境，有屋無人；至潭州境，有屋無壁〔三〕；至袁州境，則人屋俱無，良民可憫。陛下幸降寬詔，蠲其苛擾，招降首領，量與補官，收隸軍籍，而散遣其徒，則江西之亂庶可指日平也。不然，爲盜者益衆，勢必南軼，湖、廣皆不得全矣。」

以兵部侍郎兼權直學士院汪藻爲翰林學士。

初，給事中陳戩嘗疏論五失：一謂宰執尚寬厚，示大體而務姑息；二謂寵任將臣，輕授之柄，遂使邀賞恃恩，至謂本兵大臣出其門下；三謂臺諫觀望朝廷，交結權倖，毛舉細務以塞責〔四〕；四謂監司郡守身自犯法，豈能律姦？五謂内侍之權漸盛，附結將帥，恐臨安之變，生於不測。上獎其言。至是，又論諸將造政事堂，與大臣狎，紊亂朝綱，恐緩急不可用。於是樞臣上章待罪，諸將亦不自安矣。

江東大帥呂頤浩自左蠡班師回饒州。時帳下兵不滿萬，而淮南劇賊張琪衆五萬，渡江寇諸軍，進至饒境，郡人大恐。統制官閻皋者，頤浩之愛將也，方捕羣盜胡江於臨川，走檄呼之。皋已招到江等，在路星馳以赴。頤浩召諸統兵官姚端、崔邦弼，皆令聽皋節制，端軍爲左，邦弼軍爲右，皋將中軍。頤浩自畫戰圖授之。纔出城五里，而賊先鋒已至，前軍將張守忠失利，琪恃其衆，直犯中軍。皋力戰，而端、邦弼兩軍夾擊，遂大破之。追奔五十里，横屍滿路。賊又别遣精鋭爲水軍，分道而進。頤浩自將水軍禦之，賊敗走，溺死者不可勝計。

金虜有僞皇侄没立郎君，與其别將烏魯折合數萬衆，分兩道入寇。没立自鳳翔，烏魯折合自階、成、鳳出散關，約日皆會。時知鳳翔府吴玠與其弟統領官璘以散卒數千人駐和尚原之上，朝問隔絶，軍儲匱乏，將士家屬往往陷賊，人無固志。有謀劫玠兄弟北去者，幕官陳遠猷入白，玠與璘遽召諸將，勵以忠義，歃血而誓。諸將感泣，爲備益力。已而烏魯折合先期而至，陣於原北。玠率諸將列陣待之，更戰迭休，烏魯折合大敗，由他道遁去。没立方攻箭筈關，玠復别選將擊退之，兩寇卒不得合。

初，水賊邵清擾通、泰，有大小戰船三千餘。至是，抵太平州城下，詔浙西大帥劉光世討之。賊又犯江陰軍及崇明鎮，遂爲光世兵所困，勢蹙乃降。

宣州駐劄韓世清者，故嘗爲盗〔五〕，有衆五千，朝廷既招安之，令屯宣州。而世清復招亡命至萬五千人，月費錢十萬緡，米五千石，頗陵州縣。時江東大帥吕頤浩言世清可疑。六月庚午，宰執奏其事，李回曰：「世清近討張琪有功，未見可疑。」

韓世清在江東，彈壓有勞，民間惟恐其去，至畫像祠之。時吕頤浩方招安張琪，而世清襲擊琪〔六〕，破之。頤浩以世清壞其事，故不樂。後徽人羅汝楫在言路，嘗欲爲世清辨白而未果。今敷文閣直學士程大昌亦徽人，知其事，嘗親與克言之。

上曰：「頤浩之言亦不爲無理，方其可疑，自當賞其功。如郭偉奏邵清解圍，而劉光世乃謂因其招安。清之去，恐或因光世。然偉之守城，亦自當賞。功過不相掩，則賞罰信矣。」范宗尹等曰：「謹遵聖訓。」

初，詔諸路轉運司類試進士，專委提刑司差官。至是，言者慮有私請，望於帥臣漕憲臣擇文學之臣總其事。甲戌，乃詔江東差帥臣吕頤浩，江西差帥臣朱勝非，兩浙差憲臣施坰，福建差帥臣程邁，荆湖差漕臣孫綬，廣東差帥臣趙存誠，廣西差漕臣王次翁，川陝令張浚於逐路選之。坰，晉陵人。綬，須城人。存誠，高密人。次翁，歷城人也。

時將葬隆祐太后，已得地於越州之寶山證慈禪院。議者欲稱園陵，以直寶文閣曾紆爲修奉官。紆言：「上不日恢復中原，奉隆祐歸祔，此但殯宫爾，當先正名。」朝議是之，乃以同知樞密院李回爲總護使，而有司復援異時園陵之制。給事中陳戬上疏〔七〕，以謂：「陛下念太后保佑之勞，社稷之勳，務極追崇，而有司觀望，禮或失當。中外竊疑，他日歸祔泰陵，復用何禮耶？且外有總護使司，以大臣爲之，而頓遞修奉，各設其所。內有大都監，以閹寺爲之，而提點按行之屬，復異其名，辟置官吏，增加俸給，賜予燕犒，費亦不貲。至謂會稽之山無可採，而欲取他山之石。廂禁之卒不足用，而欲調諸郡之夫，并緣爲姦，騷動州縣。又況梓宮僅取周身，明器止用鉛錫，而有司誇侈如此，豈不違太后慈儉之遺訓，而失陛下崇奉之本意乎？」於是，一切蠲省。壬午，昭慈獻烈皇后掩殯宮〔八〕。

戊子，上謂宰執曰：「昨令西外宗正令慮選藝祖之後四五人。」先是，范宗尹嘗造膝有請，於是，宗尹曰：「此陛下萬世之慮。」上曰：「藝祖以聖武定天下，而子孫不得享之。遭時艱厄，零落可憫。朕若不取法仁宗，爲天下計，何以慰在天之靈？」李回曰：「自昔堯、舜，能以天下與賢，其次惟藝祖，不以大位私其子。今陛下乃誠心遠慮，上合藝祖。」張守曰：「堯、舜以其子不肖，故與賢。藝祖諸子，不聞失德，而傳序太宗，此過堯、舜遠矣。」上曰：「此事亦不難行。朕令選于伯字行中，庶昭穆順序。」富直柔曰：「陛下聖斷，度越千古。」秦檜曰：「亦須先擇宗室閉門有禮法者。」上曰：「極是。」富直柔曰：「宮中有人可託否？」上曰：「朕已得人。若不先擇宫嬪，則可慮之事更多。」宗尹曰：「陛下審慮如此，實宗廟無疆之福也。」

時浙西大帥劉光世一軍，月費錢十六萬，米三萬石。辛卯，上問宰執：「幾何可以贍足？」范宗尹以其數對，且曰：「若汰其冗，而留精兵三萬，可以足用。」上曰：「待作手書與之，如家人禮，直示朕意，庶幾光世不疑。」張守曰：「陛下深得御將之術。光世軍儲省則國用紓矣。」

初，舊相吴敏方謫居涪州，范宗尹薦敏復觀文殿學士、知潭州。敏以祖母年高力辭，遂改資政殿學士、提舉洞霄宫。至是，又復敏觀文之職，充廣西湖南宣撫使。敏既受新命，暫駐司桂州，以便宜起永州流人馬擴爲本司統制兼諮議軍事。既而擴與參謀官范直方不協，辭去。

初，鄂州李允文殺袁植，江東大帥吕頤浩即奏其事。植有愛將袁兖，詣行在撃登聞鼓訟冤，而臺臣繼亦論列。參知政事張守素與植厚，啓上，密諭招討使張俊令收允文。俊既破李成，即與統制官陳思恭謀，思恭言允文兵亦衆，須以計取。有前三省樞密院屬官汪若海者，歙縣人，被罪責英州，行至臨川，允文以書招之。至是，招討司參議官湯東野引若海謁俊，俊曰：「君與李節制善，盍往説與之俱來，免盛夏提師入鄂。」若海曰：「説與俱來，而招討誅之，則若海爲賣友。」俊曰：「某百口保之。」若海先以書與允文曰：「張少保既破李成〔九〕，欲移戈指武昌。若海言君無反狀，其屬曰：『節制非朝命且殺袁植，與留四川綱運，非反而何？』惟少保言：『以百口相保。』今有三説：劉豫新立，君能以張用之衆，擒豫以取重賞，一也。或引衆西投宣撫司張樞密，既相辟，必爲君白於朝，二也。信少保百口相保之言，三也。君勿恃張用之徒爲强〔一○〕，彼見李成既破，皆已喪魂，若知朝廷怒君，必回戈相逐矣。」允文感悟，乃舉軍東下，因檄若海併招張用，用亦以衆俱來。於是，俊執允文歸於行在。詔付大理寺，既而，遂正典刑。贈植直龍圖閣，復若海承務郎。時俊得允文與用之衆，軍勢益盛矣。

時以張用爲舒蘄鎮撫使。江西大帥朱勝非極言其不可，并論處置乖方之狀。又乞歸帥司於洪州。且言：「陛下志在撥亂，軍事須務實，乃可圖功，不當徇虚名。」又謂安撫大使與宣撫使名甚重〔一一〕，而無錢糧及兵，實不及一小邑。其辭切直，皆此類也。

時資政殿學士王綯、刑部尚書胡直孺并兼侍讀，中書舍人胡交修兼侍講。一日，上賜經筵官扇，皆取杜甫詩句，親書與之。於綯則曰「霖雨思賢佐，丹青憶老臣」，直孺則曰「文物多師古，朝廷半老儒」，交修則曰「相門韋氏在，經術漢臣須」，蓋上之光寵儒臣如此。

校勘記

〔一〕休兵於宿遷縣時渤海萬户撻不野亦北歸　以上原闕，據四庫本中興小紀卷一〇補。撻不野，原作托卜嘉，據下文改。

〔二〕而吉州李亨仁者　「亨仁」，即敦仁，應係避宋光宗趙惇之嫌名而改。

〔三〕至潭州境有屋無壁　以上原闕，據四庫本中興小紀卷一〇補。

〔四〕毛舉細務以塞責　「舉」，原作「學」，據建炎以來繫年要録卷四四改。

〔五〕爲盜　原闕，據四庫本中興小紀卷一〇補。

〔六〕而世清襲擊琪　「琪」，原闕，據四庫本中興小紀卷一〇補。

〔七〕給事中陳戩上疏　「陳」，原作「程」，據四庫本中興小紀卷一〇及上文改。

〔八〕昭慈獻烈皇后掩殯宫　「昭」，原作「詔」，據上文改。

〔九〕張少保既破李成　「張」，原闕，據四庫本中興小紀卷一〇補。

〔一〇〕君勿恃張用之徒爲强　「勿」，原作「忽」，據四庫本中興小紀卷一〇改。

〔一一〕與宣撫使　原闕，據四庫本中興小紀卷一〇補。「重」，原作「衆」，亦據改。

宋朝中興紀事本末卷一八

起紹興元年七月盡九月

秋七月乙未朔，浙西大帥劉光世以枯秸生穗爲瑞，奏之。上曰：「歲豐人不乏食，朝得賢輔佐，軍中有十萬鐵騎，乃可爲瑞，此外不足信。朕在潛邸時，梁間有芝草，府官皆欲上聞，朕手自碎之。」於是，宰執以下歎服。

時徽猷閣直學士、銀青光禄大夫王序再任提舉崇福宫。給事中李擢言序諂事宦官梁師成，誕謾罔上，望鐫近職，落崇階。詔序落職。中書舍人洪擬又言序諂附刑餘，有滔天之惡，法當討論，而有司蒙蔽，望降階品，乃詔更降兩秩。

資政殿學士、提舉洞霄宫吕好問卒於桂州。

辛丑，以信州防禦使令話爲安定郡王。

是歲當祀明堂，文武有合轉官者，右僕射范宗尹以爲多所僥倖，乃建言討論崇、觀、政、宣以來濫賞，而參知政事秦檜力贊之。

壬寅，上謂宰執曰：「議得當否？朕不欲人每以此事議及上皇聖德。」時吏部侍郎高衛主右選，上疏詆之，乃詔先罷武臣討論。既而，同知樞密院李回自言宣和間任詞臣，以校正御前文籍轉官，恐是濫賞，乞削秩罷政。上曰：「人君留意史籍，命臣下校正，有勞轉官，自是美事，豈與濫賞同科？」顧宗尹曰：「且如卿等以功轉官，若與小人同一札目，亦自難處。」宗尹力奏：「此事如回者無幾，其他亦不足惜。」遂詔侍從及館職兼領校正者罪〔一〕。既而，上批文臣討論亦罷，大意以爲不欲歸過君父〔二〕，斂怨士夫。而宗尹堅謂可行，即日求出。

於是，秦檜復以此事擠宗尹。而侍御史沈與求條宗尹罪狀二十，宗尹力請罷政。癸亥，罷爲觀文殿學士、提舉洞霄宫。上謂執政曰：「宗尹既去，惟王俣、萬格以刻薄附會討論事，招致人言，當罷。此外宜置勿論，恐分朋植黨，非國家之福。」皆曰：「此陛下盛德也。」俣，華陽人。格，鄱陽人。時并爲都司。未幾，宗尹落職。

初，敕令所以嘉祐敕與政和敕對修，命工部侍郎韓肖胄等詳定。至是，修成敕定格式。

八月戊戌，提舉官、參知政事張守上之。肖胄，忠彥孫也。

先是，諫官韓璜論堂吏俞宗适、滑浩二人預討論事。浩已罷職，璜言執政不當庇宗适而不問。是日，執政奏事，富直柔曰：「宗适誠不預，言者誤聽。」秦檜曰：「吏承行文書，不必問之。」李回曰：「如罪兩都司，彼自無詞。」上曰：「兩都司殊刻薄，爲朝廷建議，須有忠厚之風。」張守等仰贊聖訓。於是，不罪宗适，再以浩送吏部。

初，靖康京城圍急，胡唐老時爲殿中侍御史，言：「萬一不守，則本支俱覆，聞康邸至磁、相間，爲民所留，此天意也。請建爲大元帥，領兵入援。」至是，其弟吏部郎官世將繳唐老札子，且爲之請謚。壬申，上謂執政曰：「當時事亦偶然，何功之有？」張守等退而歎曰：「大哉王言！」

內侍楊公恕，自叙嘗在潛邸，欲求差遣，執政擬與兵馬都監。

上曰：「以潛邸恩與一都監，亦不爲僥倖，但其人難使之近民。」富直柔曰：「近有任鈞者，至密院干差遣，陛下知其爲人否？」上曰：「鈞乃珪之子，尤狠愎，豈可任使？使此輩稍不循理者，朕不欲使之在左右。」於是，執政退而悚服。

參知政事張守薦舊相、清遠軍節度副使汪伯彦之才可用，詔復官，提舉洞霄宫。癸酉，伯彦復觀文殿學士，除江東安撫大使兼知池州。

工部侍郎韓肖胄嘗密啓上，追褒元祐諸臣。乙亥，乃詔贈程頤、任伯雨、龔夬、張舜民官。上謂宰執曰：「黨籍追贈，至今未了。卿等爲朕留意，此四人名德尤著者也。」

張守因薦汪伯彦不當，爲侍御史沈與求所論。守引疾求去，已而罷爲資政殿學士、提舉洞霄宫，以同知樞密院事李回爲參知政事，簽書樞密院富直柔進同知樞密院。既而，右司諫韓璜亦論伯彦不可用，詔罷之，依舊提舉洞霄宫。上曰：「治天下惟公，朕安得而私也？」於是，參知政事秦檜退而仰服聖訓。

時沈與求再居言路，或疑其論范宗尹，所引用者悉出之。與求曰：「近世人才，以宰相出處爲進退，蓋習以成風。今當別人之邪正能否而公言之，豈可謂一時所用皆不賢，而使視宰相爲進退哉？」

初，宣撫處置使張浚以書與范宗尹，報關、陝曲折，及言去秋出師失律，上章待罪。時宗尹已去。是日，執政以書進呈，上曰：「比屢有人言，便要行遣。朕言人君用人當大度，聽其所爲，但責成功，俟無成，責之未晚。」秦檜等退而歎曰：「主上真得御人之術。」

中書省言，池、江二州地勢僻隘，失祖宗公道置帥之意。庚辰，詔江東西路依舊以昇、洪爲帥府。

癸未，執政奏劉光世繳到劉豫僞詔〔三〕，尾乃其子僞左相銜也〔四〕。上曰：「可見豫褊陋。」李回曰：「藝祖即位，用范質、王溥，皆數年而後代以趙普。」秦檜因曰：「帝王自有受命之符，陛下靖康初爲生靈請行，此即受命之符，正所謂保民而王者也。」

時揆席久虛，秦檜倡言曰〔五〕：「我有二策，可以竦動天下。」或問何以不言，檜曰：「今無相，不可行也。」丁亥，檜自參知政事除右僕射、同平章事，兼知樞密事。

詔諸路折帛錢昨每匹三貫，慮高下不等，若一概立定，有虧公私，自今各估以實直。

是月，刑部尚書胡直孺改兵部。

以中書舍人席益兼直學士院。

吏部郎官廖剛言：「古者天子必有親兵，實自將之，所以備不虞而强主威，使無太阿倒持之悔。漢北軍、唐神策之類是也。祖宗軍政尤嚴，如三衙四廂所統之兵，關防周盡。今此軍稍廢，所恃以備非常者，諸將外衛之兵而已。臣願稽舊制，選精鋭三數萬人，以爲親兵，直自將之，居則以爲衛，動則以爲中軍，此强本弱枝之道，最今日急務。昔段秀實嘗爲唐德宗言，譬猶猛虎百獸，所以畏者爪牙也。爪牙廢則孤豚特犬皆能爲敵，正爲是也。願陛下留神勿忽。」剛，順昌人也。

金虜右都監余睹攻大石佛頂林牙至曷董城。契丹遠遁，余睹糧盡，不克窮追而還。余睹亡去金牌，虜疑其與林牙暗合。

宣撫處置使張浚奏邊事。

九月甲午朔，上謂宰執曰：「金寇既去，陜西必可經理，荆南亦須措畫，庶形勢相應，有恢復之漸。」秦檜等唯唯奉訓。

己亥，中書門下省言：「文臣舊法，曾分有無出身帶左右字，或贓罪則悉去左右，庶有所別，今欲復舊。」詔從之。

仁宗嘗親篆明堂及飛白門榜。壬寅，上謂宰執曰：「行宮殿小，難以模設，已別書六字，第以嗣天子臣名恭書，代孝子嗣皇帝親札，蓋以祀天爲主也。」秦檜等曰：「以祀天爲主，深合禮意。」

有敕令所小使臣楊球者，被旨召試。侍御史沈與求言：「陛下復祖宗故事，間詔四方豪俊，令中書策試，而用之於臺省館閣，皆極一時之選。今球乃預其列，不知薦者謂誰，望罷球，使歸右選。」詔從之。

辛亥，合祭天地於明堂，以太祖、太宗并配。大赦天下。

召鎮南節度、開府儀同三司、江東安撫大使呂頤浩還朝。癸丑，拜左僕射同平章事。

甲寅，上曰：「朕以眇躬，獲主大器，位居五祀。而王室益微，念兹永懷，慘若焚灼。比因崇祀明堂〔六〕，投誠上帝，冀獲悔禍，以雪神人之耻。而赦文誇大，殊咈朕心。又除呂頤浩制，首以爲『中興聖緒』兼『創業守文』之言，徒使四方誚於有識。可與外任。」於是，中書舍人兼直學士院席益以顯謨閣待制與郡而去。

參知政事李回，不爲呂頤浩所喜，回乞罷，以資政殿學士出知洪州。

江南招討使張俊，言承務郎汪若海諭李允文有功，乞充本司幹辦官。丙辰，以問宰執，吕頤浩曰：「若海頃與何大圭以語言交鬥滕康、劉珏，致二人不和，遂有兵火之變，皆編置嶺外，尚未赦還。」上曰：「若容在軍中，恐爲俊累。後有罪者，亦必援例。第勿許之，朕自以諭俊也。」於是頤浩等竦服聖訓。

户部侍郎孟庾進尚書。時江、湖上供錢糧久虧，而羣盜尚衆。己未，詔庾爲宣諭制置使。

詔：「近降赦恩，慮州縣奉行不虔，委逐路提刑親行體訪，令實惠及民。若所載寬恤事或有未盡，亦令監司條上。」

初，李成之黨李旁爲成計謀。至是，張俊獲旁，而成勢蹙，將殘黨遁居順昌，詔淮、蔡二鎮掩殺。成遂奔僞齊，餘衆趙端等降〔七〕。

言者謂洛爲國西宅，而翟興於僅存之地萬死一生，率師旅護陵寢，戰屢獲捷，粗自立基，望錫軍名，使知國家惓惓不忘之意。壬戌，詔名忠護軍。

户部郎官廖剛言：「近因江北探報事宜，頗致懷慮，羣臣往往以維揚之事爲戒，無敢任其責者。臣謂動静之間，在審其緩急而已。周防津岸，申嚴斥堠，在今最爲機要。而鑾輿或當順動，預宜經理。而自得報以來，未聞朝廷措畫。建康、鄱陽，勢未暇議。自會稽以南，惟永嘉與福唐所當留意。永嘉之險，可恃與否，臣所不知。如閩之四境，南控大海，三面皆重山峻嶺，稍加人力，不復可犯。形勢之勝，殆是天險。臣願速降指揮，令本路增修寨栅，以備不時之巡。盗雖未息，願賜曲赦，因遣重臣往宣德音，使潢池赤子得以自新。彼且感恩，悉爲我用。大抵閩俗重義，君臣父子之心，雖爲盗而不變，此臣所知也。如不得已，至於幸閩，則凡供億之事必責他路，致於海上。而兵環駐於鄰境，閩人無所困苦，斯可安矣。然後徐圖恢復之計，進撫中原，如日麗天，何傷於往者之虞淵也？然臣料今歲虜騎勢分，必無南渡之事，望姑寬聖念，以慰天下。臣所陳下策，正如孝子操瞑眩之藥，厥疾已瘳，則無所用也。」

初，翰林學士汪藻言：「自元符已來至建炎，并無日曆，此國之重事，願留聖心。」上納之。既而宰執請擇所付，上曰：「無以易藻矣。」至是，除藻龍圖閣直學士、知湖州，詔領日曆如故。

金虜左監軍撻辣自宿遷北歸，路由東平府。劉豫不出迎，且遣人議於撻辣曰：「豫今爲帝，相見無拜禮。」撻辣大憾之，盡刼所獻之物而去。豫遣僞相張孝純隨而和之，數日乃回。撻辣至祁州，遷其民出，仍許只攜行李，其錢穀之類皆留，遂以祁城爲元帥府。

先是，建炎末，虜方南牧〔八〕，有朝奉郎趙俊者，宋城人，居城北，或勸其避地，俊曰：「但固吾所守耳。死生命也，逃將安之？」時劉豫以俊爲虞部郎中，俊稱疾不就，豫不能强。凡文字不肯用豫僭號，但書甲子，未幾卒。

時有武功大夫蘇易，緣守奉化縣界轉　官。於是，中書舍人程俱言：「武功大夫轉入横行，則官益以輕，其害尤大。祖宗之法，武臣自閤門副使至内客省使爲横行，不係磨勘，即非皇城使所得轉入之官，皆特旨而授。故元豐官制以承務郎至特進爲寄禄官，而武臣獨依舊，不以寄禄官易之，蓋有深意。政和間，改武官稱爲郎、大夫，遂并横行易之，而爲轉官之級。此當時有司不習典故，率意而改，以開僥倖之門，故流弊日深。且文臣庶官，轉不得過中大夫，而武臣乃得過皇城使，此何理也？」自改使爲大夫以來，常調官轉爲横行者不可勝數，其弊已極，而他人莫能言也。

校勘記

〔一〕遂詔侍從及館職兼領校正者罪　「罪」，原作「非」。四庫本中興小紀卷一一原有按語，謂原本訛脱。建炎以來繫年要録卷四六此句作「侍從及館職兼領者罪」，據改。

〔二〕大意以爲不欲歸過君父　「以爲」，前有「剩」字，據四庫本中興小紀卷一一删。

〔三〕執政奏劉光世繳到劉豫僞詔　「劉」，原闕，據四庫本中興小紀卷一一補。

〔四〕尾乃其子僞左相衍也　「僞」，原作「爲」，據四庫本中興小紀卷一一改。

〔五〕秦檜倡言曰　「倡」，原作「昌」，據四庫本中興小紀卷一一改。

〔六〕比因崇祀明堂　「崇」，原作「宗」，據四庫本中興小紀卷一一改。

〔七〕餘衆趙端等降　「端」，四庫本中興小紀卷一一作「瑞」，未知孰是。

〔八〕虜方南牧　「牧」，原作「收」，據四庫本中興小紀卷一一改。

宋朝中興紀事本末卷一九

起紹興元年十月盡十二月

冬十月，太常少卿王居正求去。庚子，上謂宰執曰：「范宗尹既去，朕嘗諭止當責王俁、萬格兩人〔一〕，餘不可因宗尹進退。若令居正去，是使之爲黨。卿等在朝，當爲朕力破黨與。」呂頤浩等曰：「謹遵聖訓。」上謂頤浩曰：「劉光世與卿有故怨，諸事略與應副。」因以廉、藺事爲戒。又曰：「君相本是一體，不須避形迹嫌疑。」頤浩具奏光世所以怨之本末。因曰：「臣蒙聖恩，再使備位宰相，命不足惜，但觀近日事尤費力。」秦檜曰：「自頤浩到，留滯事頗已決遣。」上曰：「亦聞之。」檜曰：「頤浩所謂費力者，蓋恐小人不悦事，多掣肘耳。」上曰：「但問縉紳公論，小人何足恤也。」

乙丑，以新除給事中兼侍講洪擬爲吏部尚書。言者以未嘗歷州縣。擬請外，遂除龍圖閣待制、知温州。

侍御史沈與求言：「馬進昨攻九江，由帥臣朱勝非赴鎮太緩。」丙寅，詔勝非落觀文殿大學士，責居江州。

言者以謂：「近差甲頭催税，其害又甚於保長。」戊辰，户部奏：「甲頭於三十户輪差，初無高下，而大保長乃有力，可以倚仗。」詔從之。

己巳，詔登州防禦使郭仲荀復護國軍承宣使，主管殿前司。

庚午，以户部尚書孟庾爲參知政事。

初，金虜右監軍兀朮駐兵於熙河、秦、雍。至是，相繼移寨，欲窺蜀。宣撫處置使張浚令陝西都統制吴玠，於鳳翔府之和尚原先處戰地，誘致其來。兀朮乃引衆十餘萬，造浮橋於寶雞縣，渡渭來犯。玠遣統制官吴璘、雷仲率諸將，選勁弓强弩，分番迭射，號駐隊矢〔二〕，接發不絶，且繁密如雨。虜稍却，則以奇兵旁擊〔三〕，斷其糧道，又劫破賊寨。乙亥，與虜戰凡三十餘陣，兀朮中箭而遁，俘其將羊哥孛堇及酋領三百，甲軍八百〔四〕，殺賊衆横屍滿野。是役也，兀朮往返萬里，始末三年，其衆之損者踰半，皆呻吟，扶擕以歸〔五〕。兀朮初有從馬數百，至是，僅留其六。道由平陽府，僞守蕭慶以三馬奉之，於是北歸燕山。

王之望記西事曰：張浚之敗，賴吴玠獨全一軍，據和尚原以守，金人屢攻之不克。後大破虜軍，殺其酋帥，人多疑不實。夫吴玠之捷，四太子之死，固未可知，虜若不敗，則今已無四川矣。故陝西之敗，皆浚爲之。然而金人不能取蜀，亦其用玠之力矣。

乙酉，宰執言郭仲荀初除管軍，例得閤職。上曰：「祖宗待三衙之厚如此。」富直柔曰：「祖宗時，三衙用邊功、戚里、班行各一人，蓋有深意。」上曰：「參用戚里，固祖宗法，然礙處亦多，恐不可用。」於是，宰執退而歎曰：「此言可爲後世法。」

丁亥，宰執奏有司勘到僞造告身，事連知閤門事潘永思。上曰：「永思雖戚里，既有過，安可廢法？」於是，令罷閤職就逮。秦檜退而歎聖德曰：「卓哉此舉！」

初，工部侍郎韓肖胄在都司時，嘗言國以兵爲强，兵以食爲本，宜理淮南，以修農事，則轉輸可省。遂命屯田郎官置局建康，行屯田之法於兩淮。上又親書趙充國傳，刻石摹本，賜諸將以厲之。於是，荆南鎮撫使解潛於部内五郡屯田，且辟直秘閣宗綱爲措置官。而公安知縣孫倚率先辦集，詔加兩秩。既而，言者復請江之南岸亦興屯田。戊子，江西大帥李回又言江州赤地千里，望依淮、浙，委監司興營田。并從之。

初，知興元府兼利夔路制置使王庶〔六〕，籍興元及諸縣良家子弟，號曰義士，以縣令爲軍正，而武勇知邊事者副之。尺籍伍符，皆如舊制，軍聲甚振。至是，宣撫使上其壯。甲申，庶自待制爲徽猷閣直學士。

王之望記西事曰：張浚以王庶帥興元，制置利、夔兩路，付之軍事。然官軍甚少，恃以用者皆招安之盜，驕不可用。又團結民兵，號爲義士，興元、興洋得七萬人，旋教鼓旗，有類兒戲。去年八月間，傳虜將以陝西之衆數路大入，蜀人震恐，但營築山寨，般糧清野，爲避狄計耳。

吕大麟見聞録曰：王庶立義士，其法甚妙。紹興初富平大衄之後，兵卒單寡。

庶於興元府興、洋、金、蓬、開、達諸處，令州縣選强壯。每兩丁取一丁，三丁取二丁，與免户下物力錢二百千。每五十人爲一隊，以知縣爲軍正，尉爲軍副。日閲武於縣，月閲武於州。不半年，有兵二十萬。每遇州教，則厚犒賞之。教閲有方，可以出戰，則令尉便與改秩。今川口義士尚衆，皆庶倡之也。

己丑，詔越州陞爲紹興府。

吏部郎官廖剛言：「臣前所獻幸閩之説〔七〕，姑備一時之急耳。國家艱難，亦云極矣。物極則反，今乃圖新之時，故經營建康，殆不可緩。歲晚固所未暇，俟有機會可乘，當擁六師〔八〕，往爲固守之計。彼虜雖黠，詎能妄意吾之虚實而窺竊也哉！且東南建國，無易金陵。臣聞劉豫在齊、魏間省徭薄賦，專務休息，招徠人士，誘以僞官，安知其不圖吾根本地乎？要之出其不意而徙居焉，亦先事制人之道也。」尋除剛起居舍人。剛又言：「伏見陛下詳延儒臣，採摭故實，爲説以進。而游意翰墨，博覽羣書，亦可謂好學矣。然帝王之學與文士異。堯、舜、禹、湯、文、武、仲尼，汲汲皇皇，是其用心亦必有在矣。且援孟子所言，天下國家之本在身，與大學之道治國平天下，其端在正心誠意。願陛下去末學之無益，坐進此道，則可以福羣生也。」

初，建寇范汝爲未平，而本路制置使辛企宗握兵玩寇，一路騷然。詔以大理少卿朱宗爲本路漕臣。宗，仙游人，紱子也。宗入對言：「民困亡聊，弄兵以延一旦之命。陛下第追還制置使，以此事付臣，可毋戰而平也。」上詔宗行。而企宗方議募兵，檄取錢糧數多，宗遺書責之曰：「公擁兵彌年，州縣餧餉費百萬，而責取未已，民在壑矣，公爲則自爲之。」

初，詔企宗放散汝爲之黨，企宗乃奏汝爲乞於福州就糧，不遵聖旨，遂詔企宗措畫。而企宗怯懦不能制賊，反屯其衆於建之城外。上乃擢吏部郎官胡世將爲監察御史、福建撫諭。世將既至，汝爲尚懷反側，猶肆剽掠。而招撫官謝嚮〔九〕、陸棠顧與賊通。亟捕嚮、棠與制置使屬官施逵付獄〔一〇〕。又樞密院審計官沙縣張致遠請告歸鄉，因白宰執，乞遣重兵討之。而知福州程邁，亦請改命將臣。

又是時曹成、馬友有衆數萬，轉掠湖南北。而山東賊白氈笠劉忠者，嘗與兀朮戰，頡頏而南，自黥其額，號花面獸，據潭之白綿山，號爲最强。左僕射呂頤浩建言：「先平內寇，然後可禦外侮。」

十一月戊戌，乃詔參知政事孟庾爲福建、江西、湖南宣撫使，太尉、武成、感德軍節度使韓世忠副之，發大軍由温、台路先往福建，次赴餘路。仍罷企宗，以其軍隸世忠。庾遂辟致遠充隨軍機幕。既而，世將奏謝嚮、陸棠死於路，逵得以歸罪二人，止從輕典，送遠郡羈管。中途逸去，後改名宜生，竄入僞境。

詔紹興府漕運頗艱，難以久駐，可移蹕臨安府。

初，景靈宫萬壽觀、會聖宫章武殿神御并在温州。甲辰，詔差内侍岑崟充迎奉主管官〔一一〕。時又迎奉太廟神主，亦令内侍省選官主管。仍罷提點鄭士彦，别命郎官一員赴温州，充提點官。凡有事移牒州縣，并申提點官，其主管官毋得輒行。初，萬壽觀有章獻皇后用黄金所鑄真宗像及后像，既而上曰：「置金像，外方人所側目，若不取入〔一二〕，是誨爲盜也。」因愀然謂宰執曰：「朕播遷至此，不能薦饗宗廟，奉衣冠出游，令祖宗神御，越在海隅，念之坐不安席。」聖語在明年閏四月，今聯書之〔一三〕。

先是，淮南賊張琪既爲統制官閻皋等所敗，其黨姚興、王越引所部詣統制官巨師古降。琪西走，追擒之，送行在。乙巳，戮於市。

初，熙寧中，陳襄在經筵，嘗薦司馬光以下三十三人。至是，上得襄薦章稿。壬子，宣示百辟，仍詔内外侍從官各舉所知。

翰林學士翟汝文進承旨。

初，常州守臣周杞坐殘虐敗官。是夏大旱，上御邇英閣，問所以致旱之由。給事中胡交修爲中書舍人，對曰：「此殆杞佚罰。」遂以杞屬吏。至是，獄具。甲寅，上曰：「凡當官者小過未有害，惟濫刑爲當懲。聞杞數濫殺人，豈得不治？朕日聽斷，若任情殺人，豈不可耶？顧非理耳。」於是，宰執將順聖德，退而記之，以垂訓萬世。時杞謂交修讒己，乃上書告其罪，詔遣大理寺丞胡蒙詣常州按驗，反覆窮究，交修無所掛，然羣從亦多抵罪。蒙，歷城人也。

初，召左僕射吕頤浩復相，而同知樞密院事富直柔與司諫韓璜，及神武中軍統制官辛永宗兄弟見上，多言吕頤浩之短。至是，侍御史沈與求言直柔與璜等結爲朋黨。丙辰，罷直柔爲提舉洞霄宫，而璜等亦皆黜去〔一四〕。

是日，頤浩因奏事，言與求前論范宗尹，後擊直柔，頗爲稱職。上曰：「論宗尹固當，今能破直柔私黨，尤非小補也。」初，復江淮等路發運使，以寶文閣直學士權邦彦爲之。邦彦暗而傲，士論不與。至是，呂頤浩又薦邦彦爲兵部尚書。

初，選人永嘉婁寅亮嘗陳宗社大計，深契上意。至是，以爲監察御史。制略曰：「爾上書論事，慮國則深。既遷之一官，朕意未足。」中書舍人程俱辭也。

宣撫使孟庾總大軍道由温州，守臣龍圖閣待制洪擬趣庾赴援。庾怒，於饋餉外命擬亟犒師，犒已即行。擬歸，未及州治，軍人已塞滿庭下，訩訩且不測，擬即借封樁錢用之，事已自劾，詔書獎其知變，加秩一等。

金虜簽軍之法，以家業高下定之者，曰家户軍，以人數多寡定之者，曰人丁軍。稱家户者不以人數，稱人丁者不以家業。時雲中有陳氏婦姑，持其産簿，訴於左元帥粘罕，謂父子俱以陣亡，願盡納産，乞免充軍。右監軍悟室怒其沮法〔一五〕，贊粘罕誅之。於是，國人皆怨。而粘罕又禁諸路之民，不得擅去鄉里，凡出必先告，官給蕃漢字公據，然後可行。左監軍撻辣請於粘罕，謂西路之軍有解鹽可贍，而東路無之，乞割齊境滄州鹽場，以贍其軍。蓋撻辣怒劉豫不拜，奪其利。而粘罕方專權芘豫，故不之許，然撻辣自是憾豫愈深矣。

初，吕頤浩帥江東，置司池州。既召入，令知池州劉洪道攝帥事。

是月，以資政殿學士葉夢得爲安撫大使，始還帥府於建康。時建康荒殘，見兵不滿三千人，諸將散居他郡。夢得至，乃奏移宣州駐劄韓世清一軍屯建康府，追水軍統制官崔增屯采石，及統制官巨師古、閻臯分守要害，而世清尚未至也〔一六〕。於是，夢得召集流民，稍稍復業，商販亦通。

時羣盜蜂起，右文殿修撰胡安國一日謂其門人楊訓者曰：「昔寇起燕山，則關中、河北可避。入關、河，則淮南、漢南可避。今至湖外，惟二廣耳，又焉保二廣之無寇也？至此可謂窮矣，只得存心以聽命。」訓問曰：「存心如何？」安國曰：「行善而莫爲惡耳。」

十二月甲寅，詔依祖宗故事，置樞密都承旨一員，以兩制爲之。

建寇范汝爲聞大軍將至，亟入據州城，監司守宰以下皆遁去。賊將葉徹往犯南劍州。先是，制置司撥統制官任士安一軍駐州城西。賊至，未肯力戰。守臣張觷獨率州兵出拒，射徹死，而賊退。𦙶，侯官人也。𦙶知士安方懼無功，即函徹首與之，州兵皆憤，𦙶曰：「早晚賊必再至，非與大軍合不能破也。」士安得之大喜，遂馳報諸司，謂已斬徹。未幾，徹二子曰文曰武，果引衆，聲復父讎，縞素來攻。於是，士安與州兵偕戰，賊大敗，汝爲自此益挫。

庚午，詔略曰：「聞范汝爲嘯聚日久，今再遣師徒，剪除其徒。有能執汝爲請命者，當受重賞，其餘咸赦除之。」上因諭宰執曰：「若不許其自新，何以示好生之德？」秦檜曰：「天地大德曰生，聖人大寶曰位，何以守位曰仁。惟仁則能好生而配天地，以守其位也。」既退，呂頤浩請記以爲訓。

時宣撫司軍已次福州。於是，孟庾留福，而韓世忠總兵趨建。知福州程邁謂世忠曰：「賊方鋭，宜少休，以俟元夕。」世忠笑曰：「吾以元夕凱旋見公矣。」時賊於正南路植巨木爲鹿角，及施設陷馬坑以拒王師。世忠命諸軍偃旗仆鼓，由小路徑至鳳凰山，繞出賊背。范汝爲震怖，以謂從天而下。於是，列寨以環其城，賊夜遣衆劫寨，戰敗而走。

丁丑，詔略曰：「比緣國難，盜起未息者，蓋姦贓之吏無恤民意。及煩王師，而軍須不免又取於民。因循展轉，日甚一日。民欲不爲盜，不可得也，朕甚憫焉。可將建炎三年以前積欠，除形勢户及公人外，一切蠲除。如州縣不奉詔，或監司迫令州縣要默解其意，巧作催科者，并除其名，令御史糾之，仍多出黄榜以示民。」

初，上欲舉祖宗舊法以治贓吏，仍先諭使通知，庶行之不暴。宰執奉詔，仰服聖慮周盡如此，則麗於法者，當無憾矣。丁亥，言者謂贓吏當棄市。上曰：「杖之足矣。朕本欲專尚德化，顧贓吏害民，用兵有甚不得已，豈忍遽置縉紳於死耶？」

右司諫方孟卿言：「比年大兵所過，恣爲剽掠，有甚於賊，願賜丁寧。」乃詔：「自今出師，毋得秋毫騷擾。樞密院察大將，大將察統制，統領官以下遞察，犯者并行軍法。」

時宣撫處置使張浚移軍閬州，令參議軍事劉子羽於關外調護諸軍，子羽頗得衆心。又總領趙開兼都漕，號善理財，不加賦於民而軍用足。戊子，宰執奏浚今居閬爲水運以給西軍。上曰：「朕料浚必能立功。」秦檜言：「臣初至行朝，見論浚者紛紛可駭，賴陛下保全，使得安迹。萬一有功，實陛下知人善任，使不惑浮言之效也。」上因論：「天下事有利必有害，但利多害少，皆可爲。如前年航海，一板之外，便爲罔測。使惑於浮言，逡巡不決，豈不敗事？」於是，宰執退至省，未食，而浚和尚原捷報已至，乃相與歎仰聖明知人善料敵如此，顧恐人臣不才，無以稱任使耳。既而，浚以功除定國軍節度使，職仍舊。

壬辰，吏部尚書胡直孺卒。

初，劇盜曹成衆屯攸縣。時湖南帥臣向子諲兵不滿千，駐司於衡之安仁，遣官招撫，成亦聽命。子諲乃遣統制官韓京一軍西守衡陽，吴錫一軍南定宜章，賊徒逡巡不敢南向百有餘日。上江諸郡旁嶺列城，遂得以獲。既而諸路援兵不至，監司縮手旁觀。成忿子諲扼己，使不得南〔一七〕。是月，擁兵鼓噪至安仁。子諲度不可遏，乃單騎入其軍，諭以國家威靈。成不服，遂執子諲，擁之入道州。

鄧隨郢鎮撫使桑仲雖已受朝命，而猶恃兵衆，再圖取金州。是冬，復引衆攻房州。金均房鎮撫使王彦與戰於青林澗，大敗之。

建炎中，詔西外宗司居高郵軍，南外宗司居鎮江府。及渡江以來，遷徙不常。是年，西外宗居福州，南外宗居泉州。其後，兩宗學各置教官，如諸州例云。

時金虜左監軍撻辣居祁州，而其衆尚留承、楚。浙西大帥劉光世守鎮江，欲攜貳之，乃以金銀銅爲三色泉，其文曰「招納信寶」，獲虜人則燕餞而遣之。未幾踵至，得數千衆，皆給良馬利器，用之如華人。因創赤心、奇兵兩軍，頗得其用。

初，五路既陷，金虜悉割以屬僞齊。虜以陝西重地，自右監軍兀朮敗走，都統婁室病死，而忠護軍翟興屯伊陽山，又知鳳翔府吴玠見保和尚原。右副元帥粘罕欲固人心〔一八〕，乃以女真萬户撒離曷爲經略使，駐兵鳳翔府以守之。

校勘記

〔一〕當責王俁萬格兩人　「俁」，原作「俟」，據四庫本中興小紀卷一一改。

〔二〕號駐隊矢　「矢」，原作「失」，據四庫本中興小紀卷一一改。

〔三〕則以奇兵旁擊　「擊」，原作「繫」，據四庫本中興小紀卷一一改。

〔四〕甲軍八百　「甲」，原闕，據四庫本中興小紀卷一一補。

〔五〕扶攜以歸　「扶」，原闕，據四庫本中興小紀卷一一補。

〔六〕知興元府兼利夔路制置使王庶　「夔」，原闕，據四庫本中興小紀卷一一補。「制置」，原作「安撫」，亦據改。

〔七〕臣前所獻幸閩之説　「前」，原作「聞」，據四庫本中興小紀卷一一改。

〔八〕當擁六師　「師」，原作「帥」，據四庫本中興小紀卷一一改。

〔九〕招撫官謝嚮　「撫」，原作「安」，據四庫本中興小紀卷一一改。

〔一〇〕亟捕嚮棠與制置使屬官施逵付獄　「逵」，原作「宜生」，據四庫本中興小紀卷一一改。按：宜生之名，乃施逵逃脱後所改，不應此時即名宜生。宋史卷三七六張致遠傳亦有「捕嚮、棠及制置司屬官施宜生付獄」之記事，皆誤。

〔一一〕詔差内侍岑崟充迎奉主管官　「崟」，四庫本中興小紀卷一一作「崟」，未知孰是。

〔一二〕若不取入　「入」，原爲「人」，據四庫本中興小紀卷一一改。

〔一三〕聖語在明年閏四月今聯書之　以上注語原闕，據四庫本中興小紀卷一一補。

〔一四〕結爲朋黨丙辰罷直柔爲提舉洞霄宮而璜等亦　以上原闕，據四庫本中興小紀卷一一補。

〔一五〕右監軍悟室怒其沮法　「右」，原誤作「左」，按當時金元帥府左監軍爲撻懶，悟室爲右監軍。迨兀朮陞右監軍，悟室已離軍矣。此其未離軍時事也。

〔一六〕而世清尚未至也　以上原闕，據四庫本中興小紀卷一一補。

〔一七〕使不得南　「使」，原作「便」，據前後文義改。

〔一八〕右副元帥粘罕欲固人心　「元」，原作「大」，據四庫本中興小紀卷一一改。

宋朝中興紀事本末卷二〇

起紹興二年正月盡三月

紹興二年歲在壬子。

春正月甲午，詔復賢良方正能直言極諫科〔一〕。令待制以上各舉一人〔二〕，但學業優長，不拘已仕未仕。詔略曰：「祖宗以來，百餘年間，嘗以是科獲致豪俊。朕方求才以濟艱難之運，尚期得人，遠追前烈，庶無愧於斯焉。」

時劇寇曹成擁潭帥向子諲見在道州，而荆湖宣撫使吴敏尚未率師度嶺。於是，右文殿修撰胡安國貽書於敏，以謂：「帥臣見執而方伯不能治，此方伯之耻，不知策將安出？願速遣前軍，進由昭、賀，以通春陵。北檄韓京，自衡移永〔三〕。東檄吴錫，嚴兵宜章。而親總中軍，急度嶺而北，下臨清湘，據三湘上流之地。然後詰問曹成擅移屯所與執帥臣之罪，就檄子諲赴使司軍前議事。若其悔罪自新，則與之招安。不然，斷而討之，勝負可決。若復延久，必生内變，矧迫東作之期。民失耕種，不待接刃，已擠於溝壑矣。」未幾，成送子諲歸。

宣撫副使韓世忠攻建城。辛丑夜，賊稍怠，官軍梯而上，城遂破，殺賊衆一萬餘人。賊敗走〔四〕，葉諒以一軍徑走邵武，范汝爲竄入回源洞，自縊死。世忠遣兵追諒，并賊驍將張雄等皆擒戮之。初，世忠意城中人皆附賊，欲盡殺之。至福州，見觀文殿學士李綱，綱因曰：「建城百姓多無辜。」世忠受教，故民得全活。及師還，父老送之，請爲建生祠，世忠曰：「活爾曹者，李相公也。」

辛丑，提舉太平觀劉珏卒於梧州。

壬寅，上幸浙西。

丙午，上至臨安府駐蹕。

壬子，以侍御史沈與求爲中丞。與求以軍儲窘乏，首陳屯田利害，爲集議一卷上之。又以禁衛單寡，乃言：「陛下將圖大舉，則先務之急，宜莫如兵。漢有南北軍，唐自府兵彍騎之法壞，猶内有禁兵，外有鎮兵，故無偏重之勢。今兵權不在朝廷，雖有樞密院及兵房、兵部，但奉行文書而已。願詔大臣講求利害，使人情不駭而兵政益修，以助成中興之業。」

時邵青、李捧、單德忠三盜皆就招，已至臨安。乙卯，上詔宰執往汰其衆，萬人中留鋭卒三千，可備出戰者，庶國無虚費。時三盜有衆二萬三千。於是，吕頤浩、秦檜與大將張俊同閲，其間可留者僅七千，一如上所料。

先是，節制兵馬王以寧擅興外境，徑造潭州，戮命官，移守將，爲言者所論，纔降官充監當。又利州觀察使孔彦舟累蒙超除，迷不悔罪，愈肆猖獗，大掠湘中，下趨鄂渚，乃得舒、蘄二州鎮撫。宣撫處置司機宜傅雱入彦舟軍中，遂爲之用。所至文檄，皆以宣司爲名，誅求州縣。右文殿修撰胡安國憤之〔五〕，因貽書右僕射秦檜，以爲政刑失當，莫甚於此，宜正國法。又言：「馬友據岳陽，犯長沙，買馬招軍，大集亡命。而鼎帥程昌寓乃與關通，公行文牒，謂已奏爲湖東總管。曹成擁衆南侵，而友畏成分有其地，遂致書誘令取全、道以入廣西，成遂南掠。今諸寇連衡，民不奠居，已迫東作之期。若更遲遲，失其農業，無食無衣，同歸於盡。朝廷雖除前宰臣吴公敏宣撫三路，而廣西兵寡〔六〕。宜就遣大將韓世忠以爲之副，早令殲殄羣寇〔七〕，收拾遺民。又子諲忠節，在今日可以扶持三綱，顧憐其無救而陷於賊，復加任用，俾收後效。」時已召安國爲中書舍人，尚未受命也。

二月甲子，詔御府圖籍，經遷徙散亡。比聞平江府賀鑄家見鬻所藏書，令守臣悉買之，以付秘書省。

鼎寇楊華自去冬出降，而楊廣爲其徒所殺，惟楊么在，有衆數千，么與黄誠俱爲賊首。又曹成自道州南寇賀州。

乙丑，宰執奏事，吕頤浩等因陳天下大勢，謂當用二廣財力，葺荆、湖兩路，遂通京西，以接陝右，此天下左臂。而京東諸州爲叛臣所據，正如國初河東，且留以蔽虜。諸路先定，并力圖之，似未爲晚。秦檜因請自至湖外當一面，效羊祜鎮襄陽之體。上曰：「卿等當居中運羣材，不可授人以柄。」於是，吕頤浩等奉詔，感歎而退。

時湖廣三路宣撫使吴敏不能制賊，爲言者所論而罷，降爲資政殿學士、提舉洞霄宫。又知道州向子忞亦爲監司劾罷。於是，新除中書舍人胡安國寓書於左僕射吕頤浩〔八〕，略曰：「昔韓忠獻公秉政十年，勳蓋一時，權震天下。然議者亦排之，則孫公沔、李公參、吕公誨、王公陶與司馬公光是也。衆人常情，睚眦爲報，而忠獻公於此數人皆引用之，各盡所長，不以爲怨。而近世諸人，借國威福，行其私意，取快一時。欲救往迷，政在今日。相公中間均逸，亦有異同之論。今日公衮言歸，進退賢否，賞罰功罪，固以至公無我爲先，報復恩讎爲戒。比於忠獻，猶有不及，未免天下之疑。豈甲兵之問日至廟堂，機務叢委，偶未察耶？以貴者言之，如舊相吴觀文起帥長沙，繼除三路宣撫。吴雖辭免，而軍書羽檄，輻輳門巷。又以劇盗方集境中，恐失事機，惶恐拜命，鳩兵選將，夙夜究心，亦未爲失。一旦賜罷，自觀文降資政，自通議降太中，傳播諸方，駭動觀聽，所可疑者一也。以微者言之，向子忞之守道，鋤治姦猾，雖犯衆怨，識者是之。中乞移按他部，不爲過也。巨寇侵凌，衆寡不敵，移守山寨，而外臺乘此交劾罷之，所可疑者二也。相公平心爲相，施於貴者將存其事體，施於微者當海度容之。若改正此二事，不違於公議，釋疑於天下矣。夫宰相時來則爲，不可擅爲己有，人才亦各自負，不可蓋以己長。安國見辭新命，冀賜片言，俾從所欲，則受賜大矣。」

丁卯，詔選人七階，悉分左右字。

吏部侍郎李光、李彌大并遷尚書。光吏部，彌大户部。彌大，吴縣人也〔九〕。

庚午，詔觀文殿學士李綱爲湖廣宣撫兼知潭州。樞密院就福建差統制官任士安以兵三千從之。時人多賀綱，其客陳沖用者獨不賀。或問其故，沖用曰：「丞相在靖康末，以天下安危自任，人望所歸。今雖閑居，人望攸重。若因此成功，尚蓋前失。萬一無所成，平日之名掃地矣，何賀之有？」

初，福建等路宣撫副使韓世忠統兵自江西入湖南。至是，曹成已入賀州，世忠遣提舉官董旻馳往招之。又馬友爲其下所殺，衆皆出降。惟白氈笠劉忠據潭之白綿山，阻湖水以自固。世忠曰〔一〇〕：「以此宜急擊。」宣撫使孟庾曰：「功幸已成，而師久勞。若趨白綿不捷，則前功盡廢。」世忠曰：「兵家利害，非參政所知。請期半月，當馳捷以獻。」庾不能奪。世忠引所部與賊對壘，按兵不動。一日，先遣鋭卒二千，銜枚夜進，伏白綿山上。戒之曰：「俟賊空壘出戰，汝疾馳入奪中軍望樓，植麾張蓋。」既而，世忠引兵進攻，賊悉衆拒戰，勝負未分，而所遣鋭卒已立旗蓋於賊之望樓。傳呼如雷，賊回顧驚潰。忠大敗，乘小舟逃去，欲投劉豫，其徒斬其首，馳詣世忠以降。

時宣州駐劄韓世清怙衆跋扈，又李成、劉忠餘黨尚在淮西。甲戌，乃詔吏部尚書李光爲江東招撫使，以神武前軍都統制王瓔副之。

丁丑，復置中書門下檢正官一員。

宣撫處置使張浚奏金虜酋領有不免者。己卯，上謂宰執曰：「此知天意所在，朕當兢畏，以祈天弭禍，國庶幾其有瘳乎？」秦檜曰：「近陛下屈己從諫，中外士民，莫不感悦。」

召前尚書郎南昌徐俯爲右諫議大夫。於是，中書舍人程俱密奏：「俯，禧之子而黄庭堅之甥，雖才俊氣豪，然所歷尚淺。今以前任省郎遽除諫議，自元豐更制以來，未之有也。考之古今，非卓然傑出，如陽城种放，則未嘗不循資望而進。臣願陛下須其至，姑以所應得者命之。他日置之左右，何所不可？如元積在長慶間，命知制誥以至翰林學士，真不忝矣。止緣自荆南判司命從中出，召爲省郎，便知制誥，遂喧朝聽。時謂荆南監軍崔潭浚引之。近傳俯與中官倡和，有『魚須』之句，號爲警策。恐外人不知陛下所以得俯之由，以此爲疑，仰累聖德。如臣言可採，乞收還前命。」甲申，詔俱提舉江州太平觀。

乙酉，上謂宰執曰：「人主待臣下，當以至誠。知其不可用，不若罷去。疑而留之，無益也。」又曰：「人主之德，莫大於仁。仁之字，非堯、舜不能。」於是，呂頤浩等仰聖學高明，以誠仁二者，治心修身正家治天下有餘裕矣，退而以爲當記。

先是，知明州吴懋獻錢五萬緡。戊子，殿中侍御史開化江躋言：「朝廷受此無名，恐小人觀望效尤，殘民以爲己利。望斥還之，仍加黜罰。」詔委憲臣勘實，如係科民，即仰給還。既又降懋兩官。懋乃晉陵人。時四明承喋血之餘，公私掃地。別將陳思恭統步軍二萬，張公裕統水軍一萬，留戍郡境，軍費不貲。懋得榷酤之贏，以資稍稟，民不知兵。朝廷嘗以直秘閣寵之，至是貶秩而去。尋察其枉，除湖北轉運判官。

左僕射呂頤浩屢請因夏月舉兵北向〔一一〕，以復中原。且謂：「人事天時，今皆可爲。何者？昨自維揚之變，兵械十亡八九，未幾，虜分三路入寇，江、浙兵皆散而爲盜。自陛下專意軍政，揀汰甚冗，修飭器甲，今張俊軍二萬，有全裝甲萬副，刀槍弓箭皆備；韓世忠軍四萬〔一二〕，岳飛軍二萬三千，王瓊軍一萬三千，雖不如俊之軍，亦皆精鋭。劉光世軍四萬，老弱頗衆，然選之亦可得其半。又神武中軍楊沂中、後軍陳思恭，皆不下萬人。而御前忠鋭如崔增、姚端、張守忠等軍亦二萬。臣上考太祖之取天下，正兵不過十萬。今有兵十六七萬，何憚不爲？且嚮者邵清擾通、泰，張琪劫徽、饒，李成破江、筠，范汝爲據建、劍，孔彦舟、馬友、曹成等爲亂於江、湖，朝廷枝梧不暇，今悉已定。又自虜之南牧，莫敢攖其鋒者〔一三〕。近歲張俊獲捷於四明，韓世忠扼於鎮江，陳思恭擊於長橋，而張榮又大捷於淮甸，良由虜貪殘太甚，天意殆將悔禍。又虜以中原付之劉豫，而豫煩碎不知國體〔一四〕。三尺童子，知其不能立國，事固可料。觀宇文虚中密奏，雖未可盡信，然虜騎連年不至淮甸，必有牽掣，則天意蓋可見矣。今韓世忠已到行在，臣願睿斷早定，命世忠、張俊與臣等共議，決策北向。令世忠由宿、泗，劉光世由徐、曹以入，又於明州留海船三百隻，令范温、閻皋乘四月南風北去，徑取登、萊〔一五〕，此數路皆有糧可因，不必調民饋運。大兵既集，豫必北走，所得諸郡，就擇土豪守之。虜舉兵來争其地，則彼出我入，彼入我出，擾擾數年，中原可復。况今之戰兵，其精鋭者皆中原之人，恐久而銷磨，異時勢必難舉，此可爲深惜者也。」

初，北賈有至建康者，言中原民苦劉豫虐政〔一六〕，皆望王師之至，前後所言略同。知壽春府陳辨者，始貳於豫，兼用紹興、阜昌年號。又知濠州寇宏，本羣盗，與僞宿州守胡斌通。至是，建康大帥兼淮西宣撫使葉夢得使拊之，辨、宏皆聽命，因與之錦袍、銀槍之屬。既而豫遣其將王彦充攻壽春，爲辨所敗，而宏遂與斌絶。夢得密令二州布本朝德意，務以懷來，辨遂復固始縣。宏招納吴青等二千餘人。會豫衆復犯二州，夢得遣統兵官王冠等援之〔一七〕。豫衆遁去，遂復光州。

三月，言者以謂：「中原未復，而米多出二浙。今虚存發運一司，以催綱爲名，歲費十六七萬緡，以養無用之官吏。彼自知無所職，乃請於朝，糴米以塞責而已。」戊戌，詔罷之。

先是，江東招撫使副李光、王瓊總兵至宣州。言者謂：「去冬嘗降御札，略曰：『張俊將軍，秋毫無犯，頗慰朕懷。』堯言一布，天下孰不傳誦？今瓊副光，出使江東，恐未能仰副德意。望下臣章付光，飭瓊等，遵稟聖訓。」詔札付光。瓊既與光擒韓世清誅之〔一八〕，仍揀其衆，瓊部之赴行在。左僕射吕頤浩因奏其事。上曰：「去歲累諭范宗尹，此乃腹心之疾，而宗尹遲疑不決。不知毫芒不除，將尋斧柯也。」時知建康府葉夢得請祠。己亥，以光爲端明殿學士、知建康府，兼壽春、滁、和宣撫使。上曰：「江東一路，遂帖然矣。」

癸丑，詔諸縣造簿之歲，姦贓狼籍，民被其害。自今産去税存之户，盡時催割〔一九〕，庶民不被横斂。如違，官吏盡竄海島，知通監司不舉者同罪，許民越訴。

詔：「昨誘淮東民佃田，免税二年，異時止據當年已種畝數令輸，其續墾到田，亦據實數添焉，庶人户曉然，易以安業。如州縣踰數，坐以違制。」

諸路省試合格進士〔二〇〕，并集行在。

甲寅，上御集英殿策試。上曰：「試舉人以鯁直爲上，諛佞者降之。庶士知朝廷所尚，習成風俗。崇寧以來，宰相惡人敢言，士氣不作，流弊至今，不可不革。」既，遂賜張九成以下二百五十九人及第、出身。九成，餘杭人也。上曰：「凡士人須自初進别其忠佞，庶可冀其有立。如九成對策，上自朕躬，下逮百執，言之無所回避，擢爲首選，其誰曰不然？」時有犯廟諱者，依格降等。至犯御名者，上曰：「朕豈以己名妨人進取耶？」命本等收之。

時隴州移治方山原，軍儲芻穀，多聚其中。是月，吾叛將張中彦、慕洧等引虜衆來攻，城將陷，陝西都統制吴玠自和尚原遣同統制官楊政引兵救之。圍既解，連戰又捷。於是，宣撫處置使張浚奏，擢政知鳳州。政，臨涇人也。

校勘記

〔一〕詔復賢良方正能直言極諫科　「科」，原闕，據四庫本中興小紀卷一二補。

〔二〕令待制以上各舉一人　「上」，四庫本中興小紀卷一二改作「下」，非是。待制以上爲侍從官以上，非侍從官下至百官。建炎以來繫年要録卷四七紹興元年九月甲辰載：「禮部言：自今應賢良方正科，乞并用從官三人薦舉，不如所舉者坐之。」

〔三〕自衡移永　「衡」，原作「衛」，據四庫本中興小紀卷一二改。

〔四〕賊敗走　「賊」，原闕，據四庫本中興小紀卷一一補。然小紀下「接葉諒以一軍」句，前無「敗走」二字，今補而不删此二字，庶句意完整。

〔五〕右文殿修撰胡安國憤之　「憤之」，原闕，據四庫本中興小紀卷一二補。

〔六〕而廣西兵寡　「西」，原闕，據四庫本中興小紀卷一二補。

〔七〕早令殲殄羣寇　「殄」，原作「殘」，據四庫本中興小紀卷一二改。

〔八〕新除中書舍人胡安國寓書於左僕射吕頤浩　「左」，原作「右」，據四庫本中興小紀卷一二改。

〔九〕彌大吴縣人也　以上原闕，據四庫本中興小紀卷一二補。

〔一〇〕世忠曰　「曰」，原闕，據四庫本中興小紀卷一二補。

〔一一〕左僕射吕頤浩屢請因夏月舉兵北向　「左」，原作「右」，按：頤浩以紹興元年九月拜左僕射，因據改。

〔一二〕韓世忠軍四萬　「軍」，原闕，據四庫本中興小紀卷一二補。

〔一三〕莫敢攖其鋒者　「攖」，原作「嬰」，據四庫本中興小紀卷一二改。

〔一四〕而豫煩碎不知國體　「而豫」，原闕，據四庫本中興小紀卷一二補。

〔一五〕徑取登萊　「登」，原作「東」，據四庫本中興小紀卷一二改。

〔一六〕言中原民苦劉豫虐政　「言」，原闕，據四庫本中興小紀卷一二補。

〔一七〕夢得遣統兵官王冠等援之　「冠」，原作「寇」，據四庫本中興小紀卷一二改。

〔一八〕瓊既與光擒韓世清誅之　「與」，原作「而」，據四庫本中興小紀卷一二改。

〔一九〕晝時催割　「催」，原作「推」，據四庫本中興小紀卷一二改。

〔二〇〕諸路省試合格進士　「省」，原作「類」，據四庫本中興小紀卷一二改。

宋朝中興紀事本末卷二一

起紹興二年四月盡六月

夏四月庚午，以翰林學士承旨翟汝文爲參知政事。

神武前軍都統制王𤫊奏，起復單知微爲準備使唤。言者以謂：「知微乃省吏單知彰之兄，異時有言𤫊用知微刺取省中事機者，何以自解？昔郭子儀在邠州，嘗奏除一州縣官不報，子儀謂僚佐曰：『兵興以來，方鎮跋扈，凡百所求，朝廷常委曲從之，此無他，反疑之也。』渾瑊在蒲，有所奏不從，亦私喜曰：『上不疑我。』今陛下待二三大將，豈可不如唐之待子儀與瑊乎？」乃寢前命。

左右僕射吕頤浩、秦檜同秉國政。檜多引傾險浮躁之士，列於要途，以爲黨助。且謀出頤浩而專朝權，乃令其黨建言：「周宣王内修其政事，外攘夷狄，故能中興。今二相宜分任内外之事。」遂除頤浩都督江淮等路諸軍。己卯，上諭之曰：「頤浩專治軍旅，檜專理庶務，如種、蠡之分職。」頤浩、檜唯唯奉詔。

時二人之黨紛然競進，上頗覺之。癸未，詔略曰：「朕登庸二相，體貌惟均。凡一時所薦之士，隨才任使，尚慮寖分朋黨，互相傾摇。自今或阿附以害吾治，令臺諫糾之，嚴置諸法。」於是頤浩言：「近聞虜與劉豫合兵以窺川、陝，若於來春舉兵北向，必可牽制川、陝之急。萬一王師逐劉豫，則彼必震恐，因令韓世忠徑自西京入關，此一奇也。」戊子，乃詔頤浩總師北向，置都督府於鎮江。

宣撫處置使張浚言，已運米五萬石至荆南，欲理川口，與行在相接。是日，上謂宰執曰：「兩日前，言者猶請遣人副浚，朕謂委之不專，難以責成。」秦檜曰：「誠如聖諭。」

時中書舍人胡安國上時政論，大略謂：「陛下登極六年，謀議紛紜，未有一定。昨嘗降詔，定都建康，而六飛暫駐杭、越，乃以湖北爲分鎮，恐非設險守邦之意。且朝廷近棄湖北，遠留川、陝者，謂蜀貨可以富國，秦甲可以强兵。萬一有桀黠得之，守峽江之險，則蜀貨不得東；塞武關之阻，則秦甲不得南。猶一身束其腰膂，而首尾不相衛矣。臣謂宜必都建康，且不以湖北爲分鎮，則全據上流，出秦甲，下蜀貨，而血氣周流矣。又近者分鎮京畿、淮甸，多使暴略錯雜居之，獨安陸命文臣陳規，荆渚命武帥解潛。若降指揮，以湖北與諸鎮不同，宜有更張。考二人之績，規宜因任，潛宜改移，無不可者。仍復漕憲二司，以理財治盜。若襄陽雖已分鎮，然時方用兵，乘便分割，亦豈無機會？然後上流之勢全矣。」安國又言：「今日之勢，宜以襄陽隸湖北，岳陽隸湖南，而鄂渚隸江西。蓋祖宗都汴，其勢當自内而制外，今都江左，當自南而制北。與祖宗時事雖殊，而意則同，此復中原之勢也。」

時朝廷已除主管明道宫吕祉爲湖東提刑。祉因言荆湖分東西路，地勢人情皆不便，乞依舊爲湖南北，從之。

時軍中所上功狀，動以萬計，其中亦多冒賞。先是，詔吴世昌、孫舜卿、王懷寶、田師孟、燕珀、周濟等轉官有差。殿中侍御史江躋言：「軍賞濫，則無以勸有功。比言者嘗奏有繫名之弊，陛下令御史臺覺察，今遠者臣未能悉，姑以目前言之。如世昌等有轉至五官者，皆貪競無耻而非有勞，望行追寢。」癸丑，詔從之。

時劉豫欲遷居東京，而中護軍翟興屯伊陽山以阻其路。豫每遣人往陝西，則假道於金虜，由懷、衛、太行取蒲津，濟河以達。豫患之，嘗遣迪功郎蔣頤持書誘興以王爵，興戮頤而焚其書。於是，豫乃請於左副元帥粘罕，期必破興。會興將楊偉降虜，具陳破興之計。乃發女真萬户茶曷馬渡河，聲言攻興。興盡發兵應之，而偉潛引賊兵由間道以襲，興力戰而死。豫遣人之元帥府議，遂乘勢以是月遷居東京。至之日，大風拔木，人震恐，豫曲赦以安之。因與民約曰：「今後更不肆赦，及不用宦官〔一〕，不度僧道，文武雜用，不限資格。」且奉祖父爲帝，親巡郊社。徙弟益爲京兆留守〔二〕，禮部侍郎鄭億年爲開封尹。時僞相張孝純致仕，豫更以李鄴、范恭爲左右丞相。其後，上密詔孝純、鄴及李儔，令束身來歸，當待之如初，孝純等不奉詔〔三〕。僞太常博士、直史館祝簡獻遷都及國馬賦，其吠堯之言略曰：「蠢爾蠻荆〔四〕，弗賓弗降。固將突騎長驅，不貲一葦之航〔五〕，豈惟觀長淮飲大江而止哉！」豫批曰：「文賦非治天下者所尚，此賦極陳馬之爲用，有補爲政。與減磨勘，以示無言不酬。」又西京奉先營卒賣玉碗，疑非民間物，鞫之〔六〕，知得於山陵。遂以僞臣劉從善爲河南淘沙官，求金虜所取不盡之物。有前尚書郎李亘者，乾封人，建炎末避地不及，遂爲豫用。豫使留守北京，既而，亘謀歸本朝，豫族誅之。

閏四月甲午，上諭左僕射呂頤浩曰：「卿耆艾有勞，今總都督之任，方以大事委卿，不當復親細務。昔諸葛孔明罰二十直以上皆親之，司馬宣王以爲必不能久。唐太宗諭房、杜：『聞公聽受詞訟，日不暇給，安能助朕求賢乎？』卿自今凡事繫大體者裁決，其餘細務忽略可也。」

乙未，以宗室、朝散大夫令時主管大宗正司。上諭宰執，令易環衛官。呂頤浩言：「令時讀書能文，元祐間蘇軾嘗力薦之，恐不須易。」上曰：「令時昔事宦官譚稹，爲清議所廢，不當復齒士大夫之列。」蓋上重惜名器若此。

先是，都督呂頤浩辟户部尚書李彌大、秘書監傅崧卿爲參謀官，明州觀察使馬擴爲參議官。彌大求對，言：「東晉王導、謝安以師傅都督，未嘗離朝廷。今邊圉幸無他，頤浩不宜輕動。乘塞視師，臣等僚屬當任之。」且請諸將悉置軍正，如漢胡建故事，以察官郎官爲之，欲殺其專，自都督府始。丙申，上諭宰執曰：「朕用頤浩都督諸軍，彌大乃云：『己爲天子從官，非頤浩可辟。陛下必欲遣臣，與崧卿别爲一司，專伺頤浩之失，密啓以聞。』如此語，乃間朕君臣，憸人也。令速與一郡。」乃以彌大爲顯謨閣直學士、知平江府。未幾，爲言者所論，落職奉祠。

丁酉，罷後苑作，惟留老工數人，作弓鎧以爲武備。

戊戌，詔紹興行宫復作府治。上曰：「時方艱難，若不賜與，則須別建，賜之所以寬民力也。」

庚子，詔紹興府榷貨務都茶場移於建康府置局。

時金虜欲數路入寇。辛丑，上謂宰執曰：「金賊用兵十八年矣，子女玉帛，劫虜已盡，猶犯順不已，必有不戢自焚之禍，朕相時待釁可也。」

乙巳，宰執擬大理卿章誼知平江府〔七〕。上曰：「大理人命所繫，獄官多慘刻少恩。誼儒者，賴其奏讞平恕，可使民不冤，勿令外補。」

都督呂頤浩屢言淮南宣撫使劉光世兵冗不柬〔八〕，必敗事，欲移其一軍。丁未，上謂頤浩曰：「愚聞光世兵糧不足〔九〕，若驟移必潰。卿至鎮江，先犒設，使恩信洽然，後料柬。雖光世惟卿所用，不必移也。」參知政事翟汝文退書聖語，以爲上對臣下稱愚，此盛德之事，不可不書。

壬子，宰執奏：「今歲防秋，當用兵江、淮之間。若聖駕時巡，則諸將孰敢不盡力？第恐道路玉食不備。」上曰：「朕自艱難以來，奉身至約。昔爲元帥，與士卒同甘苦。一日在道絶糧，朕亦終日不食。居禁中，雖太官上食，間食彘肉一味。若在道路，雖無肉食，庸何傷乎？」

先是，劉光世之父檢校太傅延慶陷虜中〔一〇〕，後與本朝同陷虜者結約逃歸，爲虜所覺，遂遇害。至是，保捷卒王進自虜寨走還，光世乃知父死，乞解官。戊午，降詔起復。

初，詔神武副軍都統制岳飛討曹成賊黨。至是，成衆猶三萬。飛追至賀州，大破之，殺萬餘人。乃詔飛乘勝掩捕，及録上有功將士。

初，金虜大酋撒離曷與僞齊合兵，屯於鳳翔、長安以窺蜀，久不得志，遂欲出奇取之。至是，無故拔營悉去〔一一〕，又刷五路軍盡從以行。時陝西都統制吴玠以秦鳳經略使戍鳳州之河池縣，同都統王彦以金房鎮撫使戍金州，二鎮皆饑。而徽猷閣直學士王庶知興元府，乃過爲守備，閉石門、仙人二關，塞褒斜路，商販不通。二鎮病之，因有違言。是月，宣撫處置使張浚自閬州趨興元，檄召諸將會議。初，欲調護庶與玠、彦結好，玠、彦言與庶相遇無善狀。浚至益昌，庶亦覺有間己者，乃以素隊百人馳會。浚問以進取之策，庶曰：「富平之敗屬耳，軍未可用也。」浚遂徙庶知成都，而以便宜命參謀官劉子羽知興元府。子羽至，即弛禁通商，輸粟以濟，二鎮乃安。

初，李光爲吏部侍郎，因上疏言前知臨安府孫覿受諸縣獻錢四萬貫，及盜取激賞庫金銀〔一二〕，并糴官米，受百姓財萬計。於是，以光疏作言章行出，送大理寺。至是，獄具，衆證覿坐受錢一千八百貫。詔貸死，羈管象州。覿上書訴枉，久之，得放還。

兵部尚書權邦彥獻十議以圖中興。五月辛酉，以爲端明殿學士、簽書樞密院事。給事中程瑀言邦彥之謬，不聽。瑀，鄱陽人也。

上以宗室子偁之子生有聖質，生有聖質據會要。鞠於宮中，賜名，從王從爰。蓋默契於崔府君之名也。乙亥，詔子偁改合入官。

湖廣宣撫使李綱言：「祖宗朝所置宣撫使，以執政爲之。近張浚、孟庾爲宣撫，皆見執政。如臣起廢守藩，亦冒使名，兼庾已領湖南北，韓世忠副之，又除臣湖南，事體未便。」丙子，詔不允。

劉豫自去冬起登、萊、密三州兵，與虜衆合犯山東之忠義軍寨，失利而去。遂廣造戰船以張威，又送旗榜僞赦，欲間衆心。統制官范温收繫其使。至是，以聞。且乞賜糧船，自誘商人販米，從之。詔以温爲遥郡團練使〔一二〕。

壬午，詔中原士大夫流寓東南，往往乏媒寡援，可令内外侍從及監司郡守各薦三兩人，以備器使。

癸未，中丞沈與求言：「劉豫於京東造舟，則海道當防。議者多欲於明州向頭設備，使賊舟得至向頭，則已入吾腹心之地矣。如通州料角，泰州石港，水勢湍險，海舟至此，必得沙上水手，方能轉入。儻於此爲備，盡拘水手，則虜亦焉能衝奪？望廟謨早定。」詔付頤浩。

詔置修政局於都省，以秦檜提舉，翟汝文同提舉，又有參詳、參議官，皆侍從爲之。丙戌，詔侍從、臺省、寺監官、監司、守令，各述己見，可以省費裕國强兵息民者條上。於是，監察御史劉一止言：「宣王内修政事者，修其所謂攘夷狄之政而已。如緩其所急，先後倒置，何修爲哉？今不過簿書獄訟，與官吏遷除、土木營造之務，未見所當急也。」又屯田郎官曾統言於檜曰：「相公佐天子理天下，事無不統，何以局爲？」人以統爲知言。一止，歸安人。統，肇子也。

工部侍郎韓肖胄應詔言：「天下財賦窠名，舊悉隸三司，今户部惟有上供之目而已。問諸路所總窠名於户部，户部不能悉。問諸郡所總窠名於漕司，漕司不能悉。失一窠名，則所入亡矣。積以歲月，所亡至多。願詔諸路漕臣，括州縣所入所出，可罷罷之，可併併之，立爲定籍〔一四〕，簡明可考。漕司總諸州，户部總諸路，以時出納，則無陷失矣。且經費之大莫大於養兵，今諸軍人亡而冒請者甚多。財如江河，難實漏卮。願立諸軍覈實之法〔一五〕，重將帥冒請之罪。優給告賞，斷在必行。則兵數得實，餉給不虚，省費裕國，此其大者。艱難以來，正兵散於四方，流爲盜賊，故軍籍日削。願效康定、治平弓手義勇之制，中以選練教習之法。即有緩急，俾佐行陣，或令保守。蓋人有顧籍，則進必死敵，退不潰散矣。生民之不得休息，爲日已久。常賦之外，迫以軍期，吏緣爲姦，斂取百端。復爲寇盜所逼逐，田桑失時；寇去歸業，未容息肩，催科之吏已呼於門，使何所措手足乎？願詔郡邑，招集流散，官貸之種，三年收成，始責其賦。置籍書之，以課殿最，强兵息民，此其先者。」

初，呂頤浩之長天官也，嘗謂寺監書局以上依舊堂除，餘悉付吏部。然有合堂除及專法奏舉者。至是，吏部以爲言。丁亥，詔榷貨務都茶場依舊堂除，御史臺檢法官主簿本臺自辟，其檢鼓等六院官并還吏部。

責授中奉大夫余深，元任觀文殿大學士，該赦復元官。給事中程瑀言：「深實蔡京腹心，深官可復，則京黨未死，官亦可復也。夫曠蕩之澤，雖曲示於寬恩，而眚災之赦，難例施於巨蠹。」乃詔寢前命。

戊子，詔：「太祖嘗令百官轉對，自今行在百官，日轉一人面對，各宜展盡底蘊，以救時弊。朕虛佇而聽，將有非常之選。」

時有樞密院編修官王大智進所造戰車〔一六〕。上謂宰執曰：「車戰可用否？古法既廢，不復聞用車取勝，莫若且令多造强弩。」翟汝文曰：「强弩可制虜人。」上曰：「朕謂不在此，制虜在修文德。古人用兵，以師直爲壯，曲爲老。曲直之間，遣使往來，便可休兵，金人豈能以此喻耶？」上又曰：「宣和間，謀國之誤，當時契丹可救不可伐。若契丹尚爲鄰，豈使金人侵軼中國？蓋親仁善鄰，國之寶也。」

進士有陳邊事可采，及自河北、京東遠來者，詔樞密院籍之以充效士，月給錢十緡，米一石。

六月癸巳，詔近得黄庭堅所書太宗御製戒石銘，可摹勒頒降，俾天下守令刻諸庭石，且置座右，以爲晨夕之戒。

甲午，上曰：「曆官推步不精，七曜細行，今差一日。近得紀元曆，見令參考〔一七〕，放自明年當改正。蓋協時月正日，非細事也。」

曹成之衆自賀州至郴州。湖廣宣撫使李綱遣使臣賚榜諭之，成與其徒赴司參。於是，綱奏成已受招，乃詔成自榮州團練陞防禦使。

簽書樞密院事權邦彦初知東平府，時今舒蘄鎮撫使孔彦舟在其麾下，因事叛去。至是，聞邦彦居本兵之地，心不自安。又宣州韓世清比伏誅，而福建等路宣撫副使韓世忠已破諸盜，順流東下，疑其圖己，遂有異志。詢於幕官王玠。玠，長洲人，烈士也。正色答之曰：「總管被命鎮撫二州，任優禄厚，豈可負朝廷恩，自陷不義？」彦舟不聽，玠再見罵之。

壬寅，彦舟殺玠而叛，引所部兵北去，降於劉豫。

癸卯，詔川、陝合赴省試人，令宣撫司於置司處試，仍差職司充監試官〔一八〕。川、陝類試自此始也〔一九〕。

時四方上奏未決，吏緣爲姦。參政翟汝文語右相秦檜，宜責都司，考其稽違者峻懲之。後因對，乞治堂吏受賂者，檜面劾汝文擅治吏。汝文言：「臣位執政，按吏而宰臣見劾，豈可無耻居位？」即求去。於是，諫官方孟卿論：「汝文與檜不和，且不顧大體，不循故事，批狀直送省部，不關其長。每宰執聚議，則目視雲漢，未嘗交談，豈能共濟今日之事？又見防秋近，將緣故而去。」乃詔與郡，言者再論，遂致仕。

先是，詔知建康府李光修行宫，以備巡幸。乙巳，宰執奏裁減事，上曰：「可令只如州治足矣〔二〇〕。若止一殿之費，用數萬緡，亦豈爲過？但廊廡又須相稱，則土木之費，傷財害民，何所不至？象箸之漸，不可不戒。」

詔簽書樞密院權邦彦兼權參知政事。

都督吕頤浩奏：「鎮江一軍月費二十二萬餘貫，朝廷給一十一萬二千餘貫，猶少一十萬餘貫。緣臣在外，即無應副。劉光世錢糧案牘可照，望差臺省官各一員來此。」丙午，詔殿中侍御史江躋、度支郎官胡蒙往取索點檢，據每月實數申省，悉行應副。

乙卯，上謂宰執曰：「卿近設修政局，令百官各條利害甚善。所謂修車馬，備器械，外攘夷狄之事，更宜講求。」上又曰：「金人恃强，拏兵十五年不休。自古豈有夷狄常强，中國常弱？又劉豫僭立，不明逆順。」秦檜、權邦彦曰：「陛下聖慮周遠〔二一〕，其論極至。」上曰：「文、武始於憂勤，終於逸樂。」檜曰：「陛下旰宵不忘，天下幸甚。」

自五路既陷，馬極難得。初，議者以謂嶺外與西南夷接境，有馬可市，而大理、特磨諸國所産尤多。又工部侍郎韓肖胄亦言：「戰以騎兵爲勝。今川、陝馬綱不通，兩廣右鄰諸蕃，可用錦帛博易。宜即邕州置司市馬，專責成功。」乃詔帥臣收市。至是，安撫司上大觀所定横山寨買馬格，凡八等。詔可。夫取馬嶺表〔二二〕，以資兵用，自古未有，今乃得之。

是夏，金虜試舉人於白水泊。左副元帥粘罕密諭試官，令勿取中原人。僞知制誥韓昉，燕人也。有磁人胡礪者被虜，借昉鄉貫應試。時止用詞賦，不用經義，蓋承粘罕之意，欲中原人例皆黜之〔二三〕，而礪獨作燕人，遂爲第一。或爲賦以譏之，有「草地就試，南人不預」之語，虜自此失中原之士心矣。

初，起居郎王居正準詔言事，於省費尤切。其略曰：「宋興一百七十三年矣，自朝廷至四方，所行益彌文也。今天下幅裂，陛下所居曰行宫，所至曰行在，而於一二日駐蹕之間，以數路之所出，欲盡爲嚮者一百七十三年之事，不忍暫廢。臣謂能奉行祖宗之故事則可，非所謂知時變也。夫不知隨時以省事，而乃欲隨事以省費，故今日例有減半之説。究其實，未始不重而徒示人以弱。而國初歲舉進士不過數十，今至四五百人，此其費亦大矣。然御試之日，臣備員考官，有司給燭半挺，曰此省費也。嗚呼，其亦拙矣。他皆類此。臣願詔大臣論定，若非禦寇備敵恤民之事，一切姑置，則費省而國裕矣。」

初，右僕射秦檜之參大政也，與居正甚善，間與論天下事，意鋭甚。至是，所言皆不酬〔二四〕。居正一日言於上曰：「秦檜嘗語臣，中國之人，惟當著衣啖飯，共圖中興。時臣心服其言，謂有志於中興者，要當如此。及自謂使檜爲相數月，必有驚動天下。今施設乃止於是，願陛下以臣所言，問檜所行。」於是，檜慚而怒。未幾，居正以右文殿修撰出知婺州。居正出守在七月。

時故崇政殿説書程頤之學盛行。有學官仲并者，見中書舍人胡安國曰：「伊川之學，不絶如綫，可謂孤立。而以爲盛行，何也？豈以其説滿門，人人傳寫，耳納口出，而以爲盛乎？自是服儒冠者，多以伊川門人妄自標榜矣。」

校勘記

〔一〕不用宦官　「宦」，原作「官」，據四庫本中興小紀卷一二改。
〔二〕徙弟益爲京兆留守　「徙」，原作「徒」，據四庫本中興小紀卷一二改。
〔三〕孝純等不奉詔　「純」，原作左「女」右「□」，據四庫本中興小紀卷一二改。
〔四〕蠢爾蠻荆　「蠻」，原作「變」，據四庫本中興小紀卷一二改。
〔五〕不貲一葦之航　「航」，原作「坑」，據四庫本中興小紀卷一二改。
〔六〕鞫之　「鞫」，原作「鞠」，據四庫本中興小紀卷一二改。
〔七〕宰執擬大理卿章誼知平江府　「平江府」，原作「蘇州」，據四庫本中興小紀卷一二改。
〔八〕都督吕頤浩屢言淮南宣撫使劉光世兵冗不柬　「柬」，四庫本中興小紀卷一二作練。
〔九〕愚聞光世兵糧不足　「愚」，原闕，據四庫本中興小紀卷一二補。

〔一〇〕劉光世之父檢校太傅延慶陷虜中　「太」，原作「少」，據四庫本中興小紀卷一二改。
〔一一〕以窺蜀久不得志遂欲出奇取之至是無故拔營悉去　以上原闕，據四庫本中興小紀卷一二補。
〔一二〕盜取激賞庫金銀　「激」，原作「繳」，據四庫本中興小紀卷一二改。
〔一三〕詔以温爲遥郡團練使　「遥郡」，原闕，據四庫本中興小紀卷一二補。
〔一四〕立爲定籍　「立」，原作「元」，據建炎以來繫年要録卷五四改。四庫本中興小紀無此語。
〔一五〕願立諸軍覈實之法　「覈」，原作「覆」，據宋史卷三七九韓肖胄傳改。
〔一六〕時有樞密院編修官王大智進所造戰車　「所」，原闕，據四庫本中興小紀卷一二補。
〔一七〕見令參考　考，原作「放」，據文義改。
〔一八〕仍差職司充監試官　「差」，原闕，據四庫本中興小紀卷一二補。
〔一九〕川陝類試自此始也　「始」，原作「使」，據四庫本中興小紀卷一二改。
〔二〇〕可令只如州治足矣　「州治」之前，原有「知」字，據四庫本中興小紀卷一二删。
〔二一〕陛下聖慮周遠　「周」，原作「用」，據四庫本中興小紀卷一二改。
〔二二〕詔可夫取馬嶺表　「詔可夫」，原闕，據四庫本中興小紀卷一二補。
〔二三〕欲中原人例皆黜之　「例」，原作「倒」，據四庫本中興小紀卷一二改。
〔二四〕所言皆不酬　「酬」，原作「讎」，據四庫本中興小紀卷一二改。

宋朝中興紀事本末卷二二

起紹興二年七月盡九月

秋七月辛酉，上諭宰執，以福建昨緣盜作，遣兵蕩平，其被焚劫之家，并與免稅。秦檜等曰：「謹奉德音。」既又謀帥，時資政殿學士張守以內祠、侍讀召〔一〕，而守力辭，宰執遂擬除守，乃以知福州。

癸酉，上謂宰執曰：「諸司可省，即令修政局條上。如修內司與牛羊司已見冗費。」秦檜曰：「陛下及此，盛德事也。大觀、政、宣間，屢裁冗費，終不能行。今斷自淵衷，誰敢不應？」上曰：「只要凡事當人心。」權邦彥曰：「人心合，則天意得，萬事無不成矣。」檜曰：「聖德既著，夷狄自服。陛下近命有司碎銷金屏風，遠邇咸知，莫不欣戴。」上曰：「凡事至誠力行，善惡人自知，不可掩也。」上又曰：「儒臣講讀，若其說不明，則如夢中語耳，何以發朕意？欲令胡安國兼讀春秋，不必作解義，朕將諮詢。昔英宗時，司馬光請詰問，若知則進其説，不知則退而討論，此於帝學最爲有補。」於是，檜等仰贊聖學之知要焉。安國時以給事中兼侍講。又給事中兼侍講廖剛嘗從容奏言：「凡經筵講罷，因留進對，惟許論説治體，汲引賢材，不得私有所請及排斥人物。」上深然之。

時有議廢修政局以摇秦檜。而左司郎官平陽林待聘，檜客也，方兼本局檢討官，乃上言：「聞之蘇軾曰：『治道之病，其始不立，其卒不成。惟其不成，是以厭之而愈不立。』今日是也。陛下即位六年，更用八相，而績用弗著，此無他，人無常責而各有心，則治何以立？陛下顧今廷論，猶前日耳。委弊極矣，宜更張之，則樂於循故。冗濫極矣，當裁抑之，則惡於害己。臣恐修政之舉廢〔二〕，則亦玩歲愒日也。臣願陛下奮剛明之斷，嚴動摇之憲，以成復古之勳，天下幸甚。」

乙亥，上謂宰執曰：「朕每務至公，泛觀萬事，如學道之人，處之無心。」秦檜曰：「公乃王，王乃天，惟公與天合。如文王受命，乃在無然畔援，無然歆羡，誕先登於岸。」上曰：「此豈文王無欲所致耶？」檜曰：「惟無欲則先登於岸。觀世人之擾擾，如在水中耳〔三〕。」

初，都督呂頤浩北征，領統制官巨師古、趙延壽、崔增等軍，行未至丹陽縣，後軍叛去。遂詔淮南宣撫使劉光世遣統制官王德追至建平縣，滅之。於是，頤浩不能進，引病求罷。遂詔頤浩赴闕。己卯，頤浩入奏都督府事，因言常、潤、蘇、秀大稔，米價極賤。上曰：「若此，何事不成？」頤浩曰：「米斗二百，正如陛下初幸淮南時也。」上曰：「太賤亦恐傷農。」

先是，創沿海制置使，以集英殿修撰仇悆爲之，建司於浙西。甲申，左僕射呂頤浩言：「近創此司，最爲得策。然虜舟從海來有二道，一自海北岸來，至明之定海。一自南岸來，至秀之海鹽。萬一有警，遠不能及。乞令仇悆專管浙西，别命人管浙東。」從之。

丙戌，以御史中丞沈與求爲吏部尚書兼權翰林學士，户部侍郎黄叔敖遷尚書〔四〕。

自渡江以來，玉牒等文散失。至是，宗正少卿李易乞旋行編次。丁亥，詔從之。

監察御史劉一止嘗言：「人材進用太遽，而仕者或不由銓選。朝士入而不出，在外雖有異能，不見召用。執親喪非軍事，至起復爲州縣，皆僥倖之門不塞，而至公之路不開耳。」又請選近臣曉財利者，仿唐劉晏法，於瀕江置司，自辟官吏以制國用，鄉村皆置義倉以備水旱。及增重監司，轉運副使、提點刑獄以曾任侍從官爲之。是月，擢一止爲起居郎。一止奏事，上曰：「卿朕親擢也，自六察遷二史〔五〕，祖宗朝有幾？」一止曰：「臣不知舊典，尚記宣和間，張澂、李梲與臣實同，顧臣何以當此？」

八月庚寅，上謂宰執曰：「朕見凡詢衆集議，二三其説，事愈不決。」呂頤浩曰：「誠然。魏相言漢家自有制度，諸儒多是古非今，如漢三傑，唐房、杜，豈須多耶？」

上曰：「朕即位六年，備嘗艱險〔六〕，非天相之，何由脱難？今盜平穀稔，天意可知。假如寇或南來，避與不避如何？」頤浩曰：「若盡追諸將禦江，寇豈便能渡？但先定計以待之〔七〕。」上曰：「未聞千里而畏人者。」頤浩曰：「聖意如此，諸將誰敢不前耶？」

起居舍人鄱陽張燾言：「自古用師，未有不知敵人之情而能勝者。願詔大臣諸將，厚爵賞以募可用之人，遣往伺賊，撫養家屬，以繫其心。資之財本，使或爲商賈，或爲伎藝，以混其迹。庶盡死力，凡敵人之動息，皆得之知。」是日，詔諭沿江諸將及都督府。

壬辰，詔參知政事孟庾權同都督江淮荊浙諸軍事，庾同太尉韓世忠討賊湖外，就用之也。

癸巳，給事中胡安國言京都圍城中人，乞再行遣，仍薦李綱可用。上問安國所以知綱如何，曰：「綱作小官，敢言水災。」上曰：「綱以此得時望，然嘗爲相矣。如綱昔擁重兵，解太原圍，與官屬只在懷州，相去千里，卒無成功。綱多掠世俗虚美，以此協比成朋，變白爲黑，相附者争稱之。朕今畀以方面，於綱任亦不輕。」甲午，上以語宰執，吕頤浩曰：「陛下之言誠是。靖康伏闕，綱之黨鼓唱，乃至殺近侍，莫能止。此風不可再。」

是日，詔韓世忠蕩平諸寇，連奏大捷，已優加擢。其告内外諸軍統制官，各務立功報國，共濟中興，以光史册。

時言者以謂：「今日理財治兵最爲急務，如鎮江、建康、江、湖皆大帥總重兵，又命宰執都督諸路，措置規模，亦漸可觀。望陛下乘此機會，更遣侍從官提振江上，與大將周旋於金鼓矢石之間，同力捍禦。」詔侍從官願行者聽。於是，給事中胡安國言：「提振者，提領振舉之稱，必有事權乃可。今長江表裏，悉命宰臣都督，執政權領，次則有宣撫劉光世在鎮江，韓世忠在建康，侍從官往詣軍前，若只遵約束，即爲虚行。若别受事權，又非特命宰執專制閫外之意。况人主近臣，入則陪侍，出則扈從，今遠去觀闕，誠非所宜。以臣所見，其説不可用也。」

先是，起居郎胡世將應詔言事，請以神武五軍并建都副統制，以分其勢。益增三衙精卒，爲萬乘扈衛，以備非常。人以爲中於時病。

己亥，胡安國又言：「自古盛王必有親兵。成王即政，周公指虎賁以戒，欲王之知恤。虎賁者，猶今之侍衛親軍也。康王初立太保，俾齊侯伋以虎賁百人迎於南門。呂伋者，太公望子，自諸侯入典親兵，猶今殿前馬步都帥，世臣總禁旅以衛王宫，其慮深矣。本朝分三衛以掌親軍，雖崇寧間，舊規猶在。及高俅以恩得用，軍政遂弛。陛下嗣承寶位，謀國者不思復古，而親兵寡弱，豈强本防微之至計也？望考祖宗禁旅之法，斷自聖裁，以威服四方，上嚴宸極。」從之。

初，左僕射呂頤浩自江上還，欲傾右僕射秦檜而未得其方。過平江，守臣席益知頤浩意，謂之曰：「目爲黨可也。然黨魁在瑣闥，當先去之。」頤浩乃引觀文殿學士朱勝非爲助。至是，以勝非爲同都督江淮荆襄諸軍事。胡安國言：「勝非與黄、汪同在政府，緘默附會，馴致渡江。南狩之初，又下詔尊張邦昌，結好金虜，許其子孫，皆得録用。淪滅三綱，乃至於此。及爲相，苗、劉肆逆，不能死之，何足倚仗？」於是，勝非乞守越，不許。上曰：「勝非作相三日，值苗、劉之亂，當時調護有力，朕豈不知？」言者再論之，勝非皇懼，復辭會稽。遂以勝非爲醴泉觀使兼侍讀，日赴都堂議事。特命中書門下檢正黃龜年書行，仍趣其來〔八〕。上曰：「勝非近罷同都督，士人多上書論其功，惟二三臺諫不與。」既而勝非至，雖在經筵，而實豫國論，位知樞密院之上。安國求去，頤浩言：「時艱難，安國欲求微罪而去，其自爲謀則善矣。百官象之，如國計何？」戊申，安國落職，提舉仙都觀。於是，檜三上章，乞留安國，不從。龜年，永福人也。

大理少卿張宗臣言：「諸郡戎器，朘削殆盡。作院旬呈之法，僅成虚文。漕計方闕，不給以料，工匠散充他役。雖有舊管，或大兵經途，或帥臣捕盜，盡取而去。今防秋在邇，赤手臨敵可乎？宜下諸路監司，察其滅裂，或若帥司及大軍所索，先足州司，方給其餘。」庚戌，詔從之。

時南雄州境有賊鄧慶、吴忠，聚黨千餘，州兵不能敵。守臣奏，江西帥司有統兵官傅樞〔九〕，見駐南安軍，雖在別路，去本州纔九十里，願得其兵擊賊。辛亥，詔傅樞總兵累年，縻費錢糧，未嘗立功，仰躬率所部兵捕賊，如敢逗留，重置典憲。

殿中侍御史黄龜年論：「右僕射秦檜，以爲主和〔一〇〕，則遂沮止國家恢復遠圖。且植黨日衆，將專國自恣，漸不可長。」檜即上章辭位。甲寅，授觀文殿學士、提舉太平觀。前一日，上召當制學士綦崇禮，諭以檜二策，仍出其元奏，云「以河東河北人還金虜，以中原人還劉豫」，如斯而已。故崇禮載之制詞，略曰：「自詭得權而舉事，當聳動於四方；逮兹居位以陳謀，首建明於二策。罔燭厥理，殊乖素期。」既而言者論檜不知治體，信任非人，專務減刻，人心大摇。且引給事中程瑀等布之要路，何求不獲？乃詔落職。於是，瑀與侍御史江躋、起居舍人張燾，相繼罷去。

丙辰，上諭宰執曰：「癸丑夜星變，昨夕出次東北。朕懼，欲避正朝，又止一殿。已減常膳，食素，用謹天戒。卿等深思政闕，益務修舉。」皆皇懼請罪曰：「臣等失職，政虧於理。陛下克自抑畏，宜即消伏，然所次分野甚遠。」上曰：「今不論所次齊、魯、燕、趙之分，天象示譴，朕敢不畏天之威耶？」

提舉仙都觀胡安國道過衢州，遇教官福清黄祖舜。祖舜，師承安國者也，時秦檜已罷相，於是祖舜言檜不曉事，安國未以爲然。

初，朝廷所遣通問使，自宇文虛中之後，率募小臣借官使虜。如王倫、朱弁、魏行可、崔縱、洪皓、張邵輩，并爲所留。先是，倫在雲中，左副元帥粘罕嘗遣都提點烏陵思謀即驛見倫，語講和事，既而粘罕亦自到驛。至是，乃以事授倫歸報。而朱弁、洪皓皆得以家問附倫而歸。倫入見，具奏虜中事，上嘉獎之，以爲右文殿修撰。左僕射吕頤浩謂當再遣使以驕虜意。

九月壬戌，乃詔承議郎潘致堯假禮部侍郎，爲大金奉表使，武經郎高公繪假忠州刺史，副之，仍兼軍前通問。令倫作書與耶律紹文，并附茶藥進納兩宫。道君金三百兩，銀三千兩，淵聖金二百兩，銀二千兩，寧德、宣和二后金各一百兩，銀一千兩。又以金銀賜奉使宇文虛中。又以其路由東京，乃令宰執作書與劉豫，而金國相亦以金二百兩、銀二千兩與之。時道君在五國城，其後金人傳達，道君見之，泣下，謂羣臣曰：「荷天眷命，未亡趙氏〔一二〕，中興之主出而繼焉。今日信至，可謂幸會。老夫晚年，復睹盛際。使我得歸一日，瞑目足矣。」羣臣皆賀。除藥材留以備用，餘皆賜一行親屬官吏。

時上已擢宣州觀察使楊沂中爲神武中軍統制，而言者多請增衛兵。癸亥，上謂宰執曰：「此論與朕意不同。彼但見承平禁衛之盛，今亦不少。一衛士所給，可贍三四兵。朕命沂中治神武中軍，此皆宿衛兵也。卿等可增修器械，乃爲先務。」遂命沂中兼提舉宿衛親兵，然兵不滿三千。沂中歎曰：「勾陳天仗，單弱乃爾。」於是招丁壯，營牧圉，未半歲，軍容果張。由是上益眷之。既，遂改中軍爲殿前司，命沂中主管本司公事。

初置六部監門一員，比寺監丞。

乙丑，以觀文殿學士、提舉萬壽觀兼侍讀朱勝非爲右僕射、同平章事，兼知樞密院。時左僕射吕頤浩猶帶都督諸軍事，勝非奏此官宜罷。執政言方防秋未可，勝非又奏：「孟庾姑存之，頤浩所領當罷也。」

時宣撫處置使張浚自興元復回閬州，浚奏金人與夏國頗睽，夏國屢遣人至吴玠軍中。丙寅，詔浚常通問夏國。上因問辛執曰：「與今來講和事相妨否？」上又曰：「張浚孜孜爲國，人多譽之。朕聞蜀中人情不喜，蓋緣軍興累年，賦調征役，不無騷動。緩急浚恐失助〔一二〕，宜差人副其事。」吕頤浩曰：「當如聖諭〔一三〕。」

時廣東漕臣汪召嗣奉其父觀文殿學士、提舉洞霄宫伯彦在官所〔一四〕。辛未，辛執請除廣帥。呂頤浩曰：「伯彦長於治郡。」上曰：「伯彦治郡，朕豈不知？恐外議以朕藩邸之舊，復云未協。」朱勝非曰：「漢用蕭、曹故人，唐用房、杜舊寮，今使伯彦任方面，未爲過舉。」遂詔伯彦就知廣州。伯彦專辭，未拜命，盜數萬侵廣東〔一五〕，圍城邑，郡人相率請伯彦討賊，伯彦乃出領帥事，既而賊亦遁去。

乙亥，以兵部侍郎兼直學士院綦崇禮爲翰林學士。

先是，醫官樊彦端湯藥有勞，御筆特轉遥郡刺史，免執奏。言者謂：「陛下臨御以來，深戒僥倖之弊，事有不由朝廷者，皆許覆奏，所以絶羣小之求，天下幸甚。今奉御筆，臣恐斜封墨敕復自此始〔一六〕，願下三省評議。」乃詔寢前命。丙子，上謂宰執曰：「凡御筆處分，雖出朕意，必經由三省樞密院，與已前不同。若或未當，許卿等奏禀，給舍繳駁。」朱勝非曰：「不由鳳閣鸞臺，不謂之詔令也。」

初，鎮江府有織羅務，歲貢御服花羅數千匹，兵興罷貢。至是，内藏庫舉行。守臣胡世將奏民力凋弊，無所從出。有司劾世將違旨，府寮皆懼。世將曰：「某以身任，諸公無憂。」戊寅，詔罷之。上曰：「軍興匱乏，豈可以服御之物爲先？且省七萬緡，以助劉光世軍也。」

辛巳，上謂宰執曰：「湖南巨盜既平，殘黨復能作過否？」呂頤浩曰：「有未滅者，令李綱收之。然聞綱縱暴，其治潭恐無善狀。」上曰：「朕選任賢材，惟恐有遺。朕蓋嘗任綱，不知其有何功可紀。若宣和論水災，如此得時望可也。」權邦彦曰：「綱只是掠虛美。」頤浩曰：「綱之爲黨，與蔡京一體。靖康伏闕薦綱者，皆其黨陳公輔、張燾、余應求、程瑀鼓唱爲之，至殺内侍，幾生大變。」上曰：「如伏闕事，儻再有，當誅之。」

一自兵興以來，急於除用人才，并無降詔之體。至是，學士綦崇禮言，望舉行故事。是日，詔從之。

湖廣有統制官張忠彦者，駐軍廣州，頗擾一路，宣撫使李綱招之不來。綱察忠彦意樂爲郡，檄令權知岳陽。忠彦果至，綱即械送所司，取旨誅之。

乙酉，詔諸路帥臣帶宣撫使者并罷。於是李綱知潭州，止帶湖南安撫使。

丙戌，以顯謨閣學士、利路安撫使王似爲端明殿學士、川陝宣撫處置副使，令與張浚相見，同治事。既而浚聞遣似來，即求去，且論吴玠、劉子羽皆有功於蜀，不應一旦以似加其上。浚雖乞去，然於邊備未嘗忘也。

是月，詔龍圖閣待制、知温州洪擬爲禮部尚書。

主管川陜茶馬趙開，仿大觀東南東北鹽法，置合同場鹽市，驗視稱量，封記發放，與茶法大抵相類。鹽引每斤納錢二十五，土産税及增添等共約九錢四分，鹽所過每斤納錢七分，住賣納錢五分，若以錢引折納，别輸稱提，勘合錢六十，自此使推行之。

金虜諸酋請其主晟如中京，以觀遼土及兩河之地。是秋，左右副元帥粘罕、窩里嗢，監軍悟室、都監兀朮自鳳翔回，皆會於燕山以迓之。留監軍撻辣守祁州，都監余睹守雲中。余睹久不遷，常怏怏，有叛志。至是，約燕京統軍楇里同反。蓋統軍之兵皆契丹人。余睹密諭燕、雲、兩河郡守之契丹、漢兒，令盡誅女真人。天德知軍僞許之，遣妻來告。時悟室獵於居庸關〔一七〕，見二騎交馳甚遽，追獲之，於靴中得其反狀。悟室回燕〔一八〕，統軍來謁，縛而戮之。余睹既覺，父子以游獵爲名，遁入夏國，不納，遂之達靼。而達靼已受悟室之命，以兵圍之，余睹父子皆死焉。悟室馳至雲中〔一九〕，凡預謀者悉誅之，并殺粘罕之次室蕭氏。悟室回燕請罪於粘罕，曰：「蕭氏乃天祚元妃，與兄實仇。然忍死以事兄者，蓋有待。今事既不成，他日帷間不測，寸刃可以害兄矣。某愛兄，故擅殺之。」粘罕泣而謝。於是，粘罕令諸路盡殺契丹，其得脱者皆西亡入夏，北奔沙漠矣。

校勘記

〔一〕以内祠侍讀召　「侍」，原作「待」，據四庫本中興小紀卷一三改。

〔二〕臣恐修政之舉廢　「舉」，原作「學」，據四庫本中興小紀卷一三改。

〔三〕如在水中耳　「在」，原作「此」，據四庫本中興小紀卷一三改。

〔四〕户部侍郎黄叔敖遷尚書　「黄」，原作「莫」，據四庫本中興小紀卷一三改。

〔五〕自六察遷二史　「史」，原作「吏」，據四庫本中興小紀卷一三改。

〔六〕備嘗艱險　「嘗」，原作「常」，據四庫本中興小紀一三改。

〔七〕但先定計以待之　「先」，原作「無」，「待」，原作「符」，均據四庫本中興小紀卷一三改。

〔八〕仍趣其來　「來」，原作「求」，據四庫本中興小紀卷一三改。

〔九〕江西帥司有統兵官傅樞　「江西」，原作「沿江」，據四庫本中興小紀卷一三改。宋史卷二七高宗紀四即作江西統制。

〔一〇〕以爲主和　以上宋宰輔編年録卷一五作「專主和議」。

〔一一〕未亡趙氏　「亡」，原作「云」，據四庫本中興小紀卷一三改。

〔一二〕緩急浚恐失助　「失」，原作「朱」，據宋宰輔編年録卷一四改。

〔一三〕當如聖諭　「諭」，原作「喻」，據文義改。

〔一四〕時廣東漕臣汪召嗣奉其父觀文殿學士提舉洞霄宮伯彦在官所　「在」字，原闕，據建炎以來繫年要録卷五八補。四庫本中興小紀卷一三作「之」。

〔一五〕盜數萬侵廣東　原作「專辭魯盜數號」，四庫本中興小紀卷一三作「未拜命盜數萬」，「魯」字據小紀删，「萬」據小紀改。

〔一六〕今奉御筆臣恐斜封墨敕復自此始　「奉御筆臣」，原闕，據四庫本中興小紀卷一三補。

〔一七〕時悟室獵於居庸關　「居」，原闕，據四庫本中興小紀卷一三補。

〔一八〕悟室回燕　「回」，原闕，據四庫本中興小紀卷一三補。

〔一九〕悟室馳至雲中　「悟室」，原作「兀朮」。下同。按：據建炎以來繫年要録卷五八、三朝北盟會編卷一九七及大金國志卷七，殺余睹及蕭氏者，皆悟室，與兀朮無關。因據改。四庫本中興小紀卷一三同原本。

宋朝中興紀事本末卷二三

起紹興二年十月盡十二月

冬十月戊子朔，宰執奏言者乞置監牧馬事。上曰：「若復孳生馬監，當就水草地。」於是，三省樞密院條上，欲以饒州爲牧地，郡守帶提領，仍選使臣五員專管其事。上曰：「兵以馬政爲先。唐開元間，馬多至四十萬匹，當時用一縑易一馬，亦要得人。又如王毛仲陳馬若錦綉，其盛如此。」

起居舍人朐山王洋言：「近百官進對，所奏訓誥皆不關史氏〔一〕，慮歲久失實，請自今有得聖語事關休戚弗具報者，聽史官論例。」從之。

時諸路盜賊稍息。左僕射呂頤浩慮守令弗虔，請分御史巡行諸路〔二〕。上乃詔三省選强明廉謹之人，臺諫不足〔三〕，以郎官攝之，皆令引對，面給親札御寶，歷回日考其殿最，以著賞罰。己丑，詔遣曾統、朱異、明橐、胡蒙、劉大中、薛徽言等分往諸路，并以宣諭爲名。統，肇子。異，桐廬人。橐，長沙人。大中，揚子人。徽言，永嘉人也。詔各賜内帑絹二百匹，統等辭免。上曰：「朕欲出使無擾，不受一切饋遺。若不賜予，何以養廉？聞司馬光爲相，每詢士大夫私計足否，人不悟而問之，光曰：『儻衣食不足，安肯爲朝廷而輕去就耶？』至今人多誦此語。」時資政殿學士李回知洪州，多辟親黨攝事，且縱子弟預政。回老儒，雖仁厚有餘，而智略不足，故下多縱弛。帥司屯兵數萬，皆招取潰賊，又軍食不足，恣其所爲。民夜不解衣，惟恐生變。大中至江西，以回爲不職，且言其縱子弟預政，及多辟親黨攝官，凡二十餘事。朝廷初疑太多，再下大中審實，大中言十中之一二耳，事有大於此者。乃詔落職罷之。回歸饒州而卒。

先是，有富順民李勃者，因與娼阿王濫，詐稱徐王到。夔州守臣韓迪申宣撫司，遂津送赴行在。道由衢州，吏白守臣郢人汪思温曰〔四〕：「親王至州，當避正堂。」思温曰：「即乘輿至，何以待之？」治供帳如大賓客之儀。勃至行在，驗得其詐，送大理寺根問，獄具。庚寅，詔勃依軍法，阿王決杖編管。

起居舍人王洋，乞封錢氏之後。甲午，上謂宰執曰：「洋面對，舉不急之務，可降一官。」且曰：「朕虛己求言，如夷狄盜賊等事，可言者非一。洋姑應詔旨，豈朕所以望臣下之意？若獻言者有補治道，朕當旌賞。」既而洋知吉州，猶得直徽猷閣而去。

自罷江淮等路發運使以來〔五〕，頗失上供錢物。至是，置江浙荆湖閩廣九路都轉運。丙申，以大理卿張公濟爲之，仍除集英殿修撰，置司湖州。

言者謂：「今年閏四月壬辰，有詔戍兵於本州，知、通依階級法〔六〕。蓋朝廷灼見官軍在外恣横之弊然。經由州縣，一切不恤，擅發倉庫，豪奪錢穀，甚至笞撻官吏，肆爲兇暴，豈可姑息不問？望今後統兵官經由州縣，如屯駐法。」從之。

戊戌，左僕射呂頤浩言：「今歲必稔，欲於鎮江府上下積粟三十萬石，以備軍用。」上曰：「若選得精兵十五萬，分作三軍，何事不成？祖宗取天下，兵數不過此。」

吏部奏大小使臣差遣事。己亥，上謂宰執曰：「銓曹若不爲文吏舞文，即無留滯。長貳郎官肯閲文案，自然難欺。」呂頤浩曰：「臣昨任吏部尚書，頗見其弊。臣以爲四選人吏作過，大即流配，次當勒停。」上曰：「赴部之官，往往以細事難之，動涉旬月，不可不革也。」

初，金虜陷南京，守臣休寧淩唐佐降之，復以爲南京守。至是，唐佐密疏劉豫虛實，遣人持蠟書歸朝，爲人所告。豫執唐佐還汴都。庚子，殺之，囚其妻田氏於潁昌府。其後，京西招撫使李横下潁昌，田氏訟其事，横以聞，詔贈唐佐徽猷閣待制。

中書舍人胡松年面對，論吴、越、楚、漢皆有謀臣。如吴不用伍胥，楚不用范增，則爲越與漢所滅。乙巳，上以語宰執，於是，朱勝非曰：「唐肅宗用李泌，以白衣爲謀臣。」上曰：「德宗幸奉天，一時謀議，盡出學士陸贄，故號内相。」

庚戌，宰執奏禁私酒事。上曰：「私酤亦害國計。」吕頤浩曰：「茶鹽榷酤，今日仰以養兵〔七〕，若唐府兵可復，無養兵之費，則可罷。不然，舍此何出？」朱勝非曰：「榷酤自漢武時因用兵而有。」上曰：「行之千餘年，不能改，亦見久利也。」

朱勝非上疏陳經營淮北五事：「一謂國家屯兵二十萬，月費二百萬緡，儻無變通，理必坐困。逆豫方行什一法，聚以資虜，若王師不出，豫計得行。今當渡江，取彼所積以實邊圉。淮南既實，民力自寬。二謂逆豫招到山寨已二十六項，彼得之未必爲用，我失之人心必去。且謂官軍不敢出，逆黨驟來，以江南爲危地，淮北爲樂土。若乘此時擣其巢穴，則淮北震擾，而江南自安。三謂虜使既行，未有要約，而豫之惡可以藉口。况彼姦詐，但計强弱，如豫尚强，和必不集。與其併力南向，曷若先破豫兵，以去其助。四謂大軍一出，當明諭將帥，凡官帑金幣，皆以賞軍。此藝祖伐蜀惟取土疆之意。五謂渡淮之後，有助順土豪可率衆者，擢爲守將，俾自爲備，則兵勢益張。如此不二三年，中原可定。」上從之。

右諫議大夫徐俯言大臣不可立威，當與諸將論事。上謂俯曰：「昨杜充一向威嚴，將帥不敢議事。朕詔執政與諸將會食共議，卿知未？」

十一月己未，宰執進呈俯章。呂頤浩曰：「將相和則國安，豈可人情不通？」上曰：「天下安，注意相。天下危，注意將。然威亦不可偏廢，如司馬穰苴文能附衆，武能威敵，此蓋難事。」

時臨安府有詞訴未決者。庚申，宰執奏合送大理寺。上曰：「宰相進賢退不肖，用治天下，豈可以細事爲務？」因顧呂頤浩曰：「可諭守臣宋煇，令盡心獄訟，毋煩朝廷。」

時召試館職虞澐、沈長卿、石公揆三人。乙丑，上謂宰執曰：「館職試人，當取碩學。

朕親覽其程文，如長卿尚懷朋附。」呂頤浩曰：「惟澐答所問，而公揆文辭荒略。」乃除澐校書郎，餘不與選。澐，餘杭人。長卿，歸安人。公揆，會稽人也。

己巳，宰執奏新除太尉韓世忠，合依兩府恩例。上曰：「朕昨命中使賜世忠帶笏犹坐以寵之矣。昔周賞晉侯，賜之大輅、戎輅、彤弓、盧矢、秬鬯，今世忠有功，宜厚予之。」

吏部尚書兼權翰林學士沈與求除龍圖閣學士、知潭州。與求乞祠，改提舉太平觀。以禮部尚書洪擬兼吏部尚書。

庚午，擬奏：「有官必有吏，然先世之吏正，後世之吏邪。故有所謂猾禍吏〔八〕，有所謂豪惡吏，有所謂輕黠吏，有所謂深刻吏。尹賞、張湯、王温舒之徒，猶能制而用之，故能勝其任。近時吏强官弱，官不足以制吏。官有以財用不給而罷者，吏未嘗過而問也。官有以刑名而罷者，吏未嘗過而問也。官有罪，吏告之有司，治之惟恐後。吏有罪，官按之，則相疑曰：『豈寬縱致然耶？』故任職者皆以不按吏爲得計。宜其所在姦吏，專權擅勢，大作威福，臣竊憤之。願詔有司立法，應官除名者吏勒停，官沖替者吏放罷〔九〕。官能自按吏，則許免失覺察之坐。如此，則吏强官弱之風寖衰矣。」上謂宰執曰：「朕思此一事，要在官得其人，吏不敢舞文爲姦。」呂頤浩曰：「緣官不知法，致吏得以欺也。」權邦彥曰：「昔有三不欺：不敢欺在威，不能欺在明，不忍欺在德。」上然之。

辛未，上謂呂頤浩曰：「朕嘗思創業中興事殊，祖宗創業固難，中興亦不易。中興又須顧祖宗已行法度如何，壞者欲振，墜者欲舉，然天不假易，朕敢不勉之！」

壬申，上謂宰執曰：「朕觀周宣王修車馬備器械，車攻復古一篇可見。若漢世祖破尋邑之衆於昆陽，唐肅宗能用郭、李以復王室。朕謂中興之治，無有不用兵者。卿等嘗與韓世忠議此否？如朝廷細事，姑付有司，卿等當熟講利害。朕前日與世忠論至晚膳，過夜至四更不寐。朕與卿等固有定議，可更召侍從官，日輪至都堂，給札條上，朕將參酌以決萬全。」頤浩等曰：「謹奉聖訓。」

時禮部尚書洪擬知朝廷欲主戰以厭羣議，獨曰：「國勢强則戰，將士勇則戰，財用足則戰，我爲主彼爲客則戰。陛下前年幸會稽，今年幸臨安，興王之居未定。非如肅宗之在關中，光武之在河内也。又邇者諸將雖有邀擊小勝，未見雷合電發，以取大捷。又江、浙農耕未盡復，淮甸鹽筴未盡通，平日廩給尚艱，緩急將何以濟？又千里饋糧，士有饑色。

今使千里出戰，則彼逸我勞。凡此皆可以言守未可以言戰也。」擬歸語家人曰：「吾知迎合可取高位，然豈以一身之故，誤國事耶？」

江浙等路都轉運使張公濟言：「諸路財賦乞詳察其出入，如上供有欠，即許撥諸路，移用錢補足，漕司不補則劾其官吏。」甲戌，詔從之。

辛巳，上謂宰執曰：「昨大理少卿元衮面奏，朕戒以持法明恕。如宣和間開封尹盛章、王革，可謂慘刻。」呂頤浩曰：「惟明克允，乃用刑所先也。」時衮奏：「昨政和新書〔一〇〕，曾未數歲，而議論紛紜，衝改幾半者，皆自搢紳之臆說也。願降睿旨，若於新書有所增損，乞更加參訂可否，勿使輕紊成憲。」乃詔今後臣寮所請，若非祖宗法意并新書所增損，令刑部參酌申省。

江西宣諭薛徽言奏：「漢薛宣守左馮翊，時頻陽縣當數郡輻凑，且多盜，令薛恭所職不辦，而粟邑縣小，僻在山中，民樸易治，令尹賞以茂材遷，乃奏賞與恭易。未幾，兩縣皆治。蓋材有長短，邑有劇易，望許臣所到州縣視吏，無大過，止坐才窘而事不辦者，聽兩易其任，如薛宣故事。」詔如合移官，申省取旨。

初，詔知湖州汪藻修元符以來日曆。至是，藻言：「東觀凡例，臣嘗預聞。今本州不經兵火，案牘具存，且多藏書之家。臣於郡政之餘，當自元符庚辰至建炎己酉編年類進，以備採擇。」壬午，詔從之。

初，婦人阿易詐稱帝姬，曾下嫁曹晟。致宗室趙士倫申荆南鎮撫使解潛，送行在。至是，驗知其詐，下大理寺，獄具。十二月丁亥朔，詔易杖死，士倫等皆編管。

右諫議大夫徐俯、右司諫劉棐言湖南安撫使李綱慢君父、輕朝廷及改制書等罪。甲午，詔綱提舉崇福宫。棐，宋城人也。

宰執奏，御筆批出，令舉舊制禁絶民間銷金事。上曰：「昨因閲韓琦家傳，論戚里多用銷金衣服。朕聞近來行在銷金頗多，若日銷不已，可惜廢於無用。朕又觀春秋正義，謂『質則用物貴，淫則侈物貴』，蓋淫侈不可不革。」

先是，通州歲支鹽二十萬袋。時淮南宣撫使劉光世下統制官喬仲福買私鹽，仿官袋，而用舊引貨於他州，人不敢問。言者以謂今歲緣此支鹽僅三萬袋，實損課額。於是尚書省言：「茶鹽之法，朝廷利柄。今養兵大費，多仰鹽課。若將佐容縱侵問，非獨妨客販，即養兵大費必闕。」乃詔光世追仲福取問，仍戒所部將佐，不得販鹽，違者重竄。

甲辰，以徽猷閣直學士、知夔州盧法原爲川陝宣撫處置副使，令赴司，與王似同治事。

詔知樞密院張浚罷宣撫處置使，令赴行在。尋詔浚有大功，久勞於外，令學士院降詔。

高麗國遣人入貢。

乙巳〔一一〕，左僕射呂頤浩奏：「近遣郎官孫逸督上供米於江西，聞已起三綱，則三十萬之數可集矣。」上曰：「所補不細。江西漕臣必待遣官促之，然後發，則失職爲可責。朕常面訓都轉運使張公濟，俾先理常賦。若常賦不入，反務横斂，非朕恤民之意也。」

司封郎官鄭士彦奏：「國以兵故强〔一二〕，兵以教故精。國家承平時，禁軍教法甚嚴。今艱難，而諸州往往冗占。大抵以將迎爲急務，以教習爲虚文。望詔有司，申嚴故事，每州選兵官專主，歲終則較其精粗而賞罰之。」辛亥，詔札付諸路帥司。

右司郎官金壇張綱奏：「欲令後令州縣月具繫囚存亡之數，長吏結罪保明，申提刑司。歲終較其多少，最多則黜責，少則褒賞。」壬子，詔從之。

自中原失守，諸重鎮多失，惟德安府獨存。鎮撫使陳規，與賊羣屢戰皆勝。至是，規奏屯田事，請以兵爲農，因農爲兵，其策甚可行。諫官乞推賞官吏，遂降詔獎規。甲寅，言者又謂規深得古者寓兵於農之意，望頒其法於諸鎮，使舉行之。

以參知政事、權都督江淮荆浙諸軍孟庾爲同都督。

婺州歲貢羅，建炎中已減定爲三萬匹。是歲，計臣格前詔，乞復崇寧之舊。守臣王居正三上章，且遣其屬詣都堂白宰執，仍手疏五不可以聞，乃詔依已減定之數。

初，金虜以余睹之叛，收平州守郭藥師、相州守杜充、平陽總管蕭慶，皆下元帥府獄。既而悉免之，惟雲中副留守李處能預謀族誅。左副元帥粘罕問杜充：「爾欲南歸耶？」充曰：「他人敢歸南朝，惟充不敢歸也。」粘罕顧諸酋笑之。時虜主晟已至中京，欲遂之燕、雲。以余睹亂，復還本土。至是，副元帥而下知其主已回，亦各歸所部。

時鼎寇楊么、黄誠聚衆至數萬。么主誅殺，誠主謀畫，據江、湖以爲巢穴。其下又有周倫、楊欽、夏誠、劉衡，分布遠近，共有車船及海鰍船各數百隻。

李龜年記楊么本末曰：車船者，置人於前後踏車，進退皆可。其名大德、小德山、望三州、渾江龍之類。皆兩重，載千餘人。又設拍竿，其制如大桅，長十餘丈，上置巨石，下作轆轤，貫其顛。遇官軍船近，即倒拍竿擊碎之。渾江龍即爲龍首，每水鬥，楊么多自乘此。海鰍者，鰍頭船也。

蓋車船如陸戰之陣兵，海鰍船如陸戰之輕兵，而官軍船不能近，每戰輒敗。大率倫、欽雖各有寨，而專恃船以爲强。誠、衡雖各有船，而專恃寨以爲固。誠寨南據芷江，東北阻湖，惟西有陸路，又設重城重壕及陷馬坑。衡寨北據芷江，東西南皆阻湖。誠、衡每自詫曰：「地險如此，除是飛來。」是月，詔鼎澧鎮撫使程昌寓與荆南鎮撫使解潛分遣兵討之。既而昌寓奏，殺賊五千餘人。

李龜年記曰：昌寓初到鼎州，披荆棘，立軍寨，與賊接戰。其御下甚嚴，不用命必誅之，故將士戮力。又爲鐵牀等刑，專以威賊。每擒賊黨，引其桀黠者，問以賊中事，辭不服則以此刑治之，其徒旁觀，皇駭戰慄。又陰縱其老弱以歸。故賊畏昌寓，不敢犯鼎州。

初，諸州鑄錢監，惟饒之永平最古，自唐乾元初已創。本朝於至道中增池之永豐，咸平中增江之廣寧，而虔之鑄錢院，大觀末始建。兵興以來，鼓鑄殊損舊數，而官吏猥衆，往往虛縻廩給。是年，始令永豐監卒寓役於饒，廣寧監卒寓役於虔，蓋移少以就多也。

鄧隨郢鎮撫使桑仲，與其下謀再攻金、房。李橫曰：「不率三軍入西川，即殺虜以報國，勿坐困於此。」霍明獨不從，曰：「朝廷既招安我輩，無事且已。」竟無行意。仲怒，自馳至郢州起軍。明謂其黨曰：「大太尉來，定見害。」明度仲以駿馬日馳三百里，髻必解散，預備有力者爲之束髮。坐定，明卑辭謝曰：「擇日即起兵，豈敢違大哥令？事未須遽，莫要理髮否？」仲欣諾。有力者既得其髻，即擒而殺之。遂以仲再反聞於朝。仲之母奔告李橫，自鄧州率兵爲仲報仇，進圍郢城。明有口辯，登城大呼曰：「仲心難保，先殺明，次及兄矣。何如吾二人分其衆與地，請命於朝？」橫不聽，攻之愈急。明開門戰，大敗而走。既而自歸行在，授洪州兵官。橫既爲仲報仇，義聲稍著，詔授襄陽等州鎮撫使。

僞河南尹孟邦雄發永安陵，河南鎮撫使翟琮憤不能平，思出奇以擒之。又知虢州董震初嘗從僞〔一三〕，至是，復歸正，乃將所部與琮并力謀取西京。琮，興子也。

校勘記

〔一〕所奉訓誥皆不關史氏　「奉」，原作「泰」，據四庫本中興小紀卷一三改。

〔二〕請分御史巡行諸路　「請分」，原闕，據四庫本中興小紀卷一三補。

〔三〕臺諫不足　「不足」，原闕，據四庫本中興小紀卷一三補。

〔四〕郢人汪思温曰　「汪」，原作「任」，據四庫本中興小紀卷一三改。

〔五〕自罷江淮等路發運使以來　「路」，原闕，據四庫本中興小紀卷一三補。

〔六〕知通依階級法　「知通依階級法」云云，建炎以來繫年要録卷五九於此年十月丙申詔，統領軍馬官經由州縣，陵犯知、通、縣令者，流三千里，將校依階級法。此處所載，當有佚失，故失其本意。

〔七〕今日仰以養兵　「仰」，原作「抑」，據四庫本中興小紀卷一三改。

〔八〕故有所謂猜禍吏　「猜禍」，廣雅書局本中興小紀卷一三改作「猜猾」，甚誤。按漢書卷九〇王温舒傳有

「徒召猜禍吏與從事」語，知以「禍」字爲正。

〔九〕官沖替者吏放罷　「官」，原闕，據四庫本中興小紀卷一三補。

〔一〇〕昨政和新書　「政」，原作「致」，據四庫本中興小紀卷一三改。

〔一一〕乙巳　「乙」，原作「己」，據建炎以來繫年要録卷六一改。四庫本中興小紀卷一三無此條。

〔一二〕國以兵故强　「故」，原作「欲」，據四庫本中興小紀卷一三改。

〔一三〕又知虢州董震初嘗從僞　「僞」，原作「爲」，據四庫本中興小紀卷一三改。

宋朝中興紀事本末卷一一四

起紹興三年正月盡三月

紹興三年歲在癸丑。

春正月丁巳朔，翟琮引衆擣孟邦雄營〔一〕。邦雄方酒醉卧，遂俘其族以歸〔二〕。

大理評事石邦哲言：「近僞徐王李勃、僞帝姬阿易之來，遣使迓之，絡繹於道，有以見陛下之親睦；既察其詐，付之有司，又有以見陛下之明斷。臣聞漢光武誅王郎，雖或者疑其爲成帝遺體而猶誅之，蓋惡人之惑衆而僞者莫辨也。唐代宗之詔母后賞曰：『寧被百罔，冀得一真。』蓋懼人之避罪而真者莫至也。李勃、阿易之事，已播告四方，尚恐皇族有自虜中脱身南歸，宜令州縣驗實，許以推賞，庶得其真，以茂本枝。」庚申，詔禮部遍牒諸路。邦哲，山陰人也。

甲子，詔户部侍郎姚舜明往建康府總領都督府錢糧，仍選官屬充糧料院審計司。舜明，嵊縣人也。

初，金虜大酋撒離曷等衆十萬自鳳翔、長安，聲言東去，其實由商、於出漢陰，直趨金、商。至是，入洵陽界，斥堠將邵龍與虜遇，退走。金房鎮撫使王彦倉卒召兵，使別將二千人迎敵，初亦小勝，既而虜大軍萃焉，二將併没。彦聞敗，乙卯，退保石泉縣，虜遂入金州。

詔略曰：「廷尉天下之平，不可觀望。應中外爲吾士師者，各務仁恕，濟以哀矜。天高聽卑，福善禍淫。莫遂爾情，罰及爾身。置此座右，永以爲訓。仍令臺屬憲臣常檢察之，歲終以議殿最。」

己巳，以吏部侍郎席益爲工部尚書。

初，令廣西帥臣許中市戰馬，皆弱不堪用。至是，降中兩官。壬午，詔置買馬司於邕州。馬必高四尺二寸以上，每百匹爲一綱。

先是，言者論工部侍郎賈安宅，以謂張邦昌之僭立也，莫儔以書報安宅，安宅欲往從之。聞上登極，儔既被罪，乃遽請致仕。又謂苗、劉之變，吕頤浩等檄書至湖州，守貳及寄居葉夢得欲相率皆行，安宅斷然以爲不可。於是，安宅被旨分析。既，上委臺臣驗其實，始知安宅致仕在儔被罪已前，亦未嘗沮夢得尋勤王之議，惟與王黼連親。是月，安宅以徽猷閣待制奉祠而去。言者不已，遂降爲集英殿修撰。

兼吏部尚書席益言：「魏、晉而下，甄别人物，專任選曹，至唐而銓法密矣。然不盡拘以微文，激濁揚清，時出度外。故杜淹表薦四十餘人，後多知名。韋思謙坐公事負殿，高季輔遽擢爲監察御史。國初猶存舊制，乾德四年詔曰：『自今常調集選人，吏部南曹取歷任中多課績而無闕失〔三〕，其人才可擢者，具名送中書，引驗加獎。』則是尚或任人而不專任法也。其後，官制釐改，典選者一切不得以意從事，振幽拔滯，無復聞焉。望用乾德詔書，凡常調中材行可取者，許長貳具名以聞。」

二月丁亥朔，詔從之。

己丑，簽書樞密院事權邦彦卒。

辛卯，廣西買馬置提舉官，既又撥本路上供錢七萬緡，付之爲本。自是，歲得千匹，雖極費力，斃於道者常半，然於治軍，亦非小補。

以右諫議大夫徐俯爲翰林學士。先是，徐俯爲侍讀，進春秋解義：「威公四年〔四〕，天王使宰渠伯糾來聘」，引左氏傳及杜氏釋，謂伯糾父在而攝父之職，出聘列國，故名以譏之。上曰：「威公篡立，天王當致討，遂四年不問，乃使其宰往聘，失政刑矣。書名，貶之也。」因顧右僕射朱勝非曰〔五〕：「卿更爲朕論。」而俯亦乞以聖諭編之記注。既而勝非又奏親筆，以爲天王之失，而孔子名宰，所謂「指行事，示褒貶」者。於是，勝非奏：「陛下天縱之能，日新之學，臣曷足以副隆旨？然嘗陪經幄〔六〕，不敢固辭。謹參考經傳衆說，庶幾推廣聖言。臣聞刑威者主之大柄，分守者臣之大節。威公聽羽父姦謀，篡而自立，擅易許田，貪取郜鼎，如是四年，天王不問，乃使其宰往行聘禮。所謂主柄臣節〔七〕，今盡廢矣。故經書宰名，所以譏周王也。望依俯所奏，以宸翰付經筵，且編之記注，永爲大訓。」癸巳，詔從之。

乙未，上覽權邦彥遺表，謂宰執曰：「邦彥盡瘁國事，遽尔淪謝，深可傷惻。卿等可往弔之，問其家所須。」呂頤浩言：「邦彥歸朝，舉家皆陷，今惟一女嫁韓穰。」乃詔以所得恩數，分給其女。

知興元府劉子羽聞金州失守，即遣統制官田晟率兵守饒風嶺，且報陝西統制吴玠。玠驚曰：「事迫矣，當亟邀於險。諸將不能辦，我當自行。」遂自河池縣一日夜馳三百里，至饒風，列營拒之。官軍萬七千人，益以洋川義士爲三萬。玠以黄甘遺虜酋撒離曷。曷得之，始知玠東來。虜衆仰攻，我師連勝。撒離曷怒〔八〕，斬其千户孛堇數人，募死士由饒風之左，間道援崖而上。丁酉，犯祖溪關〔九〕，繞出饒風嶺後。玠遽還仙人關。己亥，虜陷興元府。

壬寅，子羽退保三泉縣，從兵纔三百。子羽遺玠書，與之訣。玠得書泣，統制官楊政勸玠往救子羽，玠乃引麾下兵由間道趨三泉縣。子羽留數日，兵稍集，而統制官王俊又以五千人至，於是，軍聲復振。

右僕射朱勝非丁母憂去位。

臨安府自兵火以後，民間地多爲官舍軍營所占，而所輸預買絹不減。上諭宰執，令主者考實，悉爲蠲之。庚子，吕頤浩等奏：「上户往往已免，下户不能自陳，宜遵詔旨蠲放。」上曰：「文王發政施仁，必先四者，凡施惠當先及下，彼豪家雖立法抑之，猶能侵細民，不可不察也。」

辛丑，宰執奏禁中神御薦饗禮料。上曰：「朕皆自閱，有一事可議。神御二十五位，各用羊肚一，須殺二十五羊。恭惟祖宗以仁覆天下，豈欲多殺物命？謹以別味代之，在天之靈亦必歆也。」呂頤浩等言：「陛下盡誠以奉先帝，而仁恩及於微物，天下幸甚。」

辛亥，以工部尚書席益參知政事，翰林學士徐俯爲端明殿學士、簽書樞密院事。故事，簽書在執政下，別有一等。至是，特詔鈞禮，又例外錫以金帶。

甲寅，詔今後守臣到任半年，具民間利害或邊防五事來上，因以察其能否。

初，建康府守臣、端明殿學士李光，以文軍衣絹不足，嘗借用上供絹。是月，下本府具當職官。時光已奉祠去，而端明殿學士趙鼎爲守，鼎以謂光爲守臣，直移文有司，取而用之，誰復敢議，安可併及他官。遂止以光聞。因奏：「漕司不時應副，且迫於軍衣，光不得不爾。擇禍莫若輕，非其罪，行及臣矣。」始朝廷頗怒，得鼎奏，乃薄光罪。時參知政事同都督諸軍孟庾、江東宣撫使韓世忠各駐重軍於建康，軍中多是招安强寇。鼎爲二府，素有剛正之風，庾、世忠皆加禮，兩軍亦肅然知懼。民既安堵，商賈通行。未幾，移鼎帥江西。

劉豫之母僞太后死，謚曰慈憲，是月葬於東平縣。時豫初開貢舉，進士羅誘以下八十四人。

三月戊午，宰執奏池州敢勇軍作過。上曰：「此事雖由小人喜亂，亦守臣馭之失宜。」呂頤浩曰：「請先抽作過敢勇，且分汰其餘衆，乃議守臣之罪。」上可之。

時有讀書、習射、童子，求試有司者九人。丙寅，上謂宰執曰：「上有所好，下必有甚焉。蓋由嘗推恩一二童子，故求試者雲集。此雖善事，然亦可知人主好惡，不可不審也。」

丁卯，宰執奏揀刺親從親事官，上曰：「凡招軍之費，動輒萬緡，人但見萬緡爾，不知皆生民膏血，豈可輕用？誠不得已也。」

浙東沿海制置使呂源因賜對，輒奏私事，爲言者所劾。是日，詔今後上殿，不得輒論私事。

初，襄陽府鎮撫使李横，既得帥權，思立奇功以自固。又軍中乏食，往往以人爲糧。朝廷所給，皆州郡虛樁之數。横勢不容久居，乃與信陽軍鎮撫使牛皋相約，同領兵北去，襲潁昌府，遇虜戰，大捷。皋，魯山人也。虜自入中國，少能抗之，不意横等卒至，悉潰而去，遂復潁昌及汝州葉縣等處。至是，横等傳檄諸軍，將復東京。略曰：「僞齊僭號，自速誅夷。國運中興，王師已進。西壓淮、泗，東過海、沂。」又曰：「金、商之帥出其先，荆、湖之帥從其後，若能納款，則悉仍舊貫。執迷不悟，則後悔難追。」時横已除京西招撫使。已已，又加官以賞之。

知藤州侯彭老獻賣鹽寬剩錢一萬緡以助軍用。丁丑，詔却之。且言寬剩合歸有司，不應以進。慮有刻剥，仍鐫一秩罷之。

吴玠會劉子羽於三泉，子羽以潭毒山形斗拔，其上寬平有水，乃築壁壘，凡十六日而成〔一〇〕，且儲粟守之。初，諸叛以利誅虜，謂四川唾手可取。虜所忌者獨玠，故道險，從金、商，不意玠之越境而戰也。破金、商無所得，已失望，而洋州公私之積皆置他處。至是，野無所掠，殺馬而食，馬且盡，遂殺兩河簽軍而食之。又春癘方作，至金牛鎮，距我師百十里而退，且遣人賫書招子羽及玠，子羽斬之，而縱其一，問：「孰遣汝來？」曰國相。國相，謂劉益也。壬子，子羽與玠謀遣兵邀於武休關〔一一〕，而虜棄輜重已去。擊其後軍，敗之。先是，宣撫司官屬有勸張浚移治潼川府者，軍士聞之皆怒。子羽馳書請勿徙，浚用其言，乃定。

以太尉、江東宣撫使韓世忠爲淮東宣撫使，於泗州置司。

兵部郎官劉景真論淮南守臣當久任。癸未，上曰：「守臣固當久任，至於選任則不同。股肱近郡，止於承流宣化〔二〕，惠養百姓而已。淮甸密邇寇敵，又須曉軍事，知撫兵御將之宜，然後能捍一方，不可不擇也。」

校勘記

〔一〕翟琮引衆擣孟邦雄營　「孟」，原闕，據四庫本中興小紀卷一四補。

〔二〕遂俘其族以歸　「歸」，原作「埽」，據四庫本中興小紀卷一四改。

〔三〕吏部南曹取歷任中多課績而無闕失　「部」，原作「令」，據四庫本中興小紀卷一四、建炎以來繫年要録卷六三改。

〔四〕威公四年　「威公」，即魯桓公，爲避欽宗嫌名而改。

〔五〕因顧右僕射朱勝非曰　「右」，原誤作「左」，據史實改。

〔六〕然嘗陪經幄　「經」，原作「徑」，據四庫本中興小紀卷一四改。

〔七〕篡而自立擅易許田貪取郜鼎如是四年天王不問乃使其宰往行聘禮所謂　以上原闕，據四庫本中興小紀卷一四補。

〔八〕始知玠東來虜衆仰攻我師連勝撒離曷怒　「始知玠……撒離曷」十六字原闕，據四庫本中興小紀卷一四補。「怒」原作「恕」，亦據改。

〔九〕犯祖溪關　「祖溪關」，宋名臣言行録別集卷上九作蟬溪嶺，建炎以來繫年要録卷六三同。

〔一〇〕凡十六日而成　「成」，原作「誠」，據四庫本中興小紀卷一四改。

〔一一〕「武休」，四庫本中興小紀卷一四及建炎以來繫年要録卷六四均誤作「武林」。按：讀史方輿紀要卷五六謂武休關在陝西鳳縣西南百餘里，爲劉子羽謀攻撒離曷處。

〔一二〕止於承流宣化　「止」，原作「北」，據四庫本中興小紀卷一四改。

宋朝中興紀事本末卷二一五

起紹興三年四月盡六月

夏四月，先是，河南鎮撫使翟琮擒孟邦雄。奏至，上大悦，超授琮利州觀察使。而邦雄之黨劉進者復爲劉豫守，襲琮於伊陽。琮設伏擊之，盡殪，京西招撫使李横以聞。丁亥，以横兼商虢鎮撫使，詔琮押邦雄赴行在。

戊子，上謂宰執曰：「沈與求、席益前爲吏部長貳，甚有能聲，今乃不如。方員多闕少，士大夫失職者衆，儻非痛責姦吏，安得注擬無壅？可召洪擬等諭之。」

己丑，宰執奏給事中黄唐傳言守令事。上曰：「縣令於民爲親，今多非其人。」吕頤浩曰：「漢郎官出宰百里，今吏部以格差縣令。」上曰：「豈在官資崇卑？惟在得人。廉吏尤難得，此治道之所先也。」又奏刑部郎中韓膺胄請誤入人死罪者〔一〕，乞依祖宗法終身廢之，經赦不原。上曰：「此仁宗之事也。其仁民詳刑如此。」上又及吏部事曰：「亂後文書不存，吏緣爲姦。長吏尤當痛懲其弊，使差擬無滯。權尚書洪擬雖累歷，亦恐失於濡緩。」席益曰：「擬甚用心。」上曰：「治吏以法，使之畏威，乃不敢侮文也。」吕頤浩曰：「惟上德以寬服民，其次莫如猛也。」

庚寅，以浙西大帥劉光世爲江東宣撫使，於池州置司。時光世與世忠更戍，世忠已至鎮江，而姦細入池州城，潛燒倉庫，光世擒而鞫之，皆云世忠所遣。於是，世忠與光世交訴於上。詔光世移司建康府，而世忠又欲以兵襲其後。上遣使和解，仍書後漢寇恂、賈復事戒之。

鄒浩之弟登仕郎鄒況上書，言其兄浩直諫，且乞雪昭慈獻烈皇后之謗。辛卯，上謂宰執曰：「此是哲宗朝事，言之無傷乎？」徐俯曰：「陛下母事昭慈，追崇極典，天下共知，謗已息矣〔二〕。」上曰：「昭慈勳臣之家，當時備禮而納正后，此本朝盛事。」俯曰：「宣仁聖烈太后尤重家法。欲正后生元子，繼萬世之統，以哲宗少年，戒之在色，不欲其多近嬪嬙。小人陰連宮掖，因是時行媒孽，遂致廢后。」上曰：「皆當時大臣不諫之罪也。」

壬辰，詔都督府移於建康。

浙東宣諭朱異薦鎮東軍簽判張九成等五人政績。是日，詔各轉一官。上曰：「增秩賜金，古所以賞守令，故郡縣之政克舉。」呂頤浩曰：「内姜仲開，臣之外親，乞勿賞，恐外議以臣爲私。」上曰：「不可。有功必賞，乃所以爲公。使有罪，雖卿之親，亦不當貸也。」

癸巳，上謂宰執曰：「昨夕暴雨，朕不寐，恐傷蚕麥。」徐俯曰：「暴雨不害蚕麥，久雨則爲害矣。」上曰：「鄒況乞雪昭慈之謗，今當大祥〔三〕，因此時下詔，如況言可也。」上遂問昭慈得罪泰陵之因，俯對以昭懷上僭及左道之誣。席益曰：「此皆章厚、蔡卞之罪也。」遂詔昭慈謚號別加討論。

甲午，上曰：「鄒浩之弟，欲擢之，可令上殿。」徐俯曰：「鄒浩亦有子名柄，然嘗爲李綱客，今當以其父故用之。不然則陷於綱黨〔四〕，浩更有次子。」上曰：「直臣之子，復擢用之爲御史，使言事，聳動四方，亦足爲國家之光也。」

尚書省言：「浙中去歲大稔，今韓世忠移軍屯泗上，非借民力，恐饋餉不集。」乃命户部尚書黄叔敖與江浙都轉運使張公濟、兩浙轉運副使梁汝嘉以空名告身誘富民〔五〕，糴米五十萬石，芻十五萬束。乙未，叔敖等奏：「今來博糴，與常時不同，乞不作納粟，仍與免試注官。」汝嘉，麗水人也。

時鼎寇楊么衆至數萬，僭號稱大聖天王〔六〕，旗幟亦書此字，且用以紀年。乃詔湖南帥臣折彥質，令節制潭、鄂、荆、湖諸軍，會於鼎州討之。於是，鼎澧制置使程昌寓，先遣統制官杜湛引兵攻賊寨，以俟諸軍來會。既而潭州統領官劉深、鄂州統制官顏孝恭二千人，荆南將官羅廣三百人并至，屯鼎之城外，而軍食不繼。辛丑，潭、鄂之兵南還。癸卯，荆南之兵北還，而湛亦歸。

戊申，宰執奏戚里高士曈乞落階官及差遣。詔除權客省四方館公事〔七〕，仍轉一官。上曰：「士曈，宣仁近親，又最長〔八〕，故優異之。然不可躐等，高爵厚禄，留待立功將士。朕於外戚，未嘗假以恩澤，今後宫之家，官未有過保義郎者。」呂頤浩曰：「漢有恩澤侯，本朝固無也。」上曰：「此曹何厭之有？雖與之正任承宣使，又望節鉞矣。」

己酉，上諭宰執曰：「人才當須長養成就之。今每除一監司，常患無人。向遣五使宣諭，意在利民，至於贓吏，所當深治。然所在多置獄，横及無辜，非朕本意。此後惟謹擇監司，不必遣使。」遂詔諸緣宣諭所發置獄，除正犯人外并放。

時神武後軍都統制巨師古駐軍揚州，淮東宣撫使韓世忠欲令聽其節制，師古不伏，世忠劾罷之。詔主管殿前司郭仲荀兼統神武後軍〔九〕。

初，詔李横、牛皋等直趨京城，或徑往長安，與宣撫司夾擊。時朝廷方嘉横勇敢向前〔一〇〕，而江西帥臣趙鼎獨奏：「襄陽居江、淮上流，實川、陝衿喉之地，以横鎮撫，誠爲得策。今聞横與牛皋共起兵往東京，又聞僞齊亦會金人及遣李成領衆西去，恐緣此紛擾不定。横烏合之衆，將不能禦，則決失襄陽，川、陝路絶，江、湖震動，其害可勝言哉？近有來自襄陽，臣竊訪之，云横止緣軍乏食兼寒無衣，則其出兵固非獲已。臣望詔有司時有資給，使横衣糧足，則不假他圖，然後責其守疆待敵，不得因小利出兵，則可爲持久之計矣。」上覽奏，頗憂之。横等軍本羣盜，雖勇而無紀律，見虜所遺子女玉帛，乃縱掠數日，置酒高會。虜聞而易之。僞齊將李成與虜合衆二萬復來，横等多無甲，戰敗而走，賊亦不敢深逐也。參議官穀城譚世則爲賊所執，令其臨漢江招横。横不答，世則遇害，潁昌復陷僞境。至是，荆南鎮撫使解潛奏：「横已回襄陽，及虜陷鄧州境，與本鎮甚近。緣四川總領財賦趙開遏糴，將士饑餓，望下湖南撥兵，同保上流，仍下川路備糧。」詔以付宣撫司。

鼎寇楊么拒官軍累年，賊徒亦多被殺。至是，以諸處會兵來討，人心頗摇，乃僞肆赦，立鍾相之幼子子義爲太子〔一一〕，自么與黄誠以下，皆盡臣禮事之，以固其黨之心。初，賊有寨僅七十，中間爲官軍所破，或葺或廢，惟夏誠、劉衡二寨，險不可破。

上每日朝退，即閲羣臣章疏及四方奏報，申時付外，乃習射〔一二〕，晚則復覽投匭封事。日以爲常，未嘗少怠。五月乙卯朔，上因以語宰執，且曰：「每日申時付外章奏，至卿等處，晷刻皆定，可見也。」

河南鎮撫使翟琮奏，去朝廷道遠，緩急乞隸宣撫處置使張浚。戊午，詔從之。

己未，資政殿大學士吴敏卒。

自渡江以來，大宗正權於虔、廣二州置司。至是，詔行在建睦親宅。辛酉，宰執奏當作屋百間。上曰：「此非今所急。然事有不得已者，故春秋得其時則不書。不書者，聖人之所許也。近時營造之令一下，郡邑即科於民，故民輒受弊，若物物和買，則民不與知。」乃令有司條上。是冬始成，南班宗室居焉。

初，榷貨務都茶場概稱行在。至是，詔鎮江府、吉州置司者別爲名。

時御筆增小官俸，下有司條具。壬戌，上曰：「小官增俸，雖變舊法，亦所以權一時之宜。祖宗成憲，固當謹守，至於今昔事有不同，則法有所不行，亦須變而通之。自元豐增選人俸至十千二百，當時物價甚賤，今飲食衣帛之價，比宣和間猶不啻三倍，則選人何以自給？而責其廉節難矣！」

癸亥，左僕射呂頤浩論祖宗立制。上曰：「祖宗之利，自朕家法。至於仁祖臨御最久，澤及人深。朕於政事，每思仁祖，庶幾其髣髴也。」

初，遣奉使潘致堯、高公繪等往金國軍前通問。至是，回。乙丑，以致堯爲刑部郎中，公繪爲浙西都監。

虜願再遣重臣以取信。丁卯，遂以吏部侍郎韓肖胄除端明殿學士、同簽書樞密院事。辛未，命肖胄爲金國軍前通問使，仍擢給事中胸山胡松年爲工部尚書，副之。肖胄等辭，奏曰：「緣大臣各徇己見，致戰和未有定論。臣等已行，願毋先渝約〔一三〕。或半年不復命，必別有謀，宜速進兵，不可因臣等在彼而緩之也。」

癸酉，宰執奏稟國書事。上曰：「有天下者，當持之以謙。易曰『謙尊而光』，則知能謙者尊而光矣。」

時有上殿官李長民者，正民之弟也。戊寅，上問宰執曰：「長民比正民如何？」呂頤浩對曰：「二人皆淹博，文辭則長民優。」上曰：「陳襄薦司馬光等，朕得其稿，以示從臣，而正民以光等爲皆不合時宜，士大夫笑之。」徐俯曰：「正民父景淵長者，持論平允〔一四〕，不以元祐爲非。臣嘗戒長民當繼父志。」上曰：「顧長民力行如何耳〔一五〕。元祐人雖賢，其子孫亦不必偏用，餘人亦不可偏廢，惟賢則用之。」上又問鄒況何如人，頤浩等對以浩之弟，上曰：「浩固賢，今當更論況之賢否耳。」席益曰：「陛下不以正民之過而廢長民，雖已知浩之賢，又問況之賢否，可謂至公矣。」上曰：「朕心至公，未嘗偏有好惡，況用人乎？」既而，除長民監察御史，況與改秩。

湖南宣諭薛徽言薦通判永州劉延年、祁陽縣令張登，欲就任增一秩。己卯，上問宰執曰：「延年何如人？」呂頤浩等皆曰不識，上曰：「古人求賢如不及，然人固未易知，聖人猶難之。大臣既不識，何由知其賢否？」乃召延年赴行在，登就任增秩。

上又謂宰執曰：「監司守令皆有勸農之名，未聞勸農之實。」呂頤浩曰：「漢力田與孝悌同科，以重農事也。」上曰：「觀文帝詔，足知當時重農事矣。」席益曰：「大觀、政和間，亦嘗舉行勸農，而吏不以實應，徒爲文具。至有追集農夫，拘留累日，以待守令之行阡陌者，今當令郡縣行勞來之實。」上然之。

初，淮東宣撫使韓世忠遣統制官解元、杜琳等將兵渡淮北去。至是，詔世忠，金人已約講和，所遣兩軍，且駐盱眙，勿侵齊國之境。

是月，劉豫僞戶部侍郎馮長寧與監察御史許伯通，同修什一稅法，與阜昌敕令格式皆成，二法并行，文意相妨者從稅法。其說以謂：「宋之稅法，爲民大蠹〔一六〕，權豪交通州縣而欺愚弱，入田宅不承其稅，間有陳詞，官吏附勢，不爲推割，產已盡而稅猶在。監錮拘囚，死而後已。官攤逃戶之稅，使邑里代輸。又方田高下，土色不實〔一七〕，朝行寬恤之詔，暮下刻剥之令，故民窮而起爲盜。」大率皆吠堯之言也。

資政殿學士許翰自湖北遷居江西。六月戊子，卒。

金虜之由褒斜谷而去也，宣撫處置使司遣軍追擊，俘女真二千口。至是，張浚奏捷。

時副使王似纔至，而朝廷未之知也。上曰：「賴虜自退，兩蜀無虞。」左僕射呂頤浩曰：「臣深以爲憂。今强敵自敗，皆陛下聖德所致，所有張浚取旨。」上曰：「可速其來。仍督王似、盧法原之任。」庚寅，曲赦兩川，令吴玠速上將士功狀。既而法原亦至，仍置司於閬州。於是，總領四川財賦趙開白似等求罷，且言：「自改修茶鹽酒已壞之法，歲有常息，起建炎己酉，至紹興癸丑，共收一千五百餘萬緡，兼陝西茶馱及陝西造銅錢引，紐計川錢又八百三十餘萬緡。惟是官吏營私，惡其不便於己，共興謗讟以爲擾。今老矣，恐誤國事。」似等知軍食方急，不可以無聞〔一八〕，乃疏乞因任〔一九〕，詔從之。自川、陝屯兵，一歲之用，可計者糧一百六十餘萬石，而對糴居其半，錢三千餘萬緡，而鹽酒稅亦半之，此其大略也。

此據鄭剛中送人序。

上謂宰執曰：「爲法不可過有輕重，然後可以必行。朕嘗語徐俯，異時宮中有所禁，則令之曰必行軍法，而犯者不止。朕深惟其理，但以常法處之，後更無犯者。乃知先王立法，貴在中制，所以必行也。」

鼎寇楊么犯鄂并公安、石首兩縣。甲午〔二〇〕，詔天武捧日四廂都指揮使神武軍都統制王𤩽爲荆南潭鼎澧岳制置使，率所部全軍，併帶統制官崔增水軍，擣其巢穴，仍仰淮東宣撫使韓世忠、江東宣撫使劉光世，各以船五十隻與𤩽。又詔統制官巨師古以兵二千亦隨𤩽去，併力討之。𤩽又請金字牌，欲招安其衆。上曰：「建炎以來，盜蹠起而不息者，黄潛善等專事招安而無弭盜之術，高官厚禄以待渠魁，是賞盜也。故不逞之徒，胥動爲盜。楊么罪惡貫盈，何以招爲？仍命將來破賊，誅止渠魁，其脅從許以自新。」

己亥，罷沿海制置使其船之在定海縣者，令明州守臣領之，以總領海船所爲名。

庚子，給事中黄唐傳乞立武選之格，以科舉人數三分之一待武士中第者，注縣尉。他日有統兵官闕，并先選武士。詔兵吏二部條上。

建炎中國子監併歸禮部。丁未，始詔駐蹕所在國子監量養士，仍置博士。然未果行焉。

庚戌，以左僕射吕頤浩提舉修國史。

初，呂頤浩以養兵費廣，乃稍更鹽法，循法爲序，使商賈入納奔湊。又經理淮甸，以護通、泰，專鹽利。而堂後官張純獻計頤浩，增定私鹽刑名，多配嶺南，犯者相屬。於是，殿中侍御史常同言：「法已極重，貧民所負至少而受捕。豪家結羣持杖則法不能及。宰臣循蔡京之舊，亦用張純提領兩務，而户部與胥吏通姦利，已有顯狀。」上諭同曰：「凡舉事不能有利無害，第當擇利多害少者爲之。非卿言，朕不知其害。」至是，亟命有司更定其法，下純大理寺治罪，取兩務復隸户部。

時選部案牘不存，吏得爲姦。川、陝官到部者，多以微文沮抑，往返輒經歲。於是，考功郎官歷陽魏矼奏請細節不圓者，悉先放行，人以爲便，自後踵行之。

時自陝西既陷，買馬路久不通。至是，知秦州兼節制階文諸軍吴璘，首用茶綵招致小部族首領凡四十二，令以馬來市。西馬復通，蓋起於此也。

校勘記

〔一〕又奏刑部郎中韓膺胄請誤入人死罪者　「刑」，原闕，據四庫本中興小紀卷一四補。建炎以來繫年要録卷六四作「黧」，且有小注曰：「熊曆以膺胄爲刑部郎中，蓋誤。據知原作刑。」今復其原字，復引要録於此。

〔二〕天下共知謗已息矣　「知」，原作「和」，「謗」，原作「誘」，均據四庫本中興小紀卷一四改。

〔三〕今當大祥　「祥」，原作「禮」，據四庫本中興小紀卷一四改。

〔四〕不然則陷於綱黨　「不然則」，四庫本中興小紀卷一四作「若終嫌其」。建炎以來繫年要録卷六四作「不然則終陷於綱黨不能自拔」。

〔五〕乃命户部尚書黄叔敖與江浙都轉運使張公濟兩浙轉運副使梁汝嘉以空名告身誘富民　「敖」，原作「敷」，據宋會要輯稿職官七〇之一四，建炎以來繫年要録卷六二紹興三年正月己未記事，當以「敖」爲正，「敷」蓋傳寫之誤。下同。

〔六〕僭號稱大聖天王　「大聖天王」，原作「大天聖王」，據宋史卷二七高宗紀四、四庫本中興小紀卷一四、建炎以來繫年要録卷六四、續宋編年資治通鑑卷三改。

〔七〕詔除權客省四方館公事　「詔除權」，原作「詔降除」，據四庫本中興小紀卷一四改。華陽集卷二有高士曈轉遥郡承宣使差權管客省四方館閣門公事制。

〔八〕又最長　「長」，原作「近」，據四庫本中興小紀卷一四改。

〔九〕詔主管殿前司郭仲荀兼統神武後軍　「司」，原作「日」，據四庫本中興小紀卷一四改。

〔一〇〕時朝廷方嘉横勇敢向前　「時」，原作「前」，據四庫本中興小紀卷一四改。

〔一一〕立鍾相之幼子子義爲太子　「子子」，後「子」原闕，據四庫本中興小紀卷一四補。

〔一二〕乃習射　「習」，原作「皆」，據四庫本中興小紀卷一四改。

〔一三〕願毋先渝約　「先渝」，原作「渝先」，據四庫本中興小紀卷一四乙正。

〔一四〕持論平允　「允」，原作「乃」，據四庫本中興小紀卷一四改。

〔一五〕顧長民力行如何耳　「力」，原作「才」，據四庫本中興小紀卷一四改。

〔一六〕爲民大蠹　「民」，原闕，據四庫本中興小紀卷一四補。

〔一七〕土色不實　「土」，原作「士」，據四庫本中興小紀卷一四改。

〔一八〕不可以無聞　「聞」，原作「開」，據四庫本中興小紀卷一四改。

〔一九〕乃疏乞因任　「任」，原闕，據四庫本中興小紀卷一四補。

〔二〇〕甲午　二字原闕，據四庫本中興小紀卷一四補。

宋朝中興紀事本末卷一一六

起紹興三年七月盡九月

秋七月丙辰，左僕射呂頤浩辭提舉國史不允。上曰：「朕親觀歷代史，後人皆不及前人。遷、固雖不及左氏，辭猶奇偉，范曄以還不足觀也〔一〕。至唐史尤不及前人遠甚。」頤浩曰：「陳壽三國志亦佳。」上曰：「壽頗簡略，事實多在注中，及諸家互相矛盾。」席益曰：「歐陽修五代史乃有褒貶，義例過范曄等遠矣。」

丁巳，宰執奏修宮北門，土功尚多，而役夫甚少，請於忠鋭軍范溫麾下擇不堪出戰二百人助役，且令溫自董之。上問此爲何義，席益曰：「役夫出入禁闥，非素所撫循，無以彈治之。」上曰：「不可。四方聞之，以爲使將帥捨甲兵而事營繕，非今日整軍經武之道也。」益曰：「聖慮深遠，非臣等所及。」

工部侍郎歷城李擢奏，乞參紹聖、大觀法，别立博學宏辭一科。己未，詔從之。時行在百官，以職之高卑而差其人數多寡，月給雇募之直，始自擢請之。

時大旱，上曰：「和買未爲良法。合支錢一千，州縣吏更不奉行，重困吾民。可下監司覈實，勿爲文具。」甲子，手詔曰：「朕於民事未嘗敢緩，其和買綢絹錢已虧，而多有不支，民咨怨而傷和氣，因以致旱，可索逐路未支實數條上〔二〕。」

上因旱，詔羣臣言事。禮部尚書洪擬奏曰：「法行之公，則人樂而氣和；行之偏，則人怨而氣乖。試以小事論之，近時監司守臣獻羨餘則黜之，宣撫司獻則受之，是行法止及疏遠之臣也。有自庶寮至爲侍從，卧家視事，未嘗入謝，遂得美職而去。若鼓院官移疾廢朝則斥罷之，是行法止及冗賤之官也。榷酤立法甚嚴，從者籍家財以充賞，而大官有勢者連營列障，公行酤賣，則不敢問，是行法止及孤弱之家也。小事如此，推廣而言之，則怨多而和氣傷，可知矣。」疏奏，上嘉納之。

言者謂艱難已來，中原隔絶，祖宗開國功臣子孫，凋喪幾盡。乞訪其後，量才録用。從之。

樞密院計議官王大智所造戰車不可用。壬申，詔罷之。上曰：「器械之利，古今異宜。古所便者，未必便於今。然古人雖用〔三〕，亦或不利，如驂絓而止之類，蓋車非利器也。」席益曰：「古人用車或勝，而後人用之必敗。蓋古人彼此用車，至於彼徒我車，已有侵軼之懼，而後人每以車敵騎，其敗固宜。」吕頤浩曰：「房琯失利於陳濤，正坐此也。」

癸酉，右僕射朱勝非起復，仍知樞密院事。

甲戌，宰執奏置孳生監牧馬〔四〕。吕頤浩因論廣西買馬，雖置提舉官，須令帥司與之直，庶無乏事。上曰：「固也，當擇帥。若不擇人，而每事待朝廷處置，則雖百執亦不能辦。治天下者要在官得其人，而使之各任其事，則天下治矣。」

時置監於饒州，以左朝請大夫郗漸爲提舉孳生監牧事。然馬性利高寒，鄱陽地卑濕，既而因暑，馬死者衆，漸坐此罷。

先是，講筵所祗應人經進書推恩，内門下後省私名莫允中换進義副尉〔五〕，左司諫唐煇論以爲不當，乞行追改。煇，吴縣人也。己卯，宰執進呈，上曰：「此講筵所奏御寶批也，既有例，當行。」席益曰：「此事固有前比，然副尉而煩諫官論列，乞陛下允所奏。」上頷之。徐俯曰：「既有例當如何？」上然之：「凡朝廷事，既有例，因言者論列而改，則是朝廷所行果非也。且此小事，非繫國體。」呂頤浩固請從煇之說，上可之。

先是久旱，中雖得雨，微潤而止。上極憂勞〔六〕，省躬修政，而圖嘉應，至於祈禳，皆蔬食以致潔誠。自此月己巳以後屢雨，至是始足。庚辰，上謂宰執曰：「日者亢陽，朕甚慮之，以爲穡事無望矣。今霑足如此，殆將有秋。春秋二百四十年，書大有年者一，有年者再而已，以此知難得也。」呂頤浩等退而相謂曰：「上至誠憫雨如此，宜豐年之來格也。」

初，劉豫將李成統衆與虜合兵二萬攻盧氏縣，河南鎮撫使董先率兵五千禦之，衆寡不敵，遂棄元守州縣，將二千餘人退寓襄陽府，願聽李橫節制，許之。虜僞兵復犯襄陽，橫以食盡不繼，遂引其兵棄城而遁。虜僞兵南至隨、郢，遠近震恐。橫欲奔荆南以俟朝命，其屬趙棄疾、閻大鈞等勸使歸朝待罪〔七〕。橫曰：「我以烏合之衆，所至自謀衣食，人皆指爲賊，萬一諸郡不見納，奈何？」二人曰：「我亦官軍也〔八〕，何至是？」既而鄂帥劉洪道果拒之，橫大怒，欲殺之〔九〕，二人皆呼曰：「江西帥趙樞密可歸也。」橫猶未決，而趙鼎已遣米舟至，其衆遂安。董先與信陽軍鎮撫使牛皋，先渡江至洪矣。鼎復以銀數千兩犒橫之衆，且檄知黄州鮑貽遜迎勞於境，横大喜。是月，詔横駐洪州。既至鼎發横赴闕，將佐以下隨之。横至闕，爲桑仲訟冤，乃追洪州都監霍明，送大理鞫之，亦竟薄其罪。

時召德安鎮撫使陳規至行在，規首乞罷鎮撫使，又言諸將跋扈，請用偏裨，以分其勢云。

詔復沿海制置使，乃以殿前都指揮使郭仲荀知明州兼之。仲荀將兵三千之任，因陛辭，乞解軍職，遂加檢校少保。仲荀至明，正當風訊賊舟南來之時，即遣小舟入海爲斥堠，屯兵掩賊，據要會以待之。

八月己丑，宰執奏分屯軍馬遠近輕重，吕頤浩曰：「第恐無糧。」上曰：「撫國家給饋餉，自古亦須運糧，豈有無糧之理？余睹初叛遼主，亦以讒言不給糧之故，往附女真也。」甲午，上謂宰執曰：「元祐黨人固皆賢，其中亦有不賢者乎？」吕頤浩曰：「豈能皆賢？」徐俯曰：「若真元祐人，豈有不賢？第蔡京輩所惡，欲終身廢之者，必名以元祐之黨，則不免有小人。」上曰：「若黄策之類是也。」俯曰：「策乃元符上書，以直被罪，然不能守節，亦竄名其間也。」

時言者欲罷都轉運司，於是度支郎中侯懋等言：「自發運司罷後，上供錢物頓失〔一〇〕，遂改爲都漕，蓋專以辦上供爲事。今罷此，以可省吏之費，第諸路漕臣，又以上供移用，他時復置，即非朝廷舉措。矧自置司，一歲間已增八十餘萬緡矣。第漕臣不得上供，故同忌嫉，以此見存廢利害甚明。」庚子，詔從之〔一一〕。

上以雨暘不時，又蘇、湖地震。甲辰，詔中外之臣，令直言無隱。

先是，諸州有積年所欠禁軍闕額錢，已委逐路起發。上復恐不便於民，遂諭宰執，令速蠲放。繼又手詔三省樞密院行之，大旨慮有追呼禁繫，蓋以不忍人之心，行不忍人之政。至是，上又曰：「紹興元年已後，合樁之數亦未須起，欲與諸路招軍，令塡足舊數也。」

初，河南布衣王忠民，隱居不出。靖康中，因上書被召，又嘗以策干長安帥范致虚〔一二〕。致虚喜，欲致之不能。時諸鎭帥如翟興、董先皆禮重之。劉豫僭立，忠民作九思圖及定亂四象，遣人達虜寨與故遼之境，以斷天下之疑。宣撫處置使張浚補以官，不受，復薦之。至是，忠民詣行在。左僕射呂頤浩、簽書樞密院徐俯謂之曰：「上知君來，甚喜。」既見上，所奏皆留中，授右宣議郎，忠民辭不獲命，則以誥納於牘中，藏之七寶山下而去。後撰三國和議狀，遣使臣岳知常散於虜中。知常越豫境被執，忠民於是編置福州，未幾得免。

初，同簽書樞密院事韓肖胄、工部尚書胡松年使虜，經淮甸，見田畝多廢，骼胔相屬，密附奏，乞展限趁常賦及立賞掩遺骸，以廣上恩。是月，肖胄等至雲中軍前，與虜議和，虜頗見信，而有悔禍之意。

給事中黄唐傳言都漕不可罷，力營救之。於是，言者論唐傳附會大臣。九月乙卯，以唐傳爲徽猷閣待制、提舉太平觀，未幾落職。

初，行宫止一殿，每日見羣臣則謂之後殿，食後引公事則謂之内殿，雙日講讀則謂之講殿。至是，梁朽，命有司繕治之，乃權御射殿，極卑陋，茅屋三楹而已。

丙辰，兼詳定一司敕令章誼言：「比修紹興敕令格式，書務速成，論靡專決，州縣推行，已漸見牴牾。望詔監司郡守條上新書之闕，命官審訂，去其訛謬，著爲定法。」從之。

右僕射朱勝非等奏：「近泉州水暴，隳城郭廬舍，已行詰問。」上曰：「國朝以來，四方水旱，無不上聞。故修省蠲貸之令隨之。近日蘇、湖地震，泉州大水，輒不以聞，何也？」

乃詔諸路有水旱，監司郡守即時具奏，如敢隱，則置之法。

時天象多變，臺諫交章論左僕射呂頤浩之過，而殿中侍御史常同疏其十罪，以謂：「循蔡京、王黼之故轍，重立茶鹽法，專爲謀利，一也。不於荆、淮立進取規模，惟務偷安，二也。所引用非貪鄙俗士，即其親舊，三也。訴者經榜示，而再訴即置之罪，四也。贓吏韓禧、呂應問皆贓滿數萬，頤浩既受女謁，遂令移獄，反欲罪元按官司，五也。臺諫論事不合己意，則怒形於色，六也。近兩將不協，幾至交兵，不能辨曲直以伸國威，而姑息之，七也。其腹心最善者擢置臺屬，凡臺中議論即聞，八也。近輔地震，抑而不奏，及降詔求言，又不引去，九也。每會親黨夜飲，男女雜坐，比言者論罷都轉運司，遂託病乞出，十也。陛下未欲逐頤浩者，豈非以其有復辟之功乎？臣以謂功出衆人，非一頤浩之力。縱使有功，宰相代天理物，張九齡所謂不以賞功也。」戊午，乃罷頤浩爲鎮南軍節度使、開府儀同三司、提舉洞霄宫。制下，又請鐫去將相崇資。於是，改觀文殿大學士，宫祠如故。

改謚昭慈獻烈皇后曰昭慈聖獻。

己未，詔略曰：「昨舉祖宗之制，欲杖贓吏於朝堂，亦以刑止刑之義。復思祖宗時，絹直不滿千錢，故以一貫三百計匹，後因論列，遂增至二貫足。今絹價不下四五貫，豈可尚守舊制？每匹宜更增一貫足。今後贓吏犯法，夫復何言？」

都省言：「朝廷近支金銀錢帛和糴米一百萬斛，務要便國而免於擾民。聞前時和糴，州縣多將降到糴本留不即支，及阻節減刻，民户實得無幾，致所糴數少，今宜革去前弊。」乃詔和糴官吏違法，并徒二年。

先是，皇后父邢焕卒，妻福國夫人熊氏進狀，乞賜田賜第，及官子弟門客，皆踰常制。癸亥，上令補二子官，有官者進二秩，餘悉不行。且顧宰執曰：「祖宗待戚里皆有常憲，朕不敢踰，豈以后族故私之耶？」後復以皇后授册乞恩。上曰：「朕於外戚不敢有私也。況待后家，又不敢與宣和皇后家等，前此官邢氏中外親，已減於韋氏矣。」乃詔追贈焕少師國公，許造進酒而已。

甲子，起居郎曾統言：「本朝多以諫臣兼記注，且聽直言奏事。元豐更制，不復并任諫列，然有事亦許直前。頃者權臣用事，言路寖壅，居是官者，既無言責，率以出位爲嫌，甚非祖宗兼聽之意。」乃詔依元豐制。

丙寅，詔江西大帥趙鼎兼制置大使。既又詔江西制置使岳飛駐軍江州，而舒、蘄二州亦隸節制。初，飛與前帥李回不協。至是，鼎至誠待之，飛亦心服。

江陰進士李翰、蘇白〔一三〕，違詔不詣檢院，乃伏闕上書。是日，詔押赴本貫。上曰：「所言皆細務，如戢宗子之類，自可行，非有訕訐之語，顧不當伏闕耳。此風皆李綱輩啓之，不可不懲也。」

上謂宰執曰：「議者多言諸大將不可復益兵，此爲不知時宜者。如漢高祖定天下，諸將兵至數十萬，未嘗以爲疑，故能有成功。今劉光世、韓世忠兵纔及五萬，張俊不滿三萬，而議者已患其多，非也。」朱勝非曰：「漢初諸將最爲用者，韓信、彭越、英布〔一四〕，三四人兵最多。」徐俯曰：「光武嘗中分戲下之師以與鄧禹。」席益曰：「當用兵之時，御諸將當如高祖；既定之時，待功臣當如光武。」上然之。

上自南渡以來，每兩月輒一賞衛士。勝非及其時，則命吏爲文書置袖中，俟命而後出。久而上覺之，問何不早進，勝非曰：「此異恩也，當出自陛下。若舉之，非市恩而何？」上嘉歎之。

殿中侍御史常同言：「朝廷設官，有當廢而置，當存而罷者。近諸路屬官，寖增舊員，而寺監之官不除。臣謂當減屬官而復寺監丞，一則分掌郎曹之劇務，二則養人才以觀其能，三則資淺者不至躐遷。」庚子，上謂宰執曰：「郎官高選，前此歷寺監丞乃得之，渡江以來，序進人才，則徑至郎官。其議復置，如同言。」

朱勝非等因言今歲防秋事。上曰：「今有兵僅三十萬，當更精擇，止得勝兵二十萬，器械悉備，訓而用之，可以復中原、威戎狄矣，豈特防扞險阻哉？」

大理少卿張杓論淮南帥臣守令當加精擇。壬申，上曰：「縣令尤爲近民，須一任有舉主乃得爲之。比來一切之制行，或初官便爲令〔一五〕，已釐正矣，當謹守之。昔子皮欲使尹何爲邑，子産謂有美錦而使人學製。蓋民之師帥，非練習政經者不可爲也。」

中書舍人晉陵孫近言：「艱難以來，軍期機速之事，先以白札子行下，然今乃經給舍〔一六〕。循習寖久，凡擬官斷獄之類，亦徑下有司，今欲申舊制。」乃詔非機速者，仍命給舍書讀。

秘書省正字晉陵陳祖言乞修建炎以來日曆，從之。

校勘記

〔一〕范曄以還不足觀也　「曄」，四庫本中興小紀卷一五作「蔚宗」，此蓋清人避諱所改。下同。

〔二〕可索逐路未支實數條上　「逐」，原作「遂」，據四庫本中興小紀卷一五改。

〔三〕然古人雖用　「雖」，原作「難」，據四庫本中興小紀卷一五改。

〔四〕宰執奏置孳生監牧馬　「置」，原闕，據四庫本中興小紀卷一五改。

〔五〕内門下後省私名莫允中换進義副尉　「莫」，建炎以來繫年要録卷六七作「慕」，宋史全文卷一八同，未知孰是。補進義副尉，要録作「進武副尉」，非是。

〔六〕上極憂勞　「上」，原作止，據四庫本中興小紀卷一五改。

〔七〕其屬趙棄疾閻大鈞等勸使歸朝待罪　「棄」，四庫本中興小紀卷一五及建炎以來繫年要録卷五一以下各卷、三朝北盟會編卷二五〇等卷皆作「去」，惟宋名臣言行録别集下卷四趙鼎傳同原本，當是。

〔八〕我亦官軍也　「亦」，原闕，據四庫本中興小紀卷一五補。

〔九〕欲殺之　「之」，原闕，據四庫本中興小紀卷一五補。

〔一〇〕上供錢物頓失　「上供」，原作「自便」，據四庫本中興小紀卷一五改。

〔一一〕度支郎中侯懋……詔從之　以上一百餘字原闕，據建炎以來繫年要録卷六七，「言者欲罷都轉運司」以下即接以黄唐傳之言事，謂：「給事中黄唐傳上疏言：『自罷發運司後，上供錢物頓失，拘催遂改爲都漕。

蓋以收簇上供，應副行朝爲事。今罷此，亦可省官吏之費。但慮諸路漕臣，復以上供錢物移用，他時復置，即非朝廷舉措。』并具置司前後所催發錢物數以聞，乞付户部官同議。」其下方接以「於是，度支郎中侯懋等言：『自置此司，一歲間所拘催錢糧金帛，已八十二萬餘貫石匹兩』」云云。而小紀將二人之語合爲一章，非實也。

〔一二〕又嘗以策干長安帥范致虚　「干」，原作「于」，據四庫本中興小紀卷一五改。

〔一三〕江陰進士李翰蘇白　「翰」，建炎以來繫年要録卷六八作「韜」。

〔一四〕韓信彭越英布　「越」，原作「城」，據四庫本中興小紀卷一五改。

〔一五〕或初官便爲令　「令」，原作「今」，據四庫本中興小紀卷一五改。

〔一六〕然今乃經給舍　「給舍」，原作「紛含」，據四庫本中興小紀卷一五改。

宋朝中興紀事本末卷二一七

起紹興三年十月盡十二月

冬十月壬午朔，詔：「昨者遣使，出自朕意，授以手曆，澄清諸道。逮胡蒙等還朝，偶緣他事，相繼而去，皆非有失使指，深慮四遠，不知其由，妄意揣摩，將已行之事，苟簡滅裂，未還二使，不無疑慮。三省可下諸路，所陳利害，令監司郡縣遵守，舉薦人才，取旨録用。」

自南渡以來，官無見籍吏，隨事立文，號爲省記，出入自知。先是，言者乞令吏將所省記類而成册，從之，遂詔修七司敕令。又得廣東轉運司録到元豐、元祐吏部法，與七司所省記者參修，命禮部尚書兼吏部洪擬總之，而兵部侍郎章誼同詳定。擬立朝最久，諳練典故，定著曲當。至是，吏部敕令格式書成，而擬除徽猷閣直學士，奉祠以去。癸未，右僕射朱勝非上之。

上謂宰執曰：「武備在於刀器，弓甲尤爲先務。今戰士無慮三十萬，皆被堅執鋭，加以弧矢之利，雖强敵，無足畏也。然造弓必用良工，兼須善價。今御前所造弓，其直八千，可以爲式。宜令軍器所及張俊軍中分造，庶使盡其藝也。」

戊子，以工部侍郎李擢爲禮部尚書，尋除徽猷閣直學士、知婺州。

時荆南制置使王𤫊總軍討楊么。至鄂州，𤫊言湖水瀰漫，未可進兵。壬辰，詔俟水落，速去擒捕。既又詔西北無歸之人爲賊誘脅者，别給旗榜，付𤫊招收。

甲午，廣西宣諭明槖言大理國欲進奉及賣馬事。上諭宰執曰：「進奉勿許，安可利其虚名而勞民乎？」朱勝非曰：「異時廣西嘗奏大理入貢，言者指以爲妄，事可爲鑑。」上曰：「彼云進奉，實利於賈販。但令帥臣償其馬直，則馬當繼至，可增諸將騎兵，不爲無益也。」

戊戌，詔略曰：「朕以眇躬，親逢厄運，愧無德化。而士大夫趣向多趨附，蓋奔競之風不息，則朋比之勢漸成。若不以時警懼，辨其邪正，尚且曰内修政事，外攘夷狄，得不負愧於天下？可令臺諫察其微而劾之，三省樞密院差除，常加遴選，朕有賴焉。」

淮東宣撫使韓世忠奏，見管兵四萬四千餘人，乞揀去老弱。詔世忠軍練已精，陝西及河北、山東兵隨世忠累經出入，難以例汰，令存恤之。初，世忠之在建康也，以虜衆善射，常以騎兵取勝。世忠乃選少年敢死士爲一軍，號曰背嵬，如古羽林、佽飛之類，皆一以當百。又自出新意，造剋敵弓，斗力雄勁，每射鐵馬，一發應絃而倒。蓋二者皆足以制虜，至是，愈精矣。

初，福建茶鹽法以三分爲率，二分商販，一分官搬。比年商販殊少，鬻鈔不行，邵武軍判官趙不已上言，乞併令轉運司搬賣，歲認鈔錢二十萬緡。漕司以鈔錢太重，請減爲十五萬緡，從之。

時虔寇竊發，多緣羣入閩、廣販鹽，以致作亂。至是，知梅州陳杲乞散賣小鈔〔一〕，非惟可助國計，亦使細民得販，則暗銷其爲盜之端。事下榷貨務，己亥，本務言福建二分客鈔，已令轉運司歲輸一十五萬緡，而廣東亦係官搬，杲所言不惟有侵漕計，兼礙成法，遂格不行。杲，建陽人也。

壬寅，以龍圖閣直學士曾楙爲禮部尚書。既而殿中侍御史常同言楙不當除，遂寢前命。

丙午，宰執奏廣南捕盜事。上曰：「凡擒虜多緣賊未殘，遽已奏功，兵退又復聚衆爲寇。兼監司州縣不能恤民，散而爲盜，有盜又不時奏，致使滋蔓，可嚴戒之。」

先是，手詔吏部注擬姦弊事。詔意以謂安得如皇甫鎛之流鈐制姦吏，除其弊原。上始用鎛事，蓋獨取其初能制吏耳。鎛後作姦迎合，數貢羨餘，唐史所譏。上意深恐臣下不察有疑，筆改曰「安得如毛玠清公，使天下之士，莫不以嚴潔自厲」。丁未，上謂宰執曰：「他時詔語未當，三省可便奏陳改定。」徐俯曰：「陛下始用鎛事，特取其爲郎時事，後惡其姦，改以毛玠頒之天下〔二〕，亦足以見盛德矣。」

己酉，宰執奏事。席益謂諸軍所造馬黄弩改令造弓，詔從之。上曰：「弩但可守，戰則須弓。」朱勝非曰：「前者李横、牛皋與金人戰，既勝之，虜益兵來。横等皆無甲，是以敗。」上曰：「無甲何以禦敵？治兵所先者器甲，而弓尤急也。」徐俯曰：「臣見張俊云：『近歲軍中方知帶甲之利。』今有甲士十萬，則無懼於强敵矣。」上曰：「俊隨朕久，士之帶甲者，俊練之也。」

荆南制置使王彦至岳州水路，下流進兵，先遣統制官石世達領二千人至鼎州，與程昌寓下統制官杜湛合兵，以當上流，令世達聽昌寓指蹤。世達勇而和，湛方患兵少，遂與協力攻戰。至龍陽縣之沅洲，奪賊小德山船一，賊連敗。庚戌，官軍入黄誠寨，登僞太子樓，獲龍牀、龍屏之類。是日，王彦在下流，船小，與賊戰不利。乃留水軍統制官崔增、吴全於喬口，而自持神武前軍，由益陽縣路次於下芷江口〔三〕。

金虜左都監兀朮至鳳翔府，與萬户撒離曷會，再謀攻蜀。又虜衆東寇楚、泗。時江東宣撫使劉光世駐軍在建康，扼馬家渡。光世將兵擣廬、壽，虜乃引去。

崔增、吴全自喬口進兵攻賊失利，二將皆没。王彦與程昌寓議，方欲横鼎江下流植椿，留船守之，以防賊衝，然後悉衆泝芷江，併力攻賊將夏誠、劉衡等寨。會鄂州告急。戊申，彦持兵趨鄂，留統制官王渥、趙興等軍權聽昌寓節制，移駐上芷江口。

十一月丙辰，宰執奏修運河事。上曰：「有言當役不堪出戰之卒，固不可，又言調民而役，滋不可。惟發旁郡廂軍壯城捍江之屬爲宜。至於廪給之費，則不當吝。」朱勝非曰：「開河似非急務，而饋餉艱難，爲害甚大，故不得已。但時方盛寒，役者良苦，臨流居民，悉當遷避，及富家以僦屋取資者，皆非所便，恐議者惑之。」上曰：「禹卑宮室而盡力乎溝洫，浮言何恤哉？」

開封布衣李漢英上書，以爲國家之弊，在於用柔太過，故虜得逞。丁巳，上曰：「沉潛剛克，高明柔克。聖人之德，時剛時柔而已。光武治天下，以柔道行之，復興漢業，顧豈柔爲不可哉？漢英語雖狂易，而朕不爲忤也。」

時劉豫調民修城運糧，又擇其壯者以備戰。戊午，諸路探至，上惻然曰：「中原之民亦勞矣。吾民之不陷僞境者，雖兵興有年，朕未嘗敢以科調煩之，庶其休息。夫使民各安田業，治道之要也，朝廷尚力行之。」

自建炎初罷司農寺，庚申，始復置丞二員。明年，又復置長貳。

簽書樞密院事韓肖胄、工部尚書胡松年使虜回。自上即位，遣人入虜十數輩，未嘗報聘，至是，劉豫兵敗，始遣其臣文州團練使李永壽、職方郎中王詡等九人隨肖胄同來。詔前奉使潘致堯、高公繪接伴之。

朱勝非閑居録曰：秦檜自初相，奏以河北、河東人還金虜，以中原人還劉豫。至是，虜使李永壽、王詡來聘，議七事，第一事欲盡取北人，與檜二策正同。乃知檜之策，出於虜意也。

兵部侍郎趙子晝爲館伴，時虜情叵測，人以館客爲難。子晝彌縫應對，而永壽等驕倨自肆。又命右文殿修撰王倫與之議事。倫爲詡道雲中舊故，詡慢少損。倫即曰：「上嘉公輩遠來，特命倫相勞，此殊恩也，宜拜以謝。」二人始拜受命。倫充送伴使，於是，殿中侍御史常同言：「先振國威，則和戰常在我。若一意議和，則和戰常在彼〔四〕。靖康以來，分爲兩事，可爲鑑戒。」上因從容語武備，曰：「今養兵已二十萬有畸。」同曰：「未聞二十萬兵而畏人者也。」

時御史六察所隸官司〔五〕，有免隸臺察者，常同請依舊制。乙丑，詔閤門客省、四方館并隸臺察〔六〕。獨皇城司專掌禁庭，依祖宗法不隸。上曰：「使皇城司隸臺察何所憚？顧祖宗法不可易爾。」同又言，六曹長貳拘執繩墨，願少假以權，使隨事裁決。上曰：「國朝以法令馭百執事，故凡有司以奉法爲能，而不敢以私意更令〔七〕。三代皆有所尚，漢而下亦各自有制度。祖宗成憲，朕之家法，不敢改也。」

秘書省言：「元豐官制後，國史別置院，所有日曆，歸本省國史案，欲乞以修國史日曆所爲名。」從之。

初，元祐司馬光爲相，請設十科以舉人材：曰行義純固，可爲師表。曰節操方正，可備獻納。曰智勇過人，可備將帥。曰公正聰明，可備監司。曰經術精通，可備講讀。曰學問該博，可備顧問。曰文章典麗，可備著述。曰善聽獄訟，盡公得實。曰善治財賦，公私俱便。曰練習法令，能斷請讞〔八〕。歲令侍從以上各舉三人。紹聖以來，此科遂廢。至是，三省樞密院請復舉行。乙亥，詔從之。

宣和皇后弟韋淵乞磨勘遷秩。時淵官爲橫行，於法無以年勞遷者。丙子，上曰：「若宣和皇后來歸，勢必加恩外家，姑留此以需母后之歸可也。」乃留以俟之。

吏部郎官劉大中言：「鼓鑄爲國利源，虔、饒兩司，歲鑄一百五萬緡，留四十五萬緡，循還爲本，合發五十九萬餘緡。而元年二年共止鑄二十萬緡，截支外止發一十二萬緡，却用銅本錢、給兵匠，總三十五萬餘緡。除實鑄外，虛費一十九萬餘緡，豈止所得不償所費而已！」事下工部。本部言：「江州廣寧監合鑄二十四萬貫，池州永豐監合鑄三十四萬貫。比經殘破，以兩監工匠池併入饒，江併入虔外，其鑄額合令認發。」

十二月癸未，詔從之。

甲申，宰執奏故侍御史洪炎葬事。朱勝非曰：「此蓋近例。」上曰：「炎以文學稱，其死有恤典。今既致言者，當罷之。然聞其家貧，可依胡直孺例，支與銀絹，炎蓋黄庭堅之甥也。」徐俯曰：「庭堅自有親孫，見在臨安府爲管庫，其家極貧也。」

先是，建炎中，將作、軍器二監皆併歸工部。乙丑，始詔復置監少監丞簿等員，將作仍總少府之事。

時監司有闕，或以干堂。壬辰，言者請遴柬公正可任之人書於籍，庶杜其求，且去待闕之弊。上曰：「奔競之風未息，每有一闕，必致干乞。可明戒不得具闕，庶少修士檢也。」

癸巳，廣西經略使劉彥適言，南丹州莫公晟領賊兵三千犯觀州。右僕射朱勝非曰：「此皆崇、觀、政、宣所開新邊，近來往往棄而不守。如觀州亦下本路相度。而帥臣監司以謂所據控扼，不宜棄之。」上曰：「前日用事之臣，貪功欺罔，其實勞民棄財，使遠俗不安也。」彥適又乞與公晟一職名，從之。

乙巳，宰執奏正旦使人入見。故事，百官俱入。上曰：「全盛之時，神京會同朝廷百官之富，所以誇示夷狄。今暫駐於此，事從簡便，舊日禮數，無庸俱入，兼元日亦未嘗受賀也。」時朝廷館虜使，禮既簡，而所乞還僞囚及西北士民之在東南者，且請畫江以益逆豫之疆，朝廷皆不從。於是，李永壽等褫氣而去。

時將遣參知政事席益爲報使，而益以母老辭。上問誰可代行，乃薦樞密都承旨章誼。明日誼對，上諭以使虜之說，誼徑承命，詔加誼龍圖閣學士。

校勘記

〔一〕知梅州陳杲乞散賣小鈔　「陳」，建炎以來繫年要録卷六九作「程」，未知孰是。四庫本中興小紀卷一五同原本。

〔二〕改以毛玠頒之天下　「頒」，原作「班」，據四庫本中興小紀卷一五改。

〔三〕由益陽縣路次於下芷江口　「由」，原作「田」，據四庫本中興小紀卷一五改。

〔四〕則和戰常在彼　「和」，原闕，據四庫本中興小紀卷一五補。

〔五〕時御史六察所隸官司　「六察」，建炎以來繫年要録卷七〇謂「時御史察六部所隸官司」，按：續資治通鑑長編卷三四三謂六察官爲監察御史。

〔六〕詔閤門客省四方館并隸臺察　「詔」，原闕，據四庫本中興小紀卷一五補。

〔七〕而不敢以私意更令　「令」，原作「今」，據四庫本中興小紀卷一五改。

〔八〕能斷諸讞　「諸」，原作「請」，據四庫本中興小紀卷一五改。

宋朝中興紀事本末卷二一八

起紹興四年正月盡三月

紹興四年歲在甲寅。

春正月乙卯，命諠與給事中孫近同使金國。

丁巳，宰執論遣使事，上舉申包胥曰：「秦伯初無伐吴存楚之志，感申包胥之誠，爲賦無衣，秦師乃出。然則合兩國之成，回難回之意，在使人耳。」

鼎澧鎮撫使程昌寓遣統制官杜湛，與制置司統制官王渥、趙興同引兵攻楊么。己未，破皮真寨，俘賊黨陳欽等八十人，奪船三十。於是，湖中小寇皆震恐，不自安矣。時殿中侍御史常同論制置使王𤫉討賊久未有功。壬戌，上謂宰執曰：「王𤫉使據上流，可令岳飛自下流進兵，賊無所逃矣。今賊恃險與水上聚甚矣，譬如人病，若淹歲月，必生他疾，宜速除之。」

戊戌，上與宰執論北方事，上曰：「人心國之本也。雖有土地，而君失人心，亦不可立國。」於是，朱勝非等退而相語曰：「上神武撥亂，而以至仁御世，内外歸心。清蹕所駐，億兆畢從，自然成都。敵所以不能窺者，正恃人心以爲固爾。」

先是，宣撫處置使張浚奏四川霖雨地震，蓋名山大川，久闕降香，乞製文付下。時浚已出蜀而奏纔至。

癸酉，上謂宰執曰：「霖雨地震之災，豈非重兵久在蜀，調發供饋，推膚剥體，民怨所致？當修德，撫民以應之，又何禱乎？」

工部尚書胡松年遷吏部。

端明殿學士、同簽書樞密院事韓肖胄與朱勝非議不合，力求罷。詔以本職知温州，既又辭不赴，改提舉洞霄宫。

先是，御史臺檢法官李元瀹論保正稅長之弊〔一〕。上諭宰執曰：「役法推行寖久，失其本意，致富者益富，貧者益貧，民力重困，此宜講究。」甲戌，上又曰：「元瀹所論乃是民事，祖宗法固不可改，然民事急務也。孟子所謂『民事不可緩』，其令州縣條利害上之。」

初，川陝宣撫處置副使王似、盧法原同在閬州，乃分陝、蜀之地責守於諸將。自秦、鳳至洋川，命經略使兼都統制吳玠主之，屯和尚原。金、房至巴、達，命鎮撫使王彦主之，屯通州。文、龍至威、茂，命統制官劉錡主之，屯巴西。洮、岷至階、成，命統制官關師古主之，屯武都。時遣師古率統制官李進、戴越、王師古等引衆打糧於河州，因襲大潭縣〔二〕，叛將慕洧拔寨遁去。師古深入賊境，忽遇虜兵，與戰大敗。師古歸大潭，内懷慚懼，遂隻身降賊。吳玠念其下忠義，不從師古以叛，亟撫定之。玠既併其衆，所統益以精强，然自此遂失洮、岷之地，獨存階、成而已。

參知政事席益既辭使金，及金使對榻前，又無一言之助，於是臺諫交論其失〔三〕。

二月壬午，罷以資政殿學士、提舉太平觀。論者不已，尋詔落職〔四〕。

癸未，上謂宰執曰：「御史諫官所言人臣過惡，未必皆實。易曰：『大君有命，開國承家，小人勿用。』既審知其小人，自當退之。」朱勝非曰：「陛下如天地，初無愛憎，始謂其賢則用之，既知其非則退之〔五〕，所以爲公也。」上又曰：「人或以開河爲非急務，朕語之曰：

『禹卑宮室而盡力溝洫，孔子以爲無間然。』安可謂非急務？要措置有方耳。」

先是，議廢觀州，下廣西帥司相度。未上，二月乙酉，上謂宰執曰：「知其無益於國，便可廢之。然當時取之，不足爲利，今日廢之，亦須慮患。」徐俯曰：「誠如聖諭。元祐間棄渠陽匆匆〔六〕，城中人未出者，爲蠻所殺。紹聖中唐義問所以被讒，蓋禍始於此也。」

鼎寇楊么既爲官軍所敗，其黨雖出降〔七〕，而賊防之甚嚴。鄰居失覺者其罪死，間有得達官地，保甲利其隨身之物，又殺而奪之。鎮撫使程昌寓乃募人，能引降者，與獲級同，故降者稍衆，遂申朝廷乞招安。時知樞密院張浚自蜀至。是月朔，浚至潭，留其屬官馮楫同湖南帥臣折彥質措置招安。丙戌，宰執奏其事。上曰：「么等愚民嘯聚，守令之罪。苟欲自新，令王𤫊、折彥質招之，以成朕好生惡殺之意。」既而行下招安，而賊以不堪昌寓殺戮爲辭。尋有詔除昌寓徽猷閣待制、知鎮江府，候招安畢日行。

是月，知樞密院張浚還朝。浚之出使也，嘗以秦川館爲學舍，以待河北、陝西之士來歸者，給衣食養之。又新復諸郡，乞鑄印，浚以去朝廷遠，亦乞鑄給而後奏聞。又浚之還，取道東蜀夔、峽，其至稍遲。於是，侍御史辛炳言：「浚被命宣撫，不能成功，輕失五路，坐困四川。用劉子羽輩皆小人，而殺曲端、趙哲爲無辜。以至設秘閣以崇儒，擬上方以鑄印，及被召不肯出，乞黜責。」炳，侯官人也。

金虜左都監兀朮與萬户撒離曷，領衆十萬，復大入，犯仙人關。宣撫司都統制吴玠乃預爲壘於關旁，號殺金平，嚴兵待之。統制官楊政言於玠曰：「此地爲蜀阨塞，死不可失。當守以强弩，彼不敢舍此而犯關。且地名亦善，破之必矣。」於是，虜至，亦據高阜，且戰且攻壘。玠與兀朮僞相見，兀朮誘玠以王爵，不從。

三月辛亥朔，虜攻壘益急，玠命統制官吴璘領射士號駐隊者射之，矢下如雨，虜死者布地，而復踐以登。玠又遣政與統制官田晟出鋭兵，持長刀大斧，擊其左右。夜，布火滿四山，大震鼓隨之。

壬子夜〔八〕，壘中大兵，出敵不意，攻兀朮、撒離曷兩大寨，破之，連戰皆捷。虜萬户韓常爲官軍射損左目，虜不能支，遂遁去。統制官王俊等追百餘里，至鳳州又敗之。是役也，虜自元帥以下，皆令攜孥而來，又選取豫腹心爲四川招撫使，期不徒還。既不得騁，則還據鳳翔，授甲士田，爲久留計，不敢復妄動矣。

丙辰，宰執奏事，上顧朱勝非曰：「湖外賊猖獗日久，近張浚過潭、鼎，亦揣知其情否？」浚對曰：「村民無知，劫於官吏之擾，偷安江湖，非剽掠無以爲生。中間拒王師，實懼大戮，勢不得已，以緩死爾。臣謂宜廓信義以招之。」上曰：「然。皆朕赤子，何事於殺？但自軍興盜起，不欲窮誅，數招來之。而姦人乘釁，所在嘯聚。今幸衰息，無復效尤也。」

丁巳，以監察御史劉大中爲秘書少監。上謂右僕射朱勝非曰：「大中宣諭江西，頗多興獄，今猶未已。若令爲諫官，恐郡縣觀望。朕於用刑，欽恤明察，常懼有司行法於意外也。」

端明殿學士、江西大帥趙鼎在洪二年，戢吏愛民，盜賊屏息，一方賴之。至是，召還。戊午，除參知政事。上令鼎薦人才，鼎即以朱震、范同、吕祉、陳橐、吕本中、林季仲、董弅上之。

辛酉，詔舉賢良方正能直言極諫。

是日，福建漕臣鄭士彦進對，上曰：「閩中地狹民貧，勿縱吏捶剥，以重困之。官吏姦贓者當劾，不可默也。」

癸亥，以侍御史辛炳爲中丞。

時宣州奏疑獄不當，在法疑獄不當奏而輒奏者不論罪。而給事中孫近因疏駁大理寺之失，論宣州有觀望，乞并罪之。甲子，上謂宰執曰：「宣州可貸。今若加罪，則諸郡後有疑獄，不復奏矣。」趙鼎曰：「此正國家立法之意也。」

乙丑，罷張浚爲資政殿大學士、提舉洞霄宫。尋又詔落職，福州居住。

朱勝非閑居録曰：張浚出使陝、蜀，便宜除官至節度使、雜學士，權出人主之右。竭蜀之財，悉陝之兵凡三十萬衆，與虜角，一戰盡覆。用其屬劉子羽謀，歸罪將帥趙哲、曲端，并誅之。將士由是怨怒，俱叛。浚僅以身免，奔還閬州，關、陝之陷自此始。至今言敗績之大者，必曰富平之役。追還薄譴，俾居福州而已。

癸酉，知湖州汪藻編元符崇寧大觀詔旨，先進二百卷，詔送國史日曆所。

江西制置使岳飛奏虔州盗發，已遣兵討蕩。甲戌，上曰：「盗發不免加兵，然皆理其末也，不若治其本。如守令得人，能奉行詔旨，無以擾之，即民自安業，盗何自而作耶？」

乙亥，鼎州團練使劉錫復明州觀察使，權主管殿前司事。

丙子，以端明殿學士、川陝宣撫處置副使王似爲資政殿學士、川陝宣撫使，落處置二字。龍圖閣學士、副使盧法原陞端明殿學士。

時梁、衛之地悉淪僞境，河南鎮撫使翟琮以數城孤立，力不能敵，乃引部曲突圍而出，自歸於本朝。詔琮知壽春府。琮以母老力辭，改授江東鈐轄，其衆分隸諸軍。

先是，僞宿遷令張澤率其邑二千餘人，自拔來歸，泗州守臣徐宗誠納之。宣撫使韓世忠奏至，簽書樞密院徐俯欲斬澤，送首劉豫。參知政事趙鼎力爭，遂令宣撫司婉辭約回澤等，仍械宗誠赴闕。鼎復奏：「若恐妨和議，令宰執以書諭世忠密受之，却報僞境，謂北界人來，以朝廷約束不敢受，遂恃衆作過，已遣兵逐散，是亦兵家一術也。」殿中侍御史常同言：「虜雖議和，而兩界人交歸，未嘗有禁。僞齊明置歸受館，厚立賞以招吾人。既遣李成侵襄、鄧、郢，又遣重兵攻川口。今乃却澤，人心自此離矣。况宗誠起土豪，不用縣官財賦，募兵自養之，爲國障捍，今因受澤而械之，以沮士氣，非策也。」乃詔釋宗誠罪，命澤以官，且給閑田，處其衆於淮西。

校勘記

〔一〕御史臺檢法官李元瀹論保正稅長之弊　「元瀹」，原作「瀹」，據建炎以來繫年要録卷六一改。四庫本中興小紀卷一六同要録。下同。

〔二〕遣師古率統制官李進戴越王師古等引衆打粮於河州因襲大潭縣　以上原闕，據四庫本中興小紀卷一六補。

〔三〕參知政事席益既辭使金……於是臺諫交論其失　原本闕，據四庫本中興小紀卷一六補。

〔四〕二月壬午……尋詔落職　原本闕，據四庫本中興小紀卷一六補。

〔五〕朱勝非曰陛下如天地初無愛憎始謂其賢則用之既知其非則退之　以上原闕，據四庫本中興小紀卷一六補。

〔六〕元祐間棄渠陽匆匆　匆匆，原作忽忽，據四庫本中興小紀卷一六改。

〔七〕其黨雖出降　降，原闕，據四庫本中興小紀卷一六補。

〔八〕壬子夜　「壬子」，原作「壬戌」。按此月辛亥朔，壬子爲二日，而壬戌爲十一日，故據此改。

宋朝中興紀事本末卷二一九

起紹興四年四月盡六月

夏四月庚辰朔，以鎮西軍節度、陜西都統制吴玠爲川陜宣撫副使，免書本司事，專治戰守。

言者謂：「軍興以來，陛下不吝推賞，以旌戰功。而所屬上功，類不核實。有盜賊自去，而曰收復州縣，有寇過境上，而曰保守無虞。如惠州及東莞縣皆經殘破，而守令以禦寇推賞，不知何所據而奏乎？州縣且然，况於軍伍。以此姦罔，詎可置而不問？」辛巳，詔兵部申嚴奏功不實之法。

右諫議大夫唐煇等言：「前宣撫司參贊軍事劉子羽、程唐，皆爲張浚之謀主，尚列從班，望行貶竄。」癸未，詔貶子羽於白州，唐落職奉祠。先是，浚令前宣撫司隨軍轉運副使、滎陽張澂，統本司兵萬人出蜀，詔趣至行在。及浚以次皆貶，而澂獨入對。未幾，遷直徽猷閣，除漕江西。

江西制置使岳飛奏川陝宣撫司於仙人關與金虜戰獲捷，飛奏中頗有輕敵之意。乙酉，上語宰執曰：「用兵當持重〔二〕，飛宜深戒之。」朱勝非等曰：「誠如聖訓。」

丙戌，詔閤門、客省、四方館依祖宗舊制，并屬中書省，不隸臺察。

言者乞撥免役錢以充和買，下轉運常平兩司共議。兩浙轉運司言，於本司無妨。而浙東西常平司皆言，役錢既充和買，則役人無可以給。庚寅，乃詔轉運司多方那支。

言者以爲：「中原未復，二三大臣宜專意大計，而聞都堂困於簿牒。請仿唐故事，惟大事應奏者乃關僕射，庶務分六部長貳專決。」丁酉，詔三省措置。

衢州奏直睿思殿鄭弼，經由常山縣騷擾。是日，詔降弼兩官。

襄陽重地，既爲僞將李成所據，湖、湘之民亦不奠枕。士大夫自蜀來者，茫然莫知所向。一日，宰執奏事，朱勝非謂當先取之。上曰：「今便可議，即委岳飛如何？」時飛爲江西制置使，駐軍鄂、岳。趙鼎曰：「知上流利害，無如飛者。」徐俯獨以爲不然。鼎既與俯異，即請上令韓世忠以萬人臨泗上爲疑兵，劉光世選精兵出陳、蔡，庶幾兵勢相接。會光世乞奏事，鼎曰：「方議出軍，而大將遽離大軍未便。」俯欲許之，鼎力争以爲不可。時言者以鼎爲是，俯求去。丙午，以本職提舉洞霄宫。

時上欲令江東宣撫使劉光世分兵巡邊，右僕射朱勝非請遣中使賫札子付之，庶無淹滯。上慮内侍到軍中多擾，止於急遞發行。

初，南昌潘興嗣高蹈不仕。自嘉祐以來，趙抃、韓琦、唐介交薦於朝，起爲筠州推官，辭不就。元符中，黄履引徐復、孫侔、李泰伯例，乞官其孫淳，授星子縣尉。及蔡京用事，追奪之。淳既死，趙鼎前知洪州，奏乞加恩於興嗣之孫濤，以爲廉退自守之勸。丁未，詔補濤右迪功郎。

初，兩浙漕司移文婺州，市御爐炭，其式非若胡桃文鵓鴿色〔二〕，不中程。守臣王居正付於有司，而不復買。至是，召爲起居舍人，面奏其事。上曰：「隆冬附火取其煖，豈問炭之紋色也？」戊申，上對宰執語及〔三〕，蹙然曰：「當艱難時，豈宜以此擾人？」因詔罷買，有似此類，悉禁止之。

初，上欲重修神、哲兩朝實録，殿中侍御史常同亦奏二史議論不公、所以當修之意，且言惟故范祖禹之子沖，知其本末。時已召沖，未至。

五月壬子，上諭宰執曰：「二史失實，非所以傳於後世。可趣沖來，令兼史事。」朱勝非曰：「神宗史緣添入王安石日録，哲宗史經蔡京、蔡卞之手，是所當修。今修之，足以彰二帝之盛美矣。」

言者以謂：「祖宗朝，宰執每聚議都堂。頃駐蹕會稽，大臣會議，日至三四，自吕頤浩再相，始不相關。願復故事，以踵前世都俞之風。」是日壬子，詔從之。

川陝宣撫使王似等奏吴玠仙人關之捷。是日，詔宣撫司速上功狀。

考功郎官孔端朝言：「唐德宗時，陸贄建言，盜遍天下，宜痛自咎，以言謝之，庶叛者革心。故所下制書，武夫悍卒，無不感涕。今陛下刻意恢復，而播告之言，或未有以發之，謂宜因事見辭，痛自引責，以收人心。」戊午，札付詞臣。於是，學士綦崇禮、直學士院陳與義、中書舍人張綱皆待罪。詔令供職。與義，河南人也。

時淮西宣撫使劉光世屯建康，淮東宣撫使韓世忠屯鎮江，以私隙未平。殿中侍御史常同奏：「二臣蒙陛下厚恩，不思協心報國，一旦有急，其肯相援？望分是非，正典刑，以振紀綱。」上以章示劉、韓兩軍。至是，世忠乞差劉光弼充本軍統兵官。辛酉，上謂宰執曰：「兹事未便，恐光世疑也。光世弟光烈與世忠兄世良，皆帶御器械，光烈近召世良，世良峻拒之。昨世忠語及此，朕諭之曰：『世良等内諸司耳。設有不和，罷其一可也。至如大將，國家利害所係。漢賈復、寇恂以私憤幾欲交兵，光武一言分之，即結友而去。卿與光世不睦，議者皆謂失駕馭之術，朕甚愧之。』世忠頓首曰：『敢不奉詔！他日見光世，當負荆以謝。』」時世忠於平江府私第建閣，寶藏御書，乞賜名，有旨賜名懋功，學士綦崇禮奏罷之。

世忠乞賜閣名，見朱勝非閑居録。

時日曆所乞關内東門司，會禁中出入及更改事務。甲子，上謂宰執曰：「禁中百事，皆守典故。不惟祖宗家法，不敢輕改，亦厭紛紛多事也。」朱勝非曰：「今日皆從簡約，自無改之之理。」

壬申，三省條上裁損細務。上曰：「朝廷所以多事者，正以六曹不任責，每事取決爾。自今宜專責六曹長貳，毋得循習苟且。卿等當進退人材，修明法度，助朕圖恢復之計。繁文末務，非所以委付大臣者。」朱勝非等頓首謝。

自紹興初修今上日曆，始置修日曆所〔四〕，既又號國史日曆所。癸酉，復詔以史館爲名。

時宰臣薦吏部尚書胡松年爲執政，徽猷閣待制趙思誠爲六曹之貳。思誠，高密人也。殿中侍御史常同乃言：「松年，王黼客，宣和間劉安世復直龍圖閣，松年在詞掖，嘗醜詆之。今乃營求，欲爲執政，可乎？思誠，挺之子，崇寧初，挺之首陳繼述，實致國禍，且與京、黼同時執政，今公道既開，豈可使其子尚當要路〔五〕？」是月，以同爲起居郎。

六月丙申，新宗正少卿、直史館范沖，以神、哲兩朝實録在元祐間嘗經其父祖禹之手，乞免史職。朱勝非曰：「沖不得不辭。」上愀然曰：「頃歲昭慈聖獻皇后誕日，置酒宮中，謂朕曰：『吾逮事宣仁聖烈皇后，求之古今母后之賢，未見其比。因姦臣以私憤誣謗，有玷盛德，吾意在天之靈，不無望於官家也。』朕每念及此，愓然心懷，欲降一詔，明載遺旨，使中外知朕修史之本意。」勝非曰：「聖諭及此，天下幸甚。」時參政趙鼎密贊之尤力。

戊戌，詔改御前五軍爲神武軍，御營五軍爲神武副軍，其統制統領官并隸樞密院。

己亥，曲赦虔州土賊。

初，上命江西制置使岳飛收復襄陽，亦命淮西宣撫使劉光世發精兵萬餘人援之。飛率統制官王萬等自鄂渚趨襄陽。右僕射朱勝非許飛迄事建節，且命司農少卿歸安沈昭遠往總軍餉。參知政事趙鼎請上親筆詔監司帥守，餉飛軍無闕，庶幾必濟。飛等進軍，於是，劉豫求救於虜。虜僞之兵俱來，我師與遇，連戰大破之，遂復襄陽及郢、隨諸州。飛分遣統制官王貴、張憲連擊賊兵，又復鄧州，時軍聲大振。丙午，上謂宰執曰：「岳飛既收復襄陽、郢，粘罕聞之必怒。況今已是六月下旬，便可講防秋事。儻虜人南來，朕當親統諸軍，分頭迎敵，使之無遺類，即中原可復。若依前遠避，爲泛海計，何以立國也。」

先是，以使臣王評爲秀州澉浦巡檢。右諫議大夫唐煇上疏，引康定元年詔及嘉祐中陳升之劾鎮海軍留後李璋內降轉官，請正其干請之罪。以爲：「祖宗之公如是，今一巡檢不足道，恐此風滋長。」壬寅，乃詔罷之。

時川、陝無執政爲大帥，言者數上章，謂若無大帥，必失兩蜀。上因諭朱勝非曰：「西帥難其人，朕欲以趙鼎知樞密院爲之，如張浚故事。」勝非曰：「聖謨如此，臣謹奉詔。」

先是，荊南制置使王𤫊自鄂回鼎，奏已招到賊衆萬餘，然賊累殺招安使臣晁遇等，且乞割州縣如溪洞故事。是月，湖南帥折彦質報賊不可招，𤫊乃復遣兵蹂踐賊禾，賊乘大水攻鼎州社木寨〔六〕，破之。官軍死者不知其數，賊愈增氣。𤫊與鎮撫使程昌寓皆坐降官。

户部尚書黄叔敖除徽猷閣學士，奉祠而去。

初，吏部法，選人改京官，而舉主有他故，則報罷之。至是，郎官汪思温始建請，薦員溢格者，本部以收使不盡之數，移文所舉官，别行改奏，詔從之。

校勘記

〔一〕用兵當持重　「持」，原作「恃」，據四庫本中興小紀卷一六改。

〔二〕其式非若胡桃文鶉鴿色　「桃」，原作「祧」，「文」，原闕，「色」，原作「者」，均據四庫本中興小紀改補。

〔三〕上對宰執語及　「上」，原闕，據四庫本中興小紀卷一六補。

〔四〕始置修日曆　以上原闕，據四庫本中興小紀卷一六補。

〔五〕豈可使其子尚當要路　「使」，原作「始」，據四庫本中興小紀卷一六改。

〔六〕賊乘大水攻鼎州社木寨　「社」，原誤作「杜」，據四庫本中興小紀卷一六、宋史卷二七高宗紀四改。建炎以來繫年要録卷七八同原本。清一統志卷二八〇謂社木寨在武陵縣東二十里。

宋朝中興紀事本末卷三〇

起紹興四年七月盡九月

秋七月戊申朔，以吏部尚書胡松年爲端明殿學士、簽書樞密院事。

初，建昌小壘，而軍士素驕，邀取無度，守不能制。至是，守臣劉滂以法裁之，兵不勝其憤，是日，衆集爲亂，滂及母妻皆死。滂，東陽人也。

己酉，召龍圖閣學士、知鎮江府沈與求爲吏部尚書，仍兼翰林學士，趙鼎薦之也。

庚戌，以端明殿學士席益知潭州。於是，樞密院言，王𤫊已充制置使，遂命益爲湖南制置大使兼知潭州。

壬戌，以翰林學士綦崇禮爲寶文閣學士知紹興府。

己巳，辛執奏内降公事。上曰：「近民間又造飛語多及内侍，其言無所不至。内侍何足惜？恐因之生變。」朱勝非曰：「恐軍中亦有幸變者。乞諭張俊、楊沂中，使之機察。然内侍輩亦望約束，令省事。」上曰：「何嘗假此曹？兼已戒俊與沂中，但令臨安府略加根治，可也。」趙鼎曰：「民言可畏，臣願陛下思所以致此言之由。」上嘉納之。

建昌叛卒嬰城自守，江西提刑司遣兵招捕，時又詔右軍統領官趙詳引兵討之。庚午，宰執奏討賊事，上曰：「辛企宗自建昌使人來經營，乞委之討賊。頃者遣往福建平范汝爲，怯懦無謀，養成大寇。正如王瓔在湖南玩寇，卒無成功。而企宗又在瓔之下，惟務交結，本無寸長可用也。」朱勝非曰：「陛下洞察諸將才否如此。」

辛未，奏趙詳已平賊。上慮官軍入城，未免玉石俱焚。趙鼎曰：「未必敢殺人，恐劫財爾。」上愀然曰〔一〕：「斯民遭此禍可憫，令有司優恤之。」既而言者以謂：「國家艱難以來，閩中殺漕臣，建康、杭、秀之守臣，皆爲其下所囚，率歸罪有司，以爲失於撫循。臣聞建昌兵悍，劉滂稍裁以法，兹守臣之職，乃并其家皆碎於賊。此而不懲，失刑甚矣。願録滂之死，以白其冤。」詔贈朝請大夫，官其子孫二人。

是日，大理寺丞韓仲通乞令武臣有戰功者，陞朝之後，許帶勳階，以示旌別。從之。

仲通，龔縣人也。

初，樞密院都承旨章誼同給事中孫近出使，至虜廷，與其左右副元帥粘罕、悟室論事不少屈〔二〕。虜諭以亟還，誼等曰：「萬里銜命，兼迎兩宮，必須得請。」虜遣金吾蕭慶受書，併以風聞歸過吾國。誼詰其所自，虜以實對，乃已。還至南京，爲劉豫所留，誼等以計得還，上嘉勞之。乙亥，擢誼爲刑部尚書。

時内侍李廣飲於韓世忠家，即坐手刃傷弓匠，事下大理寺。殿中侍御史魏矼言：「内侍出入宮禁，而狠戾發於杯酒，乃至如此。其於防微杜漸，豈得不過爲之慮？建炎三年嘗禁内侍不得關通主兵官，及豫朝政。如違，以軍法處之。乞申嚴其制，以謹履霜之戒。」

是月，御史中丞辛炳除顯謨閣直學士，與郡而去。

朱勝非閑居録曰：是夏，樞府全闕，胡松年爲吏書，綦崇禮爲内翰，辛炳爲中司。炳欲遷，數言胡、綦之失，捃摭細故，毫髮必聞。未幾，炳病踰月，論奏二公不已。疾小愈，未能造朝，乞先供臺職，有旨從之。議者紛然，謂從官治事而不赴朝參爲不恭，中司如此，何以掌朝儀？即日出知漳州〔三〕，怏怏而卒。

魏矼遷侍御史。於是，矼首論自治之策。且言：「諸軍比日以來，或造言惑衆，或强行捉募，或劫掠財物，或殺傷農民。朝廷雖付之有司，而未能究治。自古善用將者，必宰輔因其事幾而御之有術，臺諫因其闕失而言之當理。是以國能御將，將能使兵〔四〕。今宜訓飭諸將，謹身率下，使士皆心悦誠服，安静不擾。仍委宰輔以馭將之方，責臺諫以敢言之義。庶幾上下交儆，紀綱克振矣。」

資政殿學士謝克家卒於衢州。

先是，淮西宣撫使劉光世入覲，頗自激昂，奏云：「錢糧不乏，器甲漸足，臣官職又超衆人，所願竭力報國，他日史官紀中興名將，書臣功第一。」上曰：「卿不可徒爲空言，當見之行事。」

八月戊寅朔，上以語宰執。於是，朱勝非等皆知上馭將得其道〔五〕，因言而誨誘之也。

庚辰，御札以參知政事趙鼎爲知樞密院事、川陝宣撫處置使。

朱勝非閑居録曰：勝非在告，執政詣勝非問疾。鼎曰：「今川、陝兵柄皆屬吴玠，大帥無他能，制玠足矣。玠見爲宣撫副使，若官與之同，豈可制乎？」勝非曰：「公以元樞出使，豈論宣撫耶？」鼎曰：「須得一使名，在宣撫上者乃可。」勝非曰：「偶疾未能造朝，公難自言，即同官可言也。」

時鼎除命既出，諸名士争願從之。

權吏部侍郎胡交修言：「近詔六曹細務，令長貳有條者以條決之，無條者以例決之，無條例者酌情裁決。夫以例決事，吏部最多，若旋檢例，吏得爲姦。欲七司各編爲例册，令法司掌，以俟檢校。」從之。

先是，侍御史魏矼論兩淮屯田事。上謂宰執曰：「招集流離，使各安田畝，最爲今日急務。」因舉鴻雁美宣王詩，謂中興之業，實在於此。胡松年曰：「朝廷行屯田累年，惟荆南解潛略有措置，其餘皆虚文，無實效。」上曰然。胡松年復曰：「漢宣之治，綜核名實而已。天下事若因名以責實，無不治者。如屯田尤不可欺。一歲耕墾幾何，收穫幾何，便足以考。」上曰：「卿等可條上，當力行之。」

癸未，朱勝非條上屯田利害。言今日之兵，既合執兵，又令服田，終歲勤勞，所得如故，有未可者。上曰：「古者三時務農，一時講武，農即兵也。兵農之制一分，恐不可復合。勝非所陳甚善，可即行之。」孟庾等曰：「自此兵日以衆，食日以廣，饋餉不易，更容臣等與勝非熟議。」

上謂宰執曰：「素聞岳飛行軍有律，未知能破敵如此。」胡松年曰：「惟其有律，所以能破賊也。」乃降詔獎之，且催飛第賞將士。趙鼎曰：「陛下激勵如此，其誰不勸？」尋除飛清遠軍節度使、湖北制置使。既而飛奏辟盧宗訓者知德安府，侍御史魏矼言：「飛新立功，朝廷當成就其美，不宜使輕儇之徒爲其屬郡。昔郭子儀以奏請不行，謂爲人主所厚。願以臣章示諸將，因此事幾，以善其後。」宗訓之命遂寢。

魏矼請遴選羣才，隨宜器使。乙酉，上謂執政曰：「朝廷當爲官擇人，不可爲人擇官。矼論隨宜器使，正得用人之道。」孟庾曰：「誠如聖諭。」胡松年指疏中語曰：「朝廷用人，誠能毋分朋類，毋徇愛憎，則至公之道行矣，天下幸甚。」

戊子，執政奏事。趙鼎曰：「臣今所行，與吴玠爲同事，或當節制之耶？」上悟。孟庾等言：「趙鼎除使名，與王似等同，乞自睿旨易之。」乃除鼎都督川陝諸軍事。既而鼎又奏荆、襄乃四川後門，遂併領荆襄諸軍。

趙鼎事實曰：是時，當國者不可否事，事多不決，吏緣爲姦。鼎每受狀之日，人皆駢集，由是見忌。初，上即位，以御營使專總軍政，其後併歸樞密院，宰相得兼領。至是，言者論其失，令參知政事通知其事，上以爲然。言者又論當國者不知兵，意專以屬鼎也。於是忌者益切，至是，除知樞密院事、川陝宣撫使，皆忌者之説也。鼎留身辭以非才，上曰：「朝廷之事，朕自主之，宰相非其人，自有臺諫。四川全盛半天下之地，盡以付卿。卿以便宜黜陟，專之可也。」時吴玠已除宣撫副使，鼎奏曰：「臣之此行，與吴玠爲同事，或當節制之。」上悟，遂除都督川陝諸軍事。鼎又奏曰：「荆、襄，四川後門，勢便兼領。」上以爲然，遂兼都督川陝荆襄諸軍。命下之日，識者相謂曰：「只此一着，已自過人遠甚。」

上曰：「朕於大臣，未嘗不進之以禮，退之以道。」遂舉清人刺文公之詩，以爲危國亡師之本〔六〕，在所深戒也。胡松年曰：「陛下於鼎可謂任之專，責之重矣。」

朱勝非閑居録曰：時勝非起復居位，已累章丐持餘服。鼎窺宰席甚急，被命殊不樂，申請數十條，皆不可行，如隨軍錢物須七百萬緡之類。勝非參告進呈，指此一項，奏言：「臣昔聞玉音，趙鼎出使，如張浚故事。浚自建康赴蜀，朝廷給錢一百五十萬緡，今鼎所須，三倍以上，今歲郊恩，所費不貲。」上曰奈何，勝非曰：「欲支三百萬緡，半出朝廷，已如浚數，半令所部諸路漕司應副。」上可之。既退，鼎詬怒云：「令我作乞兒入蜀耶？」

於是，鼎言：「陛下建炎中遣張浚出使川、陝〔七〕，國勢百倍於今。浚有補天浴日之功，陛下有礪山帶河之誓〔八〕，君臣相信，古今無二。而終致物議，以被竄逐。夫喪師失地，浚則有之，然未必如言者之甚也。大抵專黜陟之典，受不御之權，則小人不安其分，謂爵賞可以苟求，一不如意，便生觖望。是時蜀士至於醵金募人，詣闕訟之。以無爲有，何以自明？故有志之士，欲爲國立事者，每以浚爲戒。且浚有罪，臺諫論之可也，人主誅之亦無憾也。今乃下至草澤行伍，凡有求於浚而不得者，人人投牒，醜詆及其母妻，甚者指爲跋扈，抑何甚哉！今臣無浚之功，當此重責，去朝廷遠，恐好惡是非，行復紛紛於聰明之下矣。伏望睿鑑，憫臣孤忠〔九〕，使得展布四體，少寬陛下西顧之憂。」鼎又言：「臣隨行兵除王進外，取於密院及諸處纔二千人，而强壯者曾無數百。又錢帛合依張浚例，初乞錢百萬，止得五十萬。度牒二萬，止得三千，又乞得萬八千〔一〇〕，又乞始足元數。臣入侍宸扆，所陳已艱如此，况在萬里之外？惟望睿斷不爲羣議所移，臣實萬幸。」

趙鼎事實曰：自鼎入參政路，常與諸將論防秋大計。獨張俊曰〔一一〕：「避將何之？惟向前一步，方可脱。當聚天下兵守平江，俟賊退，徐爲之計。」鼎曰：「公言避非策，是也。以天下兵守一州之地，非也。公但堅向前之議足矣。」鼎蓋陰有所處，故每日留身，必陳用兵大計。上意已悟，又使俊密爲之助，至是，決意親征，留鼎不遣入蜀，以鼎久有此議故也。鼎以俊爲助者，乃寇萊公約高瓊之意。蓋統兵官不與之同謀，事必參差，則鼎之策遠矣。

初，金虜左右副元帥粘罕、悟室皆居雲中〔一二〕，是夏，始入見虜主晟。而兀朮自川口敗回燕山，亦約窩里嗢同覲。至是，劉豫遣人乞兵同入寇。晟議於諸酋，粘罕、悟室皆沮之，惟窩里嗢請行。晟遂以窩里嗢權左副元帥，撻辣權右副元帥，將兵應豫。又以兀朮先嘗過江，知地險易，使之爲前鋒。於是，劉豫下書僞境，略云：「朕受命數年，治頗有叙。永惟吴、越、巴蜀、江、湖、嶺海，皆定議一統之地，重念生民久困，不忍用兵，故爲請於大金，欲割地封之，使永保趙氏之祀。豈圖蔑棄大德，乃敢僞遣使聘，密圖吞噬。先劫汝、潁，次略襄、鄧，至有收復燕、雲之謀。是用遣皇子、諸路大總管、左丞相麟，領東南行臺尚書，令會大金元帥大軍，直擣僭壘，務使六合混一。」其吠堯之辭，悖逆如此。

先是，湖北制置使岳飛令統制官王萬、辛太駐清水河以掩賊。太不聽命，擅歸荆南，而鎮撫使解潛不即遣太反，妄申太先復襄陽，皆爲飛所劾。丙申，詔太特貸死除名，令自效。

直史館范沖條上宣仁聖烈皇后誣謗事，且奏曰：「臣親奉玉音，開論再四，至於議熙、豐之法度，則曰神宗之意，初實不然。言紹聖之繼述，則曰帝王之孝豈在於是？辯宣仁之誣謗，謂功烈之盛，何可不明？思道君之聖明，謂姦臣所誤，安得不悔？臣願陛下，特出睿斷，明詔羣臣，以聖意所在，示之好惡。」戊戌，詔付史館。

戊戌〔一三〕，詔於臨安府餘杭縣置孳生牧馬監。

時明堂行禮殿已成，户部侍郎兼權臨安府梁汝嘉乞推賞提領官以次。壬寅，上謂宰執曰：「朕惜名器以待戰士，土木之功豈使轉官？但可支賜耳。」

是日，以資政殿學士、川陝宣撫使王似知成都府。

是月，以宗正少卿范沖、中書檢正官虞澐并爲左右史。而侍御史魏矼言二人乃執政趙鼎、胡松年親黨，皆罷之。

先是，侍御史魏矼薦武臣崔謹習、王宏。癸卯，樞密院擬二人差遣，上曰：「臺臣爲朕耳目之官，職在彈擊官邪。若因而論薦人材，竊慮私有好惡。二人且令籍記，他日量才選用。」朱勝非曰：「陛下英斷，非臣下所能仰窺萬一。」

荆南制置使王𤫉下統制官常𤫉屯鼎州城外。

九月己酉，夜，𤫉忽叛，西奔桃源縣。

庚戌，縣寨統制官李皋遣小將龔亨率鄉兵擊敗之。𤫉遣兵追至桃源，而𤫉已死。乃責皋取敗兵器甲，皋復責取於亨。亨亦隨叛。未幾，𤫉罷制置使，而鼎澧鎮撫使程昌寓念亨屢充選鋒，勇而敢戰，作手書招之。亨即復歸，於是，知郢州程千秋遣使臣李寶入賊寨招安。

淮東宣撫使韓世忠奏以遣使議和非便，欲進兵恢復。乙卯，上謂宰執曰：「世忠爲國之心甚切，可諭以二聖在遠，當遣使通問。」

丁巳，上謂宰執曰：「諸大將固當奉法循理，然細務末節可略而不問。若事本體重，係國家利害者，不可不治也。」

丁卯，合祀天地於明堂，以太祖、太宗并配。大赦天下。

右僕射朱勝非獨相，而機務不決。侍御史魏矼嘗言：「陛下宵衣旰食，將大有爲，而所任一相，未聞有所施設。惟知今日勘當，明日看詳；今日進呈一二細事，明日啓擬一二故人。政務山積於上，賢能陸沉於下。方且月一求去，徒爲紛擾。宜亟如其所請，以慰公議。」至是，又疏其五罪。於是，勝非力請罷。庚午，聽持餘服，候服闋，以爲觀文殿大學士、提舉洞霄宫。

壬申，上謂宰執曰：「宰相有姦惡，臺諫當言，朕當行之。若摭以小過，使人人無善去者，誰肯作相耶？」趙鼎等曰：「陛下睿照如此，臣等幸甚〔一四〕。」

癸酉，以知樞密院、都督川陝荆襄諸軍事趙鼎爲右僕射平章事，兼知樞密院事。

趙鼎事實曰：鼎奏稟朝辭。上曰：「卿豈可遠去？當相卿，付以今日大計。」時獨給事中孫近直學士院，時傳鎖院，莫知爲誰。諸侍從謀於近曰：「早晚必命相，公當草制，幸密報仿佛，以解我憂。」近入院，諸人聚於沈與求之家，近密報取樞府細位，諸人喜而散。明日拜鼎右相，朝士相慶。

甲戌，以吏部尚書兼翰林學士沈與求爲參知政事。

劉豫遣其子麟、侄猊，引金虜左副元帥窩里嗢等自淮陽分道入寇。舟師由清河據楚州，進犯承州，騎兵渡淮據滁州。探者未得其實，以爲賊勢甚少。趙鼎曰：「虜前犯我境，乃入敵國，即賊也，故縱兵四掠，其鋒可畏。今行豫境，即官軍也，故按隊徐行，不作虛聲，然不足深畏。」

趙鼎事實曰：劉光世密遣屬官告鼎曰：「相公本入蜀，有警乃留，何故與他負許大事？」韓世忠亦謂人曰：「趙丞相真敢爲者。胡不將官家入福建穩處坐，江上之事，付之我輩。或不可，則少避之。俟春首賊退，徐議何害？」鼎聞諸將之議如此，恐上意移動，復乘間言：「今日之勢，若虜兵渡江，恐其別有措置。不如嚮時，尚有復振之理。戰固危道，有敗亦有成，不猶愈於退而必亡者乎？且虜僞俱來，以吾事力對之，誠爲不侔。然漢敗王尋，晉破苻堅，特在人心而已。自詔親征，士皆鼓勇。陛下養兵十年，正在今日。」由是浮言不能入矣。

淮東宣撫使韓世忠時在承州，以援兵未至，退保鎮江府。

校勘記

〔一〕上愀然曰　「上」，原闕，據四庫本中興小紀卷一六補。

〔二〕與其左右副元帥粘罕悟室論事不少屈　此謂悟室爲金右副元帥，實誤。悟室軍職乃右監軍，已見前注所辨。

〔三〕即日出知漳州　「漳」，原作「潭」，據四庫本中興小紀卷一六、宋史卷三七二辛炳傳改。

〔四〕將能使兵　「使」，原作「便」，據四庫本中興小紀卷一六改。

〔五〕朱勝非等皆知上馭將得其道　「上」，原闕，據四庫本中興小紀卷一六補。

〔六〕以爲危國亡師之本　「以爲」，原闕，據四庫本中興小紀卷一六補。

〔七〕陛下建炎中遣張浚出使川陝　「川」，原作「宣」，據四庫本中興小紀卷一六改。

〔八〕陛下有礪山帶河之誓　「礪」「帶」，原闕，據四庫本中興小紀卷一六補。

〔九〕憫臣孤忠　「臣」，原作「忠」，據四庫本中興小紀卷一六改。

〔一〇〕又乞得萬八千　「萬」字，疑衍。按：趙鼎乞度牒二萬，先得三千，又乞一萬八千，則已二萬一千，何得有所謂三請乎？因知文中「萬八千」之「萬」當係衍字，而建炎以來繫年要録卷八〇記趙鼎疏語亦如此，知所誤從來久矣。

〔一一〕獨張俊曰　「俊」，原作「浚」，據建炎以來繫年要録卷八〇改，四庫本中興小紀卷一六同原本。下同。

〔一二〕金虜左右副元帥粘罕悟室皆居雲中　左右副元帥粘罕、悟室，悟室乃右監軍，非右副元帥，辨已見前卷。

〔一三〕戊戌　二字原闕，據四庫本中興小紀卷一六補。

〔一四〕臣等幸甚　「等」，原作「鄰」，據上下文義改。四庫本中興小紀卷一七無此記事。

宋朝中興紀事本末卷三一上

起紹興四年十月盡其月

冬十月丙子朔，世忠奏至。上謂宰執曰：「朕爲二聖在遠，生靈久罹塗炭，屈己請和，而虜復肆侵淩。朕當親總六軍，往臨大江，決於一戰。」趙鼎曰：「累年退避，虜情益驕。今親征出於聖斷，將士皆奮，決可成功。臣等願效區區，亦以圖報。」上因曰：「伐蔡之功，亦憲宗能斷也。故韓愈謂凡此蔡功，惟斷乃成。」沈與求曰：「今日親征，亦由聖斷。」時江東宣撫使劉光世軍在馬家渡，淮西宣撫使張俊軍在采石。遂詔光世以所部兵援世忠，且令俊移軍於建康。而三大將軍權相敵，兼持私隙，莫肯協心。上詔侍御史魏矼、監察御史田如鰲分往。如鰲，大庾人也。矼至光世軍中，諭之曰：「賊衆我寡，合力猶懼不支，況軍自爲心，將何以戰？爲諸公計，當滅怨隙，不獨可以報國，身亦有利。」光世意許，矼固勸其貽書二帥，以示無他，使爲掎角也。已而二帥皆復書，交致其情，光世遂以書奏於上。於是，光世進軍，屯太平州。

丁丑，以參知政事孟庾爲行宮留守。

己卯，宰執奏乞以韓世忠所報蓄僞兵犯承、楚事，付奉使魏良臣，往軍前商議。上曰：「和議蓋非得已，儻得淮南百姓安業，即内帑自可了其歲幣，不須户部財賦。朕宫中并無用，内帑所有，專以養兵。」沈與求曰：「陛下爲民之故，捐内帑以充歲幣，此盛德事。」

淮東宣撫使韓世忠復統兵過江，駐於揚州。

上將親征，詔略曰：「朕以兩宫萬里，一别九年，覬迎鑾輅之旋，期盡庭闈之奉。卑辭厚幣，遣使請和。比得强敵之情，稍有休兵之義。而叛臣劉豫，懼禍及身，造爲事端，間諜和好。信逆雛之狂悖，率羣偷而陸梁。警奏既聞，神人共憤。誓挺身而效死，不與賊以俱生。今朕此行，士氣百倍，殪彼逆黨，成此雋功。咨爾六軍，咸知朕意。」自豫僭逆，前此至以大齊名之，及是始正其逆罪。詔既下，人皆鼓勇。而朝士中尚有懷疑者，或見趙鼎曰：「兹事甚大，公宜審處，無貽後悔。」鼎不答。既而侍從及臺諫同日請對。翌日，宰執奏事退，鼎復進曰：「今日侍從臺諫皆對，必及親征事，願勿为羣議所移。」上意益堅，而殿中侍御史張致遠亦言：「今此虜敢大入，謂我猶如向來不習戰爾。若戎輅親征，必伐虜謀。」上曰：「正朕志也。」

初，知鎮江府沈晦過闕，論藩帥之兵可用。謂：「唐中年平安、史，用朔方、太原兩軍；末年平黃巢，用忠武、大同兩軍。今沿江千餘里，若城鎮江、建康、太平、池、鄂，每處各有兵一二萬，用本郡財賦，回易官田給之。虜至五郡，以舟師守江，陸軍守隘，彼難自渡。設渡，五郡合擊，虜雖善戰，不能一日破諸城也。若圍五郡，則兵分而勢弱，或以偏師綴我，大軍南下，則五郡尾襲而邀擊〔一〕，虜安敢遠去？頃歲，虜敢越中山、河間，正以兵少，若太原則不敢南踰一步。此制稍定，三年後移軍江北，糧餉器械，悉皆自隨，所至便成全盛。」晦又言：「大將與帥臣各有所職，若全倚大將，恐不能辦。遞年杜充總大兵在建康，而帥臣陳邦光不爲措置，及充迎敵而邦光被縶，以至周望去而湯東野逃，郭仲荀去而李鄴降，皆坐此也。望撥零兵二千付臣，併令臣募敢戰之士三千，參用昭義步兵之法，期年後，京口便成強藩。況東晉常謂京口兵可用，故北府兵號爲最精，唐亦用宣、潤弩手平淮甸。」時方以韓世忠屯軍在府，其言不用。至是，晦乞促張俊統兵爲世忠之援。宰執皆稱晦議論激昂。上曰：「朕知其爲人，語甚壯，意頗怯，更看臨事能副所言否？」沈與求曰：「陛下用人如此，則無失矣。」

時趙鼎、孟庾、胡松年共薦前樞密副都承旨馬擴有才，中因苗傅事得罪，乞復試用。擴亦請自將三千捍賊。上曰：「齊小白猶能忘射鈎之仇而用管仲，朕豈不能用擴？然既用之，止與三千人非是。俟引見示以恩信，然後用之，彼必能效死以報。」鼎曰：「陛下開大度用人如此，天下幸甚。」沈與求曰：「陛下御將如此，何事不濟？」既而引擴見，復除樞密副都承旨〔二〕。鼎又曰：「陛下用人如此，何患不得其死力？」上曰：「擴知兵有謀，不止於鬥將而已。」與求曰：「陛下起擴之廢，寵以美官，必能立功以報陛下。雖漢祖善將，不過如此。」除擴在此月戊子，今聯書之。

直史館范沖録其父祖禹紹聖初報國史院問目以進，又具到朱墨本去取體式，乞降付史館，更憑衆議修定。壬午，詔送史館。

初，知建康府吕祉言：「今置江北於度外，非朝廷命帥宣撫兩淮之意。」且乞上親征。

至是，江上探報，惟祉最爲詳密。趙鼎言：「祉慷慨敢爲，此等人材，實不易得。」上曰：「祉真有方面之才，朕留意人物，欲其協濟多難。如知鄂州劉洪道，初緣呂頤浩薦，而所對多誕謾不實，雖有麁材，何所用之？」沈與求曰：「洪道知明州，脱身先遁〔三〕，一城之民，盡殪於賊，至今人怨。」

癸未，詔鄂乃上流，宜別擇守臣。

詔簽書樞密院胡松年往鎮江，與諸將會議進兵，因以覘賊情。丙戌，上曰：「先遣大臣，諭以朕意，庶幾諸將賈勇争先。」沈與求曰：「真宗澶淵之役，亦先遣陳堯叟，此故事也。」

詔常程事并權住。

淮東宣撫使韓世忠奏已過江拒賊。戊子，上謂宰執曰：「世忠忠勇，必能成功。可令户部支銀絹犒賞過江將士，以激其心。」沈與求曰：「自胡騎蹂踐中原，未嘗有與之戰者。今諸將争先用命，此成功之秋也。」既而世忠又奏，見在揚州，適霖雨未能進，而恐朝廷訝成功之遲。上曰：「兵事豈可遥制？」趙鼎曰：「軍事不從中覆，古之制也。」乃詔世忠聽其臨機制變。

甲午，户部侍郎梁汝嘉言：「每月經費一百餘萬緡，兼調發所用倍多，請權以江、浙夏税及和買絹十分折納五分，二分折四緡，三分折六緡。其綢則皆折納，二分折四緡，八分折八緡，令轉運司計綱輸送。」從之。

淮西宣撫使劉光世探到劉豫事。丙申，上謂宰執曰：「劉豫父子逆亂如此，皆朕不德所致。然以朝廷事力，一偏師豫可擒也。徒以二聖在遠，故屈己通和，覬還鑾輅。今乃挾虜人之兵，復入爲寇，此安可容？」沈與求曰：「和議乃虜人屢試之策，不足信也。」

時積雨踰月。

戊戌，上發臨安。陰雲頓開，軍容甚整，都人欣歎，以謂靖康以來，未有是舉。上登御舟至臨平鎮，宰執奏事。趙鼎曰：「臣等扈蹕登舟，見道傍觀者皆流涕，以手加額。蓋陛下以萬乘之尊，親總師徒，履至險之地，苟心懷愛君，莫不憂此。臣待罪揆路，不寒而慄。非不欲被堅執鋭，率衆摧鋒，而書生不閑戰鬥，又府庫無儲，關津無備，隨宜經理，倉卒取辦，必有過差。願陛下收衆智，降哀痛之詔，捐内帑金以賞激士氣，庶可成功，此在睿斷，勉之而已。」

淮西宣撫使劉光世奏乞與韓世忠軍一般給錢糧。上謂宰執曰：「諸將兵用命則一，所支錢糧，豈容有異？此呂頤浩不公之弊。」趙鼎曰：「朝廷舉措既當，諸將自服。今不如此，必致紛紜。乞下光世，會所得錢糧之數，然後行之。」沈與求曰：「豈惟錢糧，賞罰亦然。惟至公可以服天下。」上曰：「今日朕親總六師，正當公示賞罰。」

韓世忠總兵駐揚州。時奉使魏良臣過揚，世忠置酒與別，杯一再行，流星庚牌沓至。良臣問故，世忠曰：「有詔移軍守江。」乃命撤爨班師。良臣去，世忠度其已出境，乃上馬，令軍中曰：「視吾鞭所嚮。」於是諸軍大集。行至大儀鎮，勒精兵爲五陣，設伏二十餘處，戒聞鼓聲則起而擊之。良臣至虜軍，虜問我軍動息，良臣以所見對。大酋兀朮喜甚，勵兵趨江口，距大儀五里。其將孛堇撻也擁鐵騎過五軍之東。世忠傳小麾鳴鼓，伏者四起，吾軍旗與虜旗雜出，虜軍亂，弓刀無所施。而我師伍疊進，背嵬軍各持長斧，上揕人胸，下捎馬足。虜全裝陷泥淖中，人馬俱斃。遂擒孛堇撻也。兀朮走還泗上，召良臣，責其賣己，將殺之，良臣好辭得免。世忠提舉官董旻與虜戰於天長軍。又統制官解元、成閔與戰於承州，皆敗之，擒生女真百餘人，遣屬官建陽陳桷與旻等具舟載之，獻於行在，且言使臣戰没者三十餘人。己亥，宰執奏事，沈與求曰：「自建炎以來，將士未嘗與金人迎戰，今世忠連捷，以挫賊鋒，其功不細。」趙鼎曰：「陛下既親總六師，則第功行賞，與他時不同。」上曰：「第優賞之，庶幾人知激勸，必有成功。」

壬寅，上至平江府，復下詔，略曰：「朕急父兄之難，申子弟之情，行師有名，天其助順。將臨江滸，已次吴門。言念幅員之間，共罹戎馬之禍，使汝丘墓隔絶，骨肉散亡〔四〕。罪實在予一人〔五〕，毒乃流於四海。咨爾將上，勿顧便安，宜各奮揚，共圖恢復。」

宰執奏，建炎初黄潛善、汪伯彦擅權專殺，將布衣陳東、歐陽澈置之極典。上曰：「朕初即位，聽用非人，至今痛恨之。」乃各贈秘閣修撰，官其兩子，賜田十頃。趙鼎等曰：「輔相非人，致陛下責躬自咎如此，誠爲盛德。潛善、伯彦誤國之罪，天下皆知，此安可誣也？」

是月，以徽猷閣直學士、樞密都承旨章誼爲户部尚書。

校勘記

〔一〕則五郡尾襲而邀擊　「襲」，原作「壟」，據四庫本中興小紀卷一七改。

〔二〕復除樞密副都承旨　「復」，原作「很」，據四庫本中興小紀卷一七改。

〔三〕脱身先遁　「脱」，原作「既」，據四庫本中興小紀卷一七改。

〔四〕骨肉散亡　「散」，原作「敗」，據四庫本中興小紀卷一七改。

〔五〕罪實在予一人　「予」，原作「于」，據四庫本中興小紀卷一七改。

宋朝中興紀事本末卷三一下

起紹興四年十一月盡十二月

十一月丙午朔，上御平江府行宫。

戊申，上問宰執江上控扼之計。胡松年曰：「臣到鎮江、建康，備見兩軍將士奮勵，欲摧醜虜，必能立勳。」上曰：「數年以來，廟堂玩習虚文，而不明實效，侍御給諫搜剔細務，而不知大體，故未能濟艱難。非朕夙夜留心，治軍旅，備器械，今日賊騎侵軼，何以禦之？」趙鼎曰：「臣等敢不竭駑鈍，以副陛下責實之意！」

時沿江既有備，商賈往來自如，通、泰出納鹽貨如故。上見士氣大振，捷音日聞，欲渡江與賊決戰。趙鼎曰：「退即不可，渡江非策也。虜兵遠來，利於速戰，豈可與之争鋒？兵家以氣爲主，三鼓即衰矣。姑守江，使不得渡，徐觀其勢，以決萬全。且豫猶不親臨，止遣其子，豈可煩至尊與逆雛決勝負哉？」於是，遣參知政事沈與求按行江上，與諸將議可否。始知虜騎大集，其數甚衆。與求回，言沿江居民旋造屋爲肆，虜雖對岸，略不畏之。此據趙鼎事實修入，不得其時，事實言「久之，張浚來自閩中」，則知此事在浚未至之前也。

時承、楚、泰三州各有水寨民兵〔一〕，合力擊賊。庚戌，上謂宰執曰：「淮民未能安業，今又遭賊騎，乃力奮忠義，不忘國家，實我祖宗涵養之力。宜與放十年租稅，仍撥錢米助之。」趙鼎曰：「陛下德澤如此，人心益固，國祚益長矣。」

監察御史田如鰲言：「機事不密則害成。比來未行一事，中外已傳，皆由省吏不密所致。」上曰：「由吕頤浩不知大體，雖鬻食物，人亦縱之出入〔二〕，故事每漏泄。」趙鼎曰：「舊置中書密院於皇城内，如在天上，人何由知？自渡江，屋淺而人雜，自然不密。」辛亥，上命申嚴其禁，仍詔漏泄邊機，處以軍法。

殿中侍御史張致遠奏，乞省罷營葺，以繫軍民之心。壬子，詔除軍兵營寨外〔三〕，令孫佑不得應副。佑，北海人，時知平江府。上因謂宰執曰：「臺諫規戒，朕所樂聞，常恐言者無以補助。昨致遠又奏御船不計其數，可速行覺察。朕隨行惟三十餘舟，皆載書籍，此外無一玩好。」趙鼎曰：「監司郡守之官，猶巨艦相銜數里。陛下簡約如此，實帝王盛德事也。」上曰：「朕初到平江，孫佑所供進膳卓子極弊。朕念往日艱難，雖居處隘陋，飲食菲薄，亦所甘心。若邊境已清，郡邑既定，迎還二聖，再安九廟，帝王之尊固在。」鼎等曰：「陛下規模宏遠如此，太平基業指日可期，天下幸甚。」

川陝宣撫副使吴玠奏：「臣之功，乃張浚、劉子羽知臣而薦用之。今蒙異數，望追成命，而於浚、子羽少寬典刑。」上曰：「進退大臣，蔽自朕志，豈可由將帥之言？况朕於浚，既罰其過，詎忘其功？」癸丑，詔子羽自便。士大夫以此多玠之義。

上曰：「臺諫論事，雖許風聞，須要審實。如排擊人才，豈無好惡？若果務大體，不指摘纖瑕細務，强置人於有過，豈惟陰德不淺，亦可銷刻薄之風，成忠厚之俗。」趙鼎曰：「聖訓廣大如此，言事官宜奉以周旋也。」

丁巳，詔：「親總六師，臨幸江濱。諸路監司帥守，其夙夜焦心，以體朕意。凡借貸催科，毋得縱吏，并緣爲姦；務絶其萌，勿令竊發。其或恣無名之斂，失機察之方，必罰無赦。」

先是，趙鼎薦提舉洞霄宫、福州居住張浚：「可當大事，顧今執政無如浚者。陛下若不終棄，必於此時用之。」乃詔浚復資政殿學士，提舉萬壽觀兼侍讀。

喻樗語録曰：樗先受趙鼎辟，爲川陝都督府屬官。既罷行，因過平江，見鼎曰：「相公之舉，未知果有萬全之計，或賭采一擲也？」鼎曰：「亦安保萬全？事成幸甚。不成，遺臭萬代矣。」樗曰：「今若直前，有如頭重，不可却也。要須有後門。」鼎曰：「有則善矣。」樗曰：「張樞密在福，今只召之。恐浚巡未至。若直除閩浙江淮宣撫使，不許辭免，則命到之日，便有官府軍旅錢穀。樞密來路，即我之後門也。」鼎大以爲然。

明日入奏，久之，上曰：「且在經筵亦可。」己未，浚至，復以爲知樞密院事。浚見鼎曰：「此行舉指甚當。」既又聞鼎諫上渡江決戰之行，亦深歎服。

朱勝非閑居録曰：時寇犯淮、泗，朝廷震恐。宰相趙鼎嘗失身於僞楚，初無敢薦者，而浚獨薦爲言官，鼎德之。至是，乘急變召浚，復秉樞機。

趙鼎遺事曰：時中外震恐。朝廷方難其人，鼎力薦張浚可以當之。上問浚方略如何，鼎曰：「浚鋭於功名，而得衆心，可以獨任。」上即日除知樞密院。鼎曰：「陛下幸聽臣言，驟用浚，恐臺諫未悉，必至交攻。非陛下斷自宸衷，無以息衆議。」上爲親書詔刊石。

觀文殿學士李綱陳禦戎之策，大略謂：「僞齊悉兵南下，其境内必虚，宜擣潁昌〔四〕，出其不意，則必還以自救，此爲上策。召上流之兵，沿江而下，以助軍勢，此爲中策。萬一借親征之名，爲順動之計，此下策也。」上曰：「綱去國數年，無一字到朝廷，今豈非以朕總師，親臨大江，合綱之意乎？」辛酉，降詔奬之。

丁卯，上謂宰執曰：「朕與大臣論事稍不合，便爲去就，何也？」張浚曰：「事有可行不可行，恐陛下一言之漏，言者意其好惡，因有論列，不得不爲去就。」上曰：「君臣之間，當至誠相與，勿事形迹，庶可同心協德，以底於治。朕於二三大臣，當分委以事。張浚專治軍器，胡松年專治戰艦。」浚曰：「仁祖時，亦嘗令范仲淹、韓琦分事而治，言者數以爲辭，不旋踵報罷。」上曰：「今日若不專責，事無由集。如國用亦須委一大臣。」松年曰：「議論既定，力行之，必有效。若今日行明日罷，徒紛紛無益耳。」

戊辰，趙鼎言：「張孝純、李鄰子弟服在近僚，可見陛下德意。乞降詔示從僞之臣，他日來歸，亦不加罪。」上曰：「中原陷没，士大夫不幸污於僭逆，皆朕之過。朕備嘗艱難，不忘恢復，蓋欲拯之塗炭，咸與惟新，要使人人知朕此意。」簽書樞密院胡松年曰〔五〕：「禹、湯罪己，其興也勃，然臣知中興有期矣。」

右司諫趙霈言，乞令有司具一歲錢穀出入之數，以節浮費。辛未，上謂宰執曰：「霈此疏極關治體，纔過防秋，便可行之。」胡松年曰：「使諫諍之臣皆如此，何患不能協濟？正恐賊騎既退，國家暫安，虚文細務，又復出矣。」上曰：「趙鼎記此，可以爲戒。」

知樞密院張浚往江上視師。

趙鼎事實曰：浚在江上，時虜軍在滁上造舟，已有渡江之耗。鼎密陳：「今日之舉，雖天人咸助，然自古用兵，不能保其必勝。計當先定，事至即應之，庶不倉卒。萬一虜渡江，即再降指揮，方始謂之親征。陛下當親總衛士，直趨常、潤，督諸將，乘其未畢集，併力血戰，未必不勝。或遏不住，則駕由他道復歸臨安，留兵堅守吴江，虜亦安能深入？臣與張浚分糾諸將，或腰截，或尾襲，各據地利，時出擾之，必不使之自肆如前日也。惟不可聞渡江便退，即諸將各自爲謀，天下事不再集矣。」三衙楊沂中、劉錡見鼎言：「探報如此，駕莫須動。」鼎曰：「僞虜已渡，方遣二君率兵趨常、潤，合諸將併力一戰，以決存亡，他無術也。」二人同聲曰：「相公可謂大膽。」鼎曰：「事已到此，不得不然。二公隨駕之親兵也，緩急正賴爲用，豈可先出此言？」二人懼而退。朝論謂鼎勸上親征固難，而此事不動，尤爲難也。

奉使魏良臣等自虜軍回，張浚遇之，問以虜事及大酋之語，良臣謂：「虜有長平之衆，且出大言，謂當割建州以南，王爾家爲小國，索銀絹犒軍，其數千萬。」仍約良臣等再往，浚密奏不可以其言而動，及不須令再往。

十二月乙亥，良臣等至平江府。侍御史魏矼亦言當罷講和二字，以攻守代之，飭勵諸將，力圖攘狄，遂不復遣。

朱勝非閑居録曰：初，秦檜自京城隨虜北去，爲彼大酋撻辣郎君任用。至是，撻辣統兵徑犯淮甸，朝廷遣魏良臣、王繪奉使至其軍，數問檜，且稱其賢。逮檜再相，力薦良臣爲都司，繼除從官，欲弭其言耳。

魏良臣進奉使語録言：虜人北至天長縣，得親筆手詔墨本，謂良臣曰：「恤民如此，民心安得不歸？」

丁丑，上謂宰執曰：「向下詔丁寧，欲刑無冤耳。」胡松年曰：「臣伏睹詔書，載小大之獄，雖不能察，必以情，忠之屬也，可以一戰。使虜人讀至此，能無懼乎？」

張浚奏以樞密副都承旨馬擴爲沿江制置使，軍於鎮江府。且令湖南制置大使席益撥統制官崔邦弼等軍赴擴，益不從，詔落其職。

淮西宣撫使劉光世奏統制官王德獲僞官朱從。己卯，上語宰執欲釋之，既而曰：「先軫有言：『武夫力而拘諸原，婦人暫而免諸國，墮軍實而長寇讎，亡無日矣。』諸將方與敵人對壘，今獻俘輒釋之，恐其意怠，勿殺可也。」趙鼎曰：「此皆吾民，誠不必殺。」

乙酉，宰執奏進士王蘋，賜出身，除正字。上曰：「蘋起草茅，而議論若素官於朝，大抵儒者能通世務，乃爲有用。」沈與求曰：「不通世務，乃爲腐儒。」胡松年曰：「治天下安用腐儒？」上曰然。蘋，侯官人也。

庚寅，上因論十二夜太陰犯昴宿，有司以爲胡滅之象。胡松年曰：「天象如此，中興可期。」上曰：「范蠡有言，天應至矣，人事未盡也〔六〕。」趙鼎曰：「正當修人事以應之。」

辛卯，上謂宰執曰：「韓世忠近進鱘魚鮓〔七〕，朕戒之曰：『艱難之際，朕不厭菲食。當立功報朕，而貢口味，非愛君之實也。』已却之。」沈與求曰：「陛下示以好惡如此，諸將敢不用命？世忠能擒劉豫父子，羈致行闕誅之，而分醢於諸侯，此乃足以報陛下也。」

殿中侍御史張致遠言，朝廷不當以除授妨軍務。癸巳，上曰：「言者欲大臣專意軍務，誠知所先。然士大夫遠赴行在，吏部既不注擬，艱難之際，豈可使之失職？」趙鼎曰：「向親巡海上，猶有除授，恐今未宜遽廢。」

乙未，上謂宰執曰：「賊馬近在淮甸，而將士賈勇争先，諸路守臣亦翕然自效。」顧趙鼎曰：「此乃朕用卿之力。」鼎曰：「盡出聖畫，臣等何有力焉？然大敵在前，方懼無以塞責。」上曰：「自古國家用賢則治。若警奏初聞，而朕或爲退避之計，江、浙已丘墟矣。」

川陜宣撫副使吴玠奏夏國主數通書，有不忘朝廷之意。又府州折可求族屬列狀申玠，見訓練兵馬，俟玠出師渡河，當爲内援以擊賊。戊戌，上諭宰執曰：「此祖宗在天之靈扶佑所致，亦見人心憤此虜也。」

知樞密院張浚至鎮江府，召大帥韓世忠、劉光世、張俊與議，且勞其軍。既，剖分諸將，乃留鎮江以節制之。於是，世忠與虜酋兀朮書，謂張樞密已在此矣。浚因奏捍賊次第，且言相持已久，恐其别生姦計，已與諸將議，凡可以克敵者，無不爲也。上曰：「浚措置如此，虜必不能遽爲衝突。」參知政事沈與求曰：「晉元帝時，石勒寇壽春，相持三月，晉臣至有勸降勒者，王導拒之。虜今遠來，久相持，非其利也。」上曰：「朕得浚，何愧王導！」

先是，太史言來歲正月朔日當蝕。侍御史魏矼請下有司講求故事，上曰：「春秋日蝕必書，謹天戒也。」己亥，乃詔百職講求所以銷變弭災者。

辛丑，趙鼎因奏事，言比張浚遣使臣來説，諸大將每得金字牌，則踴躍奔命，無敢不虔。由陛下素有以結其心也。上曰：「諸將奉命，此固美事。然朝廷出號令亦須審重。使其得之，若降自雲霄之上，其誰敢慢乎？」

時金虜之衆屯於竹墩〔八〕，會雨雪乏糧，又聞上親征，而其主晟病篤。萬户韓常勸兀朮曰：「士無鬥志，苟强驅之過江，必多叛者。況吾君疾篤，内或有故，惟速歸爲善。」兀朮聽之，聞於諸酋，一夕遁去。方遣人馳喻劉麟、劉猊。於是，麟、猊倉皇棄輜重北走。既歸，乃率僞官上言，略曰：「以中原制江表，强弱之勢，何啻百二之利？故自古王者興起，必於河北、山東之地，然後爲真。若乃崛起及遁居吳、越之會，計其强者，能自保一隅，偶有不道〔九〕，則中原之兵已進，而墟其國者，非一也。」於是，豫以其言曉示僞境。

初，親征詔未至，廬州衆譁言棄淮保江。知府仇悆得詔，急録以示，人皆思奮。且遣其子間道告急，上命以官。及虜進據壽春，悆率兵出奇，直抵城下，賊戰敗，却走渡淮。是月，虜增兵復來，悆盡發戍軍千人拒之，無一還者，遂求救於京西制置使岳飛。飛遣統制官牛皋及愛將徐慶以二千餘騎造廬〔一〇〕。既見僉，坐未定，虜驅甲騎五千，且被城矣。皋與慶以所從騎出城，遥謂虜衆曰：「牛皋在此，爾輩胡爲見犯？」乃展幟示之，虜衆愕然。皋舞稍徑前〔一一〕，賊疑有伏，即奔潰。皋率騎追之，虜自相踐死，餘皆遁去。或問趙鼎，賊何以遽遁，鼎曰：「賊衆雖盛，特因劉豫邀請而至，既非本心，當擇利而進，故不如前日之亡命也。」

是歲，道君在五國城。一日，諭王若沖曰：「一自北遷，於今八年，所履風俗異事多矣。深欲著録，未有其人。詢之蔡絛，以謂文學無如卿者。高居東山，躬稼之餘，爲予記之。善惡必書，不可隱晦，將爲後來之戒。」道君謙虚待下，隨行羣臣，不以大小，未嘗名呼。每有使令，則温顔諭之。

校勘記

〔一〕時承楚泰三州各有水寨民兵　「楚」，原闕，據四庫本中興小紀卷一七補。

〔二〕人亦縱之出入　「出」，原闕，據文義補。

〔三〕詔除軍兵營寨外　「詔」，原作「令」，據四庫本中興小紀卷一七改。

〔四〕宜擣潁昌　「潁」，原作「永」，據四庫本中興小紀卷一七、建炎以來繫年要録卷八二改。

〔五〕簽書樞密院胡松年曰　「簽書樞密院」，原闕，據四庫本中興小紀卷一七補。

〔六〕人事未盡也　「未盡也」，原作「盡矣」，據四庫本中興小紀卷一七、建炎以來繫年要録卷八三改。

〔七〕韓世忠近進鰣魚鮓　「進」，原作「得」，此從四庫本中興小紀卷一七。

〔八〕時金虜之衆屯於竹墩　「竹墩」，原作「行墩」，據四庫本中興小紀卷一七改。按：清李敏纂竹鎮紀略二卷，載紹興四年十二月兀朮屯竹墩，爲韓世忠所扼事。謂竹墩鎮在今江蘇六合縣境内，考證精確，當從之。

〔九〕自保一隅偶有不道　「隅」，原闕，據四庫本中興小紀卷一七補。

〔一〇〕飛遣統制官牛皋及愛將徐慶以二千餘騎造廬　「飛」，原闕，據四庫本中興小紀卷一七補。

〔一一〕舞稍徑前　「稍」，原作「稍」，四庫本中興小紀卷一七作「袖」，此據建炎以來繫年要録卷八三改。

宋朝中興紀事本末卷三二

起紹興五年正月盡三月

紹興五年歲在乙卯。

春正月乙巳朔，日有食之。

時虜騎既退，右僕射趙鼎陳善後之策，願詔前宰執各條所見，斷自聖意，擇而用之。上曰：「前宰執在朕左右，必知朝廷事。」沈與求曰：「國有大議，就問老臣，乃祖宗故事。」

己酉，遂各賜詔，訪以攻戰之利，備禦之宜，措置之方，綏懷之略，令悉條上。

於是，觀文殿大學士呂頤浩言：「謹析爲十事，則所詢四者在其中。一論不可不用兵，不用兵則中原不可復。二論彼此之勢，粘罕喜戰，而昧於不戢自焚之禍。又將士多得子女玉帛，而志驕意滿，此將亡之兆。三論用兵當用夏月，如宣王之北伐。四論分道進兵，宜以五萬人，由泗上擣汴京，二萬人由海上攻沂、密，又二萬人駐濠爲援，不可深入。惟敕大將，不得殺掠，至八月班師，明年復出。五論軍糧海道，二萬人日食米四百石，合於四明支一月糧，計一萬二千石，附海船以去，至山東，則有糧可因，濠上軍糧由淮可運，此皆不患。惟趨汴京之師，合齎十日糧，至南京，則糧亦可因矣。六論發兵日，乞聖駕駐蹕鎮江。七論淮南通、泰鹽歲一千四五百萬貫[一]，而二浙止七八百萬，通、泰倍於二浙，尤宜選能吏爲守。八論機不可失，兵屢得捷，如吴玠初擊，退於和尚原，再禦，退於饒風嶺，又大捷於仙人關。去歲賊犯淮甸，亦無所得而遁，若不發兵，終無息肩之期矣。臣考宣和間，户部月支纔九十萬，而近年月支百一十萬。夫養兵二十萬，不北向以争天下，則東南民力何以堪？九論海船以閩爲上，廣次之，温、明又次之。今天以此利賜我，宜用之以擾登、萊，南風而往，北風而歸，虜雖鐵騎百萬，必不能禦。十論今前宰執六人，議必不一，是非可否，在陛下獨斷而已。」

觀文殿大學士朱勝非言：「自陛下講明軍政，賞罰必當。今内外勁兵三十餘萬，宜於此時進取，無失機後悔。」遂列四事以獻。一曰進討僭僞，二曰守禦江淮，三曰招撫遺民，四曰審度虜勢，皆切時務。

觀文殿學士李綱言：「攻戰之利，當責諸帥，分路收復。守禦之宜，當料理荆、淮以爲根本。措置之方，則願駐蹕建康。綏懷之略，則願先務自强。大概近年所操之説，閑暇則以講和爲得計，而治兵爲失策；倉卒則以退避爲愛君，而進禦爲誤國。臣願自今，勿復遣使。此説既定，則將士協力，賊不足慮。」且條上六事，曰信輔弼，曰選人材，曰變士風，曰惜人力，曰盡人事，曰畏天戒。而論士風尤切，其略謂：「士風尤薄，陛下得一張浚付西事，浚以忠許國，雖失機會，不爲無過，而言者繩以大惡。賴浚有浴日之功，足以結知，又有大臣爲之辨得自洗濯，不然何以雪哉？夫朝廷詔耳目之官，固許風聞，若言而無實，則誣人之罪。願降明詔，以戒士風，使變而從厚，中興之業不難致矣。」尋復綱觀文殿大學士。

又資政殿學士翟汝文言：「朝廷無遠略，無定論，無腹心謀議之臣。三者不立，何後之善？自金賊蹦藉中國，乘輿越在裔土。雖西晉戎狄之禍，唐室安、史之亂，不至於此。自建炎俶擾，今九年矣，天下日苦於兵，而戰守之計初未定也，經國規模初未立也。將相大臣，每至防秋，則豫謀避地之計，至春，則泰然安肆，如無事之日。敵至與衆同懼，敵退與衆同喜，如斯而已。所謂禦敵者，臣不識也。昔晉武帝欲平吳，得張華、羊祜、杜預以贊其計；唐憲宗討淮、蔡，武宗平澤、潞，賴裴度、李德裕以成其功。今羣臣泛泛然如河中之木，則陛下誰與權事揆策，以圖今日之事乎？臣願擇大臣有深謀者任之，責其恢復，拔用能將，必以克敵。合天下之英傑，相與謨議立國之綱紀。規模先定，然後可爲也。」

徽猷閣待制胡安國時在湖南，聞有是詔，以書與其子起居郎寅曰：「此詔問舊宰執，即是國論未定，正要博謀。此機會不可失，若贊得歸，是其績不小，汝勉思之，吾有時政論二十篇，雖未詳，大綱舉矣。諸葛復生，不能易此也。」

庚戌，宰執奏殿中侍御史張致遠，乞減淮南官吏，免致擾民事。趙鼎曰：「差役本祖宗良法，王安石變之，民始被擾。」上曰：「安石行法，大抵學商鞅。自安石變法，天下紛然。但募役行之既久，不可驟變爾。」

辛亥，上謂宰執曰：「恢復之圖，所宜愛日。仍先求人才，有人才則天下之事無不舉。然用人才要在進君子退小人。」趙鼎曰：「臣待罪宰相，爲陛下別君子小人用之，乃其職也，敢不奉詔！」沈與求曰：「堯、舜之世，不無小人，在處之得其宜爾。」

丙辰，上謂宰執曰：「大臣，朕之股肱，臺諫，朕之耳目。事均一體。或有官非其人，所當黜者，卿等宜亟以告朕，不必須待論列。書曰：『股肱喜哉，元首起哉，百工熙哉。』股肱得人，則萬事皆治矣。」趙鼎曰：「臣等駑怯，何足仰承聖訓？然爲治之要，在於用人。陛下以此訓臣，可謂得其要矣。」

戊午，宰執奏曲赦淮南事。上曰：「虜既退，南北之民皆吾赤子，當示兼愛并容之意。赦文不可誇大，第使實惠加民，乃朕指也。」上曰：「今當漸圖恢復，使虜至，循故轍，輒爲退避之計，何以立國？祖宗德澤二百年，民心不忘。今虜已退，當乘時大作規摹，朕亦安能鬱鬱久居此乎？」趙鼎曰：「時不可失，誠如聖諭，事所可爲者，當謹以次條上。」

己未，曲赦淮南。

壬戌，宰執奏事，張浚曰：「臣頃使川、陝，横遭誣謗，蒙宸翰辨明，死無所恨。」上曰：「朕方屬卿以中原之事，不可以曩日誣謗過自畏縮。毀譽不公，自古所患。齊威公所以封即墨大夫而烹阿大夫也。」浚曰：「陛下留意毀譽如此，羣臣所幸。」

是日，詔淮東宣撫使韓世忠除少師，於鎮江置司。

癸亥，詔淮西宣撫使劉光世除少保，於太平州置司。江東宣撫使張俊除開府，於建康府置司。三將各賜銀絹三千匹兩。

虜兵之遁也，留程師回、張建壽爲收後〔二〕。二將，虜中之驍將也。至是，張俊命統制官張宗顔引兵追及之，繼又遣統制官王進等邀其歸路，薄之於淮，虜衆悉潰，墮淮而死。師回、建壽勢窘而降。初，師回以俊爲浚，既降，乃悟曰：「吾以爲張樞密，今乃關西也。」

行宮留守孟庾請上還臨安府〔三〕，從之。

金虜之犯淮也，劉光世遣統制官酈瓊統兵過淮，由間道徑趨光州。僞知州許約守城甚堅，又劉麟遣統領官李知柔以衆三千拒之〔四〕。瓊説約降，不從，即進兵急攻。城欲破，約勢蹙〔五〕，乃降，遂復光州。甲子，奏至，上謂宰執曰：「許約爲劉豫結連楊么，及劫張昂山寨，兇逆宜誅。今來歸，朕不欲失信，當貸之。」沈與求曰：「陛下方圖復中原，儻示大信，安反側，臣見壺漿載路，以迎王師矣。」

丙寅，上謂宰執曰：「昨韓世忠入覲奏云，虜騎遁去，陛下必喜。朕謂世忠曰：『此不足喜，若復中原，還二聖乃可喜爾。然亦有一事可喜。以卿等將士賈勇争先，非復昔時懼敵之比，所喜蓋在此也。』」趙鼎等贊上曰：「陛下誠得馭將之道。」

戊辰，上謂宰執曰：「劉光世、韓世忠、張俊相繼入覲，朕嘉其却敵之功，錫賚甚厚。朕服御物有可予者，亦以予之，皆拜賜涕泣，願身先士卒，圖復中原以報。」趙鼎曰：「此社稷之幸也。」

壬申，光世等朝辭，鼎與張浚、沈與求、胡松年侍立。上謂光世等曰：「敵人南侵，諸名酋皆在其中，蓋有吞噬江、浙之意。賴卿等戮力捍蔽，卒伐姦謀，使其失利而去，朕甚嘉之。」鼎曰：「臣問降虜，程師回言，劉豫紿虜人云：『光世、世忠比失歡。』虜至淮甸，異所聞，其氣已沮矣。」上曰：「烈士當以氣相許，先國家之急，而後私讎。昔寇恂戮賈復部將，復以爲耻，深憾之。光武曰：『天下未定，兩虎安得私鬭？今日朕分之。』於是并坐極歡，共車同出，結交而去。光世、世忠縱有睚眦，今日朕爲分之，宜釋前憾，結歡如初。」光世、世忠感泣再拜，且曰：「臣等頃嘗有違言，至安國家，不敢分彼此。况今已相好無他矣。乃煩君父訓飭丁寧，臣等皇懼無所容，敢不奉詔！」鼎等頓首賀上曰：「將帥和，社稷之福也。」上詔内侍，出金盤尊斝賜三帥，酒一行，并以所飲器賜之，陛辭而退。與求曰：「將軍國之爪牙，推轂授師則聞之矣，天子御坐賜卮酒而親勸之〔六〕，未之前聞。其禮甚重，臣聞英宗待司馬光嘗有是賜，其後淵聖用李綱實踵行之，光世等乃蒙寵榮如此，必思所以圖報。」上曰：「光世等忠誠許國，必能爲朕掃平僭亂，剋復疆土。」

初，金虜之故主旻與今主晟相約〔七〕，互傳位於其子孫。旻在日，以晟爲諳版孛極烈。諳版孛極烈者，儲副之位也。及晟代旻，即搭己之子宋王宗盤，而以旻之長孫梁王亶小名曷剌馬者，爲諳版孛極烈，仍領都元帥之職。是月，晟卒，宋王宗盤與旻之子凉王固倫及左副元帥粘罕皆争立，而亶爲嫡，遂立之。蓋粘罕自去歲爲窩里嗢所代，已失兵柄，故不得立。時窩里嗢、撻辣諸酋自江上回至燕山，悉赴晟之喪。初，晟已僞謚旻爲武元皇帝，廟號太祖。至是，亶僞謚晟爲文烈皇帝，廟號太宗。

二月乙亥朔，詔賜湖北制置使岳飛銀絹二千匹兩，仍加兩鎮節度。

刑部尚書章誼移兵部，尋改户部，又以吏部侍郎孫近爲翰林學士。

侍御史張致遠乞別修中興日曆，從之。

丁丑，上自江上平江府還臨安府。

己卯，上次秀州。

壬午，上至臨安府。

丙戌，右僕射趙鼎除左僕射，以知樞密院張浚爲右僕射，并平章事。兼知樞密院，都督諸路軍馬。

趙鼎事實曰：二月回鑾，先議定張浚右揆，出使湖外平楊么，鼎陞左揆。方鎖院之夕，鼎密啓曰：「宰相事無不統，不必專以邊事，乃爲得體。」洎兩制出，浚獨以軍功及專任邊事爲言。上既以邊事付浚，而政事及進退人才專付於鼎矣。

喻樗語録曰：時趙、張二公相得，人固知且并相。樗獨以謂：且作樞密使，同心同德，亦何不可。趙退則張繼之，説一般話，行一般事，用一般人，如此則泰道長。若同相，議論有不合，或當去位，則一番改更，必有參商。是賢者自相戾也。已而，其事亦相如此。

詔浚暫往江上，措置邊防。又詔湖北制置使岳飛往湖南捕盜，賜錢七萬貫，充隨軍激賞。既又詔，略曰：「敵人遠遁，邊圉稍安。臨遣相臣，按行師壘。西連隴、蜀，北洎江、淮。既加督護之權，悉在指揮之域。或難從於中覆，宜專制於事機。」

川陝宣撫副使吴玠，以虜犯淮上，亟遣環慶帥楊政乘機牽制。政引兵至秦州，諭僞守以逆順，不肯降，遂攻之。丁亥，拔其城。政撫定，秦民大悦。虜大酋撒離曷聞秦被圍，集諸道來援，政復擊敗之。

丁酉，詔二三大臣内外協濟，孟庾、沈與求、胡松年各轉一官。於是，徽猷閣待制胡安國與其子起居郎寅書曰：「昔裴度平淮西，功亦大矣。制辭不過曰『燕弧載橐，楚廣旋軫。錫階旌德〔八〕，祚土報勤』而已。李繼隆澶淵奇迹，止進一階。比覩二揆制詞，四將賞典，頗未曉也。」又曰：「元鎮雖非大手，亦得一半，恨佐之者弱。吕何者？而可秉鈞哉！」元鎮，鼎字。吕蓋指頤浩也。

庚子，宗正少卿范沖請以近詔羣臣條對，仿治平故事，編類進入，乃以命學士孫近、直學士院胡交修。而殿中侍御史謝祖信又言：「羣臣所條利害，既上御府，願親省覽，或俾大臣分閱，擇可用者奏行。」從之。

故事，左僕射兼監修國史。辛丑，趙鼎奏，直史館范沖於臣爲外姻，願改授張浚。上曰：「安可以沖故，廢祖宗故事？況史館非朝廷政事之地，可無辭？」遂詔鼎兼之。

於是，殿中侍御史張絢言：「宰相用人，不當以鄉閭親屬爲嫌，更宜訪寒畯。」癸卯，上謂宰執曰：「如此，則朋黨之風自破矣。」趙鼎曰：「用人所以立國，臣豈敢久居相位？至於立國規模，則當爲遠計也。」鼎於是以政事之先後及人材所當召用者，密條而置座右，一一奏禀，以次行之。鼎謙沖以待士，犯顔敢諫，凡内降恩澤，多奏格不行，號爲賢相。而深喜故崇政殿説書程頤之學，朝士翕然嚮之。時有言：「今託稱伊川門人者，却皆進用。如選人桐廬喻樗，真其人也，乃不見知。」是月，鼎始薦樗改官，除正字。誥辭曰：「頃窮西洛之淵原，遂見古人之大體。」中書舍人王居正行也。樗以此頗爲衆所嫉。徽猷閣待制胡安國亦師頤者也，聞之，以爲西洛淵原，古人大體，雖其高第游酢、楊時、謝良佐諸人尚難言之，而況樗耶？乃敢記於詞命〔九〕，以妄褒借，識者憂之。未幾，居正遷兵部侍郎，於是有「伊川三魂」之目：鼎爲真魂，居正爲强魂，言其多忿也。兵部侍郎楊時爲還魂，言其身死而道猶行也。既而正字襄陽張嵲遂以元祐五鬼配之。

劉豫罷什一之法，改行五等稅法。

閏二月丁未〔一〇〕，端明殿學士、簽書樞密院事胡松年請外，詔以舊職知宣州。川陝宣撫副使盧法原請上供物帛，自去年以後仍充贍軍。己酉，上謂宰執曰：「祖宗內帑，本以備邊，宜從所請。」趙鼎等曰：「陛下損內帑以贍軍，此帝王盛德事也。」

乙卯，宰執奏事，上詔孟庾、沈與求并兼權樞密院。趙鼎曰：「仁宗時陝西用兵，宰臣兼樞密。今臣既兼，而參政亦令兼權，則事歸一體，無前人所謂密院調兵而三省不知，三省財竭而密院用兵不止者矣。」上曰：「往時三省密院不同班進呈，是以事多不相關。豈有朝廷議論，而帷幄二三大臣不與聞者也？」

丁卯，詔足食足兵，今日先務。可專令户部尚書章誼措置財用，仍命參知政事孟庾提領其事。

己巳，庾請以總制司爲名，專察內外官私隱漏違欠。其合用錢糧，元係户部與漕司應副者，依舊從之。初，州縣出納錢物，每緡已收二十三文，作經制等錢。至是，加爲足數。

除舊合得外，餘數并拘發，以助軍須。既又收耆户長雇錢并抵當庫四分息錢〔一一〕，及轉運司移用常平司七分、茶鹽司袋息等錢，悉歸總制司，而總制錢自此始矣。

詔臨安府依舊帶浙西安撫，鎮江府帶沿江安撫。既而鎮江守臣劉寧止請撥常州、江陰軍及崑山、常熟二縣屬沿江安撫司，從之。寧止，歸安人也。

庚午，宰執奏中書舍人劉大中繳大理評事李洪試大法改官事。趙鼎曰：「法以弼教，宜崇獎之。」上曰：「不崇獎之，其學將絶。」沈與求曰：「法家雖别一科，人命所係，亦宜重其選也。」

壬申，上曰：「范温帶來京東民兵，較效用所給〔一二〕，春秋特支衣絹一匹。昨日令中軍引見，頗有藍縷者，朕出内帑絹二千匹賜之。」趙鼎等曰：「陛下内帑物非承平時比。每推以賜將士，此盛德也。」上曰：「朕宫中未嘗妄費，雖内帑所有不多，專用以激犒將士而已〔一三〕。」

是月，都督張浚出江上勞師。至鎮江府，召淮東宣撫使韓世忠，親諭上旨，使移屯楚州，以撼山東。世忠欣然受命，即日舉兵渡江。於是，浚至建康府，勞江東宣撫使張俊軍。

又至太平州，勞淮西宣撫使劉光世軍而還。

侍御史張致遠、殿中侍御史張絢、右司諫趙霈〔一四〕，交章論新除主管馬軍王瓊討賊無功，乞正其罪。詔罷瓊管軍。仍降充團練使。絢，丹陽人也。瓊軍一萬五千，撥隸淮南宣撫使韓世忠。

三月乙亥，上謂宰執曰：「賞罰國之大典，所以礪世磨鈍，安可闕也？如王瓊提大兵往上江，所用錢糧不可勝紀，而敗軍覆將，經年不能下楊么。今降官落職，不特少慰公議。又瓊平日專事交結，亦使知交結不足恃也。」於是，趙鼎薦荆南鎮撫使解潛，召爲主管馬軍司公事。初，靖康中潛副李綱宣撫河東，鼎在綱幕中，與潛有舊。至是，引用之。

先是，川陝宣撫副使盧法原以憾不濟師，不饋糧，及不給降錢幣〔一五〕，不應副器械〔一六〕，功成又不銓量獲功將士。上以手詔詰法原，法原辨數甚悉，上不以爲是。既而法原卒於閬州宣撫司事，令副使吴玠權主行之。

淮東宣撫使韓世忠已至楚州，遣屬官陳桷等赴闕。左僕射趙鼎奏：「臣已細詢桷，據言韓世忠已過淮南，視控扼之所。桷今來乞兵守建康，蓋欲張俊分占江上，同負此責。臣以通、泰鹽利爲重，乞飭世忠，且在承、楚捍敵。或采石等淺處有警，即令引全軍趨江東或浙西，而通、泰鹽利，在所不顧也。椸又言世忠軍老幼在鎮江非便。臣與椸議，欲令還平江，椸以爲然。此亦張浚之意也。」

乙西，左僕射趙鼎奏，乞遣中使傳問宣撫。上曰：「當別有所賜。近劉光世進馬，來問朕乞花瓶，遂輟玉瓶賜之。」鼎曰：「陛下御府寶器以寵大將，深得駕馭之術矣。」

是日，趙鼎奏觀文殿大學士李綱録到建炎聖語。上曰：「朕已閱，皆實。綱近日論事非往時比。」鼎曰：「綱才器過人，但向辟少年浮躁之士爲屬〔一七〕，致有所累。」上曰：「屬官須老成更練。」鼎曰：「誠如聖諭。」

初，張浚謫居福州，而綱亦寓福。浚與綱會，既除舊隙，遂相厚善。至是，浚入相，數於上前言其忠。未幾，起綱知洪州兼江南安撫制置大使。

朱勝非閑居録曰：舊制，御膳日進一百二十品，淵聖減作四十品。上即祚，又加裁省。其後早晚共止一羊，不過數品而已。巡幸東南，駐蹕郡廨，兵火之後，屋宇闕陋，雖久駐亦不增葺。中宫未還，妃嬪有名位者纔二三人，其餘宫監并有職掌者通不及百人。雖大禹之勤儉，不是過也。大臣密侍帷幄，目睹盛事，固宜仰體德意，而三丞相則不然。李綱私藏過於國帑，乃厚自奉養，侍妾歌僮，衣服飲食，極於美麗。每饗客，肴饌必至百品，遇出則厨傳數十擔。其居福州也，張浚被召，綱贐行一百二十合，合以朱漆鏤銀裝飾，樣致如一，皆其宅庫所有也。吕頤浩喜酒色，侍妾十數，夜必縱飲。前户部侍郎韓梠，家畜三妾，俱有殊色，名聞一時。梠死，諸大將以厚賂取之，吕力争，用數千緡得一人，號三孺人，大寵嬖之。初則專其家政，既而頤浩爲留守，兼判臨安，權勢甚盛。三孺人者，遂預外事，公然交通韓氏，中外因以媒進，時頤浩六十七歲矣。趙鼎起於白屋，有樸野之狀，一旦拜相，驟爲驕侈。以臨安相府爲不足居，别處大堂，奇花嘉木，環植周圍。堂之四隅，各設大爐，爲異香數種，每坐堂中，則四爐焚香，煙氣氤氲，合於坐上，謂之香雲。又艱難以來，堂饌菲薄，鼎增厚十倍，日有會集。侍從、將帥下逮省寺官所喜者，次第召食。堂厨公吏云：「日費香直數十緡，酒饌尚不計也。」其後，鼎坐臺疏落職守泉，累章數千言，而乾没都督府錢十七萬緡，竊用激賞庫錢七十餘萬緡，奄有臨安府什物三千餘件，乃章中一事。命下，人皆謂鼎必辯而不辯也〔一八〕。

初，禁衛諸軍遇赦轉員，其法甚備。自中原俶擾，軍營紛亂，排轉不行。時諸將所總，歲歲奏功。而天子親兵，久無升遷之望。左僕射趙鼎請據三衙見管人數，仿佛舊例，立爲轉員之法，始合祖宗舊制，而軍政明矣。

金虜主亶陞所居曰會寧府，建爲上京。仍改官制。初，奉使宇文虚中留其國。至是，受虜官，爲之參定其制。以太師、太傅、太保爲三師，太尉、司徒、司空爲三公。尚書省置令，次左右丞相，皆平章事；左右丞，皆參知政事。侍中、中書令皆居丞相下，仍爲兼職。元帥府仍置都元帥、左右副元帥、左右監軍、左右都監〔一九〕。樞密院置使副、簽書院事。大宗正府置判同判、同簽書事。宣徽院置左右使、同知簽書事。六部初置吏户禮三侍郎，後置三尚書，仍兼兵刑工〔二〇〕。既而六曹皆置尚書、郎官，左右司及諸曹皆備。國史院置監修，以宰相兼領，次修史、同修史。御史臺置大夫、中丞、侍御史以下，而大夫不除。中丞惟掌訟牒及斷獄會法。諫院置左右諫議大夫，補闕、拾遺并以他官兼之，與臺官皆充員而已。翰林學士院置承旨、學士、侍讀、侍講學士、直學士、待制、修撰，而承旨不除。殿前司置都點檢、左右副點檢、左右衛將軍〔二一〕。勸農司置使副，記注院置修注，太常寺置卿少，秘書省置監少，以下皆備。國子監官不設。外道置轉運使而不刺舉，故官吏無所憚。都事令史用登進士第者預其選，人以爲榮。官無磨勘之法，每一任則轉一官，此其大略也。

初，虜之故主晟兄弟相約，互傳位於其子孫。時亶既立，當復用晟之長子宋國王宗盤爲諳版孛極烈兼都元帥之職，而亶不遵初約。及定官制，以三公居都元帥上。又左副元帥粘罕、左監軍悟室〔二二〕，皆亶所忌。至是，以宗盤爲太師、領三省事，易其儲嗣之位。封粘罕晉國王，亦領三省事。又除悟室左丞相，皆以相位易其兵柄。而冀王窩里嗢、魯王撻辣正除左右副元帥，故宗盤失望，其後以至謀變，蓋始於此也。未幾，窩里嗢死，以撻辣代之，而進右監軍兀术爲右副元帥〔二三〕。

校勘記

〔一〕七論淮南通泰鹽歲一千四五百萬貫　「鹽」，原作「監」，據建炎以來繫年要録卷八七及宋史全文卷一九中改，四庫本中興小紀卷一八無此條。

〔二〕留程師回張建壽爲收後　「留」，原闕，據四庫本中興小紀卷一八補。「建」，四庫本作「延」。按：三朝北盟會編卷一六五亦作「建」。張延壽則爲宋臣名，同時人，見建炎以來繫年要録卷三九、六四。

〔三〕行宫留守孟庾請上還臨安府　「孟庾請」，原闕，據四庫本中興小紀卷一八補。

〔四〕又劉麟遣統領官李知柔以衆三千拒之　「拒」，四庫本中興小紀卷一八作「助」。

〔五〕約勢蹙　「蹙」，四庫本中興小紀卷一八作「窮」。

〔六〕天子御坐賜巵酒而親勸之　此句之前，原有「未聞」二字，與下文「未之前聞」四字相重，故據删。

〔七〕金虜之故主旻與今主晟相約　「旻與今主」，原闕，據四庫本中興小紀卷一八補。

〔八〕錫階旌德　「錫階」，原闕，據建炎以來繫年要録卷八五補。四庫本中興小紀卷一八無此條。

〔九〕乃敢記於詞命　「記」，四庫本中興小紀卷一八作「托」。宋名臣言行録别集下卷四趙鼎傳條亦同四庫本。

〔一〇〕閏二月丁未　「二」，原作「三」。據四庫本中興小紀卷一八改。按，紹興五年閏二月，非三月也。

〔一一〕既又收耆户長雇錢并抵當庫四分息錢　「收」，原爲「構」，犯高宗諱，當爲抄者誤筆。今據建炎以來繫年要録卷八六改正。四庫本中興小紀卷一八無此條。

〔一二〕較效用所給　「效用」，原闕，據建炎以來繫年要録卷八六補。四庫本中興小紀卷一八無此條。

〔一三〕專用以激犒將士而已　「犒」，原闕，據建炎以來繫年要録卷八六、宋史全文卷一九中補。

〔一四〕左司諫趙霈　「趙」，原作「張」，據四庫本中興小紀卷一八改。

〔一五〕及不給降錢幣　「降」，原闕，據四庫本中興小紀卷一八、建炎以來繫年要録卷八五補。

〔一六〕不應副器械　「械」，原闕，據四庫本中興小紀卷一八、建炎以來繫年要録卷八五補。又，自此字以下，原本皆闕。據四庫本中興小紀卷一八補。

〔一七〕但向辟少年浮躁之士爲屬　「但」字，原闕，據宋宰輔編年録卷一五增補。

〔一八〕自此月「先是川陝宣撫副使盧法原以憾不濟師」條之「功成又不銓量」至此六節，共六百餘字，原本俱闕，今據四庫本中興小紀卷一八補入。

〔一九〕元帥府仍置都元帥左右副元帥左右監軍左右都監　「仍」，原闕，據四庫本中興小紀卷一八補。

〔二〇〕仍兼兵刑工　「仍兼」，原闕，據四庫本中興小紀卷一八補。

〔二一〕殿前司置都點檢左右副點檢左右衛將軍　「將」，原闕，據四庫本中興小紀卷一八補。

〔二二〕又左副元帥粘罕左監軍悟室　「左監軍」，原作「右副元帥」，誤，據其實際所任職改正。

〔二三〕而進右監軍兀朮爲右副元帥　「右」，原作「左」，亦誤，據其實際所任職改正。

宋朝中興紀事本末卷三三

起紹興五年四月盡六月

夏四月甲辰朔，上謂宰執曰：「監察御史田如鰲可除言事官。」上因曰：「臺臣耳目之官，朕未嘗不遴此選。然必試之六察，度其可用，然後除言事官。」沈與求曰：「臺臣與朝廷分持紀綱，須得沈厚練達之人，則論事不苟，可以仰符聖意〔一〕。」上曰然。

先是，言者請仿景德會計録，列紹興以來歲計，量入爲出〔二〕。詔送户部。

戊申，本部先纘到去歲收支數餘，乞者續録〔三〕，從之。

初，太廟神主寓於温州，歲時薦饗，委之守臣。司封郎官林待聘嘗言：「原廟之在郡國，有漢故事。而太廟神主，禮宜在都。今新邑未奠，宜考古師行載主之義，還之行闕〔四〕，以彰聖孝。」至是，始就臨安府建太廟，遣權太常少卿沙縣張銖迎至行在〔五〕，既而奉安，上行款謁之禮。明年親征〔六〕，遂奉木主以行。

先是，侍講范沖乞依仁宗邇英閣故事，寫書無逸、孝經天子二章爲圖，設於講殿之壁。上從其請，親御宸翰，寫成二圖。庚戌〔七〕，上以語宰執，於是趙鼎贊上從善汲汲之意。且曰：「沖以世官，入侍經幄，乞修故事，宜也。」沈與求曰〔八〕：「宋璟獻無逸圖以爲元龜，今宸翰昭回〔九〕，非璟所獻之比。陛下方夙夜自警，則恢復可期，天下幸甚。」

乙卯，上謂宰執曰：「比來銓吏，因緣爲姦，士大夫頗苦之，每戒飭侍郎而尚未革。鄭滋既去，晏亨復、張致遠必能爲朕留意〔一〇〕。今宿弊不去〔一一〕，當先黜之。」趙鼎曰：「亨復、致遠皆孜孜奉職，必能仰副聖意。」

先是，詔直寶文閣曾紆賫其父布所著正論赴闕，中道除紆知信州。戊午，上謂宰執曰：「昨閱曾布正論，其言皆正當。」趙鼎曰：「臣嚮官陝西，嘗見此乃布親筆。近復得於紆處，蓋相去二十年矣，宛然如故。」沈與求曰：「韓璜言紆撰造正論，蓋不知其詳也。」上顧鼎曰：「布有奏稿，薦陳瓘等十餘人，卿跋尾具言曾見正論。」鼎曰：「臣誠有之。」

先下詔，發常平倉米賑糶。己未，宰執奏，欲每日糶一千石。上曰：「陰霖不止，細民艱食，官爲發廩，則穀價自平。」趙鼎等曰：「陛下憂民如此，臣等期有以副聖意。官既賑糶，則富家不至閉糶。」上曰：「富家惟務厚藏而不知散。」鼎曰：「厚藏而不知散，所以致富。及子孫驕奢妄用，則家道往往不振。」上曰：「爲君亦然。子孫不知祖宗創業艱難，習成驕奢，馴致禍亂，亦可以爲戒也。」沈與求曰：「周公陳王業艱難以戒成王，七月之詩是也。今陛下念祖宗創業艱難，日復一日，臣知戡定有期矣。」

甲子，道君皇帝崩於五國城，聖壽五十有四。後太母回鑾，知是此日。

先是，道君嘗命隨行王若沖録北遷事迹，未克成書。丙寅，淵聖申命若沖，以謂先皇嘉言善行，不可無紀，乃許隨行官吏，各具見聞，送若沖編修，仍令蔡倅提點。未幾書成，即所謂太上道君北狩行録是也。

徽猷閣待制程昌寓守鼎州六年，賊不能犯。是月，除昌寓都督府參議官，乃移知岳州。程千秋代之，千秋在岳時，賊已願出降。及至鼎，始覺賊無就招意。時統制官杜湛亦改爲都督府左軍統制，千秋因留湛所領蔡兵以捍賊。

是夏，金虜主亶以其國有新喪，慮本朝乘而伐之，令右副元帥兀朮屯黎陽，而左副元帥撻辣歸祁州。

初，金虜犯熙河，蕃漢官盡降。隴右郡王趙懷恩乃攜老小入蜀。至是，乞依兄懷德例別帶一職。

五月己卯，詔除懷恩正任觀察使。

辛巳，上殿官李椿年言：「歲鬻度牒不下萬數，是失一萬農也。積而累之，農幾盡矣。昔越王報吳，生男女有賞，嫁娶不時有罰，今則反是。」上曰：「越王養兵二十餘年，然後報吳。」椿年曰：「陛下知此道矣，願斷而行。」上首肯之。椿年，浮梁人也。

乙酉，正字李彌正言，乞募南兵教之，有警亦可調發。上曰：「向張俊軍中有五百輩，皆平江人，往往率先陷陣。朕自知南兵可用也。」彌正又言，大臣進退之易，實害治體。上曰：「太宗禮大臣甚厚，此朕家法。」彌正，彌遜弟也。

己丑，以參知政事孟庾爲知樞密院事，依舊兼總制司。時右僕射張浚督師在外，庾之除也，浚不及知。乃具奏，以爲「如此則臣不當在相位矣」。上親筆諭之。

左司諫趙霈言：「安不忘治，安不忘亂。安危治亂之機，相爲倚伏。昨丁陽九厄運，比者皇威始振，戎寇遠遁，已肇中興之業。天其或者殆將悔禍，所謂安危治亂之機，不可一日忘也。漢光武初定天下，馮異來朝，詔曰：『倉卒無蔞亭豆粥，滹沱河麥飯。』〔一二〕異頓首曰：『願國家無忘河北之難，小臣不敢忘巾車之恩。』唐太宗既平高昌，魏證舉小白無忘在莒之時以戒之。帝曰：『朕不忘布衣時，公不得忘叔牙之爲人也。』臣亦願陛下無忘親征時，臣無忘扈從時，則恢復可期矣。」辛卯，詔霈論得諫臣之體，令尚書省寫成圖進入。

時貴州防禦使從王從爰在宫中。上嘗以語宰執曰：「此子天資特異，儼如成人。朕親自教之讀書，性極强記。」至是，趙鼎得旨，造書院於行宫門内，以爲資善堂，欲令就學。上曰〔一三〕：「朕年二十九，未有子。然國朝自有仁宗故事。今未封王，止令建節封國公似合宜。以朕所見，此事甚易行，而前代帝王多以爲難。」鼎曰：「自古帝王以爲難，而陛下行之甚易，此所以莫可跂及也。」上曰：「藝祖創業至勤，朕取子字行下子鞠於宫中，庶仰慰藝祖在天之靈。」孟庾曰：「陛下念藝祖創業而聖慮及此，帝王所難之事也。」己亥，以從王從爰爲保慶軍節度使、建國公。宗正少卿范沖、起居郎朱震并爲資善堂翊善。震，邵武人也。

趙鼎事實曰：一日，上語鼎曰：「欲令從王從爰出閤，選官教之。且就禁中置學館，便建資善堂，庶幾正當，所差官亦有名。仍一依皇子建節除國公。」鼎乃與同列議，選范沖、朱震爲翊善，朝論以二人爲極天下之選。上亦嘗謂鼎曰：「前日臺諫因對，語及資善之建，皆曰如朱震、范沖，天生此二人，爲今日資善之用。可謂得人矣。」然是時建資善及命官與出閤之日，適張浚在外，故憸人得以間之，始見疾矣。

都督張浚謂：「楊么據洞庭湖，實占上流，不先去之，爲腹心害，將無以立國。然寇阻重湖，春夏則耕耘，秋冬水落，則收糧於寨，載老小於泊中，而驅其衆四出爲暴。前此朝廷以夏多水潦，必冬乃出師，故寇得併力而我多不利。今乘其怠而討之，彼衆既散，一旦復合，固已疲於奔命，又不得守其田畝禾稼，則有絶食之憂，黨與必攜，可招徠也。雖已命湖南制置使岳飛往討，而兵將未必喻此，或逞兵殺戮，則失勝算，傷國體。」遂奏請自行，上許焉。浚因辟樞密都承旨馬擴爲都督府都統制。初，湖南制置大使席益獲楊么探者數百人，皆傳致遠縣囚之。浚行至醴陵縣，召囚問之，盡釋其縛，給以文書，俾分示諸寨曰：「今既不得保田畝禾稼，必乏食，且餒死矣，不如早降不死。」數百人歡呼而往。及至潭州，而首領黄誠、周倫等，先請受約束，然嘗殺招安使臣，猶不自安。浚令岳飛分屯鼎、澧、益陽，壓以兵勢。戊戌，飛至鼎之城外，置寨列艦。飛素有威望，而軍律甚嚴，乃遣先出降人楊華入賊招安。華未降時爲賊魁，以寬厚得衆，遂與故部曲潛結么黨，殺么以降。時大旱，湖水涸如冬間。

六月甲辰，賊將楊欽率全部三千人詣飛降，飛待之甚厚。欽在賊中最悍，所至當先，賊恃以爲强。欽降，賊喪氣矣。

己酉，建國公初出資善堂，見翊善范沖、朱震，如師傅禮。宰執得旨，依故事謁見。是日，上謂宰執曰：「南班宗室甚有貧者，昨出内帑錢，人賜二百緡，令宗正丞沈禹卿散給。尚有親賢近屬，已會人數。」趙鼎曰：「今宗室凋零無幾，陛下崇穆如此，盛德事也。」

言者謂：「康定初，陝西用兵，詔樞密院邊事與宰相同議，又因晏殊言，參知政事亦許同議。今二府同班奏事，與舊制別班再上不同，而宰臣已兼知右府，欲乞邊事之大者，三省同批旨，密院管押札子。」庚戌，詔從之。

甲寅，宰相以久旱，請解機政，不許。

丙辰，上曰：「旱魃爲虐，皆由菲德所致，豈可移過大臣？然有闕政，當講求之，乃是消弭之道。」趙鼎等頓首謝。

時詔禁屠以禱雨。右諫議大夫趙霈言，自來斷屠，止禁猪羊而不及鵝鴨，請併禁之。中書舍人胡寅見霈疏曰：「一疏無二百言，而用鵝鴨字以十數，况諫職乃及此乎？聞虜中統兵者號龍虎大王，脱或入寇，當以鵝鴨諫議拒之。」時人以爲名對。

戊午，上謂宰執曰：「近有民自汴京來，云張九成投僞齊，有此否？」趙鼎曰：「九成見居鹽官縣，焉有此事？必有讒者惑聖聽。比探僞齊得九成廷策，言蹂踐民田事，以此出榜，然未知是否。昔夏竦嘗誣富弼，遣石介投契丹，今欲中傷人者，便以投豫誣之。」沈與求曰：「陛下召用九成，則讒者息矣。」上曰：「無讒言，北來人所傳不審耳。然用之若遲，人心謂九成不用於僞齊，復還矣。」遂除著作佐郎。

是日，詔福建歲貢龍團鳳茶權減一半。

詔贈故觀文殿學士鄧洵仁五官。中書舍人劉大中言，洵仁兄弟相繼執政〔一四〕，專以諂諛固寵，望賜追寢。戊寅，詔從之。自靖康初，追復元祐諸臣官職，後亦稍用其子孫。然議論不一，是非混淆。趙鼎夙有此志，至是，以身任之。因大中繳洵仁辭頭，遂歷言熙、豐、祐、聖、崇、觀政事人才，善惡利害，首尾甚備。上嘉納，即榜之朝堂。

先是，都督張浚親臨湖以觀賊勢，疑未可攻，復欲還朝爲防秋之計。會制置使岳飛來，以小圖白浚曰：「此易擒耳。」浚曰：「此妨防秋之備。」飛請浚少留，限八日擒之。浚乃遣飛往。初，湖南統制官任士安、王俊、郝政領兵二萬餘，慢王𤫉，不稟其令，以此無功。飛始至，鞭士安以折其氣，使爲賊餌。先揚言：「岳太尉兵二十萬至矣。」及是，止見士安等軍，賊併力拒之。飛伏大兵四合〔一五〕，敗之。賊走，悉乘舟入據水寨。賊將陳瑫内變，劫僞太子鍾子義船，獲金交牀與龍鳳輦等，詣飛降。楊么赴水死。黄誠、周倫遂挾太子子義奔潭州都督府，餘黨相繼皆降。飛入水寨，殺賊衆殆盡，惟夏誠寨恃險固守。飛擇善罵者二十人夜往罵之，且悉衆運草木流下填滿，乃長驅入營，遂擒誠，果應「飛來」之讖。於是浚言楊么就戮外，招到黄誠、周倫等衆二十餘萬，湖寇悉平。

李龜年記楊么本末曰：初，賊自恃其險，官軍陸襲則入湖，水攻則登岸〔一六〕。賊中爲之語曰：「有能害我，須是飛來。」蓋言其險，非有羽翼莫能近也。俄召用岳飛，適值大旱，而湖水涸。飛急命兵士伐君山之木以爲巨筏無數，木筏塞諸港汊。賊戰敗，急趨舟，欲出湖，而港汊木筏已滿，舟爲所礙，不能遁。戮死外，盡招降之。「飛來」之讖，於是乎驗。

初，張浚與淮東宣撫使韓世忠議令移屯泗上。既而世忠退屯承、楚之間，與初議小異。浚遂請祠，上乃降詔諭世忠，且謂宰執曰：「世忠移屯，既略如初議，浚復何疑？」趙鼎曰：「臣等已作書報浚，而世忠將董旻亦自謂，他日有警，老小必還鎮江，則積糧淮南非便，浚必曉此意。」至是，旻身攜親筆詔至軍前，世忠拜詔感泣，軍情共戴聖恩。

校勘記

〔一〕可以仰符聖意　「符」，原作「付」，據文義改。

〔二〕列紹興以來歲計量入爲出　「計量」，原闕，據四庫本中興小紀卷一八補。

〔三〕乞者續録　「者」，據四庫本中興小紀卷一八作「容」。

〔四〕還之行闕　「還之」，原闕，據四庫本中興小紀卷一八補。

〔五〕沙縣張銖迎至行在　「銖」，原作「洙」，據四庫本中興小紀卷一八改。

〔六〕明年親征　「征」，原作「往」，據文義改，四庫本中興小紀卷一八無此條。

〔七〕庚戌　「戌」，原作「辰」。據四庫本中興小紀改。按：據建炎以來繫年要録卷八八，范沖奏請高宗書無逸等二章，事在四月己酉，其後又書「翊日以諭輔臣」。翊日應即庚戌，故據以改正。

〔八〕沈與求曰　「沈」，原作「沖」，據上下文義改。

〔九〕宋璟獻無逸圖以爲元龜今宸翰昭回　「璟」，原作「景」，據四庫本中興小紀卷一八改。下同。「今」，原作「令」，據四庫本中興小紀卷一八改。

〔一〇〕晏亨復張致遠必能爲朕留意　「晏亨復」，即晏敦復，以光宗名惇，故改爲「亨」。

〔一一〕今宿弊不去　「今」，原作「令」，據文義改。

〔一二〕倉卒無蔞亭豆粥滹沱河麥飯　「河」，原闕，據後漢紀卷五、四庫本中興小紀卷一八補。

〔一三〕上曰　「上」，原作「士」，據四庫本中興小紀卷一八改。

〔一四〕洵仁兄弟相繼執政　「繼」，原作「斷」，據四庫本中興小紀卷一八改。

〔一五〕飛伏大兵四合　「伏」，原作「仗」，「合」原闕，據四庫本中興小紀卷一八改補。

〔一六〕水攻則登岸　「水攻」，原闕，據四庫本中興小紀卷一八補。

宋朝中興紀事本末卷三四

起紹興五年七月盡九月

秋七月壬申朔，宰執奏事，上謂宰執曰：「卿可作書與張浚，及此事，浚必喜。今日廟堂不比靖康，有妨功害能者。凡軍旅事，彼此議定，然後行之。」

知樞密院孟庾以疾求去。己卯，除觀文殿學士，知紹興府。

内侍盧公裔致仕在蜀中，自請赴行在。庚辰，上謂宰執曰：「斯人極不良。靖康劫寨之事，其謀爲多。今若歸内侍省，必欲侵外事。若與外任，必陵同列，只宜與祠觀。朕宫中小黄門數十輩，聊備灑掃趨走，近上者亦有數，未嘗假以權也。每觀漢、唐及近時之變，不得不防微杜漸。」趙鼎曰：「聖慮及此，社稷之幸。宦官傳可爲鑑者，更留聖意。」上曰：「仇士良傳可爲鑑也。」又曰：「此曹亦有動人者，如軍器所，初緣内侍李至道措置有法，至今整齊。至道左右手籌計，不差毫釐，是亦人妖耳。」鼎曰：「惟其精敏如此，便非國家之福。」

丙戌，上謂宰執曰：「民窮爲盜，多緣守令不良以擾之。若安其田里，肯爲盜乎？朕夙夜以此爲懷，卿等當留意擇守令，庶幾百姓樂事。」趙鼎曰：「臣等敢不恭奉聖訓？」〔一〕

都督張浚以知滁州何洋所條屯田利害來上。

癸巳，上謂宰執曰：「淮北之民，襁負而至，朕爲民父母，豈可使其失所？可賦田予之，更加優恤，以廣招徠之路。」趙鼎曰：「彼乍歸，無以爲生〔二〕，當賑助之。」沈與求曰：「立國不當爲朝夕計。就耕之民，若蠲租稅，更助之，數年之後，兩淮荒土已辟〔三〕，亦爲無窮之利。」上曰然。

内軍器庫保明前行徐才良者出職。乙未，上謂宰執曰：「内諸司出職轉官文字，祖宗法并用御寶。朕守之甚嚴，但令有司依法行之。」趙鼎等曰：「陛下雖細事，亦謹守祖宗之法，中外幸甚。」

自建炎兵興，四方舉子不能至行在，遂以省額分於諸路，謂之類試，所取多不當。至是，始復開省闈，一如舊制。

八月乙巳，觀文殿學士、提舉洞霄宫范宗尹卒於台州。時宗室趙繼之、趙不愚皆有贓，爲言者所論。趙鼎嘗薦此二人，乃乞解機政。丁未，上曰：「事有輕重，卿薦士之失甚輕，而朕之罷相甚重。况頃臺臣論李處勵罪，呂頤浩爲相，嘗薦處勵，亦自陳。今案牘在中書，可見也。卿既自劾，復有何嫌？宜體朕懷，勿再有請。」

己酉，詔四川比歲軍興，百姓供億不易，恐吏緣爲姦，令宣撫司按治。是日，宰執奏，探到劉豫簽山東民六十以下二十以上悉爲兵，每畝田科錢五百。上曰：「朕未嘗一日忘中原之民，使陷於塗炭，皆朕之過。」爲之惻然〔四〕。

詔故趙普佐太祖開基，非他勳臣之比，官其五世孫六房各一資。

户部尚書章誼求去。癸丑，除龍圖閣學士，知温州。先是，起居郎任申先乞追贈其父伯雨官，且言伯雨因論章厚、蔡卞誣謗宣仁后，有廢立之意，遂被責。仍以伯雨手澤進之。乃詔贈伯雨諫議大夫。上曰：「朕嘗親奉隆祐之訓，今果爾，三省可議追貶。」己未，詔略曰：「比覽元符諫臣任伯雨疏，論章厚、蔡卞詆誣宣仁聖烈太后，欲追廢爲庶人。誰無母慈，何忍至此？賴哲宗聖明不從。使其言施用，豈不蔑太母九年保祐之功，略泰陵終身仁孝之德？可追貶厚節度副使，卞團練副使，子孫不得除在内職任。」於是，倉部郎官章傑出知婺州，太府寺丞章僅出爲江東提舉。給事中廖剛封還詔書，謂如此豈足以示懲，乃詔傑、僅并與外祠，而新監進奏院章倧亦罷。既而倧登進士第，只補外任。

試中博學宏詞科、新敕局删定官王壁〔五〕、新明州教授石延慶并與堂除。壁，鄞縣人〔六〕。延慶，山陰人也。

淮東宣撫使韓世忠奏：「獲到僞官王拱等十人，乞推恩將佐。」壬戌，上曰：「宿遷僞官，本是吾民。他時邊臣，如此小利不須賞，庶免生事。今世忠既保明，姑量與推恩。」

知舉翰林學士孫近上合格進士樊光遠等。癸亥，上御集英殿策試。上謂宰執曰：「復詩賦累年，未有卓然可稱者。俟唱名，取高等陞甲〔七〕，以勸多士。」既，遂賜汪洋以下二百二十人及第、出身。先是，有官人黄中第一，上曰：「故事如何？」沈與求曰：「皇祐初〔八〕，有官人沈文通中第一，仁宗曰：『朕不欲以貴冑先天下寒俊。』遂以馮京第一，文通第二。」上曰：「此故事也。」乃擢洋第一，而省闈賦魁鄭厚依第三名。光遠，錢塘人。洋，玉山人。中，邵武人。厚，莆田人。仍賜洋名應辰。

時言者請賜新進士儒行及中庸篇，詔正字高閌校正，上將親書以賜。閌言：「儒行詞説誇大，類戰國縱横之學，蓋出於漢儒雜記，望止賜中庸，庶使學者知聖學淵源而不惑於雜。」上乃止賜中庸。閌，鄞縣人也〔九〕。

丙寅，曲赦潭、郴、鼎、澧、岳、復諸州〔一〇〕。

初，詔常州布衣陳德一撰統元新曆〔一一〕，至是成。中書舍人朱震上之，詔震爲之序。

己巳，右僕射張浚以平楊么功，自宣奉加金紫光禄大夫。

詔秘書省以十八員爲額。自南渡以來，百司日有申明，皆臨時裁決，初無定制，三省樞密院尤爲叢冗。至是，左僕射趙鼎請委後省及都司，取會前後所行之例，約以中制，立爲定法，付之有司，遵守而行，吏不得而爲姦矣。

是月，劉豫之子麟出獵於陳留，有義黨百餘人，欲擒麟南歸，其徒首之，悉斬於汴京。豫又以其弟復知濟南府〔一二〕，觀知淮寧軍。

九月壬申，宰執奏都督府參議官、權川陝宣撫副使邵溥按部内守臣趙承之事。趙鼎曰：「溥出蜀中，極振職。」上曰：「人情多鋭於初，久之則懈。常如此乃佳，自古帝王亦然。唐明皇開元之治、天寶之亂可見矣。」鼎曰：「陛下知此，中興之功不難致也。」

都督張浚奏，江上諸軍精强〔一三〕，非前日之比。

壬午，宰執進呈。趙鼎曰：「承平時，陝西并邊兵亦未必如此，皆陛下累年葺治之力。」沈與求曰：「去歲陛下英斷，亦恃有此可以却敵也。」上曰：「皆卿等協贊。向使朱勝非尚爲相〔一四〕，必勸朕退避，今已無江、浙矣。」

湖南北制置使岳飛以平楊么功，除檢校少保。

重修神宗實録書成。乙酉，監修國史趙鼎上之。

史館奏，乞以故東京留守宗澤行實與前宰臣汪伯彦等所進建炎中興日曆參照具録，斷自聖意，付之史館。戊子，上諭宰執曰：「朕昨使事，今十年，歷歷可紀。」趙鼎曰：「臣聞宗澤勸陛下勿爲河朔之行，信否？」上曰：「誠有之。澤云：『肅王一去不回，况虜騎已逼，大王去無益。』澤留朕，雖有功，然朕不甚喜。蓋淵聖委朕以使事，朕不能成，有違恨也〔一五〕。時滋人亦不教朕去，然疑王雲爲姦而殺之，澤不爲無力。」沈與求曰：「澤留陛下，此乃天命。至不能救雲，豈無過哉？」

己丑，上謂宰執曰：「祖宗朝，人才中外迭用，故無偏重之弊。邇來士大夫以内爲重，今身至侍從而不歷州縣者，宜少革之。」

初，元符末上書范柔中等三十人，皆以直言獲罪，定爲邪上尤甚〔一六〕。壬辰，上謂宰執曰：「此乃蔡京、蔡卞之罪。獻言者有可取而行之，無可取則容之，如是，則上無拒諫之名，下有敢言之士，何至目爲邪等？其誤道君，皆此類也。唐馬周言：『正觀初〔一七〕，米斛直一縑，而天下恬然，知陛下憂之也。今一縑易粟十餘斛，而百姓怨，以爲陛下不憂之也。』其言可謂切矣。太宗亦優容之，後加擢用。」

先是，國子監丞正平張戒上書〔一八〕，幾八千言，自謂恐忤聖意，願陛下容之。乙未，上謂宰執曰：「朕熟覽之，其憂國憂君之心誠可嘉。朕大開言路以防壅閉，意自欲賞之。」趙鼎不答，沈與求曰：「陛下如此，何患不聞盡言？」上曰：「戒言朕有仁宗守成之德，而不知太祖創業之志，此言良是。朕見仁宗在位四十二年，德洽民心，至今天下誦之。朕心仰慕，如堯、舜、文、武，故當時立政用人之事，朕常置在左右，朝夕以爲法。至於太祖以神武創業，朕不及也。」趙鼎曰：「陛下以仁宗爲法，此乃中興之基。至於太祖創業艱難，願陛下常留聖慮。則施之行事，自然若符節矣。」

自南渡以來，國計所賴者惟鹽，每因闕用，則改新鈔，以幸入納之廣，第苟目前，不知利權悉爲商賈所持。去年冬，鼎請立對帶之法〔一九〕，商賈聽命，而鹽法遂爲定制，除去積年之弊。加以出剩，立爲分數，許入納與對帶二法并行〔二〇〕，出入有常，源源不絕，始不爲巨猾所制矣。此據趙鼎事實修入。

校勘記

〔一〕樂事趙鼎曰臣等敢不恭奉聖訓　「樂事」，建炎以來繫年要録卷九一作「樂業」。「恭奉」，原作「躬」，不通，據文義改。

〔二〕無以爲生　「以爲生」，四庫本中興小紀卷一九、宋名臣言行録別集下卷四趙鼎傳作「所居」。

〔三〕兩淮荒土已辟　「已」，原作「以」，據四庫本中興小紀卷一九改。

〔四〕爲之惻然　「惻」，原作「側」，據文義改。

〔五〕試中博學宏詞科新敕局删定官王璧　「璧」，原作「壁」，據四庫本中興小紀卷一九改。

〔六〕鄞縣人　「鄞」，原作「鄂」，據四庫本中興小紀卷一九改。按：南宋館閣録卷七校書郎紹興以後：「王璧，字炳文，四明人。」建炎以來繫年要録卷九二：「璧，庭秀子。」同書卷二二：「庭秀，鄞縣人。」

〔七〕取高等陞甲　「等」，原作「甲」，據四庫本中興小紀卷一九改。

〔八〕皇祐初　「初」，原作「出」，據四庫本中興小紀卷一九改。

〔九〕鄞縣人也　「鄞」，原作「鄂」，據四庫本中興小紀卷一九改。按，乾道四明志卷二有高閌傳，知其非鄂州人。

〔一〇〕曲赦潭郴鼎澧岳復諸州　「澧」，原作「禮」，據四庫本中興小紀卷一九改。

〔一一〕詔常州布衣陳德一撰統元新曆　「一」，原闕，據四庫本中興小紀卷一九補。

〔一二〕弟復知濟南府　「弟」，原作「第」，據四庫本中興小紀卷一九改。

〔一三〕江上諸軍精强　「諸」，原作「後」，據四庫本中興小紀卷一九改。

〔一四〕向使朱勝非尚爲相　「尚」，原作「向」，據四庫本中興小紀卷一九改。

〔一五〕有違恨也　「違」，原作「遣」，據四庫本中興小紀卷一九改。

〔一六〕元符末……定爲邪上尤甚　「元符末」，原作「无符末」，據文義改。「邪」，原闕，據建炎以來繫年要録卷九一「柔中選人邪上尤甚第一人」之小注補。四庫本中興小紀卷一九改作「定爲邪等」，非是。

〔一七〕正觀初　「正」，原作「貞」，以避仁宗諱而改。

〔一八〕國子監丞正平張戒上書　「正」，原作「王」，據四庫本中興小紀卷一九、建炎以來繫年要録卷八九改。

〔一九〕鼎請立對帶之法　「立」，原闕，據四庫本中興小紀卷一九補。

〔二〇〕許入納與對帶二法并行　「入」，原作「人」，「與」，原作「不」，均據四庫本中興小紀卷一九改。

宋朝中興紀事本末卷三五

起紹興五年十月盡十二月

冬十月，上御書車攻詩，宣示宰執。癸卯，趙鼎等入謝。上曰：「車攻宣王中興之詩。今當與卿等夙夜勉勵，以修政事，攘夷狄。」鼎等曰：「臣等庸才，何足以副陛下此意？然陛下游神翰墨之間，亦不忘恢復，臣等敢不自勉？」

都督張浚自湖湘轉由兩淮〔一〕，會諸將，議防秋，至是還。庚戌，入見。上曰：「羣盜既就招撫，以成朕不殺之仁，卿之功也。」趙鼎曰：「湖、湘既平，則川、陜血脉通，他日可漸爲恢復之圖矣。」時有武略郎成希靖，以策干浚言：「國家阻江據關，深得禦敵之道，彼之騎兵蓋無所施，近年屢戰屢北，終不得志於吳、蜀，必將遺我以殘破之地，使吾取之，則吾勢遂分〔二〕。而又約以和好，使吾信之，然後出吾不意，以此詭道而圖吳、蜀。一落其計中，爲患不細。」

又虜將撒離曷郎君嘗與其腹心人黄職方者，於陷蕃人賀仔處言之，以謂有金國王子定計，要入川不難，第將陝西棄下三四年不顧，南兵必來作主，則一舉而四川可取。其後，仔歸朝，授官爲秦鳳都監。時虜已歸我河南、陝西故地，仔始言之。

壬戌，上曰：「比頻得二聖安報，朕嘗親筆諭四方，使知朕朝夕不忘二聖之意〔三〕。」遂降手詔，略曰：「二聖遠狩，九年於兹。迎請之使屢馳，侍膳之期尚遠。晨昏在念，怵惕靡容。間緣首虜之來歸，每喻兩宫之安報。惟孝悌之至，可通神明。而小大之臣，共堅忠義，庶戢多難，克成厥功。」趙鼎等曰：「陛下聖意如此，天必降之福，迎還兩宫有日矣。」

時温州有唐顔真卿之後裔居焉，詔守臣推擇，遣到顔邵、顔卓，各賚真卿所自書告身。又顔彦輝乃真卿直下第十一世孫。乙丑，上謂宰執曰：「人有一死，或輕於鴻毛，或重於泰山，在處死於難耳。真卿死節，可謂得所處矣。今艱難之際，欲臣下盡節，可量推恩以勸忠義。況仁祖時，曾命顔似賢以官，自有故事。」趙鼎曰：「真卿死節一時，而名重萬世，人安可不勉於善？」既而邵、卓、彦輝皆補初等官。

先是，都督府參議、權川陝宣撫副使邵溥自閬州移司綿州，凡戰守皆副使吴玠專行，溥蓋不得與。玠急於軍食，與總領四川財賦趙開謀不合。玠欲從陸運食，開執言不可，玠乃自爲之。時調夫兩川，運米十五萬碩至利，費民間雇夫錢六百餘萬緡。

丁卯，端明殿學士席益除資政殿學士、四川安撫制置使兼知成都府。詔益乃前執政，位川陝宣撫司之上。既而益至成都，言蜀民以病，而軍尚乏食。圖以救弊，不一而足。欲以上流水澀之時，併運於閬、利，俟春水生後，則運至軍前，庶無如今夏頓闕。又於閬州就糴入中，庶免多支脚錢。又於瀘、叙、嘉、黔〔四〕，官伐木造船，庶免拘船，致商人逃避。又於洋川就糴十萬碩，庶免陸運民多役死〔五〕。上以益所陳曲盡利害，降詔從之。

是月，館職高閌言：「太祖欲平僭僞，嘗置神衛水軍。至真宗祥符中，以兵備不可廢，乃選水卒於金明池習戰棹，仍置營池側〔六〕，號虎翼軍。當無事之日尚爾，今沿海沿江雖有舟師而繫於岸下，乞時令按習，以精其能。庶幾緩急可用，不至誤事也。」

十一月庚午朔，中書舍人胡寅言：「縣令近民之官，尤在精擇。宜依漢制，嘗爲臺省寺監官者，分宰百里，有政績則擢以不次，仍增重其權。軍屯本縣者，許之節制。」詔付三省。

辛未，左僕射趙鼎言：「昨降出李大有書，言及機事。」上曰：「此涉兵機，不欲付外。昔張齊賢上書，獻取河東之策，太祖裂其奏，擲之於地。既退，徐取以授太宗曰：『他日取河東，出兵運糧，當用其策。』及河東平，擢齊賢爲相。沉機如此，萬世法也。」

初，宣撫副使兼營田大使吳玠，苦軍餉不繼，遂於洋川及關外成、鳳、岷三州治屯田，歲收十萬斛。又調戍兵治褒城廢堰。民知灌溉可恃，皆願歸業，至是就緒。甲戌，降詔獎之。先是，利路漕臣成都郭大中言於玠曰：「漢中歲得營田粟萬斛，而民不敢復業。若使民自爲耕，則所得數什百於此矣。」玠用其言，歲入果多。玠又將陸運，大中曰：「利路幸小熟，請以本司緡錢就糴，徐責兩路，僦船之直以償〔七〕。」玠從之，丁夫得不死於路〔八〕，而餉亦不乏。大中又患水運亡失，以策誘賈販，省費十之五。

庚辰，給事中呂祉言：「侍從官以論思獻納爲職，豈可與庶官輪對？願詔勿拘時許對。」從之。

癸未，上謂宰執曰：「邦財匱乏，尚有一毫可以節省，亦當行之。朕宮人僅給使令，然昨日已搜揀三十人出之。」趙鼎等曰：「節省之道始自宫庭，此陛下盛德也。」

甲申，以翰林學士孫近爲吏部尚書仍兼學士，刑部侍郎兼權直院胡交修爲翰林學士。

乙酉，以顯謨閣直學士李光、兵部侍郎、都督府參謀折彦質、徽猷閣待制李彌大并爲尚書。光禮部，彦質兵部，彌大工部。

初，總領四川財賦趙開言：「總領之職，於四路漕計，或不相關，必正其名，俾知有所統。」至是，乃以開爲四川都轉運，仍兼宣撫使司參議，領茶馬事如故。

癸巳，有親從官趙勝自金國遠歸，言二聖萬福。上悲咽不自勝。左僕射趙鼎曰：「願少寬聖慮，强於自治，天必悔禍，二聖終有還期也。」

是月，劉豫令僞境：民有鬻子者，依商税法，計民而收其直〔九〕。

十二月己亥朔，詔以湖北制置使岳飛兼湖北京西招討使。

川陜宣撫副使吴玠遣其子拱來奏邊事〔一〇〕。庚子，上謂宰執曰：「玠比乞入覲，今遣子來，得事君之體矣。玠握兵在外，乃能如此，良可嘉也〔一一〕。」

是日，詔神武乃北齊軍馬，久欲釐正，宜改爲行營護軍〔一二〕，仍分諸軍中軍、江東前軍、淮東後軍、湖北左軍、淮西右軍〔一三〕，川、陝并聽本路宣撫司節制。後亦謂之右護軍。其中軍權隸殿前司，遂以都統制楊沂中權殿帥事。既而左僕射趙鼎又言：「都督府軍馬，合撥三衙。」上曰：「祖宗故事，軍馬未有不隸三衙者，今釐正之甚善。其名既正，則軍政漸可復舊。」

禮部尚書李光言：「江、浙爲根本之地，宜恤民而寬其力。今漕司不任轉輸之職，而促辦於州縣，乞檢舊例，上供及軍糧錢帛，令漕司自備脚費。」癸卯，詔從之。

辛亥，宰執奏事，趙鼎因論用人。上曰：「朝廷用人，不當分彼此，四方宜參用之。」沈與求曰：「成湯立賢無方，豈限南北？」

太府少卿沈昭遠請久任計臣。是日，上謂宰執曰：「祖宗時，三司使如陳恕任最久，號稱職。今内外計臣，儻能稱職，就加秩以寵之，不須數易。」張浚曰：「他官有稱職者亦然。」上又曰：「孔門文學政事各是一科，朝廷用人，若取文學而疏於政事，亦非通才。至於侍從論思獻納，尤須兼二者之長。」趙鼎曰：「誠如聖訓。」

起居郎潘良貴請令六部遵守格法。辛酉，上謂宰執曰：「祖宗自有格法，有司能遵守即爲稱職。惟其因事陳請，人思幸得，此法之所以寢廢也。可依所請。」沈與求曰：「六部乃法守之地，有司徇情，遂至廢。至而用例，然情豈勝徇耶？僥倖之門塞，則人自安分。」張浚曰：「六部，周六官也，取法天地四時，各司其職，則法行而治矣。」

殿中侍御史晉陵周葵言：「監登聞檢院隸諫省，而敕令所删定官爲書局，望皆俾輪對。」從之。初，葵言：「今天步尚艱，非臣子諷諫之時，臣願直言其失，大抵務虚文而無實效。」因數進所行之事不當者，凡二十許。上曰：「趙鼎、張浚爲朕任事，不可以小事形迹之。」葵曰：「陛下即位，已相十許人，其初皆極意委之，卒以公議不容而去，大臣亦無固志。假如陛下有過，尚望大臣納忠，豈大臣有過，而言者指陳，便爲形迹？臣願因人言，使大臣易意，不惟可救朝廷之闕，亦可保全之。」上曰：「此論甚奇。」至是，朝廷議大舉，而葵三章，力言：「此存亡之機，不必更論安危治亂〔一四〕。未有不先自治其國而成大功者。」或言葵沮國大計，遂遷司農少卿。

初，御前軍器所以内侍提舉，不屬工部。是年，始罷提舉官，而日輪工部郎官及軍器監赴本所視之。

罷諸州鎮撫使。

劉豫遣人持海道圖及戰船樣獻於金人〔一五〕，乃興燕、雲、兩河夫四十萬人，蔚州六牙山採木爲筏，由唐河運入虎州。金虜於雄州北立城曰虎州，意以雄爲熊，謂虎可以勝熊也。造戰船，將由海道以入寇也。

自靖康以來，中原之民不臣金虜者，皆於太行山相保聚。初，太原張橫者，有衆二千人，往來嵐、憲之境。嵐、憲兩州同知領兵一千五百人入山捕之，爲橫所敗，兩同知俱被執。又梁小哥者，有衆四千，破神山縣。神山距平陽帥府百里而近，本府遣兵三千付總管判官鄧奭將而討之。虜軍遥見小哥旗幟不敢進。既而有都統馬五者，領契丹鐵騎五百至，責奭逗留，併將其軍與小哥戰，亦敗而死。小哥名青，懷、衛間人也。

校勘記

〔一〕都督張浚自湖湘轉由兩淮　「湘」，原作「相」，據四庫本中興小紀卷一九改。

〔二〕則吾勢遂分　「吾勢遂分」，四庫本中興小紀卷一九作「兵勢遂至分」。

〔三〕使知朕朝夕不忘二聖之意　「知」，原作「之」，據四庫本中興小紀卷一九改。

〔四〕又於瀘叙嘉黔　「黔」，原誤作「黙」，據四庫本中興小紀卷一九改。

〔五〕庶免陸運民多役死　「役」，原作「投」，據四庫本中興小紀卷一九改。

〔六〕仍置營池側　「側」，原作「測」，據四庫本中興小紀卷一九改。

〔七〕僦船之直以償　「償」，原作「儻」，據四庫本中興小紀卷一九補。

〔八〕丁夫得不死於路　「夫」，原作「未」，據四庫本中興小紀卷一九改。

〔九〕是月劉豫令僞境民有鬻子者依商税法計民而收其直　此條原闕，據四庫本中興小紀卷一九補。

〔一〇〕川陝宣撫副使吴玠遣其子拱來奏邊事　「拱」，原闕，據四庫本中興小紀卷一九補。

〔一一〕良可嘉也　「可」，原闕，據四庫本中興小紀卷一九補。

〔一二〕宜改爲行營護軍　「爲行營」，原誤作「行爲爲營」，據四庫本中興小紀卷一九改。

〔一三〕仍分諸軍中軍江東前軍淮東後軍湖北左軍淮西右軍　「中軍」，原闕，據四庫本中興小紀卷一九補。下文亦有中軍權隸殿前司語。

〔一四〕不必更論安危治亂　「安危治亂」，「治」前原有「安」字，據文義删。

〔一五〕劉豫遣人持海道圖及戰船樣獻於金人　「持」，原作「馳」，據四庫本中興小紀卷一九改。

宋朝中興紀事本末卷三六

起紹興六年正月盡四月

紹興六年歲在丙辰。

春正月，上以雪寒，細民艱食，壬申，御筆令賑濟之，因謂宰執曰：「朕居燠室尚覺寒，細民甚可念。若湖南、江西遭災去處，亦宜早賑濟。民既困窮，則老弱者轉於溝壑，强悍者流爲盗賊。爲民父母，豈得不憂？」張浚曰：「陛下提是心，已感召和氣，況實惠乎？」上曰：「朕每以事機難明，專意精思，或達日不寐。」浚曰：「陛下以多難之際，兩宫幽處，一有差失，存亡所繫，慮之誠是也。然臣聞之，雜聽則易惑，多畏則易移。以易惑之心行易移之事，終歸於無成而已。是以自昔人君正心修己，仰不愧，俯不怍，持剛健之志，洪果毅之姿，爲所當爲，曾不他恤。以陛下之聰明，灼知古今，苟大義所在，斷以力行，夫何往而不濟？臣願萬機之暇，保養天和，澄心静氣，庶幾利害紛來而不能疑〔一〕，此所以福天下而建中興之業也。」

癸酉，宰執奏，湖北京西招討使岳飛申太行忠義社梁青百餘人欲徑渡河，自襄陽來歸。時金虜并兵攻青，故青以精騎突出，而至飛軍前。上曰：「果爾，當優與官，以勸來者。諜言固未可信，若此等人來歸，方見敵情。」沈與求曰：「若虜誠衰，來者衆〔二〕，則敵情審矣。」

先是，詔四川都轉運使趙開親董餉至宣撫使吴玠軍前。而都督張浚亦奏詰開違慢〔三〕，又詔四川安撫大使席益趣開行，且除開徽猷閣待制，復降指揮，都轉運使不當與四路漕臣同繫銜，凡此皆所以解間隙，趣應辦也。辛巳，陞玠宣撫使，仍罷綿州宣撫司，軍馬聽玠移撥〔四〕，錢物委開拘收。

時起居舍人董弅等論廟制。癸未，宰執奏事，趙鼎曰：「今日召百官，就尚書省集議廟制。」上曰：「太祖開基創業，始受天命，祫饗居東嚮之位，於太祖之廟而已。載在禮經，無可疑也，士大夫必無異同矣〔五〕。」弅，益都人也。

都督張浚請親行邊郡，分命諸將，以觀機會。上乃令浚往視師。初，言屯田者甚衆，而行之未見其效。至是，浚兼領屯田以出，始置官屬，凡所行之事，皆畫一而去。

趙鼎事實曰：張浚再出江上，欲謀大舉，深慮諸將議論不同，未能成功〔六〕。心頗憂之，不欲出口。鼎察知其意，與之謀曰：「公之此行，未便能舉事，莫若兼領屯田，而他日歸見上，猶足以藉手。」浚大以爲然，曰：「邊事未成，當大作屯田而歸〔七〕，不爲無補。」於是置官屬，畫一而去。先是，建言屯田者甚衆，至是始爲之。其後歲收數十萬，逮今獲其利也。

浚即張榜，聲劉豫僭逆之罪。時淮東宣撫使韓世忠駐軍承、楚，淮西宣撫使劉光世屯太平州，江東宣撫使張俊屯建康府，而湖北京西招討使岳飛在鄂州。朝論以爲邊防未備，空闕之處尚多。浚獨謂：「楚漢交兵之際，漢駐兵殽、澠間，則楚不敢越境而西。蓋大軍在前，雖有他歧捷徑，敵人畏我之議其後，不敢踰越而深入。故太原未陷，則粘罕之兵不復濟河，亦以此耳。論者多以前後空闊爲憂，曾不議其糧食所自來，師徒所自歸。不然，必環數千里之地，盡以兵守之，然後可安乎？」浚既白於上，又以告之同列，惟上深以爲然。於是，參知政事沈與求言：「都督府關取空名告敕、宣札以萬數，臣疑其有所爲，以問趙鼎、張浚，而不以告臣。今又見浚言有川、陝、荆、襄之行，此固用兵之謀，臣初不以爲非，第欲審而後行。況遣宰臣之出，乃大議論，臣實參機務而不豫聞，是智不足謀國也。」乞罷政，不允。是日，詔百官出城，班送浚行。宗正丞孫緯白浚，自言：「沂人，丞相此行，恢復中原，望以緯守本郡。」浚大喜，對衆稱善而許之。

己丑，上謂宰執曰：「前日三大帥屬官陳桷等引對，朕諭以朝廷養兵之久，國用既竭，民力已困。須專意屯田，此亦自古已成之效。況軍中亦須先立家計，若有機會，方圖進取。」趙鼎等曰：「如此措置，社稷之幸。」時軍需甚急，故有鬻爵及配賣度牒錢引數事〔八〕，朝士皆以爲不可，於是言者論之。初，中書舍人任申先，趙鼎客也。至是，獨助張浚，乃攜臺諫章示館職張戒曰：「此論何如？」戒言不知，申先曰：「子以臺諫之言不敢議耶？」於是，給事中呂祉謂人曰：「申先姦邪，第知附右相，不悟人之嗤己。」然或者以爲祉之附浚，又甚於中先也。

時觀文殿學士李綱除江西帥，綱請入覲，將及國門。

二月壬戌〔九〕，辛執奏綱已到，雖有旨引於內殿，而來日偶是寒食。上曰：「朕宮中每日飯後，治了家事即觀書寫字，此外無事，來日自可引對。」趙鼎曰：「陛下清修如此，天下幸甚。」

參知政事沈與求累章乞罷。癸亥，除資政殿學士、知明州。以簽書樞密院折彥質權參知政事。與求未幾提舉洞霄宮。時趙鼎、張浚俱帶都督諸路軍馬，置司於行在。浚出，視師江上，以行府爲名，而鼎居中，總政事，表裏相應。然浚所行之事，亦有關三省樞密院者。先是，與求與知樞密院孟庾皆不能平，常曰：「三省樞密院，乃奉行行府文書耶？」庾已稱疾求罷，至是，與求復去。

趙鼎事實曰：時張浚在江上，經營興舉。鼎居中總政事，相爲表裏。鼎自以遭時多故，遇人主特達之知，心惟至公，務要協濟，未嘗有所疑忌。而行府所行之事，往往侵紊三省。知樞密院孟庾、參知政事沈與求憤憤然不平之〔一〇〕，曰：「三省樞密院，乃奉行行府文書耶？」各稱疾罷去。鼎乃一切隱忍，未嘗計較，輒分彼我。所幸國事有濟，然人以此爲難也。

都督張浚至江上，會諸大帥議事，乃命韓世忠據承、楚以圖淮陽，命劉光世屯廬州，以招北軍，張俊練兵建康〔一一〕，爲進屯盱眙之計，命楊沂中領精兵爲俊後翼，命岳飛進屯襄陽，以窺中原，於是國威大振。上御書裴度傳遣使賜浚，以示至意。浚於諸大帥中獨稱世忠與飛可倚以大事。時劉豫頗於僞境聚衆，世忠自楚州引兵渡淮擊敗之，直至淮陽而還。上手書賜浚曰：「世忠既捷，整軍還屯，進退合宜，不失事機，亦卿指授之方。卿更審虛實，徐爲後圖。或遣岳飛一窺陳、蔡〔一二〕，使賊枝梧之不暇也。」

三月辛巳，左僕射趙鼎言：「廣西買馬司有費無補，宜付之邕州守臣，留屬官一員典其錢物。」上曰：「朕於諸事，每入思慮〔一三〕。昨計餘杭監歲支二十萬，自可買戰馬百五十匹矣。」

權川陝宣撫副使邵溥按成都漕臣閻旦用旋風棒決人至死，驗其尸遍青。上謂宰執曰：「若以軍中法而馭吏，則安用三尺？此事雖朕亦不敢爲。」趙鼎等退曰：「陛下好生之德，天下所共聞。」

有李彥者探到虜中事宜。乙酉，趙鼎因奏：「兩日併得陵寢神御器物，此必上天之靈，深有望於陛下者。」上愀然久之。

庚寅，宰執奏四川制置使席益按夔路帥臣、漕臣罪狀。上曰：「蜀去朝廷遠，朝廷號令久不及，官吏無復知畏。前日周秘論蜀中銓選事，朕再三勉之，云蜀中利害，久無人論及，今日方見此章。」秘，歷城人，時爲殿中侍御史。

時淮東宣撫使韓世忠有奏報。癸巳，上因語宰執：「世忠所得青、徐州士兵、弓箭手，皆放歸，甚喜。朕思之，不若人更與數百錢令去，此事雖非急務，然使中原人知朝廷恩意，縱爲劉豫父子所驅，亦豈肯爲之盡力？」顧趙鼎曰：「卿等可以書速諭張浚。」

先是，前宰臣汪伯彥等進建炎中興日曆，詔付史館，編修元帥府事實。乙未，趙鼎奏，近日請編元帥府事，有可疑者。如言王雲行李中有短頂頭巾，百姓知其果叛。上曰：「雲死後，宗澤方遣客司賫兩頂蕃頭巾，云得之雲行李中。時耿延禧、高世則皆在坐。」曰：「王雲孜孜爲國〔一四〕，豈可誣衊以此？」又言：「黄潛善遣張宗入京，密結王時雍。」上曰：「此事亦不然。黄潛善一日驟來見朕〔一五〕，哽咽不能言，再三叩之，乃云二聖已去，張邦昌僭立。朕是時更無分毫主意〔一六〕，與耿南仲議往招。潛善既到，即檄諸路共力勤王。當時處置皆是潛善，張宗見存，自可問也。」折彦質曰：「大抵人情喜宗澤，而惡潛善爾。」上曰：「潛善誤國，固有罪，然事之是非，亦豈可不公？」既而史館纂元帥府事實一十卷，書成，鼎上之。鼎上元帥府事實在四月，今聯書之。

先是，去歲旱傷，湖南尤甚。安撫制置大使吕頤浩入境，即奏截撥上供米三萬石〔一七〕，及令廣西帥漕兩司備五萬石，水運至本路，以充賑濟。又乞降助教敕、度僧牒，誘上户糶米。民不能耕，則借之糧種，夏税亦俟秋成併輸，全活甚衆。先是，郴、衡、桂陽草盜紛起〔一八〕，頤浩遣統領官步諒、裴鐸招捕悉平。鼎寇楊么既滅，有雷德進者尚據慈利縣〔一九〕。是春，其黨伍俊斬德進首〔二〇〕，詣知鼎州張觷降，遣統制官覃敵、梁吉，悉撫定之。

校勘記

〔一〕庶幾利害紛來而不能疑　「紛」，原作「分」，據文義改。四庫本中興小紀卷二〇此條闕。

〔二〕來者衆　「來」，原作「求」，據建炎以來繫年要録卷九七改。

〔三〕都督張浚亦奏詰開違慢　「詰」，原作「誥」，據四庫本中興小紀卷二〇、建炎以來繫年要録卷九九改。

〔四〕軍馬聽玠移撥　「軍馬」，原闕，據四庫本中興小紀卷二〇補。

〔五〕於太祖之廟而已載在禮經無可疑也士大夫必無異同矣　按：建炎以來繫年要録卷九七載此事有云：「先是，起居舍人董弅嘗有是請，詔侍從、臺諫過防秋集議。未及行，逮普疏入，乃趣侍從、臺諫、禮官參議于尚書省。後二日，上謂左僕射趙鼎曰：『太祖開基創業，始受天命，祫享居東鄉之位，合於禮經，必無異議。』鼎曰：『三昭三穆，與太祖之廟而七，載在禮經，無可疑者。士大夫往往有異同之論。』」與本末相對照，知原本有脱文，然四庫本中興小紀卷二〇無此節記事，故無從增訂。

〔六〕未能成功　原闕，據四庫本中興小紀卷二〇補。

〔七〕而他日歸見上猶足以藉手浚人以爲然曰邊事未成當大作屯田　以上原闕，據四庫本中興小紀卷二〇補。

〔八〕故有鬻爵及配賣度牒錢引數事　「度」，原作「庶」，據四庫本中興小紀卷二〇改。

〔九〕二月壬戌　「二月」，原闕。按此年二月己亥朔，壬戌爲二十四日，因據補。

〔一〇〕參知政事沈與求憒憒然不平之　「憒憒」，原作「慣」，據四庫本中興小紀卷二〇改。

〔一一〕張俊鍊兵建康　「俊」，原作「浚」，據四庫本中興小紀卷二〇改。下同。

〔一二〕或遣岳飛一窺陳蔡　「蔡」，原作「察」，據四庫本中興小紀卷二〇補。

〔一三〕每入思慮　「入」，原誤作「人」，據四庫本中興小紀卷二〇改。

〔一四〕王雲孜孜爲國　「王雲」二字後，原有「李」字，據前後文義刪。

〔一五〕黄潛善一日驟來見朕　「善」，原誤作「厚」，據建炎以來繫年要録卷九九改。四庫本中興小紀卷二〇無此條。

〔一六〕朕是時更無分毫主意　「主」，原作「生」，據建炎以來繫年要録卷九九改。

〔一七〕上供米三萬石　「供」，原作「拱」，據四庫本中興小紀卷二〇改。

〔一八〕郴衡桂陽草盗紛起　「紛」，原作「分」，據文義改。

〔一九〕有雷德進者尚據慈利縣　「德」，原闕，據宋史卷二八高宗紀五補。下文同。

〔二〇〕其黨伍俊斬德進首　「伍」，原作「任」，據四庫本中興小紀卷二〇及宋史卷二八高宗紀五改。

宋朝中興紀事本末卷三七

起紹興六年四月盡六月

夏四月庚子，上御講筵，給事中兼侍講朱震留身，論四方奏讞。自王安石開按問之法，及曾布增强盜贓錢，遂皆不死。

辛丑，上以語宰執曰：「此極弊事。若出得一人死罪，雖云陰德，然殺人者不死，亦豈聖人立法之意？」折彦質曰：「此非陰德，乃長姦爾。」上顧趙鼎曰：「遇有奏案，切須詳之。」

先是，户部郎官兼主管都督行府財用張澂請依四川法造交子，與見緡并行，仍先造二十萬用於江、淮。既又詔造百五十萬充糴本，而未椿到見錢。於是，右諫議大夫趙霈等謂恐失信於民，且言其弊有五，詔大臣詳議，而速罷之。丙午，送户部。時翰林學士胡交修亦上疏力陳其害。以爲：「崇寧大錢，覆轍可鑑。方大臣建議，舉朝無敢非者。法行未幾，錢分兩等，市有二價，姦民盜鑄，死徒相屬，終莫能勝。今之交子，校之大錢，無銅炭之費，無鼓鑄之勞，一夫日造數十百紙，鬼神莫能窺焉。真贋莫辨，轉手相付，旋以僞券抵罪，禍及無辜。久之，見錢盡歸藏鏹之家，商賈不行，細民艱食，必無束手待盡之理。比及悔悟〔一〕，恐無及矣。」遂詔不行。

時臨安府多火災，或數頃爇千百家。趙霈又建言，請峻其刑名，仍保伍均坐。庶火初作，衆亟撲滅。事下刑部立法，禮部尚書李光適兼權刑部，不奉詔，乃抗論：「天災譴告人君，宜修德以厭之。不當峻法，濫及無知之民。」朝廷謂刑部有司也，抗疏爲非。而諫官之論，宜略爲施行。中書舍人董弅白宰執曰：「二者之論，俱不爲過，使兩易之，則各爲舉職矣。」

辛亥，大雨。上問宰執：「雨害麥否？」趙鼎曰：「比正接梅雨，大抵江、浙待梅雨乃能有秋，是以多不種麥。然更望陛下誠意格天，天必垂佑。」上曰甚善。

右司諫分水王縉上疏，論取青碌事〔二〕。上問宰執曰：「朝廷曾令取青碌否？」趙鼎言：「此乃提舉坑冶趙伯瑜請令民間從便採取，所得價錢以供銅本。」上曰：「不若別處置。言路既聞，必是外間別有所議也。」鼎曰：「聽民間自取，此亦何害？然縉深得諫官之體，大抵當防微杜漸，救之於未然也。」

戊午，以翰林學士胡交修爲刑部尚書，依舊兼侍讀，徽猷閣直學士、提舉玉隆觀范沖爲翰林學士，依舊兼侍講。沖尋改除侍讀學士。

五月戊辰，宰執奏侍御史周秘論六部不任責事。上曰：「長貳不能決一部之事，一旦爲執政，豈能斷天下事耶？」趙鼎因言：「近時卿監以上補外，職名不一。故事，侍郎未及二年，止得待制，今除雜學士太優〔三〕。」上曰：「便可立爲定制，免有好惡厚薄之嫌也。」

己巳，上諭宰執曰：「宫中有金酒器五百餘兩，俟他日有功將帥至，舉以賜之，朕只用漆器。」趙鼎曰：「仁宗用紅漆唾壺與黄紬衾。」上曰：「今則紬亦難得，朕所用皆黄素羅衾褥，自祖宗以來如此。」折彦質曰：「此正陛下之家法也。」

户部言知閤門事潘永思添破食錢不應法〔四〕。甲戌，上謂宰執曰：「若於法不可，亦無如之何。」趙鼎曰：「知閤門事官惟潘永思與韓恕二人，恕已横行，故奉差厚，永思官小，月得四十餘緡，所以用不足。」上曰：「永思輩端坐得此，亦足矣。今戚里官皆不過小使臣，方國家艱難之時，且留爵禄以賞戰士。」於是，鼎等再三稱道聖德。

工部尚書李彌大請奉祠。丙子，以徽猷閣待制提舉太平觀。

時久不雨，上以爲念。辛卯，謂宰執曰：「昨晚甚有雲氣，朕焚香密禱，過二更雲氣散，方敢退。」趙鼎曰：「陛下憂勤如此，天必垂佑。」

以給事中兼直學士院朱震爲翰林學士。壬辰，上謂宰執曰：「近日金星犯畢，占法：邊有敗兵。當諭與張浚，令諸帥戒守邊者，天既有象，須修人事以應之。」

癸巳，趙鼎奏：「昨呼占天者問之，皆云自有所臨分野。」上曰：「畢主趙地，然既言邊有敗兵，則我亦當戒也。」

五月壬辰〔五〕，正字喻樗言：「祖宗制科，以待非常之才，猶許士人應選。近設宏詞科，望詔舉人有願兼應者，聽詔送禮部。」其後不行。

都督張浚以謂：「東南形勢莫重於建康，實爲中興根本。且使人主居此，則北望中原，常懷憤惕，不敢自暇自逸。而臨安僻居一隅，内則易生安肆，外則不足以號召遠近，繫中原之心。」遂奏請聖駕以秋冬臨建康，撫三軍而圖恢復。浚又渡江撫淮上諸屯。屬方盛暑，浚不憚勞，人皆感悅。時防秋不遠，浚以方略諭諸帥，大抵先圖自守以致其師，而後乘機擊之。浚奏，以户部郎官、主管都督行府財用張澂爲兩浙轉運副使。時駐蹕之所，計司已劇，而淮南漕職，亦令澂兼領。

是月，左宣教郎平陽蕭振召對稱旨，上欲除臺官，適無闕。趙鼎欲授以樞密副承旨，上令與秘書郎。越數日，鼎薦人爲監察御史，上批除振。

六月丁未，宰執奏前日地震。上曰：「上天譴告〔六〕，朕極憂恐。」趙鼎曰：「嚮緣地震，呂頤浩罷政。」上曰：「頤浩之罪非爲此，卿等但與朕協力修政事，以答天譴爾。」

戊申，趙鼎乞下詔求言，上可之。上曰：「故事，當避殿減膳。今只一殿，而常膳甚薄，更減亦何害？」趙鼎曰：「此文具耳，應天當修人事。今費用大而科斂煩〔七〕，此最傷和氣者也。臣等日夕惴惴，終恐才薄，上辜任使。」於是，右司諫王縉言：「地震駐蹕之所，豈非天心仁愛，著陰盛之戒？女子小人則遠之，夷狄盜賊則備之〔八〕，是皆陰類也。」又言：「陛下即位十年，軍政未立，國用未節，宜詔大臣，參酌祖宗舊制，每歲出納之數而裁酌之，抑僥倖以靖衆志，薄賦斂以寬民力，爲長久之計也。」

朱勝非閑居録曰：是月，因地震，手詔求言，勝非欲以三事應詔，而未敢遽上。有自行朝至潮者，爲勝非言大臣無所論，勝非始不信，後數日邸報論地震一疏云：「應天以實不以文，今浙江監渡使臣阻節往來，諸軍回易擅增物價，能去二害，則和氣可召，災異自消，此應天之實也。」於是，降旨追使臣送獄，立法禁回易强市。勝非歎駭累日，竟不敢奏。時趙鼎作相，植黨如山，無敢言者。

禮部尚書李光以疾乞祠，是日，除端明殿學士知台州。

上謂襄陽府上流重地，已令帶京西安撫經略使。

壬子，又詔荆南府亦依例帶湖北安撫經略使〔九〕。時已召襄陽帥、保康軍承宣使王彦爲行營前護軍都統制，以湖南漕臣權帥事薛弼代之。弼入境，彦遣親兵七千人來迓，其將言王太尉未有去意。弼徑趨入，彦晨未起，已報新帥入府，遽出交政。仍起彦所部八字兵一萬赴行在，人頗不樂。弼竭帑犒師，彦遂統之以行。

時中書舍人董弅繳隨龍王淵所乞閤門額外差遣，而給事中晏亨復又駁知建康府葉宗諤奏修建康行宮晝一録黄。甲寅，上謂宰執曰：「弁所論極是。大抵僥倖之門不可開，開則不能復閉矣。」曰：「亨復所論如何？」趙鼎曰：「近日民間多事，若緩爲之，亦無妨。」上曰：「極是，要當以愛惜爲先。他時巡幸，粗庇風雨足矣。」亨復，殊孫也。

時霖雨不止。丁巳，上諭宰執曰：「雨不妨事否？」趙鼎曰：「若亟晴亦不妨。」上曰：「大率豐年自古難得，所以春秋書有年大有年，蓋喜之也。況今公私匱乏，望歲之心尤切。」是日，營田官王弗候對，上望見之，曰：「須當詳喻弗，令竭力久任。若一二年間，營田就緒，庶可少寬民力。朕昨在會稽，嘗書趙充國傳以賜諸將，若早得數年，今已獲其利。」鼎曰：「爲國根本之計，莫大於此。」上曰然。弗，滎陽人也。

弗既對，乞江、淮守令皆久任。戊午，上謂宰執曰：「朕昔爲元帥時，嘗見州縣官説在官者以三年，猶且一年立威信，一年守規矩，三年則務收人情，爲去計矣。況今以二年爲任乎？雖有緝治之心，蓋亦無暇日矣。王弗所論甚當，宜與行之。」

上與宰執論及治體，因曰：「治天下之道，在必賞必罰而已。淫刑以逞，固不可，苟有罪，豈可不以刑？卿等更宜留意。」趙鼎曰：「近時贓吏雖不棄市〔一〇〕，而亦杖脊刺配。且殺人者死，古今常法。比年皆從貸例，而臣等亦多酌情依斷。聖人以謂罪疑惟輕，既無所疑，何爲而貸？貸一有罪，則犯者愈衆，而善人咸被其禍矣。」

吏部郎官黄祖舜乞堂除縣令。辛酉，上語宰執曰：「祖舜謂朝廷知選郡守矣，獨縣令付之銓曹。若委郡守，使得澄汰無狀者，亦庶幾也。此論有理。」祖舜，福清人也。

殿中侍御史山陰石公揆言：「張俊軍中有機幕官張體純者，緣被討論，遂隸名軍中，請黜之。」壬戌，詔如請。上曰：「豈有不容於朝廷之人，而可爲大將幕屬耶？」

召顯謨閣直學士、提舉太平觀陳與義爲中書舍人直學士院。與義嘗爲給事中，服金帶。至是，更服舍人服。上諭曰：「朕當以卿爲内相。」

都督張浚密遣人至燕山回，知道君不豫，淵聖貽書虜酋求絹。浚遂奏：「臣近得此信，不勝痛憤，願陛下剛健有爲，成敗利害，在所不恤。況孝悌可以格天，推此心行之，臣見其福不見其禍也。」

趙鼎奏：「得張浚書，云建康入納鹽錢甚盛。」上曰：「沿路既安，商賈放心來往。」鼎曰：「亦緣久不變法。」上曰：「法既可信，自然悠久。」蓋自立對帶法，二年不變，故比之常歲增也。

校勘記

〔一〕比及悔悟　「比」，原作「此」，據四庫本中興小紀卷二〇改。下同。

〔二〕論取青碌事　「青碌」，文中或作「青録」，此碌當是「録」，指顔料，故一律改從「碌」。

〔三〕今除雜學士太優　「優」，原作「憂」，據建炎以來繫年要録卷一〇一改。

〔四〕户部言知閤門事潘永思添破食錢不應法　「潘」，原作「藩」，據下文改。

〔五〕五月壬辰　原闕，據四庫本中興小紀卷二〇補。

〔六〕上天譴告　「上」，原闕，據四庫本中興小紀卷二〇補。

〔七〕今費用大而科斂煩　「科」，原作「斜」，據文義改。

〔八〕夷狄盜賊則備之　「狄」，原作「秋」，據文義改。

〔九〕又詔荊南府亦依例帶湖北安撫經略使　「亦」，原作「衣」，據文義改。

〔一〇〕近時贓吏雖不棄市　「市」，原闕，據文義補。

宋朝中興紀事本末卷三八

起紹興六年七月盡九月

秋七月癸酉，以吏部侍郎劉大中爲兵部尚書。

翰林學士朱震請廢靖州爲縣。己卯，上謂宰執曰：「似此等處開邊無益。」趙鼎曰：「非徒無益，復傾數州財賦輸之，至今爲害。」上曰：「朝廷拓地，正如私家買田，儻無所獲，虛費錢本，得之何用？當時首議之臣，深可罪也。」

初，内侍馮益以潛藩舊恩，恃此頗恣。建炎間，駕幸浙東，因與大將争渡，以語侵張俊，俊訴於上。事下御史臺，趙鼎時爲殿中侍御史，嘗論益之横。以謂明受之變，本於内侍，覆車之轍，不可不戒。至是，鼎見益猶出鋒芒，意其未戢，乃言於上前。庚辰，上謂宰執曰：「馮益頗預外事，寖不可長。令與宫觀，日下出門。」於是，鼎等再三賀上威斷。上曰：「朕待此曹，未嘗不盡恩意，然纔聞過失，亦不少貸。」

趙鼎事實曰：内侍官兩經大變，其勢少戢。而餘風未殄，其後鋒芒稍出，如馮益者，尤爲暴横。始因詬張俊，鼎因論劾。至是，奏斥去之，其黨始知畏，中外翕然稱快。

喻樗記趙鼎逸事曰：劉豫揭榜山東，妄言御藥馮益，遣人收買飛鴿，因有不遜之語。知泗州劉綱繳奏僞榜，鼎與張浚進呈，浚奏曰：「乞斬益以釋謗。」上不應。又曰：「不則遠竄之。」上未允間，鼎繼奏曰：「馮益之罪，事實曖昧，然疑似間，有關國體。若朝廷略不加罰，外議必謂陛下實嘗遣之，有累聖德。不若暫解其職，姑與外祠，以釋衆惑。」上欣然出之浙東。浚怒鼎不主己意。鼎曰：「自古欲去小人者，急之則黨合而禍大，緩之則彼自相擠。昔袁紹、李訓必欲盡誅宦官，卒亂漢、唐，其事可鑑。今益罪雖誅，不足以快天下，然羣閹恐人君手滑，必力争以薄其罪。不若責而遠之，既不傷上之意，彼但見奪職責輕，必不致力營救。又幸其去位，必以次規進，安肯容其入耶？若力排之，此輩側目吾人，其黨愈固，而不可破矣。」浚歎服其言。

是日，上因論及：「司馬光字畫端謹，如其爲人。朕恨生太晚，不及識其風彩。」

癸未，詔都督張浚暫赴行在奏事。

八月，淮東宣撫使韓世忠引兵自淮陽已還楚州。江東宣撫使張俊既城盱眙，遂屯泗州。湖北京西招討使岳飛亦遣兵至蔡州，焚其積聚。至是，張浚承詔入覲，力請上進臨建康，以爲不可緩。然朝論同者極鮮，惟上斷然不疑。

趙鼎事實曰：是秋，探報賊決有南窺之意。乃議前期幸平江，就近應接。張浚先在淮上，已令張俊城盱眙，移軍居之。鼎謂非便，浚堅欲爲之。鼎以其行府措置，不欲力争，每爲上陳其利害云。

初，浚在淮上，謀渡淮北嚮，惟倚韓世忠爲用。世忠辭以兵少，欲摘張俊之將趙密爲助。浚以行府檄俊。俊拒之，謂世忠有見吞之意。浚奏乞降聖旨，而俊亦稟於朝。鼎白上曰：「浚以宰相督諸軍，若號令不行，何以舉事？俊亦不可拒。」乃責俊當聽行府命，不應尚稟於朝。復下浚一面專行，不必申明，慮失機事。」時議者以爲得體。至是，浚歸奏，終以俊不肯分軍爲患。鼎謂浚曰：「世忠所欲者趙密，今楊沂中武勇不減於密，而所統乃御前軍，誰敢覬覦？當令沂中助世忠，却發密入衛，俊尚敢爲辭耶？」浚曰：「此上策也，某不能及。」

趙鼎事實曰：嚮降指揮，責張俊自當一聽行府之命，乃朝廷主張行府。及楊沂中爲泗上之行，破劉猊以成功，實肇於此也。

丁未，召觀文殿學士孟庾爲提舉萬壽觀、行宮同留守，仍赴尚書省治事。

戊申，詔略曰：「自衣冠南渡，胡馬北侵，五品弗明，兩宮未返。念有國有家之道，必在正名；盡事父事兄之誠，詎宜安處？將時巡於郡國，以周視於軍師。爾其固守封圻，嚴戒侵擾。虔恭乃職，謹俟朕行。」

癸丑，宰執以郭執中遺表進，上歎息久之。張浚曰：「執中當崇寧初以上書邪等，禁錮二十年，晚遭陛下，而年已老，不得收尺寸之效。」上問當時以何事入邪等，趙鼎曰：「凡蔡京、蔡卞所惡者，皆入邪等。」折彦質曰：「京、卞以紹述爲説〔一〕，凡斥己者，盡誣以誹謗先帝。」上愕然曰：「上皇内禪之初，嘗遣梁師成諭淵聖曰：『司馬光前朝名相，今諸事當以光爲法。』則上皇之意可知矣。朕今行事，與上皇時，豈無修潤者？要之從百姓安便而已。百姓安便，乃上皇之意也。」

甲寅，上謂宰執曰：「近時士大夫，數言縣令多不稱其任者。朕再三思之，亦難盡擇。莫若精選監司郡守，似爲要道。正如朕深居九重之中〔二〕，安能盡知百執事能否？當留意宰相爾。」

上殿官劉長源奏，元符人臣子孫未必盡愚，元祐人臣子孫未必皆賢，且引用房遺愛事爲證。己未，上謂宰執曰：「長源昨日開陳，至比戰國之士，若不用於秦則歸楚，議論殊可怪。」張浚曰：「長源不學無識，疏中引事，皆非所敢聞者。況元符人臣子孫，孰爲可用而不可棄？」折彦質曰：「如蔡京、王黼，乃國家之深仇，罪通於天，幸逃族誅，正使子孫真有可用，猶不當用。」詔長源與遠小監當。

時四川都轉運趙開復與制置使席益議不協。開以舊宣撫司贍軍財賦，不許他司移用。又言益截都轉運司錢〔三〕，於閬、利州糴米非是。又言應副宣撫使吴玠軍需，紹興四年總爲錢一千九百五十餘萬緡，五年又增二百四十萬有奇。今蜀中公私俱困，事急可憂。又言軍務惟錢糧最大，欲自都督府制其調發，庶無妄動枉費，以損威勢，而將兵所給，皆宜核實。朝廷知開難與益、玠共事，是月，詔開赴闕。既而益奏行轉般擢運之法雖甚利，而玠與益相疑，上下觀望，終不果行焉。

吏部尚書兼翰林學士孫近除龍圖閣學士、知紹興府。

時百官并留臨安，常程事取決於留守司，所不能決者申行在。

詔兵部尚書劉大中、翰林學士朱震、侍讀學士范沖、中書舍人陳與義、董弅、户部侍郎王俣、工部侍郎趙霈、起居郎張燾、侍御史周秘、左右司諫陳公輔〔四〕、王縉、左右司郎官耿自求、徐林等并扈從。主管馬軍、權殿前司解潛、提舉宿衛親兵劉錡同總禁衛之職，而知臨安府梁汝嘉充隨駕都轉運使。

九月丙寅朔，上發臨安府。先詣上天竺寺燒香，道傍有執黄旗報捷者，乃湖北京西招討使岳飛遣統制官王貴、郝政、董先引兵攻下虢州寄治盧氏縣賊衆，獲糧十五萬石。

丁卯，上至臨平鎮，於舟中與宰執論：「飛之捷固可喜，淮上諸將各據要害，雖爲必守計，然兵家不慮勝爲慮敗爾。一小跌，不知如何，更宜熟慮。」趙鼎等奉命而退。

戊辰，宰執閲楊沂中下統制官王存、吴進將所部二千人，還臨安，聽留守司用。進勇於戰，常對御騎射，上曰：「一好漢。」進聞之，刺「好漢吴進」字作褙心，每閲兵則披以示衆。

聖駕經崇德縣，引對知縣趙煥之。而時有言煥之因緣騷擾者。己巳，上謂宰執曰：「昨日煥之對，議論殊無可取。朕問民間疾苦，輒云朝廷每加寬恤，民間別無事。又問户口多少，亦漫不省。」趙鼎曰：「陛下所以延見守令，正欲知民間爾。」上曰：「朕猶恨累日不能親乘馬往田間，勞問父老。」鼎曰：「陛下恤民如此，天下幸甚。」

上謂宰執曰：「岳飛之捷，兵家不無緣飾，宜通書細問。非吝賞典，欲得措置之方爾。」張浚曰：「飛措畫甚大。今已至伊、洛，則太行一帶山寨，必有通謀者。自梁青之來，彼意甚堅。」趙鼎曰：「河東山寨如韋詮輩，雖力屈就金虜招，而據險自保如舊，虜亦無如之何，羈縻而已〔五〕。一旦王師渡河，此輩必爲我用。」上曰：「斯民不忘祖宗之德，吾料之，必非金人所能有。」鼎等曰：「願陛下修德，孜孜經營，常如今日也。」

庚午，上次平江府。

初，劉豫因金虜大酋粘罕下高慶裔所推，粘罕請於故主晟而立之。豫每歲於二人厚有所獻，而蔑視其他，諸酋故多憾焉。皆謂：「我等冒矢石拓土地，乃爲慶裔輩所賣。」至是，豫聞上將親征，遣人告急於金主亶，求兵爲援，且乞先寇江上。亶會諸酋議之，僞皇伯領三省事、宋國王宗盤曰：「先主所以立豫者，欲豫辟疆保境〔六〕，我得息兵安民也。自立豫之後，既不能自守，兵連禍結，愈無休息。今若從之，勝則豫蒙其利，敗則我受其弊。況前年因豫乞兵，嘗不利於江上矣，今何可再從之？」亶遂却豫之請，許其自行。且遣兀朮提兵黎陽，以觀釁焉。時金人已厭豫，然未廢之者，以粘罕猶在故也。豫以僞皇子左丞相麟領行臺尚書，主管殿前司許清臣權大總管府，右丞李鄴、户部侍郎馮長寧皆參行臺謀議，與李成、孔彦舟、關師古輩悉在麾下。簽鄉兵三十萬，號七十萬，分道入寇。西路趨合肥，以麟統之。東路由紫荆山出渦口，以侄猊統之。諜報至，於是，右僕射張浚復往江上視師。

趙鼎事實曰：聖駕至平江〔七〕，未浹日，已報賊動，右相張浚遂出。時劉麟一項趨合肥，劉猊一項侵及滁、和，淮甸大擾。是時張俊駐盱眙，楊沂中屯泗上，韓世忠在楚，岳飛在鄂，聲勢了不相及。獨劉光世大兵在太平。光世遣輕騎據廬，而沿江一帶更無軍馬，朝廷甚憂之。

己卯，上諭宰執曰：「前此大臣誤國，科百姓以供不急之費。今正用兵，未能蠲除力役，真有愧也。」

時將臣趙密、巨師古軍中多患重腿之疾，上賜之藥，軍士服者，皆一投而愈。庚辰，趙鼎奏其事，上曰：「朕嘗留意於藥，每朝退，即令醫者診脉，纔有虧處，節治之。正如治天下，不敢以小害而不去也。」

史館修撰范沖言：「重修神宗實録，於朱墨二本中有所刊定，奉詔别爲考異一書，明著去取之意，以垂後世。今重修哲宗實録，考其議論多誣，亦乞别爲一書，以辨誣爲名。」壬午，詔從之。

初，詔吏部侍郎、詳定一司敕令晏亨復等修紹興録秩敕令格式。至是，書成。丁亥，右僕射張浚上之。

時湖北岳飛軍初置總領錢糧。戊子，詔户部郎官霍蠡爲之，於鄂州置司。初，飛一軍每月費錢三十九萬餘緡，歲計四百六十萬緡。至是，蠡申飛軍中每歲統制、統領、將官、使臣三百五十員，多請過一十四萬餘緡，軍兵八千餘人多請過一千三百餘緡，總計一十五萬餘緡。於是，右正言李誼言：「蠡職在出納，理當究心，然慮點檢苛細。若行改正，却合支券錢六萬餘貫，纔省九萬緡而已。望令依舊勘支，務存大體，以副陛下優恤將士之意。」蠡，武進人，端友子。誼，南昌人也。

壬辰，上諭宰執曰：「資治通鑑首論名分，至於其間去取，皆有益於治道。觀此書即知司馬光雅有宰相器識，若唐鑑止可以爲諫書耳〔八〕。」

癸巳，翰林學士朱震言：「今以戰馬爲急，而買於廣右。深慮夷人爲姦，伺我虛實。乞諭帥臣，凡買馬必擇謹密之士，庶消患於未然。異時西北路通，則漸減廣馬之數。」乃詔帥臣提舉買馬官，常機察之，不得因此以生邊患。

時右司諫王縉以大臣不和爲憂，乃言：「今陛下所與共濟艱難復大業者，二三大臣爾。或出而總戎，或處而秉軸，交修政事之間，進退人才之際，謀慮有不相及，則初意未必盡同。苟無私心，惟其當而已。願戒大臣，俾同心同德，絕猜間之萌，以同濟國事。」至再三言之。

校勘記

〔一〕京卞以紹述爲説　「卞」，原作「下」，據上文所記改。

〔二〕正如朕深居九重之中　「居」，原作「君」，據四庫本中興小紀卷二〇改。

〔三〕又言益截都轉運司錢　「司」，原闕，據四庫本中興小紀卷二〇補。

〔四〕左右司諫陳公輔　「左右」，原作「右右」，據下一句「左右司」改。

〔五〕羈縻而已　「縻」，原作「麽」，據建炎以來繫年要録卷一〇五改。四庫本中興小紀卷二〇無此條。

〔六〕欲豫辟疆保境　「疆」，原作「强」，據四庫本中興小紀卷二〇改。

〔七〕事實曰聖駕　以上原闕，據四庫本中興小紀卷二〇補。

〔八〕若唐鑑止可以爲諫書耳　「止」，原作「上」，據四庫本中興小紀卷二〇改。

宋朝中興紀事本末卷三九

起紹興六年十月盡十二月

冬十月，劉豫兵渡淮入寇。先是，劉麟等令鄉兵僞胡服於河南諸處，十百爲羣。人皆疑之，以爲虜僞合兵而至。淮西宣撫使劉光世奏禦賊事宜，謂廬州難守，且密干左僕射趙鼎〔一〕，欲還太平州。又江東宣撫使張俊方駐軍泗州，都督張浚奏：「虜方疲於奔命，決不能悉大衆復來，此必皆豫兵。」而邊報不一，張俊、劉光世皆請益兵。衆情恟懼，皆欲移盱眙之屯，退合肥之戍，召岳飛，盡以兵東下。浚獨以爲不然，乃以書戒俊及光世曰：「賊豫之兵，以逆犯順，若不剿除，何以立國？平日亦安用養兵爲？今日之事，有進擊，無退保。」而趙鼎及簽書樞密折彦質皆移書抵浚，欲岳飛軍速下，且擬條畫項目，上親付浚，大略欲俊、光世、沂中等退師還江南，爲保江之計，不必守前議。

趙鼎事實曰：時鼎移書張浚，令張俊、楊沂中兩軍併力剿滅麟、猊二賊，然後移軍建康，固守江上，以待後來者。諜者言，二賊之後，虜騎不斷，知兵者亦謂虜使麟、猊爲前驅，虜以精騎繼之。萬一出此，支梧不暇矣。鼎復以書與浚云：「使張、楊協軍，掃蕩之後，虜騎未必不望風而遁，蓋兵家之勢如此。」折彥質亦以書言之尤切〔二〕。鼎爲上言之，上曰：「此謀之善者也。」因令鼎擬定所以措置之方，上親書賜浚，且曰「今有數條與卿商量」，初未嘗執定決行之也。其後浚謂「沮害其功者」此也。明年，言者論折彥質言淮南之役，首議斂兵，幾敗國事，坐此落職。亦觀望者，不詳首尾，一意投合，且出其私意，非公言也。

於是，淮東宣撫使韓世忠統兵過淮，遇虜騎，與訛里乜孛堇等力戰，既而亦還楚州。或請上回臨安。浚奏：「若諸將渡江則無淮南，而長江之險與虜共。淮南之屯，正所以屏蔽大江。使賊得淮南，因糧就運，以爲家計，江南其可保乎？今淮西之寇，正當合兵掩擊，况士氣甚振，可保必勝。若一有退意，則大事去矣。又岳飛一動，則襄、漢有警，復何所制？顧朝廷勿專制於中，使諸將不敢觀望。」上乃手書報浚：「近以邊防所疑事咨卿，合覽所奏甚明，俾朕釋然無憂，非卿識高慮遠，出人意表，何以臻此？」浚奉此詔，異議乃息。吏部侍郎呂祉亦言：「士氣當振，虜鋒可挫。」上乃命祉往江上視師，而劉光世已捨廬州而退，浚甚怪之，即星馳至采石，遣人喻光世之衆曰：「若有一人渡江，即斬以徇。」且督光世復還廬州。光世不得已，遣統制王德領精卒進至羊前市，遇劉麟游兵，敗之。

趙鼎事實曰：時鼎又督沂中徑趨合肥，以援光世。而張俊謂楊軍新戰勝，當少休。然劉麟已逼合肥，光世輜重已回，江北人情大懼。浚急以書屬鼎曰：「欲上親幸平江，上先作一指揮行下，庶諸將用命。」鼎慮行府號令不行，有失機事，即白上：「今者軍事已急，萬一少有差跌，利害不細。須自朝廷主張其事，庶使張浚事有骨肋。」上深以爲然。乃擬呈親筆付浚云：「有不用命，當依軍法從事。」浚乃使人懷此御筆，馳往合肥見光世，微出示之。光世驚駭，大呼諸將曰：「汝輩且向前，救取吾首級。」即躍馬而出。諸將率其部曲，倉皇追之。麟兵方大集，光世適與之遇，血戰終日，麟遂大敗。是時，非朝廷自作措置，以御筆督之，勝負殊未定。鼎之誠心協濟如此，而議者謂沮軍事，可謂厚誣矣。

賊衆十萬已次於濠、壽之間〔三〕，張俊扞之。即詔併以淮西軍屬俊〔四〕，主管殿前司楊沂中爲俊統制官。浚遣沂中至泗州，與俊合，且使謂之曰：「上待統制厚，宜及時立大功，取節鉞。或有差跌，浚不敢私。」諸將皆聽命。戊戌，沂中統兵至濠州。

癸卯，上謂宰執曰：「劉光世之意，欲退保采石。」趙鼎曰：「諸處探報，殊無金人，自當鏖戰。若官軍不能勝豫賊，則何以立國？但劉光世隨處分兵捍賊〔五〕，已見失策。今賊已渡淮〔六〕，當遣張俊兵與光世合，乃爲得計。萬一賊得志於光世，則大事去矣。」折彦質曰：「誠如趙鼎所論。」上顧趙鼎曰：「卿此策頗合朕意。度金人行兵不如此，必止是劉豫之衆，合軍擊之，無不勝者。」

時光世言乏糧，詔江東漕臣向子諲濟其軍。子諲晝夜併行至廬，而光世兵已出東門，子諲直入城，見光世，具言綱船至岸次，光世乃止，率兵拒賊。

張浚遣楊沂中自濠州來〔七〕，牽制賊勢。又遣統制官張宗顔等自泗州來，爲其後繼。劉猊賊衆數萬，過定遠縣，欲趨宣化，以犯建康。甲辰，沂中悉衆以出，至李家灣，與猊遇，摧鋒軍統制官吴錫率勁卒五千，突入猊軍中，賊衆潰亂，沂中縱大軍乘之，宗顔等亦俱進，大破其衆，横屍滿野。

趙鼎事實曰：初，麟、猊之報急甚，張浚倉皇出江上，未知爲計。鼎白上〔八〕，嚴督諸將，皆鼎自擬詔檢，上親筆付諸將。於是，皆恐悚奔命。楊沂中自泗上率吴錫、張宗顔直前，與劉猊遇，大破之，使麟賊失援，大衄而遁，皆鼎之始謀也。

時賊軍東路猊所統，猊既敗，引數騎挺身逃去。西路麟所統，麟聞猊敗，亦望風而潰。光世乘勢追襲〔九〕，亦捷。通兩路所得船數百艘，車數千輛〔一〇〕，器甲、金帛、錢米軍須之物，不可勝計。京東虜騎尋亦退走，朔方大恐。上以手詔賜浚，略曰：「賊雖犯順，犯壽及濠。卿獎率師徒，臨敵益壯，遂使兇渠宵遁，同惡自焚。寤寐忠勤，不忘嘉歎。」仍令浚具上都督府隨行官吏軍兵推賞。浚言：「賞或濫加，則將士解體。」遂令保明，奏有戰功者〔一一〕。諫官陳公輔言：「前日賊犯淮西，諸將用命，捷音屢上，邊上稍寧。蓋廟社之靈，而陛下威德所至。然行賞當不踰時，廟堂必有定議。臣聞濠梁之急，俊遣楊沂中來援，遂破賊兵，此功固不可掩。劉光世不守廬州，而濠梁戍兵輒便抽回。如渦口要地，更無人防。若非沂中兵至，淮西焉可保哉？光世豈得無罪？此昭然無可疑者。又沂中之勝，以吴錫先登。光世追賊，王德尤爲有力。是二人當有崇獎，以爲諸軍之勸。若韓世忠屯淮東，賊不敢犯；岳飛進破商、虢，擾賊腹脅，二人雖無淮西之功，宜特優寵。使有功見知，則終能爲陛下建中興之業。」既而賞功，加俊少保，三鎮節度使，沂中爲保成軍節度使、殿前都虞候〔一二〕。除俊及沂中在十二月，今聯書之。

戊申，上語及：「張俊平李成，得敗卒八千人，而俊纔有萬衆。明日又戰，恐其爲亂，夜遣陳思恭盡殪之。事雖不得已，然朕今思之，尚寒心也。」上又謂宰執曰：「近日淮西有警，朕常夜分方寢，奏報到，輒披衣以起，或至再三。」趙鼎曰：「致陛下憂勞如此，臣等之罪也。」

時楊沂中奏，俘戮甚衆。辛亥，上愀然謂宰執曰：「此皆朕赤子，賊迫之南來，既犯兵鋒，又不得不殺，念之痛心。」顧趙鼎曰：「可敕諸將，爾後務先招降，其陣歿者亟瘞之〔一三〕。」

壬子，上謂宰執曰：「朕昨日覽胡孰上道君疏〔一四〕，極爲忠憤，且言當以堯、舜之道治天下，不當用黄、老之説。又言蔡京誤國，童貫、梁師成等不當用事。而孰纔編管，有以見道君之聖德也。若據諸人之意，必殺之矣〔一五〕。」

癸丑，以巡幸隨駕轉運使梁汝嘉爲浙西淮東沿海制置使，仍兼隨軍轉運之職。

己卯，侍御史周秘奏，乞貸遣所得之俘。上曰：「秘此意甚善。朕方痛念西北民皆吾赤子，進爲王師所戮，退爲劉麟所殘，不幸如此。今當給與錢米，然後遣之使歸。」

時探報，劉麟所起中原人爲兵，有自書鄉里姓名於身而自縊者。己未，趙鼎奏之，上曰：「何故如此？」趙鼎曰：「苦其力役耳。昔在陝西，親見調夫，民不聊生，哭聲哀動。」上曰：「他時事定，願永是以聖人常以用兵爲戒，我仁宗勤儉積累四十二年，下無窮民。」上曰：「他時事定，願永不復見兵革。」

十一月辛未，以中書舍人、直學士院陳與義爲翰林學士。

趙鼎事實曰：張浚既因羣小離間，遂有見逼之意。會中書舍人陳與義不樂於鼎，遂傾心附之。乃以資善引范沖之説告之，浚以爲奇貨。劉子羽與聞其事，嘗爲人言之。

先是，詔湖北京西招討使岳飛駐江州。癸酉，飛奏已至。上曰：「淮西既無事，飛不須更來。」趙鼎曰：「此有以見諸將知尊朝廷。」上曰：「劉麟敗北，朕不足喜，而諸將知尊朝廷爲可喜也。」司馬光作通鑑，首論魏斯、趙籍、韓虔爲諸侯，以謂禮莫大於分，分莫大於名。何謂分？綱紀是也。何謂名〔一八〕？公侯卿大夫是也。」又曰：「貴以臨賤，賤以事貴。上之使下，猶心腹之運手足，根本之制枝葉。下之事上，猶手足之衛心腹，枝葉之庇本根。其措意深矣，有國家者，當以爲先務也。」

丙辰，上諭宰執曰：「司馬光隸字真似漢人，近時米芾輩所不可仿佛。朕有光隸字五卷，日夕展玩。又所寫乃中庸及家人卦，皆修身治家之道，不特玩其字而已。」趙鼎曰：「如光所謂動容中禮，無毫髮遺恨者也。」

時江州繳奏仁宗御飛白字及御書賜翰林學士王洙，問今歲科舉，内中合奏告文宣王及諸賢表章。庚午，趙鼎言：「此事不見他書。」上曰：「祖宗留意人才如此，天下安得不治？」

金虜遣使問劉豫罪。豫惶懼，免猊爲庶人以謝之。於是，虜廢豫之意決矣。

起居舍人呂本中言：「自古中興，必有根本之地，以制四方之地，則京師是也。有根本之兵，以制四方之兵，則禁衛是也。今根本之地不過江、浙、福建，而諸路凋殘，民力已困。若根本之兵，則禁衛是也〔一七〕，而單弱不可用〔一八〕。乞於大臣，先求二者之要而力行之。」

時本中權中書舍人，有監階州倉草場苗亘者〔一九〕，以贓獲罪，詔黥之〔二〇〕。本中輒奏曰：「近歲官吏犯贓，多抵黥罪。既且名士人，行法之際，宜有所避。况四方之遠，或有枉濫，何由盡知？若遽施此刑，異時察其非辜，雖欲深悔，亦無所及矣。論者皆以嚴刑上法祖宗，夫祖宗之時，臨機制變，事有不得已也。然自仁宗而降，寬大之政，久已成風，累聖相承，不敢輒易。今一旦盡改成法，欲用祖宗權宜之制，則將重失人心，臣未見其可也。又此刑既用，臣恐後世不幸，姦臣弄權，必且借之，以及無罪。直言私議，亦不能免。何者？用之已熟，彼得藉口，不以爲異也。使國家此刑不絶，則紹聖以來憸人盜柄〔二一〕，縉紳遭此，殆將無遺類矣。願酌處常罰，以稱陛下仁厚之意。」凡兩奏，從之。

十二月甲午，曲赦淮西。

先是，楊沂中奏捷至〔二二〕，趙鼎即求去，上不許。鼎因曰：「臣始初與張浚如兄弟，近因呂祉輩離間，遂爾睽異。今同相位〔二三〕，勢不兩立。陛下志在迎二聖，復故疆，當以兵事爲重，今浚成功淮上，其氣甚鋭，當使展盡底藴，以副陛下之志。如臣但奉行詔令，經理庶務而已。浚當留，臣當去，其勢然也。浚朝夕還，俾臣奉身而退，則同列之好，俱無所傷。他日或因物議有所去留，則俱失之矣。」上曰：「朕自有所處，卿勿爲慮。」鼎曰：「萬一議論紛紛，曲直殽亂，是時陛下必不記今日之言，臣狼狽無疑矣。陛下即位以來，命相多矣。未有一人得脱者，豈不累陛下考察之明乎〔二四〕？」上徐曰：「俟浚歸商量。」至是，曲赦淮西赦書已下〔二五〕，鼎復求去。上愀然不樂曰：「卿只在紹興，他日朕有用卿處。」

召龍圖閣學士孫近爲吏部尚書。

三省言：「昨遣使諸道，惟川、陝未曾遣官。」乃詔右司員外郎范直方宣諭兩路，及撫問吴玠一軍。

右僕射張浚還平江，隨班入見，且奏劉光世退屯事。上曰：「却賊之功，盡出右相。」時趙鼎已議回蹕臨安，浚力請幸建康，且言：「天下之事，不唱則不起，不爲則不成。今四海民心，孰不思王室？而虜僞脅之以威，雖有智勇，無緣展竭。比三歲間，賴陛下一再進撫，士氣稍振。今當示以形勢，激忠興懦，則三四大帥不敢偷安。蓋天下者，陛下之天下。陛下不自致力，以爲之先，則人有解體之意。日復一日，終以削弱。異時復詔巡幸，其誰信之？何哉？彼知以此爲避地之計，無意於圖天下故也。論者不過曰『萬一有警，難於遠避』，夫將士用命，扼淮而戰，破敵有餘。苟人有離心，則何地容足？又不過曰『當秋而戰，及春而還』，此但可以紓一時之急，年年爲之，人皆習熟，難立國矣。又不過曰『賊占上流，順舟可下』，今襄、漢我有，舟何自來？使賊有餘力，水陸偕進，陛下深處臨安，亦能安乎？」鼎曰：「強弱不敵，且宜自守，未可以進。」

乙巳，鼎罷，除觀文殿大學士、知紹興府。

朱勝非閑居録曰：趙鼎、張浚爭權，浚自謂有却敵之功，興復之策，當獨任國事。諷侍從臺諫及其黨與，攻鼎出之。

是日，上與宰執語唐開元之治曰：「姚崇爲相，嘗選除郎吏，明皇仰視屋椽，崇驚愕之久。後因力士請問，知帝所以專委之意。人主任相當如此。」張浚曰：「明皇以此得之，亦以此失之。楊、李持柄，事無巨細，一切倚伏，馴致大亂，吁，可戒焉。」上曰：「不然。卿知所以失者，在於相非其人，非專委之過也。」浚曰：「明皇方其憂勤，賢者獲進；逮其逸樂，小人遂用，此治亂之所以分。陛下灼見本末，天下幸甚。」

端明殿學士、簽書樞密院事折彦質乞罷，丙午，詔仍舊職提舉洞霄宮。

時張浚專任國政。浚首言：「親民之官，治道所急。比年内重外輕，流落於外者，終身不獲用。經營於内者，積歲得美官。又官於朝者，多不歷民事。請以郡守監司有治狀者除郎曹，郎曹資淺者除監司郡守，館職未歷民事者除通判，仍乞降詔。」從之，乃下詔，略曰：「朝廷設官，本以爲民。比年重内輕外，殊失治道之本。自今監司郡守秩滿，考其治效内除〔二六〕，而郎曹未歷民事者，復使承流於外，庶幾民被實惠，以稱朕意。」

先是，召觀文殿學士、醴泉觀使秦檜爲行宮留守。戊申，詔檜於行在供職，觀文殿學士孟庾仍充留守。

辛亥，召資政殿學士、提舉洞霄宮張守爲參知政事。

丙辰，詔湖南大帥、少保呂頤浩爲浙西安撫制置大使，行宮留守。

翰林學士朱震請編古循吏傳一書，以賜守令之有治行者。上曰：「不若有治行者進擢，無治行者隨輕重責罰，自有勸懲，賜循吏傳恐無補於事。」

己未，以兵部尚書劉大中爲龍圖閣直學士、知處州。

辛酉，御筆除徽猷閣直學士、知鎮江府胡世將爲給事中。上謂參知政事張守曰：「本不須親批，恐卿以鄉人爲嫌。」守曰：「臣蒙恩，備位政地纔旬日，未有一毫以慰中外，首召世將，必謂臣私於鄉黨。實以常州多士，時有進用者。臣頊在廟堂，屢遭此謗，凡惡臣者，皆以藉口。」上曰：「擢用人才，豈可以小嫌自疑？世將之賢，朕固知之。」守曰：「如世將人才，誠不易得。臣頊固嘗論薦，亦不敢以臣之私妨嫌賢者。但世將雖陛下親擢，恐遠近不能户曉。」上曰：「無慮也。」

辛酉〔二七〕，言者請以寺監丞簿、編修、删定、檢鼓等院官未歷民事者，并堂除大邑，下尚書左右司。都司言：「寺監丞簿已準省札別措置外，其編修、删定、檢鼓等院，欲堂除近闕大邑。」從之。遂以山陰、諸暨、餘杭、富陽、江寧、上元、南昌、分寧等凡四十處爲大邑。

浙東帥、觀文殿大學士趙鼎在越，惟以束吏恤民爲務。每言：「不束吏，雖善政不能行，蓋除害然後可以興利。」易之豫，『利建侯行師』，謂建侯行師〔二八〕，乃所以致。豫解：『公用射於高墉之上』，謂射隼而去小人，乃學以致解。」鼎之學，得於易者如此。至是，姦猾屏息，又塲務利入之源，不令侵耗，財賦遂足。

是冬，劉豫遣其臣僞皇子府參議官馮長寧請於金虜主亶，欲立子麟爲僞嗣。亶曰：「先王立爾者，以爾有德於河南。爾子亦有德耶？予當遣人諮訪之。」時豫兵敗，故以此探虜之意。虜不從，豫自知危矣。

夏國馬多爲達靼所盜。是歲夏國興兵，自河清軍渡河，由雲中境徑之達靼，取亡馬而歸，往來皆不假道於金國。初，大酋粘罕、悟室皆鎮雲中，故夏人不敢動。二酋已罷兵柄，而左監軍撒離曷代守雲中，夏人知其無能爲，所以徑行不顧，金虜亦不敢問也。

奉使魏行可自建炎初入虜，爲其所留，至是九年。或言行可嘗上酋帥書，警以不戢自焚之禍。以謂：「大國舉中原與劉豫，劉氏何德，趙氏何罪哉？若亟以還趙氏，賢於奉劉氏萬萬也。」是年，行可卒，其後朝廷聞之，贈秘閣修撰。

校勘記

〔一〕且密干左僕射趙鼎　「左」，原作「右」，時趙鼎爲左僕射，據史實改。

〔二〕折彦質亦以書言之尤切　「切」，原作「且」，據四庫本中興小紀卷二〇改。

〔三〕賊衆十萬已次於濠壽之間　「賊衆十萬」，四字前原衍「可」字，據文義删。

〔四〕即詔併以淮西軍屬俊　「軍」，原闕，據四庫本中興小紀卷二〇補。

〔五〕但劉光世隨處分兵捍賊　「處」，原闕，據四庫本中興小紀卷二〇補。

〔六〕今賊已渡淮　「今」，原作「令」，據四庫本中興小紀卷二〇改。

〔七〕張浚遣楊沂中自濠州來　「浚」，原作「俊」，據前後文義改。

〔八〕鼎白上　「白上」，原作「曰」，據宋宰輔編年録卷一五改。

〔九〕光世乘勢追襲　「襲」，原作「獲」，據四庫本中興小紀卷二〇改。

〔一〇〕車數千輛　「千」，原闕，據四庫本中興小紀卷二〇補。

〔一一〕奏有戰功者　「戰」，原作「争」，據四庫本中興小紀卷二〇改。

〔一二〕殿前都虞候　「前」，原闕，據四庫本中興小紀卷二〇補。

〔一三〕其陣殁者亟瘗之　「瘗」，原作「殪」，據四庫本中興小紀卷二〇改。

〔一四〕朕昨日覽胡孰上道君疏　「胡」，原作「朝」，據四庫本中興小紀卷二〇改。

〔一五〕壬子上謂宰執曰……必殺之矣　以上記事，「胡」，原作「朝」，建炎以來繫年要録卷一〇六有「左文林郎江州管内安撫司幹辦公事胡孰特改左宣教郎」及「至是用趙鼎薦對，乃有是命」諸語，因據改。四庫本中興小紀卷二〇無此條。

〔一六〕何謂名　「謂」，原作「爲」，據上下文義改。

〔一七〕今根本之地不過江浙福建而諸路凋殘民力已困若根本之兵則禁衛是也　以上原闕，據四庫本中興小紀卷二〇補。

〔一八〕而單弱不可用　以上原闕，據四庫本中興小紀卷二〇補。

〔一九〕有監階州倉草場苗亘者　「苗亘」即苗恒，以避欽宗諱故改。下文「頗酌處常罰」之「常」，亦指苗恒，可見其避諱體例并不一致。

〔二〇〕詔黜之　「詔」，原闕，據四庫本中興小紀卷二〇補。

〔二一〕憸人盜柄　「憸」，原作「儉」，據四庫本中興小紀卷二〇改。

〔二二〕楊沂中奏捷至　「至」，原闕，據宋宰輔編年録卷一五補。四庫本中興小紀卷二〇無此條。

〔二三〕今同相位　「今」，原作「合」，據宋宰輔編年録卷一五改。

〔二四〕豈不累陛下考察之明乎　「察」，原作「謹」，據宋宰輔編年録卷一五改。

〔二五〕曲赦淮西赦書已下　「曲赦淮西」，原闕，據宋宰輔編年録卷一五補。

〔二六〕考其治效内除　「除」，原作「降」，據四庫本中興小紀卷二〇改。按：建炎以來繫年要録卷一〇七亦載此詔，有「考其善狀，量與遷擢，治效著聞，即除行在差遣」語，即此文内除之意，因亦據改。

〔二七〕辛酉　原闕，據四庫本中興小紀卷二〇補。

〔二八〕利建侯行師謂建侯行師　「謂建侯行師」，五字原闕，據四庫本中興小紀卷二〇補。

宋代史料叢編

宋朝中興紀事本末

下

〔宋〕熊克 撰
辛更儒 點校

鳳凰出版社

宋朝中興紀事本末卷四〇

起紹興七年正月盡六月

紹興七年歲在丁巳。

春正月癸亥朔，詔：「朕將親臨大江[一]，駐蹕建康，以察天意。」時左司諫陳公輔，勸上幸建康甚力。公輔又論：「今世尚程頤之學，以鄙言怪語爲伊川之文，高視闊步爲伊川之行，人能習此則爲賢，而捨是皆非也。」上因語學者，當以孔、孟爲師。録黄下禮部，吏欲鏤版，中書舍人董弅權侍郎，曰少俟之。郎官黄次山申臺，謂弅沮格詔令。於是，侍御史周秘彈弅出之，除集英殿修撰[二]、知衢州。

趙鼎雜記曰：其後，給事中胡世將舉次山自代，朝廷進擬修注。上曰：「非告訐董弅者耶？此風不可長。」遂令補外，除湖南提刑。當國者意甚沮。丁巳歲九月，鼎再相，即除弅次對。

既而翰林學士朱震求去。徽猷閣待制胡安國聞之，與其子中書舍人寅書曰：「子發求去晚矣。當公輔之説纔上，若據正論力争，則進退之義明。今不發一言，默然而去，豈不負平日所學？惜哉。且復問宰相云：『某當去否？』既，數日又云：『今少定矣。』此何等語？遇緩急則是偷生免死計，豈能爲國遠慮？平生讀易何爲也？」於是，安國自上奏曰：「士以孔、孟爲師，不易之至論。然孔、孟之道久矣。自程頤始發明之，而後其道可學。至今使學者師孔、孟〔三〕，而禁不得從頤之學，是入室而不由户也。夫頤之文，於諸經、語、孟，則發其微旨，而知求仁之方，入德之序，則鄙言怪語豈其文哉？頤之行，則孝弟顯於家，忠誠動於鄉，非其道義，一介不以取予，則高視闊步，豈其行哉？自嘉祐以來，頤與兄顥及邵雍、張載，皆以道德名世。如司馬光、吕公著、吕大防，莫不薦之。頤有易春秋傳，雍有經世書，載有正蒙書，惟顥未及著書。望下禮官討論故事，如此四人封爵，載在祀典，比於荀、揚之列，仍詔館閣，裒其遺書，以羽翼六經，使邪説不得作，而道術定矣。」

丙寅，上謂宰執曰：「昨日張俊呈馬，因爲區別良否，皆不差。」張浚曰：「臣聞陛下聞馬足聲而知其良否。」上曰然。因論觀墨：「惟李庭圭墨有骨有肉。昔道君令潘衡及蔡京令張滋造墨，皆用庭圭法。而衡止得其肉，滋止得其骨，雖暗中入手亦可知也。」浚曰：「物由易知，惟知人爲難。」上曰：「人誠難知。」張守曰：「惟以爲難，則用舍必不苟。」浚曰：「孔子言：『始吾於人也，聽其言而信其行。今吾於人也，聽其言而觀其行。』此兩言爲要。」上曰：「是。孔子於人，其始，未能無失也。」浚曰：「聖人待人以誠，故聞其言而信之。至爲小人所紿而後加察焉〔四〕，故必觀其行。」上以爲然。

先是，諸路贍大軍錢〔五〕，令轉運司於經制、榷酤、征商等數内逐月樁辦，因號月樁錢。所樁不能什之二三，餘則州縣之吏臨時措畫，錙銖而積，僅能充數。一月未畢，而後月之期已迫。戊辰，户部郎官霍蠡言：「月樁錢病民最甚，乞詔守臣具所樁窠名幾何，與臨時措置者，若爲而辦，朝廷召諸路漕臣稟決其可行與否而罷之。又江西、湖南認發岳飛月樁錢，亦令具申省。」

癸酉，右僕射張浚懇辭特進之命，曰：「臣嚮緣富平敗事，受天下之責，或自效微勞，僅足補過。兼諸將策勳，無緣厭所欲，臣不受賀，庶可服衆。」上曰：「富平之失，卿以宫祠去，罰也。今有功，賞可後乎？亦恐於君臣之義未安。」於是，浚皇悚奉詔。

己卯，吏部尚書孫近請詔三省樞密院，凡所以靖中原攘夷狄者，日夜講求，而常程之事，付之有司。上諭宰執曰：「近所論甚當，常程事可付之六曹。」張守言：「六曹有常法，故不敢專決〔六〕，而朝廷則可取旨行之。」上曰：「六曹長貳不任責，則事無巨細皆取決於朝廷。若任責，則朝廷事自然清簡，要當遴選長貳而已。」

淮東宣撫使韓世忠與僞境淮陽軍對壘，引兵攻之，未能下。世忠奏，已回楚州。辛巳，上與宰執論淮陽取之不難，但未易守。張守曰：「必淮陽未可進，故世忠退師。」張浚曰：「昔西伯戡黎，祖伊恐，奔告於受，以要害之地不可失。今淮陽乃劉豫要害之地，故守之必堅。」上曰：「取天下須論形勢，則餘不勞力而自定矣。如奕棊布置〔七〕，大勢既當，自有必勝之理。」

召資政殿學士、提舉洞霄宫沈與求爲提舉萬壽觀兼侍讀。既至，癸未，以翰林學士陳與義爲參知政事，與求爲同知樞密院事。

乙酉，詔本兵之地，事權宜重。依祖宗故事，置樞密使副，而知同簽書，亦皆仍舊。

初，以道君遠在沙漠，乃遣問安使何蘚等往金國通問。至是還，始知道君及寧德皇后已相繼上仙。丁亥，宰執入見，上號慟擗踴，終日不食。張浚等力請，方進少粥。以觀文殿學士、醴泉觀使兼侍讀秦檜爲樞密使。舊例，宰執新除，雖到堂，即時歸第。是日，以何蘚回，留檜議事，不許歸第。

是時，禮儀皆正字、權禮部郎官眉山孫道夫草定。方議論之際，翰林學士朱震多依違，人或罪其緘默。獨著作佐郎王蘋以謂：「若子發建明，是己取名，而歸過於上也。子發之意，或取於此。」此據呂大臨見聞志〔八〕。

初，馬帥解潛與樞密院都統制王彥不協。兩軍之士，嘗交鬥於通衢，中外詾詾。是月，平江民居火，潛所部兵入人室，聲言救火而攘其貨。有旨：兵士免推治，管幹使臣劉舜臣降兩官。給事中胡世將駁奏曰：「潛統軍無律，不黜無以明賞罰。」乃詔罷潛及彥，以浙西淮東副使劉錡主管馬軍，併兩軍以屬之。

初，河南布衣尹焞，漸之孫也。師故程頤，得其所學。靖康初，召至京，授和靖處士。建炎兵亂，鎮撫使翟興聘之不就，徙居長安。劉豫僭位，使僞帥趙彬招以厚禮，焞逃去，遂入蜀，止於涪。先是，范沖在經筵力薦，召之不赴。遂用程頤故事，授右宣教郎、崇政殿説書。先是，焞至九江，值左司諫陳公輔論學程氏者之弊，復辭曰：「學程氏者焞也。」於是右僕射張浚顯言其嘗拒劉豫之節，焞始就職。

自復賢良方正科，久未有應詔者。

二月辛丑，復詔中外從臣舉直言極諫之士。

時知果州宇文彬、通判龐信孺進禾登九穗圖不當。丙辰，三省擬各降一官。上曰：「此不出誕謾即諂諛耳。去年四川旱〔九〕，民艱食，安有瑞禾？政使偶然有之，何足爲瑞？往年知撫州高衡進甘露圖，朕疾其佞，已罷守符，彬等可降官罷之〔一〇〕。」秦檜曰：「如此，則四方知陛下好惡矣。」

戊午，詔太尉、湖北京西宣撫副使岳飛爲宣撫使。時淮東宣撫使韓世忠、江東宣撫使張俊，皆已立功，而飛以列將拔起，世忠、俊不能平。先是，飛皆屈己下之，書數通，俱不答。及飛破楊么，獻樓船各一，兵徒戰守之械畢備，世忠始大悦，而俊益忌之。飛參謀官薛弼雖每勸飛調護。而幕中之輕鋭者，復教飛勿若降意，於是飛與俊隙始深矣。

庚申，上發平江府，幸建康府。

辛酉，上次常州。

三月癸酉朔，上次丹陽縣。宰執奏岳飛下將士功賞。上曰：「諸將每奏乞功賞，朕未嘗許之。一切付之有司，所以抑其僥求也。功有大小，賞有厚薄，朕何敢私？亦戒諸將不可容私。若私則有功者解體，緩急何以使人？」張浚曰：「陛下誠得御將之道。」

三月甲子，上次鎮江府。

丁卯，以吏部侍郎吕祉爲兵部尚書，仍兼都督府參議軍事。

己巳，上次下蜀鎮。上謂宰執曰：「道中閲韓世忠背嵬軍，極驍健武藝，比往日益精矣。」張浚因言：「諸將之才不同，要在得士心，則人肯用命。」上然之。

初，臨安行宫留守吕頤浩至平江，欲勸上輟行，而不得朝，乃隨上西來。至是始見，上撫諭遣之。及頤浩回臨安，處事甚有緒，豪右莫敢犯禁。始奏浙江渡以舟之大小定人數多寡。後遵用之。

辛未，上至建康府駐蹕。

戊寅，同知樞密院事沈與求進知院事。

先是，上謂宰執曰：「宣和皇后春秋已高，朕朝夕思之，不遑安處。」張浚等曰：「聖孝如此，可以格天也。」己卯，詔宜尊爲皇太后。

中原遺民有自汴都來者，言劉豫自猊、麟敗後，意沮氣喪，其黨皆攜貳〔一一〕。虜中謂豫必不能立國，而民心日望王師之來。朝廷因是遂謀北伐，都督張浚乃出行淮上，撫諭諸軍，且築廬州城〔一二〕。時議者謂淮西宣撫使劉光世昨退當塗〔一三〕，幾誤大事。後雖有功，可以贖過，不宜仍握兵柄。又言其軍律不整，士卒恣横。浚歸，亦言光世不恤國事，語以恢復，則意氣怫然。於是，光世屢辭疾，乞解兵柄，乃從而罷之。甲申，除光世檢校少師、萬壽觀使〔一四〕，以其兵屬都督府。

趙鼎事實曰：初，駕至建康，當軸者以光世不足仗，遣其腹心吕祉誘脅之，俾請宫祠，罷兵柄，欲以其兵盡付岳飛，爲北伐之舉。

是月，金虜右副元帥兀朮自黎陽北歸燕山〔一五〕。

夏四月丙申，權主管馬軍劉錡言：「得旨，撥行營前護軍付馬軍。今欲併爲十二將，每兩將爲一軍，餘兩將爲游奕軍。」從之。

丁酉，詔徽猷閣待制王倫奉使大金國迎奉梓宫，以武經大夫高公繪副之。皇太后禮物，例支金一百兩，附倫等行。初，靖康執政孫傅、張叔夜皆從二聖北狩。至是，樞密使秦檜因言二人家屬在虜中甚貧，宜有賑給。上詔依宇文虛中例與之。上曰：「靖康中，耿南仲用事，每選使憚行，則威以軍法。及既行，身分所請多不給，家屬至狼狽。比還，恩澤又復鐫減，如此何以使人？」張浚曰：「南仲誤國，何止此事。」

先是，上批内侍鄭諶除帶御器械。己亥，復諭宰執：「未須行。朕昨召用徐俯，外議謂諶所薦。朕何嘗容内侍薦人？止緣黄庭堅集有徐郎徐甥〔一六〕，後因胡直孺薦俯自代，朕質之汪藻，藻以爲然，遂照用之。今諶新命，恐外間紛紛，不若止與在外宫祠。」張浚等曰：「陛下聖慮如此，敢不奉詔？」

癸卯，詔諸路天寧萬壽寺觀并以報恩廣孝爲額。

初，張浚與湖北京西宣撫使岳飛議不合。飛喪母，乞持服，乃棄軍而去，居江州廬山，以本軍提舉事務官張憲權管軍事〔一七〕。浚因請用兵部侍郎、樞密都承旨兼都督府參議張宗元爲宣撫判官。憲在告而宗元除書下，軍中籍籍，曰：「張侍郎來，我公不復還矣。」參謀官薛弼請憲强出臨軍。憲諭羣校曰：「我公心腹事，參謀必知，盍往問之？」羣校至，弼謂之曰：「張侍郎來，由宣撫請也。宣撫解軍未幾〔一八〕，汝輩壞軍法如此〔一九〕，宣撫聞之且不樂。今朝廷已遣敕使起宣撫復矣。張非久留者。」衆遂安。上詔飛入覲，弼亦移書趣飛行。至是，飛偕弼入奏事。飛以手疏言儲貳事，衝風吹紙動摇，飛聲戰，不能句。飛退，弼進，上視之色動。弼曰：「臣在道嘗怪飛習寫細字，乃作此奏，雖其子弟無知者。」

此據朱勝非閑居録及野記，與薛季宣所録參修。勝非又曰：「時張浚捃摭岳飛之過，以張宗元監其軍。蓋浚方謀收内外兵柄，天下寒心。」

又張戒默記曰：薛弼以甲子正月，道由建昌〔二〇〕。謂戒曰：「弼之免於禍，天也。往者丁巳歲，被旨從鵬入覲，與鵬遇於九江之舟中。鵬説曰：『某此行將陳大計。』弼請之，鵬云：『近諜報虜酋以丙午元子入京闕。爲朝廷計，莫若正資宗之名，則虜謀沮矣。』弼不敢應。抵建康，與弼同日對。鵬第一班，弼次之。鵬下殿，面如死灰。弼造膝，上曰：『飛適奏乞正資宗之名。朕喻以卿雖忠，然握重兵於外，此事非卿所當與也。』弼曰：『臣雖在其幕中，然初不與聞。昨到九江，但見飛習小楷，凡密奏皆飛自書耳。』上曰：『飛意似不悦，卿自以意開喻之。』弼受旨而退。嗟夫，鵬爲大將，而越職及此，其取死宜哉〔二一〕！」弼又云：「不知若個書生教之耳。」

岳飛字鵬舉，故戒隱其語，但曰鵬云。

丁未，上與宰執言飛來解帥事〔二二〕。上曰：「飛頃入對，請由商、虢取關、陝，欲併統淮右之兵而行。朕問何時可畢，對曰：『期以三年。』朕諭飛駐蹕於此，以淮甸爲屏蔽，若輟淮甸之兵，便能定中原，朕亦何惜〔二三〕。第恐中原未復，而淮甸失守，則行朝未得奠枕而卧也，飛無以對。」飛既復任，宗元乃還。

左司諫陳公輔言：「昨親奉聖語，説及岳飛。前此採諸人言，皆謂飛忠義可用，不應近日便敢如此。恐别無他意，秖是所見有異，望陛下加察。然飛本粗人，凡事中少委曲。臣度其心，往往謂其餘大將，或以兵爲樂，坐延歲月，我必欲勝之。又以劉豫不足平，要當以十萬横截虜境，使虜不能援，勢孤自敗，則中原必得。此亦是一説。陛下且當示以不疑，與之反復詰難，俟其無辭，然後令之曰：『朝廷但欲先取河南，今淮東、淮西已有措置，而京西一面，緩急賴卿。』飛豈敢拒命？前此朝綱不振，諸將皆有易心，習以爲常，此飛所以敢言與宰相議不合也，今日正宜思所以制之。如劉光世雖罷，而更寵以少師，坐享富貴，諸將皆謂朝廷賞罰不明。臣乞俟張浚自淮西歸〔二四〕，若見得光世怯懦不法，當明著其罪，使天下知之，亦可以警諸將也。」

初，建康府通判楊邦乂不肯降虜，爲虜所害。已賜田二頃，及銀絹各一百。癸丑，詔加賜田三頃，仍贈待制。上曰：「顔真卿異代忠臣，朕官其子孫。邦乂爲朕死節，可不厚褒，以爲忠義之勸乎？」

度支郎官莊必强言：「聞廬、壽間微有邊警，蓋因將臣入覲，逆雛乘間渡淮。我師初不之知，則斥堠不明甚矣〔二五〕。往歲維揚之變〔二六〕，前監不遠。又聞淮上之師，頗有離次而去者，此必有姦人陰爲間諜〔二七〕，以誘我師，願詔諸將，悉以實聞，毋有所諱。」甲寅，詔闕都督府〔二八〕。

知湖州汪藻再進大觀政和詔旨，凡六年事。且言：「已置史館，見修日曆，此後臣不當預。」詔藻仍續編進。

都官郎中馮康國言：「天付吴、蜀於陛下，以爲中興之基，然蜀地狹而民貧，昔諸葛亮苦軍食不足，運以木牛流馬，而莫遂久駐。自兵興饋餉，已八年矣。亮所苦者，無歲無之。前年陸運使行，成都、潼川、利三路調夫十萬，縣官部役，先至者賞。貪賞之吏俾夜作晝，莫恤民苦，多斃於道。運糧一石，民間費錢數十千。夫養兵所以保蜀，而民困如此，蜀可保乎？嘉陵江險，夏漲冬澀，終歲水運，誠莫能給，故時起陸運之役。兼將佐請米價高而銀絹價平，既闕正米，不免折支，所以歲費大而錢糧兩不給也。臣謂宜遣官諭吴玠，於三月以後，九月以前，除防關外〔二九〕，且移兵於内郡就糧，則蜀民稍寬〔三〇〕，可免後患。」丁巳，詔闕都督府。上嘗問左司郎官孫道夫曰：「卿蜀人，宜知利害。水運與陸運孰便？」道夫言水運遲而費省，陸運速而役煩。嚮宣撫司初由水運，每石取民錢十千，後以爲緩，起夫十餘萬人。陸運每石費錢五十餘千，利害可見。上曰：「水運既便，自當行之。兵國之武備，不可不養。民乃邦本，不可不恤。恤民乃所以養兵也。」

初，都督府議合兵北討，命參議軍事劉子羽諭指西師〔三一〕，且察邊備虛實。子羽還奏：「虜未可圖，宜治兵，廣屯田，以俟機會。」至是，欲以子羽領光世兵，子羽復以爲不可，乃詔子羽知泉州。

時金虜以粘罕、悟室爲相，左副元帥撻辣居祁州，右副元帥兀朮已歸燕山。右丞高慶裔者，粘罕之腹心也。皇伯、領三省事宗盤欲挫粘罕，因慶裔以贓敗，下之大理寺，獄具，當斬。粘罕乞免官爲庶人，以贖其罪。國主亶不從，遂斬於都市〔三二〕。臨刑，粘罕哭與之別，慶裔曰：「公早聽我言，豈至今日？我死，公亦善保之。」蓋慶裔嘗教粘罕反也。粘罕於是絶食縱飲，未幾，病而死。

初，鎮江府呂城夾岡地勢高，久不雨，則水淺而漕舟艱。至是，兩浙轉運使向子諲取唐韋損、劉晏考核狀，建言欲置斗門二，石䃮一，以復舊迹，度費萬緡，庶爲永利〔三三〕。詔從之。子諲又請於德勝橋置場和糴，因以平價，直免脚利欠折。每上江糧運至鎮江，冬則候潮閘，占舟而防摺運，綱兵亦復侵耗。乞置倉，以轉般爲名，諸路綱至，即令卸納。從之。

五月乙丑，上與宰執論淮西事，因曰：「兵無不可用，在主將得人耳。趙奢用趙兵，大破秦軍，而趙括將之則大敗。樂毅用燕兵破齊，而騎劫代之則爲田單所敗。豈不在主將得人乎？」秦檜曰：「陛下論兵，可謂得其要矣。」

廣西進出格馬十匹，詔留一匹，餘付殿前司。上謂宰執曰：「朕留一匹，幾似代北所生。廣西亦有此馬之良者，不必西北可知。」上因論春秋列國不相通，所用之馬皆取於國中而已。申公巫臣使吴，與其射御，教吴乘車，則是雖吴亦自有馬。必於産馬之地求之，則馬政不修故也。

後數日，左司諫陳公輔因對，以南兵不可用爲疑。上慨然曰：「赤壁之役，曹操敗於周瑜。淝水之戰，苻堅敗於謝元〔三四〕。北人豈常勝哉？越王勾踐卒敗吴王，兵强諸國，亦豈必北方士馬耶？」

戊寅，上謂宰執曰：「治天下須恩威賞罰并行。若有恩而無威，有賞而無罰，何以爲治？朕未嘗以私怒降人一官，所以言此者，蓋姑息之風不可長也。楊沂中，朕撫之過於子弟，去年淮西有警，朕親筆戒之，若不進，便當行軍法。沂中震恐承命，所以成功。」秦檜曰：「陛下英武如此，中興不難致也。」

乙酉，詔自今内外臣寮薦士，或不如所舉，罪當併按者，必罰無赦，不許首免〔三五〕，令有司申嚴條制行之。

初，淮西一軍皆故羣盜，平時驕悍自恣。劉光世罷後，雖隸都督府，仍駐廬州。都督張浚乃請同兵部尚書呂祉往廬視師〔三六〕。及浚還朝，留祉以護諸將。至是，祉亦回，而尚未置帥。樞密使秦檜、知密院沈與求以握兵爲督府之嫌，乞置武帥。時統制官王德、酈瓊二人交惡，而德乃光世愛將，遂就除德爲都統制。於是，瓊等大噪，列狀都督府，以訟其過。

先是，劉豫後苑有梟鳴，又烏數十鳴於内庭，皆作「休也」之聲。豫惡之，募能捕獲一梟者，賞錢五千。是月，無雲而雷，有龍起撼宣德門，滅「宣德」二字，豫亟命修之。

初，神宗實録已成書矣。至是，乃用著作郎永康何掄刊正訛繆〔三七〕。

六月甲午，詔前所修詳略失中，去取未當，不足垂世，令本省官簽貼進入。

趙鼎事實曰：初，因臣僚上言，裕、泰二史是非失實，始命官重修。鼎去國之後，有言其非者，乃降御筆改修。

於是，正字兼史館校勘李彌正、高閌見右僕射張浚，乞辭史職。浚曰：「正欲平其事，故令史官自簽貼。若辭，却恐非便。」既而著作郎張嵲對罷，申左右史以所得聖語云：「范沖、任申先止憑校勘官，便以爲是，故實録多舛誤。」時沖、申先并爲史館修撰，彌正、閌再辭史職。從之。

趙鼎事實曰：後鼎再相，一日見上，論及此事，曰：「止是修訛錯者，非有所改也。」鼎曰：「但所降御筆如此，外間不得不疑〔三八〕。」上曰：「此乃宰相擬正者，俟一併降出，卿自可見。」鼎又曰〔三九〕：「近見起居注載著作郎張嵲所得聖語，亦復如此。」上愕然曰：「安得如此？嵲，小人也，乃敢爾耶？」上駭甚，謂鼎曰：「嵲所記不得存留。」鼎曰：「前此已修入時政記，付之史館矣。」上曰：「爲之奈何？」曰：「俟他日修日曆，當喻史館除去之。」上曰甚善。蓋此事本非上意，特重違用事者之言耳。

丙申，羣臣議南郊，請道君尊謚，宜天錫之，曰聖文仁德顯孝皇帝，廟號徽宗。

知樞密院沈與求卒。

時王德亦訟酈瓊等之過，乃召德以本軍還爲都督府都統制，復命兵部尚書呂祉以都督府參謀領之。於是，中書舍人張燾見張浚言：「祉書生，不更軍旅，何得輕付？」浚不從。右司諫王縉，乃請於都督府屬官中，選知兵者助之謀議，且留軍中，撫循訓練，以通將士之情。又直秘閣詹至，前在都督府機幕，時已去，亦貽書於浚曰：「呂尚書之賢，固一時選。然於此軍，恩威曲折，卵翼成就，恐不及前人。兼此軍已付王德，雖有功，而與酈瓊輩故等夷耳。恐有中不能平者。願更擇偏裨，素爲軍中所親附者，使爲德副，以通下情。」浚雖然其言，未及行也。戊戌，以祉撫諭淮西諸軍。

時建康有未起左藏庫錢帛，奏乞免輸。

己酉，上曰：「建康兵火之後，遺民無幾。朕何忍更追取積逋耶？可并除之。」因謂宰執曰：「邊事未靖，軍須取於諸路者尚多，斯民重困。他日兵寢，當一切蠲之，雖常賦亦與除一二年。朕之此心，天實臨之。」張浚曰：「聖志如此，天必助順。他日更在陛下，選用大臣，推行德意。」上曰：「然，事亦在朕。」秦檜曰：「聖志既定，人誰敢違？」因論及唐太宗不能去封德彝。上曰：「唐太宗用封德彝、宇文士及，朕常以爲恨。既知其姦，猶信之不疑。」陳與義曰：「古人謂去佞如拔山。」浚曰：「太宗所謂惡惡而不能去也。」

癸丑，以侍御史周秘爲中丞。

上殿官趙子琇頗知蜀中事宜，因言：「今四川財貨茶鹽榷酤，與夫常賦之外可以供公上者，經度措置，固已曲盡，在今日無復理財之策，惟有惜財之術爾。願下明詔，使主兵者念民力之易殫，凡不急之用，當有以蠲裁。典財者知戍兵之久勞，凡經費之須，務有以贍給。則兩司相通，恤民贍軍，同濟國事。」丙辰，詔札與宣撫副使吴玠及都轉運使李迨。

宰執奏上殿官蜀人蒲贄乞駐蹕江陵事。上曰：「荆南形勢，自古吴、蜀必争之地，故杜甫江陵望幸詩云：『地利西通蜀，天文北照秦。』宜諭帥臣王庶，練兵積粟，及治城塹，招流移，爲悠久之計。」上又曰：「蜀中多士，幾與三吴不殊，如贄者極不易得也。」

時方盛暑，張浚一日坐東閤，參知政事張守突入，執浚手曰：「守嚮言秦舊德有聲，今與同列，徐考其人，似與昔異。晚節不竟，有患失心，是將爲天下深憂。」蓋指樞密使秦檜也。浚以爲然。

校勘記

〔一〕朕將親臨大江　「親」，原闕，據四庫本中興小紀卷二一補。

〔二〕除集英殿修撰　「修」，原闕，據四庫本中興小紀卷二一改。

〔三〕至今使學者師孔孟　此句前有「而」字，據四庫本中興小紀卷二一删。又，「學」，原误作「孟」，亦據小紀改。

〔四〕至爲小人所給而後加察焉　「給」，原作「紿」，據四庫本中興小紀卷二一改。

〔五〕諸路贍大軍錢　「贍」，原作「瞻」，據四庫本中興小紀卷二一改。

〔六〕故不敢專決　「決」，原作「法」，據四庫本中興小紀卷二一改。

〔七〕如奕碁布置　「布」，原作「而」，據建炎以來繫年要録卷一〇八改正。四庫本無此條。

〔八〕吕大臨見聞志　「臨」，原作「麟」，據四庫本中興小紀卷二一改。

〔九〕去年四川旱　「四川」，原作「四月」，據建炎以來繫年要録卷一〇九改正。四庫本中興小紀卷二一無此條記事。

〔一〇〕可降官罷之　「可」，原作「何」，據四庫本中興小紀卷二一改。

〔一一〕其黨皆攜貳　「貳」，原作「二」，據四庫本中興小紀卷二一改。

〔一二〕且築廬州城　「築」，原作「禁」，據四庫本中興小紀卷二一改。

〔一三〕時議者謂淮西宣撫使劉光世昨退當塗　「宣」，原作「安」，據四庫本中興小紀卷二一改。

〔一四〕除光世檢校少師萬壽觀使　「使」，原闕，據四庫本中興小紀卷二一補。

〔一五〕金虜右副元帥兀朮自黎陽北歸燕山　「副」，原作「付」，據四庫本中興小紀卷二一改。下同。

〔一六〕止緣黄庭堅集有徐郎徐甥　「郎」，原作「良」，據四庫本中興小紀卷二一、建炎以來年要録卷一一〇改。

〔一七〕以本軍提舉事務官張憲權管軍事　「權」「軍」，原俱闕，據四庫本中興小紀卷二一補。

〔一八〕宣撫解軍未幾　「軍」，原作「政」，據四庫本中興小紀卷二一改。

〔一九〕汝輩壞軍法如此　「壞」，原闕，據四庫本中興小紀卷二一補。

〔二〇〕道由建昌　「昌」，原作「康」，據四庫本中興小紀卷二一改。按：建昌乃薛弼居地，非建康也。

〔二一〕其取死宜哉　「哉」，原作「戒」，據四庫本中興小紀卷二一改。

〔二二〕上與宰執言飛來解帥事　「來」字，原闕，據岳珂籲天辨誣卷一建儲辨所引默記補。

〔二三〕朕亦何惜　「惜」，原作「結」，據四庫本中興小紀卷二一改。

〔二四〕臣乞俟張浚自淮西歸　「臣乞俟」，原作「其乞俊」，據四庫本中興小紀卷二一改。

〔二五〕則斥堠不明甚矣　「堠」，原作「候」，據四庫本中興小紀卷二一改。

〔二六〕往歲維揚之變　「維」，原作「淮」，據四庫本中興小紀卷二一改。

〔二七〕此必有姦人陰爲間諜　「爲」「諜」，原俱闕，據四庫本中興小紀卷二一補。

〔二八〕詔關都督府　「關」，原作「開」，據四庫本中興小紀卷二一改。下同。

〔二九〕除防關外　「關」，原作「閑」，據四庫本中興小紀卷二一改。

〔三〇〕則蜀民稍寬　「寬」，原作「實」，據四庫本中興小紀卷二一改。

〔三一〕命參議軍事劉子羽諭指西師　「諭」，原作「喻」，據四庫本中興小紀卷二一改。

〔三二〕獄具當斬粘罕乞免官爲庶人以贖其罪國主亶不從遂斬於都市　以上原闕，據四庫本中興小紀卷二一補。

〔三三〕庶爲永利　「永」，原作「求」，四庫本中興小紀卷二一作「水」，據文義改。

〔三四〕苻堅敗於謝元　「謝元」即謝玄，宋人以避宋真宗所奉聖祖趙玄朗名諱，故改。

〔三五〕不許首免　「首」，原作「守」，據文義改。

〔三六〕都督張浚乃請同兵部尚書吕祉往廬視師　「同」，原闕，據四庫本中興小紀卷二一補。

〔三七〕何掄刊正訛繆　「掄」，原作「倫」，據四庫本中興小紀卷二一改。

〔三八〕外間不得不疑　「外」，原闕，據四庫本中興小紀卷二一補。

〔三九〕鼎又曰　「又」，原闕，據四庫本中興小紀卷二一補。

宋朝中興紀事本末卷四一

起紹興七年七月盡九月

秋七月乙丑，宰執奏知處州張𦍑所陳羣盜事〔一〕。張浚曰：「𦍑有方略，必能辦。」秦檜曰：「𦍑嚮知南劍州，平賊有功。而言者以爲多殺平人，毀譽是非，不公如此。」上曰：「大凡人爲血氣所使，而愛憎移之。所以是非毁譽不公，在人察之耳。」浚曰：「士大夫少學，故如此。」上曰：「士大夫少時爲血氣所使，而輕任喜怒。更事既多，若能知悔，則亦少懲。朕爲親王時，或因事輕用喜怒，至今不忘，常自悔責〔二〕。」浚等曰：「陛下德過堯、舜，而猶記往時一言一行之失以自悔，此聖德所以日躋也。」

丁卯，湖北宣撫使岳飛遣其屬官王敏求來奏事〔三〕，委曲感恩。戊辰，上語宰執曰：「飛臨行時，朕明諭之云：『前日奏陳輕率，朕實不怒卿〔四〕。若怒卿，則必有行遣。太祖所謂若犯吾法，惟有劍爾。所以復令卿典軍，而任以恢復之事，可以知朕無怒卿之意也。』飛得朕語，胸中無疑故耳。」張浚曰：「陛下御將之道，可謂有餘矣。」

初，上因論館職人才，以秘書郎張戒好資質而未更事，可令作一任後召用之。至是，戒請外補，遂除提舉福建市舶。參知政事陳與義曰：「陛下惜人才，除外任以養成之，聖意甚美。」上曰：「中書省籍記，他日却召用。」又曰：「士大夫須令更外任，不必須在朝廷。若既練達而止令在外，則又不盡其才之用，却復召歸也。」

壬申，宰執奏都督府幹辦公事官邵溥〔五〕，進其父秘閣修撰伯温所著辨誣書〔六〕。上曰：「事之紛紛，止緣一邢恕爾。數十年來，士大夫相攻訐，幾分爲國，幾分爲民？皆緣私意，託公以遂其事。宣仁之謗今已明，紛紛之議可止矣。」上平日惡士大夫之用私意，所以厚風俗如此。

癸未，以旱，詔求直言。時臺臣有謂右司諫王縉曰：「上任我輩言路，而外求直言〔七〕，何也？」縉曰：「此故事也。豈以臺諫而廢哉？」

先是，起居郎永康樓炤言〔八〕：「唐重理財之職，故宰相兼鹽鐵轉運使。今若使宰相兼有司之職則不可〔九〕。若參唐制，復户部長貳兼領諸路漕權，何不可之有？蓋内則總大計之出入，外則制諸路之盈虛，以時巡行。如劉晏自按租庸，則事皆親睹，何者可行，何者可罷，斷然無復疑矣。」上從之。戊子，乃詔户部長貳，時輪一員出按，以考州縣財賦。

右僕射張浚之兄滉迎其母，自蜀至。上以浚有功，將慰其母心，乃命滉入對，賜進士出身。中書舍人張燾曰：「宣、政以來，姦臣挾私，子弟往往濫得儒科。陛下方與浚圖回大業，當以公道革前弊。而滉首蒙賜第，則何以塞公議？」改送著作郎何掄行下。掄奏曰：「滉，賢良之子，丞相之兄，賜以出身，不爲過也。」此據張戒彈何掄章修入。於是言者論燾，除集英殿修撰，奉祠而去。然滉之命亦寢〔一〇〕。

右正言李誼言：「古者天子爭臣七人〔一一〕，唐六典諫大夫以次六員。祖宗朝諫員并置，當其盛際，以言相高。今臣獨員供職，綿力寡助，深恐不逮。望增置一二，庶有補於聖聰之萬一也。」

是月，校書郎高閌言〔一二〕：「春秋之法，莫大於正名。今樞密院雖號本兵之地，而諸路軍馬盡屬都督。若曰都督專主用兵〔一三〕，亦宜屬於樞密，不宜以宰相主之。是朝廷之上，兵柄自分爲二。又周六卿，其大事則從其長，小事官屬猶得專達。今一切拘以文法，雖利害灼然可見，官長且不敢自決，必請於朝。故廟堂之事益繁，而省曹官屬，乃與胥吏無異。又政事之行，給舍得以繳駁，臺諫得以論列。若給舍以爲然，臺諫以爲不然，則不容於不改。祖宗時有繳駁，臺諫章疏不以爲嫌者，恐其得於風聞，致朝廷之有過舉，然此風不見久矣。臣恐朝廷之權，反在於臺諫。且祖宗時，監察御史亦許言事，靖康中嘗舉行之。今則名爲臺官，而實無言責，此皆名之未正者也。」

兵部尚書呂祉至淮西軍，統制官酈瓊復訟王德於祉。祉密聞於朝，瓊等遂謀叛。八月戊戌，擁兵百十人〔一四〕，詣祉，陛階，取中軍統制官張景，并行營左護軍喬仲福殺之〔一五〕。遂執祉及廬之新舊二帥趙康直、趙不羣，皆北。祉謂瓊曰：「爾等如此負朝廷！」

壬寅，到淮岸，祉曰：「劉豫逆臣爾，乃降之！」遂爲瓊所害。統領官尚世元持其首去〔一六〕。於是瓊以全軍七萬人北走降豫。

趙鼎逸事曰：張浚自當國，引呂祉爲援，除兵部尚書。復用韓璡爲淮南漕。璡嘗倅建康，曰劉光世待之不以禮，又嘗爲其屬劉覿所辱。積此二忿，故力建議罷光世軍，遂以祉代爲宣撫判官。祉爲人剛愎自任，昧於應變。既代光世，謂執政可跬步而得。璡亦狠傲，志在復仇。故李著、王默，光世所厚也，悉以罪去。王德者，光世之腹心也。酈瓊者，光世所招徠之盜也。光世以瓊屢立奇功，待之與德等。祉慮其部曲難制，故專任德以悦軍情，瓊不自安。會祉密奏朝廷，乞罷瓊及靳賽軍權，吏朱昭漏謀於瓊。瓊、賽懼，翌日殺祉，舉軍奔僞齊。

鄭克作呂祉行述曰：祉乞吴錫一軍駐廬州，以備緩急。又遣轉運判官韓璡詣建康，言諸將反側已定，而錫猶未至。璡以疾作滯留。時有旨除張俊、楊沂中、劉錡三人爲淮西宣撫使、副、判官〔一七〕，軍中已傳聞。而八月七日，金字牌指揮，令易置分屯。次日，瓊等遂叛。

然説者皆曰：祉簡倨自處，將士之情不達，遂致叛。今鄭克所言，恐非其實。

吳國長公主奏：「妾選尚潘正夫三十年矣。伏見祖宗以來，駙馬都尉如石保吉、魏咸信〔一八〕、柴宗慶，皆除使相。見今戚里亦多得之。正夫歷事累朝，於靖康圍城中，首乞迎立陛下，早正大位。又於杭州召對，嘗言陛下倉卒渡江，禁衛未集，預宜防變。今望特除開府〔一九〕，仍於檢校少保落檢校字。」己亥，詔付本位都監，此後不得輒有陳請。

壬寅，淮西奏至，右僕射張浚等皇悚〔二〇〕。上曰：「失三萬人，不繫國之安危。卿等不可以此介意，當益盡心職事，以爲後圖。」浚曰：「軍將時有叛亡，亦所不免。要是臣等非才誤國，上貽聖慮。今聖志先定，臣復何憂？」

趙鼎事實曰：劉光世既罷，其下已不安〔二一〕。當軸者俾呂祉者以都督府參議官總其事，祉不閑軍旅，措置不厭衆心。既又除劉錡制置副使，楊沂中制置使，張俊宣撫使。劉光世將酈瓊懼併其衆，以全軍五萬之衆歸於豫。報到，中外皇駭，莫知所措，意瓊挾豫衆爲倒戈之計。當軸者謂參知政事陳與義、張守曰：「萬一侵犯，使上往何地避之？」與始議移蹕建康，氣勢不同矣。

初，劉豫連遣使，乞兵於虜，欲併力南寇。虜戒兩淮之敗〔二二〕，不敢輕動。豫又遣僞户曹郎官韓元英再往，以我師進臨長淮爲辭。元英未回，而酈瓊降豫，豫乃遣僞皇子府參謀李師雄將兵納之。

甲辰，起居郎樓炤請奉祠。上謂宰執曰：「朕固深知炤〔二三〕，但言者不已，須暫令去，除職與郡，三數月間，召用未晚。朕於人才，惟恐傷之。」張浚等奉詔〔二四〕，退而歎曰：「上愛惜士類如此。」

中書舍人傅崧卿言：「今歲明堂，祖宗并配外，請增設徽宗以配上帝。」詔侍從臺諫禮官議。於是，吏部尚書孫近等議，以爲於經及兩漢故事皆不合。兼梓宫未還，宜俟恢復，然後定郊、明堂之議，庶不失禮經之正。禮部侍郎陳公輔獨言：「今日只當前期一日奏告先帝，暫假吉服行事，事畢，喪服如初，期合禮意。」從之。

右僕射張浚求去。上不留之，因問可代者，浚辭。上曰：「秦檜如何？」浚曰：「近與共事〔二五〕，始知其闇。」上曰：「然則用趙鼎？」時鼎以觀文殿大學士知紹興府，乃詔鼎爲萬壽觀使兼侍讀。

張浚行述曰：時上令浚擬詔召鼎，既出，樞密使秦檜謂浚必薦己，就閤子與浚語良久。上遣人趣進所擬文字，檜錯愕而出。後反謂鼎曰：「上召公而張相疑留，上使人促，始進入。」檜之交諜類此。

既而鼎奏：「蒙恩召還經帷，方再辭，而復遣使宣押，臣感深且泣。至西興，又奉宸翰促行，且喻以圖國之意，臣無地措足〔二六〕。然先事言之，則不敢昧。蓋進退人才，乃其職分。今之清議所與，如劉大中、胡寅、呂本中、常同、林季仲之徒〔二七〕，陛下能用之乎？妒賢惡黨，如趙霈、胡世將、周秘、陳公輔，陛下能去之乎？陛下於此或難，則臣何敢措其手也？昔姚崇以十事獻之明皇〔二八〕，終至開元之盛。臣何敢望崇？而中心所懷，不敢自隱，惟陛下擇之。」九月十二日上〔二九〕。

丁未，宰執奏事，張浚因論淮西地險可守。陳與義曰：「見王德淮西圖，路幾不可方軌。」上曰：「地形雖險，亦在將兵者如何耳。李左車謂井陘之道，車不得方軌，騎不得成列，而韓信卒由井陘以破趙軍，要是險不足恃也。」

酈瓊之叛也，有將官張遇不從，率其麾下自拔而歸。辛亥，至建康。詔遇轉一官。又統領官劉永、史衡皆不從叛，爲瓊所殺。乃詔贈喬仲福承宣使，張景、永、衡并觀察使。

上遣樞密都承旨張宗元至廬州招叛卒，始聞呂祉守節而死。癸丑，詔贈資政殿大學士。

時上於宫中行三年之喪。禮部侍郎陳公輔以謂：「若臨講筵，恐妨退朝悲慕之情，乞只令講讀官供口義以進。」而講讀官孫近等援引古今，請依舊開講。詔侍從官詳議。於是，右正言李誼奏：「臣備位言責，不嫌出位言之。竊見真宗嗣位，首命崔頤正講尚書於廣福殿。英宗嗣位，司馬光首請開講筵，以謂陛下初臨大寶，宜延訪羣臣，講求先王之道，是祖宗於三年之制，未嘗廢學也。曲禮曰：『居喪未葬，讀喪禮。既葬，讀祭禮。』又曰：『喪復常讀樂章。』是未復常之時，樂章外皆可讀也。又曰：『居喪不言樂。』是居喪時，自樂以外皆可言也。況天子之孝與衆人異，儻自同於曾、閔之行，豈神人所望之意乎？望聖志依舊，間日一開經筵，燕見羣臣，講至道以增聖德，天下幸甚。」

九月丁卯，宰執奏，張俊、韓世忠皆入覲，議移屯事。秦檜曰：「臣嘗謂世忠、俊兩大將，上倚之譬如兩虎，能各守藩籬，使寇不可近。」上曰：「此論未切，正如左右手，豈可一手不盡力也？」陳與義奏：「俊載老少船未足，欲捐萬緡與俊自雇。」上曰：「萬緡可惜，不若令楊沂中以所有借之。」上之愛民惜費如此。

觀文殿大學士、江西安撫大使李綱奏淮西兵叛，因勸上以五事，其一曰兼聽。上深以爲然，曰：「朕讀鄒陽傳，常記其兩句曰：『偏聽生姦，獨任成亂。』此言最當。以一人之聰明智慮，豈能周天下之變？誠不當偏聽獨任也。」

召龍圖閣直學士章誼爲户部尚書兼提領榷貨務，異時國用稍匱，則更鹽法。誼以對帶之法已信於民，故不復改。

給事中胡世將不爲趙鼎所知。時鼎猶未至，改世將爲兵部侍郎。

壬申，酈瓊至汴京，劉豫僞授静難軍節度、知拱州，以靳賽等爲統制官，次爲諸州副鈐轄，餘則授準備將使唤之類。正軍所請，皆不及在朝廷之日，人人恨悔，獨瓊以爲得策。

中丞周秘言：「右僕射張浚，輕而無謀，愚而自用。德不足以服人，而惟恃其權，誠不足以用衆，而專任其數。若喜而怒，又怒而喜。雖本無疑貳者，皆使有疑貳之心。予而陰奪，奪而復予。雖本無怨望者，皆使有怨望之意。無事則阻威恃勢，使上下有睽隔之情。有急則甘言美辭，使將士有輕侮之志。酈瓊以此懷疑而叛。然則浚平日視民如草菅〔三〇〕，用財若糞土，竭民膏血而用之軍中者，曾何補哉？陛下若不逐浚，綱紀何由而張？如尚欲觀其後效，臣謂浚之才止如是而已，願早正其誤國之罪。」殿中侍御史石公揆論：「浚輕脱寡謀，失機敗事，尚居宰府，何以率百僚？」右正言李誼亦論：「浚頃以樞臣宣撫，妄作威福，致全陜傾覆，健將奔亡，其罪合誅。姑從薄責，未幾，召還爲相，而尚循故轍，措置乖方，致酈瓊以數萬衆叛去。望收還政柄，置之閑散。」而右司諫王縉獨言：「劉光世屯淮西，士卒數萬，惟王德一軍忠勇敢戰，餘皆驕怠自肆，不可用也。一旦以德踵光世之後，酈瓊等憚其威嚴，訴於朝，既爲之改命，而召瓊等赴行在，乃懷疑貳，相率北去，則潛爲此謀有日矣。今張浚引咎求罷，方防秋之際，二大將又入奏事，朝無宰相，無乃不可乎？」時已詔都督府交與樞密院。於是，參知政事張守方開陳於上前，未減浚罪〔三一〕。壬申，浚罷爲觀文殿大學士、提舉太平觀。都官郎中趙令衿獨上疏，乞留浚。而令衿亦罷。既而秘等再論，乞投遠方，以爲誤國之戒，遂詔落職。

江東宣撫使張俊見王德在建康，每以厚幣結之，德以兵八千歸於俊。

右正言李誼言：「張浚在川、陝，得專黜陟，自紹興三年至今，凡二千三百七十員便宜推恩。有自選人而爲員郎，自借官爲遥刺，自副甲頭而至横行。蓋僅餘三年，而遷補如是之衆。朝廷加厚遠人，隨其所授，與换給真本，可謂寬矣。然不可不審。今累勞當遷者，吏部必寸量尺度而後與。其他折䤋執俘上功，幕府一級或差，文吏必繩以法〔三二〕，何獨於此闊略之甚？臣請除軍士外，文武官吏考其濫冒者，量折減之。」

癸酉，詔三省權以參知政事當筆，俟除相仍舊。

湖北宣撫使岳飛，以酈瓊軍叛，乞提全軍，進屯淮甸，降詔奬之。

大理少卿薛仁輔奏：「天下獄有半年未決者，乞委提刑親問。一年未決者，具事因申省。」乙亥，執政張守等言：「累降聖旨，催諸路結獄，不得淹滯。如仁輔所奏，則許半年或一年矣。」上以爲然，且曰：「獄重事也，朝廷須當留意。舜之戒曰：『欽哉，惟刑之恤哉！』死者不可復生，朕未嘗送一人下獄。」秦檜等曰：「陛下好生，實與天地同德，此舜之用心也。」

先是，禮部侍郎陳公輔言：「淮西軍叛，或謂朝廷緣此，諸事稍沮，見謀改圖。不知今日當如何耶？謂帥不應罷，將復任之耶？謂兵不可馭，將姑息之耶？謂大臣無謀，將別用之耶？謂進臨建康爲失，將回蹕耶〔三三〕？此皆徒爲紛紛，未見有益。臣謂正當鎮静，使敵無所窺。」上以爲然。至是，公輔又言：「臣嚮者妄奏〔三四〕，偶合聖心。今則陛下赫然改圖〔三五〕，所罷帥果已復召〔三六〕，所移兵更令姑息，大臣又以無謀賜罷，惟未回蹕臨安爾。是臣所言，上惑聖聰，無一可取，便當俟竄殛。然尚有餘説，若遂不言，死不瞑目。臣竊謂光世之召，非出聖心，乃因大將之言。如是，則朝廷威令可否，皆在諸將。今後大將有過，何以處之耶？張俊一軍，久在盱眙，今令過淮西，而老小不欲，遂養之於行在。議者謂俊兵祇欲住此，緩急恐難遣行〔三七〕，若任其自擇，何姑息之甚耶？張浚之罷，亦緣稍振紀綱，衆皆不喜，遂激怒陛下，言者乘此擊而去之，幾於助將帥而罷宰相，何倒置之甚耶？至於回蹕，則臣愚深以爲不可。臣嚮奏事〔三八〕，親聞玉音，謂建康若不可立，臨安又豈能保。聖斷如此，但恐羣臣主進者少，主退者多，則陛下不能無惑。更望陛下勿因小害而沮，則中興之功可望。臣蒙超置諫垣，今又列在侍從，將乞骸以去，故卒獻此説，惟陛下貸其狂。」

公輔未幾以集英殿修撰奉祠而去。

時江東宣撫使張俊軍中營寨未辦，執政乞增支錢。上因言：「財皆出民力，若此之費，實不得已。苟可已者，極須惜之。張俊嘗奏軍中費陛下無限錢。朕即語之：『朕何嘗有一錢與卿？皆百姓膏血也。卿須知百姓膏血不可竭，務與朝廷爲一體，則中興之功不難致矣。』」

觀文殿大學士、萬壽觀使趙鼎至行在。

喻樗語録曰：時樗至闕，見趙鼎，首問相公何以處張相。鼎曰：「方力辭。」樗曰：「上意如此，豈容辭也？以樗鄙見，莫若挽住爲上〔三九〕。第恐上意不許，朝論不然耳。其次莫若以宣撫使處之淮上。張相方以近事，不忘補過，緩急必有以報。況失賊之家，方知防賊。兼駐蹕建康，全是張相之謀，相公今日豈應獨任其責也？自來宰相之出，門人鮮有不遭逐，相公決無此事，但恐言事官觀望，在相公包容之耳。」鼎以爲然。

鼎即對於内殿，首論及淮西事。鼎曰：「方得報時，臣在遠，不得效所見，少補萬分，今固無及。然臣愚慮不在淮西，恐諸將竊議，因謂罷劉光世不當，遂有斯變。自此驕縱，益難號令。朝廷不可自沮，爲人所窺。」上以爲然。丙子，以鼎爲左僕射兼樞密使。

吏部尚書孫近除龍圖閣直學士、知紹興府。

丁丑，上問趙鼎防秋大計，鼎曰：「淮西雖空缺，當以壯根本爲先務。」又問去留如何，鼎曰：「來已失之遽，去不可復爾。今國威少挫，須勉强自振。」上以爲然，且曰：「初聞淮西之報，未嘗輒動。執政奏事，皆惶懼失措，反以安慰之。」鼎曰：「正須如此。見諸將尤須安靖，使之罔測。不然，益增其驕蹇之心矣。仍以控制之事專責之二將，曰光世之兵本不爲用，我之所賴〔四〇〕，惟汝二人。彼必感陛下倚任之重〔四一〕，且不敢以朝廷爲弱也。前此大臣曾以此啓否？」上曰：「彼皆倉皇，無地措足，何暇及此？」

趙鼎事實曰：自鼎被召，張浚每以回鑾一事爲念。洎罷政登舟，諸人往餞，猶以此言之。秦檜起身嚮浚曰：「此事檜當身任〔四二〕。果有此議，即以死争之。」其後上議回鑾，諸公初無異議。鼎獨曰：「今日復回臨安，四方必謂朝廷但務退縮，無興舉之意。豈知陛下聖算，初不如此。今固不可户曉，惟是他日淮上有警，却須前進〔四三〕，鼓作諸軍，庶幾進退合宜。」上嘉納，於是降旨，先發百司，使民間預知。乃以建康守臣兼行宫留守，示往復兩都，居無常所。蓋自十二月降旨，至明年二月始離江左，期既不迫，上下帖然。

辛巳，合祀天地于明堂，以太祖、太宗并配，大赦天下。

乙酉，交趾郡王李陽焕卒，以印付其長子天祚。既而上遺表及貢方物。詔追封陽焕爲南平王。追封在明年二月，今聯書之。

上親書晉羊祜傳賜樞密使秦檜。檜力請刻之石，以頒宰執大將及從官，從之。

戊子，以淮西制置副使劉錡知廬州，遂召提舉太平觀解潛爲主管步軍司公事。

自金虜主晟既死，高慶裔伏誅，而粘罕繼亡，劉豫已失助矣。至是，因酈瓊投彼，豫復遣僞皇太子府參謀馮長寧乞兵於金虜主亶，且言瓊欲過江自效，請用爲鄉導，乘勢併力南下。時亶已議廢豫，慮其有兵之多〔四四〕，陽許豫行，遣使馳至東京，以防瓊詐降爲名，立散其衆。

先是，徽猷閣待制王倫等奉使至睢陽，劉豫授館鴻慶宫，遲之不遣，移文取國書，及問所傳何命。倫報豫，國書非金國主不受。若所銜命，即祈請梓宫。是以彌旬而虜迓使至。是月，倫渡河，見虜左右副元帥撻辣、兀朮於涿州。撻辣問倫：「入境久，顧來遲何也？」倫具言豫邀索國書，因曰：「劉豫營私〔四五〕，民皆嗟然。且其忍負本朝厚恩，若得志，寧保其不背上國乎？」撻辣曰：「我委劉齊於宋，度能制其死命乎？」倫曰：「吾君神武，劉齊犯天下不義，以順討逆，掃除何難也？」

校勘記

〔一〕知處州張彜所陳羣盜事　「處」，四庫本中興小紀卷二二作「虔」，據建炎以來繫年要録卷一〇九，紹興七年彜知處州，非虔州。

〔二〕常自悔責　「常」，原作「嘗」，據四庫本中興小紀卷二二改。

〔三〕湖北宣撫使岳飛遣其屬官王敏求來奏事　「來」，原作「等」，據四庫本中興小紀卷二二、建炎以來繫年要録卷一一二、宋史全文卷二〇上改。

〔四〕朕實不怒卿　「卿」，原闕，據四庫本中興小紀卷二二、建炎以來繫年要録卷一一二、宋史全文卷二〇上補。

〔五〕宰執奏都督府幹辦公事官邵溥　「公事」，原闕，據四庫本中興小紀卷二二補。

〔六〕進其父秘閣修撰伯温所著辨誣書　「辨」，原作「卞」，據四庫本中興小紀卷二二、建炎以來繫年要録卷一一二、宋史全文卷二〇上改。按：要録等書作辨誣三卷。

〔七〕而外求直言　「外」，原闕，據四庫本中興小紀卷二二補。

〔八〕起居郎永康樓炤言　「永康」，原闕，據四庫本中興小紀卷二二補。

〔九〕今若使宰相兼有司之職則不可　「今」，原作「令」，據四庫本中興小紀卷二二改。

〔一〇〕然滉之命亦寢　「命」，原闕，據四庫本中興小紀卷二二補。

〔一一〕古者天子争臣七人　「天子」，原闕，據四庫本中興小紀卷二二補。

〔一二〕校書郎高閌言　「郎」，原闕，據四庫本中興小紀卷二二補。

〔一三〕若曰都督專主用兵　「若曰都督」，原闕，據四庫本中興小紀卷二二補。

〔一四〕擁兵百十人　「百十人」，四庫本中興小紀卷二二作「擁兵衆數百」，建炎以來繫年要録卷一一二、三朝北盟會編卷一七八皆謂酈瓊是日率諸統制正常謁見祉，未聞多率兵衆，故仍應以原文爲是。

〔一五〕并行營左護軍喬仲福殺之　「左」，原作「在」，據四庫本中興小紀卷二二改。

〔一六〕統領官尚世元持其首去　「首」，原作「守」，據四庫本中興小紀卷二二改。

〔一七〕時有旨除張俊楊沂中劉錡三人爲淮西宣撫使副判官　「俊」，原作「浚」，據四庫本中興小紀卷二二改。

〔一八〕魏咸信　「咸」，原作「威」，據宋史卷六真宗紀一、續資治通鑑長編卷一三改。

〔一九〕今望特除開府　「除」，原闕，據四庫本中興小紀卷二二補。

〔二〇〕右僕射張浚等皇悚　「僕射」，原作「丞相」，據四庫本中興小紀卷二二改。

〔二一〕其下已不安　「下」，原作「不」，據四庫本中興小紀卷二二改。

〔二二〕虜戒兩淮之敗　「兩」，原作「川」，據四庫本中興小紀卷二二改。

〔二三〕朕固深知炤　「知」，原作「之」，據四庫本中興小紀卷二二改。

〔二四〕張浚等奉詔　「浚」，原作「炤」，據四庫本中興小紀卷二二改。

〔二五〕近與共事　「近」，原闕，據四庫本中興小紀卷二二補。

〔二六〕臣無地措足　「地」，原作「他」，四庫本中興小紀卷二二改。

〔二七〕林季仲之徒　「仲」，原作「伸」，據四庫本中興小紀卷二二改。

〔二八〕昔姚崇以十事獻之明皇　「昔」，原作「其」，據四庫本中興小紀卷二二改。

〔二九〕九月十二日上　此小注原闕，據四庫本中興小紀卷二二補。

〔三〇〕然則浚平日視民如草菅　「菅」，原作「管」，據四庫本中興小紀卷二二改。

〔三一〕末減浚罪　「末」，原作「未」，據四庫本中興小紀卷二二改。

〔三二〕文吏必繩以法　「文」，原作「大」，據四庫本中興小紀卷二二改。

〔三三〕將回蹕耶　「將」，原作「時」，據四庫本中興小紀卷二二改。

〔三四〕臣嚮者妄奏　「嚮」，原作「卿」，據四庫本中興小紀卷二二改。

〔三五〕今則陛下赫然改圖　「今」，原作「合」，據四庫本中興小紀卷二二改。

〔三六〕所罷帥果已復召　「罷」，原作「能」，據四庫本中興小紀卷二二改。

〔三七〕緩急恐難遣行　「行」，原作「何」，據四庫本中興小紀卷二二改。

〔三八〕臣嚮奏事　「嚮」，原作「卿」，據四庫本中興小紀卷二二改。

〔三九〕莫若挽住爲上　「挽」，原闕，據四庫本中興小紀卷二二補。

〔四〇〕我之所賴　「我」，原作「本」，據四庫本中興小紀卷二二改。

〔四一〕彼必感陛下倚任之重　「必」，原作「此」，據四庫本中興小紀卷二二改。

〔四二〕此事檜當身任　「此事」，原闕，據四庫本中興小紀卷二二補。

〔四三〕却須前進　「進」，原作「後」，據四庫本中興小紀卷二三改。

〔四四〕慮其有兵之多　「慮」，原作「虜」，據四庫本中興小紀卷二三改。

〔四五〕劉豫營私　「豫」，原作「錡」，據四庫本中興小紀卷二三改。

宋朝中興紀事本末卷四二

起紹興七年十月盡十二月

冬十月，中丞周秘、殿中侍御史石公揆、右正言李誼論張浚不已。丙申夜，御批：「浚謫散官，安置嶺表。」

趙鼎雜記曰：是月，初，鼎奏，欲降一詔，以安淮西軍民〔一〕。上曰：「當以罪己之意播告天下，俟行遣張浚了降詔。」鼎曰：「浚已落職。」上曰：「浚誤朕極多，理宜遠竄。」鼎曰：「浚母老，且有勤王大功。」上曰：「勤王固已賞之爲相也，功過自不相掩。」十月七月夜，内降周秘等彈章，後批：「浚授散官，安置嶺表。」中書舊制，凡御批即時行出。至是，鼎封起，未即行。明日，鼎奏曰：「前日趙令衿之言，外頗傳播，以謂浚之出，皆諸將意。今又如此行，外間益疑矣。」上曰：「若宰相出入由於諸將，即唐末五代之風，今幸未至此。」鼎曰：「今謫浚雖非諸將之言，亦少快諸將之意矣。」上曰：「此不恤也。」〔二〕

又趙鼎事實曰：一日，御批〔三〕：「張浚謫散官，安置嶺表。」鼎特留未行。翌日至漏舍，約諸人救解。至榻前，二參泛泛爲言。秦檜曰：「前日臣等不敢言，今日却合言。」然無他語也。上顧而不答。鼎開陳累數百言，上意殊未回。又曰：「浚有母老，今過嶺必不能將母。浚有勤王功，陛下忍使其子母爲死別乎？」上猶未解。鼎又曰：「浚所犯不過公罪，恐不應如此。」上乃曰：「來日再將上商量。」鼎又留身，再懇曰：「浚之罪不過失策耳，凡人計謀欲施之，豈不思慮，亦安能保其萬全？儻因其一失，便置之死地〔四〕，後雖有奇謀妙算，誰敢獻之？此事利害，自關朝廷，非獨私浚也。」上意解，遂令分司，居永州。

又趙鼎逸事曰：鼎一日朝退，召禮、刑、工部郎官勾龍如淵、馮康國、馮檝至都堂。三人皆蜀士，張浚之密客也。見鼎蹴踖退縮〔五〕，鼎慰之曰：「鼎不負德遠，德遠負鼎。」三人愧謝，鼎曰：「上憐德遠母老，有復辟功，決不遠謫，無過嶺之患。諸公速以書告。」勾龍三人退，鼎又目之曰：「鼎不負德遠，德遠負鼎。」既而除勾龍如淵起居郎，康國右司郎官，楫太常少卿〔六〕。如淵，永康人也。

戊戌，張浚責授秘書少監、分司南京，永州居住。

都官郎中馮康國求去。庚子，趙鼎言：「自張浚之罷，蜀士多不自安。今留者十餘人，皆一時選。臣恐臺諫或以浚黨論之，望陛下垂察。」上曰：「朝廷用人，正當論才不才。

率二十四日讀一過。」鼎曰：「陛下聖學如此，今雖寒士，亦鮮能之，非異代帝王所及。」

趙鼎言：「安國昨進春秋解，必經聖覽。」上曰：「安國所解，朕置之座右。朕喜春秋之學，

記。晚食，閱内外奏章，御書尚書賜臣，二鼓罷。是日，因前給事中胡安國乞宫祠，左僕射

以朱松爲校書郎。上在禁中，自有日課。早朝退，與唐憚講論孟，與朱震專講春秋史

望褫職，還之銓曹。丁酉，詔落職與宫觀〔八〕。

右司諫王縉求外補〔七〕，除直秘閣、知温州。於是，石公揆言縉懷姦顧望，且有後圖，

頃臺諫好以朋黨罪人，如罷一相，凡所薦不問才否，一時俱黜，此乃朝廷使之爲朋黨，非所以惜人才厚風俗也。」鼎曰：「陛下聖慮如此，羣臣敢不自竭？」

御史中丞周秘累乞外任。辛丑，除徽猷閣直學士、知秀州。

先是，淮東宣撫使韓世忠圖上淮陽形勢，云賊於彼築堡，欲遣偏師平之，使其屬官温濟諗於朝。上戒濟曰：「歸語汝帥，當出萬全，不宜輕動，以貽後悔。」濟既稟命，復要他日將士之賞。上曰：「有功則賞，但須核實，然後有功者勸。」世忠既以狀來上，朝廷不欲違。如去年攻淮陽，賞一萬七千餘人，人不以爲當也。」濟悚懼，奉詔而退。癸卯，左僕射趙鼎奏濟已行。上曰：「昨呼來，戒之矣。」

權主管殿前司楊沂中乞以諸路所起弓手揀刺上四軍。辛亥，趙鼎因論及南兵可教，參知政事張守曰：「止是格尺不及爾。」上曰：「人猶馬也。馬之能行不在大，故兵無南北，顧所以用之如何耳。自春秋時，申公巫臣通吴於上國，遂伯諸侯。項羽以江東子弟八千，横行天下。以至周瑜之敗曹操，謝元之破苻堅，皆南兵也。」

趙鼎言士人有不可爲郡守而必欲得之者，往往不肯就宫祠。上曰：「爾則不肯，如其一方赤子何？」鼎退而歎曰：「大哉帝王之言也。」

時有進士劉瑜上書。乙卯，上謂宰執曰：「瑜論十事，皆民間疾苦，可擇而行之。」趙鼎曰：「所論皆善，然法一一已具，但當申嚴。」上曰：「申嚴未必濟事，須去其不便於民者爲善。如嚮來浙右困於水脚錢，後造成綱船，遂免此患〔九〕。」

右正言李誼奏：「昨扈從臣僚不多，止令輪對一次〔一〇〕，今已輪遍數月矣〔一一〕。望準建隆、天聖故事，日輪二員。俟百官俱集，則依舊制。」丁巳，詔遇六參日，日輪一員。

時趙鼎再相已踰月，未有所施，朝士或以此責之。鼎曰：「今日事，如久病虚弱之人，再有所傷，元氣必耗，惟當静以鎮之。若作措置，焕然一新，此起死之術也〔一二〕。張德遠非不欲有爲，而其效如此，亦足以戒矣。」

召徽猷閣待制、提舉太平觀常同爲禮部侍郎。時趙鼎所薦者，皆以次用之。

閏十月庚申，資政殿學士王綯卒於平江府。

先是，詔知廣州連南夫條市舶之弊。辛酉，南夫言：「市舶司惟藉蕃商往來貿易。大商蒲亞里者，昨至廣州，有武臣曹訥利其財，以女適之，亞里遂留不歸。」上因令南夫勸其歸國，運蓄貨往來。上曰：「市舶之利最厚，若措置合宜，所得動以萬計，豈不勝取之於民？朕所以留意於此，庶幾可以少寬民力耳。」

癸亥，上曰：「朕每論將帥，須責其挽弓騎馬。人未知朕意，必謂古有文能附衆，武能威敵，不在弓馬之間。抑不知不能弓馬，何以親臨行陣，而率三軍使之臨難？況今時艱，將帥宜先士卒，此朕之深意也。」

上數令江東宣撫使張俊盡以舟師分布控扼〔一三〕，然後引兵渡江。左僕射趙鼎曰：「淮西寂然無警，似不必爾，外間便謂朝廷棄淮西矣。當一向勿顧，不發一兵，彼未必敢動。」上以爲然。

趙鼎事實曰：初，劉豫軍既遁，張俊復還建康。淮西一帶無軍馬，朝論紛紛，臺諫交章，以爲淮西無備可憂。鼎獨顯言於衆曰：「今行朝握精兵十餘萬，使胡騎直臨江岸，吾無所懼。惟是安静不動，使人罔測，渠未必輒敢窺伺，何至自擾擾如此？儻有他虞，吾當身任其責。俊軍久在泗上，勞役良苦。還未閱月，居處種種未定，乃遽使之復出，不保其無潰亂也。」鼎欲使俊出不意，徑趨壽春取其城，措置已定，會虜廢豫乃止。淮上卒不遣兵，竟亦無事。

上御諸將，凡事皆留意，而聖意無彼此輕重。時殿帥楊沂中乞三綱馬。丙寅，上謂宰執曰：「川廣馬到，朕未嘗留，悉均給諸將。若小不均，即謂朕有偏矣。」沂中馬少，而張浚近以老馬數百匹納樞密院，遂以兩綱付沂中，一綱付俊。

上謂宰執曰：「朕思安民之要，無過擇監司郡守，可令侍從官公舉，仍不限員數。中書置籍，朕亦書之屏風，置諸左右。已差下不任職無他過者，與自陳宮觀，公議亦必以爲是也。」趙鼎曰：「陛下不忘百姓如此。」秦檜曰：「陛下勤勤爲民，此心足以格天矣。」上又曰：「贓吏一身取錢爾，繆吏爲州爲縣，則一州一縣之吏皆取錢，其害民甚於贓吏也。」鼎曰：「聖論曲盡其理。」檜曰：「向令侍從舉知縣，而有互舉其子者，其子又皆不肖貪贓。」上曰：「侍從官，朕之所信者，而欺如此。朕當時若知，當竄之嶺表。卿等可喻諸侍從，須妙選可爲者，使實惠及民，他日朕當賞其知人。」鼎等曰：「謹奉聖訓。」

時有進武校尉賀允升者，上詩醜詆前宰相張浚。又中軍統制官王存，上書乞放浚自便。上曰：「朕非不能容一王存，但進退輔弼，豈小臣所當議？此風寖長，則他日將帥，或干豫其間，豈國之福也？防微杜漸，不可不懲。」詔存、允升各降兩官，存仍降充本軍將官。

己卯，召龍圖閣學士、知處州劉大中爲禮部尚書。

庚辰，趙鼎奏淮東宣撫使韓世忠保明統制官許世安賞事。上曰：「世安勇雖不如呼延通，而曉事過之。平居議論，多有補於世忠。」時通亦隸世忠軍。上駕馭諸將，至於偏裨，亦知其才之所長，蓋照臨無遺如此。

户部尚書章誼言：「自榷貨務復置提舉官，見係臣獨領，緣無同官商議，竊恐誤事，望仍隸户部。」壬午，詔從之。時榷貨務賣度牒，而遠方不能就買，宰執欲付之諸路。上曰：「如此則州縣將科於民矣。」趙鼎等曰：「不限此數，則無此弊。」上曰：「宜嚴爲約束，毋使民受患。」

初，江西大旱，而觀文殿大學士、知洪州李綱乃課民修城，一方頗怨。至是，侍御史石公揆言綱妄自尊大〔一四〕，恣爲苛擾。初，張浚謫居於福，綱與之交歡，意其復用，以爲己援。近乃移書痛詆，傳至行在，欲以取譽，復冀相位。繼知已用趙鼎，其意大沮。又稱感時憂憤成疾，聞者笑之。又殿中侍御史金安節、左右正言辛次膺、李誼亦論綱違法虐民，毒流一路。乙酉，詔綱提舉洞霄宫。既而公揆等再論，乞鐫職，上曰：「前宰執朕所禮貌〔一五〕，已罷帥足矣。」趙鼎等曰：「陛下遇臣如此，誰敢不竭盡以圖報？」安節，歙縣人。次膺，掖縣人也。

是日，宰執復奏置川陝茶馬官，舊有主管，有同提舉，有都大提舉，凡三等。上曰：「此亦轉運使、副、判官之比，當擇人，考其資歷而命之。茶本以博馬，近乃換珠玉紅髮之類，須禁止之。」

趙鼎奏：「來者去留之計，望更留聖慮。恐回蹕之後，中外謂朝廷無意恢復。」上曰：「張浚措置三年，竭民力，耗國用，何嘗得尺寸之地？而壞事多矣。此等議論，不足恤也。」

趙鼎因奏事，議及改修神宗實録。上曰：「止修訛謬，非有所改也。」鼎曰：「所降御筆如此。」上曰：「乃宰相擬定者。」鼎曰：「起居注載著作郎張嵲所得聖語亦然。」上駭曰：「安得有此？」即詔嵲所記勿存留，鼎乃知是事本非上意。鼎言：「何掄本與秘閣修撰曾統所進本小異，掄乃蜀本，有朱字處，統本却無之，自合重修。其李彌正、胡珵不應引嫌避史職〔一六〕，令依舊兼之。」上曰：「朱勾去者太冗。」鼎曰：「此乃美事，蔡卞輩不學，故不知去取〔一七〕。如吴奎傳有曰『臣願陛下爲堯、舜主，不願爲唐德宗』，卞乃删去。臣謂主聖則臣直，載之乃見神宗之聖也。使魏證、王珪傳不載其直言〔一八〕，則後世不知太宗能納諫也。」上曰然。鼎又曰：「臣去國半載，今觀聖意，稍異前日。」上曰：「尋常造膝，每以孝悌之説相摇撼，其實紹述之謀也。」鼎曰：「秦檜莫有正論。」上曰：「無之。自卿去，惟朱震不改其舊。」鼎曰：「臣觀持中論者皆惑聖聰，乃是沮善之術。故以爲不可太分，當兼收而用，則得人之路廣。臣謂君子小人并進，何以爲治？與其多得小人，寧若少得君子之爲愈也。蓋分善惡惟恐不嚴，稍寬則落其姦便，君子於小人常恕，小人於君子不恕也。」上復以爲然。

是月，工部尚書李彌大出爲廣西安撫使。

初，淮西軍中諸使臣爲酈瓊劫去。至是，復歸者甚衆。有司以文券不明，例降所給。趙鼎與執政議不合，乃密白於上曰：「此曹去僞歸正，當優假之。今乃降其所請，反使悽悽有不足之歎〔一九〕。」上即批出，各還其本。於是人心欣然，來者相繼，劉豫不得而防之也。

江東宣撫使張俊引兵還建康府。

十一月甲午，俊入對，因言劉光世解軍政，閒居自適，有登仙之歎。上不樂，因諭之曰：「卿初見朕爲何官？」曰：「修武郎。」「是時家貲如何？」曰：「貧甚，嘗從陛下求戰袍以禦寒。」上曰：「今日貴極富溢，何所自耶？」曰：「皆陛下所賜。」上曰：「卿既如此，宜思自效，而有羨於光世，何耶？」俊皇懼頓首，至於流涕，誓死以報。

乙未，宰執奏事，上以此語之。趙鼎等曰：「陛下馭將之道，可謂盡矣。」

丁酉，宰執奏臨安府火禁，放火者行軍法，遺火延燒數多者亦如之。上曰：「放火遺火豈可同罪？大凡立法太重，往往不能行。」趙鼎曰：「遺火延燒者，取旨可也。」上曰：「止於徒足矣，庶可以必行。兼刑罰太重，非朝廷美事。」

先是，川陝宣撫使吴玠遣使臣吕政來求軍中犒賞。上諭政曰：「歸語吴玠，自小官拔擢至此，皆出於朕，非緣張浚也。大丈夫當自結主知，何必附人以進？朕已撥一百五十萬緡，非因浚進退，有厚薄也。其他所闕，可具奏，朕一一應副。」又諭以：「川茶自來博馬，今聞盡易珠玉紅髮無用之物。」政曰：「吴玠則不敢，諸將恐或有之。」上令博馬外不可别易一物。是日，上語宰執以此，趙鼎等曰：「玠聞聖訓，不惟感激眷遇，亦仰服聖德矣。」

壬寅，上謂宰執曰：「張俊不易得，獨好營土木。朕數鐫諭，莫能改也。比因入對，面諭以建康行宫，皆因張浚所修，寢殿之後雖庖溷皆無，朕不免葺數間爲居，當與卿觀之〔二〇〕，初不施丹雘。俊曰：『略加雅飾，不過二三千緡。』朕語以財方艱窘，不忍費二三千緡以崇土木之飾，俊感歎而去。」

有使臣李發者，賫到奉使朱弁書，報金國粘罕等相繼而死。樞密使秦檜曰：「金國多事，勢復有變。」上曰：「金人暴虐，不亡何待？」檜曰：「陛下但積德，中興固自有時。」上曰：「此固有時，亦須有所施爲，然後可以得志。」

金虜主亶欲廢劉豫久矣。至是，僞尚書省劾豫治國無狀。亶詔左右副元帥撻辣、兀朮提兵以扣江爲名，徑之東京廢豫。而豫方請兵入寇，虜示以難色，而豫請愈堅，虜若不得已而應者，乃令先調發山東兵，會於淮上，約其子麟單騎議事。麟以二百兵至濬、滑間，即爲虜所擒。二酋徑引從騎入東華門，逼豫出見。撻辣以鞭麾，命羸馬載之而去。囚於金明池，廢爲蜀王。時豫弟益守陝西，虜又別遣左監軍撒離曷提兵聲言攻蜀，即長安擒益。其廢豫之詔略曰：「建爾一邦，逮今八稔〔二一〕。尚勤吾戍，何以國爲？」豫既廢，撻辣逼其北行，至上京，給舊夫子廟以居之。

張浚行述曰：浚嘗遣人賫手榜，入僞地誘劉豫。略曰：「如能誘致，使之疲敝，精兵健馬，漸次銷磨，茲報國之良圖，亦爲臣之後效。」虜用事者見此榜，已疑豫。八月間，豫聞王師北嚮，遣韓元英告虜，乞兵同舉。虜謂豫終欲困己，益疑之。會酈瓊叛去，浚復多遣間持蠟書入僞地，故遺之。大抵謂豫已相結約，故遣瓊等降〔二二〕。而豫再乞兵於虜。十月，虜副元帥兀朮徑領兵來廢豫，惜其有此機會，而浚已去位矣。

豫初僭位，作楮幣，自一貫至百貫，皆識其末，曰「過八年不再行用」，蓋其數已兆矣。

虜遂於汴京建行臺尚書省，以張孝純、蕭三寶奴爲左右丞相，張通古爲左丞。虜又恐汴人豫之廢也，汴京不安，紿之曰「汝舊主人少帝在此」，於是民心稍定，而北軍亦不敢擾民。有錢九千八百餘萬緡，絹二百七十餘萬匹，金一百二十餘萬兩，銀一千六百餘萬兩〔二三〕，糧九十萬石，而方物不在此數〔二四〕。初，撻辣久居山東，回易屯田，遍於諸郡，每認山東以爲己有。其立豫也，深有悔割山東之意。故撻辣屢畫山東、河北圖，獻議於故主晟曰：「膏腴之地，鹽鐵桑麻所出，盡在舊河以南。我初與議，以河爲界爾。今新河且非我所決，彼自決之以與我，豈可棄之？當以新河爲界。」晟不從。及撻辣等專權，遂議取山東。諸將曰：「若獨取山東，恐驚豫之心，不若廢豫以取之。」豫之廢也，不惟結怨於諸酋，亦以山東爲累耳。初，撒離曷在雲中，嘗因軍事召知府州折可求，至，密諭以將廢豫而立可求之意。至是，撻辣之意，欲割河南以歸本朝。撒離曷恐可求失望生變，罪歸於己，一日宴可求而置毒，可求食之既去，卒於路。

初，宣和間進士王問進書萬卷，補承務郎。上即位，有越州布衣諸葛行仁亦因進書得迪功郎。至是，吏部以爲不倫，追問兩官。問訴之〔二五〕，詔與改正。中書舍人李彌遜以爲不當改正。丙午，上謂宰執曰：「求遺書自美事，朕方多難之時，故行仁之賞薄。宣和承平，留意墳典，與授京秩不爲過。然既有論駁，可鐫一官。」

十二月己巳，詔淮東宣撫使韓世忠移司鎮江府，仍留兵守楚州。樞密使秦檜曰：「老小既得所，萬一有警〔二六〕，諸帥當盡力捍寇。」上曰：「朕竭民膏血以養之，緩急豈容不盡力〔二七〕？正使無内顧之慮也。」於是世忠奏乞留全軍於楚，以蔽江、淮，從之。

先是，紹興初，劉大中宣諭江南，薦臨川布衣鄧名世。召對，賜出身，除删定官。是月，以名世爲校書郎。

禮部侍郎常同請令大臣屏去細務，專意帷幄之謀。責任六曹，隨事裁決。凡禮文及法令，悉令裁定，以趨簡便。乙亥，上謂宰執曰：「聞三省文書極繁，卿等閲不暇給，皆由六部官不任責，事事申明故也。豈有爲尚書不能任一部之事？朕若擢爲執政，便可裁天下之務。」昨常同亦奏此事。」陳與義曰：「今日事比承平時極多。」趙鼎曰：「承平時朝廷尊嚴，上下有分，昨一小使臣馬前喧呼，臣恐其訴冤〔二八〕，乃求差遣爾。政由臣等不才，致朝廷之勢陵夷。」上曰：「此須與行遣。天下事賞罰而已，若有罪不罰，漸成姑息之風，誠爲不便。」

劉豫既廢，金國左副元帥撻辣送王倫等回，謂曰：「好報江南，既道途無梗，和議自此平達。」至是，倫還。丙子，泗州奏至，上顰蹙，謂趙鼎等曰：「朕以皇太后未還，夙夜憂懼，未嘗去心。若虜人能從朕所求，其餘一切非較也。」鼎等曰：「仰見陛下孝心焦勞。」上曰：「國家但能自治，以承天心，豈無復振之日？」

癸未，倫等還，上錫予特異。

丁亥，以倫爲徽猷閣直學士、樞密都承旨，充奉迎奉梓宮使，借拱衛大夫高公繪副之。

知泗州劉綱乞調滁州千夫修城，有旨從之。言者以爲非是。甲申，上謂宰執曰：「百姓誠不可勞，但邊城利害至重，天下之事亦權輕重而爲之。朕愛民力，一毫不敢動〔二九〕，惟此役不得已也。」趙鼎曰：「昨得旨，已令優給錢米矣。」

是月，以禮部侍郎常同爲御史中丞。

劉豫之將有宋超者，帶兵千餘，詣知廬州劉錡降。詔錡帶兵入奏事，處超等既定，錡復還合肥。

趙鼎事實曰：虜既廢豫，鼎密遣諜者散之沿淮一帶，誘其守將。由是壽、亳、陳、蔡諸郡，率其部曲來歸者相繼不絶。兩月間，得精兵萬餘，西馬數千。朝士相謂曰：「前日大作措置，未進一步，潰亡者五六萬衆。今不動聲色，自致士馬如許之盛，可謂過人矣。」

時徽宗小祥近，且踰七月之期，而迎請梓宫使者未有來耗，禮官謂不可久停常祀，於是綿蕝其儀，返虞祔廟，以左僕射趙鼎爲禮儀使〔三〇〕。

金主亶以皇伯、領三省事、宋王宗盤乃先主晟之長子，豪猾難馭，而東京留守、兖王宗雋即亶親叔，且有才望，乃除太保領三省事以制之。初，金虜有國，自旻、晟以來，雖名爲帝，而與其下無尊卑之别。虜主所獨享者，惟一殿曰乾元，四隅栽柳作禁圍。繞壁皆設大坑，時與諸臣雜坐於坑，后妃躬侍飲食。自亶初時，詞臣韓昉已教之學，稍賦詩染翰。既即位，左右儒士日進諂諛，導以宫室之壯〔三一〕，侍衛之嚴，出則清道警蹕，入則端居九重，視舊功大臣以爲夷狄，非時且莫得見，盡失女真之故態。至是，宗雋入相，頗與宗盤等合謀〔三二〕，而亂將作矣。

校勘記

〔一〕欲降一詔以安淮西軍民　「詔」，原作「等」，「軍」，原闕，據四庫本中興小紀卷二三改補。

〔二〕勤王固已賞之爲相也……此不恤也　原本亂簡，不足據，此據四庫本中興小紀卷二三改補。

〔三〕又趙鼎事實曰一日御批　「御批」，原作「觀察」，據四庫本中興小紀卷二三改。

〔四〕便置之死地　「死」，原作「地」，據四庫本中興小紀卷二三改。

〔五〕見鼎踧踖退縮　「見」，原作「是」，據四庫本中興小紀卷二三改。

〔六〕既而除勾龍如淵起居郎康國右司郎官楫太常少卿　「起居郎康國右司」，原作「御史中丞康國同」，據四庫本中興小紀卷二三改。按：勾龍如淵除御史中丞在紹興八年，除起居舍人在紹興七年十一月。而紹興七年十月趙鼎召勾龍等至都堂，時三人所任則爲祠部員外郎、都官員外郎、工部員外郎，見建炎以來繫年要録卷一一五。知兩本以上所引皆誤。

〔七〕右司諫王縉求外補　「求」，原誤作「永」，據四庫本中興小紀卷二三改。

〔八〕石公揆言縉懷姦顧望且有後圖望褫職還之銓曹丁酉詔落職與宮觀　原本作「直學士言者斥王縉胸臆懷

奸顧望且有後圖望褫職詔從之」，錯簡頗甚，今全從四庫本中興小紀卷二三改補。

〔九〕遂免此患　「患」，原作「惠」，據四庫本中興小紀卷二三改。

〔一〇〕止令輪對一次　「輪」，原作「論」，據四庫本中興小紀卷二三改。下同。

〔一一〕今已輪遍數月矣　「遍」，原作「編」，據四庫本中興小紀卷二三改。

〔一二〕此起死之術也　「起」，四庫本中興小紀卷二三作「速」。

〔一三〕上數令江東宣撫使張俊盡以舟師分布控扼　「俊」，原作「浚」，據四庫本中興小紀卷二三改。

〔一四〕江西大旱……侍御史石公揆言綱妄自尊大　「西」，原作「東」，「公」，原作「松」，皆據四庫本中興小紀卷二三改。

〔一五〕前宰執朕所禮貌　「朕」，原作「上」，「禮」，原作「體」，皆據四庫本中興小紀卷二三改。

〔一六〕其李彌正胡珵不應引嫌避史職　「珵」，原作「聖」，四庫本中興小紀卷二三同。按，時秘書省正字兼史館校勘爲胡珵，見載建炎以來繫年要録卷一一五，因據改。

〔一七〕故不知去取　「取」，原作「處」，據四庫本中興小紀卷二三、建炎以來繫年要録卷一一五改。

〔一八〕使魏證王珪傳不載其直言　「證」，原作「徵」，即魏徵，避宋仁宗嫌名而改。

〔一九〕反使悽悽有不足之歎　「悽悽」，原作「棲棲」，據四庫本中興小紀卷二三改。

〔二〇〕當與卿觀之　「當」，原作「嘗」，據四庫本中興小紀卷二三改。

〔二一〕逮今八稔　「稔」，原作「捻」，據四庫本中興小紀卷二三改。

〔二二〕故遣瓊等降　「等」，原作「辱」，應係筆誤。此所謂張浚行述者，即朱熹所撰張浚行狀，見朱文公文集卷九五。因據以改正。

〔二三〕銀一千六百餘萬兩　「百」，原作「十」，據四庫本中興小紀卷二三改。

〔二四〕而方物不在此數　「物」，原作「州」，據四庫本中興小紀卷二三改。

〔二五〕問訴之　「問訴」，「訴」原作「詐」，四庫本中興小紀卷二三無「問」字，作「斥」，今據文義改。

〔二六〕萬一有警　原作「萬有一警」，據四庫本中興小紀卷二三改。

〔二七〕緩急豈容不盡力　「緩急」，原闕，據四庫本中興小紀卷二三補。

〔二八〕臣恐其訴冤　「訴」，原作「詐」，據四庫本中興小紀卷二三改。

〔二九〕一毫不敢動　「毫」，原作「臺」，據四庫本中興小紀卷二三改。

〔三〇〕以左僕射趙鼎爲禮儀使　「左」，原作「右」，據四庫本中興小紀卷二三改。

〔三一〕導以宫室之壯　「壯」，原作「狀」，據四庫本中興小紀卷二三改。

〔三二〕頗與宗盤等合謀　「頗」，原作「顧」，據四庫本中興小紀卷二三改。

宋朝中興紀事本末卷四三

起紹興八年正月盡三月

紹興八年歲在戊午。

春正月，言者請今後從官作守，不許銜見任人。壬辰，宰執奏事，趙鼎曰：「祖宗以來，待從官如此。」〔一〕上曰：「若遇從官無異庶官，宰執無異從官，則非朝廷之體。」陳與義曰：「人臣何有重輕？但堂陛之勢，不得不存。」秦檜曰：「嚴堂陛乃所以尊朝廷也。」

奉使王倫之還，言金人廢劉豫之謀，自己使人發之〔二〕。癸巳，起居舍人勾龍如淵言：「倫迎梓宮，問諱日，使指也。梓宮未還，諱日猶秘。而一言之合，遂使廢豫，此其可信哉？」上曰：「不然。倫奉使時，朕嘗以此意諭之。渠果能游説，亦未可知。」如淵曰：「如此固臣之所不知。」

參知政事張守乃張浚所引。浚罷相，人知守必去。時已議還都臨安，守力請且留建康，以爲遠圖，議不合。戊戌，以資政殿學士知婺州。

趙鼎事實曰：張浚永州之命既下，張守、陳與義乞罷，上皆許其去。秦檜亦留身言之，退至殿廬，起身向鼎前，喜見顔間，謂鼎曰〔三〕：「檜今日告上，求解機務。上曰：『趙某與卿相知，可以少安。』檜荷相公如此〔四〕，更不敢言去。」二參在坐聞之，極不懌。二人既銜怨而去，其後秦檜獨相，鼎亦不免也。

辛丑，詔復幸浙西。

乙巳，趙鼎言：「人多謂中原有可圖之勢，宜便進兵。恐異日咎今失此機會，乞召諸將。」上曰：「不須恤此，今須與虜議和。梓宫與太后、淵聖皆未還，若不與和，無可還之理。」參知政事陳與義曰：「若和議成，豈不賢於用兵？萬一無成，則用兵所不免。」上曰然。

初，龍圖閣直學士汪藻罷知撫州〔五〕，奉祠而去。翰林侍讀學士范沖言：「日曆國之大典，比詔藻纂集，未成而中止，恐積久散逸，後人益難措手。今藻就閑，願詔令勿輟，俾三朝文物，著在方册，非小補也。」詔許藻辟官屬二員，且賜史館修撰餐錢，力辭不受。至是，藻又進政和三年以後詔旨，其未成者，乞從史館論撰。癸丑，詔藻仍舊纂集。

先是，以歸朝官馬欽人馬隸張俊軍，既而親筆差欽江南鈐轄。俊堅欲留欽不遣。乙卯，樞密院奏趣欽赴任。上曰：「昨俊入見〔六〕，朕嘗諭之：『聞馬欽於卿素懷不足，卿必欲留此軍中，萬一欽病死，人必謂卿殺之，於卿亦便乎？』俊悚然謝曰：『臣慮不及此，不敢留下矣。』」上平日訓諭將帥，皆切於理，使其利害曉然於胸中，可謂盡駕馭之道也。

是月，四川謀帥，上問刑部侍郎胡交修，廷臣孰可將者〔七〕，交修曰：「臣從子世將可用。」時世將爲兵部侍郎兼直學士院，遂除樞密直學士、四川安撫制置使，兼知成都府。自重兵聚關外以守蜀，而餉道險阻，漕舟出嘉陵江，春夏漲而多覆，秋冬涸而多膠。紹興初，創行陸運，調成都、潼川、利州三路夫十萬，縣官部送〔八〕，徼賞争先〔九〕，倍道而馳，晝夜不息，十斃三四。至是，交修言：「養兵所以保蜀也，民不堪命，則腹心先潰，尚何保蜀之云？臣愚欲三月以後，九月以前，第存守關正兵，餘悉就糧他州，如此則給。守關者水運有餘〔一〇〕，分戍者陸運可免。」上乃命學士院述交修意，詔宣撫使吳玠行之。既而世將至蜀，玠以軍無見糧，奏請踵至。世將被旨，約玠於利州會議。異時制置使以文臣多事邊幅，而玠起行伍，不十年爲宣撫，故不肯相下，誠意不通。初，水運泝江千餘里，半年始達，率以七十五斛而致一斛。至是，世將與玠反覆共論，玠亦曉然知利害所在，乃復前大帥席益轉般摺運之法〔一一〕，軍儲稍充，公私爲便。

金虜主亶肆赦〔一二〕，改元天眷。時左右副元帥撻辣、兀朮、左都監撻不也并在汴京，左監軍撒離曷居長安，右都監拔束居鳳翔。既而撻辣歸祁州，撒離曷歸雲中，而兀朮、撻不也、拔束皆留如舊〔一三〕。

先是，左僕射趙鼎以徽猷閣直學士王庶爲知兵，召歸，除兵部侍郎。

二月丁巳朔，遷庶爲尚書。

己未，上諭宰執曰：「劉錡説，淮北兵歸正者不絶，廬州今歲度可成四五萬衆。朕常慮江上諸將控扼之勢未備，將來錡一軍，遂可補此闕矣。」趙鼎曰：「他日荆南更就緒，則沿流上下相接，不同前日矣。」上曰：「如此經營，人事既盡，若功有成，不成則天也。」

湖北宣撫使岳飛乞添屯兵。壬戌，上謂宰執曰：「上流地分誠闊遠，寧減地分，不可添兵。今日諸將之兵，已患難分合。末大必折，尾大不掉，古人所戒。今之事勢，雖未至此，然與其添兵與大將，不若别置數項。庶幾緩急之際，易於分合也。」

癸亥，上發建康府，至東陽鎮行宫。宰執奏事，上曰：「昨日六宫既發，張俊來奏事。朕召至宫中，與論邊事，因戒之曰：『朕來日東去，卿在此，無與民爭利，無興土木之功。』俊悚懼承命，見地無磚面，再三歎息。朕諭之曰：『艱難之際，一切從儉，庶幾少紓民力。朕爲人主，雖以金玉爲飾，亦無不可。若爾，非特一時士大夫之論不以爲然，後世以朕爲何如主也？』」

先是，上將回鑾，詔知建康府張澂陞職，改知臨安府。澂受命，星馳而至，不數日，前所闕者，率皆辦焉。

乙丑，上次鎮江府。

辛未，上次平江府。

乙亥，上次秀州。

川陝宣撫使吴玠劾都轉運使李迨應副軍糧不足。左僕射趙鼎曰：「二人不咸如此，萬一吴玠更失體，則朝廷難處。迨若乞祠，且從之。」上曰：「迨在元帥府，熟知其爲人，性實不通〔一四〕，然能任怨，奉公吏也。可且與宮祠。」時議應副玠軍錢糧，或謂宜付之四路漕臣，或謂宜總之於安撫使。於是，右正言李誼奏：「蜀部五十四郡，歲贍玠軍近四千萬緡，四路漕臣各自爲家，豈能通其有無〔一五〕？況又權輕，安能與之抗行而抑其冗濫？帥臣雖重，而體貌不可削，乃令兼領錢穀，則必坐受羈縶。彼方且約其期會，斥其逋欠，帥臣之威亦少損矣。又帥臣與主兵之官尤不可不和，兩者皆非所責，則都漕之職，豈可闕乎？李迨雖究心所職，不避仇敵，然其人少恩，喜與物忤。去歲緣給軍踰期，利州營婦遮其馬首，紛然悖駡，迨不自安，遂求引去。今必得忠智之士，知開闔之權，識取予之方，然後爲得。望早求其人而用之，無可疑者。」

中丞常同奏：「吴玠頃行屯田，嘗得褒詔。願問玠近來積穀幾何，減餉幾何，趙開、李迨相繼爲都漕，先後運數幾何〔一六〕，各令條上，然後按實講究，以紓民力。」從之。

戊寅，上至臨安府駐蹕〔一七〕。

己卯，以户部尚書章誼爲端明殿學士、知建康府。

三月庚寅，以禮部尚書劉大中爲參知政事，兵部尚書王庶爲樞密副使。

先是，台州有匿名書，稱常平主管官李椿年刻薄，欲率衆作過，言頗不遜。壬辰，上謂宰執曰：「兵興以來，官物多陷失。既差官檢察，若稍留心，便生誣毁。此必州縣吏所爲，萬一作過，當遣官剿殺。」於是趙鼎以下，退而服上之英明。

以樞密使秦檜爲右僕射、平章事兼樞密使。時朝士皆相慶，惟吏部侍郎晏亨復退而有憂色。或謂亨復曰：「會之作相，天下之福，公獨不悦，何耶？」亨復曰：「姦人相矣。」時删定官鄱陽方疇聞是語，其後以告給事中張致遠、吏部侍郎魏矼，而二人亦以亨復之言爲過也。

趙鼎事實曰：一日，鼎留身奏事，上曰：「堂中必無異議者。」又曰：「秦檜久在樞府〔一八〕，莫懷怨望否？」鼎曰：「檜大臣，必不爾。然用之在陛下爾，况自有闕。」是夜，遂鎖院，檜再相。上既與議過，然後相檜，是以鼎未敢遽爲去就。

參知政事陳與義乃張浚所引，以久病乞退。甲午，爲資政殿學士、知湖州。

起居舍人勾龍如淵言：「户部非擘劃財賦之地，宜置一使，以總諸路。蓋諸路漕臣權輕勢分，但見一路利害，若一使總之，則能通有無，審虛實，爲朝廷久長之計〔一九〕。」又言：「此事當以户部長貳判諸道路水陸度支轉運等使爲名，如蘇如洪可以置司。若以外官爲之，則事必掣肘，不能久矣。」上然之。

己亥，以故南平王李陽煥長子天祚襲封交趾郡王。

侍從官胡交修等議，以故左僕射魏國文定公韓忠彦配饗徽宗廟廷。壬寅，詔從之。

工部侍郎趙霈不爲趙鼎所知，是月，以徽猷閣直學士出知袁州〔二〇〕。

以兩浙轉運使、徽猷閣待制向子諲爲户部侍郎。子諲言：「安民固國〔二一〕，必資儲蓄。江西宜於洪州置糴，於江州置轉般倉，以給淮西。湖南於潭州置糴，於鄂州置轉般倉，以給襄漢。湖北於鼎州，淮西於廬州〔二二〕，淮東於真州。仍多造船，則遣戍出兵，無往不利。」又言：「今天下急務，在考兵籍，究户版，故汰老弱，陞勇健，創簿正名，使諸州上帳於兵部，諸將上帳於樞密府。著鄉貫，書事藝，季申歲考，所以除詐冒也。凡詭名挾户，典置推收，進丁退老，分煙析生，田畝陞降〔二三〕，貨殖盈虚，必以時核實，所以革欺弊也。此其大略爾，推而行之，則在乎人焉。」

金虜又於燕京建行臺尚書省〔二四〕，改燕山僞樞密院爲之，以僞三司使杜充簽書省事。先是，虜中主計之任在燕山曰三司，在雲中曰轉運，在中京曰度支，上京曰鹽鐵，東京曰户部。時充在燕京，就用之也。

是春，虜左右副元帥撻辣、兀朮皆在祁州，奉使王倫行至祁州〔二五〕，見二酋。時韓世忠、岳飛、吴玠軍各遣間招誘中原民。虜得其蠟彈旗榜，出以語倫曰：「議和之使繼來〔二六〕，而暗遣姦諜如此，君相紿，且不測進兵耳。」倫言：「所議靖民，乃主上之意。邊臣見久而無成，或乘時希尺寸爲己勞，則不可保。主上決不之知，若上國孚其誠意，確許之平，則朝廷一言戒之，誰敢爾者？」二酋相視無語。

夏人乘金虜有折可求之喪，攻府州奪之。可求子彦文攜其家走河東，其後虜令彦文知代州〔二七〕。

校勘記

〔一〕待從官如此　「待」，原作「侍」，四庫本中興小紀卷二四同。此據建炎以來繫年要録一一八改。

〔二〕自己使人發之　「發」，原作「殺」，據四庫本中興小紀卷二四、建炎以來繫年要録一一八改。

〔三〕謂鼎曰　「謂」，原闕，據四庫本中興小紀卷二四補。

〔四〕檜荷相公如此　「荷」，原作「得」，據四庫本中興小紀卷二四改。

〔五〕龍圖閣直學士汪藻罷知撫州　「知」，原作撫字之半而未改補，今據四庫本中興小紀卷二四改補。

〔六〕昨俊入見　「俊」，原作「後」，據四庫本中興小紀卷二四改。

〔七〕廷臣孰可將者　「孰」，原作「熟」，據四庫本中興小紀卷二四改。

〔八〕縣官部送　「送」，原作「迭」，據四庫本中興小紀卷二四改。

〔九〕徼賞争先　「徼」，原作「激」，據四庫本中興小紀卷二四改。

〔一〇〕守關者水運有餘　「水」，原作「守」，據四庫本中興小紀卷二四、建炎以來繫年要録一一八改。

〔一一〕乃復前大帥席益轉般摺運之法　「乃」，原作「及」，「摺」，原作「擢」，據四庫本中興小紀卷二四、建炎以來繫年要録一一八改。
〔一二〕金虜主亶肆赦　「肆赦」，原作「僞」，據四庫本中興小紀卷二四、建炎以來繫年要録一一八改。
〔一三〕而兀朮撻不也拔束皆留如舊　「如」，原作「意」，據四庫本中興小紀卷二四改。
〔一四〕性實不通　「通」，原闕，據建炎以來繫年要録一一八補。四庫本中興小紀卷二四無此條。
〔一五〕豈能通其有無　「能」，原作「有」，據建炎以來繫年要録一一八補。四庫本中興小紀卷二四無此條。
〔一六〕先後運數幾何　「運數」，原作「軍數」，據文義改。四庫本中興小紀卷二四作「運至」。
〔一七〕戊寅上至臨安府駐蹕　此原闕，據四庫本中興小紀卷二四補。輿地紀勝卷一行在所引中興小曆，在此句之下引大段文字云：「下詔曰：『昔在光武之興，雖定都於洛，而車駕往反，見於前史者非一。用能奮揚英威，遞行天討。上繼隆漢，朕甚慕之。朕荷祖宗之休，光紹大統，夙夜危懼，不常厥居。比者巡幸建康，撫綏淮甸，既已申固邊圉，獎率六軍，是故復還臨安，内修政事，繕治甲兵，以定基業，非厭霜露之苦而圖宮室之安也。故兹詔諭，想宜知悉。』」此或亦本末文字而爲抄本所遺佚者。
〔一八〕秦檜久在樞府　「久」，原作「又」，據四庫本中興小紀卷二四改。
〔一九〕爲朝廷久長之計　「之」，原作「家」，據四庫本中興小紀卷二四改。
〔二〇〕以徽猷閣直學士出知袁州　「袁」，原作「兖」，據四庫本中興小紀卷二四改。
〔二一〕安民固國　四庫本中興小紀卷二四作「安邊固圉」。

〔二二〕淮西於廬州　原闕，據四庫本中興小紀卷二四補。

〔二三〕田畝陞降　「降」，原作「陞」，據四庫本中興小紀卷二四改。

〔二四〕金虜又於燕京建行臺尚書省　「金」，原作「今」，據四庫本中興小紀卷二四改。

〔二五〕王倫行至祁州　「州」，原闕，據四庫本中興小紀卷二四補。

〔二六〕議和之使繼來　「和」，原作「知」，據四庫本中興小紀卷二四改。

〔二七〕其後虜令彦文知代州　「令」，原作「今」，據四庫本中興小紀卷二四改。

宋朝中興紀事本末卷四四

起紹興八年四月盡六月

夏四月，言者請選文武官子弟爲衛郎。庚申，上謂宰執曰：「掄材正當如此，朕親加教督，彼必樂爲之也。」

初，上旋蹕臨安。中丞常同言：「今去淮益遠，邊民多不自安。宜遣重臣出按兩淮，田荒縱民耕之，勿收租稅。數年之後，粒米狼戾，百姓足而國用足矣。」又言：「江、浙民困於月樁，幾不聊生。」上憮然，遂減月樁數千緡。至是，詔遣樞密副使王庶視師淮上，調諸路兵，豫爲防秋計，且以同奏付庶行之。自酈瓊叛，諸將稍肆。庶條上，請臨發犒軍於都教場。庶便服坐壇上，自三衙大將而下，雖身任使相，悉以戎服，步由轅門，庭趨受命，拜賜而出。蓋自多事以來，未嘗行也。時主管殿前司楊沂中怒其統制官吳錫，收繫之獄。

户部侍郎向子諲力言於庶，謂錫可用。庶奏釋之，使統兵，屯淮西。丙寅，庶辭，上因論：「王伯之道不可兼行，當以三王爲法。今之諸將，不能恢復疆宇〔一〕，他日朕須親行，不殺一人，庶幾天下定矣。」

秘書少監尹焞於經筵，留身乞致仕甚力，上許除内祠。癸酉，上語宰執曰：「焞云士大夫不知進退，安用所學？」劉大中曰：「焞學有淵源，且老成。若得之，亦是朝廷氣象。」趙鼎退至閤子，誦杜甫詩「文物多師古，朝廷半老儒」之句。秦檜曰：「老成人重於典刑。」劉大中曰：「蔡京惟用少年，所以誤國，可爲戒也。」

户部侍郎李彌遜言：「祖宗之法，有可行於今者，發運一司是也。大概權六路豐兇，以行平糴之政。然今比昔少異，當師其意，損益行之。臣謂宜復此司，别給糴本數百萬緡，俾廣儲以待恢復之用，數年必見其效。」丁丑，詔從之。

王庶奏辟屬官。戊寅，上謂宰執曰：「昨王庶辭，朕諭之云：『張浚待諸將，以狎昵取侮，吕祉以傲肆取敗，皆可爲戒。』」劉大中曰：「庶到堂，亦誦陛下之言，深佩聖訓。」

初，胡寅自中書舍人出知嚴州，其父徽猷閣待制安國以書訓之曰：「汝在桐江一年矣。大凡從官當郡，經年未遷，即有怠意。汝今宜作三年計。日勤一日，思遠大之業。若有遷擢，自是朝廷，非我所覬也。」既而移守永州，未上。至是，召寅，除禮部侍郎，尋以憂去。

朱勝非閑居録曰：胡寅者，凶悖躁進之士也。趙鼎薦之詞掖，朝士皆畏之。以行詞乖謬，衆論不容。乃稱父安國老疾，遠在湖湘，乞歸省。至是，差知永州。寅攜妾居婺女，久之不去。有朝士范伯奮亦寓婺，貽書責之。寅以妾就蓐爲辭〔二〕。伯奮復曰：「妾産與父病孰重〔三〕？」寅訴於鼎，改知嚴州。鼎旋罷〔四〕。累月相復，欲召寅，議者以不省父止之，復除永守。星夜南奔，未及到家，召命已下。比見其父，疾困不能言，寅留數日，將行告之，安國攬衣垂涕而已。寅至行朝，除禮部侍郎，又兼經筵，又直學士院，尚未踰月，安國兇問已至。寅匿之，詐爲父書與交黨翰林學士朱震，言「久疾垂死〔五〕，寅欲免召命，以時事尚艱難，遣之使行」，欲蓋而彰，聞者駭歎。度其死時，寅尚猶在路耳。

五月戊子，監察御史張戒對，因言諸將權太重。上曰：「若言跋扈則無迹。兵雖多，然聚則强，分則弱，雖欲分未可也。」戒曰：「去歲罷劉光世〔六〕，致淮西之變。今雖有善爲計者，陛下必不信，然須要有術。」上曰：「朕今有術〔七〕，惟撫循偏俾耳。」戒曰：「陛下得之矣。得偏俾心，則大將之勢分。」上曰：「一二年間自可了。」戒曰：「陛下既留意，臣言贅矣。」

張戒默記曰：初，淮西之變，時秘書省在臨安。一日校書郎范如圭謂戒曰：「諸大將不可制耶？」戒曰：「此自張丞相之失。且劉光世一軍，偏俾無慮十數，不知此曹，果欲大將壓己否？若使各得自達，豈復思光世？」如圭曰善。是秋〔八〕，戒新除福建提舉官，待次嚴陵。待制官常同因過戒，問曰〔九〕：「諸將權太重，張丞相既失，今當何以處之？」戒曰：「兹甚不難，但當擢偏俾耳。」吴玠既失〔一〇〕，而曲端受死。楊沂中建節，而張俊勢分，自然之理也。」同大喜曰：「此論可行。」既而同被召，首薦戒焉。

戒又曰：「國家機事，小臣不敢知。然備員御史，義當憂國。王倫使事如何？」上曰：「去歲上皇訃至，朕若不遣使，天下謂朕何？因令倫與虜酋四太子言：『河南之地，大國既不有，與其付劉豫，曷若見歸？』既而虜人廢豫，遣人賫四太子者書來，言當歸河南及梓宮、淵聖、太后。四太子者，乃朕使虜時素所識也。」戒曰：「中原萬里之地，虜竭兵力十年取之，一日無故復還，此非堯、舜不能，載籍亦無此事。陛下謂虜棄中原何意？」上曰：「不能守。」戒曰：「虜據中原久矣，山東、陝西皆傳檄聽命。以臣觀之，虜蓋能守。」上曰：「和議成否，姑置勿論，當嚴設備爾。」戒曰：「去歲淮西之變，失精甲四萬，張浚用呂祉，誤國至此。但祉欲得簽樞耳，然亦緣將相不和。頃者國威稍振，外却金虜，內平湖寇，乃趙鼎、張浚協和之時。」上曰：「時鼎與浚協和如兄弟。」戒曰：「去歲若非浚逐鼎，則鼎未去，必不令浚遽罷劉光世而用祉也。光世雖號爲怯，然累世將家，豈祉書生可比？」上曰：「浚但惡光世湛於酒色。」戒曰：「此亦將之常也。」

初，徽猷閣直學士王倫奉使金國，見左副元帥撻辣，撻辣乃命迓使偕倫至北地〔一一〕，見虜主亶。倫首謝廢豫，方致上旨，虜主始密與羣臣定議許和。至是，遣倫與副使高公繪等還。又遣福州觀察使、太原少尹烏陵思謀、太常少卿石慶元與倫等偕來。思謀者，乃金人始與吾通好海上所遣之人，今再來，示有復和之意〔一二〕。丁未，詔吏部郎官范同、帶御器械劉光遠接伴之。同，江寧人。光遠，光世弟也。

樞密副使王庶措置江、淮，遂移張俊下張宗顏將七千人軍淮西，巨師古將三千人屯太平州。

張戒默記曰：戊午夏，王庶視師淮上，移偏帥張宗顏守廬州，乃分兵之漸。宣撫使張俊深不悦。大理寺丞劉時者，秦人，庶辟以行。俊飲之醉，曰：「鄉人能爲我言於子尚否？易置偏裨，似未宜遽，先處已可也。不知身在朝廷之上得幾日，其已安乎？」庶聞之，復曰：「爲我言於張七，不論安與未安，但一日行一日事耳。」庶雖不折，竟如俊之言。

分韓世忠二軍屯天長、泗州，使緩急互爲聲援。以劉錡軍鎮江，爲江左根本。至是，庶條上江、淮事，上曰：「淮南利源甚博，平時一路上供内藏紬絹九十餘萬，其他可知。」參知政事劉大中曰：「淮南桑麻之富，不減京東，而魚鹽之利〔一三〕，他處莫比。」上曰：「以此淮甸不可不葺也。」

時虜使入界，上謂宰執曰：「館待之禮宜稍厚。若早遂休兵，免令赤子肝腦塗地，此朕之本意也。」趙鼎曰：「用兵所費，比之館待，殊不侔矣。」上曰：「若無軍旅之事，使朕專意保民，十數年間，豈不見效？」鼎同秦檜曰：「陛下此言，神明感格，必有平定之期矣。」

詔徽猷閣直學士王倫就爲館伴使。倫辭，乃以命太常少卿吴表臣〔一四〕，而令倫往來就館議事。倫奏虜使烏陵思謀元在海上結約，與馬擴相熟，乞召擴赴行在。擴時知鼎州，乃趣召之。

中丞常同論新知蘄州錢觀復除郎不當。上曰：「郎官輕以予人，雖蔡京、王黼不至是也。」趙鼎因造膝具言觀復無過，且求去。上曰：「卿不須爾。言官易得，宰相難求。」時同之眷已衰矣。

六月乙卯朔〔一五〕，以刑部尚書胡交修爲寶文閣學士、知信州。

試博學宏詞科，選人玉山詹叔義〔一六〕、金華陳巖肖、麗水王大方中選，詔叔義、大方并與堂除，巖肖賜出身。

先是，故知閤門事潘永思家以財興訟，御史臺牒送大理寺，既而有旨放出。於是中丞常同言：「事干内侍梁珂〔一七〕，乞仍付寺結案。」上即依同奏。趙鼎曰：「臨安府自不相妨。」劉大中曰：「陛下初不欲繫無辜，今因臺臣所論而從其請，仰見陛下未嘗容心。」上曰：「朕亦何心？」丁巳〔一八〕，臨安府勘到永思幹人郭壽之用過錢三千緡，餘七人各認一二千緡。上曰：「既無文約，必是壽之妄攤。可除壽之外，餘并免。」於是鼎以下退而贊上之明。上曰〔一九〕：「此一事勝疏決多矣〔二〇〕。」蓋時盛暑，方涓日疏決，故鼎有是言也。

重修哲宗實録書成，癸亥，監修國史趙鼎上之。既而，鼎因辭免轉官，奏曰：「昨日伏讀詔語，載修書本末甚明。」上曰：「乃朕批與曾開，令具述宣仁保祐之功，蓋欲士大夫知朕修史本意也。」

先是，故相曾布之孫亭上布所著三朝正論〔二一〕，有旨亭增秩賜金。言者謂：「布爲王安石腹心，而朝廷頒其書，號曰『正論』，臣竊惑焉。願明諭史官，筆削之際，無惑其說。」乙丑，詔付史館。

吴國長公主入見，留宫中三日，仍爲駙馬都尉潘正夫求恩數。上語之曰：「官爵豈可私與人？須與大臣商量。況今日多事，未暇及此。」時當極暑，上每正衣冠，伴之飲食。蓋主乃哲宗之女，上之姊也。丙寅，上語宰執，趙鼎曰：「陛下行家人禮，雖盛暑不廢。至於官爵，則不以私予，此帝王之公也。」

知舉〔二二〕、翰林學士朱震，上合格進士黄公度等。上以亮陰，依祖宗故事，更不臨軒策試。壬申，乃御射殿引見，參以四川類試人，遂賜公度以下二百九十五人及第出身。震出院而病，同知舉給事中張致遠、起居舍人勾龍如淵入對，上問考試事，如淵曰：「大抵所取皆當，惟第二人陳俊卿賦，自落卷中得之。」上曰：「何故如此相遠？」如淵曰：「以其辭工而晦，細閲方見工處。」上然之。公度、俊卿，皆莆田人也。

癸酉，樞密院編諸班直諸軍及親從親事官轉員格成。

接伴官范同申虜使已到常州。上謂宰執曰：「昨日王倫對，云虜使烏陵思謀説，國書中須是再三言武元帝與上通好事，庶得國中感動。朕因記當時如粘罕輩，不肯交燕、雲，皆欲用兵。惟阿骨打以謂：『我與大宋海上信誓已定，不可失約，待我死後由汝輩。』卒如約。阿骨打乃所謂武元者也。以此知創業之人，設心積慮，必有過人者。」丁丑，思陵等見，執禮甚恭，且欲以客禮到都堂見宰執。趙鼎抑之，如見從官之禮。

先是，上因事撫循，莫不中節，遠人歸心焉。於是，留月餘乃去。

戊寅，上愀然謂宰執曰：「先帝梓宫果有還期，雖待二三年尚庶幾。惟是太后春秋已高，朕早夜思深，欲早相見，所以不憚屈己，冀和議之成者，爲此也。」秦檜曰〔二三〕：「陛下不憚屈己，講和夷狄，此人君之孝也。羣臣見人主卑屈，懷不平之心，此人臣之忠也。君臣用心，兩得之矣。」上曰：「雖然，有備無患。縱使和議已成，亦不可弛兵備。」趙鼎曰：「假使虜人與我河南地，亦須嚴備江南。」劉大中曰：「和與戰守自不相妨。若專事和而忘戰守，則墮虜計中矣。」

趙鼎事實曰：初，行朝聞烏陵思謀之來，物議大詾。羣臣登對，率以不可深信爲言。上意堅甚，往往峻拒之，或至震怒。鼎因請間，密啓上曰：「陛下與金人有不共戴天之讎，今乃屈體請和，誠非美事。然陛下不憚爲之者，凡以爲梓宫及母兄耳。羣臣憤懣之辭，出於愛君，非有他意，不必以爲深罪。陛下宜好謂之曰：『講和誠非美事，以梓宫及母兄之故，不得以爲之。議者不過以狼子野心，不可深信，但得梓宫及母兄今日還闕，明日渝盟，吾所得多矣。此意不在講和也。』羣臣以陛下孝誠如此，必能相亮。」上以爲然，羣議遂息。

翰林學士朱震卒。戊寅，上曰：「楊時既物故，胡安國與震又亡，同學之人，今無存者，朕痛惜之。」趙鼎曰：「尹焞可繼震。」上曰：「震亦嘗薦焞代資善之職〔二四〕，但焞微聵，恐教兒童費力。俟國公稍長則用之。」

朱勝非閑居録曰：先是，户部尚書章誼、禮部尚書劉大中、翰林學士朱震皆可遷執政。宰相趙鼎知新除建康留守吕頤浩必不赴，乃請以誼權守建康。洎頤浩改命，誼遂即真。悒悒得疾，兩月卒。會當省試，鼎引故事，以震知舉。既鎖院，大中遂作參知政事。震聞之即病，謁告出院，不復供內職，累章求去，詆誚鼎與大中。初章求外祠，次章復求行在宮祠，顛錯可駭。先是，鼎初相，以其姻家范沖與震同兼資善堂，爲鼎交結近閹〔二五〕。鼎罷，沖亦去，震如故。及其復相，震自以爲於鼎有功，意圖執政。至是，大失望，怨鼎刻骨，月餘疾危，猶作詩詆鼎，遣人傳示〔二六〕，遂不起。一執政死二從臣，可歎也。

癸未，户部侍郎向子諲奏事稍久，而吏部侍郎晏亨復待對未得，中書舍人潘良貴權侍立殿上，因奏子諲無益之言，久勤聖聽，揖退之。甲申，子諲乞致仕，良貴且得罪。中丞常同奏良貴疾子諲曼詞，衆以爲直，不可罪之，願許子諲之補外。上詰同曰：「子諲之貳版曹，乃卿所薦。今良貴犯分沽激，復上章稱述，何也？」乃除子諲徽猷閣直學士、知平江府，良貴以集英殿修撰，奉祠而去。

朱勝非閑居録曰：向子諲進不以道，交結北司，頗事貢獻。是日，對甚久，論説珍玩之物，云云不已，軒陛侍衛皆聞之。潘良貴不能平，徑至榻前奏言：「子諲無益之言，不宜久勤聖聽。」因厲聲叱子諲退，子諲駭愕而下。於是良貴罷與外祠，子諲出知平江。中丞常同論奏，以謂良貴忠直不應出。前此同嘗於上前薦子諲，蓋觀望北司也。至是，上責其反覆。噫，從官方奏對，柱史遽造前叱下，古未聞也。叱者固非，而被叱者其人可知矣。

初，四川制置使席益奏以湖南等處諸軍屯於成都。至是，校書郎孫道夫白於宰執，謂漢、唐以來，據蜀如公孫述與孟知祥輩，皆非蜀人。成都無警，益乃移軍屯之，昨幾有竊發之變，願還之舊處，以減糧餉。又比年使蜀，冠蓋相望。如劉子羽方出，而范直方又行。在往來之費，公私騷然，未聞有能宣德意者，願且止之，以息浮費。又四川元無都漕，自宣撫司以隨軍漕兼總領四川財賦，俾措置茶鹽酒息，通融贍軍。今之都轉運司，但四分歲數，以付四路，趣辦而已。願罷之以寬民力。或以其言爲中時病。

夏，金虜虜元帥府下令諸欠公私債無可還者，没身及家屬爲奴婢以償之。

校勘記

〔一〕不能恢復疆宇　「疆」，原作「强」，據四庫本中興小紀卷二四、建炎以來繫年要録卷一一九改。

〔二〕寅以妾就葶爲辭　「葶」，原作「奪」，據四庫本中興小紀卷二四改。

〔三〕妾産與父病孰重　「妾」，原作「妄」，據四庫本中興小紀卷二四改。

〔四〕鼎旋罷　罷，原闕，據四庫本中興小紀卷二四補。

〔五〕翰林學士朱震言久疾垂死　「學」，原作「院」，「久」，原作「又」，據四庫本中興小紀卷二四改。

〔六〕去歲罷劉光世　「罷」，原闕，據四庫本中興小紀卷二四補。

〔七〕朕今有術　「今」，原作「上」，據四庫本中興小紀卷二四改。

〔八〕善是秋　原闕，據四庫本中興小紀卷二四補。

〔九〕過戒問曰　原闕，據四庫本中興小紀卷二四補。

〔一〇〕「既失」，疑作「既先」。然四庫本中興小紀卷二四及建炎以來繫年要録卷一一八均同原本。

〔一一〕撻辣乃命迓使偕倫至北地　「北」，原作「坃」，未知何義。據四庫本中興小紀卷二四改。建炎以來繫年要録卷一一九亦同小紀。

〔一二〕示有復和之意　「示」，原作「未」，據四庫本中興小紀卷二四改。

〔一三〕而魚鹽之利　「魚」，原作「于」，據四庫本中興小紀卷二四改。

〔一四〕乃以命太常少卿吴表臣　「少」，原闕，四庫本中興小紀卷二四及建炎以來繫年要録卷一〇九補。

〔一五〕六月乙卯朔　「乙」，原誤作「己」，據四庫本中興小紀卷二四改。

〔一六〕詹叔義　「義」，原作「羲」，據四庫本中興小紀卷二四改。下同。

〔一七〕事干内侍梁珂　「干」，原作「于」，據四庫本中興小紀卷二四改。

〔一八〕朕亦何心丁巳　原闕，據四庫本中興小紀卷二四改。

〔一九〕於是鼎以下退而贊上之明上曰　「贊上之明上」，原僅作「譚」，餘闕。所闕改處皆據四庫本中興小紀卷二四補改。

〔二〇〕此一事勝疏決多矣　「勝」，四庫本中興小紀卷二四改作朕，建炎以來繫年要録卷一一九同原本。

〔二一〕故相曾布之孫亨上布所著三朝正論　「亨」，據建炎以來繫年要録卷一二〇，曾亨應即曾惇，以避光宗諱改。

〔二二〕知舉　「舉」，原作「學」，據四庫本中興小紀卷二四改。

〔二三〕秦檜曰　「曰」，原作「也」，據四庫本中興小紀卷二四改。

〔二四〕上曰震　原闕，據四庫本中興小紀卷二四補。

〔二五〕爲鼎交結近閹　「交」，原作「求」，據四庫本中興小紀卷二四改。

〔二六〕遣人傳示　「示」，原作「亦」，據四庫本中興小紀卷二四改。

宋朝中興紀事本末卷四五

起紹興八年七月盡九月

秋七月己丑，以御史中丞常同爲顯謨閣直學士、知湖州。

先是，左僕射趙鼎奏：「向子諲無罪當留，同與潘良貴誠有罪，不宜因子諲之故顯黜之，俟少定，令外補。不惟爲同、良貴，亦所以爲子諲。蓋外議猶以子諲久對爲非，而良貴實出於愛君也。」三人既出，給事中張致遠謂不應以一向子諲出二佳士。上怒作色，顧鼎曰：「固知致遠必繳。」凡再言之。鼎曰：「陛下何以知之？」上曰：「與諸人善。」

趙鼎事實曰：時蓋有先入之言，上聞鼎奏，由是不樂。後數日，右丞相秦檜留身，奏事甚久，既退，鼎叩之曰：「上無以前日言有語否？」檜曰：「上無他，但患相公不樂耳。」鼎乃信而不疑。

戊戌，以徽猷閣直學士王倫充奉迎梓宮使，知閤門事藍公佐副之。

趙鼎事實曰：王倫報聘，稟所授使指二十餘事。一議和後禮數，鼎答以「上登極既久，四見上帝，君臣之分已定，不可更議禮數」。一割地遠近，鼎答以「大河爲界，乃淵聖舊約，非出今日。宜以舊河爲大河，若近者新河即清河，非大河也。二事最切，或不從，即此議當絶」。倫受之而去。

庚子，中書舍人勾龍如淵陛對，上曰：「朕本欲卿直學士院，而趙鼎薦呂本中，他日本中罷，則命卿矣。」

勾龍如淵退朝録曰：如淵是日奏事，上曰：「卿與樓炤皆朕親擢，中書事有當論即奏來。如張致遠、吕本中皆作附離計者，人雖不由宰相進，致遠亦太甚。」上久之曰：「李授之進易解，朝廷議與一職名，吕本中毅然欲繳〔一〕，既而知授之乃趙鼎爲諸生時教授也，遂已，殊可怪。」上又曰：「近日常同、潘良貴事如何？」如淵曰：「良貴不爲無失，然素忠直，望陛下優容之。」上色不平。如淵曰：「天下事未有不起於微者。比因此三人之出，朝臣中有不能安者，臣恐朋黨之議由此起。」上曰：「朋黨之説，果已有之，數日前趙鼎言，聞朕要用周秘爲中丞，公輔爲諫議，朕何嘗有此意？」如淵曰：「聞李誼亦嘗有章劾良貴，今陛下擢誼爲諫議，臣乃知陛下罪同者，在其論事前後相戾，而不在良貴也。」上唯唯。

辛亥，宰執奏淮西張宗顔乞遣統制官吴錫軍馬回，别請濟師。上曰：「吴錫有膽勇心計，然不可獨用，可趣歸，令楊沂中别發一軍。」趙鼎曰：「沂中已嘗有請。」蓋上知人，能駕馭者，皆出於談笑之間，所謂善將將也。於是，樞密院令殿前司追回錫，仍依其數撥一軍往廬州，權隸於宗顔，俟防秋過取旨。

舊制，三衙管軍，未嘗内宿。上駐蹕揚州，始日輪一員，内宿彈壓。至是，殿帥楊沂中已免宿直，又缺馬帥，惟權步帥解潛一員與兩司使臣互輪。潛奏：「今來無事，乞依東京舊例〔二〕。」乃詔潛權免，只分輪使臣。於是，右諫議大夫李誼言：「按魏置中衛將軍，晉武分爲左右衛，宋、齊謂之二衛，各領營兵，每暮一人宿直。又唐右衛大將軍李大亮身兼三職，宿衛兩宮。每番直，嘗假寐，太宗勞曰：『公在，我得酣寢。』則三衛宿直尚矣。太平無事，不以三衛宿直可也。今萬騎時巡，宫闕非曩之壯大，禁衛則非曩之衆多，内外之患，可備非一。而管軍夜居於外，是潛等之寢則安，爲宗社之慮則未也。望令沂中與潛依舊輪宿，上嚴宸極。」從之。既，遂以龍神衛四廂都指揮使韓世良權馬帥。

時有御批：「宗子、防禦使璩建節封國公〔三〕，入資善聽讀。」

方疇稽山語録曰：時左相趙鼎語右相秦檜云：「公嘗説，鼎丙辰罷相之後，議論鼎者，專以資善堂藉口。鼎今日當避嫌，公專面納此御筆，如何？」檜曰：「公爲首相，檜豈敢專？公欲納之，檜當同敷奏也。」鼎約檜與劉大中各將札子至，惟檜無之。

鼎遽參酌只作一札子。明日，鼎又語檜：「同進呈尤好。」檜復曰：「公爲首相，檜不敢專。」明日進呈，鼎奏曰：「祖宗受天命，當傳萬世。陛下仁孝，子孫千億，未可謂無也。但宗子某已封建國，只是小國。今某封國公，却是全吳。臣欲且與建節，或封一等小國。」上曰：「都是小孩兒，且與放行。」鼎執奏再三，且曰：「兄弟之序不可亂。」上意難之〔四〕，遂留御筆曰：「待三五個月别商量。」既下殿，樞密王庶，西人氣直，語鼎曰：「公錯了也。」檜曰：「檜明日留身敷奏。」明日檜留身，又明日鼎留身，奏曰：「昨所納御筆，不知檜與大中有何奏？」上曰：「大中之説與卿一耳。」

八月戊午，詔疆埸之臣，無弛邊備。

庚申，以利州觀察使馬擴爲沿海制置副使，鎮江府置司。

先是，朝請大夫吳説嘗與苗傅款密，言者屢劾之，十年不調。辛酉，上語宰執曰：「説累赦不得自新，非朕用人之意。可諭言官，負釁之人已行遣者勿再論。」於是，趙鼎等仰服：「主上洪度兼容，所謂國君含垢，此其至也。」

甲子，宰執奏馬擴將到奉使録，記海上之盟約金人夾攻事。上以爲：「夷狄之與中國，如陰陽消長，豈能偏廢？若可剿除，漢、唐之君，行之久矣。」趙鼎等三復上語，謂：「此豈特中國之幸，亦夷狄之幸也。」

辛巳，宰執請禁塗金鋪翠之事。上曰：「宫中禁之甚急，民俗久當自化，不必過爲刑禁也。」

初，著作佐郎李彌正、高閌皆除郎官，而著作郎何掄、張嵲尚未遷，樞密副使王庶疑之，以問趙鼎。曰：「少需，處之要職。」至是，以掄爲秘書少監。殿中侍御史張戒言：「掄者，張浚入蜀，掄爲之鷹犬。去歲浚獨相，自以黄潛善乃王黼之黨，每持邪説，以司馬光爲非，以王安石爲是。至再修神宗實録，掄攘臂其間，略無所忌。浚敗，乃焚毁簽貼。國家大典，豈宜屢易，以徇權臣之私意？」詔以掄知邛州。嵲不自安，亦求去，遂除福建轉運判官。

徽宗既祔廟禮畢，是月，始詔修徽宗實録，以左僕射趙鼎兼提舉。鼎奏曰：「先帝以仁厚之德，涵養天下幾三十年。其間法令有未盡善者〔五〕，皆出於羣臣貪功冒賞之私，而有司壅於上聞，非先帝本意。劉大中宣和初知如皋，時有旨，即隱者徐神翁所居建爲觀，而基包士民墓甚衆。大中顧有司不能決，乃具圖申省，且束裝待罪。洎取旨，先帝愕然曰：『豈可發民墳墓？』即詔移之別地。則知當時有不便於民者，使先帝悉知，未有不改之者。此羣臣之罪，而蔡京爲之首也。」上深然之，以至泣下。鼎又曰：「崇、觀之失〔六〕，不歸之蔡京，使何人任責？今士大夫力主京者，皆厚私恩而薄祖宗之人也〔七〕，願陛下深察之。」

時臨安府任同京邑，而守臣集英殿修撰張澂有治劇之才〔八〕，甚得時譽。是月，除徽猷閣待制。

詔復置江淮荆浙閩廣經制發運使，以徽猷閣待制程邁爲之。邁陛辭，言：「唐劉晏爲九使，財賦悉歸於一。國朝始分爲二，而三司使居中，發運使居外，相爲表裏。今租庸分於轉運司，常平分於提舉司，鹽鐵分於茶鹽司，鼓鑄則有坑冶司，平準則有市易司，總之以户部，而發運使徒有其名，臣恐未及施爲而議論蜂起，上溷聖聽。」上乃督邁，使亟行，且喻以置場和糴，毋甚賤傷農。邁曰：「臣敢不遵聖意？」

九月丁亥，侍御史蕭振言：「近除發運使，令糴米以待闕用，其償雖隨時低昂，常使官價高於民間，仍不加耗，及即時支錢，則有以助國寬民。」詔從之。既而右諫議大夫李誼言：「祖宗時，發運所領，乃轉輸東南之粟以實中都〔九〕。又制茶鹽香礬百貨之利，今皆所不及。惟是給以本錢，使之糴買。然復興一司，豈專爲此哉？如營田經理之制，市易懋遷之法，又州縣錢物之陷無所拘，賦斂之横無所考，監司廢格，詔條漫不加省，宜有稽察。臣願俾總六路而調其盈虚，内與户部相爲表裏，則劉晏之策可展，而不爲虚文。不然，則糴買一事，自可責之諸路漕臣，何必創此司哉？望下臣之説於三省，講而行之。」

蕭振又言：「古之賢將，皆協力以成功。今陛下舉付之諸將，使分屯近甸。此係社稷之安危，攻之與守，全在諸將協力。昔何充所謂得賢則中原可定，勢弱則社稷同憂。蓋事同者忌功，功同者忌賞，自古有之。望明詔諸將，俾首尾相應，唇齒相依，庶幾人人協謀，大功克舉也。」

振一日奏事，上因語臣下之姦者，且曰：「朕初不欲以語卿，恐人謂朕令卿言也。」振曰：「臣與陛下所共者，理耳。理之所在，臣安敢自默？」

殿中侍御史張戒言：「給事中勾濤陰附張浚，四川監司守倅多出其門。及浚敗事，又顯立同異，反覆無耻。如何掄不端，宰執畏與言，初不敢擬，而濤攘臂自任，欲引躋禁從。若不逐去，則濤之植黨，不特一掄而已。」乃罷濤爲徽猷閣待制、知池州。濤，廣都人也。濤辭，奏曰：「戒擊臣，趙鼎意也。」因力詆鼎結臺諫與諸將，上頗以爲然。

時新除沿邊守臣王默等。辛丑，上諭宰執曰：「邊壘内則綏撫，外則斥堠，二事大，未易得人，宜精擇之。」

乙巳，上諭宰執曰：「近張戒有疏，邊使當以和爲表，以備爲裏，以戰爲不得已，此極致之論也。」王庶與趙鼎等皆以爲然，曰：「當力守此議。」

戊申，宰執言，自時多艱難，朝廷思屈羣策以濟庶務，緣此法度多有改易。上因曰：「經久之制不可輕議，古者利不百不變法。卿等宜以蕭規曹隨爲心，何憂不治？」

金虜遣左監軍撒離曷自雲中馳之陝右，見左都監拔束，議割地事，路由同州。先是，青澗李世輔陷僞境，時爲同州守。世輔怒撒離曷無禮，因殺其從者百人，將擒以歸本朝。

會虜騎追逼，世輔折箭爲誓，縱之去。於是，世輔不克南歸，奔入夏國。

初，召秦檜之來，道由婺州。時左朝散郎王次翁致仕居於婺，與檜遇。既而中書舍人樓炤爲檜言次翁貧甚。因曰：「呂頤浩，次翁郡人也。頤浩再相，而次翁困一至此〔一〇〕。」檜笑曰：「非其類也。」遂落次翁致仕，以兵部郎官召之。是月，移爲吏部郎官。

是秋，金虜括京畿及陝西錢穀，皆轉移北去。蓋有割地以歸本朝之意也。

校勘記

〔一〕呂本中毅然欲繳　「欲」，原闕，據建炎以來繫年要録卷一二一改。

〔二〕乞依東京舊例　「舊」，原作「入」，據四庫本中興小紀卷二五改。

〔三〕宗子防禦使璩建節封國公　「建節封」，原作「進鄭」，據四庫本中興小紀卷二五改。按：據建炎以來繫年要録卷一二七，璩所進封爲崇國公。

〔四〕上意難之　「難」，原作「雖」，據四庫本中興小紀卷二五改。

〔五〕其間法令有未盡善者　「法」，原作「仌」，據四庫本中興小紀卷二五改。

〔六〕崇觀之失　「失」，原闕，據四庫本中興小紀卷二五補。

〔七〕皆厚私恩而薄祖宗之人也　「人」，原作「仁」，據四庫本中興小紀卷二五改。

〔八〕而守臣集英殿修撰張澂有治劇之才　「守臣」，原闕，據四庫本中興小紀卷二五補。

〔九〕轉輸東南之粟以實中都　「南」，原作「西」，據四庫本中興小紀卷二五改。

〔一〇〕次翁困一至此　「困」，原作「因」，據四庫本中興小紀卷二五改。

宋朝中興紀事本末卷四六

起紹興八年十月盡十二月

冬十月，重修禄秩敕令書成〔一〕。丙辰，右僕射秦檜上之。

侍御史蕭振論：「參知政事劉大中，與父不睦，何以事君？望正典刑，以厚風俗。」大中亦累章乞罷。丁巳，以爲資政殿學士、知處州。振再論，遂改提舉洞霄宫。

朱勝非閑居録曰：劉大中素不養父，未嘗同居。與父久别，或責其不省，勉强一詣，見於門首，再拜，立談頃刻而退。大中爲趙鼎黨魁，驟遷禮部尚書，鼎許以參政。父居處州，家信至，報其父病不知人，已具棺殮。大中匿其書，趣鼎立薦，果參大政。已而，父稍間〔二〕，亦不問也。其子不平，操刀逐大中，欲弑之，衆救獲免。事頗喧，以此罷政〔三〕，天下聞而惡之。

趙鼎事實曰：初，監察御史蕭振力求外補，且託其鄉人吴表臣、薛徽言爲請甚切。鼎從之，遂除郡而去。及秦檜拜相，一召即來。始振以親年七十求去，至是，不復以親爲辭。尋除南床〔四〕，是必有薦爲鷹犬者也。未踰月，論劉大中，至三章不已。鼎謂：「意不在大中，行且及臣矣。」

方疇稽山語録曰〔五〕：時召蕭振入臺。振，秦檜死黨也，首攻劉大中。大中既去，趙鼎亦丐去。正人端士，掃地盡矣。論者云：秦檜竊柄十有八年〔六〕，毒流天下，皆自振發之，故目振曰老蕭云。

蕭振言：「經制司糴米，而發運使程邁一例抛與諸州，則諸州不免抛下諸縣，科之百姓，即非創司寬民之本意，宜令官自置糴場。」丁卯，詔從之。

時江西多盜賊，上諭宰執，以謂：「在朝廷可治者三：一，擇帥憲以厭服其心。二，任守令以勸課其業。三，蠲科役以優給其力。如此而不悛，尚或爲盜，朕未之聞也。」於是，右諫議大夫李誼言：「漢光武時，盜賊羣起，則謹擇人才，以臨千里。如潁川，則七年以寇恂爲守，九年以郭伋爲守，故卒能掃清，以知其所本故也。今盜賊之處，在江西則虔、吉、筠、撫、南安，在廣東則潮、梅、循、惠、南雄，在閩則汀，在湖則郴。此數郡之守，未有能設方略息盜賊以安民者〔七〕。迂儒不才〔八〕，往往皆是。願詔三省科條其人，如不任職，即選强明之吏以代之，庶以分陛下南顧之憂焉。」

左僕射趙鼎引疾乞罷。先是，侍御史蕭振已擊劉大中出之。振言：「某只論劉參政，如趙丞相不必論。」蓋欲其自爲去就也。

方疇稽山語録曰：時傳語紛紛，今日曰趙丞相乞去矣，明日曰趙丞相般上船矣。蓋秦黨百計摇撼，而鼎初未之覺。疇以札子問鼎曰：「見機而作，大易格言。當斷不斷，古人深戒，願公早圖之。」鼎遂乞去。

甲戌，趙鼎除少傅、奉國軍節度使，知紹興府〔九〕。

趙鼎事實曰：先是，八月，御批防禦使璩建節除國公。執政聚議之，王庶大叫曰：「匹嫡并后，古以爲戒。此豈可行？」鼎謂秦檜曰：「某前負曖昧之謗，今不敢奏〔一〇〕，須公開陳。」檜曰：「陳去非在政府時，已有此意。但未及行。不知公之意如何？」鼎再叩其可否，而竟無一言，却問鼎意如何。鼎謂已有其一，名雖未正，意亦可知，不當更使一人參之。翌日進呈，檜不復措詞，鼎曰：「今建國在上，兄弟之間恩數宜小異。」又曰：「建國名雖未正，天下之人皆知陛下有子矣。以前後恩數并同皇子。又昨幸平江及謁太廟，兩令建國扈蹕，國人見者咨嗟歎息。此社稷大計，蒼生之福也。至於外間稱呼之語，陛下豈不聞之？臣身爲上相，義當竭忠以報陛下，在今日，禮數却不得不異。蓋所以繫人心，不使之二三而惑也。」後數日，劉大中參式假〔一一〕，亦以此開陳。秦檜亦嘗留身，不知所説何事。後十餘日，鼎請間再言之，退謂檜曰：「朝廷惟患所見不同，所以不能成事。議論既一，雖天意可回。同寅協恭，其效如此，吾輩不可不勉。」初不疑中有異論者。又鼎上章解機務，上曰：「前日所議璩建節事如何？」鼎又如前所陳，是時若能雷同相徇，即留而不去矣。鼎既去，明年正月，遂建榮國公，乃知檜所稟者不然也。

勾龍如淵退朝録曰：如淵以直學士院面得旨，草趙鼎制。因奏：「既罷鼎相〔一二〕，則用人材，振紀綱，必令有以聳動四方，如君子當速召，小人當顯黜。」上曰：「君子謂誰？」曰：「孫近、李光。」上曰：「近必召，如光則趙鼎、劉大中之去，皆薦之。朕若召，則是用此兩人之薦，須朕他日自用之。」如淵曰：「此鼎、大中姦計也。兩人在位時何不薦光？及罷去而後薦之，意謂陛下采公言，必用光，故以市恩耳。」上又曰：「小人謂誰？」曰：「吕本中。」上頷之。如淵因奏：「臣嚮聞陛下言本中與張致遠，蓋專爲附離計者，今觀本中真小人也，致遠似不然。如近日喻樗除著作佐郎，臣親見其與宰相辨久之。樗，鼎腹心也〔一三〕。臣恐陛下過聽，以致遠與本中同科，則實不然，願陛下察之。」

張戒默記曰：趙鼎再相，除喻樗爲著作，給事中張致遠獨袖堂札還之，除著佐，又還之，除正字，復還之，遂已。趙忿曰：「差除簿當送後省耳。」然致遠猶以朋附趙鼎罪去。

趙鼎入辭，從容奏曰：「臣昨罷相半年，蒙恩召還，已見宸衷所嚮，與嚮來稍異。臣今再辭之，後人必有以孝弟之説脅制陛下矣。臣謂凡人中無所主而聽易惑，故進言者得乘其隙而惑之。陛下聖質英邁，洞見天下是非善惡，謂宜議論一定，不復二三。然臣甫去國，已稍更改，如修史本出聖意，非羣臣敢建言。而未幾復修，此爲可惜。臣竊觀陛下未嘗容心，特既命爲相，不復重違其意，故議論取舍之間，有不得已而從者。如此乃宰相政事，非陛下政事也。」上曰：「朕深會此矣。」

趙鼎之去也，樞密副使王庶送鼎登舟，曰：「公欲去，盍早爲庶言〔一四〕？」鼎曰：「去就在樞密，鼎豈敢與？」庶西人氣直，即曰：「庶會此矣。」

召龍圖閣直學士孫近及端明殿學士李光。乙亥，以近爲翰林學士承旨，光爲吏部尚書。既而給事中張致遠以徽猷閣待制出知廣州，中書舍人吕本中奉祠而去。二人皆趙鼎所厚者。二人之去，皆在十一月，今聯書之。

辛巳，宰執奏北使約仲冬至泗州。上曰：「所議殊未可解。但可和則和，否則督諸將爲之備也。」

十一月甲申，以學士承旨孫近爲參知政事〔一五〕。

以龍圖閣直學士汪藻復進宣和以後詔旨，己丑〔一六〕。除藻顯謨閣學士。

有旨，少師劉光世賜第，中書舍人勾龍如淵繳奏。上曰：「今財力困匱，營繕實難。但以光世罷兵柄〔一七〕，奉朝請，恩禮稍加於舊，則諸將知後福之有終，皆效力矣。」於是，宰執秦檜等退而稱上馭將帥，深得漢光武遇功臣之意。

前宰臣趙鼎之求去也，殿中侍御史張戒謂：「大臣進退，國家安危所係，陛下他日必悔，乞留鼎於經筵。」詔戒爲耳目之官，附下罔上，可與外任。

朱勝非閑居録曰：趙鼎復相，植黨益急，凡兇險刻薄之士，無不收用，使造虚譽而排善類，張戒其一也。鼎薦常同爲中司，同即以鼎所喜奏爲臺屬。戒知其決去，即露章請留，以邀後福，其言狂躁愚弄。鼎既罷，猶知泉州，蓋其黨與維持之力也。

甲辰，上謂宰執曰：「近日士大夫好作不靖，胥動浮言，以無爲有。風俗如此，罪在朕躬。卿等大臣，亦與有罪。蓋在上者，未有以表率之故也。」秦檜曰：「風俗如此，臣等實任其責。臣近奏陛下聖德躬行，多士狃於習俗，未能鄉化。他時疆事稍定，當須明政刑，以示勸懲，庶幾丕變。」

樞密副使王庶引疾求去，以爲資政殿學士、知潭州。時侍御史蕭振乞留庶，遂除振工部侍郎兼侍讀。

以中書舍人勾龍如淵爲御史中丞。

勾龍如淵退朝録曰：如淵既除中丞，適召觀文殿學士孟庾爲提舉萬壽觀，如淵奏庾已試無功，難以更加器使。上曰：「朕蓋欲遣庾奉使。」上更厲聲曰：「在朝莫更有小人！」如淵曰：「如趙鼎爲相，隳盡紀綱，乃竊賢相之名而去。王庶在樞府，使盡姦計，乃以和議不合，賣直而去。劉大中以不孝得罪，亦竊朝廷美職，善罷去。」上曰：「卿何不論？」如淵曰：「今士論見孟庾之召，王庶之去，已有一解不如一解之語。願陛下不惜庾一人，以正今日之論。其他一容臣爲陛下別白之。」上色稍解，曰：「且俟商量。」時庾已在國門外五十里，明日有旨，孟庾除知嚴州。

接伴使范同奏金使遣人議過界。上曰：「若使百姓免於兵革之苦，得安其生，朕亦何愛一己之屈？」

勾龍如淵退朝録曰：時金國遣二使攜書來，書中蓋以河南之地盡歸於我者。惟是使人入界，索禮過當，號其書曰詔書，措吾國曰江南，見吾館伴使必欲坐堂中，而坐使人於一隅。所歷州縣，必欲使官吏具禮迎其書，如吾國中迎天子詔書之禮。且言虜書到行在，必欲上再拜親受之。上下洶洶，不知所爲。上親札付館伴范同：「途中稍生事，當議編置。」而朝廷議禮益不決。如淵因奏：「今日和議，實陛下以徽宗、顯肅皇后梓宫與母兄之重在人國中，宸心朝夕不遑寧處，遂遣王倫奉使請和。今日金人既遣報使賫書而來，儻若不受，必至歸曲於我，一日興師，彼别有辭。此和議固不可壞，而禮文之間，動輒過當。若不度利害，勉而從之，則堂堂中國，一旦遂爲虜人屈已。如臣管見，必遣王倫與使人反覆商議，取得虜書，納入禁中，則禮不行而事自定矣。」上曰：「果如此，即無以加，俟試此而付之。」

樞密院編修官廬陵胡銓上書言：「王倫無故誘致虜使，以詔諭江南爲名，是欲臣妾我也。倫論：『我一屈膝，則梓宮可還，太后可復。』嗚呼，自來主和議者，誰不以此説啖陛下〔一八〕？然卒無一驗，則虜情可知矣。嚮者陛下間關海道，危如累卵，尚不忍北面臣虜，今無故而反臣之。百官臣民，皆欲食倫之肉。倫不足道，而秦檜亦爲之。近者曾開引古誼以折檜，檜厲聲曰：『侍郎知故事，檜獨不知耶？』檜畏天下議己，又令侍從臺諫僉議以分謗。孫近傅會檜議，遂得執政。臣謂倫可斬，檜可斬，近亦可斬也。願斬三人頭，竿之藁街，然後羈留虜使，而興師問罪，則三軍之氣不戰而自倍。不然，則臣有蹈東海而死耳。」辛亥，詔銓狂妄上書，意在鼓衆，除名勒停，昭州編管。時銓有孕妾臨月，遂寓湖上僧舍，欲少遲行，而臨安府已差使臣挾錮身來矣。館職范如圭與删定官方疇，同見吏部侍郎晏亨復，爲銓求援。亨復曰：「某嘗言秦檜之姦，諸公不以爲然。今方專國，便敢如此。

趙元鎮雖無狀，不至是也。此人得君，何所不爲？」亨復即往見知府張澄，語之曰：「銓論宰相，天下共知。祖宗朝言事官被謫，開封府必不如是。」澄愧謝，曰：「即追回矣。」

方疇稽山語録曰：其後疇見趙鼎於稽山，誦晏亨復有「趙元鎮無狀」之語，鼎曰：「景初亦出此語乎？」疇曰：「某親聞之。」疇又曰：「亨復久在銓部，有人望，當遷尚書〔一九〕。」而鼎謂亨復嘗抗吕頤浩，被送吏部。鼎執政，召爲都司，除吏部侍郎，但其性介僻不通，故遲之也。

於是，秦檜、孫近上章待罪，詔無罪可待。檜等又奏：「若銓重竄，則臣等有所不安。」遂寢前命，送吏部與廣南監當。

右諫議大夫李誼言：「陛下臨御，於今一紀，所用相凡十人，執政三十三人，然皆不久而去，規模數易。士知其不久，則肆爲同異而亡忌憚。吏知其不久，則專爲苟簡以幸蔽欺。陛下夙夜憂勤，而治不加進，殆必由此。今左相虚位，參政闕員，乃擇賢之時。望考以聖心，參以公論。儻選而得天下之才，則責之專，任之久，可無數易之弊。臣備位言責，不敢復避形迹，惟陛下察焉。」

是月，資政殿學士陳與義卒於湖州。

禮部侍郎張九成求去，面奏曰：「外議以臣爲趙鼎之黨，雖臣亦自疑之。」上問其故，九成曰：「每造鼎，見其議論無滯，不覺坐久。則人言臣爲鼎黨，無足怪也。」於是，九成除秘閣修撰，提舉太平觀而去。

十二月，右僕射秦檜乞差官前路，與金使計議，使名未正〔二〇〕，當以江南爲宋，以詔諭爲國信。至如不受封册，不遣泛使〔二一〕，皆先事預約。戊午，上謂宰執曰：「朕承祖宗二百餘年基業，爲臣民推戴，已踰十年，豈肯受其封册？兼畫疆之後，惟正旦生辰遣使，非時不許往來。」於是，檜等皆仰歎上沈幾遠慮，非羣臣所及。

己未，以吏部尚書李光爲參知政事。秦檜與光本不相知，止以和議初成，將揭榜，欲藉光之名以鎮壓爾。上意初亦不欲用光，以檜謂光有人望，若同押榜，浮議自定，上乃從之。

秦檜言：「趙鼎修哲宗史成，加特進。直學士院呂本中行詞云〔二二〕：『合晉、楚之成，不若尊王而賤霸。』鼎爲首相〔二三〕，於議和未嘗不僉同，今命詞如此，皆鼎風旨，欲伺和議不成，爲脱身之計。」上因諭：「己酉年，虜人南牧，鼎時爲臺臣，尚欲與金人畫江爲界，豈以和議爲非？此事張守備見。」檜曰：「便可録此聖語，付史館。」於是，檜等退而竊歎上明智照臨，洞見臣下反覆之態，豈可欺哉？

中丞勾龍如淵言資政殿學士王庶嘗營救趙鼎，乞罷潭州之命。丙寅，詔庶落職與宮祠。

金國左副元帥撻辣遣其使張通古來朝。己巳入見，通古言先盡還河南地〔二四〕，徐議餘事。

殿中侍御史金華鄭剛中言：「今日之勢，尤急於邊郡。如楚、泗、通、泰、滁、濠、江、鄂，以至荆、襄、關、陝之地，不過二十餘郡，願詔大臣，精選二十餘輩，分而布之，使其招徠牧養。朝廷又時遣使按行，無狀者易之，處處得人，則須以持久，增秩賜金之事可行矣。」庚午，詔從之。

參知政事李光請罷常平主管官。辛未，上謂宰執曰：「常平法本漢耿壽昌，今豈可以王安石而廢之？其提舉官自可復置，庶幾不陷失一司錢穀。」秦檜因奏：「光言諸路月樁錢，漕司不以上供及移用等錢樁辦，又一路諸郡輕重不均，致不免敷之百姓。」上曰：「朕累諭趙鼎，更不肯行。若悉將上供等錢樁辦，自不必科敷。兼江東既闕，劉光世一軍其錢糧亦合通用。」蓋上哀憫元元之意，其切如此。

甲戌，以端明殿學士韓肖胄爲簽書樞密院事。

乙亥，詔肖胄充金國報謝使，以樞密都承旨錢愐副之。

丁丑，詔金國使來，盡割河南、陝西故地與我講和，許還梓宮母兄家族，餘無需索。慮民間不知，令尚書省榜諭。

勾龍如淵退朝録曰：先是，如淵請對，條取虜書之策，曰：「昨日三衙楊沂中、韓世良、解潛來見臣云：『某等昨訪都堂，覆宰執説，問官家受虜書，必欲行屈己之禮。萬一軍民洶洶，即某等彈壓不得，有一札子，今將副本來呈中丞，此亦非某等生事，蓋緣又有大底三箇在外，它日問某事云〔二五〕：爾等爲宿衛之臣，如何却使官家行此禮數？不知使某等如何辭對。』其所説大底三箇，蓋謂韓世忠、張俊、岳飛也。此言雖似挾持，然亦此事涉大利害，誠不可輕議。臣告以：『諸公不須如此，他日只是令王倫取虜書〔二六〕，納入禁中，必不行其他禮數。』三人者以手加額曰：『若得如此，天下萬幸。』臣所見惟是令倫早開諭，使人取得虜書納入，最良策。」自後數日，不知消息，但聞上決欲行屈己之禮，軍民時出不平之語，聞之有可駭者。上自大臣，下至百執事，朝夕惴惴，恐此禮一行，或生意外之變。合城百姓，有終夕不能寐者。而近甸常、潤、會稽之間，民并不安。於是入文字，同諫議大夫李誼請對，又呼臺吏問：「朝廷有大議論，在法許臺諫見宰執商議否？」曰有。取法來，果有之，乃入文字，乞赴都堂與宰執商量取書事。即日有旨，并許之。二十五日丁丑，同誼及鄭剛中赴都堂商量，自宰執皆以取書之策爲然。秦檜曰：「若王倫商量不得，則當如之何？」如淵曰：「正恐王倫未必了得此事，亦當率易入文字，請相公、參政，親見使人與議，庶幾國事早濟。」李光曰：「此固不敢憚，但一到館中，便有許多禮數。」曰：「事固如此，視人主之屈則有間矣。」光默然。因併呼王倫及計議官馮楫來，如淵語倫曰：「公爲使人，通兩國之好，凡事當於虜中反覆論定，安有同虜使到此而後議者？」倫泣且曰：「某涉萬死一生，往來虜中者數回，今日中丞乃責某如此！」宰執因共解之，曰：「中丞之意無他，亦激公，使了取書事耳。」倫曰：「此則某不敢不勉。」然宰執終以虜使不肯爲疑。明日，如淵同誼入對。上曰：「士大夫只是爲身謀，嚮使朕在明州時，朕雖百拜，亦不復問矣。」上辭色皆厲，如淵曰：「今日事，與陛下在明州時不同。」誼曰：「此事莫更須招二三大將來，與之商量，取其穩當乃可。」上不答。久之曰：「王倫却是奉使到此，亦持兩可。秦檜本主此議，今亦來求去。去則不妨，他日金人只來求朕，豈來求秦檜？」二十七日己卯，上詔倫入對，責以取書事。是晚，倫見使人商量，以一二策動之，使人皇恐，遂許〔二七〕。明日，上詔宰執，就館見使人，受虜書納入，人情始安。或曰：時欲行此禮，宰臣秦檜未有以處，因問給事中樓炤，炤舉書諒陰三年不言之句以對，檜悟。於是，上不出，而檜攝冢宰，即館中受書以歸。虜使始知朝廷有人，此事聞之王齊愈。

是月，以起居郎劉一止爲中書舍人兼侍講，太府寺丞莫將賜出身爲起居郎。一止亟言：「將丞九列，驟綴從班，人以爲將上書助和議而得之。臣之誤恩，與將同制。臣若不言，人必謂臣自爲地而不忠，乞併臣罷之。」不報。將，歸安人也。

四川安撫制置使胡世將於成都、潼川、資、普、廣安五處創清酒務，是年收息錢四十五萬餘緡。

先是，右僕射秦檜嘗因語國事，云此事大係安危。禮部侍郎曾開於坐中抗聲曰：「丞相今日不當説安危，止合論存亡爾。」檜矍然，驚其言而罷。是月，開以寶文閣待制出知婺州。此據呂大麟聞見志。

初，吏部郎中黄祖舜以父憂去位。至是，免喪，自憂與時論不合，即丐奉祠，浮湛里中，以著書自娱。家貧屢空，而處之晏如也。

時淮東宣撫使韓世忠伏兵於洪澤，詐令爲寇，俟金國使回則劫之，以壞和議。而世忠將郝卞密以告漕臣胡紡〔二八〕，紡白之奉使、簽書樞密院事韓肖胄，故金國使由淮西以去，世忠不得而劫焉。

金人既割河南之地以歸本朝，遂移行臺尚書省於大名府，仍遣行臺左丞相張孝純赴闕。孝純自慚，乃白右副元帥兀朮，願歸徐州，致仕而卒。時金人以舊嘗臣劉豫者李鄴爲翰林承旨，馮長寧爲户部使。户部在遼陽府，二人受命，皆髡髪，而左其衽以赴焉。

初，北使之來也，校書郎范如圭上書於右僕射秦檜，責以曲學背師，忘讎辱國之罪。且曰：「公不喪心病狂，奈何一旦爲此？不早改圖，必且遺臭萬世矣。」檜怒，至是，如圭輪對言：「兩京版圖既入，則九廟八陵，瞻望咫尺，而朝修之使未遣，何以仰慰神靈，下遂民志？」上凄然曰：「非卿不聞此言。」遂命遣使。檜以其不先白己，益怒。久之，如圭奉祠而去。

校勘記

〔一〕重修禄秩敕令書成　「敕」，原闕，據四庫本中興小紀卷二五補。

〔二〕父稍間　「間」，原作「問」，據文義改。

〔三〕以此罷政　「政」，原作「致」，據四庫本中興小紀卷二五改。

〔四〕尋除南床　「床」，四庫本中興小紀卷二五作「臺」，非是。按：南床，時稱侍御史也。又稱雜端，最爲雄劇。食坐之南，設横榻，謂之南床。蕭振其時即爲侍御史。

〔五〕方疇稽山語録曰　「山」，原作「上」，據四庫本中興小紀卷二五、建炎以來繫年要録卷八九改。下文所引亦作「山」。

〔六〕秦檜竊柄十有八年　「柄」，原作「炳」，據四庫本中興小紀卷二五、宋宰輔編年録卷一五改。

〔七〕之處在江西……息盗賊　以上四十四字，原闕，據建炎以來繫年要録卷一二二補，四庫本無此條。

〔八〕迂儒不才　「迂」，原作「選」，據建炎以來繫年要録卷一二二改。

〔九〕趙鼎除少傅奉國軍節度使知紹興府　「趙鼎」，原闕，據前後文義補。

〔一〇〕今不敢奏　「令」，原作「令」，據四庫本中興小紀卷二五改。

〔一一〕劉大中參式假　「參式假」，「式假」，或作武假，非是。宋史卷一二三禮志三：「今刺史、郎中、將軍以下，遇私忌，請準式假一日。忌前之夕，聽還私第。」

〔一二〕既罷鼎相　「既」下原衍「下既」二字，據文義删。

〔一三〕鼎腹心也　「心」下原衍「十」字，據文義删。

〔一四〕盍早爲庶言　「盍」，原闕，據四庫本中興小紀卷二五補。建炎以來繫年要録卷一二二同原本，無此字。

〔一五〕以學士承旨孫近爲參知政事　原闕，據四庫本中興小紀卷二五補。

〔一六〕己丑　原誤作「乙丑」。按此月癸未朔，己丑爲初七，此月無乙丑，故據改。

〔一七〕光世罷兵柄　「兵」，原作「本」，據四庫本中興小紀卷二五改。

〔一八〕誰不以此説啖陛下　「説」，原闕，據四庫本中興小紀卷二五、胡銓澹庵文集卷二上高宗封事補。

〔一九〕當遷尚書　「當」，原闕，據四庫本中興小紀卷二五補。

〔二〇〕使名未正　「正」，原作「改」，據四庫本中興小紀卷二五改。

〔二一〕不遣泛使　原作「不徒遣使」，據四庫本中興小紀卷二五、建炎以來繫年要録卷一二四改。

〔二二〕直學士院吕本中行詞云　「詞」，原誤作「祠」，據四庫本中興小紀卷二五改。

〔二三〕鼎爲首相　「首」，原作「守」，據四庫本中興小紀卷二五改。

〔二四〕通古言先盡還河南地　「盡」，原作「畫」，據四庫本中興小紀卷二五、建炎以來繫年要録卷一二四改。

〔二五〕它日問某事云　「問」，原作「間」，據文義改。

〔二六〕他日只是令王倫取虜書　「是」，原作「事」，據文義改。

〔二七〕遂許　二字原作「遂請」，據建炎以來繫年要録卷一二四改。

〔二八〕而世忠將郝卞密以告漕臣胡紡　「卞」，原作「下」，據四庫本中興小紀卷二五改。

宋朝中興紀事本末卷四七

起紹興九年正月盡三月

紹興九年歲在己未。

春正月甲申，上諭宰執曰：「朕每有意，候邊事平，與民休息。如月椿錢之類，宜悉蠲之。」

秘書少監、永州居住張浚上言：「今虜中有故，上下分離。故天屬盡歸，河南遂復。我必德其厚賜，將來内變既平，指瑕造隙，肆無厭之欲，發難從之請，其將何辭以對？臣罪戾之餘，深不欲論事。顧利害至重，不敢自默，惟陛下留意〔一〕。」

乙酉，宰執奏赦條事。上曰：「凡臣僚抵罪，大則竄黜，小則停降。雖其才可用，而資實小人，亦不可輕赦而復進。蓋世無用小人之理。或偶因微罪，既沾霈澤，豈可不湔洗收録？若尚以前事論列不已，乃使人才終廢，亦可惜也。」上甄别賢否，愛惜人才如此。

丙戌，大赦天下。

以龍圖閣學士王倫爲端明殿學士、簽書樞密院事，仍賜出身，充奉迎梓宫及交地界使，宣州觀察使藍公佐副之〔二〕。

詔監察御史莆田方庭實宣諭三京。

上謂宰執曰：「祖宗陵寢，久淪異域，今輿地既歸，當遣使前去修奉。」丁亥，乃詔開府儀同三司、判大宗正士㒟、兵部侍郎張燾往河南祗謁陵寢。

癸巳，上謂宰執曰：「今當創宫殿，以俟太后之還。」秦檜等曰：「漢有長樂宫，所以奉母后也。臣聞聖人之德，莫大於孝。自興地將歸，陛下出令，皆以祖宗母兄爲先，有以見聖孝通於神明，宜乎上天悔禍，而强敵之革心也。」

時經制發運使司纔糴米四十萬斛，言者以爲：「舊發運使總六路財賦而餉中都，兵興以來，既無轉輸，但以糴事委之。自朝廷給本錢，無慮五六百萬緡〔三〕。又諸路常平，既使香鹽司兼領，又别差主管官，有司莫知適從，今欲將發運使并常平主管罷之。」丁未，詔去

「發運」二字，命户部長貳一員兼領，仍別差副使或判官一員，不時巡按諸路，其常平官并改充經制某路幹辦官。尋以户部侍郎梁汝嘉兼江淮荆浙閩廣經制使，司農卿霍蠡爲判官。先是鹽法屢變，其課寖虧。自汝嘉貳版曹，課乃復登。

戊戌，名徽宗陵曰永固。

以同簽書樞密院王倫爲東京留守，昭化軍節度使郭仲荀副之。以少師、萬壽觀使劉光世爲陝西宣撫使，移四川制置使胡世將副之，仍加世將寶文閣學士。會光世之弟光遠疏光世之短於言路，於是〔四〕，中丞勾龍如淵言光世不可遣，乃罷其行。

勾龍如淵退朝録曰：時朝廷擇帥，以人材難得，遂搜至於仇悆、陳規輩。如淵退奏曰：「如數故相，論其相業，固有短長，若以一路付之，豈不賢於悆、規輩？」其意蓋欲取綀達如吕頤浩者處之關中〔五〕，靖重如朱勝非處之汴京。而張浚素有威望，宜處之建康。方言及頤浩，上曰：「頤浩若不去，趙鼎河東人，亦可去。」上獨不及張浚。如淵曰：「張浚勳在社稷，陛下亦豈能終忘之？」上曰：「亦須付之一路，特不可去陝西耳。」明日，宰執對，遂以此意宣諭，而朝廷大不悦。後旬日，有旨除劉光世陝西宣撫使。朝廷似欲以此遏吕頤浩之行，而如淵再論光世不可遣，遂罷之。

川陝宣撫使吴玠改爲四川宣撫使。初，玠軍中所用激賞錢，每歲下四川都轉運使應副一百八十萬緡。至是，玠言今不發兵，乞省其半，詔奬之。詔李誼作〔六〕。

上謂宰執曰：「河南新復，宜命守臣專撫遺民，勸課農桑，各因其地以食，因其人以守，不可移東南之財，虚内以事外也。」於是，秦檜等竊歎上規模素定，皆萬世之計，非臣下所能及。既而東京副留守郭仲荀請兵及糧，上曰：「朕今日和議，蓋欲銷兵，使百姓安業。留守司豈用多兵？但三二千人彈壓内寇足矣。錢糧亦只據所入贍之，豈可虚内以事外耶？朕見前朝開邊，如陝西、燕山，曾不得尺帛斗粟，而府庫已竭，此可爲戒矣。」仲荀乞兵糧在二月一日，今聯書之〔七〕。

初，起居舍人薛徽言雅爲前宰臣趙鼎所厚。一日，因右僕射秦檜於上前論和虜事〔八〕，徽言自殿坳直前，引義争，反覆數刻，遂中寒疾，是月卒。

初，宗正少卿范沖、寺丞孫緯等奉詔，修祖宗仙源圖、宗藩慶系録、宗枝屬籍凡三書，以太祖、太宗及秦王各爲一總，號曰總要。又以母氏、始生、宗婦、宗女、宫院、官爵、壽考、賜謚各爲一條，分類書之。復被旨俟二三年復修。去冬本寺已得請，至是，宗正少卿鄭剛中言：「見與寺丞陳確同修，緣三京宗司所報，與舊書有牴牾處，乞許新舊俱存，庶他日可考，仰稱陛下厚本之意。」

二月壬子朔，史館進祖宗實録。上曰：「朕要見景德中與契丹講和後，故事今日可遵行者。朕每於静中留意機務，頗覺有得。」於是，宰執秦檜等退而贊上心虚静，萬幾之暇，留意典籍，每行一事，必以祖宗爲法，規模宏遠矣。

以給事中、權直學士院樓炤爲翰林學士。

上欲用太常少卿邵武謝祖信爲臺官。癸丑，諭宰執曰：「朕恐祖信不知今日事幾，可否赴都堂，與之議論。」秦檜等奏：「臺臣乃天子耳目，恐召至朝堂然後授，外間不知陛下之意，不能無嫌。」上曰：「大臣朕股肱，臺諫朕耳目。若使臺諫察大臣，豈朕之意？」時檜等雖荷上眷，迄不敢召祖信，退而相勉：「上開懷待遇如此，其忍負之哉？」

監察御史方庭實奉使回，奏邊事不合。己未，改爲秘書少監。秦檜奏曰：「凡奏擬差除，未嘗敢分朋黨。」因陳辛亥歲席益行赦文不工，爲諫官所論，緣此怏怏。後守平江，適吕頤浩爲都督過郡，遂離間同列，卒成黨與之禍〔九〕。上曰：「士大夫豈有不由宰相進擬？卿等能平心用人，甚善。」

御史中丞勾龍如淵與起居郎施庭臣因私忿，交奏其惡，如淵謂庭臣指斥。壬戌，上謂宰執曰：「如淵身任臺綱，自合早論。至一月後因忿方奏，此告訐也。告訐之風，出於末世，三代所未聞也。以朕觀之，庭臣之罪小，如淵之罪大。」乃命秦檜先召庭臣詰問。癸亥，檜奏：「陛下若欲存國體，先黜庭臣，仍改除如淵，俟其乞出，然後補外。」上欲明其事，乃詔庭臣語言輕率〔一〇〕，責嶺南監當。如淵失風憲之體，罷與外任。命下，人皆服上之英斷如此。其後，檜擬除如淵知建康府〔一一〕。上曰：「此人用心不正。」遂已。擬除如淵在明年三月，今聯書之〔一二〕。

初，諸路月椿各有窠名，其後多爲漕司占留，遂不免敷民。甲子，宰執請均於諸路，不得偏重。上曰：「若所撥窠名錢不足，自合從朝廷給降，不得一毫及民。朕欲養兵，全藉民力。

若百姓失業，則流爲盜矣。」上知月椿之害，每每宣諭，憂形於色，此臣下所當奉承也。

丁丑〔一三〕，上諭宰執曰：「太后歸，略備從物，務從質樸，如器皿塗金可也。朕自即位，服食器用，未嘗妄費，卿等所知。」秦檜等退相謂曰：「上天資儉德，雖奉太母，猶不欲過。漢文履革舄，衣弋綈不能過也。」

時内侍黄冕辭免製太后褘衣事。上曰：「太后聖性恭儉，服用簡素。今回鑾有期，得盡東朝之養。」時上喜見顏色。檜等退而贊：「上之聖孝，出於天性。其屈意求和，實緣太母。宜乎上天悔禍，强虜革心，誠非常之慶也。」

癸酉，詔史館見修徽宗實録，今以實録院爲名，右僕射秦檜兼提舉，其修撰檢討官令檜辟差。於是，以禮部侍郎范同爲修撰，禮部員外郎劉昉爲檢討。昉，潮陽人也。上嘗謂執曰：「徽宗内禪之事，誠意素定，非因人言。初，築北宮夾城甬道，嘗諭梁師成曰：『吾他日釋天下重負，欲與嗣聖往來其間，抱孫自娱。』宣和末，遂踐此言。而小人乘時多事，貪天之功，以爲身謀，秉筆之士不可不知也。」檜等曰：「當時玉音如此，臣等疏遠，若非聖諭，實所未知。」

戊寅，殿中侍御史謝祖信言：「天意助順，輿地自歸，而朝廷乃在江、吴，道里遼邈。所以宣至意，收人心，惟在號令。宜推誠引咎，使叛者革心。」詔札付辭臣。

時已遣内侍陳成之往陝西撫諭，仍先至吴玠軍，次之逐路。於是，右諫議大夫李誼言：「成之素不與諸將相識，情未易通。訪聞知金州郭浩父成舊爲邊將，張中孚、中彦皆出其門〔一四〕，慕洧之父亦成部曲。而趙彬貧時，又嘗依浩，實於諸將有契。望詔成之與浩同去，所冀衆心早得以定。」

上欲得元臣調護陝西諸將。是月，召少傅、醴泉觀使吕頤浩赴行在。頤浩以年垂七十，力辭不至。且附奏：「金人無故歸地，其必有意。臣記五路元係張中孚、中彦、慕洧之徒爲帥，今必仍舊。然皆久據一方，虜亦難合。當諭以德意，許之久任，庶不致疑。」既而再趣，頤浩至闕，竟聽其辭。及將東歸，復言：「秦爲天下脊，今宜於長安、興元、襄陽各置宣撫使，而重兵屯襄陽，且建行臺。仍仰五路選精騎三萬赴行在，請上親提萬騎，不時勞軍。使虜人罔知六飛所在，以伐其謀，自爾不敢復窺江、淮，而中興之業，由兹起矣。」

詔提舉洞霄宫張浚復資政殿大學士、知福州。

召徽猷閣直學士、知漳州廖剛，既至。

三月丙戌，除御史中丞。

戊子，吏部侍郎晏亨復、户部侍郎梁汝嘉各遷尚書。汝嘉仍兼經制使。舊儀，侍從過宰相閣相見，既退，宰相須送出數步。時亨復見秦檜，未嘗送出，每曰：「人必自侮，然後人侮之〔一五〕。」

殿中侍御史謝祖信言：「和預買爲民之病〔一六〕，有司變爲折帛錢，又甚病者也。祖宗時，官俵錢於春，而民輸縑於夏，故公私兩利。其後官無本可俵，則名爲預買，其實白著。是歲於常賦之外又敷數倍。軍興久而財益屈，遂行一切之政。數歲前，縑價高而折錢或至十千八千，今價減而有司猶執前直，一例折錢，使民鬻縑而求鏹，此又甚病也。二病固未能去，求以少紓民力，惟在均而已。欲下諸路，各具所敷之宜，或以税錢，或以畝頭，使户無高下，依夏税法，則姦民猾吏，詭名折産，無所容其倖，而所出均矣。」詔户部措置。

甲午，上謂宰執曰：「士卒暴露，累歲庵廬下，寒暑燥濕之苦，豈人情所堪？俟疆事稍定，當爲蓋營屋，使各安居。」於是，秦檜等退而竊歎：「上恤士卒如此，人豈有不樂爲之死也？」

初。北境有趙榮、王威者，以宿、壽二州來歸。時簽書樞密院事王倫初抵東京，見右副元帥兀朮，首問榮、威及赦書中叙事，而接伴使烏陵思謀到館，亦以榮、威爲言，必欲得之。

丙申，倫始交地界。兀朮與其婿龍虎監軍號邢王者皆北去。

中書門下言，京城已差留守外，其南京、西京兩處留守，乞權以本府守臣充。從之。

辛丑，以翰林學士樓炤爲端明殿學士、簽書樞密院事。

丙午，上謂宰執曰：「宰相進退百官，凡士大夫孰有不由宰相進者？然宰相賢，則所引皆賢。豈當一概以朋黨疑之也？」秦檜等曰：「陛下推誠，任下如此，爲大臣者豈忍懷姦，以欺聖德也？」

丁未，上謂宰執曰：「河南新復，州縣官當擇愷弟慈惠之人，庶爲朕撫養凋瘵，使不失職。」秦檜等曰：「陛下仁意惻怛如此，臣等敢不承也？」

校勘記

〔一〕惟陛下留意　「惟」，原作「推」，據四庫本中興小紀卷二六改。

〔二〕藍公佐副之　「藍」，原作「監」，據四庫本中興小紀卷二六改。

〔三〕無慮五六百萬緡　「慮」，原作「意」，據四庫本中興小紀卷二六改。

〔四〕於是　原闕，據四庫本中興小紀卷二六補。

〔五〕其意蓋欲取　「意」，原作「急」，據四庫本中興小紀卷二六改。

〔六〕詔李誼作　小注原闕，據四庫本中興小紀卷二六補。

〔七〕仲荀乞兵糧在二月一日今聯書之　「月」、「書」，原闕，據四庫本中興小紀卷二六補。

〔八〕因右僕射秦檜於上前論和虜事　「事」，原作「使」，據四庫本中興小紀卷二六改。

〔九〕卒成黨與之禍　「卒成黨」，原闕，據四庫本中興小紀卷二六補。

〔一〇〕乃詔庭臣語言輕率　「輕」，原作「徑」，四庫本中興小紀卷二六改作「狂」，非是，當是「輕」之筆誤，故據改。然建炎以來繫年要録卷一二六亦作「狂」。

〔一一〕檜擬除如淵知建康府　「建康府」，四庫本中興小紀卷二六原作「遂寧府」，建炎以來繫年要録卷一二六作「瑞寧府」，未知孰是。

〔一二〕擬除如淵在明年三月今聯書之　此注原闕，據四庫本中興小紀卷二六補。

〔一三〕丁丑　原誤作「丁亥」。按此月無丁亥，二月壬子朔，丁丑爲二十六日，因據改。

〔一四〕張中孚中彦皆出其門　「門」，原作「開」，據四庫本中興小紀卷二六改。

〔一五〕然後人侮之　「侮」，原作「悔」，據建炎以來繫年要録卷一二七改。

〔一六〕和預買爲民之病　「預」，原作「豫」。按：和預買初現於北宋初，所謂預買紬絹，而後以紬絹納官，再後演變爲抑配者。通稱之爲「預買」，亦可寫爲「豫買」。今據四庫本中興小紀卷二六改爲「預」。下同。

宋朝中興紀事本末卷四八

起紹興九年四月盡六月

夏四月庚戌朔，少傅、鎮南軍節度使、醴泉觀使成國公呂頤浩卒，後謚曰忠穆。

上以陝西新復，不宜置宣撫使，當遣大臣諭以德意。辛亥，乃詔簽書樞密院事樓炤往焉，以秘書少監鄭剛中爲參謀官。

初，環慶將官慕洧叛。至是，安撫使趙彬奏已殺洧，餘衆多降。癸丑，秦檜奏曰：「陝西已無事，皆陛下聖德所致。」上曰：「朕何以致此，乃祖宗在天之靈默佑，然朕惟持不殺之説。」於是檜等贊曰：「此乃陛下爲天人所歸也。孟子曰：『惟不嗜殺人者能一之。』陛下堅守和議，不煩干戈，坐得中原，豈非不殺之功乎？」

右諫議大夫曾統、殿中侍御史謝祖信皆論：「趙鼎久任宰司，專權植黨。在靖康末，受張邦昌僞命，近上章納節，敢以富弼自列。臣子共憤，望加流竄。」時鼎以少傅、奉國軍節度使知泉州，乃詔落節。

吏部尚書晏亨復力請奉祠，詔除寶文閣直學士、知衢州。

戊午，東京副留守郭仲荀始入京城。

步帥解潛爲趙鼎所厚。至是，請奉祠，出爲福建路副總管。

初，二聖北狩，上每遇朔望，率羣臣遥拜。自徽宗升遐之後，遥拜淵聖如故。至是，中丞廖剛言：「兄弟同列。方兄爲君，則君事之，及己爲君，則兄之而已。今淵聖之歸有期，望罷遥拜，惟乾龍節，百官仍舊祝壽。」下禮部太常寺，既而討論，欲遇朔望，上用家人禮遥拜於禁中，羣臣於宫門外遥拜，從之。

東京留守王倫奏：「金國元帥謂，所降赦文，載割河南地，不歸德於金國。倫一面改定，謂元降赦文非真，却要國書意與符同。」甲子，上曰：「待夷狄當以誠。」因舉寶訓故事。真宗契丹使耶律元在館，嘗詢左右，館中日聞鼓聲〔一〕，豈非習陣耶？或對以優人戲場。真宗聞之，謂宰臣曰：「不若以實諭之，諸軍比無征戰，教習武藝耳。」宰執秦檜等退，相謂曰：

「上每推誠待物，動法祖宗，永保和好，使敵人無隙之可乘也。」

庚辰，上謂宰執曰：「韓世忠欲獻一駿馬，朕辭無用，卿可自留，以備出入。世忠曰：『今已和，豈復有戰？』朕曰：『不然，虜雖講和，備何可弛？』朕方復置茶馬司，若更得西馬數萬匹，分撥諸將，廣武備以戒不虞，足以待强敵矣，和議豈足深恃乎？」

時遣刑部侍郎高密周聿宣諭陝西。庚午，上謂宰執曰：「陝西諸將，既叛復來，緩急金人敗盟，難以責任。朕謂中原尚可徐圖，如五路勁兵，良馬所出，他時當用腹心之臣。」於是，秦檜等退，相謂曰：「宸慮所及，豈不深且遠哉？」

時殿前司募鈞容樂工，上慮其擾，令但留舊人，不得增募〔二〕。上曰：「朕未嘗好世俗之樂，少頗善彈琴，自居亮闇，久亦忘之。」蓋上清心寡欲，無聲色之娱，免喪後不許募樂工，蓋防微杜漸，規摹閎遠如此。

知綏德軍劉議自言嘗污僞命，乞放歸田里。壬申，宰執擬依赦仍舊任。上曰：「新復州軍，他時悉用文臣，卿等爲朕擇循良之吏。武臣不曉法，直不可與郡。」上久勞於外，深達治體，更用文臣之意，同符藝祖矣。

是月，宰執又奏，京城親從官王琪以三朝御容來〔三〕。上曰：「近有自京城來獻真宗御容，有司辨其非真。復獻筆百管，雖微物，朕不欲受，恐來者不已也。」

資政殿學士席益卒〔四〕。

五月庚辰朔〔五〕，右諫議大夫曾統言：「自去冬以來，凡七遣使，初命韓肖胄報聘，再命王倫交地，又遣方庭實宣諭三京，郭仲荀留守東京，周聿宣諭陝西，士㒟、張燾恭謁陵寢，樓炤又至永興，布宣德意〔六〕，所攜官吏軍兵甚多，借請不知其數。竊聞熙寧初，宰臣韓絳宣撫陝西，纔費十八萬緡，時論沸騰，以爲大咎。今一使之費，已數倍於昔。自崇寧權臣用事，務爲華侈，以悅人情，至今未革。將來兩宮南還，其費不少。謂宜擇忠實通練之臣，以舊制裁定，庶無妄費。」從之。

時新復州皆免賦役三年，而亳州民自願輸以助國用。上曰：「中原遺民，久困暴斂，今喜於來歸，誠意樂輸。然乍出塗炭，尤當加恤，兼信豈可渝？」乃令依赦蠲免，仍降詔獎諭。

新復諸州進天申節銀絹。癸巳，上謂宰執曰：「新復州無餘財，此寧免於擾民？可悉退回。」秦檜曰：「陛下誕節，人臣致其享上之誠，而聖意加恤新民，却而不受，可謂盛德之事也。」

時宿州諸縣以迎兩宮，爲民沿路蓋屋。上曰：「新民豈可重困？」詔罷縣令，仍詰守臣縱而不舉之罪。

丙申，上謂宰執曰：「鋪翠銷金之飾，屢詔禁止。宫中雖無敢犯，而有司奉行不虔，市肆公然爲之。可重立告賞〔七〕，務在必行。」秦檜等曰：「陛下以儉德理天下，而風俗尚習故態。官吏格詔，宜痛加懲治。」

戊戌，資政殿學士宇文粹中卒於成都府。

癸卯，上謂宰執曰：「太祖時强藩悍鎮，與方命之臣既歸朝，皆貸之。今中原官吏復還，朕方以天下爲度，凡舊染之污，一切兼容。」秦檜曰：「陛下天覆之德如此，四海孰不歸心？」上曰：「今羣臣正當叶心，共成治道。然在外者輒辭難避事，在内者議論多徇私立異，風俗如此，何以求治？卿等當分別之，明示賞罰。」檜曰：「陛下聖明，灼知治道，臣等敢不奉詔？」

簽書樞密院事樓炤至東京。

六月己酉朔，炤與權留守王倫同檢視修内司，趨入大慶殿，過齋明殿，轉而東，入左銀臺門，屏去從者。入内東門，過會通門，由垂拱殿後稍南至玉虚殿，乃徽宗奉三清之所。殿後有景命殿，復出至福寧殿，即至尊寢所。簡質不華，上有白華石，廣一席地。祖宗時每旦，北面拜殿下，遇雨則南面拜石上。稍北至坤寧殿，屏畫墨竹蘆雁之屬，然無全本矣，他殿畫皆類此。自福寧至欽先、孝思二殿。欽先奉諸帝，孝思奉諸后，帳座供具猶在。出肅雍門至玉春堂，規模宏壯，非他位比，劉豫嘗對僞臣於此。左竹徑之上有迎曦軒，對軒有月屏。始至修内司，謂元是寶繪堂。復由延春閣下稍東，即今太母之舊閣。過小門曰錦莊，無雅飾。入睿思殿門。登殿，左曰玉鑾，右曰清微，後曰宣和殿。庭下皆修竹，自此列石爲山，分左右斜廊，爲複道平臺。臺上過玉華殿，殿後有軒曰稽古，西廡下曰尚書内省。西出後苑至太清樓下，壁間有御書千文〔八〕。登瑶津亭，亭在水間，四面樓閣相對。遂趨出拱辰門。時京城外不復有民舍，自保康門至太學，道纔數家。太學廊廡皆敗屋，中存敦化堂，榜尚在，軍人雜處其上，而牧彘於堂下。惟國子監以養士，略如學舍。都亭驛棟牌猶是僞齊年號，瓊林苑虜嘗以爲營，至今作小城圍之。金明池斷棟頹壁，望之蕭然也。

庚戌，皇后邢氏崩於五國城。後太母回鑾，知爲此日。

甲寅，宰執奏徽宗山陵，令禮部太常寺討論故事。上戒以務從儉約，且曰：「金玉之物，不可一毫置其中。前世厚葬之害可以鑑矣。」秦檜曰：「此非陛下博覽古今，灼見利害，孰敢輕議？聖論所及，爲後世法矣。」

乙卯，上諭宰執曰：「近除邢孝揚團練使，朕思顯肅皇后家尚未推恩，乃先及孝揚，恐失先後之序。」秦檜退，檢會顯肅聞訃日，其家已推恩。上曰：「今與鄭藻落階官足矣。」上每行一事，反覆精思，務協公議。雖戚里間，未嘗以私意行之也。

先是，開府儀同三司士㒟、兵部侍郎張燾至西京，朝拜陵寢，民夾道歡迎。皆言久隔王化，不圖今日復得爲宋民，有感泣者。遂入柏城，披荊履蘖，隨宜葺之而去。丙辰，簽書樞密院事樓炤繼至，謁昭、厚二陵及會聖宮。昭陵因平岡，種柏成道。道旁不垣〔九〕，而周以枳橘。四面闕角樓觀，所存者半。神門內石羊馬駝象之類皆在。神臺三層，高二丈，俱植柏，最下約廣十五丈，爲水道者五。大門外石人對立，其號下宫者，乃酌獻之地，今無屋而遺基歷歷可見。餘陵規摹皆如此。諸陵前控洛水，左少室，右嵩高〔一〇〕，山川佳氣不改，而室屋皆爲僞守竇玠所毁。宫墻内草深，不見遺址。舊分水南、水北，今水北有二千户〔一一〕，水南墟矣。

時以觀文殿學士汪伯彦知宣州。仍趣朝行在，伯彦將至國門。上謂宰執曰：「伯彦相見，便令之官，庶免紛紛。」且曰：「伯彦潛藩舊僚，去國十年。漢高、光未忘豐沛、南陽故舊，皆人情之常。」秦檜退而竊歎曰：「伯彦遭遇聖主，乘風雲之會，致位宰輔。雖勳烈無聞，然上始終眷之，可謂至矣。」初，伯彦未第，有祁門縣令王本者，築館曰英材，延之授經。檜與其兄弟皆從伯彦游。至是，伯彦蒙異寵，亦檜之力。又詔伯彦元帥府舊臣，特依見任執政給俸。於是，給事中劉一止曰：「節度使俸借減，尚不薄，况郡有供給圭田之厚，以郡守而依執政，殆與異時非待制而視待制，非兩府而視兩府者類矣。」乃詔罷之。

召徽猷閣直學士仇悆爲陝西都轉運使。悆以疾固辭，言者論其避事，詔褫職，尋責居全州。

殿中侍御史周葵論國用、軍政、士風三事。己未，上謂宰執曰：「國用當藏之於民，但百姓足，國用非所患也。」上於百姓涵養休息，雖兵興未嘗横斂，宜中興之民戴之，愈久而不忘也。

先是，以御書真草孝經賜秦檜。辛酉，檜請刻之金石，以傳後世。上曰：「世人以十八章童蒙書，不知聖人精微之學皆出乎此。朕因學草聖，遂以賜卿，豈足傳後？」檜再三請，乃從之。

甲子，召寶文閣學士、提舉太平觀胡交修爲兵部尚書兼翰林學士。

時有被召人鮮于參到闕。丙寅，秦檜奏：「參乃王庶所薦，人材似可取，乞令上殿。臣備位宰司，人材苟有可用，不敢輒分黨與。」上曰：「朕豈能盡知天下人材？但付之宰相。宰相賢，則賢人皆聚於朝矣。」檜退而竊歎曰：「上任相之意，可謂得其要矣。」

開府儀同三司士㒟、兵部侍郎張燾歸自西京〔一二〕。己巳，入朝，士㒟等言：「諸陵下石澗水，自兵興以來久涸，二使到日，水即大至，父老驚歎，以爲中興之祥。」於是，上以語宰執秦檜等，謂燾必不妄言。檜等退朝相謂曰：「石澗水至之祥，可謂異矣。燾之言能使人主信重，雖甚異事，不以爲妄，其立身行己可無愧矣。」

張燾奏徽宗山陵乞不用金玉。辛未，上曰：「前此厚葬之患，如循一軌。金玉之物，朕決意不用。或謂朕以天下之富而薄於親，如後世譏議何？朕既灼知薄葬之益，使先帝神靈有萬世之安，雖以朕爲不孝不敢辭。」蓋上通經博古，見利害之實，非流俗之言所能奪也。

初，簽書樞密院事韓肖胄充報謝使，既入北境，其接伴者謂當稱謝恩使。肖胄以使名敕授，不敢輒易。論難三四，卒不能奪。辛未，肖胄還至東京。

壬申，簽書樞密院事樓炤至永興軍，留十餘日。初，僞齊將李世輔亡入夏國，其家悉爲僞鄜延帥臺宗雋所害。世輔欲從夏國借兵復仇，夏主曰：「爾能爲吾立功，則不靳借兵。」時有酋豪號青面夜叉者，恃衆擾邊，乃屬世輔圖之。世輔請精騎三千，晝夜疾馳，奄至其穴，擒之以歸，國主大悅，即出兵授之。世輔至延安府，殺宗雋等二人，因剖心以祭。會金國已還三京，世輔說夏人南歸，而夏人多懷土，獨與願從者二千人來。而夏國招撫使王樞反說世輔還夏。世輔遂擒樞，纔入境，即望闕遥拜，言本國主喜甚，再三感聖恩，將遣使入貢。奏至，上謂宰執曰：「夏人既有此意，其待遇之禮，令有司舉故例行之。」上諭在七月丙申，今聯書之〔一三〕。至是，樓炤與宣諭使周聿，皆招納世輔歸朝。

甲戌，上諭：「新京畿都轉運使李迨，令速行，不然須重貶。蓋迫於公議，雖與朕有潛藩之舊，不得而私也。」迨惶懼上道，蓋就之威斷，足以警偷惰，懲傲慢也。

時同簽書樞密院王倫尚留守東京。先是，金國右副元帥兀朮歸其國〔一四〕，徑之祁州元帥府，密奏於金國主亶云：「河南地本撻辣、宗盤主謀，割於南宋，二人必陰結彼國。今宋使已至汴京，未可令過界。」倫有雲中舊吏，隸兀朮帳下，嘗來謁倫，言兀朮謀誅撻辣。倫即馳奏〔一五〕，乞早爲之備。上以示宰執，而秦檜但趣倫過界。乙亥，倫始解留鑰，將使指北行。

是月，川陝宣撫使吴玠卒於仙人關，謚曰武安。玠馭下嚴而有恩，故士樂爲之死〔一六〕。川陝宣撫副使胡世將嘗問玠所以勝者於其弟龍神衛四廂都指揮使璘，璘曰：「虜令酷而下必死，先兄每與虜戰，非累日不決，大抵舉中國所長而用之耳。蓋中國弓矢勁利，虜士卒堅耐。吾常以長技洞重甲於數百步外，又選據便利，出鋭卒以更擾之，使不得休。彼雖堅耐，亦不能無弛，此待之之要也。」

吏部侍郎謝祖信除徽猷閣待制、知潭州。

趙鼎事實曰：先是，謝祖信作言官，力論鼎落職。於是，章氏諸孫，咸集闕下，再謀理訴，併及史事。上偶知之，謂執政曰：「聞章厚又有人欲陳訴。以趙鼎去，便謂事有更變。此事乃出朕意，趙鼎何豫？聞有從官爲之主議者。」執政奏：「謝祖信，章氏子婿也。」上曰：「亦知之。」遂出祖信知潭州。祖信聞之大駭，歸家詬其妻凡數日〔一七〕。曰：「爾家累我。」以至鬱鬱而死。識者評之曰：使鼎在朝日，收拾祖信而用之，未必不出其妻。小人惟利所在，初不以親爲意。雖父子之間有所不顧，況妻黨乎？

是夏，金國左副元帥撻辣之蔚州避暑。撻辣下令，諸藏避虜而逃者，家長罪死，籍其產及人口，半以充賞。四鄰之家，共追賞錢三百緡。仍發蕃軍分諸路搜捕。民間大擾，羣起爲盜，以拒蕃軍，遂復止之。撻辣在諸酋中最號寬恕，今顧爲此，蓋陰與僞皇伯宗盤通謀，將以致亂，使民嘯聚，則藉之起兵。又令中山府拘奉使王倫於館，且會諸路簽書以復取河南爲名，皆所以應宗盤也。

初，桃源受招人伍俊殺其賊首雷進以降，朝廷命爲撫州鈐轄。俊遷延不赴官，而貪暴爲閭里患，且據舊地，將復叛，澧、辰、沅、靖有通其謀者。詔湖北諸司圖之。提刑万俟卨嘗檄俊詣司，俊疑不往。卨語荆南帥薛弼曰：「俊不除，將生肘腋之變。可辟置麾下，徐制之可也。」於是，弼許俊不遣，委三州令白擇。俊語其徒曰：「我得州據以叛，勝桃源遠矣。」遂趨府謝，猶以卒二百自隨。弼執諸座，詰反狀誅之。因收其積粟以贍軍。始卨意弼自有其功，而弼奏，謂與卨共謀，卨以此故德之。

知南安李乾德有庶子智之，奔大理，改姓趙，號爲平。至是，知李陽煥卒，其子天祚襲封，大理國遣兵三千送智之歸，要代天祚。天祚不肯，領兵與戰，又敗之。智之欲進奉朝廷，仍乞借兵，廣西經略司以聞。詔令喻以婉辭，勿引之生事。

校勘記

〔一〕館中日聞鼓聲　「館中」，原闕，據四庫本中興小紀卷二六補。

〔二〕不得增募　「募」，原闕，據四庫本中興小紀卷二六補。

〔三〕京城親從官王堪以三朝御容來　「堪」，四庫本中興小紀卷二六作「琪」。

〔四〕資政殿學士席益卒　原闕，四庫本中興小紀卷二六載此語於是月條之後，且有小注：「原本缺。」因知此係四庫本據他本所補，故再補之。

〔五〕五月庚辰朔　「五」，原闕，據前後文義補。

〔六〕布宣德意　「意」，原闕，據四庫本中興小紀卷二六補。

〔七〕可重立告賞　告，原闕，據建炎以來繫年要録卷一二八補。四庫本中興小紀卷二六同原本。

〔八〕壁間有御書千文　「千文」，按，此千文，謂千字文也。建炎以來繫年要録卷一二九亦同原文，四庫本中興小紀卷二六無此節文字。

〔九〕道旁不垣　「垣」，原作「坦」，據四庫本中興小紀卷二六改。

〔一〇〕右嵩高　「右」，原作「石」，據建炎以來繫年要録卷一二九改，四庫本中興小紀卷二六無此節文字。

〔一一〕今水北有二千户　「千」字，建炎以來繫年要録卷一二九作「十」，未知孰是。

〔一二〕開府儀同三司士㒟兵部侍郎張燾歸自西京　「西」，原闕，據四庫本中興小紀卷二六補。

〔一三〕上諭在七月丙申今聯書之　此注原闕，從四庫本中興小紀卷二六補，但四庫本「七」原誤作「三」。按：李世輔之歸在六月，宋廷得知當在其後，故「三」當是「七」之誤。丙申爲七月十八日。

〔一四〕金國右副元帥兀朮歸其國　「金」，原誤作京，據四庫本中興小紀卷二六改。

〔一五〕倫即馳奏　「即」，原作「至」，據四庫本中興小紀卷二六改。

〔一六〕故士樂爲之死　「士」，原作「事」，據四庫本中興小紀卷二六改。

〔一七〕歸家訴其妻凡數日　「凡」，原作「兄」，據四庫本中興小紀卷二六改。

宋朝中興紀事本末卷四九

起紹興九年七月盡九月

秋七月己卯朔，金國有郎君吴矢者反，擒獲之，下大理獄。事連宋國王宗盤、兖國王宗雋、虞國王宗英、滕國王宗偉、殿前左副點檢渾睹。時虜主亶與右丞相、陳王悟室謀誅諸父，因朝日〔一〕，伏兵於内，宗盤等入見，擒送大理獄。辛巳，悉夷其族。僞詔略曰：「周行管叔之誅，漢致燕王之辟。維兹無赦，古不爲非。」翰林韓昉作也。

時左副元帥魯國王撻辣方握兵在外，難遽誅之，乃除撻辣爲燕京行臺左丞相，又以簽書杜充爲右丞相。仍擢右副元帥兀朮爲都元帥。命下，撻辣謂使者曰：「我開國功臣，何罪而與降奴杜充爲伍耶？」不受命而叛。初欲歸本朝，不克，既而北走沙漠。兀朮遣右都監撻不也追獲之，下祁州元帥府，獄具殺之。撻辣臨刑，謂兀朮曰：「我死之後，禍必及爾，宜速圖之。」兀朮俛首無言。遂囚撻辣之子太拽，久之，因赦得出。

東京父老百餘人詣闕稱賀。乙酉，上臨軒見，皆補官遣之。

丁亥，右僕射秦檜留身，論及治道。上曰：「御衆以寬，朕於宮中未嘗輕用鞭撲。往者劉豫苛虐，聞此間仁政，即以爲笑。諜者以聞，趙鼎屢勸朕勵威，朕不謂然，今得失之效何如哉？」檜言：「陛下與豫勢異。豫之叛逆，人所不與，非劫以威不能苟延歲月。陛下承祖宗之德，惟仁政可以懷遠邇。」上因歷叙古今帝王治迹，專以仁祖爲法。上又言：「真宗時，有宮人犯法，法當誅。帝令執付有司，陰諭旨，笞而遣之。在内足以警衆，而於外可示恩威。蘇軾元祐中嘗於講筵進讀，退又爲疏以進。軾用心不易得，朕今寶藏之。」檜退，謂孫近、李光言，相與歎息，請特書聖語。

辛卯，簽書樞密院事樓炤至鳳翔府。

甲午，上謂宰執曰：「朝廷惟要辨君子小人。君子小人既辨，則治道無不成。」秦檜等退而竊歎：「聖謨切見，立政用人爲帝王之先務，蓋堯、舜、禹、湯、文、武之治，何以出此。」[二]

吏部侍郎張燾遷尚書。

時久旱，上齋居蔬食，以祈雨澤。己亥〔三〕，秦檜奏曰：「考之典禮，陛下惟當損太官常膳。」上曰：「雖損膳，豈免日殺一羊？」檜曰：「陛下推不忍人之心如此，何患天意不格？」既而甘雨應禱霑足。

先是，奉使王倫至中山府，留十四日。傳云魯王撻辣見在草地，後月半方來。庚子，始聞其國內變，倫已下皆憂。俄傳四太子兀朮作都元帥，昨夜抵城外，已回祁州矣。少頃，引接者令倫等悉赴元帥府。即趣之行，是晚達祁州。

初，右護軍凡七萬三千人，馬九千匹。時宣撫副使胡世將置司於鳳州之河池縣。熙河帥吳璘總二萬人，秦鳳帥楊政總三萬人。戊申，世將奏：「二人皆故吳玠大將，威名素著，乞命璘於鳳翔及寶雞以來，命政於鞏州及白石以來駐軍，則應接川、陝，其勢兩便。仍乞璘充右護軍都統制，政充宣撫司都統制。」既又請命永興帥郭浩以所統九千人於邠、耀二州捍禦，皆奏，以俟朝命。

八月〔四〕，簽書樞密院事樓炤會諸帥，議移軍事。秦鳳經略使吳璘言：「移軍陜右，則蜀口空虚。虜或踰盟，自南山擣蜀，邀我陝右，則我不戰自屈矣〔五〕。當且依山爲屯，以控要害，俟虜情見力疲，則漸可進止。」璘遂以牙校三隊赴秦州，且飭階、文等山寨以備之。至是，世將使事畢。己酉，離秦、鳳翔府以歸〔六〕。

陝西雖號新復，然自虜僞變易之後，軍民尚懷本朝。時諸路禁軍得三萬四千有奇，而涇原八千人尤勁，雖分隸諸帥，然各有將分，仍分正副。蓋祖宗之軍政猶在，又弓箭手亦得七萬。時御營右護軍自蜀出者，皆駐熙、秦兩路，而諸郡見管之粟，與和糴相當，足以支一歲之食。先是，都轉運使張深上言，乞裁減軍士廩賜。於是，諸軍出關，歸怨於建議者，洶洶幾變。而閬戍卒，欲殺其守臣孫渥。會謀泄不果，宣撫副使胡世將亟下令悉如舊數不減。即條利害上之，議者謂當待報，世將曰：「朝廷置大將，事有待報不及者，固許行之。不然，某上章待罪去，無憾也。」

先是，樓炤奏陝西諸軍冬衣已下成都等路撥十六萬。庚戌，上謂宰執曰：「蜀士頻年調發，凋弊已甚。今吴玠一軍既分屯關、陝，饋運十省八九。若更減冗官，四川民力庶幾其少紓乎？」炤又奏差環州、保安軍守臣〔七〕。

乙卯，上諭宰執曰：「陝西沿邊控制夏國，最爲要害。當擇久在軍中諳練邊事，或本土武人，方能保固障塞，民得安業。可札付炤，令諭諸帥。」秦檜等退而竊歎，上留意疆埸，愛惜生靈，可謂明見萬里之外矣。

丙辰，秦檜奏乞，已行下陝西，諭諸帥令遴選堡寨官。上曰：「堡寨最是沿邊急事。」因言：「神宗戒陝西諸帥，悉出手批。然於器械，則稍變古法，新法弓稍短，不能及遠。又放箭拘以法，不能中的。朕自幼年即習騎射，如拽硬射親，各是一法。斗力至二石以上，箭落不過三五十步，如此何以禦敵？」上之英武，出於天姿。其論射法，雖唐太宗不能過也。

己未，上謂宰執曰：「吴玠軍既移屯，則熙、秦等路，便當以五百人爲一指揮，令諸將招填舊額，與弓箭手參用，緩急可以倚仗。金人雖和，安能保其終始無變？况夏人乍叛，尤爲難保，則今日邊防，豈可忽也？」

給事中蘇符奏：「吴玠軍已移駐熙、秦，乞免四川對糴米及脚錢。」辛酉，上謂宰執曰：「四川自兵興以來，橫斂既多，民不堪命。」乃詔宣撫副使胡世將、都轉運使張深蠲減，以紓民力。符，軾孫也。

吏部郎官徐度奏：「新復州縣，如僚佐、縣官最爲近民〔八〕，其應格人，長吏更加銓擇。」上曰：「度所論甚當。新疆百姓，久被虐政，若州縣官非其人，朕之德音何自而達？」秦檜曰：「守令皆親民官，今後縣令亦依守臣到堂。」上曰：「卿等若親加銓量，觀其議論，亦可見人材之大略。」度，處仁子也。

先是，夏國將李世輔與僞招撫使王樞同至長安，時環慶路又獲夏國一百九十餘人。於是，簽書樞密院樓炤奏：「陝西新復，正與夏國爲鄰，此等留之無益，還之可使知恩。」遂遣樞等歸夏國。既而世輔至闕，上獎其忠義，授護國軍承宣使、龍神衛四廂都指揮使兼樞密院都統制，賜名顯忠。

言者謂：「宣撫司便宜補官，歲約一千員，乃倍於三歲科舉補蔭之數。今既罷便宜，而又陳換給，其來不已，乞限以年，庶息姦弊。」詔限一年。

言者謂：「蜀宿重兵，一歲供億，無慮四千萬緡，民力殫矣。賴陛下念之，徙兵隴右，謂此可以寬民力，而官吏多擇善地，至新疆則固辭。今後避事之人，當重黜之。」

淮東宣撫使韓世忠奏金人近誅宗族大臣，國内紛擾，淮陽所屯兵皆抽回。世忠意欲乘虛襲之。丙寅，上謂宰執曰：「世忠武人，不識大體。金人方通好，若因其無備襲之，是乘亂而幸災也，異時何以使夷狄守信義乎？」

户部郎官孫邦奏私酤條已免拆屋，茶鹽尚有籍没法，亦乞限除之。癸酉，上謂宰執曰：「法果弊，宜亟改。若行已久而無甚害，且循祖宗之舊也。」

先是，金國欲得趙榮、王威二人，已詔遣還之。於是，韓世忠以書與秦檜曰：「榮、威不忘本朝，以身歸順，父母妻子，悉遭屠滅。相公尚忍遣之，無復中原望耶？」乙亥，檜奏外間頗有異論。上曰：「榮、威在僞朝，力捍官軍。金人已割還舊疆，宿、壽乃腹心之地，榮、威輩避罪奔逃，貪功生事，無故驅掠兩州之民，罪不容誅，宜榜諭此意。」

初，提舉明道宫鄭億年爲虜執北去，遂臣劉豫，爲吏部侍郎、户部尚書，遷右丞，除資政殿學士。河南初復，右僕射秦檜與億年爲親，乃召之還，除雜學士，提舉醴泉觀，奉朝請。至是，檜又欲復其僞授職名。參知政事李光以爲不可，乃已。

朱勝非閑居録曰：時宰臣秦檜，王仲山之婿也。鄭億年母，仲山親姊。檜子熺復娶億年之女，至是頗佑之。億年初至，除雜學士，繼欲復僞齊所授職名〔九〕。參政李光榻前面折之，乃止。後數月，光罷，億年竟復資政殿學士，仍奉朝請。雖士論洶洶，而一時給舍臺諫，皆檜私黨，不復顧逆順之節矣。嗚呼，億年事逆豫，爲執政，掌其機事，與謀者欲滅吾宋也，欲危吾君也，欲傾覆趙氏而爲劉氏也，欲吞東南而臣屬之也。在律，叛逆不原赦，不分首從。然則億年與豫其罪等，舊官其可復乎？唐禄山之亂，既復兩京，陷僞之官，以六等定罪。最重棄市，次自盡，餘流竄。故相張説二子均、垍皆當死。肅宗以在東宮時，説有保佑之功，欲貸之。明皇曰：「均、垍事賊，皆任權要。均仍爲賊毀吾家事，不可赦。」肅宗復請，於是流垍嶺表，而均被極刑。徽宗之待居中，厚於明皇之遇張説〔一〇〕。億年之事劉豫，親於均、垍之從禄山。而況居中素無援助之力，今失刑如此〔一一〕，何以慰徽宗在天之靈乎？

初，右諫議大夫曾統言經制使本户部之職，更置一司無益，乞罷之。上曰：「經制一司須經久，方見利害。今纔半歲，難遽責以近效。若實無益，雖亟罷可也。」至是，言者又以爲：「經制司所創官吏種種横費，較其所入，未必能補。如創酒庫，亦是陰奪省司之利。況所總之事，皆户部本職，有經制則户部亦可廢矣。」詔付户部。既而户部具：「經制司察州縣所陷錢物，并催未到綱運，緣路分闊遠，未見速效。今若依舊分隸諸司，則經制可罷。其庫欲併歸贍軍庫。」丙子，乃罷經制司，其諸路幹辦公事依舊爲主管常平官〔一二〕。

徽猷閣待制、提舉萬壽觀兼侍講尹焞前爲禮部侍郎，已病。至是，疾甚，不能朝，遂奉祠而去。後四年，卒於會稽。

時金虜法苛賦暴，加之饑饉，民不聊生。又下令欠債者以人口折還，及藏亡虜而被告者皆死。至是，將相大臣如宗盤、撻辣之徒皆誅死。二酋久握重兵，鄉者植黨滋衆，今則悉爲亡命，故所在蜂起。平定、威勝、遼州，道不通行。一夕太行山義士入懷州萬善鎮，州人大恐。中原盛傳大駕親征，民皆陰備軍器而罷市〔一三〕，晚視霞起，則曰御營烈火光矣。

初，龍神衛四廂都指揮使李顯忠歸朝日，嘗復其父母之讎，至是待罪。

九月戊寅朔，詔顯忠有功鄜延，特與放罪。

簽書樞密院樓炤乞差武臣郝抃知陝州。辛卯，上詢之宰執，秦檜曰：「陝舊差文人。」上曰：「武臣使之，而往往不曉民事〔一四〕，又多恣横。今新復諸郡，尤須守臣得人，使之愛養吾民，武人非所任也。自今只差文臣，庶能宣布恩澤，亦可收還威柄。」

初，召太尉、東京副留守郭仲荀赴行在。仲荀因領劉豫下兵八千以還。至是，駐於鎮江府。己亥，上謂宰執曰：「仲荀善人，但馭衆非所長。姑令駐彼，别選人代之。」秦檜曰：「孰可當者？」上曰：「極難其人，當於統制官中選之。」檜等言董先、牛臯輩才具，上曰：「此皆可用。」又曰：「辛永宗與仲荀同來，且令歸前任。蓋所爲誕謾，嚮在軍中，每遇大閲，則借人馬器械以充數。」檜曰：「外人不知，陛下察其姦狀。乃謂眷之，蓋小人在外，託聲以惑衆耳。」上曰：「如辛道宗不循理，亦不可用也。」

刑部侍郎周聿宣諭陝西回，言：「陝西既歸，我得地數千里，兵十三萬，馬二萬。雖天下上游，其實甚虚。異時四十萬僅支一隅，今纔十三萬〔一六〕，而夏人不敢犯者，以金人精兵在内故也。望以閒地依本朝之制，招弓箭手，則邊人樂耕。不出數年，兵政自成矣〔一七〕。」聿復面陳所過州縣，民見之皆歡忻鼓舞，屬户有感泣者。乙巳，宰執奏事，上以語之。秦檜曰：「此祖宗仁恩涵養，而陛下純用德化，故爲夷夏所歸。」上曰：「皇天無親，惟德是輔。朕嘗笑趙鼎舉劉麟之語曰：『我能嚴刑，故州縣無不畏，聞江南只是尚寬。』鼎因勸朕立威以馭下，是不知爲天下者，豈可不尚德而用刑也？」檜等退而竊歎曰：「唐太宗不聽匪讒之議刑律，而用魏證之仁義，故能成正觀之盛，上援千古，盛德不小矣。」〔一八〕

丁未，起居郎周葵請今後犯茶榷貨者悉宥以法。上曰：「犯榷貨者不根問經由，此嘉祐著令，仁厚澤觀，美化而行之〔一九〕，則吏不至并緣，獄不至滋蔓，可速付之省部。」

先是，雷州有海商爲賊所劫，本州兩獄禁勘，皆平民，而死於獄者五人。大理寺丞朱斐奏之〔二〇〕，上惻然，謂宰執曰：「二廣遠地，有司如此，冤何所伸？」令斐再奏，其提點刑獄以下官皆重黜責。上曰：「古者刑人，則君爲之徹樂減膳。唐太宗三覆之刑，誠以死者不可復生。今後遠地監司，須爲朕遴選。」秦檜等仰承欽恤之意。上又諭雷州獄事，檜曰：「已到。」方令刑部詳之。蓋上哀矜庶獄，常記淵衷如此〔二一〕。

金國主亶既誅撻辣，遂以右丞相、陳王悟室爲左丞相，右丞蕭慶爲左丞。悟室嘗副粘罕，行事雖爲羣酋所忌，而常以智得免。故粘罕以下皆不能及，國人號曰珊變。珊變者，女真語巫嫗也。以其通變如神也，是豈亶之所能馭？故深忌之。初，時客星守魯，事在五月〔二一二〕。悟室占之，太史曰：「不在我分野，無傷。」未幾，宋、兖、虞、滕諸王同日誅死。既又守陳，事在七月〔二一三〕。太史以告奉使宇文虛中，虛中語之，悟室不以爲怪。是月，果同蕭慶被誅。虜以應天道若此。僞詔略曰：「希尹心在無君，言宜不道。逮燕居而竊議，謂神器以何歸。」希尹，即悟室也。又曰：「慶迷國罔悛，欺天相濟。既致於理，咸服厥辜。賴天之靈，誅於兩觀。」時悟室之黨皆爲都元帥兀朮所誅，奉使洪皓嘗與悟室密邇往來，兀朮不知之〔二一四〕，故免。

時兀朮謀舉兵以復河南諸郡。先是，撻辣言：「罷兵則權在國主，用兵則權在統帥。寇至則斂兵，寇退則邀賞。流禍元臣宿將〔二一五〕，誅夷殆盡。無辜赤子，皆爲横死游魂。」撻辣臨死之言有此，是其心也。

簽書樞密院事、奉使王倫至金國御子林〔二一六〕，留館五日。辛亥，見國主亶致命。亶悉無所答，令其臣翰林待制耶律紹文爲宣勘官〔二一七〕，問倫：「還知元帥撻辣等罪否？」倫對不知。又問：「無一言及歲幣，却要割地，但知有元帥，豈知有上國耶〔二一八〕？」倫曰：「日者簽宣蕭哲以國書來，許割河南，歸梓宮太后，天下皆知上國尋海上舊盟，與民休息。使人奉使命，通好兩國耳〔二九〕。」

校勘記

〔一〕因朝旦　「朝旦」，四庫本中興小紀卷二七及建炎以來繫年要録卷一三〇皆作「朔旦」。但大金國志卷一〇記此事，文字全同小紀，亦作「朝旦」，知「朝旦」或係本末原文。

〔二〕切見立政用人爲帝王之先務蓋堯舜禹湯文武之治何以出此　以上原闕，據四庫本中興小紀卷二七補。

〔三〕己亥　「亥」，四庫本中興小紀卷二七作「未」。按：此年七月己卯朔，己亥爲二十一日，因不取四庫本。

〔四〕八月　二字原闕。按，此年八月戊申朔，己酉爲二日，故據補。

〔五〕則我不戰自屈矣　「不」，原闕，據四庫本中興小紀卷二七補。

〔六〕己酉離秦鳳翔府以歸　「己酉」，原作「已酉」，「秦」，原闕，據四庫本中興小紀卷二七改補。

〔七〕炤又奏差環州保安軍守臣　「環」「安」，原分别作「還」「定」，據四庫本中興小紀卷二七改。

〔八〕如僚佐縣官最爲近民　「縣」，原作「管」，按據前後文意，此所指當爲縣之令佐，故據改。四庫本中興小紀卷二七無此條。

〔九〕繼欲復僞齊所授職名　「繼」，原作「維」，據四庫本中興小紀卷二七改。
〔一〇〕厚於明皇之遇張説　「遇」，原作「過」，據四庫本中興小紀卷二七改。
〔一一〕今失刑如此　「失」，原闕，據四庫本中興小紀卷二七補。
〔一二〕其諸路幹辦公事依舊爲主管常平官　「公」，原闕，據前後文義補。四庫本中興小紀卷二七「公事」作「官」。
〔一三〕民皆陰備軍器而罷市　「備」，原作「補」，據四庫本中興小紀卷二七改。
〔一四〕而往往不曉民事　「往往」，原僅一「往」字，據文義補。四庫本中興小紀卷二七無此條。
〔一五〕雖天下上游　「上」，原作「止」，據文義改。
〔一六〕四十萬僅支一隅今纔十三萬　原闕，據建炎以來繫年要録卷一三二補。要録又載：「今金人尽去，土地闊遠，雖有要塞，其實甚虚。」今約略擇補此數字，以接上下文意。
〔一七〕兵政自成矣　「兵」，原作「以」，「成」，原作「政」，據要録卷一三二改。
〔一八〕唐太宗不聽匪譏之議刑律而用魏證之仁義故能成正觀之盛，上援千古，盛德不小矣　「唐太宗」以下，建炎以來繫年要録卷一三二注引小曆，謂「檜等退而竊嘆曰：『唐太宗不聽封德彝之法律，而用魏徵之義，故能成貞觀之盛。上於聽納，同符太宗矣』」，與此不同，四庫本中興小紀卷二七無此條。
〔一九〕仁厚澤觀美化而行之　四庫本中興小紀卷二七、建炎以來繫年要録卷一三二皆作「仁祖盛德也舉而行之」。

〔二〇〕大理寺丞朱斐奏之　「朱」，原作「先」，據四庫本中興小紀卷二七改。

〔二一〕常記淵衷如此　「衷」，原作「乘」，據四庫本中興小紀卷二七改。

〔二二〕事在五月　原闕，據四庫本中興小紀卷二七補。

〔二三〕事在七月　原闕，據四庫本中興小紀卷二七補。

〔二四〕兀朮不知之　「兀」，原闕，據四庫本中興小紀卷二七補。「不」，小紀闕。

〔二五〕流禍元臣宿將　「元臣宿將」，原作「臣宿」，據四庫本中興小紀卷二七補。

〔二六〕簽書樞密院事奉使王倫至金國御子林　「御子林」，原作「御林子」，據四庫本中興小紀卷二七改。建炎以來繫年要録卷一三二、宋史全文卷二〇均同原本。

〔二七〕令其臣翰林待制耶律紹文爲宣勘官　「答令其臣」，原作「枚入奚」，據四庫本中興小紀卷二七、建炎以來繫年要録卷一三二、宋史全文卷二〇改。

〔二八〕豈知有上國耶　「上國」，原作「撻辣」，據四庫本中興小紀卷二七、建炎以來繫年要録卷一三二、宋史全文卷二〇改。

〔二九〕通好兩國耳　「通」，原闕，據四庫本中興小紀卷二七、建炎以來繫年要録卷一三二、宋史全文卷二〇補。

宋朝中興紀事本末卷五〇

起紹興九年十月盡十二月

冬十月辛亥，詔侍從各薦二人，上曰：「朕久在東南，中原隔絶，遺才必多。可令訪求推薦，以見朕兼收并用、求賢無方之意。」

癸丑，以吏部尚書張燾爲之，仍除寶文閣學士。時罷四川制置使，上謂宰執曰：「燾雖安撫成都一路，如四川前日無名横斂〔一〕，不急冗費，可令蠲省，以寬民力。」上語在己酉，今聯書之〔二〕。及燾陛辭言：「蜀自軍興，民力久弊，官吏不恤，臣願宣陛下德意，俾一路被澤。」〔三〕上曰：「豈惟一路？應四川事，悉以委卿。」以成都帥而得行四川民事，自燾始也〔四〕。

戊午，宰執奏統制官雷仲管鎮江府軍馬〔五〕。上曰：「岳飛軍中偏俾，智勇兼軍機練達，如董先、牛皋，頗驍勇可用。但先好貨，皋嗜酒，皆有所短，未可統衆〔六〕。」秦檜等退而竊歎上知人善任使，雖軍中偏裨，性行才否〔七〕，無不洞察。

己未，上曰：「陝西新復州縣，已放租稅。四川大軍移屯〔八〕，亦蠲軍賦不少，惟階、成、岷、鳳，未知寬恤。可與免租稅之半，以裕民力。」

以禮部侍郎吴表臣爲吏部尚書。

丁卯，宰執奏上皇太后宫殿名，上曰：「行宫地隘，只依山修築。至於器用供帳衣衾之類，朕皆親臨視，仍許宰執入觀。」秦檜曰：「陛下純孝，篤於奉親之禮，無不周也。」

簽書樞密院樓炤乞罷職奉親。己巳，上謂宰執曰：「羣臣之有親者，朕未嘗奪其情，故蕭振以親爲言，亦令奉親而來，庶使不失爲臣爲子之道。今炤可給假迎侍。」秦檜曰：「陛下愛親之心，施及臣下，臣等不勝感歎。」

壬申，上諭宰執曰：「吴玠久在蜀，備著忠績，雖已優加恤典。然聞其家頗貧，可賜錢三萬緡，仍進其弟軍職，令拊玠家屬。」秦檜曰：「陛下追念將帥，不忘其榮，凡被堅執鋭者，孰不感而自效也？」

是月，金虜主亶再遣耶律紹文至驛，傳言王倫：「卿留雲中無還期，及貰之還，曾無以報，反間貳我朝君臣。」乃遣副使藍公佐，而留倫以待報。初欲拘留，恐絶使路，故公佐得以先歸。

金虜近歲入寇多不利〔九〕，知憚中國。時有遼軍萬户韓常，爲濬州守，一日與其判官宫茵論南北攻戰之事。茵曰：「北非南之所能敵。」茵，益部人，蓋諛之也。常曰：「不然。今昔事異，昔我强彼弱，今我怯彼勇，所幸者，南人未知此間事爾。」

司諫、秘書少監鄭剛中言：「昨爲樞密行府參謀官，爲陝西宣撫。今日之勢，陝西新復且遠，然就緒也必易；三京爲困苦，就緒也難。何者？陝西得禁兵四萬，得弓手六萬，則有兵嚴守；見管之粟與和糴相當，足支一歲，則有糧可因。今又益以出蜀之兵，一旦有警，宣撫使號令六路經略，各據險阻，未易窺也。惟是三京久爲劉豫兇焰所焚，焦痛未蘇，凋殘尤甚。今合三京户口纔四十萬，比平時不能十之一，近屯田司又收其已種之田，民力殊困〔一〇〕，且地勢平廣而無藩籬，無一兵可以受甲，無一家可以供賦〔一一〕。孤城乍聚，易以生釁。臣願陛下選任郡守監司，精究屯田，俾民安業。朝廷和氣，自東南遠於西北，則功可成矣。」

十一月己卯，上諭宰執曰：「新疆百姓凋弊，無往年十之一，而官吏悉如舊，何以贍之？可令逐路監司併省，庶寬民力。」又曰：「聞沿汴居民苦於官役，不安其業，逃去者多，當嚴約束。」秦檜曰：「陛下愛民，真二帝三王之用心也。」

上又曰：「前日議移岳飛屯於襄陽，深慮饋運費力，不若先移萬人於江西，既省饋運，亦可以彈壓盜賊。」

奉使藍公佐回程。庚辰，方至燕京，而彼國元帥兀朮亦至。公佐深懼不免，留四日，始聽行。

先是，屯田郎官弋陽陳康伯因對，面奏士大夫自僞庭召來上殿，須防姦人刺客。癸未，上語宰執，以爲不然：「污僞之士雖衆，皆朕臣子，當以赤心待之。」秦檜曰：「陛下待人開心無間，雖漢光武，何以加諸？」

殿中侍御史何鑄言：「初改官及補官人，并合赴部注授。」乙酉，秦檜奏：「舊法，初改官，須歷親民一任〔一二〕。」上曰：「有祖宗成法，自當遵守。」

嗣濮王仲儡卒。

東京都轉運使李迨昨被命稽留〔一三〕，及到任，又與東京留守孟庾不和〔一四〕。先是，降聖節日，庾失於行香，爲迨所持，庾方自劾，迨因此規求罷去。上曰：「迨昔守官於濟，亦有風力，然爲人刻薄，自頃被命已偃蹇，今若止罷之，適中其計。」丙戌，乃詔迨落龍圖閣直學士，與宫祠。

戊子，司農卿莫將除徽猷閣待制、京畿都轉運兼主管奉迎梓宫一行事務。上曰：「迨乃朕舊僚，亦見朕於臣下無所偏也。」秦檜曰：「唐龐壽相任濮守，以污敗，自陳嘗在秦王府，太宗謂曰：『我昔爲秦王，乃一府之主。今居大位，乃四海之主，焉得猶私故人？』壽相流涕而去。陛下英果過太宗遠矣。」

先是，敕令所已修成在京通用敕令。己丑，宰執奏乞頒降。上曰：「朕未詳覽，若欲頒降，當須差官詳覆，恐有司行之，或有誤也。」

户部侍郎周聿言：「陝西士人學業久荒，拙於爲文。若與四川類試，必不能中程，乞别立字號。」上曰：「陝西久淪僞境，朕欲加惠遠方，可令禮部措置，庶其無不平之歎也。」

右正言陳淵乞凡錫賚而於例有疑者，三省共議。己丑，上謂宰執曰：「朕未嘗有一毫之妄費。」秦檜曰：「淵初除諫垣，職在規正故耳。」上曰：「淵老成有學，乃楊時之婿。聞嘗講論中庸，可令其子適進來。」上因論：「極高明而道中庸，此不可分作二事。」檜等曰：「陛下之學深造聖域，非臣下所及也。」淵又言：「莫將未應遽除次對，須其績著，然後命之。雖往者尹焞，亦自卿聯命以此。舊由焞先除從班，以疾力辭，老不可留，故以寵之。今將宜令近下職名，庶合公論。」淵，沙縣人也。

時有選人魏申進太一總鑑。壬辰，上曰：「申所論該博，雖秘府所藏，亦未之見。可與循資，仍賜錢五百緡。」

壬申，秦檜奏：「神宗哲宗實録已進，今乞專修徽宗實録。」上曰：「謂實録當實録其事，以信後世，豈容置私意其間邪？」

開封少尹李景謨奏陽武河埽事。癸酉，上曰：「河事利害非輕，可速擇都水官。朕頃兩至河上，每見一埽，所費不貲，如十八盤各有斗門，以殺水勢，一失枝梧，民被其害矣。」

金部郎官游損奏州縣贓吏，監司郡守不即按治者，許民越訴。詔申嚴舊法。損，建陽人，酢子也。

辛酉，詔樞機之地，安可曠官。簽書院事樓炤趣令還任供職。

時侍從論薦左朝奉大夫張甸等，皆令除郡。壬戌，上曰：「士大夫固以任中都官爲榮，朕謂百姓，國家根本，當以親民官爲重，無内外之限。」甸，嘉興人也。

先是，少保、開府儀同三司孟忠厚乞河南一郡。給事中劉一止言：「后族業文，如忠厚不可多得。但此例一開，有出忠厚下者，何以御之？」又有嘗仕僞楚人徐偉達者差知池州，一止言：「邦昌僭位，凡仕僞之人，皆諱其官稱，惟偉達至今自稱郎中，豈稍有廉耻者？一郡既可惜，且無以示好惡於天下。」上皆爲罷之。中丞廖剛曰：「是臺臣所當言者，皆爲劉君先矣。」

金虜主亶諭其政省：「今後四時游獵，春水秋山，夏冬剌鉢，皆循契丹故事。」剌鉢者，契丹語「所在」之意也。然契丹未降，雖或游獵，未嘗立四時定制。自中國講好之後，復併諸蕃，境内無事，始於每歲春水放鵝，秋山射鹿，夏則避暑於長嶺，冬則就暖於陽城。既畢，然後歸廣平靴甸受禮。卒至亡其國者，亦緣四時無定，遠近騷動。時亶方親戚内叛，寇盜外擾，不知自警，乃循契丹覆敗之轍，其後果不令終，蓋已基於此矣。

十二月甲辰，資政殿學士、提舉洞霄宫盧益卒於嚴州。

言者謂翼祖積累深厚，興我宋萬世之基。而保州睦宗院既陷於虜，其南奔者十數人，而有官者僅四人。望權依四京宗室例〔一五〕，先次注官。丁巳，詔從之。

參知政事李光與右僕射秦檜議不合，於上前紛争，且言檜之短，乃引疾求去。辛酉，罷爲資政殿學士，詔與郡。言者交攻，遂提舉洞霄宫。時右正言陳淵獨不論光〔一六〕，檜疑之。

宗正丞鄭鬲奏，乞以常平錢於民輸賦未畢之時，悉數和糴。壬戌，詔從之。上謂宰執曰：「常平法不許他用，惟待賑荒恤饑，取於民者，還以予民也。」秦檜曰：「陛下語簡而理盡，無不本於愛民。」鬲，侯官人也。

秘書丞廬陵劉才邵言：「累朝會要已至熙寧，而元豐以後者未次，若置局則有官吏廩給之費，望令館職續編。」甲子，詔從之。

初，詔侍從各舉所知，而給事中劉一止、起居郎周葵皆以宣教郎吕廣問應詔〔一七〕。廣問，夷簡孫也。李光欲除廣問館職，至是，殿中侍御史餘杭何鑄言：「二人非知廣問者，因光之屬，迫於勢而舉之，相與以欺陛下也。今光已出，二人之罪豈容不正？」己巳，詔一止、葵并以奉祠而去。

中丞廖剛言：「國朝治平以來，始詔三歲一舉，自是率用今年大禮，明年科場，又明年省殿試。故蔭補與登第人往往先後到部，於注授爲便，而漕司歲費亦無相妨，誠爲經遠之計。昨建炎元年殿試，爲軍興，展至明年就維揚試。紹興元年殿試，爲明堂又展一年，就臨安府試。今明年當試進士，復與大禮相妨。且省司財計難以應辦，此不便一也。近歲初官人，率待四五年闕，若奏名人與蔭補人同時到部，愈見差注不行，此不便二也。儻更展一年，則大禮科場省殿試皆得如古制矣。况來年不獨舉大禮，且山陵營奉有日，豫備兩宫回鑾，差官置局，日分亦恐不給，安得不權時而制宜哉？兼河南、陜西士人各罹亂政，學業荒廢，姑緩一年，亦無不願。」既而詔明年依舊科場，仍展省殿試一年，以合古制。

金虜簽軍之法，自元帥府下諸路帥，帥下節鎮，鎮下支郡，郡下諸縣，縣以民户丁多寡之數，令備器械軍裝，以聽點集。用兵以來，皆粘罕之徒專之。至是，國主亶始令諸路不得從元帥府，須見裏面使臣所持御畫牌札，方許簽發。蓋疑其下也。然元帥府距其國都甚遠，苟有緩急，豈能應機而用哉？

校勘記

〔一〕如四川前日無名横斂　「斂」，原闕，據四庫本中興小紀卷二七補。

〔二〕上語在己酉今聯書之　此爲小注，原闕，據四庫本中興小紀卷二七補。

〔三〕臣願宣陛下德意俾一路被澤　原作「臣悉宣播聖德意」，據四庫本中興小紀卷二七改補。

〔四〕上曰豈惟一路應四川事悉以委卿以成都帥而得行四川民事自熹始也　以上原本僅爲：「以成都帥而得守四川民事，自熹撫成都一路兼。」據四庫本中興小紀卷二七改補。

〔五〕戊午宰執奏統制官雷仲管鎮江府軍馬　「戊午宰執奏」，原闕，據四庫本中興小紀卷二七補。

〔六〕岳飛軍中偏裨……未可統衆　以上原文錯亂，據四庫本中興小紀卷二七改補。如原文於評價董先時有云：「好出兵，鋒鋭勇烈，一鼓直前耳。」未知出自何處，無法於文中交代。

〔七〕性行才否　原作「性情臧否」，據四庫本中興小紀卷二七改。

〔八〕四川大軍移屯　大軍前，原衍有「西夏」二字，據四庫本中興小紀卷二七删。

〔九〕金虜近歲入寇多不利　「入寇」，四庫本中興小紀卷二七改作「用兵」。

〔一〇〕民力殊困　「殊」，原作「誅」，據建炎以來繫年要録卷一三三改。四庫本中興小紀卷二七無此條。

〔一一〕無一家可以供賦　「賦」，原作「職」，據建炎以來繫年要録卷一三三改。

〔一二〕須歷親民一任　原作「須歷親已籍仕」。此據四庫本中興小紀卷二七改補。然小紀無「須」字。建炎以來繫年要録卷一三三亦作：「舊法：初改官，須歷親民一任。」

〔一三〕東京都轉運使李廸昨被命稽留　「東京」，原誤作「吉安」，疑爲此二字。建炎以來繫年要録卷一三三載云：「丙戌，龍圖閣直學士、京畿都轉運使李廸落職，提舉江州太平觀。廸始辭新命，上固遣之。及到任，又與權東京留守孟庾不和。」所謂京畿路，即北宋合開封府并曹、陳、許、鄭、滑諸州所置。故此處所簡稱或即爲「東」字。因據改。四庫本中興小紀卷二七無此條。按：李廸及孟庾從未任永興軍路即京兆府之轉運使及西京留守，二人之不合，亦在京畿路任内事，因知原本所載史實全不合也。

〔一四〕又與東京留守孟庾不和　「東」，原作「西」，據史實改。可見上條校語。

〔一五〕望權依四京宗室例　「四」，四庫本中興小紀卷二七作「西」，建炎以來繫年要録卷一三三作「兩」。

〔一六〕時右正言陳淵獨不論光　「陳」，原作「其」，據建炎以來繫年要録卷一三三改。

〔一七〕而給事中劉一止起居郎周葵皆以宣教郎吕廣問應詔　「葵」，原作「蔡」，據四庫本中興小紀卷二七、建炎以來繫年要録卷一三三改。

宋朝中興紀事本末卷五一

起紹興十年正月盡三月

紹興十年歲在庚申。

春正月辛巳〔一〕，右僕射秦檜等奏：「前日，外間有匿名書，非毀朝廷，當繳進。」上曰：「已見之，無足恤。」又曰：「度近日上封事言臣等，陛下掩蔽者多矣。」上曰：「無事。凡所上書，朕無不覽。若有言卿等過，豈可不令卿等知，致積成大過耶？」

時遷工部侍郎李誼爲尚書，欲借誼資政殿學士，奉使金國。誼辭行。乙酉，上謂宰執曰：「朝廷遣人往新疆，多辭不行。奉使亦辭〔二〕，若不黜，是爲姑息之政。」即詔罷之。

詔新除工部侍郎莫將充迎護梓宫使，以知閤門事韓恕副之。

壬辰，詔上殿官唐文若改合入官，仍舊潼川府教授。秦檜奏：「近制，初改官人須任親民〔三〕，不許堂除，此可以養成人材。」上曰：「非特養成人才，亦足以抑奔競之風。」文若，庚之子也〔四〕。

癸巳，上諭宰執曰：「朕選任將帥，下至偏裨，必審知其才然後用。朝士用非其人，至於失職，不過罷之。若將兵之官，所繫非輕，豈可不審也？」

上曰：「新疆各宜屯兵以守。得之雖易，不可以易失之。」秦檜曰：「聖慮深遠，蓋得保民以圖恢復。」上又曰：「陝西弓箭手最爲良法。神宗開邊，當時甚盛。今聞其法寖弛，官司擅行役使，宜嚴行禁止。又鞍馬器甲，亦當葺之。」

初，太尉郭仲荀既以兵交與淮東宣撫使張俊下統制官雷仲。至是，乞祠。甲午，以爲醴泉觀使。既而俊薦仲荀有才，遂令知鎮江府。

先是，右正言陳淵言：「自藍公佐歸，聞金人盡誅往日主議之人，且悔前約，以此重有邀索。此國之大事，臣謂和戰二議不可偏執。」上語淵曰：「今日之和非惟不可偏執，自當以戰爲主。」至是，淵見所命之使有所陞黜，且趣其行。

己亥，淵又言：「急於遣使而不及其他，則知虜不能無求。然我有不可許者，如取河北之民，將失人心。用彼之正朔，則亂國政，此誠不可。至於歲幣之數多，未必喜，寡則必怒。與其多不若寡之爲愈。蓋和戰兩途，彼之意常欲戰，不得已而後和。我之意常欲和，不得已而後戰。言者必欲多與之幣，以幸其久而不變，則無是理。臣願陛下，訓所遣之使，俾無輕許，以誤大計。以和爲息戰之權，以戰爲守和之備。此至計也，惟陛下擇之。」

時温州有僧清了者，與其徒自言上嘗賜之以詩。癸卯，上謂宰執曰：「朕不識清了，豈有賜詩之理？可令温州體究。恐四方傳播，謂朕好佛。朕於釋老之書未嘗留意，蓋無益於治道。」秦檜曰：「陛下垂思六經而不惑於異端，真帝王之學也。」

上又曰：「莫將奉使金國，凡所議事，可一一録付，恐將妄有許可〔五〕，他日必不能守。」蓋虜人所請，朝廷多不從，上恐將等不能堅執，故戒之嚴如此。時中外見再遣使，疑過有所許，不知聖意先已定矣。

詔陝西買馬已及千匹，自此必益多，宜措畫牧養，庶幾蕃息，以備戰騎。

甲辰，提舉醴泉觀鄭億年復資政殿學士，仍舊觀祠，奉朝請。於是，御史中丞廖剛言：「億年身爲從官，委質叛臣，今而歸國，赦其戮幸矣。乃寵以秘殿雄職，授以在京觀使。臣恐此命一行，節夫義士，莫不解體，非所以訓。」陳淵亦言：「億年故相居中之子，雖嘗爲從官，而有從賊之醜。況資政降名，乃賊豫所竊以與億年，固不可以言復矣。必以復爲言，已著其從賊之罪。彼粗有知，必不敢受。而强受之，則如淩唐佐、李亘之徒，以義而獲褒；李顯忠、趙彬之輩〔六〕，以才而得用，必皆曰：『彼從賊而猶見褒用，吾屬何榮？』是自壞賞罰之紀綱，而更爲今日中興之累也。」尋改淵爲秘書少監。

時選人張鼎以治縣有善狀被薦引。丙辰，上諭宰執，令與改秩，堂除劇縣。且曰：「此因能以任之也。若一縣得良令，則百姓皆受其賜。」秦檜曰：「陛下勤於恤民，故親民之官，尤謹擇也。」

癸亥，上諭宰執曰：「舊徐州有鐵監，陝西諸路亦多坑冶，今當置作院以造軍器，然軍器各有土俗所宜。儻非所宜，不惟枉費，亦所蓄非所用，豈除戎器之意哉？」秦檜曰：「臣仰體聖意，安不忘危〔七〕，而留意於武備如此。」

是月，觀文殿大學士李綱卒於福州。

二月癸丑，以龍神衛四廂都指揮使、主管馬軍劉錡爲東京副留守。錡帶騎司之軍以行，即王彦所刺八字軍也。

廖剛又請起舊相之有人望者，處之近藩，秦檜滋不樂。庚申，除剛工部尚書，以工部侍郎王次翁爲御史中丞。

端明殿學士王孝迪卒。

丁卯，以觀文殿學士、知河南府孟庾爲東京留守，召責授少府少監、分司西京仇悆爲西京留守。

初，秦檜請下有司，討論史館之制。至是，禮部言：「依元豐舊制，合併歸秘書省國史案。以著作郎修纂日曆，遇修國史，即置國史院，修實録亦置實録院。所有見今史館官，罷歸元處。」既而著作佐郎丹陽王揚英又言，國史案移文諸處多不報。於是，復以國史日曆所爲名。

庚午，上與宰相論川、陝財賦。上曰：「將帥漕臣皆當體國爲一家，士卒固欲拊循，民力亦須愛惜，豈可妄費也？」

初，淮南諸路已置教官。至是，言者又謂四川士人衆多，宜選分教，乞諸州并置。辛末，詔從之。

端明殿學士、簽書樞密院事韓肖胄請大，除資政殿學士、知紹興府。

壬申，上謂宰執曰：「爵禄本是礪世磨鈍之具，凡肯任事赴功者〔八〕，朝廷當與進擢。至如崇虚譽，飾空言，與避事保身者，豈可加獎？」秦檜曰：「臣等敢不仰遵聖訓？」

言者請復置勳官，癸酉，詔付吏部。

先是，言者多論崇、觀、宣、政時事之失。

三月己卯，詔中外〔九〕：「自今只陳事之當否，毋以崇、觀、宣、政爲口實，務盡致恭之禮。」秦檜奏曰：「外議恐因此致當時人復來。」上曰：「豈有是理？只爲言者多明指前事，朕爲人子，所不可聞。」檜曰：「此陛下之聖孝也。」

時詔陝西諸路前環慶帥顯謨閣直學士趙彬、前永興帥寧國軍節度使張中孚、前涇原帥清遠軍承宣使張中彦、前鄜延帥雄武軍承宣使關師古皆入覲，而彬已到闕。於是，禮部侍郎鄭剛中言：「臣聞陝西二三大帥，被旨入覲，旦夕且至。陛下有顯秩以寵其身，慶澤以蕩其意。彼方戴德而感激震悼之不暇〔一〇〕，陛下引見之日，所以推誠而收其心者，雖不可後，亦當折其氣以責其後效。不然，恐不知有朝廷之尊。昔英布歸，漢高祖踞床見之。布悔來，欲自殺，出就舍，又大喜過望。赤眉之降，世祖陳兵臨洛，問盆子曰：『汝知不死否？』其衆請命，則又曰：『得無悔降乎？吾不强汝。』既屈服之，後陳其三善而釋之，又賜田宅，使居洛陽。今來朝廷所以待之，聖心自有恩威之度，臣蓋不能自已者也。」至是，入見，遂除彬爲兵部侍郎，中乎醴泉觀使，中彦提舉佑神觀〔一一〕，師古馬軍都虞候。未幾，師古卒，其後謚曰毅勇。

先是，上嘗諭秦檜曰：「比聞州縣多創添税務〔一二〕，因此商旅不行，所在貨少，爲公私之害。又州縣違法，科夫騷擾，被差一夫，須備十千，動至數十人，而借者或止收錢而去。」己未，秦檜具禀，乃詔所增税務并罷，差夫嚴行禁止。上曰：「二事責在漕臣，違者重置之法。」

先是，遣禮部侍郎蘇符爲金國賀正使，知閤門事王公亮副之。丙申，符回。符，軾孫也。

初，陝西緣河諸郡言：「金虜欲以修大慶關水岸爲名，將舉兵渡河。」川陝宣撫副使胡世將遂言：「以金人講和，今已踰年，梓宫天眷，未有還期。本朝使命，皆留彼國。竊慮敵情難信，萬一以精騎自河中府突來，不數日可至川口。近探虜果於河中廣積糧草，并獲到姦細王萬，稱復要興兵〔一三〕，乞先事爲之，以防意外之警。兼永興、涇原、環慶三帥皆已入覲，宜早擇帥臣，機不可失。况本路統兵官多是從僞之人〔一四〕，亦乞更賜加選及向去〔一五〕，萬一有不測應干軍事，或待報不及，許臣隨宜措置。」至是，世將又奏：「虜將撒離曷等復來蒲、解，緣撒離曷等向在陝西，窺我四川，去而復來，其意安在？今分兵太遠，老小同行，緩急呼唤難集。又收復陝西，今已朞歲，人情苟簡，軍政廢壞。若自大慶關深入秦地，則沿河諸郡，决不能守。是雖得其地，與未得同。又陝西諸帥，皆嘗從僞，不敢訓兵，兼器甲絶少，皆謂北軍若來，惟有投拜。是雖得其兵，與未得同。惟望早擇良帥，兼選將佐。如不此圖，但謂已復陝西，其精兵良馬，我悉得用，實爲誤國。」丁酉，詔世將隨宜措畫。

庚子，詔：「徽宗裁定笞杖之制，德意深矣。有司昨徇舊文，請從重比，殊咈於理〔一六〕。可依政和敕遞減，庶幾省刑，以彰先帝之美。」

時川口諸阨，如仙人關、和尚原、殺金平，有稍壞之處。是月，胡世將令忠勇軍伐木十餘萬條，并興、洋一帶皆葺治之。

校勘記

〔一〕春正月辛巳　「春」，原闕，據四庫本中興小紀卷二八補。

〔二〕多辭不行奉使亦辭　「不行奉使亦辭」，原闕，據四庫本中興小紀卷二八補。

〔三〕初改官人須任親民　「改」，原作「政」，據四庫本中興小紀卷二八改。

〔四〕庚之子也　「庚」，四庫本中興小紀卷二八作「庾」，誤。建炎以來繫年要録卷一三四同原本，且注云：「庚，眉山人，大觀間京畿提舉。」

〔五〕恐將妄有許可　「將」前原有「許」字，據建炎以來繫年要録卷一三四、宋史全文卷二〇下删，四庫本中興小紀卷二八無此條。

〔六〕李顯忠趙彬之輩　「彬」，原作「郎」，據建炎以來繫年要録卷一三四改。四庫本中興小紀卷二八無此條。

〔七〕安不忘危　「忘」，原作「妄」，據四庫本中興小紀卷二八改。

〔八〕凡肯任事赴功者　「赴」，原作「起」，據四庫本中興小紀卷二八改。

〔九〕詔中外　「中」，原作「下」，據建炎以來繫年要録卷一三四，有「詔臣僚言事」，「可告戒中外，務盡致恭之禮」諸語，據以改正。

〔一〇〕感激震悼之不暇　「悼」，原作「掉」，據四庫本中興小紀卷二八改。四庫本中興小紀卷二八無此條。

〔一一〕中彦提舉佑神觀　「彦」，原作「孚」，「佑神」，原作「醴泉」，據四庫本中興小紀卷二八、建炎以來繫年要録卷一三五改。

〔一二〕比聞州縣多創添税務　「比聞州縣」，原作「比州縣聞」，據四庫本中興小紀卷二八改。

〔一三〕稱復要興兵　「興」，原作「與」，據四庫本中興小紀卷二八改。

〔一四〕況本路統兵官多是從僞之人　「路」，原作「所」，據四庫本中興小紀卷二八改。

〔一五〕亦乞更賜加選及向去　「更賜加選及向去」，四庫本中興小紀卷二八作「更加選擇及早去留」，建炎以來繫年要録卷一三四作「更加選擇臣近論奏向去」。

〔一六〕殊咈於理　「理」，原作「里」，據四庫本中興小紀卷二八改。

宋朝中興紀事本末卷五二

起紹興十年四月盡六月

知建康府葉夢得奏溧水縣令李朝正治狀，乞加試用。夏四月丁未，召赴行在。上謂宰執曰：「近時縣令，以治績被薦，往往別除差遣。不若且與進秩，使之還任，庶久則民安其政。」朝正，開封人也。

右承議郎范振上書，乞雇募耆户長事〔一〕。乙卯，上諭宰執曰：「朕昨夕閱振書，所論十事，皆民間大利病。其言多可採。」遂擢振知南安軍。振，建陽人也。

中丞王次翁論知泉州趙鼎不法，及知宣州汪伯彦不恤饑民而興土木之工，知信州徐俯妄自尊大，不視郡政，并乞與祠。乙卯，宰執奏，欲以言章付鼎等。上曰：「人臣有小過，朕不欲揚之，使自爲進退。」既而三人相繼請罷，從之。

實録院檢討官朱翌言：「作史之法，文有取於簡，事不貴於繁。」癸亥，上謂宰執曰：「史欲垂信萬世，事關治亂，乃當載之，豈貴繁也？」上又曰：「陝西弓箭手，祖宗良法。止緣初置提舉官，務在廣招。苟取充數以希賞，而地不足以給之，削其頃畝，法因以壞。」乃詔樞密院行下帥司，據見田招刺，不必拘以舊額。

時淮西宣撫使張俊乞免本户歲輸和買絹。乙丑，三省擬每歲特賜俊絹五千匹，庶免起例。上以示俊，因諭之曰：「諸將皆無此，獨汝欲開例。朕固不惜，但恐公議不可。汝自小官，朕拔擢至此，須當自飭，如作小官時，乃能長保富貴，爲子孫之福。」俊皇悚，力辭賜絹。

丙寅，上以語宰執。蓋上待諸將甚厚，而訓飭之嚴如此，蓋恩威并濟也。

丁卯，上諭宰執：「聞三京穀賤，令有司糴之，運至江、淮，以備兇歲，則可減東南和糴之數。」又曰：「廣南市舶，利入甚厚，提舉官宜得人而久任，庶蕃商肯來，動得百十萬緡，皆寬民力也。」

上殿官江公亮乞大臣選易守令。庚午，上謂宰執曰：「縣令至衆，朝廷豈能人人推選？惟當選監司郡守，使之易置，則得人矣。」秦檜曰：「陛下選大臣，大臣擇監司郡守，監司郡守擇縣令，固當如此。」上然之。

五月丁丑，上謂宰執曰：「天下之財，何必盡斂於府庫？有若曰百姓足，君孰與不足？若藏於民，猶在官也。」秦檜等因贊王言之大，得與天下共利之意。上又曰：「累禁銷金鋪翠，朕性淡薄，服用樸素，故宮中不敢踰者。但聞富家大室，猶有以金翠爲飾，不惟費財害物，亦非所以厚風俗。」檜曰：「陛下躬行儉約，不率化者，自當以法治之。」乃申前詔，期於必行。

甲申，詔建敷文閣，藏徽宗御集。置學士、直學士、待制、直閣等官。

時殿前司有將領湯尚之者，詔與外任。

乙酉，上謂宰執曰：「屢戒楊沂中，凡將領有不可用者，并令汰遣。所養人必可充戰士，馬必可備戰騎，然後可收。不惟皆得實用，亦不枉費芻糧，蠹耗國計也。」

建康留守葉夢得奏修行宮，欲大慶、文德、垂拱、紫宸四殿規模稍大。上恐勞民力。

丙戌，諭宰執令從簡儉，止營兩殿足矣。

丁亥，宰執奏事，秦檜因論：「後世望帝王之治〔二〕，以爲不可企及，恐無此理。」上曰：「舜何人也？予何人也？有爲者亦若是。」

戊子，上謂宰執曰：「朕於聽言之際，未嘗曲徇，惟視理之所在。苟當於理，雖小臣所陳必聽。不當於理，雖大臣有所不從。」秦檜等皆歎上如天之無心，故聽言之際，任理而不任情如此。

時吏部差鄂州巡檢〔三〕，而湖北宣撫使司不許其上，御史中丞王次翁奏劾之。壬辰，上曰：「天下之事，當謹其小。小之不圖，積習寖久，將有大於此者。次翁所論，深明國體。」乃令詰問宣撫司。

時有詔令侍從舉所知，給事中林待聘因薦新台州教官永嘉張闡〔四〕。召對，張闡言〔五〕：「虜歸我關中，此地古號天府，乃祖宗社稷之靈，天下莫大之福。而議者過計，以謂虜棄空城以餌我〔六〕，他日富實，敵將復至，不如守蜀之得策，其説疏矣。天與不取，反受其咎。願擇大帥爲必守之計，秦中根本既固，則中原之復可冀〔七〕。」於是，召闡試館職，爲正字。除正字在閏六月〔八〕。

初，金虜帥兀朮將渝盟，乃舉其國中之兵，集於祁州元帥府大閲。至是，分四道入寇。一寇河南，以吾叛將李成將之。一寇山東，曰聶黎孛堇者將之。一寇陝西，曰三郎君者將之，三郎君即撒離曷也。而兀朮同僞三路都統及號龍虎大王與將軍韓常擁精兵約十五萬，渡大河。據張戒默記，乃五月十三日。丙戌，入東京，執留守孟庾。於是，兀朮駐舊龍德宫，而三路都統以次長驅南下，破潁昌、淮寧二府，蔡州遂降於虜。

先是，馬軍帥、東京副留守劉錡領兵之任〔九〕，絶江、淮至潁上。錡與屬官杜亨道、王義賓及將佐捨舟陸行〔一〇〕，抵順昌府。庚寅，守臣、顯謨閣直學士陳規得報，虜騎已入東京。規以示錡。時錡所部選鋒、游奕兩軍及老幼輜重相去甚遠。錡遣騎趣之，是夕纔抵岸。錡見規曰：「事急矣，城中有糧，則能與君共守。」規曰：「有米數萬斛。」錡曰可矣。規亦力留錡共守。錡又見劉豫時所蓄毒藥猶在〔一一〕，足以害敵。壬辰，乃召諸將議曰：「吾軍遠來，未及息肩，虜已壓境，今當如何？」有欲就便舟順流而下者，有欲守者。錡曰：「某本赴官留司，今東京既陷，幸全軍至此，有城池可守，機不可失。當同心力，以死報國家。」衆議始定。即鑿舟沉之，示無去意。通判汪若海沿府檄至行在，錡以奏附若海行。即與屬官等登城區處，城外有居民數千家，恐爲賊巢，悉焚之。分命諸統制官許青守東門，賀輝守西門，鍾彦守南門，杜杞守北門。且明斥堠，及募土人作鄉導間探〔一二〕。於是軍人皆奮曰：「平時人欺我八字軍，今日當爲國家立功。」錡親於城上督工，設戰具，修壁壘，凡六日粗畢，而賊之游騎已渡河至城外矣。

初，右護軍七萬三千人，馬六千一百匹。自復故疆，進屯陝西，其留保川口者，不過二萬，多是秦鳳帥兼右護軍都統制吴璘所部。時永興帥兼樞密院都統制郭浩領八千衆在邠、耀二州，餘别分於利路帥兼樞密都統制楊政，及涇原帥田晟、環慶帥范綜、鄜延帥王彦、熙河帥孫渥，布於諸路。至是，金虜大酋撒離曷自河中府渡河，入同州界。馳二百五十里，破永興軍，直趨鳳翔府據之。而陝右諸軍，皆隔在虜後，遠近震恐。宣撫副使胡世將倉卒召諸帥，時吴璘、孫渥已隨世將在河池，而楊政、田晟亦繼至，惟范綜、王彦仍守其地。諸軍稍集，世將即遣璘、政、晟同率大軍，會諸路統兵官涇原曲汲、環慶屈元、鄜延趙維清等，分據渭河南一帶，外捍六路，内保四川。

先是，張燾出鎮成都，請由京、洛、關、陝以達，因得觀形勢利便，且與胡世將議事，上許之。及𤍠至永興軍，報虜已敗盟，遂見世將，言和尚原最爲衝要，自原以南則入川路，散失此原，是無蜀也。於是，𤍠爲奏，乞速徙右護軍之戍陝右者，還屯蜀口。丁酉，有旨令世將日下抽回，詔雖下而未達也。

戊戌，上謂宰執曰：「夷狄禽獸，不知信義，無足怪者。但士大夫不能守節，至於投拜。風俗如此，極爲可憂。」秦檜曰：「自靖康以來，賣國之人皆蒙寬恩，故習熟見聞，若懲革之，當在今日。」

己亥，上謂宰執曰：「金人自靖康以來，每捃摭前事，歸曲中國，以爲兵端。自前年割地請和，朕待之之禮已盡。忽無故稱兵，曲直有在，朕今決意用兵。」秦檜等曰：「陛下本以可和則和，不可和則戰，此素定之計。今兀朮骨肉相屠，遺毒中國，首亂舉兵。陛下赫然震怒，當爲弔民之舉，臣等敢不效死承命？」

命少師、萬壽觀使劉光世爲太保、三京招撫處置使，往援劉錡。於是，光世駐軍太平州，請以護國軍承宣使李顯忠爲前軍都統制，從之。光世復以統制官王德隸其軍，德堅不肯從。

時秦檜素主和議。於是，中丞王次翁言於上曰：「陛下既以和議爲主，而諸將備益嚴，士卒勇鋭。虜雖敗盟，曲不在我，無能爲也。前日國是，初無主議。事有小變，則更用他相。蓋後來者未必賢於前人，而排黜異黨，收召親故紛紛，非累月不能定，於國事初無補也。願陛下以爲至戒，無使小人異議乘間而入。」上深然之。

川陜宣撫副使胡世將在河池，而都統制楊政與涇原帥田晟〔一三〕、鄜延帥王彦并據渭河南一帶，與虜兵對壘，都統制郭浩駐涇州，而熙河帥孫渥權參謀官。渥勸世將退保，諸將皆曰：「虜掩我無備，我分屯之師未集，宜少退，清野以避其鋒。」右護軍都統制吴璘曰：「虜所以輕犯我者，聞先兄之亡，謂我無備。今若退，墮其計矣。璘請以身任責。」世將壯之，乃曰：「分屯之兵，未集關中，旦暮望官軍捷。而吾遽避，則大事去矣。吾誓死於此，勿多言也。」遂先遣晟還涇原，渥赴熙河，仍命璘統軍二萬於寶雞河南捍賊。庚子，詔璘節制陜西諸軍，命方下而未達也。時虜選精騎，令折合孛堇作前鋒。有曾受僞命者，與賊通謀。

辛丑，虜騎奄至石壁寨〔一四〕，璘遣統制官姚仲等拒之。仲自奮身督戰，折合孛堇中傷，退屯武功。時楊政母病方死，亦不顧家，徑至河南，與璘協力捍虜。既而諸軍老小悉歸内地。人心既定，踴躍自奮，不復懼虜矣。

先是，劉錡於順昌府城下設伏，虜游騎至，擒其千户阿黑殺等二人。詰之，云韓將軍在白州龍渦下寨，距城三十里。錡夜遣千餘兵擊之，頗殺虜衆。既而三路都統及龍虎大王軍併至。壬寅，逼城凡三萬餘人。錡以神臂弓及强弩射之，稍引去。復以步兵邀擊，溺於河者甚衆，奪其器甲及生獲女真、漢兒〔一五〕，皆謂賊已遣銀牌使馳詣東京，告急於四太子矣。時錡見陳、蔡以西皆望風投拜〔一六〕。又有王山者，舊爲兀朮所用，嘗知順昌府。至是，復來城下，兀朮欲再令守順昌。錡慮有苟性命者賣己於外，故順昌官吏軍民皆不許登城，用己所部兵守之。

時有權監進奏院陳鼎上書言：「虜於今日敗盟，乃朝廷之福。使未敗，則他日之禍有不可支持〔一七〕，願乘此，早爲自治之策。」秦檜怒，送之吏部。鼎，松溪人，戩子也。

初，吏部功賞難於核實，吏得舞文爲姦。司勳郎官張宦因陛對，力陳其弊，以謂：「圖籍散逸，止憑省記，月異而歲不同，無所總括。舍法則用例，引例則破法。姦弊日滋甚，非畫一之政。請自今以例爲據者，悉令上之朝廷，稽其合於三尺者，著爲定制。」人以爲當。宦，晉陵人，守兄也。至是，遷秘書少監。時宦齒髮已衰，每被濯危坐，而讀未見之書，自視無愧於蕭德言云。

新西京留守仇悆未至，而虜背盟。乃復悆待制，知明州兼沿海制置使。

六月甲辰朔，詔以淮東宣撫使韓世忠、淮西宣撫使張俊、湖北宣撫使岳飛兼河南北諸路招討使。

右僕射秦檜言：「德無常師，主善爲師。臣昨見金國撻辣有講和割地之議，故贊陛下取河南故疆。既而兀朮殘其叔撻辣，藍公佐之歸，和議已變，故贊陛下定弔民伐罪之計。臣今請先至江上，諭諸路將帥，同力招討。如臣言不可行，即乞罷免。」上嘉納之。

初，威州團練使李貴統官兵於江西虔、吉、筠三州及湖、廣界招捕盜賊。至是，貴誘到首領一百餘人，脅從六千餘人。丙午，以貴爲登州防禦使。

時虜衆圍順昌府城四日，乃移寨於城東地號李村〔一八〕，距城二十里。劉錡遣驍將閻充以鋭卒五百，募土人前導，夜劫其寨。至軍中，氈帳數重，朱漆奚車，有一酋遽被甲，呼曰：「留得我，即太平。」不聽，竟殺之。是夕，天欲雨，電光照燭，見辮髮者殲之甚衆。既而報兀朮親擁兵至。先是〔一九〕，兀朮得告急之報，即麾其衆，出京城門，至淮寧府，治戰具，備糗糧，不數日已至順昌境。丁未，錡登城，會諸將於東門，問策將安出。或謂今已屢捷，宜乘此勢，具舟全軍而歸。錡曰：「朝廷養兵十五年，正欲爲緩急之用，況以挫賊鋒，軍稍振，雖多寡不侔，然有進無退。兼賊營近在三十里，而四太子又來援，吾軍一動，被虜追及，老小先亂，必至狼狽。不惟前功俱廢，致虜遂侵兩淮，震驚江浙，則平生報國之志，反爲誤國之罪。不如背城一戰，於死中求生可也。」衆以爲然，求欲效命。錡呼帳下曹成等二人，諭之曰：「吾遣爾作間，事捷有厚賞。第如我言，虜必不殺汝。今遣騎綽路〔二〇〕，置汝隊中，汝遇敵必墜馬，使爲所得。虜酋問我何人，則曰太平邊帥子，喜聲色，朝廷以爲兩國講好，使守東京，圖逸樂耳。」已而遣探騎，果遇虜，二人被執。兀朮問之，對如是。兀朮喜曰：「可蹴此城爾。」遂下令，不用負鵝車砲具行。翌日，錡行城上，見二人遠來，心知其歸，即縋上，虜械二人，以文書一卷繫於械。錡取焚之。

己酉，兀朮入泰和縣，距城纔七十里。

是日，以東京副留守劉錡爲沿淮制置使，錡未之知也。

虜將折合孛堇自武功縣整兵再來。是日己酉，都統制吴璘、楊政率大軍迎敵。至扶風縣遇賊，力戰。虜先於扶風築城，既敗，亟入城，閉門拒守。官軍乘勝攻拔其城〔二一〕，殺虜衆幾盡。援兵繼至，亦敗而走。

初，言者論太常少卿劉昉、宗正少卿陳淵，皆罷。至是，言者謂：「二人去，而工部尚書廖剛謂昉、淵乃己所薦，獨以爲賢。又金人敗盟，而剛幸時有警，復肆譊譊，以惑搢紳。」庚戌〔二二〕，詔剛與外任，遂除徽猷閣直學士、提舉明道宫。

兀朮至順昌城外，責諸將前日用兵之失。衆曰：「今者，南兵非昔之比，國王臨城自可見。」蓋兀朮僞稱兵馬大元帥、越國王也。兀朮下令來早府治會食，且折箭爲誓，以激其衆。壬子，虜併兵攻城，凡十餘萬。而府城惟東西兩門受敵。錡所部不滿二萬，而可出戰者僅五千。賊先攻東門，錡出門應之，賊敗退。兀朮自將牙兵三千，往來爲援。皆帶重甲，三人爲伍，貫韋索，號鐵浮屠。每進一步，即用拒馬子遮其後，示無反顧。復以鐵騎馬左右翼，號拐子馬。悉以女真充之，前此攻所難下之城，并用此軍，故又名長勝軍。虜時諸酋，各居一部，衆欲擊韓將軍，錡曰：「擊韓雖退，兀朮精兵尚不可當也。法當先擊兀朮，兀朮一動，則餘軍無能爲矣。」時叛將孔彦舟、酈瓊、趙榮輩騎列於陣外，有河北簽軍告官軍曰：「我輩元是左護軍，本無鬥志。惟兩拐子馬可殺。」故官軍皆憤。時方劇暑，我居逸而彼暴露，早涼則不與戰，逮未申間彼力疲而氣索，錡忽遣數百人出西門，虜方來接戰。俄以數千人出南門，戒令勿喊，但以短兵極力與戰。統制官趙樽、韓直皆被數矢，戰不肯已，錡遣屬扶歸。士殊死鬥，入虜陣中，斫以刀斧，至有奮手捽之，與俱墜於濠者。虜大敗，殺其衆五千，横屍盈野。兀朮乃移寨於城西，掘塹以自衛，欲爲坐困官軍之計。是夕大雨，平地水深尺餘，錡遣兵劫之，上下皆不寧處。

時淮西宣撫使張俊遣行營護軍都統制王德，將所部統勝軍援錡。俊既不樂錡，而德復懼撥隸劉光世軍，遷延未行。建康留守葉夢得諭德曰：「朝廷頒賞格，能立奇功者，使相節度，皆即軍中書告，舊未聞也。且劉錡名素出爾下，今自奮報國。爾能救錡，則可謂奇功矣。」

德遂行，未至順昌。乙卯，賊拔寨遁去。

順昌破敵録曰〔二三〕：錡方被圍時，遣介求援於朝。得報，已差行營左護軍統制王德，躬率全軍來援。十二日，金賊既退之後，德方移文來問賊勢動息。二十三日卯時，以數騎到城下，錡邀入，具飯，食已，憩於子城樓上。申時出門，遣人致意曰：「不果奉別，今且復回。」又數日，傳聞申樞密院：「某已解順昌圍矣。」方賊在城下，得遞到御筆：「劉某擇利班師。」錡以方應敵，未敢輕動。賊退後十日，又被旨先發老小還駐鎮江。遂津發老小輜重并被傷之士〔二四〕，船載而行，以統制官杜杞、焦文通兩軍防護東下。

又聞德申宣撫司云：「某以全軍裹送劉太尉老小出潁河矣。」

兀朮至淮寧府，自三路都統以下皆撻之。於是，以三路都統官守南京，將軍韓常守潁昌府，而自與龍虎大王者擁其餘衆回東京。

順昌破虜記曰〔二五〕：兀朮撻諸酋，韓常有怨言，曰：「我一隻眼，只爲你於和尚原壞了。」時人情多離，兀朮至東京，欲往河北簽軍，王山曰：「河北惟有百姓，無正兵可簽也。」

參知政事孫近，奏被旨奉迎兩宮，今道路未通，欲權結局。詔從之。

甲子，簽書樞密院事樓炤以父憂去位。

丁卯，上曰：「朕躬履艱難，久於兵事。至於器械，亦精思熟講。昨造大鏃箭，諸軍皆謂頭太重，不可及遠。又造鋭首小槍，初亦未以爲然。其後用以破敵，始服其精利。今劉錡軍於順昌城下破敵，正用此槍也。」

戊辰，上謂宰執曰：「用兵之際，賞罰欲明。劉錡以孤軍挫賊鋒，兀朮遁去，其功卓然，自觀察使便除節鉞，即日降制。」秦檜等承命而退。

庚午，以鼎州觀察使沿淮制置使劉錡爲武泰軍節度、馬軍都虞候。

時虜別衆又陷宿、亳州。淮西宣撫使張俊親統大軍出廬州，命統制官趙密出西路。密引衆徑蘇村，時水漲三尺。涉六晝夜，乃達宿城。與虜遇，敗之。而統制官王德率衆自壽春趨宿，夜半襲破賊營，降僞守馬秦。乘勝趨亳，又下之。密以孤軍駐壽春累月，虜不敢南嚮。俊既復宿、亳二州，遂引軍還壽春府。時俊軍威甚盛，而智謀勇敢，賴德爲多。俊亦先計後戰，故未嘗敗。

初，諸大將入覲，陳兵閱於禁中，謂之内教。至是，統制官呼延通因内教出不遜語。中丞王次翁乞斬通，以肅軍列。因言：「祖宗著令，寸鐵入皇城者皆有常刑。今使武夫悍卒，被堅執鋭於殿庭之下，非所以嚴天陛也。」内教遂罷。

時韓世忠、劉光世、張俊、劉錡皆不相能。次翁曰：「臣聞世忠之於光世，因言議而隙。錡之於俊，因措置而睽。切恐錡保一孤壘，光世軍處窮獨，俊與世忠不肯急援，賴遣使切責。因用郭子儀、李光弼以忠義泣别相勉者，以感動之。」時諸將驕，而次翁彈擊不避。方乞斬通時，上勞之曰：「卿有李勉之風矣。」

淮南宣撫使韓世忠遣統制官王勝并背嵬將成閔，率兵北伐。辛未，至淮陽軍城南二十里，水陸轉戰，掩金虜入沂河，死者甚衆，奪戰船二百餘隻。

是月，資政殿學士馮澥卒。

時湖北宣撫兼招討使岳飛，遣統制官張憲與虜戰於潁昌府，敗之，遂復潁昌。憲又與戰於陳州境，敗之。飛別遣統領官楊成與虜戰於鄭州境，敗之〔二六〕。復陳、鄭二州。而飛自與兀术戰於郾城縣，殺其將阿李朵孛堇。

資政殿大學士、福建安撫使張浚聞淮上有警，亟具邊計。言：「向使虜出上策，還梓宮，歸兩殿，則我德虜必深。和議不拔，人心懈怠，國勢寖弱。幸今虜自反覆，士氣尚可以作。臣願因權制變，用天下之英材，據天下之要勢。措置一定，大勳可集矣。」

三京招撫處置使劉光世奏統制官李顯忠葬其父，乞官與之費。詔賜以萬緡。中書舍人林待聘言：「陛下多顯忠之自歸，而憫其家禍，不待殊功著績而置高位。曩邊遽亟聞，誠顯忠竭盡之秋也，而計奪於聲，懼形於色。屈指命日，以策川、陝之陷，安在其謀且勇？兵纔二千，行迨宿、泗，什七亡之，安在其得士心？緡錢十萬，以爲軍資，盡且復乞，又三倍。所求無厭，必驕且望，願寢其賜。」從之。

劉光世又請以舒、蘄等五州爲一司，選置將吏，宿兵其中，爲藩籬之衛。右正言万俟卨言：「光世欲以五州爲根本，將斥旁近地自廣，以襲唐季藩鎮之迹，不可許也。」時方多故，武夫怙亂。卨又言：「諸大將起於行伍，知利不知義，畏死不畏法，高官大職，子女玉帛，已極其欲，盍示以逗留之罰、敗亡之誅、不用命之戮，使其知所懼焉〔二七〕！」

時東京留守孟庾、南京留守路允迪悉已降虜。

閏六月甲戌，詔送其家屬居於金州。

戊寅，上曰：「狂虜犯境，諸軍不免調發。盛夏劇暑，朕蔭大廈，御絺綌，猶不能勝其熱，將士乘邊，暴烈日，被甲冑。每念熏灼之苦，如切朕躬。可降詔，撫問慰勞之。」

癸未，上曰：「順昌、淮陽戰士捐軀，死於國事。宜令逐處設奠，仍作浮屠水陸法事，以慰忠魂，使知朕不忘之意。」

甲申，上曰：「諸將進兵，所在克捷。正恐狃於屢勝，士寖以驕。可下詔，飭其嚴整行伍，明遠斥堠，蓄力養威，以俟大舉。勿爭尺寸之利，期以殄滅孽酋而已。」上又曰：「夷狄雖異類，苟知效順，何以多殺爲？馬欽等初歸，朕貸而不殺，劉光世屢以爲言。既而女真、契丹、燕人來歸者益衆，光世方悟朕意。至今諸軍往往收以爲用。今交兵之際，正宜多方撫納，使知内嚮。」

時陝西奏捷，虜既不敢度隴，蜀道以安。分屯之軍，亦各全師而還。

丙戌，以知秦州兼節制陝西諸軍右護軍都統制吳璘及知興元府兼宣撫司都統制楊政、知永興軍兼樞密院都統制郭浩并爲節度使。璘鎮西軍，政武當軍，浩奉國軍。而宣撫副使胡世將亦自寶文閣學士陞端明殿學士。

戊子，以龍圖閣直學士、知順昌府陳規爲樞密直學士。

時有獻計決淮水以灌淮陽賊壘。辛卯，上諭宰執曰：「決水所及，京東民田有被其害者。」秦檜曰：「陛下聖度，兼愛如此，宜無敵於天下也。」

特進趙鼎自泉州罷，來居紹興府。中丞王次翁言：「鼎近聞邊報，喜見顏間，幸時有警，規圖復用。直抵近輔，略不避嫌。門下黨與，往來臨安，鼓惑衆聽。」又論：「鼎在靖康末結王時雍，薦之張邦昌，遂受僞命，爲京畿憲。退而語人，有『親奉玉音』之語。又嚮以元樞都督川、陝、荊、襄，未幾拜相，而乾沒官錢十七萬緡，皆有實迹，望置於法。」章三上。

丁酉，鼎責秘書少監，分司南京，興化軍居住。次翁言之不已，遂以散官潮州安置。

趙鼎事實曰：時鼎連失洙、渭二子，與親知書曰：「幼子之病，以某謫温陵，失於醫理而死。長子之病，以某謫潮陽，惜於離别而死。一被譴而并殺二子，蓋負罪之深，宜誅而貸，故移禍私門如此之酷。然造物方且困之，未使其斃，强顔苟活。惟是責躬，無地自容耳。」〔一八〕

戊戌，賜諸帥詔曰：「狂虜不道，薦肆兇殘。王師所臨，無往弗克。捷奏繼至，俘獲踵庭。尚慮狃吾屢勝之威，忽彼不虞之戒。天下本吾一家，豈貪尺寸之利？孽胡亡在朝夕，必滅爲期。咨爾六師，咸體朕意。」

湖北宣撫兼招討使岳飛，時屢獲捷。至是，詔書不許深入，飛遂班師。而所取州縣，旋復失之。野記〔一九〕。

奉使洪皓時在燕京，密奏：「順昌之役，虜震懼喪魄。燕之珍寶，悉取而北，意欲捐燕以南棄之。王師亟還，自失機會，惜也。」

福建安撫使張浚復條海道利害，仍大治海舟，至千艘，爲直指山東之計，以俟朝命。

校勘記

〔一〕乞雇募耆户長事　「募」，原作「摹」，據建炎以來繫年要録卷一三五改。四庫本中興小紀卷二八無此條。

〔二〕後世望帝王之治　「治」，原作「法」，據建炎以來繫年要録卷一三五改。四庫本中興小紀卷二八無此條。

〔三〕時吏部差鄂州巡檢　「吏」，原闕，據四庫本中興小紀卷二八補。

〔四〕給事中林待聘因薦新台州教官永嘉張闡　「薦」，原闕，據四庫本中興小紀卷二八補。

〔五〕召對張闡言　原闕，據四庫本中興小紀卷二八補。

〔六〕以謂虜棄空城以餌我　「棄」，原作「弁」，據四庫本中興小紀卷二八補。

〔七〕則中原之復可冀　「復」，原作「許」，據四庫本中興小紀卷二八改。

〔八〕除正字在閏六月　以上小注原闕，據四庫本中興小紀卷二八補。

〔九〕東京副留守劉錡　「副」，原闕，據四庫本中興小紀卷二八補。

〔一〇〕錡與屬官杜亨道王義賓及將佐捨舟陸行　「義」，原作「羲」，據四庫本中興小紀卷二八、建炎以來繫年要録卷一三五改。宋名臣言行録別集卷一〇劉錡傳亦作義。

〔一一〕所蓄毒藥猶在　「蓄」，原作「畜」，據四庫本中興小紀卷二八改。

〔一二〕及募土人作鄉導間探　「募」，原作「摹」，據四庫本中興小紀卷二八改。

〔一三〕而都統制楊政與涇原帥田晟　「涇原」，原作「興元」，據前文改。

〔一四〕虜騎奄至石壁寨　「石」，四庫本中興小紀卷二八作「右」，誤。宋史卷二九高宗紀六、建炎以來繫年要録卷一三五、宋史全文卷二〇下均作「石」。

〔一五〕奪其器甲及生獲女真漢兒　「獲」，原作「護」，據四庫本中興小紀卷二八改。

〔一六〕時錡見陳蔡以西皆望風投拜　「錡」，原作「騎」，據四庫本中興小紀卷二八改。

〔一七〕則他日之禍有不可支持　「支」，原作「友」，據四庫本中興小紀卷二八改。

〔一八〕乃移寨於城東地號李村　「地」，原作「城」，據四庫本中興小紀卷二八改。

〔一九〕先是　二字前原有「丁未」二字，因與下文重復，故删。

〔二〇〕今遣騎綽路　「騎」，原作「錡」，據四庫本中興小紀卷二八改。

〔二一〕官軍乘勝攻拔其城　「官」，原闕，據四庫本中興小紀卷二八補。

〔二二〕庚戌　「戌」，原作「戊」，據四庫本中興小紀卷二八改。

〔二三〕順昌破敵録曰　三朝北盟會編卷二〇一曰「楊汝翼順昌戰勝破賊録」。而建炎以來繫年要録卷一三六謂郭橋年作。

〔二四〕遂津發老小輜重并被傷之士　「發」，原作「撥」，據四庫本中興小紀卷二八改。

〔二五〕順昌破虜記曰　「順昌破虜記」，此書不著作者姓名，與順昌破賊録當是另一書。建炎以來繫年要録及三朝北盟會編未載，會編載此書楊録全文，亦未見此段文字。

〔二六〕飛別遣統領官楊成與虜戰於鄭州境敗之　以上原闕，據四庫本中興小紀卷二八補。

〔二七〕使其知所懼焉　「其知」，原作「知其」，據四庫本中興小紀卷二八改。

〔二八〕趙鼎事實曰……無地自容耳　此節原闕，據四庫本中興小紀卷二八補。

〔二九〕野記　原闕，據四庫本中興小紀卷二八補。

宋朝中興紀事本末卷五三

起紹興十年七月盡九月

秋七月丙午，以御史中丞王次翁爲參知政事。

戊申，上曰：「朕常與諸將論兵。諸將皆謂虜人鐵騎馳突，若在平原，勢不可當，須據險以扼之。朕謂不然，孟子言『天時不如地利，地利不如人和』。兵之勝負，顧人心如何耳。苟人心協和，則彼雖在平原，亦可取勝。諸將皆不以爲然，今諸將奏捷，皆在平原，以步兵勝鐵騎，乃信朕前日之語。」右僕射秦檜曰：「陛下天資神武，以人心論勝負，非諸將之所能及也。」

癸丑，太尉、殿前副都指揮使楊沂中進都指揮使公事，爲淮北宣撫副使。又以馬軍都虞候、沿淮制置使劉錡爲淮北宣撫判官。沂中自行在引兵出泗上，時淮北無虜騎，遂復還臨安。亦詔錡班師〔一〕，次於鎮江府。

時方用兵，當嚴斥堠。己未，宰執奏擺鋪事。上曰：「遞鋪兵極可憫，月糧須按月支，鋪屋亦須如法。有虎狼處，必用兩重籬落。」秦檜既退，乃歎仁心周遍，真堯、舜之用心也。

招討使韓世忠遣統制官王勝、王權攻海州，破之，擒僞守王山并獲虜人，押至行在。王山即隨虜至順昌城下者也。

順昌破虜記曰：王山言：「金國見只有兀朮主兵權。先時舉國内兵盡赴祁州大閱。舉所閱之兵，盡隨兀朮南下。兀朮之在順昌也，三郎君敗於陝西，亦來告急。是時，南宋若更有一項兵乘此而來，敵可擒也。」

乙丑，詔押回世忠軍，隨宜區處。秦檜請今後獲虜，不必解來。上曰：「不然，須令押數人來問之，庶得其實，不敢妄奏也。」秦檜曰：「陛下於庶政核實如此，孰敢欺乎？」時世忠怒統制官呼延通，通赴淮以死。

丙寅，宰執奏大禮獻官事。上曰：「朕嘗考三代禮器，皆有義，後世非特製作太精，且失其義。朕雖艱難，亦欲改作，漸令復古。」上又曰：「艱難以來，秘書省舊書散亡，今所藏甚少，不稱設官之意。朕近日多訪得古書，當令館職校正，別録本，付省中藏之。」時大樂亦久廢，詔太常隸習。於是，太常丞弋陽周執羔輯舊聞，閱工器，而樂始備。

丁卯，以右諫議大夫餘杭何鑄爲御史中丞。

詔川陝宣撫副使胡世將遣鋭兵千人，具舟百艘，載柴草膏油，自丹州順流而下，至河中府，焚毁金賊所繫浮橋。及選萬人，由斜谷出潼關，皆以絶虜歸路。世將奏：「已差統領官閻興以五百人往會知丹州傅師禹、知陝州吴琦、知華州潘道及忠義軍統制官傅起同措置，斷毁河橋。又臣前遣永興副帥王俊領選鋒四千人，已復興平、醴泉二縣，永興之屬邑也。今正與大敵相拒，且當盛暑，中傷者多，未容更遣兵。兼王俊在彼，可以乘間斷其歸路。」其後，閻興至永興之外邑，與王俊會，雖同傅師禹結到河東忠義秦海等一千餘人，皆補以官，然亦不能成功。

八月癸丑，上曰：「御將用兵，當如身之使臂，臂之使指。不能自運，豈立國之道？」

秦檜曰：「此漢高帝馭英雄之意也。」

己卯，宰執奏徽宗隨龍人乞恩例。上曰：「若舊人尤當優恤。凡事干徽廟，非惟朕奉先之孝所當自致，亦欲風勵四方，使人知有君親之恩也。」秦檜等退而竊歎上於一命一令，必存教化於其間，所謂明王以孝治天下，蓋如是也。

癸未，上與宰執論戰守之計。上曰：「戰守本是一事，可進則戰，可退則守。非謂戰則爲强，守則爲弱，但當臨機應變而已。」

己丑，宰執奏，淮東宣撫使韓世忠見圍淮陽，期於必滅。上曰：「攻城當開其生路，不可合圍。既得城，多殺何爲？」秦檜曰：「此成湯祝網去其三面之意也。」

言者以爲，民間辭訴，郡縣監司不以時決。壬辰，上謂宰執曰：「朕昔以元帥在河北、京東，見縣民有訴縣於州者，復委之縣；郡民有訴郡於監司者，復委之郡。如此則民冤何由得直？當申嚴約束。」秦檜曰：「陛下察見郡縣之弊，知吏治得失，雖漢之宣、光，殆無以過也。」

詳定一司敕令張宗元奏删定官序位。甲午，詔在樞密編修官之下。

詔川陝宣撫副使胡世將：「今日事勢，以力保關隘爲先。又陝西將士與右護軍不同，正當兼容。有仗義自奮者，優獎之，以勵其餘。」於是，世將奏：「川口諸隘及梁、洋一帶，先已修畢。見分遣吴璘在白石至秦州以來，遏熙、秦之衝，楊政在寶雞，遏永興、鳳翔之衝。及永興副帥王俊亦在盩厔作寨，牽制賊勢。兼自金賊再犯陝西，諸曾受僞命并許收使，如能立功，就上超轉。緣從僞既久，率望風拜降。臣亦開其自新之路，多方誘諭，已招到一萬一千五百餘人。總管傅忠、安撫朱勇、將官梁炳及統制、統領官各給袍帶，其老幼居於近裹。及有總管魏價等十四員，帶城寨兵一千五百，亦加勸獎。官各授差遣，卒各支請給，與右護軍相參爲用矣。」時楊政在寶雞，虜大酋撒離曷陰遣客刺政，詐爲降虜，政覺而誅之。

時招討使岳飛入覲。

九月己酉〔二〕，上謂宰執曰：「朕昨面諭岳飛，凡爲大將者，當以天下安危自任，不當較功賞。彼以功賞存心者，乃士卒所爲。至於朝廷待大將，亦自有禮。如前日邊報之初，除諸將使加師保。豈必待有功乎？若必待有功而後進官，乃所以待士卒輩也。」

辛亥，合祀天地於明堂，以太祖、太宗并配，大赦天下。

先是，川陜宣撫副使胡世將聞金虜分兵欲犯川界，遣右護軍都統制、節制陜西諸軍吴璘總兵至秦川之北。丁巳，攻城，拔之。僞守武誼、將官邵干、成紀、知縣荔諫等皆降。

戊午，宰執奏事。上謂秦檜曰：「士大夫多樂在朝廷，不樂在州縣。蓋朝廷遷進多，州縣遷進少。卿等可擇州縣吏之有治狀者，當如漢增秩賜金，使内外之勢均也。」

庚申，吴璘進兵剡家灣，與虜將胡盞郎君戰，賊兵大潰。

時行在遺火。壬戌，宰執奏犒設救火諸兵事。上曰：「累令去蓆屋，作瓦屋，皆不奉行。朕已戒内侍，如敢不遵〔三〕，比衆罪當加重。卿等更戒諸房吏亦依此。若内侍堂吏奉行，則衆不敢違矣。」

癸亥，上曰：「朕觀自昔守令，能抑强振弱者，始號循良。今豪家稍不快意，必中傷之。自今州縣吏有能稱，而或誣以非辜者，須朝廷主張，庶使吏自效，而民被其惠矣。」

甲子，上曰：「近世禮器，大不合古制。如聶崇義三禮圖極可笑。俟兵事稍定，當講論改造，况亦無大費也。」

是秋，兩浙轉運司秋試〔四〕，凡解二百八人，而溫州自計四十二人。宰執子侄，皆預其選。揭榜之日，士論大駭，自置舉場以來，未之有也。

朱勝非閑居録曰：東道諸州，解額少，舉子多，求牒試於轉運司，每七人取一名。比之本貫難，難易百倍。秦檜居永嘉，引用州人，以爲黨助。吴表臣、林待聘號黨魁，名爲從官，實操國柄。凡卿士具耳目口鼻者，皆登要途，更相拔援。其勢炎炎，日遷月擢，無復程度。是年，有司觀望，所薦溫士四十二名，檜與參政王次翁子侄預選者數人。前輩詩云：「惟有糊名公道在，孤寒宜向此中求。」今不然矣。

校勘記

〔一〕詔錡班師　「班」，原作「頒」，據四庫本中興小紀卷二八改。

〔二〕九月己酉　「己酉」，原作「癸酉」。按：九月壬寅朔，無癸酉，因據建炎以來繫年要録卷一三七改。四庫本中興小紀卷二八無此條。

〔三〕如敢不遵　「遵」，原作「均」，據四庫本中興小紀卷二八改。建炎以來繫年要録卷一三七作行。

〔四〕是秋兩浙轉運司秋試　前一「秋」，原作「移」，據建炎以來繫年要録卷一四四改。四庫本中興小紀卷二八作「類」，非是。所謂類試，類省試也。紹興五年以後，惟四川仍行類試，他路皆赴省試，已無類試也。

宋朝中興紀事本末卷五四

起紹興十年十月盡十二月

河南府奏檢視諸陵，除永定、永昭、永厚、永裕、永泰并無損，惟永安、永昌、永熙神臺壘裂。

冬十月乙亥，詔本府委官修之。

敕令所修在京通用敕令格式書成。戊寅，右僕射秦檜表上之。

右正言万俟卨論淮北宣撫司范直方怯懦沮師。丁亥，上曰：「陞黜必明當其功罪。可鐫職與遠小監當。」初，直方之行，上寵以列卿，賞賚優渥。至是，出於威斷。勸沮若此，臣下孰敢不奮勵而赴功也？

臺臣論信州守臣劉岑歷守三郡，妄費官帑，以市私恩。己丑，上曰：「朕於軍興調度，尚恐有傷百姓，其可以無名之費重困吾民？」乃詔重貶之。

壬辰，上曰：「用兵惟在明賞罰。若用命者必賞，不用命者必罰，何患人不盡力？比聞大將奏賞，往往任私，不當人心。朕若親提一軍，明賞罰以勵士卒，必可擒取兀朮。」

是月，臨安府居民遺火，延燒省部官舍。

朱勝非閑居録曰：初，上駐蹕應天，堂饌頓減。至維揚又減，至餘杭又減。宰執每員日用二千有奇，僅備一食。紹興四年，趙鼎以元樞爲川陝荆襄都督，須錢七百萬緡，有旨半與之。兩浙轉運司、臨安府又取二萬緡。行有日矣。會鼎拜相，因淮上用兵，遂以三百萬緡入三省激賞庫。先是，建炎初，御營使司置激賞庫，銀百星錢千緡爲一料，畫旨支降，專充軍書警奏間探之費。其後司廢，庫存隸於三省，内結諸宦，外交諸將，首尾五年。御史謝祖信論鼎章内一事云「盗官錢八十萬緡」，蓋此錢也。秦檜繼相，用術尤精。九年，金虜還河南故地，檜託言計備使禮，凡常賦之入，多歸此帑。歲時所獻，日月增厚。而錫賚便蕃，權勢熏灼，綫履每兩二十餘緡，月至數兩。

至是，庫金出入，輕於州郡公庫矣。用度既廣，賦入不繼。十年，下令云，舉兵擊虜，須備犒賞，計畝率錢。遍天下五等，貧民無得免者。所斂號激賞而兵未嘗舉，百姓尤以爲怨。十一月，火作，首焚三省。庫中所積，一夕而盡。不復根治，悉行除破。蓋侵取既多，見物無幾，幸火以滅迹，無復稽考者也。

資政殿學士翟汝文卒。

十一月己酉，上曰：「自古爲天下者必先得人心，未有專事殺伐殘忍而可爲者。兀朮雖强，專以殺伐殘忍爲事，不顧人心之失，朕知其無能爲者。」

言者謂真宗嘗制文武七條，以賜文武臣之居外任者。望親灑宸翰，勒石頒賜。辛亥，詔諸路依舊制行之。

福建帥漕兩司奏乞措畫賑濟事。上曰：「賑濟本爲貧民，近世止及城郭，而鄉村之遠，未嘗及之。須令州縣，雖僻處亦分委官吏，必躬必親，則下户皆霑實惠矣。」

乙卯，辛執奏，四川宣撫副使胡世將已解慶陽軍之圍，乞詔湖北宣撫使岳飛出兵牽制。上曰：「此未易輕議。凡事有緩急先後，必思而後動，乃可以成功也。」

戊午，上曰：「用兵惟視謀之臧否，不可問力之强弱。苟謀之不臧，惟知恃力，雖或幸勝，亦不足以成功。」上又曰：「收復州縣非良策也。守之則兵分而勢弱，不守則旋爲敵人所得，惟塗炭吾民耳。須深思熟慮，策出萬全，一舉而逐賊，則州縣皆爲我有矣，何必每州每縣而取之乎？」

時御書皇太后玉册。癸亥，右僕射秦檜言：「陛下字法遒勁，絶類雲天之體。」上曰：「學書必以鍾、王爲法。得鍾、王之法，然後出入變化，自成一家。」檜曰：「陛下天縱多能，無不造其至妙。推而上之，所以治天下，蓋必以堯、舜爲法。臣下自非堯、舜之道，安敢輒陳於前也？」

右正言万俟卨論營田之弊。甲子，上曰：「卨論極當。大凡營田須軍中自爲之，則不斂於民，而軍食足。若使民舍己之田，營軍之田，恐甚於斂民之爲虐也。」

是月，兵部尚書兼翰林學士胡交修請外，除端明殿學士、知台州。

十二月戊寅，上曰：「凡觀人者必觀其行事，則可以察知其心之微。漢高帝平生好色喜貨，至於入關，秋毫無所犯。惟范增能察知其志在取天下。」於是，秦檜等仰歎聖學淵妙，商榷古今，非羣下所能及也〔一〕。

壬午，上皇太后册寶，上躬詣殿廷祇發，赴慈寧殿禮成，百官於宮門外遥賀太后。先是，冬温無雪，上以鄉春疾疫爲慮。是日，禮樂備物，百僚在列，凝雲閣雪不降。是夕大雪，人情歡悦，道途相慶。

甲申，秦檜奏曰：「陛下聖孝感通，天意昭格，明堂禮成然後雨，尊册禮成然後雪，若出符契。陛下再三謙抑不居，臣等仰見聖意欽天之命，雖休勿休如此。」

丙戌，禮部侍郎蘇符遷尚書。

初，建寧軍承宣使、知代州王忠植將兵至延安府〔二〕，爲賊所執，令拜金國詔書，忠植毁罵，被害。至是，川陝帥司以聞。丁亥，詔贈忠植節度使、開府儀同三司〔三〕，官其子孫十人。

言者乞令諸大帥各薦偏裨之可任者。乙未，上曰：「諸帥所隸統制統領官智愚勇怯，皆熟知之，儻有所使，便可抽擢，何必更令薦舉？」蓋上於人材大小，無不遍察，下至偏裨，已深簡於淵鑑矣。

婺州東陽縣魔賊竊發。丁酉，詔殿前司裨將王滋往捕之。上令宰執諭滋，不以多殺爲功。未幾，賊平。

校勘記

〔一〕非羣下所能及也　「羣」，原作「郡」，據四庫本中興小紀卷二八改。

〔二〕知代州王忠植　「植」，原闕，據宋史卷二九高宗紀六、四庫本中興小紀卷二八補。

〔三〕被害至是川陝帥司以聞丁亥詔贈忠植節度使開府儀同　以上原闕，據四庫本中興小紀卷二八補。

宋朝中興紀事本末卷五五

起紹興十一年正月盡三月

紹興十一年歲在辛酉。

春正月辛亥，上謂宰執曰：「李左車言：千里饋糧，士有饑色。虜若犯淮，其勢糧必在後，但戒諸將，持重以待之，至糧盡欲歸，因其怠而擊，則無不勝矣。」又曰：「聽言必考其實。近有言劉錡之過，朕徐考之，皆無實迹，讒者遂息。」孫近曰：「錡當何以報聖恩也？」又曰：「昨張俊奏事，朕問曾讀郭子儀傳否，俊對以未曉。朕諭云：『子儀方時多虞，雖總重兵處外，而心尊朝廷。或有詔至，即日就道，無纖介顧望。故身享厚福，子孫慶流無窮。今卿所管兵，乃朝廷兵也，若知尊朝廷如子儀，則非特身享福，子孫昌盛亦如之。若恃兵權之重而輕視朝廷，有命不即稟，非特子孫不享福，身亦有不測之禍，卿宜戒之。』」

於是，秦檜等聞聖訓悚然，以爲真得論將臣之體。

時有進保蜀論者，上既覽之。甲寅，謂宰執曰：「彼但採三國志語，殊不切時事，又多引諸葛亮爲證。不知古今事異，亮方出蜀，以圖進取，今欲守蜀，以圖扞禦，豈可同日而語？」於是，秦檜等仰服聖學，洞察古今之理。

初，金虜元帥兀朮自順昌戰敗而歸，遂保汴京，留屯宋、亳，出入許、鄭之間。復簽兩河軍與蕃部，凡十餘萬，以謀再舉。上亦逆知虜情，必不一挫便已，乃詔大合兵於淮西以待之。至是，兀朮果入寇。乙卯，犯壽春府。

己未，命淮北宣撫判官劉錡統所部兵二萬，渡江禦之。時淮西宣撫使張俊已至行在，亟令回建康拒虜。知壽春府孫暉同統制官雷仲皆棄城而出，虜陷壽春，殺守兵千餘人，繫橋淮岸，以渡其衆。而廬州守臣、樞密直學士陳規病卒，故守備皆缺，惟有宣撫司兵二千餘人，亦相率南遁。

禮部尚書蘇符登對，因論易同聲相應，同氣相求，水流濕，火就燥之理。且言：「父子天合，誠意所在，雖遠必通。今狂虜敗盟，朝廷用兵。雖議和之後，不復再遣，然誠心出於天合者，不問遠近，則太后終必還亨慈寧之養。」甲子，上以語宰執，且曰：「蘇符頗明經旨。自世俗觀之，此論似迂闊，而理有必然者。」上又曰：「木瓜美齊威公〔一〕，而載之衛國風何也？」秦檜等方思所以對，上曰：「自衛觀之，威公繼絶誠可喜；自齊觀之，威公專封亦可罪。仲尼成人之美而掩其罪，故不載之齊而載之衛也。」檜等曰：「仰見聖學高明，深得仲尼删詩之意，非諸儒之所能及。」

乙丑，劉錡至廬州城下，虜騎大集。錡少退，以避其鋒。

丙寅，入廬州，遣輕騎百千追錡而不敢逼，相持至暮，各解去。

言者謂：「虜人盜邊，歲以爲常。在我有備，則外可制侵擾之患，内可安摇動之情。惟是民間妄傳，以惑羣聽，宜下臨安府覺察。」是日丙寅，詔從之。

二月，時中外議論紛然，以虜逼江爲憂。丙子，上謂宰執曰：「今日之勢，與建炎不同。建炎間我兵皆退保江南，杜充書生，遣偏騎輕與虜戰，故虜得乘間猖獗。今韓世忠屯淮東，劉錡屯淮西，岳飛屯上流，張俊方自建康進兵前渡，虜窺江則我兵皆乘其後。今雖虛鎮江一路，以檄呼虜渡江，亦不敢來。」蓋上沉機料敵，明果如此。

丁丑，上曰：「朕於諸帥，聽其言則知其用心，觀其所爲則知其才。人皆言劉錡善戰，錡未爲善戰者。順昌之戰，所謂置之死地而後生耳。錡之所長，在於循分守節，危疑之中能自立不變，爲可取也。」蓋上之知人善任，使得堯、舜則哲之難如此。

江西帥臣梁揚祖擒捕諸寇殆盡，詔自雜學士加顯謨閣學士。

先是，劉錡退至東關，見其地負山面水，乃引兵據之，以遏虜衝，軍勢復振。虜元帥兀朮既踐淮西，遂直據和州。時淮民渡江避寇者不知其數。張俊先遣其侄統制官子蓋與龍神衛四廂都指揮使王德，各率所部兵，先趨采石。甲申，俊夜絶江，與錡聲援相接。上又命殿前都指揮使楊沂中爲宣撫副使。沂中自臨安晝夜疾馳，六日而至歷陽。虜尋退，俊復和州。分遣王德與統制官趙密追之，密命所部將張守忠以五百騎出全椒，虜疑不動，迫暮引去。密乃命兵出六丈以分敵勢，將斷其歸路。

丙戌，劉錡至柘皋，適與虜會。兀朮以鐵騎十餘萬分兩隅，夾道而陣。辛亥，德與統制官田師中麾兵渡橋，先薄其右隅，賊陣動。錡與諸軍合擊之，俊與大軍繼至，虜大敗，遂復廬州。

庚寅，俊與沂中及錡皆全城外。

初，建康留守葉夢得團結緣江民兵數萬。至是，呼集，分據江津，遣其子内機宜官模領數千人守馬家渡。虜果使吾叛將酈瓊以輕兵來犯，覺有備乃去。

庚寅，上謂宰執曰：「自虜犯邊報至，人言非一。朕惟静坐一室中，思所以應敵之方，自然利害皆見。蓋人情方擾，惟當鎮之以静，若隨物所轉，胸中不定，則何以應變？」秦檜等曰：「邊事遽興，若非陛下神武獨斷，聖志素定，不惑於浮言，臣等豈得少效萬一？」

乙未〔二〕，詔劉光世、韓世忠、楊沂中、劉錡諸將〔三〕，以捷書繼至，軍聲大振，蓋自兵興以來，未有今日之盛。

丙申，建康留守葉夢得亦奏：「自用兵以來，未有此舉。」詔獎之。初，建康屯重兵，歲費錢八百萬緡，米八十萬斛。榷貨務所入，不足以贍。至是，禁旅與諸道之師皆至，夢得被命，兼總四路漕計，以給饋餉，軍用不乏。故諸將得悉力以戰，無匱。未幾，進觀文殿學士以寵之。

己亥，上曰：「虜退，便當措置淮南，如移隸州縣，併省官吏，修築城壁。要當事事有備，常爲寇至之防也。」

三月庚子朔，上曰：「賢將與才將不同，賢將識君臣之義，知尊朝廷，不專於戰勝攻取，惟以安社稷爲事。才將一意功名爵賞，專以戰勝攻取爲能，而未必識朝廷大體及社稷久遠利害，要須駕馭用之。」上又曰：「文武之事雖同而事實異，世稱衛、霍不薦士爲賢。蓋禦侮折衝，將帥職也，何與薦士？祖宗故事，樞密院不與進擬，蓋知文武之事異也。」

觀文殿大學士、知福州張浚以緡錢六十萬助軍用〔四〕。癸丑，詔奬之。

言者謂虜雖遁去，兩淮郡守當易以武臣，使之深溝高壘，常若敵至，而選通判俾治民事〔五〕，從之。

淮西宣撫使張俊與副使楊沂中爲腹心，而與淮北宣撫判官劉錡有隙。故柘皋之戰，奏賞諸軍，錡獨不與。時三帥權均，然諸軍進退多出於俊。而錡以順昌之功驟貴，諸將亦頗嫉之。自虜犯淮西，濠州被圍，守臣王進屢遣人至軍前求援。而近有被虜民自淮上回者，皆言虜已去遠。甲辰，諸將議班師，俊令錡先自采石渡歸太平州〔六〕，而俊與沂中耀兵於濠梁，以撫淮民。然後俊取宣化渡歸建康府，而沂中由瓜洲渡歸行在，庶道路次舍不相妨。

乙巳〔七〕，啓行纔數里，諜報虜攻濠州其急，俊馳騎邀錡，錡乃回軍繼進。

是日，宰執奏，柘皋戰地，虜横尸十餘里，臭不堪行。上愀然曰：「南北之民，皆吾赤子，驅冒鋒鏑，使就死地，朕不忍聞之。」乃詔户部給錢，使瘞虜屍，仍作水陸道場，以慰其魂。秦檜等仰贊聖心仁惠如此，堯、舜不能過也。

時知邵武軍王洋乞申明殺子之法。上詔宰執舉行。且曰：「愚民無知，迫於貧困，不能育，故生子而殺之。官給錢物，使之有以育，則不忍殺矣。朕爲民父母，但欲民蕃衍，豈惜小費也？」於是，秦檜等仰奉德意，歎息久之。

丙午，曲赦淮西。

戊申，張俊至黄蓮，距濠六十里而城陷，王進被殺，虜已退去。俊召沂中、錡謀之，沂中欲追虜，錡曰：「虜得一州而遽去，必有伏也。」俊乃令沂中將神勇一軍，直趨濠州城，途遇伏，都統制王德救之得免。時朝廷未之知也。

庚戌，宰執奏：「近報韓世忠距濠三十里，張俊等亦至濠州五十里，又岳飛已離池州渡江去會師矣。」上曰：「首禍者惟兀朮，戒諸將無務多殺，惟取兀朮可也。澶淵之役，撻攬既死，真宗詔諸將按兵縱契丹，勿邀其歸路。此朕家法也。朕兼愛南北之民，豈忍以多殺爲意乎？」是日，沂中渡江，遂歸行在。

癸丑，俊渡江，歸建康府，而錡亦歸太平州。時俊兵八萬，皆强壯精鋭，爲諸軍之冠，號鐵山軍。

戊午，宰執奏御史中丞何鑄論牧馬地事。上曰：「已優支地價，或有移屋，又支竹木之費。朕恤民可謂至矣。況湖上地半是冒佃，不納租税，可令臨安索契而驗，凡無契冒佃者，明言其罪而恕之。非特免罪，更給公據，及優支所費，使民曉然知朕心也。」

庚申，上謂宰執曰：「唐太宗建天策府，其弧矢制倍於常，其爲突厥所窘也，用大箭却之。突厥傳觀，以爲神。後餘大弓一，長矢五，藏之武庫，每郊壇〔八〕，必陳於儀物之首，以旌武功。朕嘗疑之，凡人手足身體，雖有長短，決不至相倍蓰，則大弓長矢如何用？朕疑是弩，史官誤書爲大弓耳。」秦檜等仰歎聖學洞照精微，詳觀物理，非諸儒所及也。

初，上詔湖北宣撫使岳飛以兵援淮西。飛念前此每勝，復被詔還，乃以糧乏爲辭。至是，濠州已破，飛始以兵來援。故張俊與秦檜皆恨之。此據野史。

校勘記

〔一〕木瓜美齊威公　「威」，原作「桓」，據下文改。按：宋人避「桓」，故改作「威」。而一段文字中，前「桓」後「威」，顯係竄亂所致，故據改。

〔二〕乙未　原作「己未」。按此年二月庚午朔，乙未爲二十六日，是月無己未，因據四庫本中興小紀卷二九改。

〔三〕韓世忠楊沂中劉錡諸將　「韓世忠」，原作「張俊」，據四庫本中興小紀卷二九、建炎以來繫年要録卷一三九改。

〔四〕觀文殿大學士知福州張浚以緡錢六十萬助軍用　「大」，原闕，據四庫本中興小紀卷二九補。

〔五〕而選通判俾治民事　「治」，原作「至」，據四庫本中興小紀卷二九改。

〔六〕自采石渡歸太平州　「采」，原作「來」，據四庫本中興小紀卷二九改。

〔七〕乙巳　「乙」，原作「己」，據建炎以來繫年要録卷一三九改。

〔八〕每郊壇　「壇」，原作「立」，據四庫本中興小紀卷二九改。

宋朝中興紀事本末卷五六

起紹興十一年四月盡六月

夏四月壬申，言者謂御府軍器所既屬工部，即合隸臺察。又役匠四千五百餘人，宜揀退其老弱不堪者，并從之。

初，宣和間嘗依熙寧舊法，與罷行户，仍納免行錢，民實便之。至靖康，又令免納。紹興以來，雖詔見任官悉依市價，而污吏買物，猶虧其直。至是，言者請下有司禁止，依舊法量納免行錢。丙子，詔從之。

虜之寇淮西也，參知政事孫近請召知福州張浚都督諸軍。秦檜素忌浚，聞近言，大惡之。至是，中丞何鑄言近之過，近引疾乞罷。乙卯，以爲資政殿學士、提舉洞霄宫。後再論，遂落職。

戊子，上曰：「陣亡士卒多寡之數，人言不同，恐有漏落，則忠魂義魄，或不該贈典。莫若出榜，使死事之家得以自陳，則實數見矣。」

時淮西宣撫使張俊於内殿奏事。己丑，上謂宰執曰：「朕於人不專聽其言〔一〕，必觀以事。如以張俊之言而參考其事，則知俊之忠誠體國爲可喜也。」

庚寅，詔祖宗時樞密院無計議官，合罷之。

初，給事中范同力助和議。至是，又以諸大將久握重兵難制，獻計於秦檜，請皆除樞密而罷其兵權，檜用之。此據野録〔二〕。乃密奏上，以柘皋之捷，召太保淮東宣撫使韓世忠、少師淮西宣撫使張俊、少保湖北宣撫使岳飛并詣行在〔三〕，論功行賞。時世忠、俊已至，而飛獨後。秦檜與參知政事王次翁憂之，謀以明日率三大將置酒湖上，欲出，則語直省官曰：「姑待岳少保來〔四〕。」益令堂厨豐其燕具。如此，展期以待，至六七日。及是，飛至，即鎖院。壬辰，以世忠、俊爲樞密使，飛爲樞密副使。惟俊與檜意合，故力贊和議。且覺朝廷欲罷其兵權，即首言：「臣既備位樞府，不當復領宣撫司，乞納所統兵。」不報。然俊忌飛與劉錡，每以飛赴援遲而錡不力戰爲言也。於是，禮部侍郎鄭剛中言於檜曰：「前所共憂者，一旦變爲平安之道，廟堂不動聲色，而三大將惟恐奉上兵籍之不先。彼曲士不通世務，挾口以議政者，亦皆言塞意順，謂此非常之舉。」因爲檜陳善後之策，凡七事。大概以：「沿邊倚兵爲重。今大帥去則人心懼。昔日三帥兵律不同，今合而用之，固有以更易爲便，亦有念舊而不能忘者。又三帥分地而守，各任其責，今惟統制官在外，有如塵高〔五〕，使誰糾合？又諸軍係宣司，按月勘請，今既罷，合漸立法。庶無冒請之弊。傳曰：『平亂責武臣。』望以數事悉付右府，俾經畫之而酌其可否。他日攻守進退，彼不得爲言矣。」未幾，除剛中寶文閣直學士、樞密都承旨。

參知政事王次翁，以樞密副使岳飛已官少保，乞班其下，詔從之。

王伯庠撰王次翁叙紀曰〔六〕：紹興辛酉，虜人有飲馬大江之謀。大將張俊、韓世忠皆欲先事深入。惟岳飛駐兵淮西，不肯動。上以親札促其行者凡十有七，飛偃蹇如故。最後又降親札曰：「社稷存亡，在卿此舉。」飛奉詔，移軍三十里而止。上始有誅飛意。又，世忠軍中親校温濟者，以世忠陰事來告，朝廷置濟於湖南。世忠連上章，乞遣濟至軍中，語甚不遜。是時，三大將皆握重兵，輕視朝廷。其年，柘皋之捷，有旨令大將入，論功行賞。俊、世忠已到，而飛獨未來。秦檜爲相，先臣參知政事，大臣止二人。檜憂之甚，先臣爲之謀，以明日率三大帥置酒湖上。欲出，則語直省官曰：「姑待岳少保來。」益令堂厨豐其燕具。如此，展期以待者六七日。飛既到，以明日鎖院，皆除樞密使，趣令入院供職，罷其兵柄。晡時，有旨鎖院，明日宣麻。是夜半，復以制分命三大將軍中列校，使各統所部，自爲一軍，更其銜曰統制御前軍馬。凡其所統，陞黜賞罰，得專達之〔七〕。諸校喜於自便，莫不欣然受命。明日，三大帥又授元樞之制既出，則其所部皆已散去〔八〕，導從盡以密院之人上之。此謀惟先臣與秦檜預之，天下歎服。三帥既罷兵柄，先臣語伯庠曰：「吾與秦相謀之久矣，雖外示閑暇，而終夕未嘗交睫，脱致紛紜，滅族非所憂，所憂宗社而已。事幸而成，上之英斷與天合也，吾何力之有？」

癸巳，上謂宰執曰：「昔三宣撫之兵分爲三軍，故有此軍作過而往投彼軍者。今合爲一，則前日之弊革矣。」

乙未，上謂韓世忠、張俊、岳飛曰〔九〕：「朕昔付卿等以一路宣撫之權尚小，今付卿等以樞府本兵之權甚大。卿等宜合爲一心，勿分彼此，則兵力全而莫之能禦。顧如兀朮者，何足掃除乎？」

是日，詔罷宣撫司，遇出師，臨時取旨。逐司統制統領官并帶御前字，其兵皆隸樞密院，依舊駐劄。統制官以次輪入見。

五月己亥，以給事中、直學士院范同爲翰林學士。

時御前軍屯駐處并置總領錢糧。辛丑，乃命太府卿曾慥於湖北，司農少卿胡紡於淮東，太府少卿吴彦章於淮西，悉帶報發御前軍馬文字。蓋使之與聞軍政，不獨職饋餉而已。慥，公亮孫也。

癸卯，詔諸軍統制官王勝、劉寶、岳超、成閔等克殲醜類〔一〇〕，宜頒賞典。勝、寶并爲四廂都指揮使，超承宣使，閔防禦使。

辛亥，上謂宰執曰：「朕與諸將論兵，未嘗論勝，惟先論敗。漢高帝屢戰屢敗，終成帝業。項羽屢戰屢勝，終不能成事，，敗遂亡。故凡論兵者不必論勝，惟先慮敗，冀終成也。」

上遣樞密使張俊與副使岳飛同往楚州，總淮東一全軍，還駐鎮江府。壬子，上謂宰執曰：「士大夫言恢復者，皆虚辭非實用也。用兵自有次第。朕比遣二樞使按閲軍馬，措置戰守。蓋按閲於先，則兵皆可戰。兵既可戰，則能守矣。待彼有釁〔一〕，然後可進討，以圖恢復，此用兵之序也。」

言者以爲：「綱紀正則朝廷尊。嚮者，三宣撫司有軍期文字，進奏院不以時達，故權宜各置承受官。今韓世忠、張俊、岳飛既除權樞密，文字自經通進司投進，則承受官宜罷〔二〕。」丙辰，詔從之。

是月，開府儀同三司汪伯彦卒於饒州。

有布衣虞宰者進樂曲詩。辛酉，上謂宰執曰：「士大夫所進文字，朕詳覽熟思，蓋欲知民之利病，致之臧否，朕躬之失耳。若溢美之言，實不欲聞，可令還之。」秦檜曰：「遠佞人，孔子所以戒顔淵者。陛下以萬乘之尊而躬行顔淵之所當戒，此堯、舜之聖也。」

甲子，御前都統制田師中、王德并除節度使。師中定遠軍，德清遠軍，賞破虜之功也。

六月辛未，上曰：「夷狄不可責以中國之禮。朕觀三代以後，惟漢文帝待匈奴最爲得體。彼書辭倨傲，則受而弗較。彼軍旅侵犯，則禦而弗逐。謹守吾中國之禮，而不以責夷狄，此最爲得體也。」

時户部具贖刑文字。壬申，上曰：「朕謂凡爲政之本，必抑强扶弱，民乃能立。今使富者犯死，法得以金自贖，則貧無金者，豈能獨立乎？贖刑既非祖宗法，似未可用也〔一三〕。」

甲戌，上謂宰執曰：「中興自有天會。光武以數千破尋邑百萬，豈人力所能乎？朕在宫中，聲色之奉未嘗經心，只是静坐内省，求所以合天意者。」秦檜曰：「陛下聖德，畏天如此，中興可必也。」

乙亥〔一四〕，以右僕射秦檜爲左僕射，仍兼樞密使，封慶國公。

上謂宰執曰：「韓世忠宣撫淮東，日與虜戰，常以克敵弓勝金賊。朕取觀之，誠工巧，然猶未盡善。朕籌累日，乃少更之，遂增二石之力，而減數斤之重，今方盡善。後雖有作者，無以加矣。」秦檜曰：「百工之事，皆聖人作，非諸將所及也。」乃詔工部下軍器監，選良工制之。

光州探到金虜内亂事宜。癸巳，上謂宰執曰：「探報虚實，未可盡信，自治可也。在我者既自治矣，待彼自亂，方可臣服。漢武帝乘文、景富庶之後，竭天下之力，不能致匈奴之服。其後五單于争國，自相殘滅，而孝宣兵革事力，不及武帝十之三四，是以臣匈奴矣。今當自治以待彼之釁，乃可致中興也。」

三京招撫使劉光世以疾丐祠〔一五〕。上謂宰執曰：「光世忠臣，朕未嘗忘。聞其疾中無聊，昨日以玩好物數種賜之。光世大喜，秉燭夜觀，幾至四更。朕於宫中，凡玩好之物，未嘗經目，止要賜勳舊賢勞耳。」秦檜曰：「不寶遠物則遠人格，所寶惟賢則邇人安。書以戒武王，而陛下優爲之，賢古帝王遠矣。」詔以光世爲萬壽觀使。

奉使洪皓在虜中求得皇太后書。是夏，遣邵武布衣李微賫來。上大喜，因御經筵，謂講讀官曰：「不知太母消息幾二十年，雖遣使百輩，不如此一書。」遂命微以官。

校勘記

〔一〕朕於人不專聽其言　「不」，原闕，據四庫本中興小紀卷二九補。

〔二〕野録　「録」，四庫本中興小紀卷二九作「紀」。

〔三〕召太保淮東宣撫使韓世忠少師淮西宣撫使張俊少保湖北宣撫使岳飛并詣行在　「召」，原作「聞」，據四庫本中興小紀卷二九補。

〔四〕姑待岳少保來　「姑」，原作「如」，據四庫本中興小紀卷二九改。

〔五〕有如塵高　「塵高」，二字不知何義，建炎以來繫年要録卷一四〇作「塵蒿」，亦未必順，四庫本中興小紀卷二九同原本。

〔六〕王伯庠撰王次翁叙紀曰　前四字原在「王次翁叙記」之後，據文義改。

〔七〕得專達之　「達」，原作「建」，據四庫本中興小紀卷二九改。

〔八〕則其所部皆已散去　「已」，原作「以」，據四庫本中興小紀卷二九改。

〔九〕三大將順序，應以張俊居次，原本易以岳飛，非是，今據諸書改正。

〔一〇〕王勝劉寶岳超成閔等克殲醜類　「勝」，原作「滕」，據四庫本中興小紀卷二九改。

〔一一〕待彼有釁　「彼」，原作「往」，據四庫本中興小紀卷二九改。

〔一二〕進奏院不以時達……則承受官宜罷　以上原本或有遺失，或有竄亂。今據四庫本中興小紀卷二九補改，庶文字暢通。

〔一三〕似未可用也　「似」，原作「以」，據四庫本中興小紀卷二九改。

〔一四〕乙亥　「乙」，原作「己」，據宋史卷二九高宗紀六改。

〔一五〕三京招撫使劉光世以疾丐祠　「三」，原作「二」，據四庫本中興小紀卷二九改。

宋朝中興紀事本末卷五七

起紹興十一年七月盡九月

初，有詔，史館修徽宗實録。至是，書纔成六十卷〔一〕。

秋七月戊戌，左僕射秦檜等上之。尋加檜少保。

庚子，以翰林學士范同爲參知政事。

提舉川陝茶馬馮康國奏：「近聞虜在長安，三月二十三日晝晦，油酒變色，皆曰兵刃出光焰。涇州雨沙，旱災相仍，赤地千里。」甲辰，上曰：「景象異甚，天變示人，殆不虚也。自古無文德而有武功，往往非國家之福。而虜好兵嗜殺，肆爲無道，不畏天，不恤人，其能久乎？朕當修人事以待之耳。」

右諫議大夫万俟卨言：「樞密副使岳飛，議棄兩淮地，專守大江以南。且飛提重兵十餘萬，無横草之勞，倡言棄兩淮以動朝廷，此不臣之漸也。」癸丑，宰執奏事。上曰：「山陽要地，屏蔽淮東。無山陽則通、泰不能固。賊來徑趨蘇、常，豈不摇動？其事甚明。比遣張俊、岳飛往彼措置戰守，二人登城行視，飛於衆中倡言楚不可守，城安用修。蓋將士戍山陽厭久，欲棄而之他。飛意在附下以要譽，故其言如此，朕何賴焉？」秦檜曰：「飛對人之言乃至是，中外或未知也。」

甲寅，以武泰軍節度使、侍衛親軍都虞候劉錡知荆南府。於是，樞密副使岳飛奏乞留錡掌兵，不允。時有處士孫元濟者，聞除錡荆南，竊謂比之奕棋，此最高着也。人問其故，元濟曰：「陝、蜀諸軍但知吴氏，襄、漢諸軍尚思岳家。江陵在蜀、漢之間，而錡有威名，爲諸將所服，且聞有詔，或遇緩急，旁郡之兵，許之調發。銷患未形，此廟算也。非吾君大聖，其孰能與此？」元濟，江陰人。此據野記，聞之於王師愈。

考功郎中游損奏致仕而身亡，雖在給敕前者，乞依致仕法聽蔭補。己未，上謂宰執曰：「士風陵夷，以一官之故，父死匿喪以俟命，蓋立法有未盡也。朕謂濫與人官，雖害法，其體猶輕。若風教不立，使人飾詐，苟得棄滅天理，其害大。況在法所當得乎？」詔可，仍令有司立法。

時趙公焕因上殿，自言：「遇罪廢累年，老幼不給。王室孤弱，同姓凋零，宗子無在朝者。且侍從之臣當參用皇族，陛下欲求其人，臣願備數。」辛酉，上以語宰執，且言：「公焕持捭闔之説，自鬻求進。朕爲大元帥，時公焕嘗率宗子勸進，因是識之，亦屢與陞擢。今其言僭妄，當議竄責，以爲小人之戒。」秦檜曰：「公焕昨爲湖南郡守，陵蔑監司，與之交訟，幸而善罷。陛下識於潛藩而用之，今知其小人而竄之。賞罰無私，真天地之心也。」

時臨安境大旱。上自是月初不御葷，遣有司歷走羣望，又命執政、宗室、從臣奏告天地宗廟社稷，禱祝無所不至〔二〕。決滯獄，出繫囚，詔令之下相踵，凡二十有四日。癸亥，大雨，自午未達旦。甲子，宰執稱賀。上曰：「朕日來卧不安席，夜半猶未交睫。懼德不類，或政有闕失，每事循省殆遍，恐旱災必有致之之由。若乃祈禱之禮，但具其文耳〔三〕。」秦檜曰：「周宣王能遇災而懼，側身修行。陛下躬行之實，允符前王，天心安得不昭答乎？」

是月，端明殿學士徐俯卒。

先是，樞密使張俊因奏事，乞催淮西之賞。上曰：「功賞後時，在將帥不在朝廷。」俊問所以然，上曰：「軍士有出戰者〔四〕，有輜重及守營者，凡所謂戰功，皆戰士也。今更不分，全軍皆要推賞，動數萬人，朝廷何以行之？」俊曰：「誠如聖諭，初因一軍如此，後諸軍效之。臣今既蒙專任，當戒諸統制官，只保明實出戰者。庶可漸革前弊也。」

八月庚午，宰執奏功賞事，上以此語之。

辛未，宰執擬除吏部郎官姜師中等爲卿監。上曰：「凡事必謹始。館職寺監丞，乃郎官卿監之選也。郎官卿監，乃侍從官之選也。凡除館職寺監丞，必擇他日可補郎官卿監之闕者。凡除郎官卿監，必擇他日可補侍從之闕者。如此則士安分守，而奔競之風息矣。若不謹始，用非其才，久而不遷，則士有留滯之歎。以序遷之，又有不稱職之誚，不可不謹。」

時樞密使張俊、副使岳飛皆在鎮江府。而右諫議大夫万俟卨等論飛罪，以謂：「今春虜騎犯淮西，張俊全師遇敵，趣飛來援，而飛固稽嚴詔，略至舒、蘄而不進。比與俊按兵淮上，又執偏見，欲棄山陽不守〔五〕，至喧外議。所幸俊止其言，紛紜遂定。」於是飛上章丐罷。甲戌，以爲少保、武勝定國軍節度充萬壽觀使。飛既罷，而俊獨留鎮江爲備。

甲申，上謂宰執曰：「水旱有數，雖堯、湯不能免。艱難以來，十餘年間，未嘗無歲，此天祐也。然不可恃此不爲之備。祖宗置義倉以待水旱，最爲良法。而州縣奉行不虔，妄有支用，寖失本意。或遇水旱，何以賑之？可令監司視其實數，或有侵失，嚴責補還。義倉充實，則雖遇水旱，民無饑病矣。」

癸巳，上謂宰執曰：「監司郡守，朝廷委任之意，未嘗有異。而近來妄分彼此，莫相協和。州郡或有闕乏，監司不肯移那，監司或有措置，州郡不肯應副，如此何以濟國乎？可令御史臺察其尤者措置行遣，庶肯協和，共濟國事也。」

陝西宣撫副使胡世將方乘機進討，遣節制陝西諸軍吴璘出秦州，本司都統制楊政出隴州，樞密院都統制郭浩出商州。而世將母康氏亡於晉陵。癸巳，詔特起復世將仍治軍事。後數日，下秦、隴二州，又破岐下諸屯，取華、虢二州，又入陝府。

時大理寺有未結絶公事。甲午，上曰：「省刑罰，薄税斂，王道之本。國步方艱，未能弭兵。斯民税斂，無術何以薄之，朕心實不足。至於刑罰，豈可不省？而獄繫淹延，或至逾歲，何也？可令提刑司覺察州縣，提刑失職，令御史臺彈奏。務要訟平刑清，以副朕意。」

是月，資政殿大學士顔岐卒。

資政殿大學士翟汝文卒。

湖南漕臣汪叔詹以書白左僕射秦檜〔六〕，言：「岳飛頃於鄂渚置酒庫，日售數百緡。襄陽置通貨場，利復不貲。自飛罷，未有所付，乞令統制官張憲主之，庶杜欺弊。」

九月辛丑，檜奏其事，以爲可行。乃詔統制官王貴與憲同掌。時有上殿官鮑琚頗疏通，上因命琚往軍前，根括錢物歲入幾何，諸路月樁以贍本軍，有名無實，而斂於民者幾何，當議省之。

癸卯，上曰：「聞飛軍中有錢二千萬緡，昨遣人問之，飛對所有之數蓋十之九，人言固不妄也。今遣琚往，縱不能盡，若得其半，亦不少矣。又歲計入，供軍之餘，小約亦數百萬緡〔七〕，比之頭會箕斂，不知幾户民力可以辦此。」檜曰：「軍興以來，間有取於民者，皆非得已。今無横賦而上朝夕軫念，蓋務稍廣儲蓄，以備緩急，不待取於民而自足矣。」

丁未，宰執論進退人材及内外除授。上曰：「朝廷用人，初無内外之異。士大夫唯以仕進爲心，奔競苟得。居内則爲遷，在外則爲黜。夫外任責以民事，自朕觀之，其勢實重於内。而數十年間風俗墮壞，趣向倒置，要思所以革其弊也。」

初，朝廷遣工部侍郎莫將、知閤門事韓恕奉使金虜，爲虜所留。至是，虜不因騁諭，忽自遣將、恕等歸。戊申，泗州奏至，上諭宰執曰：「此殆上天悔禍，虜有休兵之意爾。朕料所以致此者有二：今春兀朮提兵南來，謂我可陵，而淮西濠梁之敗，有所懲創，一也。始謂將帥各自爲家，莫相統一，今聞盡歸朝廷，紀綱既立，軍政必修，望風畏懼，二也。朕每欲與講和，非憚之也。重念祖宗有天下二百年，愛養生靈，惟恐傷之。而日尋干戈，使南北之民肝腦塗地。所願天心矜惻，消弭用兵之禍耳。」秦檜曰：「每恨虜情難保，未能仰副陛下憫亂之意。」

甲寅〔八〕，將等還至近郊。上曰：「將等來，虜意未可知。但敕諸軍嚴爲之備。彼若議和，何傷於好？如懷姦詐，初無失策。昨張俊奏事，嘗與議及此。俊亦深曉，云兵交〔九〕，使在其間，和與戰自不相妨也。」

丙辰，詔利州觀察使劉光遠充金國通書使，忠州防禦使曹勛副之。

乙丑，宰執奏事。秦檜曰：「山陽所以扞淮東，東關扼淮西水路，又歷陽、六合，皆近江形勢之地，嚴備此數處，然後江可安。」上曰：「山陽、東關已降處分，更令張俊益修守備。今莫將還，雖遣報使，然勿以議和爲意，但當作不講和處之耳。」

庚午，秦檜奏上流守備。上曰：「艱難以來，將士分隸主帥，歲久未嘗遷動〔一〇〕，使植根深固，豈是長策？當令互易，如臂指可以運掉。纔過防秋，便當爲此，則人人可以指縱號令矣。」

著作佐郎鄧名世，臨川人也。初，劉大中宣諭江西，薦之，自布衣除删定官。洎入館，久兼史職。左僕射秦檜過局，嘗書其史稿之後，以爲得體。然冒嫉者衆。至是，因擅寫日曆，爲言者所劾，罷去，久之，卒於家。

校勘記

〔一〕書纔成六十卷　「卷」，原作「春」，據四庫本中興小紀卷二九改。

〔二〕禱祝無所不至　原闕，據四庫本中興小紀卷二九補。

〔三〕但具其文耳　「具」，原作「既」，據四庫本中興小紀卷二九改。

〔四〕軍士有出戰者　「戰」，原闕，據四庫本中興小紀卷二九補。

〔五〕欲棄山陽不守　「山陽」，原作「陽山」，據四庫本中興小紀卷二九乙正。

〔六〕湖南漕臣汪叔詹以書白左僕射秦檜　「汪叔詹」，原作「江公詹」，據四庫本中興小紀卷二九、建炎以來繫年要録卷一四二、宋史全文卷二一上改。

〔七〕小約亦數百萬緡　「萬」，原闕，據建炎以來繫年要録卷一四一補。

〔八〕甲寅　寅，原作申，按此月丙申朔，無甲申。甲寅爲九日。

〔九〕云兵交　「云」，原作「大」，據四庫本中興小紀卷二九改。

〔一〇〕歲久未嘗遷動　「動」，原作「勤」，據建炎以來繫年要録卷一四二、宋史全文卷二一上改。

宋朝中興紀事本末卷五八

起紹興十一年十月盡十二月

冬十月丙寅朔，上謂宰執曰：「人主之權在乎獨斷。金國之主幼而無斷，權歸臣下。往年之和出於撻辣，今年之戰出於兀朮。或和或戰，國之大事，而皆不出於人主。無斷如此，何以立國？知不足畏矣[一]。」

庚午，上又曰：「虜人議和，熟思所以應之。若彼我之勢強弱相等，如是而和者，彼有休兵之意也。我強彼弱，足以制其命，如是而和者，彼有懼我之意也。是二者於和爲易。若乃彼強我弱，壓以重兵，要盟而和，則必有難從之事，邀我以逞，當思所以應之者。可預戒諸將，厲兵秣馬，以爲待敵之具。事或難從，豈得避戰也？」

丁卯，以樞密都承旨鄭剛中爲川陜宣撫使。

時川陝宣撫司都統制楊政駐兵寶鷄，金虜萬户通檢孛堇屯渭北，政欲拔其城。戊辰，黎明，通檢將精甲萬衆出戰，政賈勇士鏖戰縣旁。至日晡，五十餘合，勢未分。政遣裨將將騎突出陣後，山上執幟以招，陽爲麾軍。虜望見大呼曰：「伏兵發矣！」乃驚而潰。政乘勝掩殺，通檢至城門而橋已絶，乃擒之。

初，宗正寺所修仙源慶系屬籍總要，其書已成。至是，宗正丞邵大受言：「宗正舊有四書，曰玉牒，曰仙源積慶圖，曰宗藩慶系録，曰宗技屬籍。建炎南渡，寺官失職，舉四書而逸於江滸。陛下比命重修仙源慶系屬籍總要，乃合三者而一之，固已無愧於昔。獨玉牒未修，望詔有司討論一書，以備中興之盛典。」丙子，詔從之。於是，始建玉牒所，以左僕射秦檜提舉〔一〕，其修玉牒官則侍從兼焉。大受，建德人也。

己卯，上曰：「凡事必謹於微，若事已成則難改。故書言『制治於未亂，保邦於未危』。荆、襄守臣辟差者，勿令久任，以漸易之。非特謹微，亦所以保全之也。」

壬午，詔吏部侍郎魏良臣充金國通問使，知閤門事王公亮副之。上曰：「良臣往軍前，禮物不必用上等。蓋禮有等威，不可不嚴。苟兀朮禮物用上等，而却以中下等奉其國主，則在我者，禮不至矣，何以待夷狄乎？上等物留以待其國主。」上又曰：「恐左藏庫無佳帛，朕處有之。向張浚在川、陝，每歲進奉樗蒲綾帛等皆在，朕未嘗用一匹。」檜曰：「陛下恭儉如此，中興可必也。」

先是，少保岳飛舊所部統制官、節制鄂州兵馬張憲陰謀，冀朝廷還飛復掌兵，而己爲之副。未發間，爲御前都統制王貴所告。時樞密使張俊在鎮江府，亦奏其事。左僕射秦檜此據野録修入。乘此治飛，詔委俊收憲，送大理寺。命中丞何鑄、大理卿周三畏鞫之。戊子，宰執奏制勘院乞追人證張憲公事。上曰：「刑所以止亂，若妄有追證，摇動人心，非用刑之本意。至於兵亦然，王者兵以仁義爲本，故惡夫人之害仁敗義者。若兵出無名，反致害敗，亦豈惡人之意哉〔三〕？」

庚寅，上謂宰執曰：「凡事必熟思而後行。朕今三十五歲，而髮大半白，蓋勞心之所致也。」秦檜等曰：「陛下聖明天縱，而又審思若此，必舉無過矣。」

太保、樞密使韓世忠乞罷。癸巳，以爲太傅、醴泉觀使。其兄主管步軍世良亦罷爲提舉醴泉觀，仍加奉國軍承宣使。此據野録及墓志〔四〕。世忠自此杜門謝客，絶口不論兵。時跨驢攜酒，從一二童奴，游西湖以自樂。平時將佐，罕得見其面云。

金虜大酋兀朮復犯泗州。詔樞密使張俊於鎮江府置司，措置江、淮戰守。俊命其侄統制官子蓋提兵於淮陽、盱眙之間，伺賊進止。俊不以兵渡江，恐妨和議。既而虜騎久不至。俊以問知鎮江府劉子羽，子羽曰：「此虜異時入寇，飄忽如風雨。今更遲回，是必有他意也。」

初，嘉州界外虛限蠻人歷堦等領衆犯中鎮銅山寨〔五〕，官兵力不能制，寨將茹大猷遂爲掠去。本州連年防托，所費不貲。是月，歷堦降，遣蠻將軍葉遇帶蠻子送大猷等還本州。委知峨眉縣梁端修同權中鎮寨曹謹修於界首與折箭，重立盟誓，自後不敢犯邊。遂申川陝宣撫司依便宜黜陟。補歷堦進義校尉，仍以錦袍銀帶給之。

十一月丙申，宰執擬李迨知洪州。上曰：「迨能吏者，以身任怨，不恤人毀譽，朕深知之。但此州寄居多，必有造謗者，不可不察也。治道無他，但不以毀譽爲賢否，常核實以行賞罰，則治道成矣。齊威王封即墨而烹阿，齊國大治，蓋知核實以爲政，而不徇毀譽之空言也。」

丁酉，上謂宰執曰：「唐太宗除亂比湯、武，致治幾成、康，可謂賢君矣。然誇大而好名，雖聽言納諫，然不若漢文帝之至誠也。人君惟至誠臨下，何患治道之不成哉？」秦檜曰：「文帝雖至誠而少學，太宗雖問學而未誠，猶可以揚名於後。今陛下至誠問學，度越二君。則堯、舜、三代，何遠之有？」

先是，轉對官有乞試補貼司，仍許告吏罪，使補其闕，以懲吏强官弱之弊者。戊戌，上謂宰執曰：「此説若用，則相告訐，而州縣擾矣。治天下當以清静鎮之，若妄作生事，乃亂天下，非治天下也。昔人有言，省官不如省事，省事不如清心。朕當躬行此語。」顧謂秦檜曰：「邊事既息，可以弭兵。卿爲相亦當效曹參之清静也。」

參知政事范同或自奏事，不稟秦檜。而衆方以建和議及罷諸帥皆同之謀。檜與同共政纔四月。至是，疑而忌之。此據野記。故言者論同，以爲自初執政，即至建康遷葬，所過多擾州縣。又朝廷收天下兵柄，歸之宥密，同乃貪天之功以爲己有〔六〕，望罷其機務。己亥，以同爲提舉嵩山崇福宮。既而再論，遂降分司。

癸卯，宰執奏，言者乞詔六部守法〔七〕，不得妄有申明事。上曰：「祖宗法令嚴備，付在有司。吏舞文出入，而六部長貳不肯任責，事事申明，取決朝廷，此何理耶？朝廷選爲長貳，乃苟簡自便，甚失委任之意。當顯黜一二以懲之。長吏盡心，則吏不敢舞文矣。」

時虜遣行臺户部侍郎蕭毅、翰林待制同知制誥邢具瞻爲使副來審議。而我所遣通問使魏良臣、王公亮等與之同入界。乙巳，詔公亮先來奏事，良臣權充接伴。

劉子羽墓志曰：虜使至，揭大旗舟上，書曰「江南撫諭」。子羽時守鎮江，見之怒，夜以他旗易之。翌日，接伴使者見旗有異，大懼，以爲請，且以語脅子羽。子羽曰：「某爲守臣，朝論無所與。然欲揭此於吾州之境，則吾有死而已。」請不已，竟出境，乃還之。

言者論：「資政殿學士李光，因近日二使遽還，鼓倡萬端，致會稽之民騷然。原光之意，蓋幸有警，以冀復用。」乃詔責授散官，藤州安置。上曰：「司馬光言，政之大本在於賞刑。朕於光輩〔八〕，聞其虛名而用之，見其不才而罷之，逮其有罪而責之。皆彼自取，朕未嘗有心也。若用虛名而不治其罪，則有賞無刑，政何以成？譬之四時，有陽無陰，豈能成歲乎？」

時虜使在驛，見有日，而殿陛之儀，議猶未決。左僕射秦檜訪於知閤門事鄭藻。藻曰：「單禁衛則非所以隆國體，嚴環列則適駭虜情。先聲一出，異論蜂起，或誤大事。惟臨期戒設，牀蔽以帟幕，班定撤帷，出其不意，則無復措辭矣。」自是率爲定制。藻，開封人也。

壬子，金國審議使蕭毅等入見。於是宰執奏：「誓書，自古盟會，各出意以爲之誓。未有意自彼出，而反覆更易，必欲如其所要者。」上曰：「朕固知之，然朕有天下而養不及親。徽宗既無及矣，太后年逾六十，朕日夜痛心〔九〕。今雖與之立誓，當奏告天地宗廟社稷，明言若歸我太后，朕不憚屈己以與之和。如其不然，則此要盟，神固不聽，朕亦不憚用兵也。」

乙卯，以御史中丞何鑄爲端明殿學士、簽書樞密院事，充金國報謝使，知閤門曹勛副之。上諭鑄，委曲致詞，事在必濟。又召勛至內殿，諭之曰：「朕北望庭闈踰十五年，幾於無淚可揮，無腸可斷。所以頻遣使指，又屈己奉幣者，皆以此也。切計上天亦默相之。」言已淚下，左右皆掩泣。上曰：「汝見虜主，當以朕意與之言，曰：『惟親若族〔一〇〕，久賴安存，朕知之矣。然閱歲滋久，爲人之子，深不自安。況亡者未葬，存者亦老。兄弟族屬，見餘無幾。每歲時節物，未嘗不北首流涕。若大國念之，使父兄子母如初，則此恩當子孫千萬年不忘也。且慈親之在上國，乃常常老人〔一一〕，而在本國，則所繫甚重。』任用此意，以天性至誠說之，彼亦必且感動也。」

以右諫議大夫万俟卨爲御史中丞。時張憲之獄未成，何鑄以除執政奉使，乃改命卨推勘。而少保岳飛及其子忠州防禦使雲，皆繫獄矣。初，飛之在湖北也，新湖南提刑辛次膺舟行過鄂〔一二〕，飛燕待之。既而延入小閣，盡出所被宸翰，具言上眷之渥。且執次膺手曰：「前夕夢爲棘寺逮對獄，獄吏曰：『辛中丞被旨推勘。』飛方懼，不敢告人。而公適至，公自諫官補外，他日必爲獨坐。飛或不幸下獄，願公救之。」次膺悚然，不知所對。至是，飛悟昨夢〔一三〕，乃新中丞也。此據洪邁夷堅志。然邁以辛中丞爲何鑄。

是月，户部侍郎張澂遷尚書。

十二月乙丑朔，上謂宰執曰：「和議已成，軍備尤不可弛。宜於沿江築堡駐兵，令軍中自爲屯田，則斂不及民，而軍食當足，可以久也。仍修建康爲定都之計。先宗廟，次太學，而後宮室〔一四〕。」於是，秦檜等仰服聖訓，知所先後。禹卑宮室，不是過也。

丙寅，上謂宰執曰：「三代之世，士大夫盡心禮法，鮮有異端之惑。自漢明帝金人之夢，佛法流入中國，士大夫靡然從之。其上者惑於清静之説，而下者惑於禍福之報，殊不知六經廣大，靡不周盡。如易無思無爲，寂然不動，感而遂通天下之故，與禮正心誠意者，佛氏清静之説果有以勝之乎？至若積善之家必有餘慶，積惡之家必有餘殃，與夫作善降之百祥，作不善降之百殃者，即佛氏禍福之報也。士大夫不師六經，而盡心佛説，殊爲可笑。」秦檜曰：「黜異端而扶正道，非聖學高明，其孰能與此〔一五〕？」

壬申，上謂宰執曰：「晉平吴之後，天下混一，武帝又勤於政事，宜若可見太平。而旋致禍亂，天下分裂，何也？」秦檜等方思所以對，上曰：「禮可以立國。君臣上下，如天地定位，不可少亂。武帝字呼羣臣〔一六〕，又以珊瑚株助臣下，以侈靡相勝，廢禮如此，其能國乎？子太叔謂禮，天之經，地之義。自古明禮，無如子太叔者也。」

癸酉，工部侍郎莫將遷尚書。

左僕射秦檜言：「考之經傳，人君莫難於聽納。」上曰：「朕觀自古人君不肯聽納者，皆因有心。或好大喜功，或窮奢極欲。一實其衷，則凡拂心之言，皆不能入矣。若清心寡欲，豈有不聽納乎？朕於宫中，觀書寫字之外，并無嗜好，凡事無心，故羣臣之言是則從，非則否，未嘗惑也。」檜曰：「詩稱『學有緝熙於光明』〔一七〕。陛下光明之性，如日并照，又力學以緝熙之，則羣臣進言，豈能妄説以惑聖聽乎？」

乙卯，上曰：「有帝王之學，有士大夫之學。朕在宫中，無一日廢學。然但究前古治道有宜於今者，要施行耳。不必指摘章句，以爲文也。士大夫之學則異於此，須用辯古今以爲文。最不可志於利，學而志於利，則上下交征，未有不危國者。」

戊子，詔以前刊米芾字畫墨本分賜宰執。上曰：「芾雖無事業見於世，至於字畫，古今一絶也。」

中丞万俟卨、大理卿周三畏同勘岳飛等獄成。飛坐金人侵淮南，受親札凡十五，逗遛不進，及指斥乘輿。又因罷兵權，令右朝散郎孫革作書與張憲，令措置擘畫，看畢焚之。又令憲虛申，探得四太子兵犯上流，雲爲與憲咨目〔一八〕，稱可與得心腹兵官商議〔一九〕，憲爲收飛及雲書，遂謀反。僧澤一爲向憲言，宜先以兵兩隊守總領轉運司。癸巳，詔賜飛死，斬憲、雲於市。令殿前都指揮使楊沂中莅其刑。家屬并遷廣南，且籍其家貲，而配澤一。

初，秦檜之居永嘉也，今秘閣修撰、主管玉隆觀薛弼嘗游其門。又，卨爲湖北提刑，弼時經撫本路，除劇盜伍俊，歸功於卨。至是，治飛獄，弼嘗爲飛參謀官，無一詞累及。先是，獄之成也，太傅韓世忠嘗以問檜。檜曰：「飛子雲與張憲書不明，其事體必須有。」世忠曰：「『相公言『必須有』，此三字何以使人甘心？」固争之，檜不聽。飛知書而待士，且濟人之貧。用兵秋毫無犯，民皆按堵，不知有軍。先計後戰，屢勝强虜，號爲良將。其死也，天下冤之。後謚曰武穆〔二〇〕。此據野史。

時朝廷以淮東、湖北諸屯不安，命樞密使張俊往撫循之。或謂俊曷爲備，俊曰：「何自疑如此？」於是宣布德意，遣人諭武昌，皆帖然按堵。

奉使洪皓時在燕京。是冬，又密奏：「虜已厭兵，勢不能久。異時以婦隨軍，今不敢攜矣〔二一〕。朝廷不知虚實，卑辭厚幣，未有成約。不若乘勝進擊〔二二〕，再造猶反掌耳。所取投附人只欲守，江南歸之可也，獨不鑒侯景之禍乎〔二三〕？若欲復故疆，報世讎，則不宜與。胡銓封事，此或有之。彼知中國有人，益生懼心。張浚名動殊方，置之散地，可惜也。」

校勘記

〔一〕知不足畏矣　「畏」，原作「長」，據建炎以來繫年要録卷一四二改，四庫本中興小紀卷二九無此條。

〔二〕以左僕射秦檜提舉　「僕射」，原作「丞相」。按：左右僕射改左右丞相在宋孝宗乾道間，秦檜不當稱左丞相，疑作者或抄者筆誤，故據改。下同。

〔三〕亦豈惡人之意哉　據前後文義，疑豈爲衍字。

〔四〕此據野録及墓志　此小注原闕，據四庫本中興小紀卷二九補，改「史」爲「録」。

〔五〕嘉州界外虚限蠻人歷堦等領衆犯中鎮銅山寨　「限」，原作「佷」，「堦」，原作「階」，據四庫本中興小紀卷二九改。

〔六〕貪天之功以爲己有　「天」，原作「大」，據四庫本中興小紀卷二九改。

〔七〕言者乞詔六部守法　「部」，原作「郡」，據四庫本中興小紀卷二九及下文改。

〔八〕朕於光輩　「輩」，原作「朝」，據四庫本中興小紀卷二九及建炎以來繫年要録卷一四二改。

〔九〕朕日夜痛心　「朕」，原闕，據四庫本中興小紀卷二九補。

〔一〇〕惟親若族　「族」，原作「旋」，據建炎以來繫年要録卷一四二改。四庫本中興小紀卷二九無此條。

〔一一〕乃常常老人　「常常」，建炎以來繫年要録卷一四二作「尋常」。

〔一二〕新湖南提刑辛次膺舟行過鄂　「鄂」，原作「岳」，此從四庫本中興小紀卷二九及夷堅甲志卷一五辛中丞條。

〔一三〕飛悟昨夢　「昨」，原作「作」，據四庫本中興小紀卷二九改。

〔一四〕而後宮室　「而」，原作「大」，據四庫本中興小紀卷二九改。

〔一五〕其孰能與此　「與」下衍「於」，據文義删。

〔一六〕武帝字呼羣臣　「字」，原作「序」，據四庫本中興小紀卷二九改。

〔一七〕詩稱學有緝熙於光明　「有」，原作「以」，據四庫本中興小紀卷二九改。

〔一八〕雲爲與憲咨目　「爲」，原作「謂」，據宋宰輔編年録卷一六改。四庫本中興小紀卷二九作「又與」。

〔一九〕稱可與得心腹兵官商議　「稱」字原闕，據四庫本中興小紀卷二九及宋宰輔編年録卷一六補。

〔二〇〕後謚曰武穆　「後」，原闕，據四庫本中興小紀卷二九補。

〔二一〕今不敢攜矣　「攜」，原作「勢」，據四庫本中興小紀卷二九改。

〔二二〕不若乘勝進擊　「擊」，原作「繫」，據四庫本中興小紀卷二九改。

〔二三〕獨不鑒侯景之禍乎　「侯」，原作「俟」，據四庫本中興小紀卷二九改。

宋朝中興紀事本末卷五九

起紹興十二年正月盡六月

紹興十二年歲在壬戌。

春正月癸卯，上謂宰執曰：「朕於宫中無嗜好，惟觀書，考古人行事，以施於政。凡學必自得乃可用，苟學無可用，第與古人點姓名，何所益也？」樞密使張俊措置江、淮戰守回，參議官以下分三等推恩，行府結局。俊乞罷樞務，不許。且薦其將定遠軍節度使田師中掌故岳飛之兵。又薦清遠軍節度使王德往金陵〔一〕。於是并詔爲御前都統制。師中於鄂州，德於建康府駐劄。此據野史。

戊申，言者論敷文閣待制、知徽州朱芾、秘閣修撰、知宣州李若虚皆嘗爲岳飛參議官〔二〕。主帥有異志而不能諫，望黜以示戒。詔并落職。

丁巳，上謂宰執曰：「艱難以來，諸路將兵，尚多闕額，而見在者，又不練習，止充雜役，甚非置將招兵之本意。今和議雖成，尤嚴武備。可督諸路招填將兵，至於將官，亦須擇人。前者多以子弟及堂吏爲之，安能稱職乎？人才各有所長，子弟堂吏使之爲將，是違其所長也，非用材之地也。」

庚申，宰執奏事。上曰：「今議和既定，淮南漸可理。又須於近江種田畝，築城郭，無不爲寇資。若廣爲儲蓄，非特足以禦寇爾。」

初，奉使何鑄、曹勛等至金國，見其主亶於春水開先殿，具陳上意，力加祈請，伏地者再。鑄不能言，虜主令起之，曰：「先朝已如此行，豈可輒改？」勛反覆懇請，語甚切至。虜主首肯數四。大酋兀朮傳命，使之歸館。尋有館伴張鈞來言：「皇帝及國王，見使人所言甚善，次第有恩也。」是晚，館伴耶律紹文等到館，又傳虜主命：「早來使人上殿，所請宜允。」仍出回書示之，有許還梓宮及太母。至是，勛等以書歸，羣臣尤疑，獨上兩操和戰之策，以兵威摧折虜勢，而厚禮至誠以感動之。虜雖驕暴，亦回心革面，以順上之志也。

是月，太保、萬壽觀使劉光世卒於行在，後謚曰武僖。光世遺奏，援例乞免其家差徭科敷。中書舍人張擴持之，以爲不可。時擴在後省，見事有不當人心者〔三〕，皆爲上言之。

二月己巳，上謂宰執曰：「征戰之事，各有地利。北狄騎兵雖中國所不能及，若要馳騁於江、淮，恐未易得志。孫權偏霸一方，而曹魏竭天下之力，終不能渡江。晉室微弱，而苻堅百萬之衆，散於淝水。拓跋魏雄據中原，而歷六朝衰亂，終不能奄有江表。自非大無道如孫皓者，豈能致北兵之得志乎？今但修政事，嚴武備，北兵雖强，不足畏也。」

辛未，上謂宰執曰：「詩書所載二帝三王之治，皆有其意，而不見其施設之詳。太祖以英武定天下，仁宗以惠愛結天下，此朕家法，其施設之詳，可見於世者也。朕當守家法，而求二帝三王之意，則治道成矣。」

詔建國公某。出外第。丁丑，進封普安郡王。王天性忠孝，自幼育宫闈，晨省昏定，未嘗離膝下，上與皇后，尤所鍾愛。至是，出就外第。初，太祖受命北征，次於陳橋。軍中有知星者苗訓，引親吏楚昭輔仰視日色，其下復有一日。訓舉手加額曰：「此天命也。」及王既受封，有日者尤若訥，私謂「普」乃「并日」二字，合乎易所謂明兩作離。蓋不特同符藝祖，而大人繼明照四方之象，已兆於此矣。

己卯，殿前都指揮使楊沂中賜名存中。

殿中侍御史胡汝明論監司不按州縣之吏。壬午，上謂宰執曰：「汝明所論甚當。朝廷分道命使，正要機察州縣。可申嚴行下，若州縣贓污不法，而監司不能按，致有臺諫章疏者，當併黜之。」汝明，黟縣人也。

丙戌，上曰：「學校風化之原，不可緩也。」上又曰：「福建所買牛第二綱，可發來臨安，借與人户。朕聞民間乏牛，皆以人耕田，其勞可憫。朕令畫以人耕田之像置於左右，庶不忘稼穡之艱難。雖漢文帝每下詔，必曰農者天下之本。若文帝，可謂知民事之本矣。」

言者請今後推勘刑獄，須差經任人。丁亥，詔從之。上曰：「文學政事，在孔門中自爲兩科。今士方離科舉，未親民事，便令推勘公事，豈能盡善也？」

己丑，詔吏部尚書吴表臣、禮部尚書蘇符、侍郎陳桷、郎官方雲翼討論典禮，不詳具祖宗典故，專恃己意，懷姦附麗，可并罷。雲翼，永嘉人也。

三月，定遠軍節度、鄂州御前都統制田師中將朝辭。壬寅，上謂宰執曰：「朕欲面委師中營田之事，儻區處得宜，地無遺利，便可使就糴，以充軍賦。軍賦既足，取不及民，則免催科之擾，輸送之費，可以少寬民力。若乃規其入，以供公上，非朕所欲也。」

辛亥，上謂宰執曰：「朕兼愛南北之民，屈己講和，非懼於用兵也。若敵國交惡，天下受弊，朕實念之。今通好休兵，其利博矣。士大夫狃於偏見，以講和爲弱，以用兵爲强，非通論也。」

貢院上博學宏詞合格人京官洪遵、選人沈介、洪适。詔賜遵出身，适同出身，介循一資。介，德清人。遵、适皆徽猷閣待制皓之子也。皓奉使，久在虜中。至是，和議定，皓報太后歸耗。辛酉，宰執賀太后有來期。上曰：「洪皓身陷虜區，乃心王室，誠可嘉也。二子并中詞科，亦忠孝之報。」遂詔遵館職，适敕局删定官。自中興設詞科以來，即入館自遵始。上又言：「遵之文於三人中最勝。朕謂文貴適用。若不適用，譬猶畫虎刻鵠，何益於事哉？」

知舉、給事中鄱陽程克俊上合格進士何溥等，仍乞以取應宗子善能附正奏名試，以示勸奬。上謂宰執曰：「天孫之貴，溺於晏安，往往自陷非法。若一以邦典繩之，則非所以示親睦之恩。置而弗問，又無以立國家之法。惟擇其好學從善者，稍加崇厲，以風厲其餘，是亦教化之術也。」

乙卯，上御集英殿策試，遂賜陳誠之以下二百五十三人及第出身。初，秦熺第一。熺有官，左僕射秦檜子也，遂降第二。溥，永嘉人。誠之，侯官人也。

川陝宣撫副使胡世將時在鳳州之河池，方結陝西、河東忠義首領，俾爲內應。而朝廷與金虜講和，就差川陝宣諭使鄭剛中照舊吴玠、劉豫所管分畫地界。世將奏：「秦、商二郡，元不係玠所管，合自二州以南爲界。惟和尚原係玠立寨，元非劉豫地分，宜依舊保守。」且言：「探到虜人欲以鐵山爲界，果爾，鐵山在河池縣裏，則和尚原等關隘悉爲所占。其四川并無限隔，雖興州殺金平、仙人原稍險，別有平路，得以入川。利害的然，不可許。」時世將已病。丙辰，卒。尋詔川、陝津置其喪以歸。

夏四月丁卯〔四〕，上曰：「孫近嘗言，用人乃人主獨斷，不可委之臣下。朕謂用人雖人主之權，然深宮之中，安能盡知賢否？惟在論一相耳。一相得人，遴簡乃僚而進之，則人君當斷而用之。若人君好要則百事詳，好詳則百事荒，此善論人君之道者也。」

廣西買馬，歲額一千五百匹，而去年買發二千四百匹。至是，詔經略使胡舜陟、提點買馬知邕州俞儋以下各進一秩。

上以淮上用兵，成不戰却敵之功。丙子，詔推恩宰執。於是，秦檜等言：「此皆睿算無遺，諸將戮力，臣等何功之有？」上曰：「漢高祖善馭羣臣，每諸將奏功，必賞蕭何、張良，蓋以指蹤之功也。卿等同寅輔朕，以底成績，朕何敢忘？」檜等再拜而退。

兩浙漕臣王�等進銀以助迎奉兩宮之費。

辛巳，詔令户部別樁專充迎奉支用。上曰：「若常賦之外不取於民，庶幾副朕愛民之意。朕在宮中，服食器用，惟務節儉，不敢分毫妄費。常戒左右曰：『此中視錢物不知艱難，民雖一錢，亦不易出。』周公作無逸，戒成王惟在知小民之艱難，朕不敢妄也。」

乙酉，上謂宰執曰：「蔡京、王黼惟務彼此相傾，遂累及國家，以至艱危如此。人臣苟不念國事，而惟身之謀，累必及國，而身亦不保。若忘身爲國，則國家榮而臣享無窮之福矣。」

皇后邢氏已上仙。丁亥，訃音纔至。於是，太常寺討論服制。上謂宰執曰：「先王制禮，無過不及，適於中而已。宜參古今之制，使等威有辨，而合於禮，庶可垂法於後世也。」

金虜遣其臣烏陵贊謀至陝西，議分地界。川陝宣諭使鄭剛中出白馬關外見之。贊謀欲盡取階、成、岷、鳳、秦、商六州，指鐵山以西爲界。剛中曰：「此難即割，須俟旨可也。」贊謀曰：「講和而不退和尚原，何也？」剛中曰：「割地之旨朝下，兵晚退矣。」虜不能奪。剛中乃上奏曰：「秦、商二州并和尚原，皆陝、蜀要害，不可許也。」其後割秦、商地之半，棄和尚原，仍於大散關内，得興趙原以爲控扼之所。

五月甲午，就除剛中端明殿學士、宣撫副使。先是，宣撫司嘗居閬中。自移於河池縣，饋餉不繼，人以爲病。剛中奏移司利州，務以省費。既而剛中欲移屯一軍，都統制楊政不從。剛中呼政語曰：「宣撫欲移軍，而都統制不肯，某雖書生，不畏死也。」聲色俱厲，政即日聽命。

丙申〔五〕，詔於盱眙軍置榷場。其後，安豐軍、光州亦置。

甲辰，詔諸州軍無教官處，令尚書省選差。既而禮部立到試教官法。上謂宰執曰：「士大夫不可不學，惟學故能考前世興衰治亂，以爲龜鑒，則事無過舉而政皆適當矣。朕在宫中，未嘗一日廢也。」立法在是月乙卯，今聯書之〔六〕。

丙午，詔禮部住給度僧牒，雖特旨亦令執奏。先是，臨安府乞度牒修觀音殿，上不與，特給錢五千緡。上曰：「朕觀人主欲消除釋老二教，或毁其像，或廢其徒，皆不適中，往往而熾。今不放度牒，可以漸消而吾道勝矣。」

庚戌，工部尚書莫將等議上大行皇后謚曰懿節。

先是，上以太后回鑾，溥天同慶，可召和氣。猶慮諸郡以奉迎爲名，緣此科率，却致嗟怨，已降詔，悉令户部自支，不侵諸州經費，庶不擾民。

丁巳，上又謂宰執曰：「諸州以太后之來，各有獻助。可令户部别樁迎奉之用，有餘則留以備他日緩急。蓋朕念斯民，常以横斂爲戒也。」

言者論夔路有殺人祭鬼之事，乞嚴禁之。己未，上謂宰執曰：「此必有大巫唱之，但治巫，則此自止。西門豹投巫於河，以救河伯娶婦，蓋知此道也。」

六月甲子，金國送觀文殿學士前東京留守孟庾、徽猷閣待制前知淮寧府李正民還朝。庾等奏：「昨兵渡河，不能死節，陷身辱國，乞正典刑。」詔放罪，任便居住。詔放罪在是月癸未，今聯書之〔七〕。

乙丑，上謂宰執曰：「近日雨澤沾足，歲事有望，誠可嘉者。」秦檜曰：「此乃聖德感召和氣所致。」上曰：「天時人事雖相因，要其成必歸於天。故左傳言『天誘其衷，天奪其魄』。朕於人事雖不敢怠，至歲事則常歸功於天，不敢以爲己能也。」

乙亥，宰執奏，上殿官晏孝純乞禁止父母在別籍異財之事。上曰：「此固當禁，然恐行法有弊。州縣之吏，科率不均，民畏户口大而科率重，不得已而爲，誠可憐者。宜并申嚴科率之條。」秦檜等仰歎聖聰，周知民情若此。

時川陝都統制吳璘入覲。上問璘前此所以勝敵之方，璘曰：「先令弱者出戰，强者繼之。」丁丑，宰執奏璘功賞事。上因以璘所對語之，且曰：「璘善用兵，此正孫臏三駟之説，一敗而二勝者也。」上又曰：「當須令適中。政有賞罰，如醫之用藥，不及則不能治病，太過又傷氣也。」

時有學子上書，乞用王安石三經新義，爲言者所論。癸未，上曰：「六經所以經世務者，以其言皆天下之公也。若以私意妄説，豈能經世乎？王安石學雖博，而多穿鑿以私意，不可用。」

甲申，宰執奏言者所論鹽禁事。上曰：「古今事異，今國用仰給，煮海者十之八九，其可捐以與人？散利雖王者之政，然使人專利，亦非政之善者也。吴王濞之亂，漢實使之。使濞不專煮海之利，雖欲爲亂，得乎？」

初，興元府有六堰，引褒水溉民田至數千頃，故漢中地極膏腴。兵興以來，歲久弗治〔八〕，堰壞而田多荒〔九〕。至是，帥臣、武當軍節度使、川陝宣撫使司都統制楊政率衆修復。偶夏水堤決，政親往督役。其後堰成，歲省漕運二千餘萬石〔一〇〕。又城南并漢江水數至城下〔一一〕，政仍作長堤捍之，水遂趨南岸，城賴以安。

校勘記

〔一〕又薦清遠軍節度使王德往金陵　「又薦」，原闕，據四庫本中興小紀卷三〇補。

〔二〕言者論敷文閣待制知徽州朱芾秘閣修撰知宣州李若虚皆嘗爲岳飛參議官　「虚」，原闕，據四庫本中興小紀卷三〇補。

〔三〕見事有不當人心者　「不」，原闕，據四庫本中興小紀卷三〇補。

〔四〕夏四月丁卯　「丁卯」，原闕，據四庫本中興小紀卷三〇補。

〔五〕丙申　「丙」，原作「内」，據四庫本中興小紀卷三〇改。

〔六〕立法在是月乙卯今聯書之　此小注，原闕，據四庫本中興小紀卷三〇補。

〔七〕詔放罪在是月癸未今聯書之　此小注，原闕，據四庫本中興小紀卷三〇補。

〔八〕歲久弗治　「弗」，原闕，據四庫本中興小紀卷三〇補。

〔九〕堰壞而田多荒　原闕，據四庫本中興小紀卷三〇補。

〔一〇〕二千餘萬石　「千」，原作「十」，據四庫本中興小紀卷三〇改。

〔一一〕又城南并漢江水數至城下　「漢」，原作「蔭」，據四庫本中興小紀卷三〇改。

宋朝中興紀事本末卷六〇

起紹興十二年七月盡十二月

秋七月，言者論福州簽書判官胡銓文過飾非，用欺羣聽。士之無知者，往往從而宗之，望竄斥〔一〕，以爲惑衆之戒。癸巳，詔銓除名，新州編管。

皇太后回鑾，金國遣少府少監高居安等扈送。甲午，起發。

癸卯，上諭宰執曰：「吴璘説川、陜可招衛兵。今璘尚留此，可諭鄭剛中，令處之。仍更呼璘與議。璘又言胡世將嘗招得數千人，近緣歲饑，皆餓死，今必有流民願就招者。」時璘乞用初任團練、承宣使，爲其子换文資。上許之，中書舍人張擴以爲不可。乙卯，上謂宰執曰：「武臣换文資，恐將帥之才後難得矣。」張俊曰：「須試而後换文可也。」上曰：「俊言甚是，宜降指揮。」上因舉杜甫詩「將軍不好武，稚子總能文」之句，謂甫意蓋有在也。於是，秦檜等仰見聖心之不忘武備如此。

戊申，宰執奏事，因論車服有用玉者。上曰：「將來郊廟，玉器當先製〔二〕。朕觀今所用祭器皆別，山樽自有山樽之制，犧樽自有犧樽之制。如玉卺、玉爵之類，今皆未備，豈可不先製也？」上尊事天地，奉先思孝。故凡服食器用，必以祀事爲先，秦檜等不勝歎服。

上自南巡，儀物草創。至是，諸王宮教授石延慶言：「國朝郊廟大禮，有三駕之制。恭聞皇太后鑾輿還闕，陛下將迎於郊〔三〕。而儀衛未講，望詔大臣，集禮官蒐講往憲。」有詔車輅儀仗，委工部尚書莫將、户部侍郎張澂同内侍邵諤製造。己酉，太常寺言：「五輅之制，惟玉輅以玉飾之，今當先玉輅。又按，本朝黄麾仗供二千二百六十五人，其數最爲酌中，欲依此製造。」從之。

是月，上又諭宰執曰：「吴璘功賞事早與了，使之歸。」秦檜曰：「已與張俊議，呼璘到堂面定，庶幾允當。」上可之，且曰：「賞須令適中。今日邊面正賴將士協力守之，賞須當，乃慰其意，且免姦人動摇軍情也。」

大金國遣金吾衛上將軍元顔宗賢〔四〕、秘書監劉祹等來。

癸丑，上謂宰執曰：「郡守條上五事，其間頗有可採。又有欲充見行法者，宜詳之，可行即行。」秦檜曰：「如莊綽所上有可行者。」何鑄曰：「守臣中有志於民者，所論定不苟。」上曰然。於是，檜等仰見上厲精庶政，臣僚所上利害，躬覽不息，如此中興豈難致乎〔五〕？

時因有宗子犯法。乙卯，上謂宰執曰：「見宗學教官令日率宗子講書作功課，庶使用心，不爲惡事。」於是，秦檜等仰見上留意宗子，以教爲先，厚叙之實，莫大於此〔六〕。

上殿官宇文剛言，湖外米賤，乞行收糴。戊午，上諭宰執，令即行之，且曰：「水旱堯、湯所不能免，惟有以備之，則民免流移之患也。」

八月乙丑，宰執奏，湖北帥臣劉錡言沅州傜人作過事。上曰：「蠻夷但當撫綏，不可擾之，慮致生事。」於是，秦檜稟聖訓以諭錡。

丙寅，皇太后渡淮。

言者論端明殿學士、簽書樞密院何鑄首董岳飛之獄，閱日滋久，初無一言叙陳。既而以樞臣使虜，乃謂以讞獄不合，遂致遠行。又言飛之獄，本其徒所告，反狀甚明，而鑄故遷延，乃在黨惡。遂罷鑄，以本職提舉太平觀。尋詔落職，責徽州居住。既又論殿中侍御史胡汝明及察官歸安施鉅、長洲李益皆鑄所薦，詔悉與外任。

丁卯，上與宰執論經術，因曰：「朕每讀書，未嘗苟，必思聖人所以立言之意。」秦檜曰：「孟子云，文王我師也，周公豈欺我哉？」上曰：「聖人所自得者，垂法後世，又焉用欺？」秦檜曰：「陛下以通經，得五帝三王心傳之妙，人臣何幸！自古不遇治世之主，則爲人臣誠有難處。今陛下以經術出治，人臣因以託日月之光，傳諸不朽，豈非幸會？」上曰：「讀書不適用則不若愚人，愚人猶無過，讀書不適用爲患更甚。」檜曰：「陛下持此心，揆天下之事，無不灼見底藴矣。」

先是，迎護梓宫當差大臣，而左僕射秦檜辭不行。乃詔少保、判紹興府孟忠厚爲迎梓宫禮儀使，以參知政事王次翁爲迎太母禮儀使，并往楚州迎接。戊辰，上問宰執曰：「界首猶未得皇太后的報？」秦檜曰：「據王次翁奏，九日可到界首。以理揆之，此事必不爽約。前蕭毅行，陛下明與約言，若太后果還，自當謹守誓約。如今歲未也，則誓文爲虚設，此最切當。」上曰：「亦以此事卜和議諧否。若還我太后，大金亦守和議也。」

甲戌，以御史中丞万俟卨爲參知政事，充大金報謝使，保信軍承宣使邢孝揚副之。上顧禼曰：「勉爲朕行。」禼對曰：「陛下屬時艱難，嗣承大統。日者獨斷屈己，銷兵以交與國，天人同符，捷逾響報。送往事居，悉如聖志，臣將命絶域，實與榮焉。」

上諭宰執曰：「和議既定，内治日興。」秦檜等對曰：「以陛下聖德，漢文帝之治不難致。」上曰：「朕素有此志，但寡昧不敢望前主。」檜曰：「漢文帝文不勝質，唐太宗質不勝文，陛下兼有之。」上曰：「唐太宗不敢望，漢文帝其從諫多出矯僞。」檜曰：「文帝能容申屠嘉，而太宗終恨魏證，其爲真僞可見。」上曰：「朕謂專以至誠爲上，太宗英明有餘，誠有所未至也。」檜曰：「太宗之用智，誠不及文帝之性仁也。」上曰然。

丙子，上論大金内侍有用事者，因謂宰執曰：「今内侍中寄資有犯雖降官，然奉物不減，何以勸懲？今小者有犯，可恕即恕〔七〕，不可恕即撻之，庶使知懼。」且云：「唐末内侍如田令孜輩譶唱爲亂者，良由天子縱之所致。朕今在宫中，都知、押班、御藥素號最親密者，非時未嘗見，見未嘗不正色。」秦檜等曰：「有以仰見陛下聖鑒高遠，不昵於近習，防微杜漸如此。」

己卯，上謂宰執曰：「比聞大金中宫頗恣，權不歸其主。今所須者無非真珠、靸鞋之類〔八〕，此朕所不顧，而彼皆欲之，則侈靡之意可見矣。宜令有司悉與，以廣其欲。彼侈心一開，則吾事濟矣。」時金人又須白面猢孫及鸚鵡、孔雀、獅子猫兒〔九〕，上亦令搜訪與之。上曰：「敵使萬里遠來，所須如此，朕何憂哉？」秦檜歎上之沈機灼見如此。

宰執奏事〔一〇〕。上曰：「聞大金皇后擅政，三省惟承后旨。其主所言，顧未必聽。且后性侈靡，至以真珠裝被，追集綉婦至數千人。后日更綉衣一襲，直數百緡。其風如此，豈能久耶？自古權歸宮壼，未有不亡者也。」

皇太后回鑾已近。辛巳，上至臨平鎮奉迎。上入幄朝見，宰臣、文武百官班幄外起居。上初瞻慈容，喜深感極，淚濕龍綃。軍衛歡呼，聲震天地。父老童稚攜持，夾道擁看，以手加額，咸歎曰：「不圖今日聖神之母子重歡如此！」太后以北方聞太傅、醴泉觀使韓世忠名，召至簾前曰：「此爲韓相公耶？」慰問良久。

壬午，皇太后遷居慈寧宮。太后雅性清浄，不喜喧囂，聰明有遠慮，雖自古賢后，無以過之。上因夜侍慈寧，語良久，冀以順其意。太后令上早卧，且曰：「聽朝宜早起，不然，恐妨萬機。」上不欲遽離左右，太后遂示以倦意，上不得已，恭揖而退。太后復坐，凝然不動，遂解衣登榻，交足而坐，至三四鼓而後就枕，其靜專如此。又嘗謂：「給使者不必分，宜通用之。蓋分則自爲彼我，其間佞人希旨，必肆間言。自古兩宫失歡，未有不由此者。」

乙酉，上以語秦檜等，且言：「太后既歸，宫中事一切不復顧矣。」於是，檜等仰歎聖德之至，宜其篤生上聖，以建中興，而驂馭言旋，爲天下之母也。

徽宗及顯肅、懿節二后梓宫回。己丑，上至臨平奉迎以歸。初，太常少卿施垌請於皇城近處權設龍德別宫。至是，即奉安焉。

九月，有司具送金國禮物，常幣外有金器極精巧。癸巳，上謂宰執曰：「此上皇時所用，朕不欲享之，交鄰國以息兵養民，朕之志也。」上又言：「徽宗、顯肅之疾，皇太后躬親扶持，及啓手足，又與淵聖同辦後事。懿節之葬也亦然。今三梓宫之來，皇太后與淵聖呼當時躬葬之役者，待其畢集，然後啓殯，其思慮深遠如此。」

乙未，以少保、護國軍節度、判紹興府信安郡王孟忠厚爲樞密使。

戊戌，詔皇太后俸錢月一萬貫，冬年寒食生辰各二萬貫，生辰加絹一萬匹。

左僕射秦檜進所撰徽宗哀册。辛丑，上諭檜曰：「哀册極佳，蓋語皆紀實故也。」鄉昭慈挽詞，衆人所作，文雖可觀，皆不及實。朕當時所撰，有『俯隨遺詔日，猶想御簾時』〔一一〕，要紀實耳。」檜曰：「鄉陛下書扇賜經筵官，皆當其實。」上曰：「朕閱唐史，見太宗面評羣臣才德短長，似有所感〔一二〕。朕所書皆杜甫詩，蓋因以見意也。」

有阿李者，本乾明院尼，名善靜〔一三〕。因被虜在北界，詐作柔福帝姬逃歸。後朝廷差宣政使馮益并宗婦吳心兒往紹興府識認，遂取入內，加爲福國長公主，降駙馬都尉高世榮。至是，因內侍李愕等隨梓宮回，且言柔福帝姬在北界降徐還，去年已死。還近自北界以其骨歸，後因還父中立訴於朝廷，遂下法寺勘實。是日辛丑，詔阿李杖死，益、心兒以認識不審〔一四〕，編管外州。

壬寅，大赦天下。

乙巳，少保、左僕射秦檜加太師。檜面辭新命，上曰：「梓宮歸葬，慈寧就養，皆卿之功，此未報百分之一，不必辭也。」

詔福建官買茶送榷場，仍戒有司即時支價錢。上曰：「官中買物，往往即不還價，故人憚與官交易。」蓋上通察民情如此。

戊申，詔參知政事王次翁充大金報謝使，德慶軍節度錢愐副之。製玉輅工畢。

大金國遣中書侍郎劉筈、刑部尚書元顔宗表等來。庚戌，引見。以給事中、直學士院程克俊爲翰林學士。

辛亥，詔差内侍藍珪主管慈寧殿事務。上謂宰執曰：「朕戒諸人，凡有闕不得白太后，只來白朕。蓋太后年已六十，惟胸中無一事，動作如意，即壽考康寧無窮矣。」於是，秦檜等仰服聖孝，以謂養志曾參之所難，而上優勝之，此舜之盛德也〔一五〕。

初，中書舍人張擴爲左僕射秦檜所知，不數年至侍從。緣屢繳詞，人多不樂。至是，吏部引赦行詞，擴每秉燭草制，言者謂其太遽而文不工〔一六〕，擴乃罷去。

丁巳，詔户部侍郎沈昭遠爲大金賀生辰使，知閤門事王公亮副之。新除中書舍人楊愿爲大金賀正旦使，知閤門事何彦良副之。愿，山陽人也。

冬十月壬戌，言者論錢塘駐蹕之地，而城壁摧剥。儻不加飾，何以肅遠近之瞻？況臨安府昨被旨置回易庫，收其贏以備此舉幾年矣，今宜取而用之。詔臨安府措置。

吴國長公主奏，乞與其子落階官。甲子，上謂宰執曰：「合落階官，此趙鼎之失。凡事須得中乃可行。鼎以魯國大長公主子爲使相，似太過，吴國長公主之子不落階官，似不及。朕嘗聞之，鼎不以錢、潘二家子弟賢否爲對〔一七〕，此其失也。」

乙丑，上謂宰執曰：「天下幸已無事，惟慮士大夫妄作議論，擾朝廷耳。治天下當以清浄爲本。若各安分不擾，朕之志。」

初，卜地爲永固陵，得於紹興府會稽山昭慈聖獻皇后欑宫之西北，乃遣中丞万俟卨。又詔資政殿學士鄭億年相繼按行，皆以其地可用。丙寅，權欑徽宗聖文仁德顯孝皇帝及顯肅、懿節二后。

乙亥，以翰林學士程克俊爲端明殿學士、簽書樞密院事。

丁丑，太師、左僕射秦檜進封秦魏國公。檜乞以兩國封爵追封其母王氏爲秦、魏國夫人，從之。

戊寅，詔隨從梓宫官吏扶護萬里，勤瘁可嘉，自内侍官李愕以下四十四人推恩有差。

庚辰，詔鎮江府依沿海制置使例，罷帶沿江安撫使。

癸未，詔車輅院復置官吏。

甲申，皇太后生辰，始燕於慈寧宫。丁亥，詔福建見任提舉市舶官更不兼茶政〔一八〕，别差官提舉茶事，置司於建州。

時朝廷欲以福建臘茶，就行在置局給賣。

初，參知政事万俟卨奉使大金國，行次汴京，奴隸輩有爲人致書訪其子者，彼之伴使以爲言。卨曰：「兩朝以玉帛相見，而後敢以私書入境。然父子之情，不過候安否耳。」發書視之，果然。及次涿州，又以南官毆擔夫告者，且曰：「一行裝賫，悉以車載，不復調夫矣。」卨曰：「毆擔夫者請得其名治之。不調夫則止於此，以聽大國之命。」伴使語塞，遂已〔一九〕。至是，使還，詔卨提舉詳定一司敕令。

孫覿志卨之墓曰：卨之復命也，宰相秦檜假金人譽己數十言，屬卨給上。卨退而歎曰：「丞相詠我面謾，吾戴天履地，忍爲此乎？」卒不從。他日與檜議政，檜怒，無復同寅之意矣〔二〇〕。

十一月庚寅，上謂宰執曰：「人君惟虚心，則事至自見。」秦檜曰：「虚心則臣下或有迎合〔二一〕，亦無所逃。」上曰：「臣下迎合，孟子所謂逢君之惡，其罪大。」程克俊曰：「此不容誅也。」檜曰：「陛下虚心照臨，百官士庶〔二二〕，孰不精白，以承休德哉？」

左朝奉大夫黄達如者，前守南雄州，爲提點坑冶鑄錢官韓球所按。至是，任滿奏事，言：「太后回鑾，梓宫還闕，兹爲盛事，望宣付史館，然後大明黜陟，異論者正典刑，主和者加旌賞，上慰徽宗、三后在天之靈，少紓太母滯鬱之氣。」遂擢達如爲監察御史。辛卯，禮部侍郎、直學士院王賞編付史館。達如，建陽人。賞，眉山人。球，璜弟也。

初，太師、左僕射秦檜與太傅、樞密使張俊同主和議，約盡罷諸將，獨以兵權歸俊，故俊力助其謀。及諸將已罷，而侍御史江邈數言俊之過。於是，俊求去位。癸巳，罷爲醴泉觀使，復還三鎮舊節，封清河郡王。邈，建德人，公望猶子也。此據野記。

兩浙轉運副使李椿年言：「臣聞仁政必自經界始。自兵火之後，文籍散亡，豪民猾吏因緣。而有田者未必有税，有税者未必有田。富者日益兼并，貧者日益困弱，皆由經界不正。」且言其利害有十：「臣比訪得平江府歲收七十萬石，著在石刻。今按籍雖有四十萬，而實入纔三十餘萬，皆以爲逃田。嘗聞朝廷有按圖核實之請〔二三〕，其事始於吴江縣。而知縣石公轍盡復其數〔二四〕，蓋按圖而得之也。欲望陛下繼而行之，將吴江之驗，施之一郡一路，以及天下，則經界立而仁政行矣。」上謂宰執曰：「椿年之論，頗有條理。」秦檜曰：「其説簡易可行。」程克俊曰：「比年百姓避役，止緣經界不正。若行之，誠公私之久利也。」乃詔專委椿年措置。椿年請先往平江諸縣，俟其就緒，即往諸州。要在均平，爲民除害，更不增税額。從之。椿年遂即平江創經界司。於是，守臣周葵見椿年曰：「今欲均税耶，增税耶？」椿年曰：「何敢增税？」葵曰：「若不增税，何以言本州苗米七十萬石？」椿年曰：「倉記云耳。」葵曰：「倉記云穀七十萬石，謂倉中所容總數耳。五穀皆穀也，豈獨米乎？」椿年曰：「審爾，則當用圖經三十萬數爲準。」未幾，葵罷去。

初，言者屢請復太學以養人材，上以戎事未暇。至是，上謂宰執曰：「太學教化之原，宜復祖宗舊法。」程克俊曰：「東晉設學於鼎沸之中。今兵息矣，興學正其時也。」秦檜曰：「久有此議，今當舉行之。」己亥，始詔立太學養士。既而令權以三百人爲額，仍復置祭酒、司業、博士、正録等官。

初，永固陵欑宮，以户部侍郎張澂爲橋道頓遞使。澂熟知會稽地里，自發引至覆土反虞，皆先事而備。至是，遷澂爲尚書。

右諫議大夫歙縣羅汝楫言：「陛下近可臣僚之奏，以前日異論者明正典刑，此誠今之先務。然初定和議，而譏謗紛然，往往出於愚而無知，不足深責。惟趙鼎、王庶、曾開、李彌遜四人者，同心并力，鼓率其黨，必欲沮害此事。賴皇明洞照，不惑浮言。今開與彌遜尚以美職而奉祠禄〔二五〕，失刑已甚，望賜貶黜。鼎、庶見在謫籍，近赦恐合量移，乞令有司勿復舉行，亦足少懲。」丙午，詔從之。於是，開、彌遜并落職。汝楫又言：「前殿中侍御史張戒最與鼎厚，引居言路。凡鼎之風旨，奉承不暇，故助鼎以沮和議。鼎罷相，戒失所賴，復請留之。既被黜，則往依岳飛於江夏，其趣操可知。」庚戌，詔停戒官。

少保、樞密使孟忠厚求去位。罷爲少傅，依舊信安郡王判福州。既而與知建康府葉夢得兩易其任。時閩中之寇未平，詔夢得挾御前將士便道之鎮。

十二月己未朔，上謂宰執曰：「秦熺論唐文皇之文華，漢文帝之文實。」程克俊曰：「聖人之文與衆人異。陛下聖學高妙，施行治具，得斯文之傳矣。」秦檜曰：「堯稱文思，舜稱文明，禹稱文命。而周則文王世世相傳，非止於此。」上曰然。

庚申，上謂宰執曰：「梁汝嘉頃爲户部尚書，號稱經制財用，徒耗官錢，公私交易，無補於國。爲汝嘉身謀則得矣，如國計何？」

甲子，上曰：「朕以天下財賦養天下士大夫，以天下公器處天下士大夫，要使人人盡心職業，朕何愛爵禄哉？」

辛未，上曰：「太學師儒之官，雖選經術，當先德行，要使士子化之，以厚風俗。」

初，命户部尚書張澂等詳定重修六曹寺監庫務敕令格式。至是，書成。壬申，太師、左僕射秦檜上之。

言者謂：「南巡以來，三載之祀，獨於明堂。而冬至郊天，曠歲未舉。今既治安，望於來歲用郊祀之儀，庶應祖宗故事。」詔禮部太常寺討論申省。

己卯，上曰：「唐藩鎮跋扈，蓋由制之不早，遂至養成。今兵權歸朝廷，朕要易將帥承命奉行，與差文臣無異也。」

庚辰，上謂宰執曰：「朕一無所好，惟閱書作字，自然無倦。尚書史記孟子俱寫畢，尚書寫兩過，左傳亦節一本。」秦檜等稱贊。

甲申，上曰：「祥瑞何用？朕所不取。惟年穀豐登，乃莫大之瑞也。」

校勘記

〔一〕望竄斥　「斥」，原闕，據四庫本中興小紀卷三〇補。

〔二〕玉器當先製　「製」，原作「制」，據四庫本中興小紀卷三〇及下文改。

〔三〕陛下將迎於郊　「迎」，原作「巡」，據四庫本中興小紀卷三〇改。

〔四〕大金國遣金吾衛上將軍元顔宗賢　「上」，四庫本中興小紀卷三〇作「大」。「元」，四庫本中興小紀卷三〇作「完」。

〔五〕於是檜等仰見至此　原闕，據四庫本中興小紀卷三〇補。

〔六〕於是秦檜等仰見上留意宗子……莫大於此　原闕，據四庫本中興小紀卷三〇補。又，文中「厚」，原作「惇」，此字應避光宗諱，依本書體例改爲「厚」。

〔七〕可恕即恕　前「恕」字，原作「怒」，據建炎以來繫年要録卷一四六改。四庫本中興小紀卷三〇無此條。

〔八〕真珠鞁鞋之類　「鞋」，原作「級」，據四庫本中興小紀卷三〇改。

〔九〕時金人又須白面猢孫及鸚鵡孔雀獅子猫兒　「雀」，原作「省」，據四庫本中興小紀卷三〇改。

〔一〇〕宰執奏事　此四字前原有「己卯」二字，以與前文重，故據删。

〔一一〕猶想御簾時　「猶想」，原作「尤以」，據四庫本中興小紀卷三〇改。

〔一二〕似有所感　「感」，原闕，據四庫本中興小紀卷三〇補。

〔一三〕名善静　「静」，原作「浄」，據四庫本中興小紀卷三〇、建炎以來繫年要録卷一四六改。

〔一四〕益心兒以認識不審　「益」，原作「吴」，據四庫本中興小紀卷三〇、建炎以來繫年要録卷一四六改。

〔一五〕於是秦檜等仰服聖孝以謂養志曾參之所難而上優勝之此舜之盛德　以上原闕，據四庫本中興小紀卷三〇補。

〔一六〕言者謂其太遽而文不工　「太」，原作「大」，據四庫本中興小紀卷三〇改。

〔一七〕鼎不以錢潘二家子弟賢否爲對　「否」，原作「召」，據建炎以來繫年要録卷一四七改。四庫本中興小紀卷三〇無此條。

〔一八〕更不兼茶政　「政」，原作「改」，據四庫本中興小紀卷三〇改。

〔一九〕咼曰毆擔夫者請得其名治之不調夫則止於此以聽大國之命伴使語塞遂已　以上原闕，據四庫本中興小紀卷三〇補。

〔二〇〕無復同寅之意矣　「寅」，原作「咼」，據四庫本中興小紀卷三〇改。

〔二一〕則事至自見秦檜曰虛心則　以上原闕，四庫本中興小紀卷三〇補。

〔二二〕百官士庶　「庶」，原闕，據四庫本中興小紀卷三〇補。

〔二三〕核實之請　「實」，原作「賞」，據四庫本中興小紀卷三〇改。

〔二四〕而知縣石公轍盡復其數　「轍」，原作「敏」，據四庫本中興小紀卷三〇改。姑蘇志卷四一：「石公轍字道叟，新昌人，紹聖二年特奏狀元。任南劍州教授，轉吴江令。」

〔二五〕四人者同心并力鼓率其黨必欲沮害此事賴皇明洞照不惑浮言今開與彌遜　以上原闕，據四庫本中興小紀卷三〇補。「職」，原作「我」，亦據改。

宋朝中興紀事本末卷六一

起紹興十三年正月盡六月

紹興十三年歲在癸亥。

春正月癸巳，詔祖宗朝，殿幄悉用純綵，後來寖多文綉。今當屏去，止用緋黄二色。既而知信州葉三省乞宣付史館，上未允。左僕射秦檜曰：「此陛下盛德事，合付史館。」於是，檜等仰歎，真所謂示純樸爲天下先者也。三省，桐廬人也。

戊戌，加上徽宗尊謚曰體神合道駿烈遜功聖文仁德慈顯孝皇帝。

先是，陰雲欲雪。己亥，上親饗太廟。日霽霧澄，皆誠孝所格。禮部侍郎王賞請宣付史館，從之。

壬寅，左僕射秦檜等上表乞立后，不允。

己酉，上謂宰執曰：「朕不畏多事。事若多，必入思慮，莫不有處。大抵無事則怠忽易生，不可不戒。」於是，秦檜等贊聖謨宏遠，天下幸甚。檜又曰：「此所謂敕天之命。」上大喜。

戊子，上謂宰執曰：「近有士人進説，以爲春秋無褒。議論似偏，恐非聖人本意。」程克俊曰：「觀春秋命名，正寓褒貶賞罰之意。」上以爲然。

二月癸亥，上曰：「近代獻書者，時有怪誕祥瑞之説，此興訛之漸，不可長也。前代往往喜聞圖讖，朕所不取。」

乙丑，徽宗永固陵易名永祐。

丙寅，上曰：「爲君不知春秋，昧爲君之道。爲臣不知春秋，昧爲臣之道。此書褒貶甚嚴，真萬世之法。」上又曰：「爲政之要辨忠邪，此治亂所由分也。」秦檜曰：「書生喜論王霸，臣謂推誠任賢，是爲儒學。施於有政，是爲王道。挾術任數，是爲雜學。施於有政，是爲霸道。」上以爲然。

太傅、醴泉觀使、潭國公韓世忠進封咸寧郡王。

己巳，上謂宰執曰：「古人琴制不同，各有所寓。朕近出意作盾樣，示不忘武備之意。」

時殿中侍御史晉江李文會以朝廷方守和議，不言兵，乃奏仁義之説曰：「陛下文德柔遠，兼愛南北之民，仁也。昔金人猖獗，陛下毅然請行。既即位，猶念二聖遠狩，宵旰圖治〔一〕，宗廟再安，義也。願陛下力行此道，天下幸甚。」庚午〔二〕，上謂宰執曰：「文會所陳仁義，甚善。朕令録一本，置之几案，欲常觀鑒。」

己卯〔三〕，宰執奏福建安撫使葉夢得措畫弭盜之事。上曰：「盜之竊發，多緣守令非人，掊克所致。宜令帥司條具，凡有害於民者除之。」自此夢得或招或捕或誘之相戕，三策并用。然頗與監司相異，至交奏其事。監司謂盜魁林元仲必不可致，既而夢得遂招致之。又謂俞徹明必再叛，萬少全必大熾，而夢得處之皆定，異議遂息。此據夢得傳述。

先是，國子司業高閌言：「陛下復興太學，凡養士取士之法，當取聖裁。」上曰：「自有祖宗成法。」閌曰：「有慶曆、元豐、紹聖、崇寧法，有司未知適從。若出於聖裁，則行之乃久。」閌又奏舊太學辟雍皆有御書，今亦乞建閣以藏御書，仍願特灑宸翰，加惠多士。上許之。閎又奏：「有一事最先，經術是也。」上曰：「經不易通。士習詩賦已久，遽能使之通經乎？」閎曰：「先王設太學之意，惟講經術而已。」上曰：「近侍讀官程瑀亦論經術。」閎曰：「國初猶循唐制用詩賦，神宗始以經術造士，遂罷詩賦。又慮不足以盡人材，乃設詞學一科，試以雜文。」上曰：「詩賦亦雜文也。」閎曰：「取士以經義爲主，不過三場，後加詩賦爲四場，不能無礙。蓋太學之法，旬有課，月一周之。月有試，季一周之。若加一場，則課試之法遂紊。自元祐以來，雖增爲四場，終不可行者，蓋以此也。今欲經義第一，詩賦第二，論策各一，第三。」上可之。庚辰，閎具分三場，乞永爲定式。時閎又請在學人定三年歸省之限，詔可。上曰：「舊有九年之法，徽廟方改作三年。豈有士人九年而不省其親者乎？」

舊例，廷試第一人歷任回，始得館職。時秦熺已爲秘書少監。是月，遂除左承事郎陳誠之爲正字，蓋特恩也。

是月，禮部侍郎王賞奏將來郊禮宿齋處及望祭等事。

三月乙未[四]，上謂宰執曰：「三年郊禮止一宿，毋枉費人力。只隨宜絞縛，務從簡省。」秦檜曰：「茲陛下盛德之事，臣等敢不奉詔？」

言者謂：「自元豐始廣景靈宮，以奉祖宗衣冠之游，即漢之原廟也。自艱難以來，庶事草創，而原廟神游猶寄永嘉，四孟薦饗，旋即便朝設位，未副廣孝之意。望命有司擇地，仿景靈宮舊規，以建新廟，迎還列聖粹容，庶幾四孟躬行獻禮，用慰祖宗在天之靈。」丁酉，詔禮部太常寺討論申省。既，遂建於新莊橋之西，其地乃故劉光世妻向氏所獻。

庚戌，上曰：「將來郊祭詣景靈宮，可權宜乘輿。蓋此去十里，若乘輅，則拆民居必多。」蓋上愛民之誠如此。

言者以謂：「社稷之祠，王者所重，故漢光武東遷，則置於雒陽。國家南渡以來，上戊之祭寓於佛祠，未副事神保民之意。望下禮官，講明擇地爲壇，以備春秋之禮。」乙巳，詔從之。

言者謂：「吏部告身在官告院，其監官但置籍授吏，而弗預書告。萬一姦弊，無由察知，乞亦命書告。」甲寅，詔從之。

兵部侍郎程瑀言：「將來郊祀，用國初大駕儀仗，總一萬一千二百餘人，除已有黃麾半仗及玉輅法物儀仗外〔五〕，見闕金象木革四輅，望下所屬製造。」詔以纈代綉。仍差兵部郎官錢時敏、軍器監劉才邵、主簿宋貺同檢視。貺，歙縣人也。

夏四月庚申，上諭宰執曰：「郡政以循良稱者，更與擢用，庶爲諸郡守之勸。今兵事少息，當以民事爲先，卿等且博詢之。」

辛酉，宰執奏上殿官范正同論廣南鹽事。上曰：「法必有弊而後改。若未見其弊，遽議更作，非特無利，必至爲害。凡法皆然，不止鹽也。」

壬戌，宰執奏嚴州淳化縣令孔括治狀。上曰：「可與轉一官，令再任滿，更與陞擢。縣令最親民，而員最多，難於一一選擇。但有治狀者進用之〔六〕，有過惡者黜責之，使知所勸懲，則人自勵，而不害吾民矣。」

癸酉，以右諫議大夫羅汝楫爲御史中丞。

前知潼州韓岊，請復孝悌力田科。丙子，上曰：「漢有此科，固可以厚風俗，然祖宗時未嘗行，宜令講究，不可輕易創立。」岊，侯官人也。

兩浙漕臣張叔獻相度秀州華亭縣宜置閘以捍鹹潮事。庚辰，上諭宰執，令委叔獻便置。且曰：「今邊事息，當以民事爲急。民事當以農爲先。朕觀漢文帝詔書多爲農而下，以農者天下之本。置閘其利久遠，不可憚一時之勞也。」

丁亥〔七〕，宰執奏事。上曰：「數日來，太后趣行册命中宫之禮。朕乞太后降一指揮，太后不肯，云：『我但以家事，豈預外庭？』太后知國體，故重如此。」秦檜等曰：「太后有定命，陛下奉行可也。」

閏四月己丑，立貴妃吴氏爲皇后。制略曰：「眷我中宫，久兹虚位。太母軫深遠之念，羣臣輸悃愊之忠。宜選淑賢，以光册命。」蓋述太后意，乃敷文閣直學士、提舉萬壽觀兼直學士院秦梓草辭。

戊申，遂以梓爲翰林學士。梓，檜之兄也。

時有守臣吴説上殿，言湖、台之間，士大夫家多藏書者。緣未立賞，故不肯獻。庚寅，上諭宰執，令舉太宗朝訪遺書之法行之。蓋上留意典籍如此。

壬辰，宰執奏，兩浙漕臣張叔獻言，天申節錫宴在邇，本司合造山樓，而木植未備。欲借慈寧殿山樓用。上曰：「此皆朕自置，專奉太后，不欲他用。姑借與木植，其彩緞不可假，恐或損污，外人謂朕奉太母不謹也。」

殿中侍御史李文會論縣令李汝明贓事。戊戌，上謂宰執曰：「縣令最衆，安得人人而知之？若一一待臺諫論列，何用監司？今後贓污人爲臺諫所論，而監司失按發者，量與降官，庶知所懲。行之數年，贓吏自然少矣。」

户部具上諸路月樁錢。壬子，上諭宰執，令下諸州析其數爲二，存有窠名者而旋取者悉蠲之。

甲寅，上諭宰執曰：「昨日上殿楊大任，其人昏老〔八〕，難當郡寄，可處以宫祠。似此等人作郡，臺諫欲論，又無顯過，但千里之民，陰被其害。今後郡守，卿等宜審擇之。」秦檜等曰：「謹遵聖訓。」

參知政事王次翁以老求去位。乙卯，罷爲資政殿學士、提舉洞霄宫。

五月癸亥，上諭宰執曰：「人言南地不宜牧馬，昨朕自創行，雖所養不多，方二三年已得駒數百，此後不患不蕃。與自川廣市來，病不堪乘。而沿路所費不少，計之一匹自數百千。」秦檜曰：「儉以足用，寬以愛民，魯頌專言牧馬。」上曰然。上又曰：「國家自有故事。

京城門外便有孳生監，每年所得甚多，祖宗用意可見也。」

中書舍人楊愿請依唐乾元及國朝故事，詔天下置放生池，祝聖壽。乙亥，詔諸路監司措置申省。

先是，詔立聖節紫宸殿上壽儀已成。丁丑，天申節，百官上壽如儀。

壬午，上諭宰執曰：「承平時大燕及策中宮事，太后一一能記。考之故事，所説皆同。」秦檜曰：「太后聰明如此。」上曰：「太后在虜中十六年，未與皇后相識，今此一見便相喜。如太后飲食衣服，皆皇后親自供承，太后未嘗有所需求。每云飲食衣服只取飽暖，不欲以細故擾思慮。自太后歸，朕於宮中事更不費力，遂得專意外治。」檜曰：「時與運至，陛下凡事皆如意，正家而天下定矣。」

知大宗正、權主奉濮王祠事士㑺言：「自前嗣濮王仲湜權奉神貌安於紹興府之光孝寺，今欲以法堂權充園廟。」從之。

臨安府并屬縣并獄空。甲申，詔獎守臣、敷文閣待制王㬇。㬇，珪孫也。

六月戊子，詔知興元府、川陝宣撫司都統制楊政，令再任，仍改爲四川宣撫司都統制。

臨安府宗子學生師閔、師顔訟教官鮑同不法事。己丑，上謂宰執曰：「此乃論師長，恐起告訐之風，可送宗司拘管。教官須先正己，然後可以率人。若自爲不法，人豈服之？鮑同令本府體究，果有不法，亦當黜之。」既而，體究上，所論多不實。上曰：「朕不罪同，師閔、師顔須與行遣。」秦檜奏：「乞送大宗正士㕛庭訓，同不可爲教官，欲罰銅，對移別職。」從之。

殿中侍御史李文會論江陰軍簽判蔡棨不法事。壬辰，上諭宰執曰：「不按發監司〔九〕，須當行遣。天下事，臺諫安能盡知？監司乃朝廷耳目之官，豈可容縱不舉？且與降官，自知所畏矣。」

鄂州御前都統制田師中奏：「諸軍統制等官有老病者，已蒙朝廷與差遣離軍，今不可闕官。」乃詔選鋒軍統制李道爲前軍統制，餘以次陞焉。

初，詔權住鬻度牒。至是，壽星寺乞每歲撥放。癸巳，上謂宰執曰：「朕觀昔人有惡釋氏者，欲非毁其教，絶滅其徒，二者皆不得其中。朕於釋氏，不使之太盛耳。獻言之人，謂賣度牒可資國用。朕以爲不然。一度牒所得不過一二百緍，而一夫不耕，其所失豈止一度牒之利？·若住撥放十數年之後，其徒當自少矣。」

先是，以故岳飛宅葺爲太學。丁酉，知臨安府王㬇言，太學將畢工，而養士之費當預備。已撥到居民冒占白地錢，月得二千八百餘貫，養士三百，恐可足用。詔從之。未幾，除㬇爲工部侍郎。

戊戌，宰執奏鈞容直推賞事。上曰：「樂人無出官法，可與支賜及轉資。昔有教坊官求爲郡者，太祖以唐莊宗爲監，不與之，止令於樂部遷轉，此祖宗之良法也。」

端明殿學士、簽書樞密院事程克俊以疾求去位。壬寅，詔依前職提舉洞霄宮。

甲辰，宰執擬差太學官。上曰：「師儒之任，尤當遴選。須得心術正者爲之，將以經旨諭後進。一有邪說，學者從而化之，爲害非細。」秦檜曰：「謹遵聖訓。」

翰林學士秦梓引疾乞退。辛亥，以爲龍圖閣直學士、知宣州。

先是，詔守臣上任半年，具民間利害及邊防五事。癸丑，上謂宰執曰：「近觀諸處所奏，固有法已該載，亦有一方之便朝廷未知者，宜委都司詳之。其便民者即與行，無事虛文也。」

初，徽猷閣直學士、知静江府胡舜陟，因奉詔討郴賊駱科餘黨，以饋餉不繼，與廣西轉運副使吕源有隙，舜陟劾源沮軍事。時有府吏徐竿者，因獲罪，舜陟杖而逐之。竿乃陰求舜陟之失，得其邕州買馬折閲事以告源。源即誣奏舜陟受金，且以書抵秦檜，言舜陟非笑朝政。檜素惡舜陟，遂入其言。差大理寺丞袁柟、燕仰之於静江府制勘，竿亦對獄。舜陟入獄二十日。至是死，人皆冤之。竿歸，纔及家而卒。既而，舜陟妻汪氏訴於朝。上曰：「舜陟是從官，兼罪未至死。勘官不可不懲，柟、仰之并送吏部。」柟等送吏部在明年二月，今聯書之〔一〇〕。

是月，資政殿學士張澂卒。

時虔寇擾江西，寖及閩、廣，而州縣多無備。又兵官有常屯，不敢越他界，以故賊得往來如志。環數千里，民被其害。於是，殿中侍御史李文會言：「州縣事同一家，願令三路帥臣監司共議，合兵將以據要衝，仍令期會，共爲掩襲。使賊出輒遇兵，則竄輒無所逃，庶易於滅。」從之。

校勘記

〔一〕宵旰圖治　「宵」，原作「霄」，據文義改。

〔二〕庚午　「午」，四庫本中興小紀卷三一原作「子」，非是，庚午爲二月八日。

〔三〕己卯　「己」，原作「乙」，據四庫本中興小紀卷三一改。

〔四〕三月乙未　「三月」原闕，據四庫本中興小紀卷三一補。

〔五〕總一萬一千二百餘人除已有黄麾半仗及玉輅法物儀仗　以上原闕，據四庫本中興小紀卷三一補。

〔六〕但有治狀者進用之　「狀」，原作「壯」，據前後文義改。

〔七〕丁亥　「丁」，原作「乙」，據四庫本中興小紀卷三一改。按：四月乙亥爲十七日，丁亥爲三十日。建炎以來繫年要録卷一四八次此事於丙戌，前丁亥一日，故據改。

〔八〕其人昏老　「老」，原作「者」，據建炎以來繫年要録卷一四八、宋史全文卷二一中改。

〔九〕不按發監司　「不」，原作「下」，據四庫本中興小紀卷三一改。

〔一〇〕柟等送吏部在明年二月今聯書之　此小注原闕，據四庫本中興小紀卷三一補。

宋朝中興紀事本末卷六二

起紹興十三年七月盡十二月

秋七月戊午〔一〕，上謂宰執曰：「昨訪遺書，今猶未有至者。朕觀本朝承五代之後，文籍散逸，太宗留意於此，又得孟昶、李煜兩處所儲益之，一時始備。及訪先賢墨迹，諸處以義獻，而下十八人真迹及鍾繇急就章來獻。南渡以來，御府舊藏皆失，宜下諸路搜訪，其獻書者或寵以官，或酬以帛，蓋教化之本，莫先於此也。」

己未，復置國子監書庫官一員。

禮部太常寺修定景靈宮四孟朝獻儀，詔從之。

温州進士蔡大中上書，論人主誠心等十事，謂當有始有終。其説頗有理，詔與永免文解。

辛酉，上謂宰執曰：「朕觀史書，自古人君，未見有始無終而能長久者也。」秦檜曰：

「終始惟一，時乃日新。有始有終，聖人日新之德。」上曰：「然。以唐太宗之明，而魏鄭公有不克終之戒。終始如一，古所難也。」

丙寅，上謂秦檜曰：「朕嘗與卿言，候國用足日，蠲賦以寬民力。比卿兄梓朝辭亦議及此。梓累展郡，頗熟民事。朕謂若一概除之，又恐用或不足。浙西駐蹕之久，民供不易，臨安尤甚。本路三等下户與蠲一科，庶貧民被實賜也。」

帶御器械吴益以皇后受册，陳乞恩數。丁卯，上諭宰執，令依例與之。上曰：「皇后甚嚴，無例事必不敢乞。皇后意欲除内祠，且令閉門讀書也。」

壬申，宰執奏，池州都統制王俊申乞將官陞任。上令樞密院約束諸軍，揀去老弱，存其强壯，日加訓練，以備朝廷不測差官按試。上曰：「此事今日所當爲者，異時緩急調發，誤事也。」

時國學新成，補試生員，四方來者甚衆，幾六千人。丙子，揭榜取徐驤等三百人。驤，浦城人也。

時上出孟饗，有唐突者四人，乃宗子，爲注籍事。

八月乙酉朔〔二〕，上謂宰執曰：「既來唐突，恐須有說，且令其近屬保明。若是宗室，不可使之失所。不然，須與行遣。既到朕前，當別其是非也。」

有司言，將來大禮，合用珠子坐褥。丁亥，上曰：「事天以誠爲主，如器用陶匏之類，貴其質也。若惟事華麗，恐非事天之本意。

乙未，詔有司檢太宗幸學令學官講經及各有恩例故事。

川陝宣撫副使鄭剛中進金一萬兩。己亥，上謂秦檜曰：「頃年張浚曾獻金三萬兩。是時錢物有餘。卿可諭與剛中，不須循舊。有餘則進，若率於民，不可也。」

舊制，三歲科舉，川、廣、福建例先諸路一月引試。至是，言者以謂駐蹕吴會，則福建爲甚近，恐試下舉人或冒名再試，請并以八月五日鎖院。詔從之。

己酉，上與宰執論糴買事。上曰：「今漕司各管一路，有無不能相通。宜仿舊來發運，置都轉運使一員，通管諸路，米賤處糴米，貴處糶。如此則有濟，公私皆利〔三〕。可於從官中選通曉錢穀者付之。」秦檜因言劉晏能權萬貨低昂，使天下無甚貴賤，而物常平。上曰：「漢、唐以來，所可稱者晏一人而已。自來人多恥言財利，不知國家之所急。孟子言無政事則財用不足，此豈小事也？」

初，奉使洪皓、張邵、朱弁皆自金國歸。上眷皓厚，嘗曰：「雖蘇武不能過也。」是月，除皓徽猷閣直學士、提舉萬壽觀，權直學士院。

金人取趙彬輩三十人家屬，詔歸之。皓曰：「昔韓起謁環於鄭〔四〕。鄭小國也，能引誼不與。虜既限淮〔五〕，官屬皆吴人，留不遣，蓋慮其知虚實也。彼方困於蒙兀，姑恃强以當中國。若遽從之，彼將謂秦無人而輕我矣。」又言：「王倫輩以身徇國，棄之不取，緩急何以使人？」又言：「錢塘暫駐蹕，而景靈宫、太廟皆極土木之工，示無中原意耶？」檜不悦。

初，錢塘江有石堤以捍水，故無水患。歲久堤且圮，乃置捍江兵二千人專令採石修堤，人以爲便。其後壯者以給他役，弱者且不可用，蓋僅存十之一。或謂近歲潮頭東激，而沙磧西湧，故西岸雖不治而自固。至是，侍御史李文會言水勢不常〔六〕，方潮頭東激，正西岸宜修之時。乞招補捍江兵，仍稍增其數，使專採石修堤如曩制，則潮不能爲患。從之。

兵部侍郎程瑀遷尚書。

九月丁巳，宰執奏江東提刑洪興祖欲進石碑事。上曰：「石碑安用？不善刻者皆失其真，學書惟視筆法精神。朕得王獻之洛神賦墨迹六行，置之几間，日閲十數過，覺於書有所得。近已寫尚書終篇，學字若便寫經，不惟字進而經亦熟。」秦檜曰：「平時諸生，未有能寫經一部，此仰見聖學之不倦也。」

時御史李文會論徽猷閣直學士、提舉萬壽觀、直學士院洪皓，謂皓在朝生事，亦因及宇文虚中事。甲子，上謂宰執曰：「朕嘗觀書，見臣之事君，不可以有二。君臣而有二心，春秋之所不恕。」乃詔皓以本職出知饒州。

丁卯，以御史中丞羅汝楫爲吏部尚書。

戊辰，上曰：「諸處有癃老廢疾之人，依臨安例，令官司養濟。窮民無告，王政之所先也。」

以兵部尚書程瑀爲龍圖閣學士、知信州。

太府寺丞張子儀言：「乞三歲考守令，以户口復業登耗爲陞黜之典。」己巳，乃詔淮東、京西監司，歲終取州縣所增户口以聞。

右司郎官梁弁以病乞祠。壬申，上曰：「士大夫操守安分，而以疾乞去者甚可惜，不比奔競之人。嘗觀寶訓，太宗朝士有奔競躁進，必痛抑之。抑奔競則廉耻之道興矣。」乃除弁直龍圖閣。

知建昌軍李長民言：「軍興以來，學政中輟，今和議既成，儒風復振，郡邑長貳，宜兼學事，以示偃武修文之意。」癸酉，詔從之。長民，正民弟也〔七〕。

是月，司業高閌因經筵講畢，奏曰：「國學落成，臣奉詔試補諸生幾六千人，自中興以來，雖三年省闈，亦未有如此之盛。」上曰：「乍脱干戈，人皆向學，此誠可喜。」閌曰：「近來場屋不無懷挾假授之弊，前日頓革，皆不敢犯。」上曰：「朕亦聞之，此美事。」閌曰：「臣待罪學官，見此美事，諸生以謂陛下方偃武修文，與太祖初定天下之時同符。趣舉建隆故事，願陛下講臨雍之禮。」言未畢，上曰：「已令討論矣。」蓋是時上已有幸學之意，閌未之知也。先是，閌請修監學法，以元豐爲主，詔令敕令所參修，至是成。

冬十月己丑，太師、左僕射秦檜上之。

秘書丞嚴抑言：「國朝會要，仁宗時自建隆修至慶曆，神宗時自慶曆修至熙寧，而後來尚未編集，事無所考。望命儒臣續而爲書。」抑又言：「渾儀之制，祖宗所留意。渡江以來，闕然無有，乞下太史局重創。」皆從之。抑，歸安人也。

時景靈宮成，祖宗帝后神御，初自温州出海道迎來。上曰：「此事至重，朕甚慮之。」及聞出陸，上心始安。至是，達行在。上乃詣天章閣西殿，告遷徽宗及顯恭、顯肅二后神御〔八〕。

乙未，并奉安於景靈宮。

侍御史李文會論新除國子監丞石延慶輕儇無行〔九〕。丁酉，上曰：「太學風化之本，使此人充監官，何以取重於士人？」即詔罷之。

己亥，上謂宰執曰：「今後宗子許於所在入學，令與寒士同處，仍別作齋。庶盡變積習，異時文行有可取也。」

庚子，上詣景靈宮，行款謁之禮。

十一月戊午，朝獻景靈宮。上初乘玉輅。

己未，朝饗太廟。

庚申，冬至，合祀天地於圜丘，以太祖、太宗并配，大赦天下。

上以親寫尚書付出。丁卯，太師、左僕射秦檜奏：「欲宣示從官，不惟觀陛下書法之妙，又令知陛下聖學不倦如此。」上曰：「朕之性與人異，無事惟静坐觀書，所得甚多。」又曰：「朕觀古之人君，有嗜殺人者，蓋不能養性，故多恣暴。大率知足便無事。貴爲天子，誰能制之？若不知足，更爲侈靡，未有不亂，如唐明皇是也。」檜曰：「陛下聖德如此，三代顯王何以加諸？」時上所寫六經與論語孟子之書皆畢，檜因請刊石於國子監，仍頒墨本賜諸路州學。詔可。檜記於篇末，略曰：「天降下民，作之君，作之師。自古聖王在上，則君師之任，歸於一致。堯、舜之世，比屋可封，此其效也。陛下天賜勇智，撥亂世反之正，又於投戈之際，親御翰墨，書六經以及論語孟子，朝夕從事，爲諸儒倡。堯、舜君師之任，乃幸獲親見之。夫以乾坤之清夷，世道之興起，一人專任其責，所爲經綸於心，表儀以身者，勤亦至矣。所望於丕應者豈淺哉？詩不云乎：『思皇多士，生此王國。王國克生，維周之楨。』臣願與學者勉之。」

己巳，上謂宰執曰：「福建漕司所進錦樣，將令織造。須官支見緡，不可科民，又生一段騷擾也。」

辛未，宰執奏差郡守。上曰：「郡守中有老不任事者，又無顯過可論，第千里之民受其害耳。朕嘗與言官説此。」秦檜曰：「有不奉行詔令，如朝廷免税，仍舊催科者，皆緣守非其人也。」上曰：「如此者當懲一二，人自懼矣。」

秘閣修撰張九成與徑山主僧宗杲爲莫逆交。時緇流之赴宗杲者，皆百舍重趼〔一〇〕，凡二千餘衆。徑山雖巨刹，至無所容。宗杲更敞千僧閣以居之，而九成往來其間。左僕射秦檜恐其議己，於是，言者論九成、宗杲訕謗朝政。詔九成落職，謫居南安軍，宗杲編管衡州。先是，九成寓鹽官縣僧刹，一夕夢水陸遠行，至一城郭，亦寓小刹，似悒悒不樂。及至南安，皆如所夢。

十二月甲申，九成私識之。

辛卯，宰執奏禁止江西私鑄錢事。上曰：「卿等見錢樣否？比更不成錢，皆消錢而私自鑄者，當嚴禁止，公私皆不得用。不然，盗鑄愈多，尤費力也。」

自建炎中罷内鞍轡庫，是日始詔復置。

新知永州熊彥詩上言，欲依嘉祐、治平故事，補中監學生命詞給綾紙。從之。

癸巳，上謂宰執曰：「學校者人才自出，人才須素養。太宗置三館養天下之士，至仁廟，人才輩出爲用。」秦檜曰：「國朝崇儒重道，變故以來，士人雖陷虜者，往往能守節，乃教育之效也。」上曰：「然。五代之季，學校不修，故無名節。今日若不興學校，將來安得人才可用耶？」

甲午，上謁景靈宫行恭謝禮。

乙未，再詣。

秘書丞嚴抑言：「本省藏祖宗國史、歷代圖籍。舊有右文殿、秘閣、石渠及三館四庫，自渡江後，權寓法慧寺，與居民相接，深慮風火不虞，欲望重建，仰副右文之意。從之。乃建秘書省於天井巷之東。於是，復置三館，詔求遺書於天下。首命有司即直秘閣陸宰之家，録所藏書來上，一時爲盛。宰，佃之子也。

皇后遷葬父母，欲得青石作墓前羊虎。己亥，上謂宰執曰：「此石出平江，朕不欲行下郡邑，恐科率於民，只支錢付守臣王鈇，依市價置買，卿等可諭與之。」鈇，南昌人也。

大金國遣右宣徽使元顏曄、秘書少監馬諤來賀正旦〔一一〕。己酉，見於紫宸殿，貢金注碗、金盤各一，金盞四，雜色綾羅紗穀三百，良馬六。上謂宰執曰：「今次使人來，事體皆正。大體既正，則小節不足較。觀虜人之意，和議必須堅久。」秦檜曰：「此皆陛下御得其道。」上曰：「非卿學識過人，堅主和議，豈能至此？」自是，使命往復不絶，而歲貢物數，亦無增損。

初，北使之來也，命户部尚書張澂館伴。是禮久不講，澂頗知舊制。凡使人入見，及謝詞燕犒、賜予之儀，澂皆傳之，悉合朝度，遂爲定式。至是，以澂兼兵部尚書。

先是，虔州有統兵官程師回，本蕃將來降。時詔歸北境人，而師回有親兵數百人，憚不欲行。守臣薛弼諭之曰：「公從卒多不可芘。公能遣此屬〔一二〕，朝廷必多公，芘不遣矣。」師回即承命。既而省符趣師回就道，遂去。師回舟行過大孤山，舟人告毋作樂，恐龍怒。師回故命其徒奏蕃樂，少頃，黑雲四合，有物湧波間，目如金盤。師回射中其目，即還入水。風亦息，安流而濟，人皆服其勇也。

校勘記

〔一〕秋七月戊午　「戊午」，前有「丙辰朔」三字，當係衍文，據文義删。

〔二〕乙酉朔　「酉」，原作「卯」，據四庫本中興小紀卷三一及二十史朔閏表改。

〔三〕公私皆利　「利」，原作「私」，據建炎以來繫年要録卷一四九、宋史全文卷二一中改，四庫本中興小紀卷三一無此條。

〔四〕昔韓起謁環於鄭　「謁」，四庫本中興小紀卷三一作「買」。按：環者，玉環也，故謂之買。

〔五〕虜既限淮　「淮」，原作「准」，據四庫本中興小紀卷三一改。

〔六〕侍御史李文會言水勢不常　「常」，原作「當」，據建炎以來繫年要録卷一四九改。四庫本中興小紀卷三一無此條。

〔七〕正民弟也　「民」，原作「名」，據四庫本中興小紀卷三一改。

〔八〕告遷徽宗及顯恭顯肅二后神御　「顯恭」「顯肅」，輿地紀勝卷一所引中興小曆作「恭顯」「恭肅」。按：徽宗王皇后卒於大觀二年，謚静和，鄭皇后隨徽宗北遷，卒於五國城。宋史高宗紀五載紹興七年六月改王皇后謚號惠恭爲顯恭，九月上鄭后謚曰顯肅。宋史欽宗紀亦謂其母爲恭顯皇后王氏。據知紀勝作恭顯、恭肅皆誤，故一仍舊文。

〔九〕侍御史李文會論新除國子監丞石延慶輕儇無行　「延」，原作「安」，據四庫本中興小紀卷三一改。

〔一〇〕皆百舍重趼　「舍」，原誤作「里」，此從四庫本中興小紀卷三一。按：莊子天道有「遠道而來願見，百舍重趼而不敢息」語，故改。

〔一一〕大金國遣右宣徽使元顔曄秘書少監馬諤來賀正旦　「曄」，原作「畢」，四庫本中興小紀卷三一作「日曄」，據建炎以來繫年要録卷一五〇改。

〔一二〕公能遣此屬　「此」，原作「北」，據四庫本中興小紀卷三一改。

宋朝中興紀事本末卷六三

起紹興十四年正月盡六月

紹興十四年歲在甲子。

春正月戊午，上諭宰執曰：「前日虜使必欲講射，朕令館伴諭之云，射者所以較勝負。今兩國講和，正橐弓矢之時，不欲較勝負。以使人須要射，不得不從。况南地卑濕，不宜弓矢，勝負之間，可不須較。既而虜使射不勝。緣先曾諭意，亦大喜。」

初，衢州龍游縣士民舉知縣黄鉞有政績，乞令再任。下兩浙漕司究其實。至是，漕司奏鉞無治狀可稱，且有違法事爲人所訴。庚午，上謂宰執曰：「此必計會來，不可從也。朕嘗謂天下惟在賞罰。若賞當賢，罰當罪，則人知勸沮，天下無不治。朕每留意民事，如縣令治狀顯，不特再任，便當拔擢，方可激勸也。」

癸酉，以侍御史李文會爲中丞。

殿前都指揮使楊存中請刺本軍人以防諸處互招，仍乞嚴賜約束。丙子，太師、左僕射秦檜奏：「舊有二法，一招別軍人并依軍法，此太重難行。一立賞許人告，以犯人所請計贓坐罪，將校取旨，此法可行。」上曰：「善立法不貴太重，而貴必行。法必行，則人莫敢犯矣。」

普安郡王瑗以父子俱身故，乞持服。詔吏部尚書羅汝楫等集議，照國朝典故，宗室率府率以上〔一〕，許解官持服。上曰：「初議養宗室子，今子偁死，若不使之持服，則非國朝典故，宜從其議。」

二月戊寅，宰執奏榷貨務茶鹽推賞事。上因論：「祖宗茶鹽之法，納粟於邊，請鈔於京，公私皆便。不惟邊面可實，而人免轉輸之勞。朕嘗思祖宗立法無不善者，豈可輕議變之？」上曰：「朕因前日虜使須要射，以謂武備不可一日弛。深慮邊事寧息，諸軍稍怠。朕見造金銀碗，將因暇日親閱，用此旌賞以勸激之。」

庚辰，詔太學養士三百太少，宜更增二百人。

福建帥司奏見拘海船并放。甲申，上諭宰執曰：「不惟海船一事，民間積欠亦可放。」秦檜曰：「自來諸州各乞放積欠，爲惠不均。欲令户部取諸路之數，條可蠲者以聞。」上曰善。因言：「朕頃在山東、河北，備見民間利病，如官司錮吏，下鄉催科，此適足資其爲姦耳。」乃詔江、浙等路紹興八年以前拖欠，并與蠲之。

時鈞容直乞推賞。乙未，上曰：「只可與支賜。仍依已降旨揮，爲第一次祗應有勞，并依舊例，以絶其後來希望耳。」

秦檜與參知政事万俟卨一日同奏事，退坐殿廬中，批上旨，除某官。吏鈐紙尾進，卨曰：「偶不聞聖語。」檜怒。於是，御史中丞李文會、右諫議大夫詹大方皆論卨違詔，除職與郡。而給事中楊愿駁奏。丙午，乃以卨提舉太平觀。

己酉，文會又論中書舍人劉才邵、祠部郎官王觀國，皆附卨以進，亦詔與外任。大方，建德人也。

以資政殿學士、新知建康府樓炤爲簽書樞密院事。

時左僕射秦檜方專政。而軍器監陳康伯於檜有舊，澹然無求。檜雖稱其靖重，然常越次用他人。是月，始遷康伯爲吏部侍郎，蓋欲遣之出疆。康伯，弋陽人也。

三月丙午朔，上謂宰執曰：「聞臨安府官地民間見佃者，近日頗爲豪强所奪，至毁其室宇。此事在民，利害甚大。宜令禁止，仍舊給與小民。」

丁未，宰執奏湖南帥臣乞差武岡軍守臣事。上曰：「傜人當安不可擾，瘴地遣兵，視他處尤難，不可不重也。」

時諸路上供錢糧未有發者。己酉，上謂宰執曰：「江、浙、京、湖積年拖欠〔二〕，皆虚數。紹興十年以前，除形勢及第二等以上户外，悉蠲除之，仍出榜曉示。官吏故違，許之越訴於朝。」

户部奏禁止妄告坑冶之法〔三〕。庚申，上曰：「寧於國計有損，不可有害於民。若富藏於民，猶國外府也。不然，民貧爲盜，常賦且將失之。此有若所謂百姓足，君孰與不足者也〔四〕。」

甲子〔五〕，宰執奏鎮江府御前都統制王勝軍中減放軍數。上曰：「昨嘗指揮諸軍減放人數，令即招填，可嚴戒日下招足。不然，恐暗損軍額，緩急誤事，宜預備之也。」

時皇太后修宅，有起居民處。詔臨安府守臣張叔獻倍支搬挈之費，及對撥官屋，無令失所。

丁卯，宰執奏故將官劉寶死事〔六〕，特給文曆，以養其弟通事。上曰：「寶驍勇忠實，昨在淮西，遇敵力戰有功。朕聞其死，爲之不食者一日。」秦檜曰：「陛下記功恤孤如此，將士安得不盡死節以圖報乎？」

己巳，上幸太學，祗謁先聖先師。止輦於大成殿門外，步趨登降〔七〕，執爵灌獻，注視貌像，翼翼欽慕〔八〕。復覽太祖、真宗、徽宗所製贊文，又命有司悉取從祀諸贊〔九〕，併録以進。遂升堂頒手詔，示樂育詳延之意。賜諸生坐，命國子司業高閌講易泰卦。學官内外舍生推恩有差。復幸養正、持志二齋，諸生肆業之所，徘徊久之。即除閌禮部侍郎。言者以爲盛事，請宣付史館，從之。於是，上親製文宣王贊曰：「大哉宣聖，斯文在兹。帝王之式，古今之師。志則春秋，道由忠恕。賢於堯、舜，日月其譽。維時載雍，戢此武功。肅昭盛儀，海宇聿崇。」閌奏曰：「陛下頒示御製宣聖贊文，形容盛德，無愧於古。」上曰：「唐明皇作贊文，乃斥先聖先師之名，非尊儒重道之意。」閌曰：「此尤見聖學高出前代帝王之上。」既又御製七十二子贊，其序略曰：「朕兹幸太學，延見諸生，因作文宣王贊。機政餘閑，歷取顔回而下七十二人，亦爲製贊。」并刊石，置於太學。

先是，宰執奏師儒闕官。秦檜曰：「陛下聖學日躋，實難其人。」上曰：「朕學問豈敢追士大夫？但性好讀書。」檜曰：「士人讀書固多，但少適用。若不適用，或托以爲姦，則不若不讀之爲愈。」上又曰：「王安石、程頤之學各有所長，學者當取其所長，不執於一偏，乃爲學也。」檜曰：「陛下聖學淵奥，獨見天地之大全。下視專門陋儒，溺於所聞，真太山之於丘垤也。」

癸酉，詔中丞李文會兼侍讀，右諫議大夫詹大方、禮部侍郎高閌兼侍講。

夏四月己卯，宰執奏太史局製渾儀，乞依舊例差官。秦檜曰：「在廷之臣，罕能通曉。」上曰：「此事闕典，已即宫中製成小範，可以測。日晷夜度，以樞星爲則。蓋樞星，中星也。非久降出，當以爲式，但廣其尺寸耳。」檜曰：「固天縱之將聖，又多能也，聖主有焉。」於是，命檜提舉修製。

辛巳，上謂宰執曰：「昨日蘇籀上殿，乞以近世儒臣所著講説，纂而成編，以補唐之正義，其言甚當。若取善者頒諸學者，有所宗一，則師王安石、程頤者不至紛紜矣。」秦檜因乞禁野史。上曰：「此尤爲害事。如靖康以來，私記極不足信。上皇有帝堯之心，禪位淵聖，實出神斷。而一時私傳，以爲事由蔡攸、吴敏。上皇曾諭宰執，謂當時若非朕意，誰敢建言？必有族滅之禍。」樓炤曰：「上皇聖諭，亦嘗報行，天下所共知也。」檜曰：「近時學者不知體，人謂司馬遷作謗書。然武紀但盡記時事，不敢自立議論。臣嘗委史局官撰神宗史志，有一日而成者，輕率如此，豈可用也？」上曰：「朕向嘗諭范沖修徽宗實録〔一〇〕，惟當記政事之大可爲法者〔一一〕，其細事自不必書。大抵史官須有經學，乃可用也。」

北境泗州移文揚州，約發淮北人數。丁亥，上謂宰執曰：「但令揚州回報云，朝廷見依誓書津遣。蓋誓書所載，淮北遺歸者，取其願也，卿等謂如何？」檜曰：「如此誠便。」炤曰：「早來檜所論，仰符聖訓。」上曰：「人情不相遠，理之所在，自然契合。」

福建羣盗未滅，而海賊朱明熾甚。是日，詔統制官張守忠往討之。上曰：「民愚爲盗，不足平。第憂被驅脅者雖釋其罪，縱之歸業，生理已蕩析矣。」

時秘書省所校祖宗實録猶多舛誤。戊戌，詔令再校，後更有差，即具名以聞。

殿帥楊存中乞詣國子監謁先聖。是日，上謂宰執曰：「學校既興，武人亦知崇尚，漢羽林之士所以皆通孝經也。」

南蕃來貢。是日，詔廣西經略司依舊例於横山寨管設，遣之回。

五月辛亥朔，宰執奏諸路已置放生池。上曰：「此固甚善，但恐妨細民漁採，所害亦大〔一二〕，止令元有處復舊可也。」

丙辰，上謂宰執曰：「諸軍近招填闕額，類是南人，恐西北寖損，數年之後始見其弊。」因詔四川宣撫司就階、成、岷、鳳募兵發赴行在〔一三〕，兼諸路軍器物料，近日多不到，方閑暇時尤宜整治。秦檜曰：「外議妄謂朝廷講好休兵，不以武備爲急，不知除戎器，戒不虞，聖慮未嘗忘也。」

是日，宰執又奏饒州民姜樓等獻錢十萬貫以助國用。上曰：「國用有常，自不至闕。若用不節，所入雖多，亦有不足之患。」令給還之。

李文會、詹大方同論資政殿學士、簽書樞密院事樓炤不可以居政塗。甲子，炤罷，依舊職提舉太平觀。

乙丑，以御史中丞李文會爲端明殿學士、簽書樞密院事，兼權參知政事。先是，經筵講畢，上謂禮部侍郎高閌曰：「向來張九成嘗問朕云：『左傳載一事或千餘言，春秋只一句書之，此何也？』朕答之云：『聖言有造化，所以寓無窮之意。若無造化，即容易知，乃常人言耳。』」閌曰：「説春秋者雖多，終不能發明，正如窺造化也。」上曰：「九成所問極是。」閌曰：「陛下答語亦極是。」既而秦檜奏事，上問及九成，檜疑閌薦之。給事中楊愿亦在經筵，檜呼愿詢其事。丙寅，言者論閌，遂罷去。

己巳，大金國遣驃騎上將軍烏延和、太常少卿孟浩來賀天申節，貢珠子一袋及金帶一，對衣七箱，雜色綾羅五百，良馬十。

辛未，燕垂拱殿，使人執禮甚恭。

壬申，宰執奏事，秦檜曰：「使人甚恭，向慕之心可見。」上曰：「樂語之類，朕亦嘗觀，待之厚矣，彼安得不然也？」自後歲貢物數，亦無增損。

時有宗室子攸獻文，欲換文資〔一四〕。上曰：「朕固欲宗室嚮學，然文資豈可僥倖？須令後省試策乃可也。」

己卯，以右諫議大夫詹大方爲御史中丞。

是月，江、浙、福建大水。内侍白鍔乃從皇太后北歸者，宣言燮理乖盭。洪皓名聞華夷，顧不用。左僕射秦檜聞之，奏繫鍔大理寺〔一五〕。鍔有館客張伯麟題太學壁云：「夫差，汝忘越國之殺而父乎？」伯麟亦下獄。獄具，流鍔於萬安軍，伯麟於吉陽軍。中丞詹大方因奏知饒州洪皓與鍔刎頸交，更相稱譽，遂提舉太平觀。

先是，嚴州水暴至，城不没者數版。通判洪光祖城下集舟以援民，且區處山阜，給之薪粥，卒無溺者。光祖，丹陽人，擬子也。

六月，宣州涇縣魔寇俞一等竊發。丁亥，上謂宰執曰：「兩國相和，并無科民，何故爲盜？監司每奏無事魔者，今乃有此，宜令取問。」而提點刑獄洪興祖已離任去矣，詔鐫二秩。於是，秦梓遣官軍捕寇。

癸巳，宰執擬除左司郎中。上曰：「神宗聖訓云，左司便是學爲宰相，豈可不遴擇也？」淮東漕臣湯鵬舉奏楚州鹽城縣海水澄清。甲辰，上謂宰執曰：「祖宗聖語云，豐年爲瑞，可只宣付史館，更不受賀。」秦檜曰：「不受賀尤見大體。」李文會曰：「此尤彰陛下之謙德。」鵬舉，金壇人也。

右正言何若請進君子退小人。丙午，上諭若曰：「朕擢卿爲諫官〔一六〕，正要别君子小人。何時無小人？但時察而去之，乃不害治矣。」若，江寧人也。

是月，大金國主亶生子，詔其境内童行有籍於官者，悉度爲僧，道士亦如之。

校勘記

〔一〕宗室率府率以上　「府率」，此原當有脱文，建炎以來繫年要録卷一五一載「檢照國朝會要，嘉祐四年九月，詔使臣内殿崇班太子率府率以上，遭父母喪，並聽解官行服，宗室解官給俸。」因據以補「府率」二字。

〔二〕江浙京湖積年拖欠　「京」，當作「荆」，然原文如此，建炎以來繫年要録卷一五一、宋史全文卷二一中皆同原本，故不改。四庫本中興小紀卷三一無此條。

〔三〕户部奏禁止妄告坑治之法　「治」，原作「治」，據羣書會元截江網卷一一改。

〔四〕君孰與不足者也　「孰」，原作「熟」，據前後文義改。

〔五〕甲子　「子」，四庫本中興小紀卷三一作「午」，誤。按，三月丙午朔，甲子爲十九日，而此月無甲午。

〔六〕劉寶死事　「寶」，四庫本中興小紀卷三作「實」，未知孰是。

〔七〕步趨登降　「步」，原闕，據四庫本中興小紀卷三一補。

〔八〕翼翼欽慕　「欽」，原作「欲」，據四庫本中興小紀卷三一改。

〔九〕又命有司悉取從祀諸贊　「贊」，原作「輦」，據四庫本中興小紀卷三一改。

〔一〇〕朕向嘗諭范沖修徽宗實録　「沖」，原作「仲」，據四庫本中興小紀卷三一改。

〔一一〕惟當記政事之大可爲法者　「記」，原闕，據四庫本中興小紀卷三一補。

〔一二〕所害亦大　「害」，原作「言」，據四庫本中興小紀卷三一改。

〔一三〕因詔四川宣撫司就階成岷鳳募兵發赴行在　「募」，原作「摹」，據文義改。

〔一四〕欲换文資　「换」，原闕，據四庫本中興小紀卷三一補。

〔一五〕奏繫鍔大理寺　「奏」，原作「秦」，據建炎以來繫年要録卷一五一改。小紀無此條。

〔一六〕朕擢卿爲諫官　「卿」，原闕，據四庫本中興小紀卷三一補。

宋朝中興紀事本末卷六四

起紹興十四年七月盡十二月

秋七月庚戌朔，上以太后微不豫，諭宰執曰：「朕侍太后，每一食減少，即不勝憂懼。朕平日先意承志，太后意之所嚮，便竭力供應。然太后聖明，大事未嘗言及，凡所須皆是小事易從。」秦檜曰：「陛下聖孝如此，天下之福也。」

新知濠州李觀民上殿，上戒令毋招集流亡。戊午，上復以語宰執，俾申諭之。

初，端明殿學士王倫爲大金國所留，居河間府者六年。虜欲用之爲平灤三路轉運〔一〕，倫不從，是日，被縊而死。未幾，其子述仗北人訪其骨，得之以歸。其後，上嘗語宰執曰：「倫雖不矜細行，乃能死節，此爲難也。」得骨而歸在是冬，上語在十月〔二〕。

己未，上語宰執，錢塘江岸，令本府及時補治，如捍江卒數少，許於近郡取之。

先是，諸軍請衣賜，所差使人多作弊，易取良縑，而軍人所得皆怯薄者。庚申，始詔户部委官封記，仍令總領所差官偕本軍使臣同領，以絶其弊。

秘書省舊有提舉官，見麟臺故事。先是，少監游操言：「肇建新省，望依故事。」壬戌，乃詔以禮部侍郎秦熺兼之。操，建陽人也。

丙子，上幸秘書省，詔略曰：「仰惟祖宗，肇開策府。累朝名世之士，由是而興；一代致治之原，自此而出。朕一新史觀，親御榜題。肆從望幸之誠，以示右文之意。」於是，本省及實録院官，各進一秩。

戊寅，上謂宰執曰：「秘府書尚少，宜廣求之。」秦檜曰：「陛下崇儒尚文，治世急務。」李文會曰：「若非干戈偃息，此事亦未易舉也。」

八月辛卯，上諭宰執曰：「言者多乞選縣令。蓋縣令非其人則爲民害。可令吏部長貳，因注擬與審察，或老病，别與一等差遣，庶幾得人，而民被其惠也。」

户部尚書張澂引疾求去，以爲龍圖閣學士、提舉太平觀。

癸巳，上諭宰執曰：「言者多勸朕變法。朕思祖宗舊法豈宜輕改？」秦檜曰：「遵先王之法而過者，未之有也。」上然之。

吏部尚書兼侍讀羅汝楫請外。丁酉，除龍圖閣學士、知嚴州。既而以刑部侍郎周三畏兼權吏部尚書。

庚子，上謂宰執曰：「朕於晉書，取王羲之傳，凡誦五十餘過。蓋其與商浩書及會稽王箋〔三〕，所謂自長江以外，羈縻而已。其論用兵，誠有理也。」秦檜曰：「誠如聖訓。」

殿中侍御史汪勃言：「國學初建，方衆拭目以觀取舍，今次舉場，乞諭諸生，俾皆知正習。」甲辰，上謂宰執曰：「勃所論極善。曲學臆説，誠害經旨。抑之則人之心術自正矣。」勃，黟縣人也。

時福建海寇朱明未平，或請以賊船所有物悉賞捕賊之立功者。己巳，上謂宰執曰：「此是良法。凡攻城，以子女玉帛與立功之人，其城必破，如此朱明必就擒矣。」既而簽書樞密院事李文會又請張黄榜，立重賞，許其徒自相捕致。未幾，明等遂降。

户部侍郎晁謙之言：「議者謂自古理財用之臣，皆無善終。所以近世習而成風，不復以理財爲言。臣以爲不然。聚斂而興利，固非所宜。如經常賦以足國裕民〔四〕，又安可緩？今日官物多陷失，而州縣寖不加省，宜有以救其弊而革之。至於勸農欲墾無遺利，督賦欲輸無逋期。廣儲蓄之計以備水旱，遵茶鹽之法以通商賈，凡若此者，宜悉令條上。」謙之，任城人也。

是月，金國境内大風拔木，自河南北轉至山東而止。

禮部郎官永嘉陳鵬飛言：「凡有獻利害者，乞加討論，必合於祖宗之舊典。」

九月庚戌，上謂宰執曰：「祖宗之法，思慮已精，矧講究已詳，講三代之法不過如是，不必更而天下自治。」秦檜曰：「小人喜更法，往往自以有所建明，不知本無事。然法至於弊，亦當更也。」

顯謨閣待制、提舉明道宮葛勝仲自紹興初，築室於寶溪之上，奉祠累任，至是，十有四年。辛亥，卒。勝仲，江陰人，在宣和間爲大司成，以文鳴於世。及卒，士悼惜之，其後謚曰文康。

乙卯，詔皇后宅置教授一員。

己未，宰執奏事。上曰：「近多有人進春秋解，可令通經者詳之。蓋春秋難解，人各有說，當取所長，頒示學者。」秦檜曰：「解經不可執一說。王安石要人從己說，故爲學者譏議。蓋道猶海也，隨所得之淺深不同耳。」上曰：「說雖不同，必有所歸。」檜曰：「四瀆之廣，則歸於海也。」

庚申，上因與宰執論治道。秦檜曰：「數十年來，止是臣下互争勝負，致治道紛紛。今當平其勝負之端，以復慶曆、嘉祐之治，乃國家之福。」上曰：「正與朕意合。如是，則宗社有無窮之慶矣。」

辛酉，四川宣撫副使鄭剛中言〔五〕：「欲分利路爲兩路。西路以吴璘，東路以楊政，并充安撫使。其金、房、開、達安撫使郭浩欲除落『經略』二字。文、成、階、鳳等州帶沿邊安撫，亦合除落。」從之。上因曰：「川、陜地遠，爲將尤難。璘統兵有法，肯爲朝廷出死力，諸將所不及也。」時和議方堅，而璘獨嚴備，日爲敵至之虞。故西路兵爲天下最。初，璘與政共佐其兄玠守蜀，同心協力，義均手足。至是分鎮蜀門，政雖貴亞於璘，而執門下之禮益恭，世頗賢之。此據璘、政墓志〔六〕。

壬戌，宰執奏大理寺詞訴事。上曰：「此皆官吏弛慢所致，可委長吏親察之。如非其人，即與沙汰。又獄吏但以諸州吏充，逐時更易，漏泄獄情非便。宜令吏久於其職，不可替也。」

先是，趙鼎在潮州，有編管人王文獻與鼎相見，歷問行朝事宜，因及禮部侍郎高閌。閌，鼎所厚也。鼎又嘗諭守臣龔寬，稱文獻切直，令縱其自便，鼎復以錢米饋之。初，閌患近世禮學不明，凶禮尤甚，嘗著厚終禮。鼎因以書，寓文獻達閌，求所作厚終禮。文獻至行朝，閌已罷去。文獻偶坐事，送臨安府鞫之〔七〕。獄具，文獻與寬皆已行遣。於是，中丞詹大方請竄鼎以禦魑魅，使天下曉然知其終身不齒。壬申，上謂宰執曰：「可遷之遠地，庶其門生故吏，知不復用。」於是，移鼎吉陽軍安置。寬，建陽人也。

時鼎子汾力乞侍行。鼎不忍使之以無罪而俱死瘴地，手批付之曰：「紹聖初，呂微仲丞相謫嶺南，惟一子景山，愛之不令同行。而景山堅欲從去，不可却。既至虔，將過嶺，呂顧其子泣曰：『吾老矣，罪如此，萬死何恤？汝何罪，欲俱死瘴鄉耶？我不若先死，使汝護喪而歸，吾猶有後也。』呂遂縱飲而死。吾不令汝侍行，亦呂之意。」微仲，大防字也。

時秦檜用事久，職臺諫皆其耳目。每薦進，必先諭以己意。檜嘗謂秘書郎張闡曰：

「君久次，欲以臺中相處如何？」闡曰：「丞相苟見知，老死秘書幸矣。」檜默然。先是，席益爲潭帥，嘗辟闡置之幕下。而檜初罷相，益蓋有力，故深憾之。至是，殿中侍御史汪勃論闡昔助輔益。

冬十月戊寅朔，宰相奏其事，有詔罷闡。檜因言：「近世學者多説春秋，乃不知孔子作經本意，在尊王而已。蓋盛則周、召相之，衰則威、文扶之。使威、文不僭〔八〕，與周、召何異？」上曰：「春秋蓋爲諸侯之僭也。學者明其綱領，方達聖經之旨。若泛然無主，徒誦其文，何益哉？」

宣州守臣秦梓遣官軍入魔寇巢穴，擒俞一等殆盡。戊子，詔梓與通判趙公智各遷一秩。

壬辰，上諭宰執曰：「祖宗實録多有不必書者。謂之實録，蓋紀其實，可爲後世之法也。」

右正言何若乞戒内外儒官以正道訓諸生。甲子，上謂宰執曰：「若所論甚當。程頤當哲廟之初，在講筵嘗奏曰：『陛下記得臣説否？如記得，明日當對臣説過。』宣仁聞之大怒曰：『皇帝雖年少，宫中自不廢學，措大家不識事體如此！』」

戊戌，有司言，大朝會當有地衣。上曰：「祖宗時，往往因浙東所進，故有之。今從儉，不須用也。」

湖南安撫使劉昉奏武岡軍傜人父子相讎殺，今欲出兵助其父，令還省地。己亥，上以問宰執，秦檜曰：「欲令與鄂州都統制田師中同處之，不得輕舉生事。」上曰：「善。恩威不可偏廢，可懷則示恩，不可懷則示威，若侵省地，俾知所畏可也。」

初，永、道、郴三州及桂陽監茶陵縣民户，二税外尚循馬氏舊法。流弊未除，致民之生子不舉。至是，因前知永州羅長源有請，始詔除身丁錢。庚子，上諭宰執曰：「天德好生，今民爲身丁錢，至生子不舉，誠可憫也。若更循馬氏舊法，非所以上當天意。」羅長源又言：「今之縉紳者皆學夫子之道，以從政而不知所自。欲令文臣到官之初，朝聖祖畢，即詣學謁先聖，方許視事。」從之。

以工部尚書莫將爲敷文閣學士、知福州。

十一月戊申朔，以御史中丞詹大方爲工部尚書。

癸丑，以給事中楊愿爲御史中丞。

是日，吏部郎嚴抑乞春秋於三傳釋經處出題。上因謂宰執曰：「爲君爲臣者，皆不可不知春秋。往時言者欲罷春秋，不思之甚矣。如不可讀，則聖人不作此經矣。」

壬戌，上諭宰執曰：「冬至假内，朕欲閱戰士，稍精者優賞，庶諸軍不至怠惰。」秦檜曰：「陛下不忘武備如此〔九〕，將見人百其勇也。」

先是，觀文殿大學士朱勝非自罷相居湖州〔一〇〕，嘗就除知本州。既而得提舉洞霄宫，食祠禄者八年。寓天聖僧舍，杜門却掃，留心内典，與世事相忘。乙亥，卒。

時吏部闕官。壬申，宰執乞以軍器監趙子厚暫權侍郎。秦檜曰：「今日宗室，當崇奬之，令聚於朝。」上曰：「如曾中第，不生是非之人，寺監秘書省皆可處之。祖宗不用作宰執，其慮甚遠，可用至侍從而止〔一一〕。」檜曰：「欲置宗學以教育之。」乃令討論舊法。

是月，金國黄龍府之北大雪〔一二〕，色如血赤，至暮方消。

潼川府路漕臣宋蒼舒獻嘉禾一莖九穗〔一三〕。

十二月丁丑朔，上謂宰執曰：「赤烏白雉，但可一觀而已，不足爲瑞。惟五穀豐稔，乃上瑞也。」

司封郎官李潤乞京朝官非歷知縣而合理親民者，須考六關陞。戊寅，上諭宰執曰：「法不可改。」秦檜曰：「但獎知縣，則人自勸。」上曰：「然。宜令監司舉其清廉，按其老耄，縣令得人則民受實惠矣。」

户部郎官邊知白乞臨安府及諸郡復置漏澤園，詔可。上曰：「此仁政所先。」知白，吴縣人也。

新知明州秦棣乞戒守臣無好奇以生事，無玩習以曠官。辛巳，上諭宰執曰：「郡守之職，惟奉法宣化爲急，正不當爾。」棣，檜弟也。

戊子，雪，百官入賀。上諭宰執曰：「天下窮民宜加養濟。孟子所謂文王發政施仁，先此四者。」於是，詔諸路常平官以時散米，務令實惠及之。

中丞楊愿、殿中侍御史汪勃、右正言何若交論端明殿學士、簽書樞密院事李文會邪險害政，不協衆望，乃與編管人王文獻締結〔一四〕，俾之游説。又私養臺吏，伺臺中章疏。梟心虺志，無所不爲。文會亦請罷。丁酉，詔文會落職，提舉太平觀。既而愿等又論文會薦冒官人陳洵於奉使王師心，濫轉四資，遂貶筠州。勃，歙縣人也。師心，金華人也。

辛丑，以御史中丞楊愿爲端明殿學士、簽書樞密院事。

時諸路多獻羨餘，獨潼川路漕臣楊椿無所獻。嘗曰〔一五〕：「今瘡痍未瘳，愧不能裕民力。其忍掊克以資進身耶？」故一路無横斂之擾。是年，改椿本路提點刑獄，吏有抑配官鹽而盗其贏者，椿按治之。椿，眉山人也。

大金國主亶改元皇統〔一六〕。

校勘記

〔一〕虜欲用之爲平灤三路轉運　「灤」，原作「戀」，據建炎以來繫年要録卷一五二改。四庫本中興小紀卷三一作「欒」。

〔二〕得骨而歸在是冬上語在十月　此小注原闕，據四庫本中興小紀卷三一補。

〔三〕蓋其與商浩書及會稽王箋　「商浩」，即殷浩，以「殷」字爲宋太祖父趙弘殷名，故改爲「商」。

〔四〕如經常賦以足國裕民　「裕」，原作「欲」，據四庫本中興小紀卷三一改。

〔五〕鄭剛中言　「言」原闕，據四庫本中興小紀卷三一補。

〔六〕此據璘政墓志　此小注原闕，據四庫本中興小紀卷三一補。

〔七〕送臨安府鞫之　「鞫」，原作「鞠」，據四庫本中興小紀卷三一改。

〔八〕使威文不僭　「僭」，原作「潛」，據四庫本中興小紀卷三一改。

〔九〕陛下不忘武備如此　「不」，原闕，據四庫本中興小紀卷三一補。

〔一〇〕觀文殿大學士朱勝非自罷相居湖州　「大」，原闕，據四庫本中興小紀卷三一補。

〔一一〕可用至侍從而止　「侍」，原闕，據四庫本中興小紀卷三一補。

〔一二〕之北大雪　「雪」，原闕，據四庫本中興小紀卷三一補。

〔一三〕潼川府路漕臣宋蒼舒獻嘉禾一莖九穗　「川」，原作「州」，據建炎以來繫年要録卷一五二改。四庫本中興小紀卷三一無此條。

〔一四〕乃與編管人王文獻締結　「與」，原作「言」，據四庫本中興小紀卷一六改。四庫本中興小紀卷三一同原本。

〔一五〕嘗曰　「嘗」，原作「常」，據四庫本中興小紀卷三一改。

〔一六〕大金國主亶改元皇統　「主」，原作「王」，據四庫本中興小紀卷三一改。

宋朝中興紀事本末卷六五

起紹興十五年正月盡六月

紹興十五年歲在乙丑。

春正月丁未朔，上御大慶殿，行大朝會之禮。

壬子，太師、左僕射秦檜於上前論士大夫之弊曰：「軍興以來，士大夫無肯爲國出力者，所以不能勝敵。臣嘗謂敵之所以勝我者，以其用心樸實故爾。」上曰：「朕觀太祖、太宗以來，多用樸實之人，所以風俗厚而根本固也。」

己未，詔詩賦經義，分兩科取士。

初，四川宣撫副使鄭剛中於階、成二州開營田抵秦州界，凡三千餘頃〔一〕，歲收十八萬石。至是，剛中言：「川路軍興以來，人户賦外對糴米，惟成都最多。臣今欲以營田所積，對減三之一，并本司激賞庫犒錢歲一百八十萬貫外，更減二十萬貫。」丁卯，詔從之。上曰：「累年民力已覺少寬，此皆休兵之效也。」

己巳，以禮部侍郎秦熺爲翰林學士。

庚午，以工部尚書詹大方爲龍圖閣學士、知紹興府。

辛未，上諭宰執以和買之弊。秦檜曰：「户、工部不兼領，在祖宗時皆隸三司。今户部以給財爲務，工部以辦事爲功，誠非一體。」上然之。

大宗正司申宗子不繳違法事〔二〕。上曰：「宗子不肖，至於如此！然其間亦有積貧而有守者，頃有貧不娶，朕賜之千緡，所以勉之也。」

初，上因論經界之法，細民多以爲便。秦檜曰：「若非經界，則賦役不均。」遂命户部侍郎王鈇先於兩浙行之。至是，鈇言：「本部郎官李朝正曾知溧水縣，均税不擾，請與共事。」從之。鈇又言：「今當革詭名挾户，侵耕冒佃，使産有常籍，田有定税。則差役無争訴之煩，催科免代納之弊。然須不擾而速辦，則實利及民。欲更不畫圖，又造砧基簿，止令逐保排定〔三〕，十户爲一甲，令遞相糾合，從實供帳二本，積年所隱，一切不問。如有不實，致人陳告，即將隱田給以充賞。」從之。

二月戊寅〔四〕，上謂宰執曰：「朕觀古之太學，有養士至二三千，亦朝廷一盛事。」乃詔添養士一百人。

庚辰，上謂宰執曰：「聞軍士亦有吃菜者。若此輩多食素，則俸給有餘，如此驕怠之心易生。可諭諸統制官嚴禁戢之。」

三月甲子，上諭宰執曰：「交鄰之道，當以守信爲主。」秦檜曰：「臣觀真宗時，雖諸蕃小國如溪峒亦調護之，不起兵端，實仁人之用心也。」

資政殿大學士、知建康府張守卒。

貢院考到博學宏辭合格新政和縣令湯思退、太府寺主簿王曮、承務郎洪邁，并賜進士出身。思退，麗水人。曮，珪孫。邁，皓子也。

甲子，宰執奏步軍司乞換手射弓事。上曰：「朕頃在京，見内庫弓箭皆太宗、真宗所製，經歷百年，記識如新，蓋其製造之精故也。」

知舉、右諫議大夫何若上合格進士林機等。己巳，上御集英殿策試，所問略曰：「朕所賴以濟，惟真賢碩能，而德行或同於鄉原，智略或專於謀身。爲政而苟趣辦，擿文而徒華藻，平居則肆貪得，臨事則蔑首公。」上謂宰執曰：「策題蓋欲入仕者知趨嚮之正。」秦檜曰：「士人趨嚮不正久矣，願陛下力變此風。」上曰：「朕觀五十年前，人才皆是仁宗時涵養，爲累朝之用，以此知人才正在養育成就。」既，遂賜劉章以下三百人及第出身。機，侯官人。章，龍游人也。初，主司擬章第三，及進呈，上親擢爲首。

夏四月，彗出東方。上諭宰執曰：「彗星見，朕甚懼焉。卿等可圖所以消弭之道。」秦檜因奏太宗、真宗朝嘗緣彗星疏決等事。上曰：「可且降詔，以四事爲主。」癸未，詔略曰：「朕慮征科苛擾，獄繫淹延。致傷和氣，上干垂象。令監司郡守條上便宜之事，務在必行，以施實德。」

大金國遣其臣元顏宗永等賀生辰。太師、左僕射秦檜言：「使人及期而來，蓋由待之以禮，示之以信故也。」上曰：「大抵爲國之圖，既不能强，又不能弱。則兵連禍結，無有已時。朕何惜爲天下生靈少屈耶？」

丁亥，大赦天下。

四川宣撫司選禁衛三百人發至行在。己丑，上曰：「此輩遠來，宜厚犒勞，沿路借請，悉與蠲之，居止亦須令便，庶皆得其所也。」

時遣殿前司後軍統制官張淵往福建路措置盜賊。甲午，上曰：「比遣捕盜閩中，第令殲其渠魁，脅從者皆釋。若措置得宜，便與爲恩，不然則罰隨之。」

初，步軍副都指揮使王貴因告張憲、岳雲之事擢爲管軍。至是，宰執擬除貴爲福建副總管。

五月己酉，上曰：「此輩處之優穩如此，則見在軍者有所激勸矣。」秦檜曰：「聖慮及此，可謂深遠。」上曰：「若不如此慮，豈所謂爲君難爲臣不易也？」

乙卯，上諭宰執曰：「民間折納和預買絹價錢，每匹可減一貫，以寬民力。」秦檜曰：「陛下天資仁厚，每欲實德及人，甚類仁祖。」上曰：「朕安敢望仁祖萬分之一？」

壬戌，宰執奏湖北帥司放散迎神百戲事〔五〕。秦檜曰：「臣觀其意，似欲以此邀功希賞。」上曰：「古人所以不賞邊功，蓋有深意。」

大理寺丞周彬請置六部架閣官。是日，詔從之。

先是，報大金所遣賀生辰使將至，詔吏部侍郎陳康伯爲接伴使。北使既入境，上以端午賜扇帕。北使言：「本國是日例賀，當北面再拜，且接伴使副同之乃敢受。」康伯以舊制却之。或謂康伯此細故，朝廷必不惜。康伯曰：「今曲從之，後爲例，不復可改，且辱命自我始。況所求或無厭，寧能盡從之乎？」北使卒受賜，因自辨，數曰：「接伴慢我。」朝廷聞之，懼生事。是月，言者論康伯，罷之，出知泉州。

先是，詔賜秦檜第一區。

六月乙酉成，上幸其第，檜妻王氏封兩國夫人，新婦曹氏封郡夫人，孫塤、堪、坦并除直秘閣。

戊子，翰林學士秦熺加承旨。

丙申，龍圖閣學士、知臨安府張澂加端明殿學士，工部侍郎周三畏加尚書。

丁酉，宰執奏福建提點刑獄王元鼎措置本路盜賊事。元鼎，侯官人也。上曰：「可諭殿前司，今後招到盜賊，分隸諸軍填闕額，如此則盜賊消矣。」

戊戌，宰執奏事。秦檜因論風俗之弊，士大夫務爲橫議，無益國事。上曰：「靖康之事是也。朕見當時士大夫奏狀，多是李綱、耿南仲等紛紛爭議，無肯以國事爲慮者。」檜曰：「靖康之初，金主日令窩離不就酌中施行。誠有人肯任國事，則大計久已定矣。」上曰：「後來生靈塗炭之甚，皆由如此。所以國家大事須在得人肯任。」檜曰：「非人主聖志先定，豈臣下所決也？」

江東轉運判官趙不棄請令監司察部内州縣令之不稱職者，與嶽祠〔六〕。辛丑，上曰：「朕嘗謂縣令最爲親民，又非郡守之比。贓吏固不可，而庸繆之人尤害百姓。蓋因其庸繆則吏計得行，若吏用事，是有十縣令矣。」

校勘記

〔一〕凡三千餘頃　「千」，原作「十」，據四庫本中興小紀卷三二改。

〔二〕大宗正司申宗子不繳違法事　「繳」，建炎以來繫年要録卷一五三作「皦」，未知孰是。

〔三〕止令逐保排定　「逐」，原闕，據建炎以來繫年要録卷一五三補。

〔四〕二月戊寅　「二」，原作「三」，據前後文義改。

〔五〕宰執奏湖北帥司放散迎神百戲事　「帥」，原作「師」。「放」，原作「敢」，均據四庫本中興小紀卷三二改。

〔六〕與嶽祠　「嶽」，原作「獄」，據建炎以來繫年要録卷一五三改。四庫本中興小紀卷三二無此條。

宋朝中興紀事本末卷六六

起紹興十五年七月盡十二月

時滁州守臣徐度條上便民事。

秋七月辛亥，上謂宰執曰：「因此亦可以觀人才。如議論平正，留心國事，其說自然可行。不然，矯訐迂闊者亦可見也。」

淮南轉運司申廬、光二州上供錢米，欲與展免一年。戊午，上曰：「人皆知取之爲取，而不知予之爲取。若可催科處，須與展免，俟其家給人足，自然稅斂易辦矣。」

丙辰，宰執奏楚州申捕盜，乞依指揮推賞事。檜曰：「賞有定格，固難易也。」上曰：「信爲治道之本。若不堅守出令，其誰信之？」

初，四川因贍軍，借用成都府路常平錢一十三萬餘緡未還。至是，轉運司申乞除放。

己巳，宰執奏其事。秦檜因曰：「近來户部歲計稍定，蓋緣休兵，朝廷又無妄用故也。」上曰：「休兵已來，上下漸覺富實。大抵治道貴清静，人君不生事，則天下自然受福也。」檜曰：「舜無爲而治，陛下得之矣。」

初，皇后嘗臨蘭亭帖，逸在人間。太傅、醴泉觀使、咸寧郡王韓世忠以錢百萬得之，識者以爲真修禊所書。世忠表而獻之。上除驗璽文，乃知爲中宫異時臨本。是月，以賜保康軍節度使吴益，益刊之於石。

時金國境内大旱，飛蝗蔽日。是月，詔蠲民租。

八月丙子，宰執奏事。上諭曰：「朕謂進用士大夫，一相之責也。一相既賢，則所薦皆賢矣。」楊愿曰：「陛下任相如此，蓋得治道之要。」上因論史事。秦檜曰：「是非不明久矣。靖康之末，圍城中失節者相與作私史，反害正道。壬子之後，公肆擠排，不遺力。然豈知人臣遭變，夫豈得已？」上曰：「卿是時獨不推戴異姓，圍城中人自然不容。」愿曰：「檜非獨是時不肯雷同，宣和間耿延禧爲太學官，以其父在東宫，勢傾一時，士皆靡然從之，以徼後福。獨檜守正，雖延禧傾害，略不爲之易節。」檜曰：「臣嘗聞范仲淹與其友書云：『致意某官，爲渠作東宫官，不敢通書。』惟聖主於忠義之臣，與夫失節之徒灼見如此，誠立國之本也。」

知南康軍張元禮乞免牛税一年〔一〕。

九月丙辰，上謂宰執曰：「天下之物，有不當税者甚多。如牛米柴面之類是也。」秦檜曰：「去歲浙中艱食，陛下令不收米税，故江西客販俱來，全活者不可勝計矣。」元禮，侯官人也。

自南渡以來，六曹長貳廳皆未立壁記。至是，户部侍郎王鈇始考建炎逮今一十九年凡任常伯、亞旅者三十餘人〔二〕，列其姓名刊於石。戊午〔三〕，本部郎官邊知白爲之作序，略曰：「六官之設，凡以爲民，而地官獨稱民部。蓋於民爲最親，故獻其數則王拜而受，有負版則聖人式之，豈不重哉？」〔四〕鈇，南昌人。知白，吴縣人。是時他部亦未有繼而爲者。

自建炎初諸路提舉常平官併其職於提刑司，次年，朝議復置，且討論其法〔五〕。書成未頒，而上南渡。繼而言者謂常平之法不可行，遂寢。中間常平之職嘗隸發運司，亦隸經制司，已而復隸提刑司〔六〕。至是，王鈇言：「常平一司，錢穀斂散，宜專使領之，乞復置諸路提舉官。」己未，詔以茶鹽官爲提舉常平茶鹽公事。

知和州劉將乞展免夏税一年。壬戌，上謂宰執曰：「言事與行事不同，若此等行事，便有實利及民。」秦檜曰：「儒者所陳王道，不過愛民而已。」上曰然。

上御書一德格天之閣賜太師、左僕射秦檜。以金鍍銀沙鑼、唾壺、照匣等物賜之〔七〕。

時虔、梅及福建劇盗有號管天下、伍黑龍、滿山紅之屬，其徒稍衆，攻劫縣鎮，鄉民作山砦自保。先是，福建帥臣莫將言：「漳、泉、汀、建四州接江西、廣東之境，緣游手輩從賊，熟識小路，引其徒直衝縣鎮，如入無人之境。官軍不習山險，多染瘴癘，艱於掩捕。乞委四州守臣，募强壯游手，每州一千人爲效用。」時統制官張淵措置本路盗賊，有旨委將同措置。淵請逐州先招五百人。既而將改帥廣東，以知虔州、集英殿修撰薛弼爲福建帥。是月，弼入閩境，寇方盛道上。客勸弼改途避之，及迓兵至，弼趣隊伍，揚金鼓旗幟，分道并進，聲言新帥以虔兵全將至矣，賊無敢近者。

是月，金國境内河決李固渡，起曹、單、拱、亳及應天五郡民修之。民有地一頃者出一夫，不及者助夫之費。凡役二萬四千夫，五十四日而畢。

端明殿學士、簽書樞密院事楊愿自請罷。

冬十月丙子，詔仍舊職提舉太平觀。

癸未，以敷文閣直學士樞密都承旨兼侍讀李若谷爲端明殿學士簽書樞密院事，尋兼權參知政事。若谷，永平人也。

以翰林學士承旨秦熺爲知樞密院。熺力請依李淑故事，避親而罷。庚寅，以爲資政殿學士、提舉萬壽觀，恩數視執政。

主管馬軍司事田晟乞支軍器。上因諭宰執曰：「戎器久不用則蠹，宜令善護之。」又奏鎮江府御前都統制王勝秋教武藝出格人。上曰：「自比年以來，軍人武藝頗精，師固不可不素練也。」

侍御史汪勃請置四川總領。庚子，詔從之，遂除太府少卿趙不棄以總領四川宣撫司錢糧爲名。既而上謂秦檜曰：「卿前日所論置四川總領甚當。如此，方與諸軍一體。」上諭檜在是月癸亥，今聯書之〔八〕。

是月，以左承事郎劉章爲秘書省正字。章今春廷試首擢，不待一任回便除館職，蓋用往歲陳誠之例也。

知潯州杜大舉奏便民事。

十一月己酉，上謂宰執曰：「大舉所陳頗有條理，蓋曾留心。士大夫所言有益於事者，不可不行也。」

癸丑，宰執奏新製祀享禮器事。上曰：「今天下無事，郊祀廟享，禮莫大焉，可不留意？」又曰：「真宗朝，遼人直犯澶淵，當時射殺撻覽，乃命追襲，戒諸將毋得殺戮，防之出境。」秦檜曰：「契丹百餘年不渝盟者，緣真宗兼愛兩國生民，不殺之故也。」

戊子，以右諫議大夫何若爲御史中丞。

先是，司封郎中李澗言：「端拱之初，固嘗親耕帝籍以先天下，乞講求故事。」既而禮官討論，元豐中度地國南，以合先王之制。而政和親書品式具載，今可行之。既而宰執奏，將來籍田降詔。上曰：「先帝籍田，亦不每載常講，惟務勸農，衹蓋席屋，事畢撤去，庶不至擾。」秦檜曰：「陛下紹述先朝勸農之意，戒諭如此，憂民深矣。」己未〔九〕，乃詔以來歲之春，親耕籍田。

閏月，秘書省請下諸路訪遺書及先賢墨迹。戊寅，上謂宰執曰：「所訪圖書，邇來所得甚多，非時平無事〔一〇〕，安能及此？今欲訪臣僚藏書之家，從本所說諭關借，仍令所在州軍送秘書省抄畢給還。」

甲申，司農寺主簿永嘉宋敦樸言：「望詔守令，以來春耕籍之後出郊勸農，諭以天子親耕，使四方曉然知陛下德意，仍自今每春行之。」上曰：「農者天下之本，守令有勸農之名，無勸農之實，徒爲文具，何益於事？」仍詔從之。

太學博士穀城王之望請依祖宗故事，印羣經義疏及釋文，令州縣各置一本於學。丁酉，上曰：「古人讀書須親師友，雖未必盡得聖經妙旨，然亦有淵源。今士大夫未有自得處，便爲注說，以爲人師，此何理也？」

己亥，宰執奏差守臣。上曰：「郡守之職，如老不任事，無他過者，別與一般差遣。」秦檜曰：「此等宜處以宮祠。」

十二月丁巳，上曰：「將來禮器造成，可頒其制於州縣，俾遵用之。」知全州高楫言：「溪峒傜人至弱，未嘗敢侵省地，緣寨官縱人深入傜界掠取，遂致乘間劫省民，謂之酬賽。切惟祖宗之法，止令撫遏，不容捕殺。乞下湖南禁止，庶使邊民安業，以廣陛下好生之德。」甲子，上諭宰執，可令守臣遵守成法。

是月，太尉、醴泉觀使郭仲荀卒於台州。

初，建康府御前都統制王德以清河郡王張俊之侄子蓋及俊親將馬立、顧輝并爲統制官。至是，俊解兵柄已久，德乃背俊，不禮子蓋等而罷之。俊怒，每訴諸朝。左僕射秦檜亦忌其勇。詔乃罷德爲浙東總管，以統制官王權代之。

時福建羣寇未平。本路鈐轄李貴領兵討管天下〔一二〕，貴失利，爲賊生得。有統制官張淵在本路措置盜賊，自爲一所。或語帥薛弼：「事惡二三，曷請以措置所隸帥司？」弼不從，曰：「惟和則可以濟事。」先是，舊帥莫將嘗乞招游手爲效用。及將移鎮，而轉運司以軍須浩瀚申樞密院，言閩中人勇於私鬭，怯於公戰。此等游手，易聚難散，慮賊平之後，官軍既還，或能爲過，亦未爲便。遂卜安撫司共議。弼以爲：「廣東總管韓京每出必捷，正以所部多土人。今本路素無此等，故連年受弊。」弼又謂：「前守贛土，有武翼郎周虎臣、成忠郎陳敏各有家丁數百人，皆能戰。比之官軍，一可當十。」遂辟虎臣爲本路將官，與漕司合奏，選一千人號奇兵，詔可。自此歲費錢三萬六千餘緡，米九千石，而草寇遂平。虎臣，開封人。敏，石城人也。弼又揀取二人家丁，日給錢米，責以捕賊，期於必滅。敏爲汀漳巡檢，皆從所請。

時監司郡守多獻羡餘以希進。袁州雖小，是年帑廩適充溢，或謂知州事王師心盍獻諸朝，師心不欲，諸縣民有逋租，乃悉爲代輸之。

福建措置盜賊張淵所部統領官邵宏淵質直而喜功，淵惡不用，且恨其嘗對衆相折，杖之百，斥入士伍。宏淵之客蜀士鍾鼎走行在，上書爲辨曲直。左僕射秦檜怒，始創聽讀之名，羈鼎於福之郡學。鼎禱帥薛弼，求依所親於永福。弼聽之，鼎復詣闕上書〔二〕。弼自劾，降一秩。

校勘記

〔一〕知南康軍張元禮乞免牛税一年　「牛税」，原作「税牛」，據建炎以來繫年要録卷一五四乙正。四庫本中興小紀卷三三無此條。

〔二〕户部侍郎王鈇始考建炎逮今一十九年凡任常伯亞旅者三十餘人　「考」，原作「求」，據四庫本中興小紀卷三三改。

〔三〕戊午　「午」，原作「戌」，據四庫本中興小紀卷三三改。

〔四〕六官之設……豈不重哉　以上全文見載於咸淳臨安志卷五，其後三句爲：「獻其數於王則登於天府，有負版者而聖人式之，顧不已重乎？」與此所載不同。

〔五〕且討論其法　「且」，原作「月」，據四庫本中興小紀卷三三改。「法」，小紀作「非」，此據底本。

〔六〕已而復隸提刑司　「提刑」，原作「常平」，據四庫本中興小紀卷三三改。

〔七〕以金鍍銀沙鑼唾壺照匣等物賜之　「沙」，四庫本中興小紀卷三三作「洗」。雲麓漫鈔卷九：「今人呼洗爲沙鑼。」「壺」，四庫本中興小紀卷三三作「盂」。

〔八〕上諭檜在是月癸亥今聯書之　此小注原闕，據四庫本中興小紀卷三三補。

〔九〕秦檜曰陛下紹述先朝勸農之意戒諭如此憂民深矣己未　以上原闕，據四庫本中興小紀卷三三補。

〔一〇〕非時平無事　「時平」，原作「平時」，據四庫本中興小紀卷三三乙正。

〔一一〕本路鈐轄李貴領兵討管天下　「鈐轄」，原作「鈴害」，據四庫本中興小紀卷三三改。

〔一二〕鼎復詣闕上書　「鼎」，原闕，據四庫本中興小紀卷三三補。

宋朝中興紀事本末卷六七

起紹興十六年正月盡六月

紹興十六年歲在丙寅。

春正月戊寅，上諭宰執曰：「將來籍田降詔，須語簡意足，使民曉然知勸農之意，如漢文帝每歲親耕降詔。當時民知務農，遂致富庶也。」遂下詔，略曰：「朕惟兵興以來，田畝久荒，故不憚卑躬，與民休息。今疆場罷警，流徙復業。朕親耕籍田，以先黎庶。三推復進，勞賜耆老。嘉與世俗，躋於富壽。昔漢文帝頻年下詔，首惟農事之本，至於上下給足。減免田租，光於史册，朕心庶幾焉。」此給事中、直學士院段拂之辭。拂，江寧人也。

時太學養士已七百人。戊子，詔增爲一千人。

壬辰，上親饗先農，行籍田之禮。三推畢，耕籍使秦檜請以耒耜授有司，上不從，遂推至九。癸巳，檜乞付史館，從之。

甲午，檜又奏曰：「陛下耕籍過三推之數，少勞聖躬。」上曰：「朕本欲終畝，以卿屢奏乃止。」簽書樞密院李若谷奏曰：「父老觀陛下躬耕，極感悦。」上曰：「太宗朝，每駕出城，必宣集父老，訪以民間利病。況耕籍爲農之勸，朕豈憚勞耶？」

丁酉，宰執奏除直龍圖閣高世定浙西提刑。上因諭曰：「監司郡守若奉職，宜加擢。若不恤民奉法，郡守令監司按劾，監司令御史彈劾。如此則上下有紀綱，不至委靡也。」

二月辛亥，上謂宰執曰：「聞建康都統王權教閲依時，仍不擾民，諸將頗畏服，良可嘉也。」後數日，權申所揀老弱。上曰：「所貸人須令招填，恐暗消兵數也。」

初，史館修日曆，凡藩邸舊事與霸府建置本末，人無能知者。時慶州觀察使、提舉佑神觀開封韓公裔悉省憶。書成上送，論者謂尚多放逸。時楊愿爲史官，左僕射秦檜請遣愿質之公裔，所記皆實。檜欲賞公裔，摘使來請。會除公裔保康軍承宣使，檜疑公裔舍己而自求於上。是月，言者因論公裔罪，以謂與愿往來，詔罷之。

壬戌，宰執奏右司郎中李朝正所陳知縣事。上曰：「知縣本欲撫育百姓，乃掊斂以待過往，科率以奉權貴，害及一方，非國家之福也。」

時經界法得朝正行之有叙。丙寅，擢爲户部侍郎。

殿前司奏起復李邦光充正將。上曰：「從軍起復，一時權宜，然不能無弊。若元在軍則可，或在外計會，宜禁止之。」

初，建炎間復置新科明法。自紹興十一年，禮部始定本科中選人將來廷試賜第。次年，遂得黄子淳一人。至是，禮部復言：「崇寧初，此科已併進士額。今有官人自許試法，欲罷。」己巳，詔從之。

上以文武之道不可偏廢。

三月庚午朔，詔興武學養士，其後以百人爲額，置博士員。

新除資政殿學士秦梓卒。癸酉，詔依執政贈典，仍令江東漕司爲辦葬事。

先是，茶馬司設買馬兩務。一在成都府，市於文、叙、黎、珍等州，號川馬。一在興元府，市於西和之宕昌寨，階之峰貼峽，號秦馬。凡馬五十匹爲一綱。然涉數千里之遠，故多斃於道。至是，眉州進士侯鳳獻馬綱利害。

四月丁丑，上諭宰執，謂：「其言雖未足取，然朕固知其弊，未有以處。每一綱到，所損甚多，皆緣部綱人作過，卿等宜措置革之。」

庚寅，宰執奏江西帥臣李迨乞留統兵官李通一軍駐建昌軍事〔一〕。上曰：「諸處有盜賊來朝廷乞兵，未爲良策。須是帥臣有措置，能消盜賊，然後爲善。可下諸路令措置行之。」

先是，詔太師、左僕射秦檜立家廟。辛未，又詔以禮器賜之。

初，詔展皇城及創修外闕，臨安守臣、端明殿學士張澂以天府之力，與漕臣分綜其半。及親耕籍田，所設靈壇御耕幄殿、次舍倉廩什器，澂悉先具。至是，除澂慶遠軍節度使。從官得旄鉞〔二〕，本朝絶少，中外榮之。

是月，金國主亶以上京會寧府舊内太狹，纔如郡治，遂役五路工匠徹而新之。規模雖仿汴京，然僅得十之二三而已。

自建炎中，湖南傜人楊再興父子占奪民田，且招叛亡，添寨栅，意欲作過。先是，委帥臣劉昉審度措置，遣屬官諭以逆順禍福之理，許令改過自新。再興即散其徒，且還侵地，誓永不敢犯邊。失業之人，遂獲安處。下本路憲司保明，昉委有前績。

夏四月壬寅，上謂宰執曰：「傜人久侵省地，今盡以歸，可見嚮化。大抵傜人須加存撫，此既不擾，彼亦豈敢爲過？」詔除昉直寶文閣。

先是，宰執奏修圓壇，詔付臨安府。上因曰：「昨所進禮器極精致，制頗近古。三禮圖之謬〔三〕，誠無足取。」癸卯，上又曰：「昨降祭服，令禮官考古以製，庶將來不闕也。」

司封郎官邊知白乞許守令以行籍田詔書刊於廳事。乙巳，上曰：「凡治天下，惟賞與罰。有賞而無罰，雖堯、舜不能治天下。守令有勸農之實，若不能奉行朝廷德意，當痛黜之。」知白，吴縣人也。

知道州李侗言：「真宗御製七條，仁宗慶曆中常再舉行，乞下諸路於守令廳揭示。」己酉，詔從之。

庚戌，上謂宰執曰：「近日全無事。」秦檜曰：「御前諸處奏到可見。」上曰：「前此文字極多，朕有至夜分不寐。頓減如此，豈非和議之效乎？」蓋上聽覽萬機，夙夜留心如此。

禮器局鑄成鎛鍾。甲寅，上曰：「須聲和而應律乃可用。」更令禮官審之。

左奉議郎郭仲進易解。丙辰，上曰：「易象深微難窮，近時學者多蹈襲前人之說。須學有自得，仍不穿鑿，乃謂之通經。仲議論亦粗通。」遂與轉一官。

兵部定到武士弓馬格。戊午，上曰：「國家設法，武選所繫非輕。今諸將子弟皆耻習弓馬，求换文資，數年之後，將無人習武矣，豈可不勸誘之？」

丙寅，中丞何若言諸軍多執平民强刺，人情不安，望嚴禁戢。從之。

初，再置諸路提舉學事官，通選本路監司之有出身者兼之。至是，有獻言者，乞於憲漕二司，事專委其一。下禮部。既而國子監申請專令轉運司有出身者兼領，如俱有出身，即從上一員。

五月壬申，詔從之。

時臨安府北關外河道堙塞，漕舟往往卸於門外，再搬入倉。極爲費力，而商販亦阻。是日，詔令開治。

知福州薛弼請招安人付諸軍拘之，更加存恤，勿令竄去。甲戌，上曰：「弼所慮不苟，帥臣得人，盗自不作，此全在帥臣也。」

庚辰，左朝奉大夫周綰、李宏并除轉運判官〔四〕。綰淮南，宏京西。福建提舉常平官杜杞移江西提舉常平。上曰：「監司朝廷耳目之官，今天下無事，恤民爲先，得人一路安，不得人一路擾，豈可不擇之也？」

饒州進士傅取新等舉留知縣陳鼎再任。甲申，上曰：「德政果及於民，則可留，然不無計囑。須核其實。」鼎，松溪人，戩子也。

時講筵會春秋闕官，方難其人。上曰：「春秋之學，士習者少，宜有以勸之。秦熺亦嘗論此，實契朕意。」

甲午，資政殿學士李邴卒於泉州。

前知信陽軍馮榮叔乞京西、淮南合起租税，比内地二畝而賦一，仍假之五七年，以勸其墾。

六月癸卯，上謂宰執曰：「荒田若墾得遍，大爲國家之利。今已寧靖，然逐處尚有占留之弊，宜令户部措置還之。」

淮東鹽課增羨。丁未，宰執奏推賞。上曰：「法不足改，只循其常。若改而稍增，次年必虧。大抵民食鹽每歲止如此也。」

戊午，宰執奏大理寺、臨安府決獄事。上曰：「隆暑之際，恐諸郡未能悉體朕懷，逮繫淹延，可令監司遍詣所部決遣。」

詔禮器局鑄景鍾。故事，學士撰銘，宰臣書之。己未，上謂秦檜曰：「卿一就撰銘，以爲萬世不朽之傳。」於是，檜撰銘以進曰：「皇宋紹興十六年，中興天子以好生大德，既定寰宇，乃作樂，暢天地之化，以和神人。惟兹景鍾，首出衆樂，天子專用諸禋祀。有詔臣檜銘且書。臣竊惟文德武功，猶陰陽之時，而虞、舜、周文之用心，世莫之識。蓋較勝則績顯，兼懷則度宏，不可使後世無傳也。夫銘，天子令德。臣敢對揚休命，謹拜手稽首而獻銘曰：德純懿兮舜文繼，躋壽域兮孰内外。薦上帝兮偉兹器，聲氣應兮同久視，貽子孫兮彌萬世。」既而，上謂檜曰：「卿所進銘，詞翰甚美。」檜曰：「天子銘德，諸侯記功。臣淺陋，豈能形容盛德？」上詔在七月甲午，今聯書之〔五〕。

乙丑，監察御史石埭王鎡請建高禖祠壇〔六〕，庶獲聖嗣。詔付禮部。既而本部言：「祖宗以來，未嘗親祠高禖，惟兩制攝事〔七〕。」詔用親祠禮，仍改大禮使爲親祠使。

校勘記

〔一〕宰執奏江西帥臣李迨乞留統兵官李通一軍駐建昌軍事　「宰執」二字，原闕，據文義補。四庫本中興小紀卷三二及建炎以來繫年要録卷一五五均無此條。

〔二〕從官得旄鉞　「鉞」，原闕，據四庫本中興小紀卷三二補。

〔三〕三禮圖之謬　「圖」，原闕，「謬」，原作「繆」，均據四庫本中興小紀卷三二改補。

〔四〕左朝奉大夫周綰李宏并除轉運判官　「綰」，原作「管」，據建炎以來繫年要録卷一五五改，四庫本中興小紀卷三二無此條。

〔五〕上詔在七月甲午今聯書之　此小注原闕，據四庫本中興小紀卷三二補。

〔六〕監察御史石埭王鎡請建高禖祠壇　鎡，四庫本中興小紀卷三二作「鑑」。

〔七〕親祠高禖惟兩制攝事　「祠」，原闕，「制」，原作「祠」，皆據四庫本中興小紀卷三二改補。

宋朝中興紀事本末卷六八

起紹興十六年七月盡十二月

太學之初興也，春補就試者五千人。遂分數場，有改名冒試至於再三者。秋七月辛未，中丞何若言：「今秋補試人數又多〔一〕，乞於貢院引試。」上曰：「士人進取之弊，一至於此。所繫甚大，不可不革。今日之所養，則他日之所爲可見也。」新知奉化縣陳泰初集神宗、哲宗御集共一百一十八册。乙酉，上因諭宰執曰：「書籍未備，宜有以勸之。可令秦熺立定賞格，重則轉官，輕則賜帛。」於是，進泰初一秩。其後又詔四川藏書甚多，令逐路帥臣訪之。

丙戌，詔諸軍寨屋爲雨所損，人賜錢一千修整之。

時有言福建盗已息，宜禁其私藏軍器〔二〕。戊子，上曰：「此自有法，若杜其原，盗自不作矣。」

丙申，前簽書樞密院事何鑄復端明殿學士、提舉萬壽觀兼侍讀。

八月戊戌朔，司封郎中邊知白除將作監。

吏部郎中周執羔除右司郎中。上曰：「人材須廣訪而選用之。所薦者君子，其人自君子。所薦者小人，其人自小人。觀所薦者，其人可知矣。」執羔，弋陽人也。

殿前司統制官張淵乞遣招安人周宙等回寨。壬寅，上謂宰執曰：「福建盜皆無知之民。若招安未爲要術，須是監司守令恤之不擾，自然寧息。如海州賊皆本處大姓資給使然。可嚴立賞罰，收捕者賞，資給者痛治，此要術也。」

初，宣州有晉太守亘彛廟〔三〕，封忠顯王。其子温亦封宣威公。至是，請加封。於是，太常寺丞王湛、主簿陳積中皆預討論，而中丞何若論奏擬封不當。甲寅，上曰：「亘温逆迹，屢移晉祚。賴大臣扶持，不然，晉不血食久矣。昨推恩顔真卿子孫，今推封温，事屬相戾。積中與湛，俱令外任。」

時臨安府河道已浚通。壬戌，詔居民不得填塞舟船，并令舶城外。

興化進士方子寶獻所訪遺書。丙寅，上曰：「昨較遺書，至今獻者尚少。蓋監司郡守視爲不急，可申嚴制。」

四川茶馬司奏馬監事。

九月癸未，上謂宰執曰：「太祖初置沙苑監牧馬，就渭州水草。後京師門外方置監。南方與北地不同，蓋難得其處，宜詳究利害。」

先是，以湖南都鈐轄戚方爲步軍司統制。己丑〔四〕，宰執奏方已到供職。上曰：「自合兵以來，諸將出入若身之使臂，無不如意，兹爲可喜也。」

初，右朝請大夫無錫袁復一爲廣南提舉市舶。至是，三佛齊國王寓書市舶官，言近年商販乳香頗虧直，市舶遂以繳進。壬辰，上謂宰執曰：「市舶之利，頗助國用。宜循舊法，招徠遠人。」於是，鐫復一官一等。

時禮器新成。

十月戊戌，太師、左僕射秦檜言製作甚精。上曰：「所用皆足。今以大饗，太廟一新。」

戊申，上曰：「昨日三衙習射皆精，宜加賞以激之。」秦檜曰：「今天下無事，可見陛下之不忘武備也。」上又曰：「秘府求書近者稍多，宜加賞格，以勸來者。」己酉，上曰：「今天下無事，民事最急，監司郡守須是擇人。得人則爲縣者自不作過，蓋縣官皆銓注，難別賢否，全在考察。昏謬不任者，別與差遣。清强有才，則宜擢用之。」知臨安府沈該乞展兩淮起税之限。庚戌，上謂宰執曰：「財賦須知取予之道。如知取之爲取，不知予之爲取，非久利也。淮南民若盡歸業，則其利甚廣也。」甲寅，三省擬右朝奉大夫唐遵除淮南漕。上曰：「淮南漕别無事，只不生事便了。」秦檜曰：「今天下無事，第恐庸人擾之。」又曰：「若無庸人擾之，天下自治。」

是月，端明殿學士胡松年卒。

十一月，言者乞以科舉餘分人數取經義。庚午，詔從之。

甲戌，朝獻景靈宫。

乙亥，饗太廟。

丙子，合祀天地於南郊，大赦天下。初，宰執奏肆赦事。上曰：「居養安濟漏澤，先帝之仁政。居養安濟已行，惟漏澤未措置。」乃令增入。

癸未，復置御書院，依祖宗法，隸翰林院。

初，上致齋而雪作，及朝獻，則杲日麗空。至郊夕微陰，登壇即霽，三台星見。於是，秦檜言：「陛下好生之德，既定宇内，乃不居其聖，歸功於天。前郊祀之期年，稽古製作，禮樂大備。討論訂正，悉出聖學。有司效使惟謹，曾不能措一辭。及將祀，則至誠感通，天意響答。雪呈瑞於齋居之先，日穿雲於朝獻之旦。既升紫壇，則星宿明潤；旋御端闕，則霄漢廓清。允謂先天弗違，諸神受記。至於率履不越，又可爲萬世法。有司請設小次，則拒而不答。宮廟載葺既畢，則宸翰標題皆極於恭恪。此所宜書者也。臣職在後從，親見不誣，望宣付史館。」甲申，詔從之。

時知南外宗正司士源將滿。甲寅，上諭宰執曰：「士源可與合得恩數，别選人替之。宗司得人，則宗室皆循理。不得人則紀綱廢，至於擾州縣，宜謹擇之也。」

初，明槖宣諭廣東，薦洛陽遺民朱端儒〔五〕，召至闕，賜進士出身，除館職，遷吏部郎官。至是，任浙東提刑。而右諫議大夫汪勃言其疏謬。辛卯，上謂宰執曰：「爵禄所以厲世，如其可與，則文臣便至侍從，武臣便至建節。如其不可，雖一命亦不容輕授。」乃詔罷之。

初，選人改京秩，用舉主五員。數中之一，必得轉運副使，或提點刑獄，號爲職司。至是，吏部侍郎林乂請待制以上官帥一路，其薦牘視此，遂著爲令。故事，告身書史不過一二人。時大禮後，奏補封贈填委，乂請擇善書吏窮日力繕寫，且識其姓名以備稽考。乂，尤溪人，與秦檜有舊，引至侍從，其才雖未協衆望，然頗勤於所職。選人薦舉應格未引驗，而舉主有故，或差之一日，則失之終身。乂雖休日，亦引於其第，以此人亦稱之。

十二月乙亥，彗見，越七日乃伏。

進士章公奎上言：「今國家偃兵，而未免有預借之税，望即除之。」上曰：「此事有否？朕與鄰國通和，正爲百姓。若預藉以擾民，失朕本意。」乃詔户部條上。

丁巳，上謂宰執曰：「諸軍寨屋令主帥措畫給錢，與之自蓋，不然，恐勞民力也。」

庚申，秦檜奏臘前已見三白。上曰：「二麥可望。」又曰：「上殿官論捕獲私販茶鹽，往往支蔓。可令有司看詳，恐追逮無辜，傷和氣也。」

時秦檜以爲時已太平，日興彌文，諱言兵事，深忌崇信軍節度使、萬壽觀使張浚。浚居長沙，蓋屋六十楹，且爲堂，榜曰盡心，益屋以奉其母。而言者論浚卜宅逾侈〔六〕，至擬五鳳建樓。上不以爲然，遣起居舍人吴秉信以使事至湖南，有所案驗。秉信造浚，見其所居不過中人常産可辦〔七〕，不覺歎息，乃以檜意密告之。秉信歸而被絀。秉信，鄞縣人也。至是，浚因星變言：「今日事勢，譬如養成大疽於頭目心腹之間，不決不止。決遲則禍大而難測，決速則禍輕而易治。惟陛下斷之以獨，謹爲預備，倉卒庶幾社稷有安全之理。不然，日復一日，後將噬臍。異時以國與敵者，反歸罪正議，此臣所以食不下咽而不能一夕安也。」於是，中丞何若言浚包藏禍心，惟冀天下多事，則僥倖再用。乃詔浚落節，以特進提舉太平觀〔八〕，連州居住。浚文學尤深於易。自至貶所，精思大旨，述之於編。以謂易大著於書。又曰：「天數二十有五，地數三十。凡天地之數五十有五，此天地之中數也。有太極，是生兩儀，太極一也，兩儀二之也，分而爲二而七八九六之數成。五行之象，於是何以知其然？蓋一三五七九合爲天數，而天數不過五〔九〕。二四六八十爲地數，而地數不過五。天地奇耦，合之爲十，總之爲五十有五。自然之數，皆不離於中，中故變，變故其道不窮。聖人神而明之，用數之中，故消息盈虚之妙，闔闢造化之機，皆於我，而動静不違焉，中其全矣。」又嘗論剛柔之義以示子侄曰：「君道主剛，而動則用柔。接下撫民，莫非柔也，故乾動爲坤。臣道主柔，而動則用剛。犯顔正色，莫非剛也，故坤動爲乾。故觀於剛柔之中，而究其所以用，則可以類推矣。」

先是，奉使金國者得自辟十人以從，賞典既厚，願行者多納金以請，遂爲故事。時禮部侍郎周執羔爲賀大金國生辰使，始拒絶之。

集英殿修撰鄭望之上章告老，從之。時望之居上饒，築室名寓居，蓋取晉陶潛寓形宇内之意。後嘗有詔落致仕，召，上語近臣曰：「鄭望之不特是君臣，乃是故人。」時已八十一，不復出矣。

校勘記

〔一〕今秋補試人數又多　「試」，原闕，據四庫本中興小紀卷三二補。

〔二〕宜禁其私藏軍器　「軍」字，原闕，據建炎以來繫年要録卷一五五補。四庫本中興小紀卷三二無此條。

〔三〕宣州有晉太守亘彝廟　「亘彝」即桓彝。以避宋欽宗諱而改。下亘温亦同。

〔四〕己丑　此前有「九月」二字，與前文重，故據删。

〔五〕薦洛陽遺民朱端儒　「朱端儒」，即朱敦儒，以避光宗諱改「敦」爲「端」。

〔六〕而言者論浚卜宅逾侈　「逾」，原作「愈」，據四庫本中興小紀卷三二改。

〔七〕見其所居不過中人常産可辨　「辨」，原作「辨」，據四庫本中興小紀卷三二改。

〔八〕以特進提舉太平觀　「太平觀」，原誤作「太平興國宫」。按：據輿地紀勝卷三〇江南西路江州，紹興二十八年方改觀爲宫，故據改。

〔九〕而天數不過五　「而天數」，原闕，據四庫本中興小紀卷三二補。

宋朝中興紀事本末卷六九

起紹興十七年正月盡六月

紹興十七年歲在丁卯。

春正月，户部侍郎李椿年言：「兩浙經界已畢者四十縣。其未行處，并止令人户結甲，慮形勢之家，尚有欺隱，乞且依舊圖造簿〔一〕，至所差官覆實。若先了而民無争訟，則申朝廷推賞。如守令慢而不職，奏劾取旨。」丁卯，詔從之。

知池州魏良臣、知婺州吴表臣皆乞祠〔二〕。癸未，上謂宰執曰：「郡守之職，懦弱者不治事，有才者多妄作，惟適中者難得。」於是，良臣、表臣各除敷文閣直學士、提舉太平觀。

丙戌，詔天申節燕設，令禮部立爲定制，下之諸路，免致擾民及多殺物命。

右諫議大夫汪勃言内侍押班趙�非理擾民〔三〕。戊子，詔與外祠。上曰：「逐一内侍，則人自知畏矣。」

户部言：「米已免税，而所經税務尚收力勝錢，甚非朝廷寬民之意，欲下轉運司禁止。」己丑，詔從之。上曰：「米已免税，如柴麪亦合蠲之。商旅既通，更平物價，小民不至失所矣。」

壬辰，以端明殿學士、簽書樞密院事李若谷爲參知政事，御史中丞何若爲端明殿學士、簽書樞密院事。

詔今後孟饗詣景靈宫，及皇太后皇后或時出入，自支錢米，不須臨安府應辦〔四〕，恐擾及市民。

癸巳，資政殿學士、提舉萬壽觀兼侍讀秦熺加大學士。

二月乙未朔〔五〕，以右諫議大夫汪勃爲御史中丞。

臨安府奏減定房錢。辛丑，上謂宰執曰：「官私須令均一。」檜曰：「臣有以知陛下無心應物而施政平也。」

丁未，上親祠高禖。

少保、殿帥楊存中奏：「諸軍營昨用草，蓋歲深已壞，乞造瓦屋。」上曰：「草屋經夏尤難處。第令改造，雖未即成，可旋爲之。」

壬子，詔陣亡恩澤自今不須裁定，可依祖宗法。

言者論參知政事李若谷。辛酉，罷爲資政殿學士、提舉太平觀。再論，遂奪職，江州居住。

三月丁卯，給事中段拂爲翰林學士。

己巳，宰執奏事，上謂秦檜曰：「人才難得，惟在賞罰勸沮。卿可選用所知，若協濟國事，得三五人，則庶僚胥化。其不靖害治者，顯黜勿貸，庶令知畏。」檜曰：「仁宗時高若訥輩久擾朝政。至嘉祐間韓琦、歐陽修方助成太平之治。」上曰：「仁宗即位之久，灼見治道。」檜又曰：「陛下領元帥府，備見官僚情僞，且嘗親到虜營，得其要領，故酬酢如神，不差毫髮。當出使犯難之時，乃社稷所託，實天啓聖祚，非偶然也。」

端明殿學士、簽書樞密院事何若引疾乞罷。乙亥，詔依舊職提舉太平觀。

己卯，以翰林學士段拂爲參知政事。

初，言者以謂州縣所納税絹每匹至十千，上恐傷民力，詔户部措置。至是，又謂州縣和買率以三月起催。辛巳，上諭宰執曰：「三月間蠶猶未生，民何以應辦？」於是，秦檜奏請依舊限，上可之。

是日，宰執又奏國信所乞裁減接伴送伴北使官屬事。上因諭曰：「奉使邊知白渡淮數日而尚未至，恐滯於中路，則從人不能無擾。可降指揮，今後計程赴行在。」

辛卯，上曰：「士大夫有專於爲己而不肯任事者，但當與之禄食，使不失所而已。」秦檜曰：「陛下處士大夫如此，仕而不知許國者，得不少愧乎？」

夏四月己亥，以御史中丞汪勃爲端明殿學士、簽書樞密院事。

左迪功郎吴適進大衍圖，辨易中謬誤。庚戌，詔令秘書省詳之，如可采，當處以庠序之職。

辛亥，上謂秦檜曰：「近來轉官，減年添給，陳乞攀援者多，可禁止之。悉尊舊法，犯者論以違制。」

軍器所監造官馬元益上書輕議出兵。丙辰，宰執擬送桂陽監編管，從之。上因曰：

「真宗澶淵之盟，虜人百年不犯邊。今者和議，人多異論，朕不曉所謂，止是不恤國政耳。若無賞罰，望其爲國實難。自今用人，宜求靖共之操，如其不然，在朝廷者與外任，外任者置之閑散，而又不靖者加之以罰。庶幾人知勸懲，不至專爲身計。數年之後，可望風俗丕變矣。」

戊午，宰執奏殿前司申訓練官董彦起復事。上曰：「須見在軍中，不免從權。若旋行竄名，規免執喪，有害風教，可禁止之。」

先是，徽宗忌辰，皇太后親詣景靈宫。少師、昭慶軍節度充萬壽觀使、平樂郡王韋淵，因赴起居，妄出辨語，詆毀太后。既而，命殿中侍御史上饒余堯弼就其家鞫治，具伏。庚申，責授散官，袁州安置。

先是，川、廣驛馬并付鎮江府御前都統制王勝軍。

五月癸亥朔，上諭宰執，令鎮江及淮南漕司撥官地美水草處放牧，且言數年間便見蕃息，此在軍政所當留意。

丙寅，上謂宰執曰：「近有布衣言福建鹽法，朕謂祖宗成法利於民者，自當永久遵行，何必改作也？」

六月癸巳，上諭宰執曰：「臨安居民皆汲西湖，近來爲人撲買作田，種菱藕之類，沃以糞壤，豈得爲便？況諸庫引而造酒，用於祭祀，尤非所宜，可禁止之。」又曰：「沿江石岸，亦令速修，失之遲則衝損害民，費工必倍。」

乙未，宰執奏放臨安府房錢事。上曰：「雨澤稍頻，細民不易。」秦檜曰：「時蒙宣問常、潤及江東闕雨，臣弟棣赴宣州新任，近報雨已霑足。」上曰：「秋成有望，可喜也。」

殿中侍御史余堯弼論知上饒縣韓暉非理貪求。上諭宰執曰：「縣令非人，民受其弊。若銓擇則員多，有所不暇，第責之監司，夫其貪暴昏因，庶幾百姓均被實惠。」堯弼，上饒人也。

殿前司統制官成閔降到福建賊徒。乙卯，宰執擬等第補官。上曰：「弭盜當爲遠慮，若但招安，恐此輩以嘯聚爲得計。」乃詔諸路今後不許招安。

校勘記

〔一〕乞且依舊圖造簿　「乞」，原闕，據四庫本中興小紀卷三三、建炎以來繫年要録卷一五六補。

〔二〕知池州魏良臣知婺州吴表臣皆乞祠　「良臣」，原作「良能」，據建炎以來繫年要録卷一五六改。下同。四庫本中興小紀卷三三無此條。

〔三〕趙輒非理擾民　「擾」，原闕，據四庫本中興小紀卷三三補。

〔四〕不須臨安府應辦　「應辦」，原闕，據四庫本中興小紀卷三三補。

〔五〕二月乙未朔　「二」，原作「三」，據四庫本中興小紀卷三三改。

宋朝中興紀事本末卷七〇

起紹興十七年七月盡十二月

秋七月，初，四川宣撫使鄭剛中即利州置監鑄小鐵錢，欲以救川引之弊，遂就除資政殿學士。剛中在蜀六年，秦檜忌之。而剛中服用或逾制。四川總領趙不棄欲盡取剛中所儲，剛中不與。至是，不棄自四川回。己巳，上曰：「不棄深知四川財賦，計今調度給足〔一〕，則軍興以來所賦〔二〕，并可蠲罷。朕所以休兵講好，蓋爲蘇民力耳。如其不然，殊失本意。」時不棄頗文致剛中事，尋以不棄爲工部侍郎。

甲申，宰執奏江東帥司乞罷差官拍試事。上曰：「今殿前司馬步諸軍教閲不廢，故武藝皆精。」秦檜曰：「承平時亦自閲武，今御前呈引，有賞激之，所以諸軍爭勸。」

提舉太平觀張擴投閒五載，居於德興之先廬。日從賓客，以觴咏自娱，至是疾革請老。丙戌，上謂宰執曰：「此吾中興詞命之臣。」詔除敷文閣待制致仕。

八月乙未，宰執奏除臨安府帥臣。上因諭曰：「朝廷於臨安，不免時有所須，如御膳米初日供，今則月一取之，庶吏不敢緣此擾民也。」

清遠軍節度副使趙鼎在吉陽〔三〕。秦檜令本軍月具鼎存亡申省。鼎知之，遣人呼其子至，謂之曰：「檜必欲殺我，我不死，一家當誅。惟死，爾曹無患。」乃不食。癸卯〔四〕，卒。既而，詔許歸葬。其後謚曰忠簡。

丁未，以龍圖閣學士、知紹興府詹大方復爲工部尚書。

丁巳，宰執奏事，秦檜因論及月椿錢。上曰：「卿未還朝時，朱勝非等創此。朕每以爲非理，屢與宰執言，終未大減。卿可措置，庶寬民力。」既而檜等言：「近令監司郡守不得獻羨餘，今却妄用。」乃詔諸路寬剩錢撥充月椿。檜又曰：「陛下欲減田租，實盛德之事，今自月椿錢始。」

九月乙丑，宰執奏殿前招到海賊分隸諸軍事。上曰：「海賊若竄，須立賞捕之。仍常加恤，毋使去爲民患。」

知大宗正、主管濮祠士㚖赴行在供職，乞奏事。乙亥，上謂宰執曰：「南班有分處紹興府者，比之行在日奉朝謁，勞佚不均。祖宗時待遇優恤，間有賜湯藥假。朕念宗子食貧者衆，時有以助其費。」秦檜曰：「向日郊賜加厚，足見聖慈惇叙之意。」〔五〕

户部具到諸路月樁錢。以緡計者，江東信州五萬四千，徽州五萬八千，宣州四萬九千，江西吉州六千七百，撫州二萬五千，江州一萬一千，筠州六千九百，建昌軍二千三百，臨江軍四千六百，南安軍六千六百。上曰：「科敷之類，富者猶不能堪，下户何所從出？若計諸州羨餘，以減月樁，誠寬民力。」秦檜曰：「指揮之下，百姓想皆歡忻鼓舞。」上曰：「朕備嘗艱難，知細民闕乏，雖百錢亦不易得。故不欲妄費，或有餘財，即命樁留以待緩急，庶幾臨時不至失措。」

言者論資政殿學士、四川宣撫使鄭剛中奢僭妄作。丙子，詔罷剛中，仍令於鄂渚候旨。既而落職，責桂陽監居住。其後又以在蜀日，有盜過界偷馬，詔剛中捕捉，而奉行不切，又擅自鬻度僧牒。及興監鑄錢，以所收到直便支費，且欲併都轉運司入宣撫司。又不喜朝廷置四川總領官，却説諭統兵官，云今爲總領，交去錢物，無可送遺。再爲言者論，制勘獄成，剛中累貶封州。其子書寫機宜文字良嗣并官屬張漢之，皆除名編管。

己卯，宰執奏修太醫局事。上曰：「醫官如王繼先輩，難有繼者。宜立法試選醫生，然須有自得處。徒惑方書，不能意解，豈足爲良醫？人命所繫，誠不可忽。」

大理正章燾請監司郡守察縣令之賢否。有治狀者當議擢之。庶其知勸，實惠及民矣。」擇，不職而後治之，百里已受其弊。癸未，上謂宰執曰：「令最親民，不能一一銓

先是，上諭宰執曰：「以民間折帛錢重，祖宗每縑直八百，官以一千和買，既免舉債出息錢，及絲成之後，并皆樂輸。趙鼎、張浚爲相時，乃創折帛之請，令納見錢，殊爲非理。今若減錢數，非唯可蘇民力，且使知朕所以休兵之意。」於是，秦檜令户部具實數以進。丙戌，詔江、浙見輸折帛錢太高，慮民難出，今絹帛各減價，每匹江南六貫，兩浙七貫，綿每兩江南三百，兩浙四百，自明年爲始。

是月，金國主亶出獵，至陰山之北打圍，遂至雲中府。

冬十月，復歸上京。

十一月辛酉朔，日當蝕，陰雲不見〔六〕。

初，命刑部尚書周三畏等詳定重修常平免役敕令格式。至是，書成。丙寅，太師、左僕射秦檜上之。

丁丑，右正言巫伋言：「選人改官，銓法注知縣，蓋舉詞皆云堪充親民任使。祖宗立法之意，正要爲民擇官，而比來改秩，無意作縣，多干堂除，則是與舉詞已相違矣。望令吏部并注知縣，不惟親民之官得人，亦可革奔競之風。」上曰：「銓曹自有成法，可令遵守。」伋，江寧人也。

十二月辛卯朔，上謂宰執曰：「昨日閱試殿前馬步諸軍，武藝皆精。」秦檜曰：「皆陛下賞以激之。」上曰：「引硬射親，舊以二百人爲率，自後當增置三百人，庶使遞相教習，緩急可用。」

壬辰，上曰：「諸郡災傷，宜令留意檢放，不可苟取一時租税，却致民移，難以復業。」

癸巳，宰執擬差左奉議郎吴質知容州。上曰：「廣東西闕官，自來多是權攝。如海外州軍，監司巡歷不到，朕每以爲慮。有願就者，且早與遣。」

自駐蹕以來，歲祀十神太一於惠照僧刹，言者以爲未稱欽崇之意。癸卯，詔兩浙轉運司營太一宮。

甲辰，宰執奏，三衙管軍扈衛十年，取旨推恩。上曰：「往日將帥出戰立功，時有遷轉。今休兵日久，已建節者固不較，其他豈無望。當有以繫其心，且使來者勸。」

右正言巫伋請以前後詔書編成册，付州縣施行。上曰：「朕屢降寬恤指揮，而守令不能奉承，安得惠及百姓？當使監司按劾，以警慢吏。」

壬子，宰執奏四川命官，因罪停降，遇恩該叙復者，元係宣撫司行〔七〕，今欲還之省部。上曰：「四川人多，只官川中。令可量與注擬東南，庶使遠近人情，無彼此之間。」初，宣撫司得便宜補官，皆預給敕牒。至是，會赦令吏部换給。秦檜疑其未實，多格不行。吏部侍郎周執羔言於檜，以謂朝廷本許以一切，不宜失信，乃從之。此據執羔行述修入，權附此〔八〕。

殿中侍御史余堯弼論浙東提刑林師説敢爲異論。甲寅，詔罷之。上曰：「人心不同，豈能盡知？但當試用。肯協濟國事，自須進擢。如意懷二三，狙詐謀身者〔九〕，不免斥去，以示好惡，庶革士風之偷薄也。」

建、劍、汀、邵在閩中，號上四郡。每歲上供諸費，皆仰鹽以辦。時建之鹽綱不集，且官鹽莫之售，私鹽莫之禁，故公家之用匱。守臣、敷文閣待制林乂熟其弊〔一〇〕，蓋鹽綱非請托不行〔一一〕，或綱未入手，而本錢爲之一空。坐是，得而不行，行而不至，公私俱困。乂乃選使臣皂隸之廉幹者十餘人，以次授之，且犒勞良厚，戒之無藉銖兩。至是，損其直鬻之，鹽貨流行，郡以不乏。

是歲，金國主亶遣使挾相士下兩河諸路，選民間室女年十三以上二十以下者，得四千餘人〔一二〕，皆令入宮。

校勘記

〔一〕計今調度給足　「今」，原作「令」，據四庫本中興小紀卷三三改。

〔二〕則軍興以來所賦　「賦」，原作「敷」，據四庫本中興小紀卷三三改。

〔三〕清遠軍節度副使趙鼎在吉陽　「副」，原闕，據宋宰輔編年録卷一五補。建炎以來繫年要録卷一五六同原本。四庫本中興小紀卷三三無此條。

〔四〕癸卯　前有「八月」二字，以與前重，故據删。

〔五〕秦檜曰向日郊賜加厚足見聖慈惇叙之意　以上原闕，據四庫本中興小紀卷三三補。然其中「惇」字應避諱，當改作「厚」字。

〔六〕陰雲不見　「雲」，原闕，據四庫本中興小紀卷三三補。

〔七〕元係宣撫司行　「司」，原闕，據四庫本中興小紀卷三三補。

〔八〕此據執羔行述修入權附此　以上小注原闕，據四庫本中興小紀卷三三補。

〔九〕意懷二三狙詐謀身者　「狙」，原作「徂」，據四庫本中興小紀卷三三改。

〔一〇〕守臣敷文閣待制林乂熟其弊　「其」，原作「知」，據四庫本中興小紀卷三三改。

〔一一〕蓋鹽綱非請托不行　「綱」，原闕，據四庫本中興小紀卷三三補。

〔一二〕得四千餘人　「千」，原作「十」，據四庫本中興小紀卷三三、建炎以來繫年要録卷一五六補。

宋朝中興紀事本末卷七一

起紹興十八年正月盡六月

紹興十八年歲在戊辰。

春正月庚申朔[一]，宰執奏，淮南轉運副使錢端禮乞將本路應辦國信使宿食處，併作一十二項。上曰：「此亦免官吏乘時擾民。」乃詔從之。

甲子，言者謂：「先朝春秋二仲，以太常少卿薦獻諸陵[二]，季秋則御史按視。今永祐陵近在會稽，一水之隔，望舉行舊制。」從之。

戊子，上與宰執語及人才，因謂秦檜曰：「士專謀身，國家何賴？厲世磨鈍，惟其進賢退不肖。」檜曰：「此乃致治之要。」上曰：「不須與較，但審其賢否而進退，則人自勸沮矣。」

二月癸巳，上諭宰執曰：「兩浙漕司舉人，聞有勢之家行賂假手，濫占解名，甚喧士論。今鎖院在近，可令禮部立賞，許人捕告〔三〕。」甲午，詔假手者許就試舉人告獲，取旨補官，仍賜出身。

殿中侍御史余堯弼、右正言巫伋論參知政事段拂天資陰邪，不識廉耻。建炎間，金陵倅楊邦乂仗節以死，而拂攝倅事，恬不知耻，何以蹦居政府？乙未，詔除資政殿學士與祠。再論，遂落職。

壬申，監登聞檢院徐璉言：「自昔帝王必有佐命之臣，功銘鼎彝，侑食清廟，以勸萬世。國家遠稽三代，肇造原廟，凡在佐命輔弼，皆繪像廟廷，以示報功之意。陛下紹開中興，復崇原廟，如祖宗之制。而累朝配饗輔弼，不過十餘人，今其家之子孫，必有繪像存焉。望詔有司訪求，摹於景靈宮廷之兩壁。」壬申，詔禮部措置申省。

三月，禮部侍郎沈該奉使金國賀正回。詔該兼直學士院。該，歸安人也。

壬申，名行宮之南門曰麗正，北門曰和寧。

時殿前司招軍，多誘致鄉民及負販者。上慮其失業。丁丑，乃諭宰執，可令川中二大將吴璘、楊政招流民之失所者，發來填額。

初，建太一宮，期以半年。至是，告成。辛巳，詔許士民燒香三日。既而上謂宰執曰：「太一宮亦不華靡，自朕謁款，後有一食牛肉人至宮，妄爲毁訾，至暮遽卒。自爾都人莫不信向也。」上語在五月辛酉，今聯書之〔四〕。

壬午，資政殿大學士、提舉萬壽觀兼侍讀秦熺再除知樞密院事。一日，左僕射秦檜以問祠部郎官胡寧曰：「兒子近除，外議如何？」寧曰：「外議以爲公相必不襲蔡京之迹。」於是，檜怒。寧，崇安人，安國子也。

夏四月戊子朔，太陽當虧，陰雲不見。

貢院考到博學宏詞科合格選人周麟之、季南壽，并與堂除。麟之，海陵人。南壽，龍泉人也。

知舉、吏部侍郎邊知白上合格進士徐履等。庚寅，上御集英殿策試既，遂賜王佐以下三百三十人及第出身。履，永嘉人。佐，山陰人也。

知樞密院秦熺言父子共政，理當避嫌。庚子，以熺爲觀文殿學士、提舉秘書省，立班左僕射之次。

殿帥楊存中乞於平江府添蓋牧馬屋。壬寅，詔所費并令官給見緡，不得科民。癸丑，宰執奏除監司。上因諭曰：「時暑，旅中人不易。凡到闕人，早與差遣，令去。」殿中侍御史余堯弼論敷文閣直學士、知建康府晁謙之〔五〕，輒與趙鼎通書，又嘗與王庶辟客。詔罷之。

時京西謀帥，以慶遠軍節度使張澂爲之。是月，澂至襄陽府。襄陽平地，當江、漢之衝，環以大堤，歲久爲水所圮。澂始相葺之，度民不可勞，而江夏諸將私田占籍境内者，倍於編户，澂乃諭使出力修堤，皆欣然聽命。既成，比舊增高，周回數十里，民蒙其利。

禮部下諸路運司，於祖宗配饗功臣之家，訪到趙普、曹彬、薛居正、石熙載、潘美、李沆、王旦、李繼隆、王曾、吕夷簡、曹瑋臣、韓琦、曾公亮、富弼、司馬光、韓忠彦凡十六人繪像。

五月乙丑，并畫於景靈宫廷之壁。

初，兩浙漕司運米所差使臣押綱，例皆參部有礙，志在盜糶官物。雖賞罰不能爲之勸沮，歲久欠多，有至數千石者。至是，言者請付銓曹，選有心力使臣無欠而願併押者聽，則官物不失，亦救弊之一端也。詔送吏户部。其後，逐部欲依所請，從之。

甲戌，太常寺主簿林大鼐請於國城之東建九宫貴神壇，一如祖宗之典，詔付禮部。大鼐，莆田人。初爲舉子答策，言今左僕射秦檜靖康忠義之節。檜時閒居永嘉，見其文，默識之。至是，稍獲薦用。

先是，自鄭剛中罷，利西路帥吴璘、利東路帥楊政等元帶四川宣撫使司都統制〔六〕，并已改爲御前諸軍都統制。甲申，詔罷四川宣撫司，就除知成都府徽猷閣直學士李璆爲四川安撫制置使。

先是，諸路每歲決獄，專委憲司，而但遣屬官代行，徒爲文具。

六月癸巳，乃詔提刑須親到所部決獄，仍具申尚書省。

甲午，上諭宰執曰：「郡守條上民事，可委官詳之。有可采者即行，庶不爲虚文也。」

時布衣上書，言縣令非理擾民。己亥，上謂宰執曰：「朝廷自和議以來，未嘗有取於民，可令監司郡守察之。」

庚子，乃檢前後約束行下。上曰：「自今有作事或過，及老而昏謬者，并與祠禄，庶不爲民害也。」

丁未，上諭宰執曰：「近有布衣上書，乞行三舍法。恐未暇及此，内有言民事，宜送户部，可行者即行之。」

士民曹溥等一千三百餘人進表，乞上尊號。戊申，上謙抑不受，令有司毋得復收。

乙卯〔七〕，上諭宰執曰：「秘府見求遺書古迹。四川不經兵亂，可委諸司尋訪，仍令提舉官每月趣之。」

校勘記

〔一〕春正月庚申朔　「春」，原闕，據四庫本中興小紀卷三三補。

〔二〕以太常少卿薦獻諸陵　「諸陵」，原作「永祐陵」，據四庫本中興小紀卷三三改。

〔三〕許人捕告　「告」，原闕，據資治通鑑後編卷一一六補。

〔四〕上語在五月辛酉今聯書之　以上注語原闕，據四庫本中興小紀卷三三補。

〔五〕殿中侍御史余堯弼論敷文閣直學士知建康府晁謙之　「知建康府」，原闕，據四庫本中興小紀卷三三補。

「謙」，小紀作「詠」。查景定建康志卷一四，紹興十八年知建康府爲晁謙之。因知四庫本誤。

〔六〕利西路帥吴璘利東路帥楊政等元帶四川宣撫使司都統制　「利東路」，原作「東路」，據四庫本中興小紀卷三三改。

〔七〕乙卯　「乙」，原作「己」，據四庫本中興小紀卷三三改。

宋朝中興紀事本末卷七二

起紹興十八年七月盡十二月

兩浙漕司奏劾秀州添倅向子昌不法事。

秋七月辛酉，詔本司取勘奏具。上因諭宰執曰：「親民之官，莫如縣令。縣令至衆，不能皆賢，但得監司郡守，縱有不法，自知畏，更須留意擇人。」

乙丑，宰執奏江西漕臣賈直清乞於縣官中選有出身者兼縣學教諭事。上曰：「州縣選官教導，乃治化本原。將來亦有人才可備採擇，令禮部檢舊法申省。」

言者乞令諸州建閣，以藏宸翰。上以勞民，不許。戊寅，諭宰執曰：「治道貴清浄，治民惟在於不擾。」

知臨安府湯鵬舉言：「偃兵以來，皇華交贄，結轍於道，而淮、浙沿流館舍無慮二十所，尚或未就，望并令修建，庶賓至如歸〔一〕。」詔從之。

時久旱，庚辰，雨。

八月丙戌朔〔二〕，上謂宰執曰：「前此朕甚憂之，近來霑足，秋成有望，殊爲可喜。」

上諭宰執曰：「知揚州向子固已丁憂去，盱眙軍畢良史又易守他郡。今未得人，頗以爲慮。」於是，就除淮南漕臣榮薿知揚州，而良史復還舊任。

端明殿學士、簽書樞密院事汪勃以親老乞歸養。丙申，詔仍舊職，提舉太平觀〔三〕。

丁酉，以工部尚書詹大方爲端明殿學士、簽書樞密院事。

前知郢州趙叔滂言：「陛下即位以來，用人多矣，而競持異議。故投艱弭亂，略無寧歲。自專任一相，坐致太平。望以今日得人之效，宣付史館。」癸卯，上可其奏。因顧左僕射秦檜曰：「此卿之功也。朕記卿初自虜中歸，嘗爲朕言，如欲天下無事，須是南自南，北自北。遂首建和議，朕心固已判然。而梗於衆論，久而方決。今南北罷兵六年矣，天下無事，果如卿言。」檜頓首謝曰：「和議之諧，陛下斷自宸衷。臣奉行之耳，何功之有？」

侍御史余堯弼言：「刑部尚書周三畏由法吏以陞八座，縉紳所鄙。」乃詔與外祠。

初，左太中大夫范同以前執政知太平州，秩滿，詔令再任。而同治郡無政聲，通判陳良弼貪污恣横，同不能制。是月，同卒，始復資政殿學士。

崇慶軍節度使葉夢得卒於湖州。

自紹興改元以後，每歲户部降本錢下江、浙、湖南和糴，以備軍儲。至是，以兩國通和，户部財賦粗足。

閏八月庚申，宰執奏乞與蠲免。上喜曰：「朕向在河朔，見民以爲苦，朝廷所降本錢，往往州縣移用，不即時給。縱有給處，又爲吏多端乞取，十不得一二。今幸時和歲豐，軍儲粗足，朕豈得而不已也？」

甲子，户部言：「今淮東西、湖北三總領所收糴軍儲，官省般運之費，民無科配之患，實爲久利。浙西産米浩瀚，欲令轉運司於臨安、平江兩處蓋倉，以行在省倉場爲名，歲各糴二十萬石。又行在省倉三界亦立定歲額，上界六萬石，中界五萬石，下界二十五萬石。三總領所各糴十五萬石，江西加一萬五千石〔四〕。」詔從之。

時江、浙士人補中太學，雖告假逾限而皆不除籍，以此補試不行。禮部侍郎陳誠之請入學五年，不預薦及公試不入等者，來歲終檢校而除其籍。戊辰，詔從之。

甲戌，宰執奏奉使大金禮物。上曰：「朕觀大金和意甚堅。自講和以來，於今七年。禮物之外，未嘗他有一毫邀求。朕每遇遣使，必再三戒飭，毋得生事。蓋所以固兩國之歡，期於與民休息而已。」

御史臺主簿陳夔言：「常平著令，歲給窮民。起十月，止三月。近來所給之米，或移他用，請令監司察之。」癸未，上謂宰執曰：「義倉所以備水旱而救民之艱食。比年州縣奉法不虔，小民不被其惠，非所以稱朕矜恤之意，令户部行下。」夔，永嘉人也。

初，福建自創奇兵，而虔、梅草寇不復敢入境。至是，悉平。帥臣散遣將官周虎臣下衆兵，只留巡檢陳敏所部四百人，歲猶費錢一萬四千緡，米三千六百石。至是，有旨，敏下奇兵及漳州駐劄周浩、盧真、汀州駐劄翟皐、温立卜官兵，并改充殿前司左翼軍。就擢敏爲統制官，專令彈壓。先嘗遣殿前司統制官劉寶在本路，遂詔寶回司。詔寶回司在明年，今聯書之〔五〕。

新知潮州趙叔涔言：「守令皆帶勸農，而漫不加省，望詔有司考其户口增耗以陞黜之。」

九月己丑，上謂宰執曰：「淮南流民未盡復業。建隆初，以户口增耗爲守令臧課之法，所以明示勸戒，令吏部行下。」

甲申，以待御史余堯弼爲中丞。

丙午，簽書樞密院事詹大方卒。

是月，金國主亶遣廉訪使蕭裕遍至諸路，詢民間自郡守以下，皆究其治狀而陞黜之。時國嗣未立，亶以故宋王宗幹之子岐王亮爲左丞相。亮有包藏窺伺之意。胙王元者，乃故主太祖旻之孫，地居嫡長，以次當立。亮欲先除去，以爲己計。因河南叛兵有妄稱皇弟者，亮誣以語相符合，實欲結連，乃譖於亶，置之重法。國人皆謂亶淫於用刑，不知由亮之所陷也。亮頗能矯情飾貌，欺世盜名，故竊弄權柄，害其宗黨如此。此據虜中廢亮詔修入。

冬十月丙辰，以御史中丞余堯弼爲端明殿學士、簽書樞密院事。

乙丑，上曰：「前日内教，武藝至精，挽强中者比去歲多百人，更一二年愈精，則中者益多。」上又曰：「招箭班始於何時？似亦無用。若箭發誤中，必致殞命。以朕所見，此宜罷，却以一班分處之。」

丁卯，詔紹興府守臣林待聘誕謾，宜亟罷去，其財賦令户部經理。

辛未，宰執奏知婺州錢端禮劾知義烏縣徐時敏不法事。上曰：「知縣乃銓注，員多難辨真否。但治行者優擢，罪惡者重責，則咸知勸懲，因此可以得人才矣。」

壬申，上謂宰執曰：「諸州月樁錢，昨已乞減，要當罷。」秦檜即諭户部侍郎李椿年、宋貺以經制贍軍。

先是，荆南府闕帥，宰執依旨具上諸路副總管姓名。秦檜曰：「其地非輕，恐更有可選之人。」上曰：「當遍詢三衙主帥，庶得其人也。」此事在十月癸未〔六〕。

是日，以户部侍郎宋貺兼權吏部尚書。

十一月壬辰，上諭宰執曰：「荆南重地，中興以來，多差武帥〔七〕。今四方安静〔八〕，宜依舊選文臣，庶能舉職。」於是，以秘閣修撰、知虔州曾慥移知荆南。

初，已詔米免税，州縣不得收力勝錢。至是，猶未能盡禁。户部再請乞許人越訴，監官重黜。丁酉，詔從之。

皇太后明年七十。戊戌，上諭宰執，令禮官檢會國朝慶典，以正旦行之。

先是，紹興府旱傷，詔本府依實檢放民税，仍發義倉米賑之。他郡有被災處，亦令户部多方措置。此事在十一月丁未〔九〕。

十二月乙卯朔，上復諭宰執曰：「紹興流民有過江者，命臨安府給路費遣還。并令紹興依已得旨賑濟，無致失所。」

乙丑，又詔昨命提舉常平官躬詣旱傷賑濟。尚慮闊遠稽遲，許委屬官分行，將來春耕，當借之種糧，俾得及時，則公私兩濟。

饒州進士張闡上書，乞放下户積欠。丁卯，上諭宰執曰：「如果無可納，空有追擾，誠可矜也。」

大理評事莫濛言：「四方之民，雲集二浙，百倍常時，而河渠爲甚急。宜命守令，因農之隙浚其堙塞。」上曰：「河渠堙塞，宜使漕臣募夫浚治，以濟饑民，則公私兩利矣。」

先是，太師、左僕射秦檜於格天閣下書趙鼎、李光、胡銓三人姓名。時銓猶在新州，廣帥王鈇問新州守張棣曰〔一〇〕：「胡銓何故未過海？」棣即奏銓在貶所，吟詩譏訕，遂移吉陽軍。銓過海在明年正月，此據紹興正論。

校勘記

〔一〕望并令修建庶賓至如歸　「修建庶」，原闕，據建炎以來繫年要録卷一五八補。

〔二〕八月丙戌朔　原闕，據四庫本中興小紀卷三三補。

〔三〕提舉太平觀　「觀」，原作「興國宫」，據文義與史實改。

〔四〕江西加一萬五千石　「石」，原闕，據四庫本中興小紀卷三三補。

〔五〕詔寶回司在明年今聯書之　此小注原闕，據四庫本中興小紀卷三三補。

〔六〕此事在十月癸未　此小注原闕，據四庫本中興小紀卷三三補。

〔七〕多差武帥　「差」，原作「苦」，據四庫本中興小紀卷三三改。

〔八〕今四方安静　「四方」，四庫本中興小紀卷三三改作「疆埸」。

〔九〕此事在十一月丁未　此小注原闕，據四庫本中興小紀卷三三補。

〔一〇〕廣帥王鈇問新州守張棣曰　「鈇」，原作「欽」，據建炎以來繫年要録卷一五八改。四庫本中興小紀卷三三無此條。

宋朝中興紀事本末卷七三

起紹興十九年正月盡六月

紹興十九年歲在己巳。

春正月，時春教使臣踏射克敵弩弓。己酉，宰執乞依格推恩。上曰：「克敵弓最爲强勁，雖被重甲，亦須洞徹。若得萬人習熟，何可當也？」

二月丁巳，上謂宰執曰：「春雨利農，農務種糧爲急。已詔被傷處令常平司給借，更丁寧户部應副。」

上以王雲奉使忠義而死於絶域。甲子，詔録其子奉議郎秬爲六院官，仍賜銀絹各五百。

乙丑，上謂宰執曰：「昨令開河，因以濟饑民。朝廷所給錢米，慮公吏邀阻減剋，或於諸縣調夫[一]，反有騷擾。可諭湯鵬舉、曹泳令體此意，躬自察之，毋致或戾。」時鵬舉爲臨安守，泳兩浙漕臣也。未幾，浚河工畢。

丁卯，上謂宰執曰：「近有監司郡守上殿所奏[二]，第應文書，自今須令并奏民事。」

丙子，上曰：「今四境寧息，治邊守臣，務在安静。若任滿不生事者，取旨推賞。」

庚辰，上曰：「每歲買到馬，悉付鎮江府都統制王勝軍中令養，而未見孳生之數。今後宜於逐處駐劄軍分養，仍立賞罰，庶有以激勸之也。」自是，歲發川馬二百匹進御，而以四千匹分諸屯軍。鎮江、建康、荆、鄂各七百五十匹，江、池各五十匹。又秦馬三千五百匹付三衙，殿前司一千五百匹，付侍衛兩軍各一千匹，又七百二十四匹付宣撫司，總計八千四百匹。

布衣劉勉之者，建陽人，少得易象之學於涪陵譙定。又嘗游南京，故諫議大夫劉安世一見器重，悉告以平日所得之要，及出處大致，遂歸故山。先是，吕本中爲中書舍人，率從臣張致遠等五人合薦之。召赴行在，既至，而本中等已去[三]。有旨，令於後省試策，勉之乃引疾而歸。十餘年間，益昌所學，是月，卒。勉之通經術，識治體，非拘儒曲士素隱之流也。

三月癸未朔，日當蝕，陰雲不見。

先是，普安郡王讀公羊穀梁傳，恩平郡王璩讀周禮皆終。上以記誦貴精，各令温故。庚寅，宰執奏，二王温舊書，仍講所温之書。上曰：「春秋乃舊習，朕嘗問以經中數事，欲令通解。蓋其義淵奥，須識聖人之用心，方有自得。若泥諸儒之説，執而不通，失經旨矣。」

丙申，詔令後諸州奏獄空，令監司驗實，有妄即按治之，若不懲戒，則奏甘露芝草之類，崇虚誕謾，無所不至矣。

戊戌，宰執奏，前知復州劉時乞湖北縣令闕官處，許諸司選辟。上曰：「可令吏部趣已差下人赴任，未差處速出，闕無人受，則下所屬辟差。」

庚子，上諭宰執曰：「淮甸久平，宜加經理。民復業者令守令多方恤之，使盡力田畝，數年後方可起税。」

初，上詔立牧馬賞罰格。至是成。乙巳，上謂宰執曰：「牧馬孳生，爲利甚博。朕牧於近地，今已見效。歲進馬駒皆好者，若得萬匹，分與諸軍，數年間便可濟用。既免綱馬道斃，且無賞激之費也。」

前知普州王輔言：「蜀地最遠，所行經界之法，恐有謬誤。」

己酉，宰執因奏四川州縣奉行經界賞罰。上曰：「奉行如法，其推恩不限人數，庶使人人知勸。經界均税，極爲便民。初行時，有肆異議圖沮壞者，暨平江均税畢，紛紛之議始息。」秦檜曰：「當時獻議，欲使逐户自陳，豈無失實？」上曰：「李椿年通曉次第，中間憂去，領以别官，便有失處。」時四川措置經界官鄭克頗峻責州縣，通判漢嘉楊承曰：「仁政而虐行之，非法意也。上不違令，下不擾民，則仁政得矣。」乃隨事區處，召諸縣令曰：「平易近民，美成在久，吾儕其謹行之。」皆曰：「如奉使之檄何？」承曰：「忽上令而畏使檄，此非諸君之罪，風俗之罪也。但行其無愧於心者，雖罪何畏焉？」迄成，惟漢嘉爲列郡最。克，開封人。承，臨邛人也。

夏四月，禮部侍郎陳誠之等奉使大金賀生辰回。乙卯，宰執進所回國書。秦檜曰：「書詞丁寧盟好甚切。」上曰：「此番禮待奉使愈周至〔四〕，館宇極宏壯，以此可知其永好之意也。」

己未，上曰：「治道民事爲急。數十年來，吏習苟簡，民受其弊。必令監司守臣遵奉詔條，留意拊循，使民樂其生。」秦檜曰：「奏保正耆户長，元立法止令管煙火橋路，今承文書，市物雇夫，以至縣官之所私用，種種責辦，民之所病莫大於此。革而去之，其利不減於經界。」上曰：「朕頃在河朔，親見其弊。若縣令不得人民，民一充役〔五〕，立見破家，能去此弊，極爲便民。」

初，秘閣修撰張邵建炎中使虜，遇秦檜於濰州。至是，上書言檜之忠節，嘗爲徽宗撰長書抵粘罕，引大義以曉之。罕有慚色。於是，簽書樞密院余堯弼奏，曹勛家有録本，乞宣取以進。戊辰，檜言：「昨日蒙御前降到曹勛所藏臣向在虜廷代徽宗作書藳，書中開陳，與今日事無一不合。因知講和本出徽宗聖意。」上曰：「自頃用兵，朕知其必至於講和而後止。在元帥府時，朕不知有身，但知有民，每惟和好是念。」檜曰：「此所以誕受天命也。」上又曰：「用兵蓋不得已，豈可樂攻戰？中國之有夷狄，猶陽之有陰，自古無殄滅之理。使可殄滅，秦皇、漢武爲之矣。本朝真宗與契丹和百餘年，民不知兵。神宗雖講武，實未嘗用。朕自始至今，惟以生民爲念，蓋兼愛南北之民，以柔道御之也。」

五月壬午朔，上謂宰執曰：「諸州禁軍闕額，可令招填，卿等切宜留意。」癸未，遂奏立招軍賞罰格。元法止及都監，至是，守臣賞罰，欲與都監一體，詔從之。仍令月申樞密院。上又曰：「頃者程師回捕虔賊，皆用本處兵。若招足而習武藝，緩急可用也。」

戶部郎中周莊仲言：「今禮文畢舉，宜臘之日，併行蜡祭。」乙酉，詔從之。莊仲，浦城人，武仲弟也。

甲午，宰執奏建康府都統制王權揀汰兵數。上曰：「諸軍闕額，須令招填。不然，恐傷兵數。今後令具已招之數申樞密院。」

己亥，宰執奏差敷文閣直學士吳表臣知婺州。秦檜曰：「比年外患已寧，惟郡守得人，則奉行德意，民被實惠。」上曰：「然。在謹擇之。」

前知連州王大寶奏廣南連、英、循、惠、新、恩等州城市，不過六七百家，非商販之地，其月納免行錢，乞減其數。丁未，上謂宰執曰：「守臣上殿，俾以民事奏陳，遂得知民間病苦。所陳五六，得一可行，爲利亦不細。大寶所奏，可下本路漕司，具合減之數申省。」大賨，潮陽人也。

六月辛亥朔，宰執奏，前知南雄州朱同乞以千金等方治瘴氣者，集爲一書，頒之廣南。詔從之。

新修吏部續降七司通用法式成書。戊午，太師、左僕射秦檜上之。

己未，詔略曰：「朕累下詔寬恤，而勞徠安集之政〔六〕，不聞於郡縣，是吏奉吾詔不虔也。比又詔監司守臣奏對，非民事勿陳。尚慮至意不周，俾吾赤子不被其澤。是用咨爾在位，各揚乃職。使主德宣而罔不獲，則予汝嘉。其或誕謾不恭，亦不汝赦。賞信罰必，欽哉！」

殿中侍御史曹筠言歷陽知縣馮迪德、長洲知縣尹機不法事。癸酉，上諭宰執：「二人罪頗大，俟案上，重加責之。」上因曰：「知縣能否，朝廷亦難遍察，須責之監司郡守。如治狀可嘉，即與轉官再任，或陞擢之，庶可勸也。」筠，當塗人也。

丙子，上謂宰執曰：「福建盜已除，惟海道間有作過。只緣巡尉非人，可令帥司察其不可倚仗者，罷之。」

校勘記

〔一〕或於諸縣調夫　「調」，原闕，據四庫本中興小紀卷三四補。

〔二〕近有監司郡守上殿所奏　「所」，原作「前」，據四庫本中興小紀卷三四改。

〔三〕而本中等已去　「本」，原作「大」，據四庫本中興小紀卷三四改。

〔四〕此番禮侍奉使愈周至　「侍」，原作「待」，據前此文義改。

〔五〕上曰朕頃在河朔親見其弊若縣令不得人民民一　以上原闕，據建炎以來繫年要録卷一五九、宋史全文卷二一下補。

〔六〕而勞徠安集之政　「而」，原闕，據四庫本中興小紀卷三四補。

宋朝中興紀事本末卷七四

起紹興十九年七月盡十二月

前知舒州楊惇乞修水利〔一〕。

秋七月辛巳，詔下之户部。上曰：「平江堤堰不修，歲輸米比舊虧十萬斛。臨安西湖，民資其利，歲久亦淤澱，宜悉令修治。」

甲申，詔時當大暑，趣令諸路提刑詣所部決獄。

辛卯，宰執奏，甘雨應祈，乞表賀。上曰：「更五日不雨則傷稼。如浙東田高，此雨極濟，秋成可必。」秦檜曰：「陛下至誠格天，尤可喜也。」時禱於徑山等處，有感，詔令加封。

鎮江府預借民苗米，爲右諫議大夫巫伋所論。癸卯，詔守臣曾惇罷之。

初，廣東羣盜尚多，詔統兵官韓京、成循、梅以彈壓之，久而未代。秦檜意其難制，令新廣帥薛弼圖京。是月，弼至南雄州，京來謁，弼即席諭之，京乞罷，遣人送之出嶺，亟命別將馳入戍所，以統其兵。

初，言者謂：「祖宗以來，定公私贓三等之罪，以糾天下之吏。原其意，未嘗不在於保民。鄉緣州縣吏率多不虔，而民被其害，於是，又立民事一罪，在公私贓三等之外。然有公罪雖輕，而麗民事，則遂爲終身之累，甚於私罪之極重者。是以疑似之際，吏肆其姦，得以舞文而出入之〔二〕，不可不察。望敕有司，更加詳議，庶協於中。」事下敕令所，既而本所奏：「謂民事抵罪，謂擅行科率，又應害民之事以被罪者，則不注知通及縣令差遣。緣民事被罪，難與犯公罪者同，欲乞依見條。」

八月辛亥，詔從之。

辛酉，詔内外諸司添差官今後不得過二員，其已溢格處，聽其滿秩。

宗正寺丞王葆乞重定寡婦單丁差役之法。是日，上謂宰執曰：「舊法免差，後緣以計免者多，有司遂請募人。宜令户部細詳利害申省。」葆，崑山人也。

華亭縣鹽户訴請鹽本錢。戊辰，上曰：「亭户宜恤，不則逃去，其害非細。」乃詔户部措置。

先是，景靈宫配饗功臣繪像，祖宗朝皆有副本在天章閣及秘閣，兵亂不存。甲戌，詔各具副本藏之二閣。

九月，大理寺丞郭唐寺奏：「本寺取會未圓情節，往往不以時報。」庚子，上謂宰執曰：「緣道遠故緩。」乃詔申舊法，令今後速報。

初，著作佐郎劉章輪對言：「禮莫重於祭，而郊廟爲尤重。神宗元豐間嘗詔陸佃等於太常寺置局，編類成書，凡三十卷，曰郊廟奉祀禮文。今陛下以明聖之資，當述作之任，而縟儀未紀，乞命官爲紹興郊廟奉祀禮文，以續元豐之書。」上嘉納之。時章以廷魁任館職。左僕射秦檜意其不附己，而祠部郎官胡寧，乃故相趙鼎之客。是月，言者謂鼎寓居衢州，章爲衢人，故與寧交通，遂俱罷之。

冬十月己酉朔，宰執奏，太常寺申將來郊祀，恭謝禮畢，合詣太一宫行燒香之禮。上曰：「此祖宗故事，可行也。」

壬子，宰執奏事，上因論有司立法，不可太重，恐難必行。敕令所有日前建明，不可者改正。

太常寺丞眉山李燾言：「比年諸路監司多差未出官選人押綱，以覬賞典。緣未諳世務，公然盜用，望禁止之。」甲寅，詔送户部。其後本部言，初官亦有可以倚仗，因賞典太優，欲今後止依本等推賞，從之。

十一月庚寅，朝獻景靈宫。

辛卯，朝饗太廟。

壬辰，冬至，合祀天地於圜丘。

己亥，言者謂淮南、湖北，比年寧靖，民稍復業。而曠土尚多，惟縣令親民，此未有賞格可以勸之〔三〕。乃下户部，遂併立守令墾田增減賞罰之格。

殿中侍御史曹筠論：「户部侍郎李椿年所行經界已定，若不委他官核實，則椿年私結將帥，曲芘家鄉之罪，無以塞公論。」辛丑，詔椿年與外任。

丙午，上諭宰執曰：「經界人户多訴不均，當與受理。若下田受上税，將無以輸。」秦檜曰：「臣嘗諭宋貺，宜體聖上均税本意，有未均處，急與改正。」

初，詔於臨安府西溪蓋馬軍寨屋，令户部侍郎宋貺親往視之，無得侵民田。至是，未畢。

十二月壬子，上曰：「天氣寒凜，可趣令畢工，庶免軍人暴露。」

著作佐郎林機言：「邪謀害正，僞説汩真，乃古之通患。然著迹於昭昭者易以見，匿形於冥冥者難以察。陛下道德言行，無愧於古之哲王。臣備員史館，與聞記注〔四〕，得以特書屢書，垂示無窮。然訪聞有異意之人，匿於近地，作爲私史，售其邪謀偏説。臣若不言，則異日害正汩真之患，臣實任其咎。望密加搜索，嚴爲禁絶。庶幾信史著，而後世不爲售私者所誣。」甲寅，上謂宰執曰：「此事不應爲。」乃詔許人告，令州縣覺察，及監司按劾，御史臺彈奏〔五〕，并取旨優加賞罰。

己未，宰執奏瑞雪應時，詔給諸軍雪寒錢。

金國主亶立十五年矣。平日嗜殺，晚年性尤暴。宗族大臣，皆懼不免，相與結約，以伺其間。是夜，入亶寢所，先收其兵械，然後數亶罪殺之。詰旦，未知所立。宗族大臣中，惟岐王亮粗知書，遂共立亮。大赦境内，除常所不原者，文武官各轉一秩，放民租税一年。

降亶爲東昏侯，以謂刑餘之人，故不得入廟。亮既立，改元天德。

時四川部所招扈衛人到闕。己巳，宰執奏給賞賜。上曰：「發來已滿千人，可令制置司令後歲招三百，庶幾不至闕人。」

資政殿學士王次翁卒於明州。

初，朝廷詔廣西帥臣即横山寨市馬於羅殿、自杞、大理諸蠻〔六〕，歲捐金一百兩，銀五萬兩，錦二百匹，絁四千匹，及於廉州石康宕撥鹽二十萬斤，皆資博馬之直。歲額市一千五百匹，五尺爲最高，價銀一百兩。下者四尺三寸，三十一兩。四尺二寸，二十六兩，以是爲差。良馬三十匹爲一綱，常馬五十匹爲一綱，遣使臣部送至行在、建康、鎮江、太平、池州五處〔七〕，不顛斃於道則有賞。

先是，石康之鹽，分令欽、横、賓、貴、潯、藤、梧、象、柳、容等州轉至横山倉，然諸州科民則苦富户〔八〕，差吏則雜私販，往往陷没留滯。是月，帥臣陳璹始令官支脚錢，選委使臣給以續食。若般及一十萬斤，即與押良馬一綱至行在。此據陳璹編貢馬須知修入〔九〕。

左僕射秦檜與故給事中胡安國及其了徽猷閣直學士寅皆厚善。寅是年省其所生母於建州，復還湖南。檜以白金助其行，寅書謝之。略曰：「願公修政任賢，勿替初志。尊王攘狄〔一〇〕，以開後功。」檜謂其諷己，始大怒之。

時前禮部侍郎張九成與前步帥解潛并謫居南安軍。一日，潛病劇，九成往省之，曰：「太尉平日所懷，亦有不足者否？」潛泣曰：「平生惟仗忠義，誓與虜死，以雪國耻，而不肯議和，遂爲秦所斥，此心惟天知之。」九成曰：「無愧此心足矣，何必人知？然人亦無不知者，但有遲速耳。」潛曰：「聞此言，心中豁然矣。」即逝。九成因歎曰：「武人一念正氣，猶待人以決。况吾儕讀聖賢書，平日安可不正此心乎？」

校勘記

〔一〕前知舒州楊惇乞修水利　「惇」，原闕末筆，蓋避光宗諱也。

〔二〕得以舞文而出入之　「文」，原闕，據四庫本中興小紀卷三四補。

〔三〕此未有賞格可以勸之　「此」，原作「比」，據四庫本中興小紀卷三四改。

〔四〕與聞記注　「注」，原作「著」，據四庫本中興小紀卷三四改。

〔五〕御史臺彈奏　「臺」，原闕，據四庫本中興小紀卷三四補。

〔六〕朝廷詔廣西帥臣即横山寨市馬於羅殿自杞大理諸蠻　「理」，原作「明」，據四庫本中興小紀卷三四改。

〔七〕遣使臣部送至行在建康鎮江太平池州五處　「五」，原作「三」，據四庫本中興小紀卷三四改。

〔八〕然諸州科民則苦富户　「户」，原作「民」，據四庫本中興小紀卷三四改。

〔九〕此據陳𡍼編貢馬須知修入　「貢」，原作「買」，據四庫本中興小紀卷三四改。

〔一〇〕尊王攘狄　「王」「狄」，四庫本中興小紀卷三四改作「内」「外」。

宋朝中興紀事本末卷七五

起紹興二十年正月盡六月

紹興二十年歲在庚午。

春正月丁亥，左僕射秦檜趨朝，忽有殿前司後軍使臣施全者，挾刃於道，遮檜肩輿，欲害之，傷大程官數人。一軍校奮而前，與之敵，衆奪其刃，遂擒送大理寺。獄具，全招爲所給微而累，衆不能活。每歲牧馬及招軍，勞而有費，以此怨忿，意欲用兵。遂潛攜刃，伺檜出，乞用兵，因而鼓衆作過。若不從，則害檜。壬辰，詔磔全於市。

監察御史貴池湯允恭言：「古有金作罰刑。蓋先王不忍之心，知民有誤，俾出金以當其罪。後世著在律文，有罰銅之條，自一斤至百有二十斤而止。陛下仁覆四海，視民如傷。前後欽恤之詔深切著明。比來州縣或有杖罪與徒，勒令納錢，乃得免。少數十百緡，多一二千緡。格之律文，則罰溢於罪。又收在別曆，吏得爲姦。望敕州縣，凡罰人當罰，毋多令納錢，以濟妄用。」癸卯，上謂宰執曰：「自有常法，可以行下。」

初，言者論前參知政事李光在貶所，嘗撰私史〔一〕，其子右承務郎孟堅居紹興府，以語同郡人陸升之，傳聞所記，皆非事實。詔兩浙漕臣曹泳差官究治，申省取旨。至是，送大理寺勘實。孟堅招父光所作小史，語涉譏謗。丙午，上謂宰執曰：「光初用時，以和議爲是。朕意其氣直，甚喜之。及得執政，遂以和爲非。朕面質其反覆。固知光小人，平生蹤迹，於此掃地矣。」於是，貶光昌化軍，孟堅編管峽州。而龍圖閣學士程瑀、寶文閣學士張燾、徽猷閣待制潘良貴、新福建參議官賀允中、新福建機宜吴元美并貶秩有差，徽猷閣直學士胡寅落職，皆緣與光通書之故。元美，侯官人也。光等之貶在三月，今聯書之〔二〕。

三月庚戌，宰執奏軍器監丞齊旦奏，春月禁民採捕。秦檜曰：「正爲孳育之時。」上曰：「此係利害。」乃下之刑部。既而本部言：「春月在法不許採捕，若止科違令之罪，恐難禁止。今欲犯者杖八十。」詔從之。

壬子，户部言：「經界所已結絶，其未行處，委漕司及守臣依平江行之。本所幹官四員與逐路覆實官并罷。」從之。未幾，詔曰：「昨李椿年乞行經界，初欲去民十害，遂從其請。今聞寖失本意，可遂改委監司一員[三]，詳其便民者行之。其反爲民害，則日下改正。」詔在三月二十一日，今聯書之[四]。

前廣西提刑路彬奏，静江府、昭州折布錢，昨因張浚領都督府，每匹增及兩倍。因詔户部裁損。戊午，上謂宰執曰：「昨令監司郡守任滿，以民事奏。彬乞免所增折布錢，可除職以示勸。」遂以彬爲直秘閣、利路提點刑獄。

初，奉使湯鵬舉往賀大金生辰。時朝廷未知前主亶已被弑[五]。至是，鵬舉奏：「見彼國接伴使言，新主亮登位，見報諸國。」乃乞有司排辦準備。既而逐司奏，每年大金賀正旦人使到闕，朝見日，依五禮新儀，設黄麾角仗一千五十六人。將來大金使到日，亦乞依新儀，設黄麾角仗。壬戌，詔從之。

三月庚辰[六]，大金遣侍衛親軍都指揮使元顔思恭、翰林學士翟永固報登位。貢金注碗二，綾羅三百，良馬六。

癸未，以簽書樞密院事余堯弼爲參知政事，給事中巫伋爲端明殿學士簽書樞密院事。

尋以堯弼爲賀大金登寶位使，知閤門事鄭藻副之。

戊子，觀文殿學士提舉萬壽觀秦熺加大學士，爲觀使。

時有上書者言農田之利。上謂宰執曰：「農天下之大本，可即行。」

乙巳，上謂宰執曰：「近年邊境絶無事，行移簡少，民得休息，殊爲可喜。」

户部言常平職在興農田水利〔七〕。今州縣圩岸多損，田畝多荒，欲委之諸路常平官，仍不得因而擾民，將來取旨陞黜。詔從之。

初，金國故主亶之被弑也，今主亮身預其謀。至是，亮得位，而大事已定，凡當時與之同謀者，亮皆加以弑君之罪。曹王宗敏，乃故主太祖旻之子，屬最爲尊。亮忌其名重，首加戮之，又納其妻於宫中。梁王宗弼，開國有勳，惟一子韓王亨，亦以無罪見害。是月，亮詔中外臣庶，皆令直言朝政闕失，與軍民利害。如有可採，自應聽用。其或不當，弗加之罪。苟能裨補公私，别議旌賞。

夏四月己巳，上謂宰執曰：「久雨不妨農否？民田須常瀦水。宜令州縣修陂湖之利，以俟闕雨灌溉。」

癸酉，新知廬州吴逵請置力田之科，募民就耕淮南，賞以官資。四千石補進武校尉，三千石補進義副尉，下至七百石，亦補副尉，作力田出身，在武舉之上，得應轉運司舉。從之。逵，崇安人也。

五月丁丑，宰執奏，前知臨江軍彭合乞蠲清江縣加耗米。詔從之。上曰：「合任縣官，嘗有監司列薦，今可與監司。」

初，起居舍人兼玉牒所檢討官王曮等言：「見修今上皇帝玉牒，先修到今上聖德，乞以中興聖統爲名。至是，書成。己丑，奉安於天禧殿内聖祖天尊大帝之西。先期陰雨連夕，是日，雲霞絢彩，杲日麗天。觀文殿大學士、萬壽觀使秦熺乞宣付史館，從之。

侍御史曹筠論前知太平州徐渥專利自恣。壬辰，詔今後不得與任親民。其治郡有聲者優擢之。

秘書少監湯思退等言：「有旨，以師臣秦檜忠義大節付在史館，止有今來事迹，及張邵所奏之書，餘則闕。望詔令檜録奏宣付〔八〕，庶得廣記。」甲辰，上謂檜曰：「思退乞將卿靖康事記爲别録，以示天下後世，可依其奏。」檜謙退久之。上曰：「不然，後代無以知卿忠義。」簽書樞密院巫伋曰：「檜之大節，天下共知，要當令屢不一書，使後世姦賊悚懼。」上然之。

六月丁未，宰執奏事。上曰：「近有進士上書，言兼併之家多請射，侵漁民田。宜嚴立法。」秦檜曰：「比刷逃户田宅，并令歸官，正以暗消此弊。」上曰善。

初，海寇聚衆數年，其勢益熾。全是，犯台州臨門寨章安鎮。詔以徽猷閣待制蕭振知台州。甲寅，振抵官，奏乞差明州水軍王交同捕之。交至，振謂之曰：「濱海之民，數年苦賊，若不能剿除，顧悉兵力戰，以寧一方。儻或敗事，振當奏劾。」交即具艦入海，與賊逆敵，果敗其衆，餘黨散去。振以數千緡犒交士卒，爲之奏功，郡境遂寧。

左朝請郎晉陵何大圭進聖德頌。又福建機宜吴元美嘗作夏二子賦，爲鄉人鄭煒所告。又元美家有潛光亭、商隱堂。煒上秦檜啓云：「亭號潛光，蓋有旨於黨李；堂名商隱，實無意於事秦。」蓋捃拾其事皆類此。癸亥，上謂宰執曰：「大圭意可嘉，兼嘗任館職，可與直秘閣。元美至引伊尹相湯伐桀事，其悖逆不道甚矣。可令有司究實。」既而刑寺鞫實，元美當死，特貸之，送容州編管。

是月，金國主亮詔河南民衣冠，許從其便。

是夏，故相趙鼎之子汾，奉鼎喪歸葬於衢州常山縣。守臣章傑知中外士大夫平時與鼎有簡牒往來。至是，又攜酒會葬，意可爲奇貨。乃遣兵官下縣，同縣尉翁蒙之以搜私釀爲名，馳往掩取。復疑蒙之漏言，潛戒左右伺察之。蒙之書片紙，走僕自後垣出，密以告汾，趣令盡焚篋中書及弓刀之屬。比兵官至，一無所得。傑怒，方深治蒙之，而追逮汾與故侍讀范沖之子仲彪〔九〕，拘於兵官之所。蒙之母訴於朝，左僕射秦檜咎傑已甚，詔移蒙之爲婺州蘭溪尉，下其事於浙東安撫司，未幾遂息。時士氣猶未泯，所唁問鼎，議論時事，固非一家。而集英殿修撰魏矼與鼎尤厚。是日，非蒙之則根株牽連，當起大獄。人謂蒙之初被委，苟避免固足取名，然慮更委小人，則禍遍及善類，故詭承而潛泄之，忤傑弗顧，鼎之家賴以紓禍。蒙之雖微官，而仁智勇皆可尚也。時傑有館客魏掞之，見傑爲此，亦慨然以書誚之，長揖而去。蒙之，崇安人。掞之，建陽人也。

校勘記

〔一〕嘗撰私史　「嘗」，原作「常」，據四庫本中興小紀卷三四改。

〔二〕光等之貶在三月今聯書之　以上小注原闕，據四庫本中興小紀卷三四補。

〔三〕可遂改委監司一員　「可遂」，四庫本中興小紀卷三四作「逐路」。

〔四〕詔在三月二十一日今聯書之　以上小注原闕，據四庫本中興小紀卷三四補。

〔五〕時朝廷未知前主亶已被弒　「弒」，四庫本中興小紀卷三四改作「殺」。下同。

〔六〕三月庚辰　「三」，原作「二」，據四庫本中興小紀卷三四、宋史卷三〇高宗紀七改。

〔七〕户部言常平職在興農田水利　「職在興農田水利」，原誤作「職方興農田求利」，據建炎以來繫年要録卷一六一改正。四庫本中興小紀卷三四無此條。

〔八〕望詔令檜録奏宣付　「令」，原作「今」，據四庫本中興小紀卷三四改。

〔九〕而追逮汾與故侍讀范沖之子仲彪　「逮」，原闕，據四庫本中興小紀卷三四補。

宋朝中興紀事本末卷七六

起紹興二十年七月盡十二月

進士鄧楷上書：「諸軍招刺，多强平民，此事非便。」

秋七月丙子，詔諸軍今後不得自招，歲終具闕申樞密院，下諸路招補。

大理少卿李如岡奏，乞令監司守臣舉縣令之有治績者。辛巳，上曰：「昨已降指揮，但未見具名來上。可令奉行，庶幾爲縣令者知所勸焉。」

甲午，前知資州楊師錫登對。上問近日四川有無横斂，對曰：「自息兵來皆無之。」上勤恤民隱如此。

是月，端明殿學士何若卒。

先是，措置諸路遞角所屬官王彦融乞逐路提舉馬遞鋪官，令轉運司長官兼領。事下兵部。本部言，若委之漕臣之長，則椿辦鋪兵衣糧爲便。

八月庚戌，詔從之。

宰執奏何若上遺表，依謝克家例。秦檜因論克家從僞楚之罪。上曰：「朕即位之初，黄潛善、汪伯彦言從邦昌者多矣，時且欲安反側，彼乃自不知其罪。」檜曰：「陛下灼知忠逆之迹，如天遍覆，神奇臭腐，俱蒙帝力而不自知也。」

左太中大夫曾開以病篤致仕。戊午，上謂秦檜曰：「當北使張通古等在館議歸疆之時，開與李彌遜等不止異議。察其用心，罪不容誅。」秦檜曰：「陛下兼愛南北，斷以不疑，致徽宗卜永祐之安，太后遂慈寧之養，兹爲天下達孝。初，開、彌遜與王庶等爲不臣之逆説，詠胡銓上書。陛下獨語臣曰：『朕初無黄屋心，今横議若此。據朕本心，惟當養母耳。』臣踧踖不知所措。孟子言，舜盡事親之道。貴爲天子，不足以解憂。陛下聖孝，惟舜爲然。」

資政殿學士韓肖胄嘗帥浙東，既奉祠，則家於越，與弟直秘閣膺胄尤相友愛。先是，家藏書甚富，散於南渡，僅存家集。肖胄刻意搜求，迄復其舊。且明習典故，多識前輩言行。至是，卒。初，其祖忠彦之帥定武也，教官趙鼎臣以未見知，頗怏怏。及忠彦入相，擢爲太學博士，始愧服。而肖胄薦士，亦不以爲己力，人謂其有祖風烈。

宣州布衣史端仁上書，乞減民户輸米水脚錢。

九月甲戌朔，户部請下轉運司，每石止收一百文。上曰：「此吏因緣爲姦。今朕休兵，正爲民耳。若州縣不恤民，殊失本意。」上又曰：「國家常平倉以待水旱，宜令有司以新易陳〔一〕，不得侵用。若臨時貸於積穀之家，徒爲文具，無實效也。」

特進、提舉太平觀、責居連州張浚〔二〕，自去國至是，幾二十年，退然自修，若無能爲者。而四方之士，莫不傾心。健將悍卒見之者，必咨嗟太息。下至兒童，亦知有張都督。每使者至金國，其主必問浚今安在〔三〕。是月，浚移永州。浚舊居永，人情相樂，聞其歸，喜甚，相與出迎，見浚養勝前，皆賀之。

初，故相趙鼎私謂其客删定官方疇曰〔四〕：「張德遠建炎復辟之功，豈可忘也？上待臣下有恩，想必講求矣。」疇曰：「今日擔子極重，秦相欲獨負之，恐難也。不知故相中誰可辨者？」時李綱、朱勝非尚在。鼎曰：「伯紀、藏一皆不濟事，惟德遠可爾，第恐不容復來。」至是，浚果爲檜所忌，屏居湖外之久，如鼎言也。

建州甌寧縣有洞曰回源，其北與建陽接境，乃建炎初劇寇范汝爲竊發之地。民性悍而習爲暴，小遇饑饉，即羣起剽掠。去歲因旱，兇民杜八子乘時嘯聚，首破建陽，逐官吏，殺居民。是夏，張大一、李大二復於洞中作過。本路帥臣仍歲遣官軍蕩定。時進士魏掞之謂民之易動，蓋緣艱食。乃請於提舉常平官袁復一，得米一千六百石，以貸鄉民。至冬而取，遂置倉於邑之長灘鋪。自後每歲散斂如常，民復以濟，不復思亂，而草寇遂息。人謂：「掞之所請，乃社倉遺意，使諸鄉各有倉儲粟，則緩急可恃。蓋本朝自景祐中王琪引隋、唐故事，請復置義倉。而石介著書，亦謂隋、唐義倉最便，若每村立一倉，委有年德者主之，遇饑饉，量口而給，則民不乏食矣。後以議者多同異而止。熙寧初，齊、唐、同三州守臣王廣淵、趙尚寬、高賦皆乞置義倉，乃詔三州講求，且圖經久之法。而陳留知縣蘇涓言：『臣領畿邑，爲天下倡。户五等，自二石至一斗出粟有差，每社有倉〔五〕，各置守者。既者爲輸納，官爲籍記，歲兇則出以賑民，藏之久，則又爲立法，使新陳相登。』即詔行之。既而上與王安石論其法，安石曰：『人有餘粟，藏之於家何所害，而固欲使之輸官〔六〕，非良法也。』安石意在青苗，不主是法，故一言而罷。元豐初，復詔行義倉，府界提點蔡承禧言：『二石而輸一斗，所取至輕。然臣所領二十二邑，其九已行，幾萬石矣，乞併行之。』乃令畿邑皆立倉。而將作監主簿王古又言：『畿邑已試不擾，請行於諸路。』遂詔京東西如畿縣法，仍聽就縣倉輸。自是，義倉入縣倉矣。元祐末，御史黄慶基言：『比歲旱潦，至使江、湖運米濟之，然損重費以惠一時，不若舉良法以惠萬世。義倉，良法也。先帝元豐復行，以爲隋、唐取之太重，慮民不堪，故納苗一石者止輸五升，可謂薄矣。夫樂歲雖多取之猶不爲虐，况取至少乎？蓄之稍豐，自足濟民。』未幾，慶基去而倉竟不立。紹聖著令，諸縣義倉米斗收五合〔七〕，即元豐舊法也。大觀初乃增，令斗收一升，以備賑荒，至今行焉。然義倉不留諸鄉而入縣倉，悉爲官吏移用。始也，縣倉與民猶近，厥後三等户皆令輸郡，即義米帶入郡倉，轉充軍食，或資煩費，豈復還民？故每遇兇年，無以救民之死。今若以常歲所取義米，令諸鄉各建倉貯之，縣籍其數，主以有年德如掞之輩，乃建陽已試之效。遇饑饉，還以賑民，且不勞遠致，推行於諸路，則斯民被實惠矣。」

右迪功郎安誠曾受故相朱勝非辟爲江西帥司屬官，勝非之亡也，誠於佛寺飯僧，自撰疏文，訕及朝政，爲郡守所發〔八〕，刑寺鞫實。

冬十月戊辰，詔停誠官，惠州編管。

庚午，參知政事余堯弼、簽書樞密院巫伋乞今後朝退，依典故權赴太師秦檜府聚議，從之。

十一月己丑，言者謂昨緣軍興，諸縣教閱弓手，嘗添置將領。今既寧息，乞罷去。從之〔九〕。

十二月，秦檜久患在告。甲子，始赴朝參。二孫直寶文閣塤、直顯謨閣堪扶掖以入，詔免拜。上喜甚，曰：「且得與卿相見。」檜頓首謝。上曰：「瑞雪應時可喜。又人使在途，并無須索，足見省事。」

金國主亮稍習經史〔一〇〕，慕中國朝著之尊，密有遷都意。是年，因下詔求言，而上書者多謂上京僻在一隅，艱於轉輸，民有事亦難赴訴，不若徙燕，以應天地之中，與亮意合。亮乃遣其臣左相張浩、右相張通古、左丞蔡松年起諸路夫匠，築燕京宫室。其制度闊狹修短，皆以汴京爲準。

校勘記

〔一〕宜令有司以新易陳　「令」，原作「今」，據前後文義改。

〔二〕特進提舉太平觀責居連州張浚　「觀」，原作「興國宫」，據文義與史實改。

〔三〕其主必問浚今安在　「安」，原闕，據四庫本中興小紀卷三四補。

〔四〕故相趙鼎私謂其客删定官方疇曰　「官」，原闕，據四庫本中興小紀卷三四改。

〔五〕每社有倉　「每」，原作「無」，據四庫本中興小紀卷三四改。

〔六〕而固欲使之輸官　「固」，原作「顧」，據四庫本中興小紀卷三四改。

〔七〕諸縣義倉米斗收五合　「諸」，原作「請」，據四庫本中興小紀卷三四改。

〔八〕爲郡守所發　「守」，原作「官」，據四庫本中興小紀卷三四改。

〔九〕十一月己丑……乞罷去從之　原闕，據四庫本中興小紀卷三四補。

〔一〇〕金國主亮稍習經史　「金」前原有「一」字，據文義删。

宋朝中興紀事本末卷七七

起紹興二十一年正月盡十二月

紹興二十一年歲在辛未。

春正月癸未〔一〕，宰執奏知廬州吴逵，乞涵養淮南復業之民，未可起税。乃詔下户部，與展年數。

上又曰：「還俗僧圓覺宗杲撰聖者偈妙喜禪〔二〕，皆蓄祥謗讟之語，誕謾無禮，鼓惑軍民，此最害事，宜禁止之。」

戊子，上親饗景靈宫。既事，而雨雪。

癸巳，上以語宰執。秦檜曰：「此陛下孝誠所格也。」

甲午，宰執奏差衢州守臣。上曰：「可差曹筠。臺諫無大過，當假之。」初，筠任侍御史，以言失當，至是，復用也。

禮部兼侍講陳誠之，奉使大金國。初，故主亶之存也，本朝太后歲與亶妻禮物巨萬。至是，亮代亶立，遂輟此禮。誠之入北境，預爲遜辭諭之，彼國竟不敢言。及還，上嘉之。

自左僕射秦檜用事，士大夫平日少失其意，輒禍不測。集英殿修撰提舉太平興國宫魏矼，當初講和時，與議不合。檜嘗欲除近郡，矼遜辭不就，奉祠，凡四任，寓衢之常山僧舍，蕭然一室，迄免於禍。是月卒，士論傷之。

初，故相趙鼎，嘗謂其客删定官方疇曰：「自鼎再相，除政府外，所引從官，如常同、胡寅、張致遠、張九成、潘良貴、吕本中、魏矼，皆有士望，異日決可保其無他。」疇曰：「願公徐觀之。」鼎曰：「此等人材，如何變得？」其後諸賢，流落之久，皆壁立萬仞〔三〕，雖死不變。至是，疇始信鼎之能知人也〔四〕。

五月，前知大安軍張輔世言：「四川惟利路創義士，於保丁内選充，而文其手，就令土豪官。多率斂邀，求役無虚月，甚爲民病。今邊燧無警，望放歸農田。」詔制置司申樞密院。

時利西路安撫使吴璘鎮興州已久，上乃親御宸翰賜璘，以守邊安靜，加拜太尉。璘嘗自著書兵要，大略謂金人有四長，我有四短，當反我之短，以制彼之長。蓋彼之所長曰騎兵，曰堅忍，曰甲重，曰弓矢。吾當集漢番所長而兼用之。故制其騎，則有分隊之法；制其堅忍，則有更休迭戰之法；制其甲，曰勁弓彊弩；制其弓矢，曰以遠尅近，以彊制弱。其説甚備，至於陣法，有圖而無書焉。

大理寺丞謝邦彦，乞給病囚藥。丙申，詔從之。邦彦，侯官人也。

上御書大學篇賜新第進士。甲子，上謂宰執曰：「賜宴日逼，朕二十日早下筆，食時已畢。」因言黄庭堅樂毅論墨本，皆有淵源。秦檜曰：「陛下留神翰墨，精敏如此，臣下所未聞也。」

秋七月壬寅，以集英殿修撰曹筠爲敷文閣待制，代李璆帥蜀。

初，命刑部侍郎韓仲通等詳定重修茶鹽敕令格式，至是，書成。八月辛未，左僕射秦檜上之。上曰：「是書纖悉備具，若能遵守，永遠之利也。」

壬申，太師通議郡王韓世忠卒，後謚曰忠武。

時有言贍學公田，多爲權勢之家所占。九月戊戌朔，上謂宰執曰：「緣不度僧，常住多有絶産，令户部撥以贍學。」

癸丑，詔諸路昨泛差押綱使臣，多不曾到部，故無賴作過。今後并差現任使臣。

冬十月癸未，秦檜之初相也，徽猷閣待制王居正，時爲左史，嘗奏上以檜作相前所言皆不讎。檜憾之。及檜再相專國，居正慮爲所害，屏居常州，時事一不掛口。書祠官之考十有二。至是，檜權益張，尤忌善類，大誅譴以立威，多竄之嶺外。居正闔門托疾，猶奪其職。是月卒。居正素不取王安石之學，故工部侍郎楊時嘗著三經義辨以示居正，居正繼亦爲三經辨學，與時之説相經緯。

上謂宰執言：「盱眙守臣龔鋈頗安静。」秦檜曰：「朝廷報對境文字，鋈不放心處，必來申明。百官皆留意所職如此，則無不濟矣。」

是月，御製秦檜畫像贊曰：「維師益公，識量淵沖。盡闢異議，決策和戎。長樂温清，寰宇阜豐。其永相予，凌煙元功。」仍親洒宸翰賜之。

右諫議大夫章复、殿中侍御史林大鼐，共論參知政事余堯弼傾邪姦險，朝廷有大議論，則默而不言。望貶之，以清政府。堯弼亦奏乞祠。十一月庚戌，詔除資政殿學士，提舉外祠。復等再論，遂詔落職。復，宣城人也。

前知池州黄子游言：「農田水利，所係甚重，望飭諸路提舉官，俾建塘陂，以備旱暵。」丁巳，上謂宰執曰：「須常平官得人，若監司用心，事無不濟。近時監司多端坐不出，提點刑獄職在平反，尤當徧臨所部。宜戒飭之。」

詔簽書樞密院事巫伋兼權參知政事。

十二月戊辰，司封郎官王葆言：「近日民間多銷錢爲器。」詔令工部禁止。時雖連日小雨，而雪未應期。上遣人禱太一祠。辛巳，晚雪作。壬午，宰執奏事，上曰：「昨晚寒甚，便得雪，甚可喜。」秦檜曰：「陛下至誠昭格如此，當率百官表賀。」

丁亥，檜奏曰：「臘雪應期，中外共慶。去年臘中三日雪，果大有秋。」上曰：「自此二麥可望，不惟時豐，疫病亦自消矣。」

校勘記

〔一〕春正月癸未　自本卷以下，皆自四庫本中興小紀卷三五至四〇移録。

〔二〕還俗僧圓覺宗杲撰聖者偈妙喜禪　「杲」，四庫本中興小紀卷三五原作「果」，據卷三一「宗杲」改。

〔三〕壁立萬仞　「萬」，原作「巖」，據前後文義改。

〔四〕初故相趙鼎嘗謂其客……疇始信鼎之能知人也　以上當爲引文，引自何書，無載。

宋朝中興紀事本末卷七八

起紹興二十二年正月盡其年十一月

紹興二十二年歲在壬申。

春正月，大理評事莫濛言：「州縣受民輸米，各有定數，而收耗有至加三者。凡此，止資官吏侵用。乞下有司揭示，許民越訴。」丁巳，詔從之。

二月，殿中侍御史林大鼐言：「公孫杵臼、程嬰、韓厥三人，有大功於趙氏，本朝皆封侯爵。中興以來，嘗詔立廟，而有司弗虔，神靈不妥。望進以公爵，擇地建廟，升爲中祠，使相態夢而有祥，扶龍祚而無極。」壬午，詔禮部討論，兩浙漕司先次營廟，既而，三人皆進封公。

先是，徽猷閣直學士向子諲，告老歸臨江之舊隱，號曰薌林居士，閑居十五年。庚戌卒。子諲早受學於故諫議大夫劉安世，宣和初，方臘作亂，詔發運司捕之。子諲時爲屬，獻言曰：「若急請於朝，以安世尹南都，前諫官陳瓘守金陵，人望所歸，不勞兵而賊可破。」識者謂此真良策，其長不能用。靖康末，張邦昌僭位，遣人持赦書至廬州，問其家。子諲時爲發運副使，牒郡守馮詢及提舉鹽香官范沖拘之，故給事中胡安國，嘗謂其忠節可以扶持三綱者，蓋指此也。

癸酉，以右諫議大夫章復爲御史中丞。初，復論端明殿學士簽書樞密院巫伋，執政無補，而林大鼐亦論伋黷貨營私。

丙子，詔伋以本職奉外祠。復等再論，遂落職。辛巳，以中丞章復爲端明殿學士、簽書樞密院事。

時住鬻度僧道牒已久，其徒寖少。又福建官自運鹽，頗爲民患。乃遣太府寺丞鍾世明，下本路措置寺觀田産，凡僧道之見存者，計口給食，餘則爲寬剩之數籍，歸於官，并究運鹽之弊。世明方行，殿中侍御史林大鼐言：「慮民間未知指意，或有疑惑。」辛酉，上諭宰執，明降指揮，以曉諭之。世明，將樂人也。

五月，殿中侍御史林大鼐言：「民間有事，先訴於縣，結絶不當，然後經州以次及監司、臺省。今兩浙民訟監司州縣未決，多徑至臺省。請申舊法禁止。」辛亥，上諭宰執曰：「如此，則朝廷事多。」從之。

主管崇道觀曾恬，少嘗尊事故楊時、謝良佐、陳瓘、劉安世，得存心養性之學。及爲大宗正丞，一日，攝行宗正事。吏有慢令不共，即繩以法，無敢違者。時秦檜專政，士多求媚，以取要官。而恬自守，無所詘，丐祠以去。寓常熟之僧刹，投閑幾十年。是月卒。恬，故相公亮之孫也。

六月丁丑，宰執奏知嘉州王知遠乞罷鑄小鐵錢事。上曰：「此於錢引，實有利害，可令總領與漕司同措置。」

以刑部侍郎韓仲通兼權吏部尚書。

秋七月乙巳，上謂宰執曰：「聞四川所起禁衛卒，所費多出於軍衆，可令總領司應副。」

初，江西多盗，而虔州尤甚。後雖撲滅，慮其復作，乃留殿前司吴進一軍弹壓。而本州禁軍，嘗隨前總兵官程師回，往來捕寇，頗勇，與進軍素不相下。丁巳夜，兩軍交鬥，州兵因而作亂，焚民居，逐官吏。守臣鄱陽余應求有父安行，年老欲走，忽墜城死。應求遂以丁憂爲辭而去。於是，叛軍據城自守。

八月丙寅，領殿帥楊存中奏：「據本司統兵官吴進申，虔州將兵反。」江西帥臣張澂亦奏，請遣兵入。己卯，上諭宰執曰：「聞有欲走湖南者。」乃詔鄂州都統制田師中速發兵，仍令澂集本路兵擒捕，事定日，具有功人申樞密院。

辛巳，又詔殿前司遊奕軍統制官李耕，統所部兵一千六百人往討之。

先是，累禁私泛海商人，而泉州境内尚多有此。上聞之，恐别生事。戊子，詔申其禁。

虔州叛兵突出，徑走南康軍。而寓居左朝奉郎田如鼇，爲其所得，遂復歸，據虔城。時統制官李耕總軍纔入江東界。時殿前司左翼軍統制官陳敏見駐福建，被本路帥檄，統所部一千五百人護閩境。於是，領殿帥楊存中奏，敏本虔人，且於江西捕寇有功，乞令敏進兵至虔，與耕併力討賊。九月乙未，詔從之。

又就命如鼇權本路提刑，令即城中撫定。既而耕、敏與鄂渚田師中所遣統制官張訓等，各以兵至城外。

戊戌，宰執奏前知蘄州周楙，乞修河堤事。上曰：「不獨蘄州，凡沿淮有水旱，悉令漕司守臣措置。」

初，紹興八年，除李光爲參知政事。有右從政郎楊煒者，寓行在，聞之曰：「此吾鄉先生也，今得位，必將盡行所學。」久之，無所聞。時蕭振任侍御史，朝廷方與金人議和，煒不以爲是，作書欲獻光，因先見振，説書中意。振曰：「亦恐金人難信。」煒遂以書責光，有「同槽共食」之語。光遣人專語煒，以不及答書。至是，振知台州，煒爲黄巖縣令，政頗有聲。振每聞煒大言無顧忌，則擊節稱善。遂薦煒改秩。復移書浙東提刑秦昌時，俾同薦之。昌時，左僕射檜猶子也。因屬吏密語振曰：「煒嘗以書責光，尤太師。某，其侄，義不當舉。如待制，亦不可舉也。」振曰：「吾業已許之，豈可中輟？」俄有縣吏得煒書，有詆時相語，以告昌時。昌時以聞於朝，詔送大理寺，仍下所司，發卒大索得其萬言書藁，譏刺時政。獄具，庚辰，詔除煒名，送萬安軍編管。其兄選人炬，亦連坐，羈置邕州。振罷，仍落徽猷閣待制，於池州居住。

先是，林大鼐在言路，嘗奏錢塘江浸淫爲患。十一月壬寅，上諭宰執，令臨安府同漕司，乘冬月水不泛溢時，治之爲易。又舊有塔廟，陰以相之，雖出小説，亦不可廢也。

丙午，朝獻景靈宫。

丁未，朝饗太廟。

戊申，冬至，合祀天地於圜丘，大赦天下。

有軍人龐翼者，教人學道。起居舍人林機因與翼遊，遂出知信州。

丁巳，上諭宰執曰：「機信翼邪説，遂亡上下之義。機既令出，翼亦不當留。士大夫尚爲動，况軍中乎？」

時守臣監司，不輸常賦，專以進奇羨相尚。太府卿徐宗説攝貳版曹，乃言：「今後當令先補常賦所逋，仍乞以賦入殿最行賞罰。」詔從之。於是上諭宗説曰：「版曹久匱，卿所論甚當。」是日，以宗説權户部侍郎。宗説頗有心計，於經費出入盈縮之數，皆知其要，吏不能隱。然附秦檜以至侍從。嘗爲檜私營田産，士論鄙之，而畏檜，無敢言者。宗説，開化人也。

龍神衛四廂都指揮使知虔州李耕，率諸軍以乙卯登城，盡收叛卒誅之。而捷奏猶未至，於是，領殿帥楊存中奏遣人送鞋韈與耕軍中。己未，上曰：「虔賊閉城拒官軍，且四十日，城中百姓何以活？令存中更遣兵剋期蕩平，庶脱良民於禍也。」

宋朝中興紀事本末卷七九

起紹興二十二年十二月盡二十三年四月

紹興二十二年歲在壬申。

十二月，直秘閣、前知太平州韓膺胄言：「州縣小吏，喜怒自私。驅無罪之人，不白長官，而禁於獄，或終不加罰，徒縶以苦之。望詔有司嚴禁。」甲子，詔刑部立法。

故端明殿學士王雲之猶子積，以雲死事乞推恩。戊寅，上謂宰執曰〔一〕：「雲奉使極效忠，率先衆人，勤事而死於難。」乃與積迪功郎。

有袁敏求者，妄撰語言。丁未，宰執奏合編管。上曰：「小人妄生是非，既得其罪，當行，以爲惑衆者之戒。」

初，興元府兵亂以來，城内生荆棘，官舍民居皆茅屋，而帑藏寓諸僧刹。太尉楊政再爲帥，始以次繕治。至是一新，户口浸盛，如承平時矣。政所統將士，自休兵之後，十餘年，未嘗輕以陞遷，蓋深體朝廷之意也。

福建舊行産鹽法，民歲輸錢，而受鹽於官。其後，法壞，輸錢如故，而民不得鹽。其間，多私鬻以給食，而官亦不問。至是，帥臣龍圖閣學士張宗元，始再榷鹽，犯者滋衆，人不以爲是。帥司屬官胡憲上書於宗元，告以爲政大體，宗元不悦。久之，憲請嶽祠而去。同時在幕中，有輕薄者，用其姓名爲詩，嘲之曰：「獻陳利害知何益？」蓋憲獻同音，謂胡憲也。

金國主亮造燕京宮室，至是年，率其文武百官，遂遷都焉。亮因以燕京爲中都，隸以平、薊、涿、易、雄、保、順、遂州，號中都路。舊上京爲北京，隸以興中府、錦、義、宗、利州，號北京路。遼陽府爲東京，渤海故地。隸以廣寧府、潘、復、登、辰州，號東京路。雲中府爲西京，隸以宏、豐、朔、應、蔚、勝州，號西京路。開封府爲南京，隸以曹、單、陜、鄧、鄭、陳、蔡、潁、宿、泗，號南京路。又以河間、真定、平陽、太原、益都、東平、大名、京兆、延安、臨洮、慶陽、會寧、咸平、臨潢十四府爲總管府，河北東路河間府、冀、莫、清、滄、深、景州隸河東南路平陽、河中府、隰、懷、晉、澤、潞、解州隸焉。北路太原府、汾、代、嵐、忻、石、平、定州、岢嵐、保德軍隸焉。山東東路益都、濟南府、沂、密、濰、濱、淄、棣、登、萊州隸焉。西路，渤海故地，東平府、徐、兗、濟、博、德州、泰安軍隸焉。大名府路恩、濮、開、滑隸焉。京兆府路鳳翔府、同、華、虢、耀州隸焉。臨洮路蘭、秦、隴、鞏、河、會川、積石、鎮戎軍隸焉。延安府路鄜、坊州、保安、綏德軍隸焉。會臨府路肇、齊、信州隸焉。咸寧府路韓、懿州隸焉。西路真定府、邢、洺、相、定、濬、衛州隸焉。大赦其境。改明年元日正元。

此據張棣所記修入。

棣又云：燕京城門十二，東曰宣耀，曰施仁，曰陽春；西曰顥華，曰麗澤，曰彰義；南曰豐宜，曰景風，曰端禮；北曰通元，曰會城，曰崇智。

紹興二十三年歲在癸酉。

春正月，先是，前禮部侍郎高閌，退居明州。時秦棣之弟棣爲明守，檜欲卜閌嚮背，因其鄉人姚孚者，達意於閌曰：「季華弟止一女，願與公結姻。」閌辭之，遂致其仕。閌自此每對人，舉前言往行，未嘗及時政之得失，人物之臧否。觀書終日，絶意榮望。己亥卒。閌喜故程頤之學，及嘗見楊時，每語竟日，深相悦服。中年勇退，人甚高之。

是月，資政殿大學士知建康府楊愿卒。

二月，右正言鄞縣史才言：「吏部尚書林大鼐狂躁欺誕，且負不孝之實。若不亟去，必揺國是。」己巳，乃詔罷之。尋知泉州。

時吏部侍郎陳相，奏淮南閙損處甚多，不止洪澤。丙子，上諭宰執，令漕臣修之，以便人使來往。相，合肥人也。

龍神衛四廂都指揮使知贛州李耕，具立功一萬三千餘人。辛巳奏至，於是第賞有差。

癸未，以耕爲金州觀察使。此據野記修入。

方贛之亂也，謫居人秘書少監、分司南京孫近走吉州避之。至是，賊平，復歸贛州，未幾卒。

夏四月癸亥，宰執奏，差諸州守臣。上曰：「士大夫在此者衆，所當得闕，可早與之。」壬寅，宰執奏，上書者言舉債之家，如還本已足，利當盡放。上曰：「如此，則上户不肯放債，反爲細民之害。宜詳細措置。」

是月，慶遠軍節度使張澂自江西移帥福建。初，閩中佛刹數千區，其徒猥衆，地占膏腴。州縣經賦，視爲上户。自鍾世明至，計口給食，悉拘所餘。澂既入境，即剖析利害言之，乃詔委澂措置。澂請計其租賦，農工僧行廝役之用給之，而收其餘，較前所拘十還六七，公私皆以爲利。

校勘記

〔一〕上謂宰執曰 「上」，原闕，據廣雅書局本中興小紀卷三五補。

宋朝中興紀事本末卷八〇

起紹興二十三年六月盡閏十二月

六月，時行在霖雨，諸軍營多壞。已詔賜錢七萬貫，令修，俾得安處。至是，上又聞民田有被水害。癸亥，詔户部下州縣，差官檢放苗税。

時皇太后目疾，下諸路召醫人，惟四川未發到。

秋七月戊子朔，詔趣逐路帥臣，搜訪津遣。

右諫議大夫史才言：「浙西民田，甚廣而不憂旱者，太湖之利也。比年瀕湖之地，諸軍下人，多據以爲田，擅利妨農，其害實大。乞委監司究治，盡復太湖舊迹，使兵民各安其職，農民有賴。」庚戌，詔從之。

福建安撫使參議官賀允中，嘗爲閩漕，平鹽貨，見謂稱職。秦檜以其不肯下己，授祠觀者五年。復令入帥幕以抑之。是月，允中之任。此據墓志〔一〕。

八月，知静江府陳璹，奏乞增和糴米價，及折納適中，以紓民力。辛亥，上謂宰執曰：「璹善治郡，可與直秘閣，知潭州。其他處，有昏耄不任職之人，令自陳宫觀。」

先是，總領四川財賦符行中，有子預薦。意潼州府簽書判官趙逵必爲類試考官，密以文屬之。逵不啓緘，既試，符氏子不預奏名。行中因他事，捃摭逵峻甚，然亦不能害之。行中，南城人。此據墓志。

冬十月庚申，侍御史江寧魏師遜言：「太府寺丞史祺孫，交通匪人。」上曰：「學先王之道，而從妄人。孫士道，習妖術以惑衆。若只罷之，無以戒後人。可令吏部與監官。」端明殿學士簽書樞密院事宋樸乞罷。戊辰，詔以舊職奉祠。於是諫議大夫史才言：「樸爲士而不自愛，乃違道罔俗，與丐者爲伍，不當以秘殿隆名寵之。」遂落職。

壬申，以才爲端明殿學士、簽書樞密院事。

時諸路推行養濟事，恐其滅裂。戊寅，上謂宰執曰：「須令實給錢米，以施實惠。」

侍御史魏師遜爲中丞，監察御史鄭仲熊爲右正言。時秦檜秉政久，言路皆其所引。

於是，仲熊首論定國是，久任用，抑奔競，節浮靡，與推誠於有功之宿將等事。然其間不無阿附。仲熊，西安人也。

十一月，時經筵講尚書終篇。癸巳，上謂宰執曰：「朕記此書，自説書官尹焞始。初，焞以范沖薦，擢講筵。既數日，輒乞致仕。其徒相與謀曰：『必得朝廷見留，乃可爲高。』翼日，趙鼎奏，果言焞志在山林，不樂居此，願以禮留之。焞遂不復致仕。觀焞進講，皆其師程頤之説，餘無可取。」秦檜曰：「程氏之徒，祖宗諱不避，而諱其師之名甚嚴。事君之道，恐不當有厚薄。兼已受官，乃更欲廩人繼粟，庖人繼肉，曾不思孟子處賓師之地，仕而不受禄，則有此禮。」上曰：「孟子當戰國之時，自處如此，不可以爲常法也。」

先是，經筵官皆進詩。侍讀秦熺詩卒章曰：「競競驕侈戒，誓不愧周官。」辛丑，上對宰執，再三稱善，以熺登第日，賜御書周官也。上又曰：「哲宗朝，蘇軾進御書古詩，魏師遜、鄭仲熊所進詩，皆模仿其體。」上萬機之暇，他無所嗜，專意於文如此。

時編類宗正司新成，上閲之。甲辰，以諭宰執曰：「所修甚有條理，可即頒行。」

十二月己未，宰執奏事。上顧秦檜曰：「昨日遣使，戒之云：歲遣信使，已有定例。

使指之外，不可生事。」上周慮如此，真得祖宗柔遠人之家法，宗社無疆之福也。

閏十二月丙申，上諭宰執曰：「諸郡守條具民事，如遠方因軍興科民，至今未罷者，非因條具，何由得聞？宜委官詳其可行者行之。」

戊戌，詔委中書檢正左右司郎官，具其可行者申省取旨。蓋聖意恤民，故致詳如此。

先是，夏間，宣州大水，其流泛溢至太平州。凡太平境内沿湖諸圩，悉爲衝決。是冬，詔遣太府寺丞鍾世明至州相視修築。守臣直秘閣洪楫集屬邑共議，知當塗縣事張津以謂：「被水農民，流徙過半。若令逐圩自修，力不能辦。」遂用其説，共興長埂，週迴一百八十里，包諸小圩。未幾成，然自此小圩埂盡廢，一遇水決，則通被其害。故農民屢請於官，欲各興中埂，以防患焉。

初，池州青陽縣税，視鄰邑爲重。如貴池縣田每畝上等八升〔二〕，而青陽一斗九升，中等六升，而青陽一斗五升，下等四升，而青陽一斗七合，幾於三倍。蓋自南唐李氏，賜此一縣之地，與其臣宋齊丘爲邑〔三〕，齊丘增賦以肥私家，遂成定額。是年，江東轉運常平司爲之申請。詔以十分爲率，税苗減二分半，課米減二分，然議者猶謂所減，乃經界虚增之數，而齊丘重賦，未嘗損也。至乾道中，始能再蠲之。以上二事，皆據方志。

校勘記

〔一〕此據墓志　以上原闕，據廣雅本中興小紀卷三五補。

〔二〕如貴池縣田每畝上等八升　「池」，四庫本中興小紀卷三五原作「州」，據文義改。

〔三〕「丘」，四庫本中興小紀卷三五原作「邱」，此字字書原無，爲清人所造，今逕復舊文。

宋朝中興紀事本末卷八一

起紹興二十四年正月盡六月

紹興二十四年歲在甲戌。

春正月，初，詔諸軍統制官滿十五年，與轉一官。至是，承宣使戚方當依格回授其次，觀察使梁斌，係帶軍職，令轉一官，乃叙位在戚方上。辛巳，詔方以所得特帶軍職，庶與斌舊次不至陞降。上於將將，精審如此，中興所由致也。

二月甲辰，上謂宰執曰：「連日雨，恐傷麥，已降香祈晴。」上意恤民，惟恐一物之不得，其宜如此。

知貢舉御史中丞魏師遜上合格進士秦塤等。三月辛酉，上御集英殿策試。既，遂賜張孝祥以下三百五十六人及第出身。張孝祥，歷陽人也。

大理評事劉敏求言：「州縣不依法，即時割税，有害於民。」戊寅，有司具到見行法。上因言：「法固在，如官吏奉行不虔，雖申嚴行下，終亦無益。知州須歷民事，通曉民利病者爲之。」乃命監司，察其不如令者按之。

夏四月丙戌，上謂宰執，以三衙諸軍闕額，久未敷足。於是，樞密院擬均下諸路帥司招填，期以三年，課其殿最。從之。

有利州民王孝先邀駕，訴知閬州王陞慘酷不法事。辛卯，上諭宰執：「宜押送本路監司究實。」蓋上慮蜀道遥遠，追逮爲勞也。上欽恤刑罰，屢形詔旨。至於纖悉委曲，聖慮如此。守臣不知體至懷，宣實惠，乃或背公徇私，逞威廢法，鉗民之口，無復忌憚，銜冤窮民，豈能人人詣闕自訴？付之有司，審其虚實，明典刑以待之，使長民皆知奉法，究心民事，以厚風俗，誠措刑之本也。

太府寺主簿李文中言：「比歲州縣，多侵用常平義倉米，既失經常之制，亦乖惠恤之方。望詔有司，申嚴其禁。」從之。

庚子，宰執言：「言者所論諸路州縣，受民輸絹，官吏作弊。雖中程好物，抑而不受。

至用柿油退印以壞之，却縱攬子，多取民錢，輸以薄絹。」上察其爲民害，命申嚴其法，令監司御史臺劾之，聽民越訴。

五月己巳，三省擬差蘇策、張杞、陳孝則爲知州。上諭宰執曰：「尚有待差知州人，宜早與之。盛暑，旅邸不易。」上曲盡人情如此。策，軾孫也。

初，黎、雅二州邊備，相爲表裏。歲月既久，浸隳舊制。至是，知雅州楊仁籍并邊之人嚴設條目，以應緩急。左自始陽及碉門，右自盧山及靈関，凡數百里，皆有屏蔽。夷之冒吾禁者，必縶之。識者曰：「此雄邊子弟遺法也。」前此夷多掠邊，户爲婢奴，有與之嚮道者，官不能禁。仁得訟者，大書其牒下其長，悉即以取回，執嚮道者械之獄。歲饑，旁郡流民至境，仁發廩粟賑之。吏以無外臺令更諫，仁曰：「須令下，索吾人於溝壑矣。」不爲動。所活甚廣。據邵溥作楊仁墓志。

是月卒，民畫其像以祠之。

六月癸未，左太中大夫汪藻，黜居永州八年，累赦不宥，常以疾乞致仕，不許。是日卒。

言者論高郵使吴祖度乃流人玕之子，玕賣國，立僞楚，今祖度乃與玕壻知廬州曾慥，分守淮郡，宜加斥逐。乙酉，詔并罷。上因諭宰執曰：「吴玠、莫儔、王時雍，在漢法當誅且族。朝廷寬大，一切置之。若復録用其子，何以示天下？自今無與堂除。」上顧秦檜曰：「當時忠義，無若卿者。」檜曰：「臣一時守職，遭遇陛下隆興，遂依日月之光。」上曰：「此卿謙辭也。」

御史中丞魏師遜、右正言鄭仲熊，論端明殿學士簽書樞密院史才，天資陰賊，嘗受李光薦，不憚數千里，貽書於光，謀爲國害。癸巳，詔才以舊職奉祠。師遜等再論，遂落職。

甲午，以師遜爲端明殿學士簽書樞密院事。

初，右朝散郎王循友知建康府，嘗斷配秦檜族人，檜銜之。而循友差右朝散郎韓參爲機宜，因與參謗訕朝政，遂興獄根治。既而人理寺言：「循友盗取官錢，受所部乞取金銀，冒請宣借口券入己，及減價詭名買没官田産。」辛丑，詔循友特貸死，藤州安置。子右承務浤，并除名。而參送德安府編管。

時衢州饑民嘯聚爲盗，而守臣王曮措置乖方，且有贓汙不法之事。甲辰，宰執奏欲先罷曮。上謂秦檜曰：「曮是卿之親戚，今罷之，勝罷其他十數人也。」既而盗捕獲而猶未定，詔以提舉太平興國宮王師心知衢州，民始安堵。

言者論二廣鋪兵之弊。乙巳，上謂執宰曰：「宜令州縣時給月粮。此曹方久住，不至闕事也。」

夔州路，地接蠻獠，易以生事。至是，或告溱夷叛其豪帥，請遣兵致討。帥臣周執羔使誡之曰：「朝廷用爾爲帥，今一方繹騷，責將焉往？能盡力，則貰爾而已，一兵不可得也。」豪帥懼，斬叛者以獻。

先是，沅州守臣李景山與通判丁濤交惡，判官聳淙間之，遂興獄，追逮數百人，及溪洞。時方盛暑，有繫死者。湖北提刑楊椿曰：「吾職在平反，其可使無罪之人淹繫至死哉？」即奏於上，乞罷三人，釋其衆。詔從之。於是，秦檜曰：「部使者不當如是耶？」椿，眉山人也。此據周執羔志。

宋朝中興紀事本末卷八二

起紹興二十四年七月盡是年十二月

秋七月癸丑〔一〕，太師醴泉觀使、清河郡王張俊卒。

甲寅，上曰：「張通古之來，俊極宣力，與韓世忠等不同。」

己未，上又曰：「武臣中無如俊者，比韓世忠相去萬萬。宜檢祖宗故事，優其贈典。」既而有司欲依世忠例。上曰：「俊於國有功，明受間，俊有兵八千，屯吴江，朱勝非降指揮，與秦州差遣，俊不受，進兵破敵。當與小國一字王。」遂贈循王。後謚忠烈。

時贛州守臣、龍神衛四廂都指揮使李耕將滿，上諭宰執，選文武臣爲之代。庚申，又曰：「昨贛寇竊發，民有應之者。今宜留兵屯，庶得安弭。」

癸亥，宰執奏縣令能布德惠民有政績者，令監司郡守保奏。上曰：「或遷或陞，庶有激勸。如失不保奏，令御史臺劾之。」

初，詔廣西帥臣直秘閣呂愿中招撫西南番〔二〕。至是，愿中言：「宜州諸蠻并南丹州莫公晟，皆願歸順。仍畫圖以進。」丙子，上諭宰執曰：「得丹州非以廣地，徂徭人不作過，百姓安爾。」既又曰：「且喜一方寧静。」秦檜曰：「陛下兼懷南北，定計休兵，小寇豈敢不順？」上曰：「若非休兵，安能致也？」詔陞愿忠直徽猷閣。上諭宰執在八月乙酉，今聯書之。

先是，静江府有驛名秦城，時愿中約賓寮共賦秦城王氣詩，以侈其事。衆中皆賦，其不賦者惟寓居奉祠官劉芮、常平司幹官李燓、本府支使羅博文三人。芮，摯孫也。

時論對官多請假避免。

九月，前知滁州魏安行，多奏墾荒田，及令本州具實，不及五之一，餘皆紛擾，爲後政之害。有司劾安行意在冒賞。上曰：「如此誕妄，不可不懲也。」

是年雖稔，亦有小旱傷處。冬十月丁丑，詔依條檢放。其公私所欠，亦住催。

初，實録院檢討官朱翌命史官編徽宗御集〔三〕，藏之延英閣。至是，書成一百卷。壬午，太師左僕射秦檜上之，權奉安天章閣。

丙戌，宰執奏年例，臨安府自十一月支錢米養濟丐者。上曰：「此一事，活人甚多。」戊戌，三省擬左朝散郎蘇欽知巴州，右朝散郎張軒知劍州。上曰：「川中須擇不生事之人，遠地舉措，朝廷無由盡知。」欽，晉江人也。

時天章閣新成。十一月壬子，上曰：「不擾民不易成，甚得崇奉之要矣。」

時户部侍郎徐宗説久病。甲寅，亟遷直顯謨閣知臨安府曹泳爲户部侍郎以代之，而改宗説兵部。泳乃秦檜姻黨，藉勢妄作，又甚於宗説矣。於是宗説謂人曰：「吾在户部，自郎而貳涉十年，錙銖榷會，不敢委吏，今瘐矣〔四〕。」尋以敷文閣學士知明州。宗説得美職而去，檜主之也。

殿中侍御史董德元，論端明殿學士簽書樞密院事魏師遜，懷姦嗜利，不恤國事。乙丑，詔以舊職提舉太平興國宫。德元再論，遂落職。

丁卯，以吏部侍郎施鉅爲參知政事，吏部侍郎鄭仲熊爲端明殿學士、簽書樞密院事。自秦檜專國，前後執政，無敢少違其意者。於是仲熊歎曰：「爲官至此，可以行志而不得行，遇主如此，可以圖報而不得報，負愧多矣。」

是月，刑部侍郎韓仲通遷尚書。通判武岡軍方疇，坐與流人胡銓通書，爲守臣李若樸所告，令江西提刑張常先鞫之，送永州編管。

先是，四川等路買馬司於嵒白階、峰鐵峽兩處榷場買馬〔五〕，每歲買馬綱至樞密院，往往多斃。十二月庚辰，詔自明年撥付殿前司，後年撥付馬、步二司，以此循環，仍令逐司自選使臣，就買馬場團發。

大金人使將到。丙申，詔諸路差牽挽人并給錢米，違者，在内御史臺，在外轉運司彈劾之。

是年，行在、建康、鎮江三榷貨務都茶場，共收二千六十六萬餘緡。

荆南府人口舊數十萬，寇亂以來，殘無人迹。詔蠲口賦以安集之。然十未還一二。先是，議者希朝廷意，謂流民歸復，可使稍輸什一而歲增之。吏不能供，顧無敢言者。至是，積逋二十餘萬緡，他負亦數十萬。户部侍郎曹泳責償甚急，曰：「不且有譴〔六〕。」時秦檜晚年，怒不可測，而泳乃其黨，兇焰赫然。帥臣孫汝翼懼，欲賦於民以塞己責，通判范如圭力勸止之。汝翼，晉陵人也。

時前秘閣修撰張九成謫居南安軍已十餘年，嘗自言：「人苟無識，一味貪進，往往如飛蛾投火，隨熖而滅。昔楊國忠方盛，或勸陜郡進士張彖見之，富貴可立圖。彖曰：『君恃楊如泰山，吾以爲冰山爾。若皎日一出，君得無失所恃乎？』遂隱於嵩山。後國忠敗，人方仰彖之先知。吾今居嶺下，人皆以爲瘴鄉，然吾於此已久，著書窮理，亦甚安之，何愧嵩山之隱耶？」時南康士子春試回，有見九成者，言秦氏子取高第，而嗟洪浩之被斥。洪公厄北庭十餘年，艱險萬狀，死亦不畏，義氣凜凜，照映古人。秦公以私害之，不久天必伸之矣。

校勘記

〔一〕秋七月癸丑　「秋」，原闕，據廣雅本中興小紀卷三六補。

〔二〕詔廣西帥臣直秘閣呂愿中招撫西南番　「中」，原作「忠」。按：諸書皆通作「中」，因據廣雅本中興小紀卷三六、建炎以來繫年要録卷一六七改。下同。

〔三〕實録院檢討官朱翌命史官編徽宗御集　「翌」，原作「翼」，據建炎以來繫年要録卷一三五改。又按：朱翌所建議，乃因轉對，乞搜訪徽宗御集，建閣如故事。非命官編纂徽宗御集也。

〔四〕今痶矣　「痶」，原作「瘦」，據廣雅本中興小紀卷三六改。

〔五〕四川等路買馬司於嵓白階峰鐵峽兩處榷場買馬　「嵓白階」，建炎以來繫年要録卷一六七作「宕昌寨」，未知孰是。

〔六〕不且有譴　「譴」，原作「繾」，據宋宰輔編年録卷一六、朱文公文集卷八九直秘閣贈朝議大夫范公神道碑改。

宋朝中興紀事本末卷八三

起紹興二十五年正月盡八月

紹興二十五年歲在乙亥。

春正月，敷文閣待制新知饒州蘇符請祠。甲戌，上謂宰執曰：「朝廷初議休兵，符頗以爲然。及王倫被留，遂復二三，今不復肯出川矣。」乃以符提舉崇道觀。

二月丙子，宰執奏事。上曰：「守臣鄭思永言：還魂度牒，緣僧道死而官司不追毁，致童行冒名。」又言：「監司委縣令造船擾民，可悉禁止之。」

三月，太常少卿權吏部侍郎陳夔言：「兩淮尚有曠土，而耕牛農器資之江、浙，比年州縣違法，例收其税。」癸丑，詔户部禁止。夔，永嘉人也。

戊戌，詔福建、四川所印私書，悉禁止之。

先是，新除校書郎趙逵家尚留蜀，秦檜欲出百金助逵以家來，逵不答。檜怒，人頗爲逵危之。

夏四月，侍御史董德元、右正言王珉言：「參知政事施鉅傾邪詭秘，嘗與李光交，又爲何鑄引用。鑄既斥，心常怏怏。比因國忌行香，擁蓋入景靈宫門，衆論大喧。始送其卒於有司，亦不待罪。」乙酉，鉅罷爲資政殿學士，提舉太平興國宫。德元再論，遂落職。珉，玉山人也。

初，諸路上供數外，又號無額上供錢，及一萬貫以上推賞有差。其後，言者又論：「若數少，不該賞典，即所椿錢不復發矣。乞纔及二千貫以上，即與推賞。」從之。二千貫以上推賞，見二十九年。

先是，經筵講易終篇，仍賜御筵。辛丑，左僕射秦檜等謝。蓋上萬機之暇，專意經術，既親御翰墨，書易與書經，刻於堅珉。聖學淵源，固已深得奥旨，猶命儒臣紬繹其説，祁寒隆暑，略無倦色。逮兹終篇，真帝王之高致也。

五月，户部言：「諸路免行錢所取苛細。」詔罷之。

秦檜久專朝政，而士大夫之急於進者，多附檜意，掎摭人之語，以爲謗訕。通判常州沈長卿，舊常與前參知政事李光曰：「搢紳守和親，甘出婁欽之下策；敵人難信結，孰慮吐蕃之劫盟？」檜時已惡之。至是，與左從政郎芮曄同賦牡丹詩，爲鄰舍人所告，以爲譏議，送大理寺。獄具，檜奏其事。簽書樞密院兼權參知政事鄭仲熊默無一語，罷朝，檜頗咎之。時有旨，皆除名編管。長卿永州，曄武崗軍。長卿、曄，皆烏程人也。選人陳祖安，緣與長卿密交，亦當追證，而仲熊嘗營救祖安，故得脱免。於是，侍御史董德元、右言正王珉論仲熊，以謂：「此豈政府所爲？」六月己卯，仲熊罷爲提舉太平興國宫。

又有前知泉州趙令衿，居衢州，因觀秦檜家廟記，口誦「君子之澤，五世而斬」之句。通判汪召錫、教授莫汲，皆於坐間聞之，因告令衿謗訕。守臣王師心勸之，不能止。既而詔謫令衿於汀州，且置獄，召錫迫其行，師心復調護之。召錫，伯彦子。汲，歸安人也。

時安南國遣使入貢，禮部具到典故儀範。上諭宰執，令照行其驛，以懷遠爲名。

秋七月甲寅，宰執奏浙東總管李顯忠再任。上曰：「爲將要當知書，以不戰而勝爲武。若殘忍好殺，非良將也。」秦檜曰：「趙充國知未可戰，故守屯田之議，卒以破羌。」上曰：「然。古之名將，文能附衆，武能威敵，正謂是爾。」

先是，遣户部郎官鍾世明至四川，與安撫制置使符行中、總領財賦湯允恭，同措置減免錢物，務在不妨軍食，可以裕民。至是，行中等言：「總領及茶司馬歲各有剩，二項減科民間錢引二百餘萬道。又州縣贍軍無窠名錢引七十萬道，利州糴米引錢五十萬道。又除兩年州縣所欠折估糴本，及水脚等錢二百九十萬道。如已減而復催者，許民越訴。」丙辰，詔從之。

丁巳，上諭宰執曰：「諸州貢物，朕恐勞民，皆罷。獨福建貢茶，祖宗舊制，未欲罷也。」

殿中御史西安徐嘉，論知静江府吕愿中妄作不法。辛酉，上諭宰執曰：「聞諸蠻之來，盡令於帥司歃血，此乃亂世諸侯事，其妄作如此。」詔與奉祠。仍令漳州居住。

壬戌，宰執奏昨廣西帥司，乞南丹州莫延沈推恩事。上曰：「愿中既罷，恐諸蠻生疑，可檢典故，優與推恩，以慰其向化之心。」於是，除提舉太平興國宫施鉅爲資政殿學士，知静江府，仍令鉅諭諸番，以愿中自緣别有不法事罷，於外國不相干，庶絶其疑也。

丙寅，宰執奏廣西帥司申奏，本路轉運副使王利用遺法差蔡緒者，權欽州通判，與南安使人争立班事。上曰：「遠人來貢，要待之以禮，豈可生事？」乃詔以緒付吏，憲司根治。

時南丹州莫延沈已襲父官，乞給長生券。庚子，上謂宰執曰：「新封南平王莫延沈等語，可詳視，仍修改，播告遠人要得體也。」謂秦檜曰：「昨醫者謂卿脈弱，今已安，可喜。更當節飲食。」檜謝曰：「上感聖恩。」

初，詔守臣到任半年，具裕民五事。八月辛巳，上謂宰執曰：「守臣陳利害，當令國與民皆足，乃爲稱職。如建炎間時用匱，翟汝文知越州，盡放和預買，及鑑湖官租，不恤國計，而專欲沽名。如此等人，國何賴也？」秦檜曰：「陛下成中興國之功，而知民疾苦，蓋兼漢孝宣、光武之事業。」上曰：「朕何敢望二帝？然志所深慕。」乃詔權刑部尚書韓仲通等詳所陳利害。

詔以故韓世忠所納居第作左藏庫及倉，仍令兩浙漕司即倉基造二府，以處執政。至是，猶未興工。壬辰，上命呼至都堂，傳旨趣之。

先是，知饒州洪興祖者，擬之猶子，以經學得名。龍圖閣學士程瑀，嘗注論語，而興祖爲之序，摘取瑀發明聖人忠厚之言，所謂不使大臣怨乎不以者，表而稱之。興祖嘗忤秦檜，故因此誣譖得入。檜疑興祖託經以議己，遂責昭州安置。是月卒，人謂興祖通經，早以此席英舉，晚以此賈奇禍。及其後，追贈直敷文閣。此據興祖墓志修入。

宋朝中興紀事本末卷八四

起紹興二十五年九月盡十二月

九月，言者請於産茶地方，差官置場收買，庶免私販之患。辛亥，上問宰執曰：「今天下一歲茶利，所入幾何？」秦檜曰：「都茶場三處，共得二百七十餘萬貫。」上曰：「比承平少陝西諸路，故其數止此。」

是月，以刑部侍郎沈虚中兼權吏部尚書。

秦檜喜前吏部郎中朱敦儒之才，欲爲其子孫模楷。時敦儒已致仕，强之復出。自建炎初，鴻臚寺併歸禮部。冬十月庚辰，始除敦儒爲鴻臚寺少卿。敦儒掛冠復起，士論少之。此據魯訔爲敦儒集序。

初，和議定時，國書中有不得輒易大臣之語。蓋秦檜恐前宰臣張浚之復用也，至是，檜有患失之心，而尤忌浚。臺臣每有彈章，語必及。至論知洪州張宗元章，則謂浚爲國賊。湖南提舉汪召錫，娶檜兄女，嘗告訐趙令衿，故遣圖浚。又江西轉運判官張常先，箋注宗元所與浚詩，亦興獄，株連及浚。又捕故相趙鼎之子汾，下大理獄，令自誣與浚及李光、胡寅等有異謀，凡五十三人，獄上，而檜病篤，不能書矣。

乙未，上幸檜第問疾。

丙申，進封檜建康郡王，加其子少傅觀文殿大學士熺爲少師。是夕，檜卒。熺亦致仕。乃詔簽書樞密院湯思退權知政事。方洪獄之興也，逮百餘家。帥臣王師心隨事救之，賴以免者爲多。檜卒，事乃熄。

丁酉，上諭宰執曰：「秦檜力贊和議，天下安寧。自中興以來，百度廢而復備，皆其輔相之力，誠有功於國。」傷惻久之。遂贈申王，謚曰忠獻。

殿中侍御史徐嚞、右正言張扶，論户部侍郎兼知臨安府曹泳，以秦檜黨，招權怙勢。又朱敦儒者，趙鼎之心友。杜師旦者，李光之上客。泳悉置之門下，内則爲卿少，外則爲監司，若不亟去，必致生事。丁酉，詔停泳官，送新州安置。敦儒復致仕，師旦罷。其後，泳又移吉陽軍而卒。扶，金壇人也。

十一月癸丑，召敷文閣直學士魏良臣參知政事。

占城國遣貢使至。

辛酉，朝獻景靈宮。

壬戌，朝獻太廟。時文武官候差遣者甚衆〔一〕，上乃詔文臣郡守以上到堂者，依格將上。武臣將副，於樞密院亦如之。通判以下及大小使臣，令吏部左右選措置注擬，勿令久在逆旅。

初，秦檜之卒也，其子熺乞以敷文閣學士王會知建康府，共辦父喪事。且云：「庶得相聚。」至是，言者謂：「建康守臣，所寄非輕。若止爲私家相聚，朝廷何賴焉？」辛未，詔與會宮觀，仍共集檜之葬事。其後，會再被論，遂貶瓊州。會，晌弟也。

詔：「近歲士風澆薄，持告訐爲進取之計，深害風教。或有不悛，重寘於法。」

是月，上批右正言張扶除太常卿。執政言：「自來太常不置卿。」遂改宗正，復言之，乃以爲國子祭酒。

十二月甲戌，召直龍圖閣湯鵬舉爲殿中侍御史。乃詔：「年來臺諫，用非其人，與大臣爲友黨，而濟其喜怒。朕今親除公正之士，以革前弊。繼此者，宜盡心乃職，宜惟結主知，毋更合黨締交，以亂成法。」

乙亥，上謂執政曰：「張士襄去歲奉使回，當朕前奏事，欺罔不實。宰臣止以奉使不肅罷之。續又處以宫祠。卿等可與遠小監當，以爲將來奉使之戒。」士襄，江寧人。初以左司郎官出使，至是，上記而黜之。

殿中侍御史湯鵬舉言：「敷文閣直學士徐宗説，身位版曹，而專爲故相營田産。」詔宗説落職。時人目秦檜諸客，以曹冠爲館客，宗説爲莊客。冠，金華人也。

以和州防禦使士代爲集慶軍節度使，嗣濮王。

壬午，執政奏莫汲、張常先、陸升之等八人，以告訐濫叨官爵。上曰：「此大壞風教，悉送遠郡編管。」又詔編管人李孟堅、王之奇、陳祖安等，皆令自便。上曰：「如此行遣，想見人情忻悦，感召和氣。」

殿中侍御史湯鵬舉論參知政事董德元，附會權臣。乙酉，罷爲資政殿學士、提舉太平興國宮。鵬舉再論，遂落職。

參知政事魏良臣言：「節度使劉錡，一時名將久閑。」上曰：「朕聞其貧，已賜田一百頃。」良臣言：「見軍帥張柄乞與宮祠，以錡代之。」詔可。

侍御史湯鵬舉者，首薦前婺州通判周方崇、見權明州通判凌哲〔二〕，先後召到，悉除監察御史。哲供職纔七日。是日辛卯，遷右正言。方崇，海陵人。哲，吳縣人也。

召敷文閣待制前知夔州沈該到闕，該始陛見，上問曰：「秦檜何忌卿之深？」該曰：「臣誤蒙陛下拔擢，初因秦檜。洎登從班，聖知益深，檜稍相猜。」上曰然。甲午，以該爲參知政事。

該首奏曰：「朝廷機務至繁，所賴以同心協濟者，惟二三執政。比歲大臣怙權，參、樞始皆取充位，政事例不關決，宜特詔三省，務各盡誠，以贊國事。」

初，敷文閣直學士陳誠之服除，上欲召之，爲秦檜所沮，令以雜學士知泉州。視事纔數日，至是，召爲翰林學士。

丙申，詔罷添差官。

時行在百司，闕官甚多。是月，詔令侍從官共舉三十人，務要真才實能，不得輒有私意〔三〕，儻不如所舉，必罰無赦。

校勘記

〔一〕時文武官候差遣者甚衆　「候」，原作「侯」，據前後文義改。

〔二〕見權明州通判凌哲　「凌」，原作「陸」，據建炎以來繫年要録卷一七三改。下同。

〔三〕不得輒有私意　「輒」，原作「趣」，據前後文義改。

宋朝中興紀事本末卷八五

起紹興二十六年正月盡五月

紹興二十六年歲在丙子。

春正月，殿中侍御史湯鵬舉言：「禮部侍郎王珉、吏部侍郎徐嘉，皆附會秦檜。」辛亥，珉、嘉俱罷。鵬舉又論兵部侍郎沈虛中，嘗密報秦熺已取塡爲奏名之首，亦罷之。虛中，廣德人也。論罷虛中在二月，今聯書之。

新執政府三位成。癸丑，各令遷入。東位魏良臣，中位沈該，西位湯思退。於是，良臣等言：「仰荷聖恩，將何以報？」上曰：「比年執政府，上漏下濕，蓋不堪居。卿等曾到京，見宰執府入位〔一〕，諸事如法。所以待天下賢俊，禮當如此。」

時言者謂：「諸縣巡尉，不用心捕强盜，反令鄰保備賞捉賊擾之，及捕到官，却令扳有力之家，悉追入獄，恣行乞取。望嚴禁止。」上曰：「朕深知之，惟得一好守臣，即此弊自革，不得人，約束雖嚴，不能禁也。」魏良臣等奏曰：「自今每一郡闕，敢不究心搜才，仰副陛下之意？」

特進張浚丁母憂，奏至。丙辰，上謂執政曰：「士大夫起復，非所以厚風俗，唯軍中人乃可爾。」時沈該因奏蜀中人材。上曰：「蜀人多能文，然士當以德行爲先，文章乃其餘事。」該曰：「有文章者，多不矜細行，往往輕肆傲物。德行爲先，誠如聖訓。」

是月，右中大夫段拂卒。

二月甲戌，詔累年所造軍器，内庫山積，諸軍亦各自製，可令工部具已造之數。其諸州合發物料，特與減免。見後工匠，亦宜減放。

時有言乞諸州修聖祖殿者。丙子，上曰：「惟淮南兵火以來，未修聖祖殿。乃奉先之所，固不可無。但行下恐因而擾民，今隨宜措置可也。」

先是，秦檜當國，進奏院所報事目，必令具本先納，俟竄定，方許報行，謂之定本。其下頗遲，又官吏迎合，删去要事，止具常程文書。故朝廷施設除授，四方不得盡知。於是，右正言凌哲深論其弊，請罷去定本，復祖宗舊制，以通上下之志。庚辰，詔從之。

侍御史湯鵬舉、殿中侍御史周方崇、右正言凌哲，論參知政事魏良臣，有不公之迹，假以歲月，殆有甚於秦檜。良臣亦自言輔政無狀，乞罷。辛卯，以爲資政殿學士知紹興府。

初，詔修祖宗寶訓，置國史院。未幾而罷，至是，著作佐郎周麟之請修神宗、哲宗兩朝寶訓。癸巳，詔從之。

國子司業王大寶，奏乞減折帛錢。甲午，上謂宰執曰：「大寶近又乞放度牒，殊未曉朕意。人多以鬻度牒爲利，亦以祝人主壽，延洪國祚爲言。且佛法自漢永平方流入中國，五帝三王之時，人主壽至百歲，卜年八百，此時佛法安在哉？朕謂人主但當事合天心，而仁及生民，自然享國久長。如高齊、蕭梁，奉佛皆無益也。僧徒不耕而食，不織而衣，無父子君臣之禮，以死生禍福，恐無知之民，蠹民傷教，莫甚於此，豈宜廣也？」沈該等曰：「陛下聖識高遠，度越前古，天下幸甚。」

是日，以吏部侍郎張綱兼權尚書。

三月丙寅，詔略曰：「講和之策，斷自朕志。故相秦檜，但能贊朕而已。近者無知之輩，鼓唱浮言，以惑衆聽。至有僞撰詔命，召用舊臣，抗章公車，妄議邊事，朕甚駭之。內外之臣，咸體朕意。如敢肆議，當寘典刑。」

丁卯，詔軍器監工匠，除本所見役八百六十人依舊外，其諸州發到一千五百人，以三分爲率，減去二分，令還本州，仍給以路費。上之愛惜民力如此。

己巳，執政奏京西、淮南閒田，乞許人請佃。其租課，沿邊免十年，次邊免五年。又四川地狹人稠，欲令制置司散榜諸路，募人往京西墾田。上皆可之，且曰：「下户恐卒無牛具、種糧，官宜貸之。」上之恤民，周至如此。

夏四月己卯，上諭執政曰：「文武一道，今太學就緒。而武學幾廢，致有遺才。祖宗武學，養士自有成法。可令禮部、兵部，速具以聞。」上之留神學校，兼隆文武如此。

時大金國主亮，加尊號。庚寅，以翰林學士兼侍讀陳誠之假資政殿大學士、醴泉觀使，充賀使。誠之自紹興十八年賀生辰，至是凡三入彼國，頗見信。後有往聘者，必問其安否云。

戊子，詔温州就試人多，置增解額。

初，司農寺丞王炎[二]，嘗乞以見管常平錢糴米赴行在。而權户部郎官鍾世明，亦請令諸路歲發陳米十五萬石赴行在。至是，侍御史湯鵬舉言：「其壞祖宗常平成法，望賜黜之。」乙未，詔炎、世明各降一官。炎，安陽人也。

五月壬寅，以參知政事沈該爲左僕射，万俟卨爲右僕射，并同平章事。

先是，執政薦直秘閣知婺州辛次膺，時已到闕，上欲用之，而患足不能拜，乃升秘閣修撰，令復還任。上因曰：「用人須盡公道。若以私喜怒，則真才實能，何由進也？」上於用人，留意如此。

甲辰，端明殿學士、簽書樞密院湯思退進知院事。

丁未，以侍御史湯鵬舉爲中丞。

右正言凌哲言：「比年臣寮坐罪，卒於貶所，死生無告。乞量原犯條上，或復其官職，或録其子孫，庶幾仁澤下及泉壤。」戊申，宰執奏前宰執及從官，昨遭貶屏已死者十五人，量輕重分爲五等，復舊職，及與致仕恩澤。上曰：「此甚當。」於是，溥博之惠，及存没矣。

言者謂，近年朝廷免米麥耕牛等税錢，而不與税務量減。歲額既重，則他貨必須重征，以求敷數，所以商旅不通。辛亥，上謂宰執曰：「此說極有理，宜令户部立法。」

時諸州大辟，雖情法相當，類以奏裁，遂獲貸配。右正言凌哲以謂：「如此，則殺人者幸矣，被殺者寃何所伸？」乃請非實有疑慮，及無可憫者，不得具奏。壬子，上曰：「但恐諸路滅裂，將實有疑慮，情理可憫之人，一例不奏，有失欽恤之意，致傷和氣。」乃令刑部坐條，及前後指揮行下，上於用刑欽恤如此，故是歲諸路斷大辟三十人。

甲寅，三省擬監司除目。上曰：「近遴選監司得人，諸路稍稍按發不職之吏，罰既行矣，賞亦不可無。今後郡守有治狀，令諸司具奏，當議褒擢，則善惡知所勸沮。」蓋上之留意用人如此。

潭州南岳廟災。丁巳，詔罷監官，仍令轉運司計合用錢數申省。撥下免斂及於民。

校勘記

〔一〕見宰執府入位　「入」，原作「八」，據建炎以來繫年要録卷一七一。

〔二〕司農寺丞王炎　「丞」，原闕，據建炎以來繫年要録卷一七二補。

宋朝中興紀事本末卷八六

起紹興二十六年六月盡十二月

六月辛未朔，中丞湯鵬舉，乞久任守令監司，課其政績，舉之再任。

癸酉，上謂宰執曰：「此在謹擇監司，監司得人，則舉刺公當。」於是，沈該等請詔諸路監司帥臣，共考其績，列舉再任有異政者，不次陞擢。從之。

先是，以端明殿學士程克俊知湖州，令過闕奏事。丁丑，除參知政事。

戊寅，宰執奏：「臣等子弟，并令歸本貫應舉，并無牒國子監及轉運司試者。」因檢故事，乾德中，陶穀之子邵中第，命中書覆試。」上曰：「秦熺登科，猶是公選。後在翰苑，文亦可觀。其後塤中甲科，所對策皆檜、熺語，灼然可見。朕抑之，置在第三，不使與寒士争先。祖宗故事，今可舉行。」遂詔舉人有要親者覆試。

戸部尚書韓仲通，乞以上供米所餘之數，歲樁一百萬石，別廩貯之。遇水旱則助軍糧，及減收糴，號豐儲倉。壬午，詔從之。上曰：「所儲儻遇水旱，誠爲有補，非細事也。」

丁亥，上謂宰執曰：「近日雨澤甚足，暑中雨，絶難得，可喜也。」万俟卨曰：「此秋成可望，皆聖德和氣所召也。」

戊子，宰執奏，倉部郎官黄祖舜，乞科舉取士之外，有學行爲鄉里所推其卓異者，聞之於朝。上曰：「若果有德行，不求聞達之士，所當搜揚。」乃下禮部詳之。

時以初伏，辛卯，宰執奏差醫官給散夏藥。上曰：「比聞春夏間，民病多是熱疾。如服熱藥及消風散，多能害人。惟小柴胡湯爲宜。」曾令醫官揭榜通衢間，服之者，所活甚衆。上留神醫藥，恤民疾苦如此。

秋七月丁未，夜，彗出東方井宿間。

戊申，詔：「朕已避殿減膳，尚慮朝政有闕，許士庶直言。」仍令監司郡守，條上便民之事。」

庚戌，左僕射沈該等言：「臣等輔政無狀，天象謫見，便合引咎待罪。以兩夜微雲，星不見，所以未敢遽勤聖聽。」上曰：「天象自有數，卿等待罪何益？朕當與卿等思所以應天之實施實德，以銷變可也。」上又曰：「看所臨分野，當在秦、晉間。然朕以天下爲憂，豈當問遠近耶？」

時禮、兵部主管架閣文字杜莘老言：「彗，蚩氣所生，歷考史牒，多爲兵兆。國家爲民息兵，而將驕卒惰，軍政不肅。今因天戒，以修人事，思患豫防，莫急於此。」因指陳時事十弊。時應詔者衆，上悉以付後省，令精擇，第而上之。衆議以莘老爲首。未幾，遷敕局删定官。

乙卯，上謂宰執曰：「往時士子上書忤秦檜意，詔往諸處聽讀，遂妨取應。可檢舉行之。」沈該等曰：「聖慮及此，寒士之幸也。」

先是，近臣進故事，講筵所胥吏多取副本。癸亥，中丞湯鵬舉言：「此必懷姦之人，恐臣下獻忠，有違其意。乞不許索。」從之。

是日，上諭宰執曰：「比年，大金人使到館，朕給内庫錢一萬緡，付都亭驛，備人使買物，先爲還其直。若有還，即撥填，或還不盡，亦不較也。」

初，福建鹽貨，轉運司積於海倉，令上四州及屬縣取而鬻之，以充歲用。近年州縣船運過多，吏緣爲姦，鹽斤兩數，虧而多雜。官肆不售，即按籍而敷，號口食鹽。閭閻下户，無一免者，民甚苦之。甲子，湯鵬舉極論其弊，乞令憲臣據紹興元年綱數，立爲定制，以去一路之弊。乃詔提刑吴逵覈實其數。

丙寅，上諭宰執曰：「昨卿等乞改正近年續降指揮與祖宗法相戾者，有司至今不見上。」沈該等曰：「六部謂若一頓改正，恐致紛紜，欲因事正之。」上曰：「此固善，然恐吏輩臨時舞文，不若一番改正之也。」

癸酉，上諭宰執曰：「臨安民有納本户絹一匹被退，因詢之，云：『官中以不經攬户不肯交，朕令人用錢五千五百買之，乃好衣絹。已令韓仲通根治。』近在輦轂尚爾，外方想不勝其弊矣。」沈該等曰：「陛下灼見弊原如此，天下幸甚。」

右正言凌哲言改官之弊，至多行賄賂。薦章一紙，費五六百千。救弊之術，惟在增考第，減舉員耳。戊寅，上謂宰執曰：「祖宗舊法，未易輕改。但嚴舉官之令，有犯贓者，舉主同罪。必與行之，則人自知畏，前弊可革。」沈該等曰：「陛下察見弊原如此，臣等謹遵聖訓。」

時鄂州都統制田師中已平湖南猺賊楊再興，且招到其族楊通議等，乞各與補官。事下刑部，以謂前無此例，欲令本軍收充效用，日量給之。凌哲言：「猺人無故擾邊，官軍討之，非藉内應，焉能直擣巢穴？何惜一資一級，以慰其心？且爲來者勸。」於是通議等卒得補官。

庚辰，中丞湯鵬舉言：「欲寛民力，在於省吏。今州縣胥徒最冗，爲民之害，望詔逐路常平官，立定吏額。」從之。

淮南漕司具到米價最賤處，每斗一百二十三文。癸未，上謂宰執曰：「昨聞淮南米賤，恐太賤傷農，故欲乘時收糴。今則未須急，候價減每石一千，至時若户部無錢，朕自支一百萬貫，令收糴也。」沈該等曰：「陛下愛民之心如此，可謂至矣。」

庚戌，交趾國使貢賀昇平綱。

言者論川中折帛錢太重。絹一匹，私直五千，而官估十千，他物稱是。去歲裕民所減，不過一千。癸巳，上諭宰執：「須與減，若行下，未必濟事。不若便令四川總領司具合減數中朝廷，庶幾民受實惠。朕自即位以來，未嘗一有妄用，凡以爲民而已。」

九月辛亥，詔錢塘江岸爲潮水所損，久則費工愈多，令漕司同臨安府速修治之。

壬子，詔監司郡守具到裕民事，令給舍詳之。

武學博士歸安周操言：「乞自今武舉登科高等者，樞密院籍記，任滿有績，即加擢用。其次者，亦免充筦庫之任。」從之。

是月，户部尚書韓仲通除敷文閣直學士、知廣州。

時以内教，有司依年例供進賞賚物帛，有退還者半。冬十月辛未，宰執奏：「此仰見陛下儉德，雖禹、湯無以過。」上曰：「賞賚無用許多，能如此撙節，有司一歲可省數百萬緡。」沈該等曰：「陛下每事省約，以寬財賦，此非獨有司之幸，實天下之幸也。」

壬申，上諭宰執曰：「宗室中才學者選三兩人，除行在官。京師盛時，從官建節者甚衆，今不可以舊比，但如南班亦少，朕甚念之。」沈該等曰：「仰見陛下睦族之意，雖堯、舜用心，不過如此。」

初，詔實録院編皇太后回鑾事實及徽宗梓宫還闕本末。至是，先修回鑾事實書成。

丙戌，右僕射万俟卨上之。時左僕射沈該言：「昨進安奉回鑾事實禮物，陛下悉退出不受。皇太后聖性節儉，而陛下仰承太后之美，天下幸甚。」上曰：「宮中無用許多禮物。皇太后今七十七歲，而康健如五六十人。自古帝后，無有也。」

庚戌，參知政事張綱奏：「皇太后生日，回賜臣銀絹過多。」上因曰：「太后前以飲食動臟腑，近已安健，粥藥皆朕親進，又得皇后侍奉甚謹。太后聖慈無比，然性亦嚴，唯皇后賢淑，能順其意。朕每日臨朝，所以得心安也。」綱曰：「太后聖德，聞於天下。春秋既高，皇后又能承順，周家太任、太姒之美，在今日可以比隆矣。」

乙丑，中書舍人王綸言：「近詳守臣具到五事，其間惟一二三的實，餘皆細務，秪取充數。亦有爲五條所拘，不得盡言。望今後不拘其數，庶以副陛下務施實德之意。」從之。綸，江寧人也。

十一月，禮部侍郎辛次膺，請考每歲財賦入出之數，以廣儲蓄。甲戌，上謂宰執曰：「此誠今日急務，然止有三說。生財、理財、節財是也。比年生財之道，講求略盡，唯理財多緣官司失職，致有拖欠，使州縣得人，必不至此。若節財則用莫大於給軍，既有定額，無可裁損。今但當撙節，不可妄費。夫理財得人，又能撙節如此，數年蓄積，自有餘矣。」沈該等曰：「誠如聖訓。」

時太學補試揭榜，中程者一百九十人，詩賦多而經義少。壬午，上謂宰執曰：「後生輩往往皆詩賦，數年後，恐經義科廢矣。宜令兼習經義。」沈該等欲來年省試後，經義與詩賦兼行。上曰善。

初，知嘉州朱昌裔、知萬州李莘民、知泰寧費行之，皆因監司所舉，籍其姓名。至是行之任滿，辛卯，宰執擬知邛州，上令更與轉官。於是，昌裔、莘民亦皆轉一官。

浙東提舉官趙公稱奏：「准詔定吏額，今據本路人吏四千二百六十，今減去二千一百九十。」庚午，上謂宰執曰：「若諸路依此，非惟省事，民亦受無窮之賜也。」

初，詔户部侍郎王俁詳定重修貢舉敕令格式。至是，書成。癸丑，右僕射万俟卨上之。

初，上親製孔子并七十二賢贊，皆灑以宸翰。至是，臣僚請勒石國子監，以爲不朽之傳，仍摹本賜諸郡學。戊午，詔從之。

己未，宰執奏：「臺臣論左朝奉大夫陳惇、左朝請大夫趙迪之罪狀〔一〕，乞屏於遠方。」上曰：「所論未知實否？且下逐路監司體究。」沈該曰：「既是臺章，恐不須體究。」上曰：「朕惟每諭與臺諫，風聞言事，不可容易，須再三詢訪。朕見人材難得，未嘗不留意愛惜。今二人者，合如何施行？」該曰：「乞送吏部與監當。」上曰：「且依此。」

時上方委户部郎官向伯奮措置財用，言者論其素有脱空之名。上謂宰執曰：「朕見累任監司，亦嘗委以捕盜。今既有言章，須與一郡。」於是差知吉州，章不報行。

庚申，上謂宰執曰：「昨下詔求言，四方之士，陳獻甚多。朕一一披覽，所言利害，極有可取，宜擇其議論尤切當者，量與推恩，庶幾有以勸之。」沈該等曰：「仰見陛下樂見善言，天下幸甚。」

壬戌，三佛齊國遣使入貢。

是年，罷提點坑冶鑄錢官，以其事歸諸路轉運司。

金國主亮改元正隆，復汴京大内，遣其臣左丞相張浩領行臺尚書省，以督其事。且用本朝内侍嚮陷敵中梁其姓者，爲提督官，號大使，於是暴役横斂，以務速成，而中原之民，重罹其毒矣。

校勘記

〔一〕臺臣論左朝奉大夫陳惇左朝請大夫趙迪之罪狀　「惇」，四庫本中興小紀卷三七作「享持」，此據廣雅本中興小紀卷三七改。按：此宋人避光宗諱所改。

宋朝中興紀事本末卷八七

起紹興二十七年正月盡四月

紹興二十七年歲在丁丑。

春正月，監登聞鼓院王述，以其父倫死事乞外任。戊子，上曰：「王倫頃年奉使於金，金欲留之，許以官爵，倫不從，乃冠帶南嚮，再拜訖就死。此事亦人所難，宜恤其後。可特添差平江府通判。」

時敷文閣直學士蕭振再爲四川帥，上念蜀民，久困供億，詔振與總領四川財賦湯允恭、提舉茶馬李潤、東西漕臣許尹、王之望同措置，俾實惠及民，可以經久。尹，鄱陽人。之望，穀城人也。

至是，之望獨奏：「乞減四川上供之半，以裕民。」辛卯，上謂宰執曰：「須見得四川每年出入之賦數，常敷幾何，横斂幾何，軍儲所須，與無名之費多少。朕不惜減以裕民，爲諸司未有定議。遽先如此，萬一闕乏，何以善後？之望有愛民之志，但臨事不審，率爾有請。」湯思退曰：「四川財賦，誠如聖訓。可趣蕭振等條上。」上曰：「甚善。」

時起居郎趙逵亦奏：「四川在萬里外，其取民之塗有二：如激賞絹之類，以民所當納者，揭於通衢，上下共知，此明告之而取之也。激賞錢之類，總領以若干數下之州縣，必陽戒之曰：『無損歲計，無傷民力。』若然，則須官吏備而後可。官吏不能自備，其勢不得不暗增有額之賦，私應無名之索，此陰取而不告者也。是故取激賞等錢，民不悟也。罷激賞錢，民不與也。臣願詔振等，凡總司錢物，必分爲二，曰此上下通知者，其不通知，當根其所自，出而放之，然後吏不能沮而惠徧逮矣。」既而，振等會議於成都，奏請歲蠲東西路對糴米十六萬石，夔路激賞絹五萬匹，減絹估錢二十八萬有奇。

是月，詔侍從各薦宗室文臣京官以上，材識治行者兩人，特與召對。

二月，上聞諸處將官，全不舉職。己亥，乃詔：「宰執具出東南共幾員，其不職者，别與一般差遣。却令諸將，舉曾歷軍事者充。此事出於朕意，卿等更委曲相度。」湯思退曰：「不曉兵事者，即與別差遣。可任者，依舊存留。」

江東提刑徐天民，劾知信州周葵不恤郡政。壬寅，上謂宰執曰：「大抵先歷知縣，諳政事，然後付之一郡，必優爲之。朕頃在河朔，見汪伯彦治郡，全不費力，以其經歷多，事皆通曉。向來俞俟知紹興府亦然。今周葵止因昨在言路，好論事，遂得虚名，魏良臣力薦之。及治郡，乃不職。與宫觀宜矣。」沈該等曰：「汪伯彦河朔事，至此蓋三十餘年，上記人之善，久而不忘如此。」

廢江陰軍爲縣，浙西帥榮薿請也。

丁未，貢院考到博學宏辭合格選人周必大，詔與堂除。必大，滎陽人也。

戊午，以御史中丞湯鵬舉爲參知政事。

己未，以少保、信安郡王孟忠厚提舉秘書省。

甲子，上曰：「蜀中舉子，赴廷試不及者，皆賜同出身。慮其間俊秀能取高第，猥令就下列，亦可惜。今來者尚少，展日以待之。」沈該等曰：「臣等議有赴試不及者，欲試策一道，第其優劣而高下之。今聖諭令展日，則待士人禮盡矣。」

是月，太尉、御前諸軍都統制楊政卒於興元府。後謚曰襄毅。

侍御史周方崇請京局改官人并注知縣。三月己巳，上以問宰執，該曰：「選人改官，後須歷親民，實爲良法。」上曰：「徽宗嘗言，仁宗朝，每除執政大臣，須先問曾歷親民否。蓋歷親民，必能通世務，置之廟廊，天下利病知過半矣。此朕昔年恭侍，親聞玉音，誠可爲萬世法也。」沈該等曰：「徽宗蓋以愛民爲先務，陛下欽佩祖宗話言，罔敢失墮，雖虞舜羹牆之念，何以過此？」

壬辰，右僕射万俟卨卒，謚曰忠靖。

先是，刑部侍郎張杓薦主官告院朐山鮑疊，有旨賜對。既而疊對不稱旨，杓爲言者所論，降一官罷。

夏四月甲寅，知樞密院湯思退等言：「杓薦人不當，失陛下信任之意，昨已罷之，甚合公論。」上曰：「朕居深宫中，何由盡識天下人材？侍從既不足信，朕何所取信？初見疊上殿，已覺不如所舉。況又臺諫論列，較其罪，自合遠竄。只降一官罷，已是寬典。」思退曰：「誠如聖訓。」

時武舉第一人趙應熊，已與閤門祇候。壬戌，擬授江東安撫司屬官，上曰：「應熊有用之才，朕親觀其所試，皆可採。徽宗時，如馬擴、馬識遠，并以武舉擢用，不可謂今無人。」知樞密院事湯思退曰：「應熊初入仕，且如此處之，以養其資望。」上曰善。

是月，少師信安郡王孟忠厚卒。

户部侍郎王俣除工部尚書，尋爲言者所論，以奉祠去。

吏部侍郎陳康伯遷尚書。

時四川制置使蕭振，在蜀已一年，而職事舉。五月丙寅，宰執欲與進職名，上曰：「四川善政，前有胡世將，今有蕭振。振蠲科敷，蜀人安之。近薦帥臣，又皆得人，與之不爲過。」遂進秩四品，自待制除敷文閣學士。未幾，振卒。

宋朝中興紀事本末卷八八

起紹興二十七年六月盡十二月

六月，初，秦檜當國，雖未廢轉對，而所論者第應故事。至是，著作佐郎黄中言：「頃者大臣好佞惡直，一時往往以言爲諱，不過塞責而已。望敕在位，自今轉對，要切於治道，庶補萬一。」甲辰，上曰：「中所言，頗合朕意。」詔從之。

戊申，以知樞密院事湯思退爲右僕射，同平章事。

初，荆南府爲上流重地，而兵力寡弱。户部侍郎王師心時爲帥，嘗奏乞分鄂渚重兵留屯，以示形勢。從之。至是，師心又言：「鄂渚戍兵市馬北境，宜禁止，以窒邊釁。又，鼎、澧、歸、峽産茶，民私販入北境，利數倍。自知盩法不赦，因去爲盜。由引錢太重，貧不能輸，故抵此。望別創憑由，輕立引價。既開其衣食之門，民必悔過改業，而盜可消矣。」上然之。

秋七月庚午，上曰：「茶鹽禁榷，本爲國用所需。若財賦有餘，則擿山煮海之利，朕當與民共之。」

時坑冶鑄錢事，已付之諸路漕臣。於是户部侍郎林覺言：「國朝慶曆以來，歲鑄一百八十餘萬緡，其後亦不下百萬。如前年，猶得一十四萬緡。去年，猶得二十二萬緡。而提點司官吏，徒縻禄廩，朝廷罷之，殊快人意。但付之漕司，日久亦未有效。望復饒、贛及韶三監，各令通判主之。漕臣往來措置。三監所鑄，權以十五萬爲約，仍不得以舊錢代發。」庚午，詔從之。

是月，資政殿學士提舉洞霄宫程克俊卒，後謚曰章靖。

八月己未，知樞密院湯鵬舉言：「近罷坑冶鑄錢事，歸諸路轉運司，甚善。但户部近日欲撥本錢，兼別差官〔一〕，所以臺章論列。又恐坑冶司省罷官在此，唱爲異議。願陛下專委之轉運司，必能就緒。」上曰：「此一事，朕諭之士大夫，亦無他説。獨王珪再有章，朕謂凡有建立，人各以所見相可否，歸之至當而後已。若一人唱之，百人和之，事或未當，朕則何取？」

九月，參知政事張綱求去位。癸酉，除資政殿學士，知婺州。

辛巳，以給事中王師心爲吏部尚書。

冬十月戊申，經筵進讀三朝寶訓終篇。侍讀王師心奏曰：「祖宗創業垂統，所以長慮，却顧爲子孫萬世之計甚備。熙寧大臣，私意改作，流毒至今，不可不監。」又言：「帝王之於史，其要在於觀得失，究治亂。今進讀漢書，願摘切於治體者讀之。」詔可。

户部言：「義倉米，歲在苗輸，而州縣吏不據數令捲，故令臨時有誤賑給，欲下逐路常平司，劾其違戾者。」癸丑，詔從之。

初，福建鹽，自提刑吴逵奏定綱額，及減價三分，轉運司鹽本錢亦減，只收一十九文，且不許科賣。雖民力稍寬，而州縣無以供百費，且尤非轉運所利，故衆論摇之。朝廷加逵直秘閣移守鼎州，逵憤而死。有旨，下本路諸司，以逵所奏相度更定。至是，諸司條上歲船一千六百萬斤，如逵數，而鹽價惟減一分，鹽本錢收二十五文。上方與宰執共議，提舉常平官張汝楫别奏，請行鈔法。庚申，上以問宰執，陳誠之曰：「福建山溪之險，細民冒法私販，雖官賣鹽，猶不能絶。若百姓賣鹽，豈免私販之弊？第恐不盡請鈔，有虧課額。」上曰：「大中間，福建曾用鈔法，未幾復罷。若可行，祖宗已行之，不待今日。正如萬户酒，前後有榷者甚多，然終不可行。大抵法貴從俗，不然，不可經久。」

先是，福建歲認鹽鈔錢三十萬緡，至是，與減八萬。減鈔鹽錢在十一月一日，今聯書之。自此，轉運司及州縣少舒，而復科賣於民矣。

時詔直秘閣曾幾入對。幾言：「士氣久不振，陛下欲起之於一朝，矯枉者必過直。雖有折檻斷鞅，牽裾還笏，若賣直沽名者，宜皆優容獎激之。」上大悦，以爲秘書少監。幾承平時，已爲是職。至是三十八年，以老臣自外超用，鬢鬢皓然，衣冠甚偉，人皆感歎，以爲太平之象。幾舉故事，每與同舍會説前輩言行、臺閣典章，從容竟日。於是，右僕射湯思退語客曰：「惜思退用偶在前，不得當斯時從曾君游也。」

左正言何溥，請久任郡守，毋庸數易。

十一月辛巳，殿中侍御史葉義問言：「知樞密院事湯鵬舉，乃秦檜黨中之姦，在言路時，率多賣直。」癸未，罷爲資政殿學士，提舉在外宫觀。義問再論，遂落職。義問，壽昌人也。

甲申，宰執奏接伴使副徐林、張倫，乞將人使往回宿食頓具，有不擾而辦，或過爲擾民，皆許具奏，以行賞罰。上曰：「朕再三思之，此止是增重接伴事權，恐州縣觀望，却成騷擾。接伴迓客爾，何用如此？前後指揮已備，只令兩路漕臣檢察足矣。」沈該退而仰歎上英明，洞見物情，出人意表，無不心服。林，建安人也。

先是，吴國長公主請女夫直秘閣鄭珙轉兩官，仍添差浙東參議官。珙，建安人，轂子也。給事中賀允中封駁詞頭。丙戌，上曰：「命下逾兩旬，珙已被受，乃始封駁，恐非故事，可諭令讀書。」於是，宰執召允中至堂，面諭聖旨。允中執所見不易。

丁亥，上曰：「雖稍後時，所論極有理，當曲從之。」沈該等曰：「諫行言聽，使言者得以自安，此盛德事也。」

時故太師張俊三子，授待制、集英殿修撰。允中亦封駁。又沈該乞其子便私差遣，有旨改合入官者二人，仍與内外窠闕。允中言：「寒士改官，視爲再第。内則筦庫，外則屬官，俾宰相子任之，則主司孰敢號令？昔司馬康以光之子，扶持改服色，光猶力辭。今陛下既新萬務，宰相正當忘其私，臣甚爲該惜也。不然，檜、熺覆轍，可不杜其漸哉？」上覽而稱歎。

初，諸路漕憲及常平司，皆得互舉所部選人改官，舉員及格，吏部引驗放散。自置總領所，而總領所舉及本所屬官，或用他薦者，引驗訖，仍須取旨，寒士病之。至是，吏部侍郎凌哲始爲啓請，遂依例，皆得放散。

十二月，殿中侍御史葉義問論禮部侍郎周方崇、兵部郎官李庚、工部郎官褚籍等，與湯鵬舉交結。上曰：「朕深不欲朝廷分朋植黨。今方崇等交結，所幸覺之於早，當戒其漸，姑從輕典可也。」庚，臨海人。籍，丹陽人也。甲午，方崇等罷。

戊戌，吏部侍郎凌哲乞小郡。上曰：「哲緣鵬舉所薦，不自安，故求外，此亦善人，非方崇比。朕嘗與臺諫論大臣出處，或以罪大，但及其身足矣。至所薦引，當觀其人，若不問賢否，一切斥逐，是使之爲朋黨，非公正之道也。」

時已蠲蜀賦以寬民力，而嘉州賦外之斂方急，四川制置使李文會曰：「違法科斂，與違制罪均，況蜀去朝廷遠，詔令裕民，吏猶不承，悖孰甚焉。」乃劾官吏之罪，悉罷逐之。

校勘記

〔一〕兼別差官　「兼」，原作「差」，據羣書考索後集卷六二改。

宋朝中興紀事本末卷八九

起紹興二十八年正月盡八月

紹興二十八年歲在戊寅。

春正月，時令平江府改造牧馬瓦屋，而不降錢物。上慮必致科擾。庚午，乃諭宰執，據間架支錢，付逐軍自蓋，庶即可集。如户部闕錢，從内庫支錢。沈該等曰：「臣等仰見聖心愛民，可謂切矣。」

言者論殿前司强刺人充軍。壬申，上謂宰執曰：「士大夫往往以招軍爲不切事宜，殊不知無事之時，當爲先事之備。今殿前司見闕數千人，積之歲月，必至暗失軍額。但當約束，無令擾人足矣。」

上又曰：「守令舉職，已許監司列薦。而監司賢否勤惰，將使誰察之？宜依守令，别爲考察之法。」

時臨安府申輦官，爲軍中招去。殿中侍御史葉義問曰：「在禮，以足蹴路馬芻，猶且有誅，况天子之輦官，其可刺以爲軍？此而不言，則下凌上替，他日有不可勝言者。」遂力陳之，自是軍中少戢。

又福建帥臣沈調，以招軍進秩。其弟左僕射該辭免，有旨，降詔不允。給事中兼直學士院楊椿言：「招軍之勞薄，而上宰之兄有嫌，此賞一行，將有强刺良民以希進者，乞許其辭。」從之。

三月，著作佐郎周麟之，請就日曆所纂神宗、哲宗兩朝寶訓。至是，神宗寶訓書成。

丁卯，左僕射沈該等併仙源積慶圖上之。

嚴州遂安縣賊徒嘯聚，有擒獲者。甲申，上謂宰執曰：「招安非良法，命之以官，是誘之使爲盜。不若移此，以賞捕盜之人。盜知必見獲，則可使無盜。」沈該等曰：「聖慮高遠，非臣等所及。」

夏四月，南劍州禁軍作鬧。甲辰，福建轉運判官趙不溢奏至。上曰：「治軍與民不同，又事有雖大而可闊略，雖小而不可貸，顧其情如何耳。此豈可姑息？自今有犯，但當行法。更須精擇守臣，使任其責。」

五月甲戌，宰執奏朝士楊偰，乞將取應宗子，比府監進士，理年免舉。上曰：「此自有成法，遵守可也。祖宗以來，俸料之數，乃稍就格，此若可行，不至今日矣。」

是月，金國主亮坐薰風殿，召其臣吏部尚書李通、翰林直學士蕭廉語以：「朕夜夢至上帝所，殿中人語如嬰兒。少頃，有青衣特宣授朕天策上將，令征某國。朕受命出而上馬，亮所乘烏騅小馬，號小將軍。見鬼兵無數。朕發一矢射之，衆皆喏而應。既覺，聲猶在耳。即遣人至廐中，視所乘馬，其汗如水。取箭數之，亦亡其一。此異夢也，豈非天假手於朕，令取江南乎？」通等皆賀。亮戒無令泄於外。

六月，福建帥司奏擒獲海寇，已戮其巨魁三人，餘乞斷配。

辛巳，上謂宰執曰：「士大夫持論，多以姑息爲好生。殊不知殺人不死，是謂失刑。卿等更審處之。」已而，旨下帥司，具逐人情犯申省。其後，刑部侍郎陳正同又奏「諸路死囚，例多降配」事。上曰：「刑非務刻，要當其罪。若專事姑息，廢法用例，則人何所畏？

卿等可令遵守成憲。」沈該等曰：「邇來獄案，臣等一一親閱，酌情斷罪，務適其中。既不殘民，又不廢法，期以仰稱陛下欽恤之意。」正同，沙縣人，瓘子也。

著作郎陳俊卿在普安郡王邸已一年，每當講，必傳經啓沃，王深器之。一日，王習毬鞠，俊卿微誦韓愈諫張建封書以諷，王即爲誦全文，不遺一字。俊卿退而喜曰：「王聰明而樂從諫，社稷之福也。」

秋七月，左正言何溥，請詔大臣，擇大縣闕爲堂除。辛未，上謂宰執曰：「朕謂天下事，治其末者，不若事其本。縣令，末也，監司郡守，本也。若監司郡守盡得人，則縣何患不得人？卿等爲朕選監司郡守足矣。」沈該等曰：「聖訓及此，深得爲治之要。昔姚崇爲唐玄宗言〔一〕：『今擇十道採訪使，猶慮不得其人。況天下四百餘州，其縣令豈能盡擇？』正與聖意合也。」

丙子，詔置國史院，修神宗、哲宗、徽宗三朝正史，以右僕射湯思退兼監修。

先是，起居舍人洪遵論鑄錢利害。上曰：「遵論頗有可採。前後銅禁，行之不嚴，殆成虛文。銅雖民間常用，設以他物代之，亦可。今若上自公卿、貴戚之家，以身率之，一切不用，然後申嚴法禁，宜無不戢者。」於是有旨，於御府出銅器千餘，付外銷毁。其士庶之家，照子及寺觀佛道像、鐘、磬、鐃、鈸，官司銅鑼許存外，餘并納官。翌日，知樞密院陳誠之奏事，因及此，且曰：「陛下以身率之，自然令行禁止。」上曰：「所得之銅固不多，徒欲使人知不用，即不復鑄矣。」

八月，徽宗實録書成。宰執請擇日稱賀，上顰蹙久之，曰：「若可以不賀否？」壬辰再奏：「禮當拜表，第罔極之恩，深惻聖懷，若免稱賀，亦以昭孝道，欲竟不賀。」詔可。戊戌，右僕射湯思退上之。

校勘記

〔一〕昔姚崇爲唐玄宗言　「玄」，原作「元」，係清人避諱而改，而宋人可不避此字，故逕回改。

宋朝中興紀事本末卷九〇

起紹興二十八年九月盡十二月

九月，端明殿學士、知成都府李文會卒。

右僕射湯思退言：「故翰林學士汪藻，嘗纂元符以來詔旨。比修實録，所取十蓋七八，深有力於斯文。」

甲子，詔贈藻端明殿學士。子恪等與堂除。

未幾，徽宗實録書成，思退上之。書成在十一月，今聯書之。

時太學私試，有中前列者，賦落韻，一學閧然。博士金華唐堯封，函取駁放。於是，侍御史葉義問，論堯封罷之。國子正馮方，亦改差户部架閣。乃降詔戒飭諸生，略曰：「較藝不精，朕固黜之矣。自今有不率教者，長貳具名以聞。」方，安岳人也。

初，大理寺丞環周言：「臨安、平江、湖、秀低田多爲水浸，蓋緣諸水，併歸太湖，湖水分爲三派。東南一派，由松江注之海。東北一派，由諸浦注之江。其諸浦中，惟白茅浦最大，今爲淤塞。望令有司，於農隙開決，俾北派流通，實四州無窮之利。」詔漕臣措置。

既而，轉運副使趙子潚、知平江府蔣璨言：「太湖者，數州之巨浸，而獨洩以松江之一川，宜其勢，有所不逮。是以昔人於常熟之北，開二十四浦，流而導之揚子江。又於崑山之東，開一十二浦，分而納之海。凡三十六浦。後爲潮汐沙積，而開江之卒亦廢。於是，民田有湮没之憂。天聖間，漕臣張綸，嘗於常熟、崑山各開衆浦。景祐間，郡守范仲淹亦親至海浦，浚開五河。政和間，提舉官趙霖，又開三十餘浦，此見於已行者也。今諸浦堙塞，又非前比，總計用工三百三十餘萬，錢三十三萬餘貫，米十萬餘石。緣平江積水，已兩月未退，望速行之。」已巳，詔監察御史任古覆視。既而古至平江，言：「常熟五浦通江，委是快便。若依子潚所請，以五千人爲率，來歲正月入役，月餘可畢。」又言：「平江四縣，舊有開江兵三千人，今乞止於常熟、崑山兩縣，各招填百人。」從之。璨，晉陵人。古，定陶人。

壬申，户部言：「兩浙江湖，歲認發米以石計者，兩浙一百五十萬，除三十五萬，折錢一百一十萬緡。今發八十五萬。江東九十三萬，今發八十五萬。江西一百二十六萬，今發九十七萬。湖南六十五萬，今發五十五萬。湖北三十五萬，今發三十萬。欲且依減下之數，以憑科降。」詔依限發足。

上將祀南郊，禮部侍郎孫道夫言：「神祖時，執政以國用不足，乞罷郊賜。司馬光贊之，而王安石執不行。臣謂將來郊禮，宜申光之議，許兩府侍從皆辭錫賚，宗室刺史以上減半。節用自貴近始，以風示天下。」上曰：「朕在宫中，衣服飲食，皆從儉約。」道夫曰：「陛下可謂於禹無間然矣。」既遂，除道夫兼侍講。

辛巳，以建州觀察使濮園令士輵爲昭化軍節度使，嗣濮王。

壬午，領殿前都指揮使楊存中言：「本司見造戰船，乞置虎翼水軍一千人。」從之。

時平江、紹興、湖、秀諸處被水，欲除下户積欠。癸未，宰執擬令户部，具有無損歲計。上曰：「止令具數，便於内庫撥還。朕平時無妄費，内庫所積，正欲備水旱爾。本是民間錢，却爲民間用，復何所惜？」

户部侍郎趙令詪，請將州縣義倉陳米出糶，及水不須檢放，及七分便許賑濟。乙酉，左僕射沈該等言：「義倉米，在法不應糶，糶之恐失豫備。」上曰：「逐郡米自有數，若量糶十之三，椿其價，次年復糴，亦何所損？又高下，必須檢放七分方賑濟，則賑濟處絶少矣，饑民何繇得食？卿等别爲措置。」

冬十月，初，上於禁中作損齋，又親灑宸翰，爲之記。至是，吏部尚書賀允中，請推廣損齋記節儉之意，詔諭中外。庚寅，上謂宰執曰：「朕禁中嘗闢一室名爲損齋，屏去聲色玩好，置經史古書，朝夕燕坐於此。嘗作記以自警，不謂外間亦聞之。」允中比於經筵，問朕好道之意。朕謂之曰：『朕之好道，非世俗之所謂道也。世俗修身鍊形，以求飛昇不死。若果能飛昇，則秦始皇、漢武帝當得之矣。若果能長生，則始皇、武帝至今存可也。朕惟治道貴清浄，苟侈心一生，雖欲自抑，有不能已者。故所好，惟在恬淡寡慾，清心省事。所謂爲道日損，損之又損，以至於無期。與一世之民，同躋仁壽，如斯而已。』當降出碑本，以賜卿等。朕又惟比年侈靡成風，如婚祭之類，至有用金玉器者，此亦不可不戒。」沈該等曰：「損卦之象，在於懲忿窒慾，陛下以此道制世御俗，唐、虞之治，不難致矣。若降御記，以迪在位，過於詔書遠甚。然尚慮四方未知，續當擬詔意進呈。」

十一月壬戌，宰執奏：「近蘇、湖、松三郡大水，放大户積欠。蒙聖恩，捐内庫錢，助户部歲計，以寬民力。所進大禮全銀錢帛，又令減半。深恐錫賚之際，或不足用。」上曰：「大禮支費，朕半年前預立定格，無分毫濫予，比之前郊，纔及十之五。」沈該等曰：「陛下恭儉，出於天性，豈前代帝王所可跂及？」

辛丑，朝獻景靈宫。

戊寅，朝饗太廟。

己卯，冬至，合祀天地於圜丘，大赦天下。

皇太后新歲八十，上將以正旦於宫中行慶壽之禮。

十二月辛卯，宰執請依建隆故事，率臣僚詣文德殿稱賀。從之。

辛丑，上謂宰執曰：「近州縣官吏，曾經臣僚論列〔一〕，而監司郡守，失於按發。雖已行遣一二，其餘待罪者皆放罪，恐公然容芘姦贓之吏，無所忌憚。自今更不許待罪。」

校勘記

〔一〕曾經臣僚論列　「曾」，原作「胄」，據建炎以來繫年要録卷一八〇、宋史全文卷二二下改。

宋朝中興紀事本末卷九一

起紹興二十九年正月盡六月

紹興二十九年歲在己卯。

春正月丙辰朔，詔：「皇太后仁德天祐〔一〕，聖壽無疆，新歲八十，朕於宮中行賀禮，當與普天同慶。應京朝官選人使臣及得舉進士，父母年八十以上者，并特與官封有差。」壬戌，詔：「諸軍揀汰人，逐州立定員數，類極邊處二十員，如三次立功者，添差帥司監司指使。」

先已詔客販食米，不得收税，仍豁除州縣税額，所冀民不闕食。至是，訪聞諸路奉行滅裂。遇販米船，雖無他貨，亦故作淹延，屈伏收税。又閩、廣路，例皆販穀，場務巧稱非米，抑令納税。乃詔米穀悉同。若無他貨，并即時放行。如有違慢，許民越訴，委轉運司點檢，月具申省。

二月己丑，以侍御史葉義問爲吏部侍郎。

庚寅，殿中侍御史任古奏事，因請義問出臺之由。上曰：「義問在臺稱職，今委料理銓曹。」未幾，兼史館修撰及侍講二職，尋以義問兼權尚書。

初，諸路多閒田。右司郎官鍾世明，嘗請出賣而未行，仍許民佃。緣歲獲厚而租輕，復增租以攘之者，謂之刬佃。故詞訴繁興，官以爲病。知温州黄仁榮建言：「請盡鬻之，則訟自息，而利在官。」詔從之。至是，仁榮授淮西帥，入對，上曰：「卿嚮論鬻田，户部得緡錢五百萬矣，何必爲淮西行也？」遂除度支郎官。

三月，不雨。癸未，上謂宰執曰：「祈雨略應，未至霧霈。雖令斷屠三日，所免止是猪羊。民間緣此競食雞鵝魚鰕之屬，屠害物命，多過百倍。可更斷三日生命，微物悉禁之。」

時殿前司統制官陳敏上戰車之法。甲戌，上曰：「戰車雖出於古，然用各有宜。」知樞密院事陳誠之曰：「戰車非澤國所用。」同知院事王綸曰：「房琯猶敗於中原，况澤國乎？今之軍士，不知車爲何物。」上曰：「姑令三帥議之，免令武人有棄一得之歎也。」

丙子，宰執奏擬蠲放諸路積欠詔意。上曰：「輕徭薄賦，所以息盗。歲之水旱，所不能免，儻不寬恤，而惟務催科，有司又從而加以刑罰，豈使民不爲盗之意？故治天下，當以愛民爲本。」湯思退曰：「本固邦寧，誠政之所先。此詔既頒，實惠廣被，真三王之用心也。」

夏四月己亥，右僕射湯思退言：「三省實總萬機，各有本省之法。自大觀間修中書門下敕令格式，歷年既久，而尚書省第有省記條册，望下有司重修三省成法。」從之。其後，刑部侍郎黄祖舜條具申請。未幾，詔罷敕局，前指揮還寢。至乾道六年，降詔復修。

户部侍郎趙令詪言：「自臨安至鎮江，河水淺澀，留滯運綱。望令守臣修堰閘。」辛丑，詔從之。

五月己未，上與宰執論及内外儲蓄事。上曰：「比緣河流淺澀，綱運稽緩，已支内帑錢五百萬緡，以佐調度。朕自息兵講好二十年，所積豈以自奉哉？蓋欲備不時之須，免臨時科取，重擾民爾。可令户部，會計每歲經常之費，量入爲出，而善藏其餘。自非饑饉師旅，勿得妄支。」湯思退曰：「昔漢文帝常言：『朕爲天下守財爾。』今陛下聖德，過漢文遠矣。」

六月，知樞密院陳誠之乞罷，除資政殿學士，知泉州。於是侍御史朱倬、殿中侍御史任古，言誠之附會秦黨，無補國論。其去已爲僥倖，望鐫職罷郡，以協公議。詔與宮觀。而左司諫何溥等再論，遂落職。

朱倬、任古、何溥與右正言都民望等言：「左僕射沈該，在政路數年，無所建明。」而該亦上疏請老。己酉，罷爲觀文殿大學士，提舉洞霄宮。倬等再論，遂落職致仕。民望，德化人也。

敕令所删定官聞人滋，乞選人歷任及十考無過，雖舉狀不及格，望許降等改官。仍約累年中數，以舉狀年勞參用，庶抑貪冒，而養廉素。詔吏部長貳參酌，務可久行。閏六月，給事中王晞亮、中書舍人張孝祥、洪遵議，以謂此法一開，則出十餘年，坐待京秩。其不可有四，難如所請。從之。滋，嘉興人。晞亮，莆田人也。

初，朝廷以四川道遠，舉人難於赴省，令就宣撫制置司類試。行之三十年矣，至是，禮部侍郎孫道夫兼侍講，一日，極論四川類試之弊。上曰：「早方與宰執議，今歲已無及，其後舉當遣御史監之。」道夫曰：「御史監試，事體固重，然所關防，不過試闈中傳義代名等弊，其有前期投所業，問題目，以秘語爲契驗，則無迹可尋。必令赴禮部，乃爲允也。」既而，事下國子監。兵部侍郎兼祭酒楊椿曰：「蜀士多貧，而使之經三峽，冒重湖，狼狽萬里，可乎？欲去此弊，一監試得人足矣。」遂詔止令監司守倅子弟力可行者赴省，餘不在遣中。

校勘記

〔一〕皇太后仁德天祐　「祐」，原作「祜」，據前後文義改。

宋朝中興紀事本末卷九二

起紹興二十九年七月盡十二月

秋七月丁未，以吏部尚書賀允中爲參知政事。

癸巳，以户部侍郎趙令詪爲崇慶軍承宣使，襲封安定郡王。

八月己卯，起居舍人浦城楊邦弼言：「紹興起居注所未修者，凡十六年。緣久無正員，因循積厭。望令兩省，逐月修進外，其前未修者，帶修一月。庶譔次有倫，克盡中興之美。」從之。

御史臺主簿張闡，前爲提舉兩浙市舶，請編本司法。上以兩浙、閩、廣三路市舶不同，令逐司具上，將委官詳定。九月壬午，上曰：「朕嘗問闡，舶司歲入幾何，闡言歲約二百萬緡。如此，即三路所入不少，皆在常賦之外。宜後取户部收支實數以聞。」

時有言金國將敗盟，上命同知樞密院王綸等奉使彼國驗之。至是，綸等回，言鄰國恭順，和好無他。丙戌，宰執皆賀。上曰：「前日諸處，妄傳中外紛紜之論，或欲沿邊屯戍軍馬，移易將帥，儲積錢粮，便爲進取之計。萬一遂成輕舉，則兵連禍結，何時而已？今而後，宜安邊息民，以圖長久，乃爲良策。」湯思退曰：「遣使尋盟，和好益堅，皆自陛下威德所致。申飭邊境，務令安静，敢不仰遵聖訓？」

庚子，皇太后崩於慈寧宫。殮前一日，宰執召禮官赴堂曰：「有旨，問含玉之制。」莘老曰：「禮院故事所載，以周禮典瑞，鄭玄所注〔一〕，製之其可。」因立具奏。上覽之曰：「是真禮官也。」

時百官朝暮臨，將避辰日。起居郎權中書舍人黄中，以爲非經。且引唐太宗哭張公謹事争之。既而，卜殯日，適在權制釋服之外，有司議百官以吉服陪位。中又論之曰：「唐制，殯在易月之内，」則曰：「百寮各服其服。啓殯在易月之外，則曰：各服其初服。今殯雖過期，獨不得以啓殯例之，而服其初服乎？且喪，與其易寧戚，惟稽古定制，有以伸臣子之至情可也。」

冬十月癸酉，王綸奏：「樞庭除常程細事外，其大者亦與三省商議，方敢決。」上曰：「樞庭雖五代之制，疑是太祖、太宗曾入思慮。五代弊法，祖宗掃除略盡，惟存此一二大者，必有深意。太祖、太宗不血刃取天下，以堯、舜之聰明，更加思慮，豈可易也？都民望曾有章云：『軍政豈可令宰臣不與？』謂樞庭不法，朕收之矣。」上又云：「大臣固不當疑，雖人告其不軌，朕亦不信。若其姦邪即罷之，不當任而疑也。」綸曰：「自古帝王，用人之道，無越於此矣。」

時金國主亮，再役諸路夫匠，造軍器於燕京，令其臣右丞李通董之。又命户部尚書蘇保衡、侍郎韓錫，造戰船於潞河，夫匠之死者甚衆。

十一月，先是，皇太后回鑾事實既進，而祐陵之書亦成。然吉兇之禮不可相襲，未敢以聞。己亥，左僕射湯思退始請以永祐陵奉録爲名，仍於顯仁后神主祔廟以前進呈，奉安於敷文閣。從之。

丙午，權葬顯仁皇后於永祐陵之攢宫。先是，有持陰陽家説，欲於殯宫舊禁之外，廣立四隅，以二十里爲禁域，故有墓在其間，皆當徙去。浙東帥臣王師心力言其不可。時監察御史任文薦，奉詔監掩殯宮，就令按視，於是獲免者七百六十有奇。又薦獻之物，舊取於民，師心謂聖心極其誠意，豈可使民勞費？請以上供錢給其直。從之。

十二月，淮南漕臣魏安行言：「淮東多閒田，今誘民以耕，宜借之口粮，次給農器，定爲分數，俟見利還官。仍立賞格，如招到一百家，有官人充部押官，無官人補進勇副尉。五百家，有官人充部押官，無官人補承信郎，依效用補官法理爲實任。」丙寅，詔從之。安行，鄱陽人也。

以端明殿學士提舉萬壽觀兼侍讀張燾爲吏部尚書。侍御史朱倬爲中丞。

辛未，同知樞密院王綸進知院事。

初，詔内外各薦武臣，如有才藝超卓，衆所列薦者，別具取旨。至是，中書舍人洪遵、刑部侍郎黄祖舜，共薦新浙西副都監李寶。乙亥，詔除寶帶御器械。又資政殿學士知潭州魏良臣薦浙東副總管李横、淮西總管劉綱，皆籍記。

先是，御前置甲庫，凡乘輿所需圖畫什物，有司不能供者，悉於甲庫取之。故百工技藝之精巧者，萃於其間，日費無慮數百千。禁中既有内酒庫，而甲庫所釀尤勝，以其餘酤賣，頗侵户部贍軍諸庫課額，以此軍儲常不給。於是，吏部尚書張燾言：「王者以天下爲家，不當私置甲庫，以侵國用。」上從其請，盡罷之。人由是知甲庫之設，非上本意也。

初，本朝尤重告老之制，宣和以前，士大夫未有既死而方乞致仕者。南渡之後，故實散亡，朝奉、武翼郎以上，率爲此舉，甚者宰輔大臣考終於内，其家發哀舉服，已降旨，聲鍾給賻，而方且爲之告廷出命，制詞中不免有「親醫藥、介壽康」之語。如故相秦檜、万俟卨、知樞密院沈與求是也。其在外者〔二〕，非易簣屬纊，不復有請。是年，吏部郎官洪邁言：「乞令吏部立法，今後當得致仕思澤之人物故者，即以告所在州，州上首部，然後考其平生，於式無累者，輒官其後。人若真能陳義引年，或辭榮知止者，則厚其禮節，以勵風俗，賢於天下爲僞也。」上曰：「朕記得此事之廢，方四十年。當如卿語。」時執政多以爲然，而左僕射湯思退難之，其儀遂寢。此據洪邁隨筆録。

時開府儀同三司、領御前諸軍都統制判興州吴璘，官資已穹，其下姚仲、王彦之儔，皆建節，統全軍，守巨鎮。異時蜀帥，以文令則玩於柔，以武競則窒於暴。至是，四川制置使王剛中[三]，開心見誠，不立崖塹，頗得將使之情。詔加綱中寶文閣直學士以寵之。

校勘記

〔一〕鄭玄所注　「玄」，原作「元」，乃清人避諱字，逕復。

〔二〕其在外者　「外」，原闕，據建炎以來繫年要録卷一八三、洪邁容齋隨筆卷一〇致仕之失條補。

〔三〕四川制置使王剛中　「剛」，原作「綱」，據文義與史實改。

宋朝中興紀事本末卷九三

起紹興三十年正月盡三月

紹興三十年歲在庚辰。

春正月，初，詔知荆南劉錡招置效用三千人。已支回易錢四十萬緡。至是，再招三千人。錡請更支三十萬緡。庚寅，詔從之。仍令御前激給賞庫支銀二十萬，榷貨務支通鈔一十萬。

二月庚戌朔，金國遣左宣徽使大懷忠、禮部侍郎耨盌温都謙等來弔祭。

貢院考到博學宏詞合格西安主簿唐仲友，詔與堂除。仲友，金華人，堯封子也。

庚申，以同知樞密院事葉義問爲金國報謝使。義問入金境，見金已聚兵，有入侵意。

及回，密奏：「金人以尅剥不恤爲能，以殺戮不恕爲威，窮奢極侈，似秦、隋之所爲。如燕京已劇壯麗，而又作汴京，伐木琢石，車載塞路，民勞而多死於道，天人共怒。觀此，豈能久也？又海州賊黨未平，而任契丹出没太行。臣去時，聞破磁之邯鄲，北使三人，皆被賊傷，奪去銀牌，不驚南使。回時，聞破濬之衛縣，在處不寧，今欲遷汴京，且造戰船，金人皆有深意。以臣度之，若果遷都，則在彼先棄巢穴。今江、淮既有師屯，獨海道宜備。臣謂土豪官兵，不可雜處。蓋土豪諳練海道之險，憑海食之利，能役船户。平日自如，若雜以官兵，彼此氣不相下，難以協濟。今欲於沿海要處分寨，以土豪爲寨主，令隨其便，使土豪撓於舟楫之間，官兵扼於塘岸之口，則官無虚費，民無横擾，此策之上者也。」於是，右僕射陳康伯言：「金謂我和好滋久，而兵備弛，其南牧無疑。」因條上兩淮守禦之計，上嘉納之。

殿中御史汪澈，亦極陳利害，且曰：「慮之有素，則事至而安静。慮之無素，則事至而倉卒。自講和以來，諸將各擁重兵，高爵厚禄，養成驕恣。朝廷宜有以懾其心，作其氣，戰士役以伎藝回易，而又老病之不汰，逃亡之不補，宜有以蒐閲之，使有鬥心而樂爲用。文武官，平居常患其冗，臨事則無人可用。當預選實才，不泥資格，以備緩急之用。

用云。」

上欲封建宗英，以隆本支之勢。二月甲子，左僕射湯思退留身言：「適奉聖訓，此出於獨斷，非古帝王所能及。」上曰：「朕久有此意，以顯仁皇后意所未欲，故遲遲至今。」上又曰：「朕嘗覽唐宣宗事，羣臣有議及儲嗣者，輒怒斥去，可謂不達理矣。」思退曰：「昔周文王十五年而有嗣子，而文王壽幾百年。天人之理，非聖哲孰能知之？」

吏部尚書張燾告老，丁卯，詔除資政殿學士致仕。

甲戌，詔翰林學士周麟之兼權吏部尚書。

乙亥，兵部尚書兼翰林學士楊椿，上諭以指意，鎖院甚嚴。丙子，詔略曰：「普安郡王瑗，藝祖七世孫也。自幼鞠於宮闈，聰哲端重，亢於宗藩，歷年滋久。望隆淵懿，中外所聞。其以爲皇子，賜名瑋。」是日，以皇子瑋爲寧國軍節度使、開府儀同三司，進封建王。

初，宣詔於文德殿，百官莫知其事。既聞以普安爲皇子，縉紳動色相慶，中外無不鼓舞。丁丑，宰執入賀。上曰：「昨日宣詔，想見人心喜悦。」湯思退等曰：「豈惟士大夫，閭巷細民，無不鼓舞，仰見睿謨英斷，合天人之心如此。」

先是，編國朝會要，久未就緒。戊寅，殿中侍御史汪澈，乞纂元豐以後，仍付之秘書省官。詔禮部秘書省條具取旨。

淮西總領都絜言：「江東所屯，歲費錢七百萬緡，米七十萬石，而監司守貳，恬不加意。乞將弛慢尤甚者，按劾黜責。」三月庚辰朔，詔從之。

兵部尚書楊椿薦階成副總管楊從義、湖南副總管李師顔可充將帥。詔從儀轉一官籍記，師顔知夔州。

知貢舉、御史中丞朱倬，上合格進士劉朔等。戊子，上御集英殿策試既，遂賜梁克家以下四百一十人及第出身。朔，莆田人。克家，晋江人也。

癸巳，上謂宰執曰：「監司郡守，所寄非輕。須平日選有人望者以待，有闕使可除用。」湯思退曰：「聖慮及此，可謂知所本矣。臣等當公心選用，無毫髪之私，庶合衆望。」

丙午，以少保、恩平郡王璩，判大宗正寺。紹興府置司。

丁未，上謂知樞密院王綸曰：「璩昨日之除如何？」綸曰：「陛下春秋鼎盛，已爲宗社無窮之計。今日談笑裁決，略無難色。」上曰：「朕決此計，已九年矣。建王所佩玉魚，乃初置榷場，朕令買此玉，以備今日之用，舉此即可知矣。今二王之除，皇后意與朕合。」綸曰：「陛下英斷如神，規模素定。然堯、舜、文、武，亦由內助。祖宗神靈在天，自此篤祐陛下與宮中者，曷有既耶？」

宋朝中興紀事本末卷九四

起紹興三十年四月盡七月

夏四月乙丑，詔自今臣寮乞上殿，令徑投狀通進司，不許於都堂納札子，永爲成法。

初，神宗嘗以御史闕員，手詔臺臣，同舉忠純體國之人，共成篤厚之政。至是，獲當時石本。丙子，詔付三省，令重刊御史臺，朝夕瞻仰，庶幾上廣聖意，下息澆薄，稱朕意焉。

是月，工部侍郎黄中奏：「御前軍器所，領屬中人，其調度程品，工部軍器監有不得而聞者，非祖宗正名建官之意。請得隸屬稽考之。」不報。

初，吏部侍郎劉章，在工部時，郊恩賞賚給絹，主胥欲以絹自入，而下其直以予，衆不服，請於章，語胥曰：「如所直以市百縑，可乎？」蓋謾爲辭以折服之爾。胥遂誣章，以實買絹。有摘其語於言事者，疏始上，上愕然曰：「劉章必無此事。」言者執不已，遂罷章爲提舉崇道觀，事在二月。朝士皆知其冤，無敢言者。至是，起居郎王佐於上前，極論其事。言者復以爲朋比，而併攻之。佐亦罷，出知永州。

初，言者乞令兩省臺諫卿監郎官，各舉所知一二人爲令。至是，給事中王晞亮，請將山陰等四十大縣，以待薦舉之士，悉出堂差。吏部更不許注。五月癸未，詔從之。

先是，提點坑冶鑄錢官李直奏：「歲額錢，内藏庫二十三萬緡，左藏庫七十餘萬緡，皆是至道之後額數。自紹興以來，歲收銅，止及二十四萬斤，鉛二十萬斤，錫五萬斤，比最多之數，紐計鑄錢一十萬緡外，有拘到諸路銅器二百萬斤，搭以鉛、錫，可鑄六十萬緡。乃時暫所拘，乞據逐年所産，權立爲額。」内戌，工部言：「若依所請，委是數少，且以酌中之數五十萬爲額。」從之。

時大金國遣使來賀天申節，詔工部侍郎黄中充館伴使。故事，錫宴使者謝於庭下。至是，辭以方暑，請拜廡下。中持不可，乃如故事。既又中爲送伴使，中還言：「聞金日繕兵不休，且其重兵，皆屯中州，宜有以待之。」

壬寅，右正言沈濬言：「兩浙漕臣湯允恭，不孝其母。」詔刑部侍郎黄祖舜覈實。祖舜言：「允恭無不孝事迹，不應罪之。」是月，改濬爲吏部郎官。

六月戊申，殿前馬步三司申明，逃亡軍人首身之限。

知樞密院事王綸，引疾丐罷。庚午，詔除資政殿學士，知福州，尋改提舉洞霄宫。

七月戊戌，同知樞密院葉義問進知院事。御史中丞朱倬爲參知政事，翰林學士兼侍讀周麟之爲同知樞密院事。

於是，義問奏應變、持久二説，以謂：「兩淮形勢，在今爲急。荆南劉錡，則均、襄、隨、郢、通化、棗陽之所隸也；鄂渚田師中，則安、復、信陽、漢陽之所隸也；九江戚方，則蘄、黄之所隸也；池陽李顯忠，則龍舒、無爲軍之所隸也；建康王權，則滁、和之所隸也；鎮江劉寶與馬帥成閔，則真、揚、通、泰之所隸也；江陰正控海道，宜自鎮江分兵以扼之。至於濠梁、固始、正安豐諸郡近邊，亦宜總之合肥。比已分屯諸將臣，欲飭其擇地勢險要，廣施豫備。又金人用兵之久，貪驕淫怠，今所用皆非舊臣，而多用簽軍。簽軍本吾民也，其肯爲敵效死乎？此應變之説也。臣又見秋冬之交，淮水淺涸，徒步可過。若金人今歲未動，乞以沿淮一帶，遴選武臣爲守，公私荒田，悉撥以充屯田，使人募耕之暇，則練習，專務持重，勿生釁端。來則堅壁勿戰，去則入堡勿追，使其終無所得而自困，此持久之説也。」

宋朝中興紀事本末卷九五

起紹興三十年八月盡十月

八月丙辰，詔修吏部敕令格式及刑名疑難斷例。至是，書成。右僕射陳康伯上之。既而上謂宰執曰：「頃未立法，加以續降太繁，吏部無所遵承。今既有成法，若更精擇長貳銓曹，其法以清。」湯思退曰：「頃未立法，吏緣爲姦。」上曰：「今既有成法，不可更令引例也。」思退曰：「一如聖訓。」

丁巳，州縣經總制錢，或委守臣，亦委知通，或又令知通同掌。其法屢更，後因户部侍郎李朝正建言，始屬通判。既而復命知通同掌。至是，言者以爲，通判專行，因得盡力。往歲所入，至一千百二十餘萬緡。昨自改法，通判壓於長官之勢，恐其侵用，迄今無歲不虧。請復委通判。己未，詔從之。

金國主亮聚兵將南侵。是月，令其臣户部尚書梁球、兵部尚書蕭德温，先計女真、契丹、奚家三部之衆，不限丁數，悉簽起之。凡二十四萬，壯者爲正軍，弱者爲阿里喜。一正軍以二阿里喜副之，類爲一十二萬。又中原漢兒與渤海軍，總一十七路，惟中都路造軍器，河南路修汴京，免簽外，其一十五路，每路一萬，通爲二十七萬。仿唐製，分二十七軍。是月，簽軍數已定，遂以百户爲謀克，千户爲猛安，萬户爲統軍。則有正副諸軍，悉令番漢相兼，無獨一色人者。

先是，亮遣其臣禮部尚書施宜生爲賀正使，隱畫工於中，俾密寫臨安之湖山城郭以歸。亮令繪爲軟壁，而圖己之像，策馬於吴山絶頂，後題以詩，有「立馬吴山第一峰」之句，詭曰御製，其實翰林修撰蔡珪作也。

建、劍、邵、汀，在閩號上四郡，例般鹽自鬻，以辦歲費。鬻而不售，則科於民。時汀之長汀縣〔一〕，鬻鹽峻暴，民走轉運使司訴之。知縣事陳夢遠，乃漕司主管官陳正綱之族子，正綱爲白漕臣王時升，押訴者還汀。而本州見差巡檢官，於鄉下督鹽錢，民因共留巡檢，乞州釋訴者兩易之。是月，汀守謂民嘯聚，亟遣兵捕戮。復疑平民與之關通，皆縶之獄，欲論以重辟。録事參軍劉師尹争不能，得致仕而去。帥臣王師心，即移文，釋諸囚，具薦師尹於朝。既而夢遠與州之守貳皆坐罷，而師尹復仕。正綱，沙縣人，瓘子。師尹，閩縣人也。

先是，前四川帥臣李文會、王剛中、成都漕臣王之望、提點刑獄王弗、夔路提舉官王适，皆舉武德郎董誠堪充邊將。九月丙子朔，上謂宰執曰：「五人皆薦，可見其公。」詔與邊郡，仍籍記，以俟他時選用。

言者謂：「今日産馬之地，無出於川、廣。如沈晦若帥廣西，一年間，買馬三千匹。今每歲率不及二千。竊見廉、雷二州，鹽積於白石場，不知其幾。若運置横山寨，以備博馬，是以無用而有用也。」

丁丑，右諫議大夫何溥言：「比年朝廷作假，多於百司三分之一。又有前後相因，爲例不入省者，似非祖宗法意。矧陛下宵旰求治，責成政地，獨可略乎？望詔三省，稍加裁損。仍令吏、户兩曹，後他司出局，庶幾事無壅積。」詔從之。

冬十月，初，殿帥楊存中，以官三師，班立樞密上。校書郎王十朋因輪對言：「三衙管軍，與北司深交，盜陛下之大權，養成跋扈之勢。且權之大者，莫如名器與財兵。今以管軍而位三公，其盜名器極矣。古無有也，祖宗時無有也。凡天下利路，舉入其門。掊克聚斂，不知紀極。且身總禁旅，久而不代。密結私黨，深忌宿將，不容其進。自恃兵柄在手，有輕朝廷心。夫樞密者，本兵之地，號令節制天下之諸將者也。今殿庭立班，管軍傲然居前，樞密甘心其後，不以爲恥。事勢倒置如此，其能節制號令之耶？又其子弟親戚，布滿清要之職。臺諫有論列者，朝廷爲之庇覆，俾其言卒不得行。夫臺諫言及侍從大臣，隨即罷斥，獨不行於管軍之門，其何以爲國耶？至若諸軍承受，甚於唐之監軍；皇城邏卒，甚於周之監謗。内外諸將，剥下賂上，結怨於三軍。道路之間，捕人爲卒，結怨於百姓。皆非治世事也。」至是，知樞密院葉義問，以謂：「三衙本隸密院，祖宗舊例，不許接坐，所以正名分，示等級，豈當以官高卑而不以職之上下？冠履倒置，非朝廷福。請各爲班著。」從之。

乃詔：「文武臣合班，如遇親王使相立西班，即令樞密院官權綴東班。即親王使相請假，則立西班。」

先是，宰執奏中官承受事。上曰：「今之承受，即祖宗走馬承受，專令掌邊將奏報。近日士大夫或論其賄賂，至云恐浸如漢石顯之類。朕前此不知，亦嘗降詔戒約，意謂空言，不若以實事示之。故前此屢却諸將貢獻，此事，朕無固必。」丙午，乃詔罷内侍官承受。今後諸軍奏狀，并於通進司投進。湯思退曰：「陛下英斷，洞照今古。臣等謹遵聖訓。」

癸亥，日方中無雲，而有雷聲。

校勘記

〔一〕時汀之長汀縣 「汀」，原作「沙」。按：汀州無長沙縣，因據改。

宋朝中興紀事本末卷九六

起紹興三十年十一月盡十二月

十一月庚辰，福建漕臣王時升言：「到官纔一考，見樁上供庫錢三十萬緡。欲代納本路拖欠鈔鹽錢。」從之。

丙申，宰執奏：「恐合旌賞。」上曰：「漕臣能節妄用，而代納百姓積欠，理宜激勸。然未可遽行，恐他路聞之，妄認以爲羨餘。可俟政績有聞，與陞職名。」時升，益都人也。

前池州都統制李顯忠，請令諸軍屯田。丁酉，上謂宰執曰：「朕思之甚詳，先須根刷諸將留池州分荒田，兼取見沿江所在頃畝。初年給牛種，三兩年間，且盡與地利，使之歲入有得，則不勸而自耕矣。」湯思退曰：「當先根刷，別具奏聞。」上又曰：「此事在今日誠可議，但行之當有先後之序也。」

侍御史汪澈等，欲論左僕射湯思退。方捃摭其過，殿中侍御史陳俊卿曰：「爲相無物望，而天災亟至，此固當罷，何以他爲〔一〕？」乃言：「思退始由秦檜父子以致身，及掌文衡，而取其孫。緣此，遂至政府。自居相位，惟務招延親黨，佐其羽翼者。慶曆初，京師一日無雲而雷震，仁宗以天變如此，由夏竦姦邪，亟命黜之。前日無雲而有雷聲，人情駭異，其變蓋在大臣。」

十二月乙巳朔，思退罷爲觀文殿大學士，提領太平興國宮。澈等欲鐫其職，俊卿曰：「思退未有大罪，雖非相才，然比之沈該，則有間矣。該猶以大學士家居，而思退顧不得此，則執法之地，所以議賞罰者偏矣。」不從。

於是，澈等再論思退，遂落職。

初，户部侍郎錢端禮知臨安府日，嘗建言用楮幣。已行之累月，至是，端禮又奏：「近有旨，以合支官錢造會子流轉，而輸官亦許用之，庶公私皆便。今有立定分數品搭。」從之。端禮，惟演孫也。

時殿前司乞招軍，并三衙兵亦增，過紹興丙子歲人數。

戊申，諸路經總制司錢，以十九年爲額，其數太多。侍御史汪澈言：「財賦所出，當究源流。十九年經界初行，民輸隱漏之税，蓋是適然。今當取十年間酌中之數爲額。」

癸丑，上諭宰執，令户部具十年中數，仍合減多少，若不與減，恐虚掛簿書。又慮州縣科敷取足，以困百姓。陳康伯曰：「聖德寬明，灼見事源。臣謹奉詔。」

乙卯，權中書舍人楊邦弼繳奏續鬻超轉一官不當。蓋因秦檜放行王珦等，致援例者衆，實違令。

丁巳，上謂宰執曰：「秦檜不獨此一事放行。且如禁軍換易，亦改動祖宗格法。」上又曰：「朕因思漢霍光專政，殺許后，廢昌邑，威震天下。魏相乞除奏事副封，奉行祖宗故事，孝宣是以致中興之功。祖宗成憲，豈可不守？朕無一事，敢違舊章。」李道曰：「當以邦弼所奏報行，庶絶後來援例之弊。」上曰善。

户部侍郎錢端禮言：「元祐中，蘇轍任户部，嘗以一歲出納之數，纂成會計録。今若不講，則恐有限之數，不應無窮之用。臣以具去歲所用，編類成册，望詔宰執侍從臺諫同議，無爲文具，要在可行，此今之急務。」乙巳，詔户部條上均節等事。

翰林學士洪遵以草湯思退罷相制，不明著其罪。丙寅，除徽猷閣直學士，與宫觀。

初，朝廷宿重兵守蜀，雖無事，而總計之臣，常患不給。是用除太府少卿王之望代總領四川財賦許尹。時本所見錢引一千四百四十餘道，糧三百三十餘萬石，此其大略也。

校勘記

〔一〕何以他爲　「他」，原作「庀」，據建炎以來繫年要録卷一八六改。

宋朝中興紀事本末卷九七

起紹興三十一年正月盡六月

紹興三十一年歲在辛巳。

春正月，安南獻馴象。己卯，上曰：「蠻夷貢方物乃其職，但朕不欲以異獸勞遠人，可令帥臣詳諭，今後不必以馴象入獻。」

甲午，殿中侍御史陳俊卿言：「自秦檜之死，其黨皆逐，獨韓仲通嘗因獄事附檜，今猶以敷文閣直學士帥建康。」是月，詔罷之。

初，正字胡憲以年老求去，詔改京秩。三館之士，分韻作詩，共餞其行。

以兵部尚書楊椿兼權吏部尚書。

二月丙午，宰執奏：「昨有詔問儀鑾司換舊陳設，有無交收事。」上曰：「陳設不過饗廟及殿中并人使時用之，何至一歲五易？朕已令以新易舊，仍據數交收矣。」上又曰：「朕宫中未嘗用此，惟以儉爲尚。」陳康伯曰：「陛下儉德，天下所知。雖大禹不過如是。」

少師、殿前都指揮使楊存中在殿巖幾三十年，至是，上章丐閑。甲寅，除太傅，封和義郡王，爲醴泉觀使。以開府儀同三司、主管步軍司事趙密代爲殿帥。

存中行述云：同列有謀其權者。意蓋謂密也。

方存中之制未降也，上曰：「可令趙密於未宣麻前，便交職事。昔唐神策軍使王駕鶴久典衛兵，權震中外，議欲易之。崔祐甫召駕鶴，留語移時，而代者已入軍中矣。朕讀唐史，深喜祐甫善處事，可以爲法。」又以龍神衛四廂都指揮使殿前司統制李捧主管步軍司事，而龍神衛四廂都指揮使主管步軍司事成閔仍舊職焉。

甲子，詔於都茶場置會子務，仍撥左藏庫錢一十萬貫爲本。時户部侍郎錢端禮經畫爲六務，出納制用皆有法焉。

是月，少師、觀文殿大學士秦熺卒於建康府。詔贈熺太傅。給事中黃祖舜言：「三公非有大功德，不以輕授。陛下保全秦檜家，俾熺休致而歸，不加以罪，恩亦至矣。今乃贈以帝傅之秩，又因其遺奏，許之推恩，異寵併加，殊駭物聽。」遂寢其命。

三月己卯，以何浦爲翰林學士兼權吏部尚書。

壬午，以兵部尚書兼權翰林學士兼侍讀楊椿爲參知政事。

夏四月，自廣西歲於横山寨買馬，費九萬緡，而多斃於路。至是，言者請今後止令部至静江府南北兩務收養，令所撥諸軍，自往取之。詔經略司相度申樞密院。

己未，上謂宰執曰：「朕思州縣逋欠，若民果貧困，自合蠲放。或已納足，而官吏侵用，則當與覈實，明示罪責。治道貴信賞必罰，若漫不經理，則是姑息。雖堯、舜不能治也。」

是日，四川總領王之望上催驅殿最事目。乃詔諸路依此行之。

時右僕射陳康伯與參知政事楊椿密議〔一〕，敵將敗盟，其兆已見，當先事爲備。其策有四：令兩淮諸將分畫地界，使自爲守。一也。措置民社，密爲寓兵之計。二也。淮東劉寶將驕卒少，不可專用。三也。沿江諸郡，增壁積糧，以爲歸宿之地。四也。

時舊相惟張浚在，於是殿中侍御史陳俊卿言：「浚忠藎，兼資文武，可付以閫外。臣素不識浚，雖聞其嘗失陝服，散淮師，而許國之心，白首不渝。今杜門念咎，老而練事，非前日浚也。臣望聖慈，勿惑讒謗，雖未付以大柄，且與一近郡，以係人心，庶緩急可以相及。」俊卿復論鎮江都統制劉寶，軍律不嚴，裒刻過度。比有朝命，分卒戍黄魚垜，而寶違不遣。乃詔責寶，以散官安置，朝論快之。

金國主亮率其衆，北巡至北邙山，因改名其山曰太平。

五月，金主亮恃其强暴，欲渝盟擾邊久矣。至是，遣其臣龍虎衛上將軍高景山、刑部侍郎王全來賀天申節。辛卯，引見於紫宸殿。全因導亮意求淮、漢之地，及指取將相近臣議事，并報淵聖皇帝訃音。且言：「亮以九月北巡，今所指近臣，當於八月至其國。」大率皆慢辭也。於是，宰執聚都堂，議舉哀典故。時有謂上不可以凶服見使者，欲俟其去乃發哀。工部侍郎黄中聞之，亟白曰：「此大事，一失禮，謂天下後世何？且使人或問故，將何以對？」於是始議行禮，及調兵守江、淮之策。

甲午，宰執召三衙帥趙密、成閔、李捧及太傅和義郡王楊存中至都堂，議舉兵。既又請六曹長貳凌景夏、汪應辰、錢端禮、金安節、張運、黄中、給舍黄祖舜、虞允文、楊邦弼、臺諫官汪澈、劉度、陳俊卿聚議，久之而退。宰執百官入和寧門舉哀，仍進名奉慰。景夏，餘杭人。度，歸安人也。

時朝廷命浙西總管李寶駐江陰軍，以防海道。於是提舉浙西市舶曾懷獻言曰：「船海之役，船有輕重，篷有疾遲，風有大小，竊嘗聞於高麗之商，謂有同日離岸，而隔歲不至者。有同時出洋，而經月不至者。况北人之便，唯在乘騎。縱使至岸，無馬不能，捨舟如猛獸失林，將自投於穽。若海道過爲之備，徒分兵力耳。」朝廷亦以爲然，懷，公亮孫也。

六月壬寅，御前諸軍都統制田師中戍鄂渚，李道戍江陵，吴拱戍襄陽。朝廷以上流重地，邊面闊而兵力分，宜主以大將。乃詔遣慶遠軍節度、馬帥成閔總禁旅三萬，往上流控扼。

壬子，閔率衆發臨安。尋以閔爲湖北京西制置使。閔至鄂未幾，移屯應城縣，在鄂、郢之間焉。

乙卯，以鎮江都統制劉錡爲淮南江南浙西制置使。上以金敗盟，命同知樞密院事周麟之往聘，麟之憚行。左僕射陳康伯以國事勉之，語侵康伯。康伯曰：「上儻遣康伯，聞命即行。大臣同國休戚，雖死安避？」麟之竟辭。於是，言者論之。上曰：「爲大臣臨事辭難，何以率百僚？」庚申，罷麟之爲在外宮觀。

時前吏部侍郎徐嘉、前户部侍郎劉岑，皆願使金。并召至行在，而岑對不合。戊辰，以嘉爲敷文閣待制樞密都承旨，借資政殿學士，充起居稱賀使，武臣張掄副之。仍留岑爲户部侍郎。

校勘記

〔一〕時右僕射陳康伯與參知政事楊椿密議　「右」，原作「左」，據建炎以來繫年要録卷一八五改。

宋朝中興紀事本末卷九八

起紹興三十一年七月盡十月

秋七月，新德安府教授王質，以近方登科，召試館職，爲言者所論。癸酉，詔罷之。

甲申，左僕射陳康伯率羣臣詣南郊，請淵聖皇帝謚：宜天錫之謚曰恭文順德仁孝。詔恭依。

右司諫山陰梁仲敏言：「前同知樞密院周麟之，懷姦辭難，巧避出疆之命。望行誅竄。」戊子，責授麟之秘書少監，筠州居住。

徐嚞等出使，未至盱眙軍，金主遣翰林學士韓汝嘉先在泗州。壬辰，相見於淮岸口。汝嘉傳亮語，謂：「卿等雖來，即非所召。可回，令元指定近上一二人來，須九月初定到。」

是月，金主亮南徙汴京。其臣自左丞相張浩以下，具九節儀從，迎亮於南薰門。亮及門，而雨暴至，儀從皆不克舉。亮入内，至承天門，迅雷風大作，天變如此，亮不知懼也。其母太后，力諫南征。亮怒，使護軍將軍赤盞彦忠，即宫中弑之，以威言者，於是左右縮頸，國人以目。而后徒單氏，與子光瑛復諫，亮亦欲誅之。母子俱避去，三日而後出。

亮一日，召其臣問曰：「許多宰執，孰有能爲統軍者？」右丞劉諤曰：「臣請爲之。」亮喜，即拜諤爲統軍，將二萬衆，歷唐、鄧以瞰荆、襄。又以金紫光禄大夫王忠彦統步軍，孟州防禦使王彦章副之，將五萬衆，據秦、鳳以伺巴蜀。工部尚書蘇保衡統水軍，驍騎上將完顔鄭家奴副之，由海道將趨二浙。餘兵，亮自將焉。

淮南制置使劉錡新創踏射威强弓兵。

八月戊申，醫官、昭慶軍承宣王繼先怙寵干法，富埒公室。子弟直延閣，通朝籍。姻戚黨友，莫非貴游。撤民屋以廣第舍，別業外帑，殆遍畿甸。數十年間，未有敢摇之者。自聞邊警，日輦重寶歸吴興，爲避敵計。於是，殿中侍御史杜莘老，上疏數其十罪。上曰：「初以太后餌其藥，稍假恩寵。不謂小人驕横乃爾。」莘老曰：「繼先之罪，擢髮不足數。今臣所奏，其大凡耳。」上曰：「有恩無威，有賞無罰，雖堯、舜不能治天下。」乃詔貶繼先福州，子孫停其官。都城第宅，皆籍没，强買奴婢，悉縱還之。

先是，言者謂：「今日正當節浮費，積其贏，以濟軍興。監司自浙漕始，郡守自臨安始，各具裁省之數以聞。頒示外路，俾之爲式。」至是，浙漕以二萬緡，臨安以五萬緡來上。癸丑，上諭宰執，椿留外府，若不下諸路，切戒無得科敷，如昔時羨餘，適資贓吏而擾吾民也。

初，浙西總管李寶遣其子公佐，同將官邊士寧，潛入敵境伺動静。甲寅，寶以舟師三千人發江陰。既而以風未順，退泊明州澳。而士寧適自密州回，言其子公佐，已挾歸正官魏勝得海州矣。寶大喜，趣其下乘機進發。

上念出戍官兵之勞，特捐内帑錢七萬緡，分犒其家。殿中侍御史杜莘老言：「諸軍負回易子錢甚夥，例償以月廩，不先除此弊，緡出禁帑，入將帥私室矣。」上悟。既又聞諸營勘請回易處，仍舊尅除，或非理斂索。丙寅，詔悉禁止，違者重寘之法，士皆歡舞拜賜。

己巳，朝獻景靈宫。

九月庚午朔，朝饗太廟。

辛未，崇祀上帝於明堂，以徽宗配。大赦天下。

金帥合喜，號西元帥，以五千餘騎自鳳翔大散關，入川界三十里。甲戌，攻黄牛堡。時人情悸懼，四川制置使王剛中，單騎日馳百里，抵仙人原，見宣撫使吴璘於帳中。璘大驚，剛中曰：「大將臨戎，義同休戚，安得高枕而卧？」於是，官軍用神臂弓射退敵騎。璘遣將官高松，往爲之援，仍與本堡管隊官張操同力拒之。

初，建炎末，陝西諸將如張中孚、張中彦兄弟，嘗叛歸北境。中間金還我河南故地，乃召二人至行在，復授官，以仍奉内祠。及和議成，悉爲金索去。中孚未幾死。至是，惟中彦爲金將兵在陝。王剛中即遺臘書説之，又剛中聞大將劉錡制置淮上，因對璘談錡之美。璘曰：「信叔有雅量而無英概，今天下雷同譽之〔一〕，璘恐其不能當亮也。」剛中未以爲然。

冬十月庚子朔，下詔親征。

初，金亮肆虐，國人久不堪之。有楚王褎者〔二〕，晉王宗輔之子，而太宗晟之孫也〔三〕。時中原豪傑并起，大名王友直，濟南陳俊，皆倡義集衆。而契丹之後耶律窩斡，亦興於沙漠。於是，渤海一軍萬人叛亮，歸會寧府，立褎爲帝，或言立褎在六月。改元大定，赦其境內黄河以北，皆下之。

左丞相張浩，自汴京録褎赦，馳以報亮。亮歎曰：「朕欲俟江南平後，取一戎衣大定之義以紀元。是子乃先我乎？」命取書一帙，示其下，果預識改元之事。亮即遣先鋒將郭安國率衆攻褎，令盡誅黄河以北之叛己者。

癸卯，詔四川宣撫使吴璘分陝西、河東路，淮南制置使劉錡分京東、河北東路，湖北制置使成閔分京西、河北西路，并爲招討使。

時新復海、泗二州，乃詔歸正官魏勝知海州，夏俊知泗州。

金帥合喜攻黄牛堡，旬餘不退。宣撫使吴璘別遣將直至寶雞渭河，夜劫橋頭大寨獲捷。於是，四川制置使王剛中即日馳還，謂其屬李燾曰：「將帥之功，吾何有焉！」燾曰：「公以身督戰，而功成不居，過人遠矣。」

時屯戍兵將，暴露日久。丙午，宰執請再加賞犒。上詔所在總領所撥給，仍具數以聞，令內帑給還。

戊午，以知樞密院葉義問督視江、淮、荆、襄軍馬。中書舍人虞允文爲參議軍事。時四川總領財賦王之望，區處調度有條。葉義問力薦之，上有擢用之意。陝西河東招討使吴璘，遣將官彭清、强英、張德等攻破隴州方山原。

辛酉，左光禄大夫湯思退復觀文殿大學士，充醴泉觀使兼侍讀。既至，除行宫留守。

甲子，特進張浚復觀文殿大學士，判潭州。左太中大夫湯鵬舉復資政殿學士，知太平州。浚尋改判建康府。

先是，浙西總管李寶舟師至東海縣。時金兵已圍海州，寶麾兵登岸，金人驚出意外，亟引去。於是魏勝出城迎寶，寶遣辯士四人，招納降附。時山東豪傑王世隆、明椿、劉異輩，皆各以義旗聚衆，争爲應援。寶與子公佐引舟師至密之膠西石臼島，而金舟已出海口，泊唐島，相拒止一山，候風即南，不知王師之猝至也。寶伺敵未覺，遣裨將曹洋、黄端禮禱於石臼神，祈風助順。丙寅，風自南來，衆喜争奮，引帆握刃。俄頃，過山薄敵，鼓聲震疊。敵驚失措，敵帆皆以錦纈爲之，彌亘數里，忽爲波濤卷聚一隅，窘蹙摇兀，無復行次。寶命以火箭射之，煙焰隨發，延燒數百。火不及者，猶欲前拒，寶命健士躍登其舟，以短兵刺擊，殪之舟中。其餘簽軍，皆中原舊民，脱甲而降者三千餘人。獲金將完顏鄭家奴等六人斬之。惟統軍蘇保衡未發，不可獲，旋聞自經死。得獻議造船人倪荀、商簡、梁三兒等，皆淮浙姦民，且爲敵嚮導者。又獲其統軍印與詔文書器甲糧斛以萬計。

既至，上命降詔獎之。除寶靖海軍節度、沿海制置使。

寶欲乘勝而進，而聞亮已濟淮，遂旋師，駐東海，視緩急爲援。遣曹洋飛小舟奏捷。

丁卯，知樞密院葉義問至鎮江，權立行府。

先是，淮東制置使劉錡，遣都統王權將兵迎敵，逗遛不進，錡再檄權往壽春，權不得已，僅發軍至廬州戍守，故敵得維橋以濟。權棄廬州而遁，敵騎至尉子橋，統制官姚興以一軍三千人力戰，權擁羣刀斧自衛，殊不援。興殺賊數百人，以援兵不至而没。

癸亥，權又棄和州，先奔采石。初，京西招討使成閔遣統制官趙樽，以四千人守德安府。樽乘虛攻蔡州，入其城，斬敵首楊寓，餘衆遁去。

時金人既入兩淮，而上流惟鄂渚、荆南一軍。朝廷亟命閔總諸軍，併舟師回援淮西。而荆南軍新創，金將劉謂擁衆十萬，楊聲欲取荆南。又欲分軍，自光、黄擣武昌。朝廷以金人昔嘗由此入江西，慮摇根本，命都統制吴拱遣兵，護武昌一帶津渡。拱將引兵回鄂，宣諭使汪澈聞之，馳書止拱，而自發鄂之餘兵進戍黄州。敵果犯襄陽，拱與戰於襄水之上，敗之。

時武昌令薛季宣嘗獻計於澈，謂閔已得蔡，有破竹之勢。盍守便宜勿遣，令閔乘虚下潁昌，經陳、汝，趨汴梁。敵内顧，必驚潰。澈不果用。季宣，永嘉人，徽言子也。

時詔淮、漢郡縣，籍民爲兵，淮南乃選丁壯，欲涅其手面，從大軍役使，民駭而逃。殿中侍御史杜莘老言：「敵未至而先毆吾民，非計。請令兵民，止聽郡縣官節制，征役無出鄉。」從之，淮民乃定。

先是，金萬户高景山，以兵數萬攻揚州。劉錡提大兵禦之於清河。敵以氈裹舟載糧，挽而上。劉錡募善没者，鑿舟沉之，敵大驚。錡俄病嘔血，殆不能支，猶乘肩輿，臨敵指揮。俄而敵薄揚子橋，欲以邀錡。錡以兵保瓜洲，敵騎逼江，錡遣麾下員琦設伏於皂角林，與敵接戰，誘敵入，張弩俄發，敵大敗，斬景山，俘數百人。

校勘記

〔一〕今天下雷同譽之　「譽」，原作「舉」，據上下文義改。

〔二〕楚王褒者　「褒」，原作「褎」，據史册所載改。下同。

〔三〕而太宗晟之孫也　按：據金史卷六世宗紀一，世宗爲太祖孫，睿宗子，非太宗孫，此處所載不確。

宋朝中興紀事本末卷九九

起紹興三十一年十一月盡十二月

十一月庚午，宰執奏禁軍闕額事。上曰：「尋常兵集，自有定數。當此多事之時，額外添，不必拘也。」

詔江、浙、福建揀軍發赴三衙。其闕額，令自招填。

詔下鬻爵之令。登仕郎八千貫，依奏蔭人例，仍免銓試一次。度僧牒亦減價爲三百貫。

金房駐劄都統王彦，統兵復虢州。

金亮爲内變所撓，於是親統細軍，駐和州之雞籠山。臨江築壇，刑馬祭天，必欲由采石而渡。朝廷詔王權至行在，以池州都統制李顯忠代之。命中書舍人虞允文趣顯忠交權軍。時顯忠未至，乙亥，允文夜見建康留守張燾，議禦敵之計。燾但言：「已當死留鑰。」

丙子，金主登壇，建黃綉旗二，中張黃蓋。金主執小紅旗，麾衆渡江。時王權所留水軍車船咸在，而諸將未有統屬，莫肯用命，盡伏山崦。惟提舉張振、王琪稍任其責。允文自建康來，因使人督之。敵舟漸近，於是振、琪與統副官時俊、盛新等徐出山崦，列於江岸。敵初未之覺，一見大驚，欲退不可。我軍用海鰍船迎擊，士皆死鬭，敵舟沉溺者數萬。其回北岸者，亮皆殺之，遂不能濟。允文具以捷聞〔一〕。

丙戌，左僕射陳康伯等言：「時當雨雪，戰守諸軍暴露不易，乞再加優恤。」上乃詔總領所，每人支絹一匹，家屬在營者，給以薪炭之直。康伯等曰：「此真受陛下挾纊之賜也。」

丁丑，敵復來，望見車船遽却。我軍復以海鰍船先往北岸，截楊林渡口，用克敵弓射之。敵棄船上岸者，悉陷泥中而斃〔二〕。

亮自采石之敗，乃北抵瓜洲〔三〕。時淮南制置使劉錡退屯鎮江，而錡病已遽。知樞密院葉義問以都統制李横代錡之職，趣令渡江。錡之侄中軍統制官汜，隨横以往，軍戰不利，横併其都統制印失之。時上怒甚，將先按誅王權，以厲諸將。同知樞密院黄祖舜，密言於上曰：「權敗軍之罪，誠合誅。然劉汜亦須正典刑，若貸汜而誅權，是謂同罪異罰。顧劉錡有大功，今聞其病已殆。汜誅，錡必愧忿以死，是國家以一敗而自殺三大將，得無爲敵所快乎？願陛下少留聖恩。」上大悟，權、汜得不死。

癸未，乃詔湖北制置、京西等路招討使成閔爲淮東制置，淮北泗宿招討使。鄂州駐劄都統制吴拱爲湖北制置、京西等路招討使。建康府駐劄都統制李顯忠爲淮西制置、淮北壽亳招討使。上以李横、劉汜等不利，急遣御營宿衛使楊存中措置守江。中書舍人虞允文，亦自建康馳至鎮江。時江岸有車船二十四艘，賊已瞰江，恐臨期不堪駕用。存中、允文同淮東總領朱夏卿、鎮江守臣趙公偁，相與臨江按試，命戰士踏車船徑趨瓜洲，迫岸復回。敵兵皆持滿以待。其船中流上下，回轉如飛，敵衆相顧駭愕。時亮已聞李寶由海道入膠西，焚其戰艦，而荆鄂成閔諸軍方順流而下，亮愈忿，乃回揚州，召諸帥，約三日畢集，過期盡殺之。諸帥相與謀曰：「南軍有備如此，進有滰殺之禍，退有敲殺之憂，奈何？」其中一人曰：「等死，求生可乎？」衆皆曰：「聞教。」有總管萬戴者曰：「殺郎主，却與南宋通和歸鄉，則生矣。」衆口一辭曰：「諾。」

亮有紫茸等細軍，不遣臨敵，專以自衛。諸人雖欲弑亮，而細軍衛之嚴密。衆因謂諸軍曰：「淮東子女金帛，皆逃在泰州，我輩急欲渡江，汝等何不白郎主往取之？」細軍欣然共請，亮從之。於是細軍去者過半。亮語威勝統軍耶律勸農曰：「爾所將勝兵，我明日自點，數少必誅。」勸農自計，兵亡已過半，與其子宿直將軍母里謀，亦欲弑亮。

乙未，諸帥集兵萬餘人，拉絃直入亮寢帳中。左右親兵散走，諸帥帳中，矢下如雨。亮即死，并殺其太傅及三妃，與謀事者十餘人。

丙申，亮細軍破泰州，統制官王剛棄城走江陰。

是日，虢州簽軍雷政渡江，報亮已被殺。時樞密行府留建康，先是有知數者詣行府上書云：「以太一局考之，金亮不煩資斧，冬至前當有蕭墻之變。」人皆未以爲然，至是驗之。

是月，以吏部侍郎汪應辰兼權尚書。

初，馬軍司統制官趙樽，離蔡州至麻城縣，復被詔，會鄂渚帥吴拱、江陵帥李道，併力進取。樽領兵還攻蔡州，刺史蕭懋德破城立寨。十二月己亥朔，黎明，樽潛師入城，懋德遁去。

時有司用紹興七年巡幸故事辦嚴。殿中侍御史杜莘老言：「今親征，與曩日事異，宜悉從簡，以幸所過郡縣。」上曰：「此行，中宮及內人不往，止與建王行，令偏識諸將。雖朕服用，亦自省約也。」

壬寅，淮東制置使成閔復揚州。敵衆已戕亮，欲遣使報我，訪得瓜洲所俘成忠郎張真，使持牒請和。

甲辰，金都督府牒本朝樞密院云：「正隆失德，無名興師。兩國生靈，枉被塗炭。今已從廢殞，見議班師。各務戢兵，以敦舊好。」

上將撫師於建康，而欽宗未祔廟。留守湯思退請省虞以速祔，禮部侍郎黃中持不可，上納之。然議者猶謂凶服不可以即戎。上曰：「吾固以縞素詔天下。」

乙卯，李顯忠戰退金兵。

己未，上次鎮江府。宰執奏肆赦事目，上曰：「向已下哀痛之詔，今日恩宥，不必更揚完顏亮過惡，但專罪己，以稱朕畏天愛民之意。」陳康伯等奏：「宣諭詞臣，仰遵聖旨。」

壬戌，曲赦新復州軍。上諭宰執曰：「前日過平江，守臣洪遵進洞庭柑，却之。今過常、潤，兩郡俱無所獻，必是聞風而罷也。朕意無他，正恐受之，則後來所歷之郡，必競爲夸侈，有過於柑子者矣。」陳康伯等因贊：「此非獨仰識陛下儉德，又以見聖慮之深遠也。」

癸亥，建康留守張浚言：「金人已退，兩淮皆定。」

初，金亮既被弒，子光瑛留汴京，亦爲其衆所殺。亮遣先鋒將郭安國行至滑州，聞變，留不進。金國新主褎知亮已死，乃與其子允升、允迪，擁甲騎一萬趨燕京。

時詔沿江監司，條上恢復事。江東提舉常平官洪适言：「金亮既殞，大定僭號，未必諸國服從。自淮以北，别無争立之人，宜傳檄中原，使義士各取州縣，因以畀之。王師但屯淮上，募兵積粟，以爲聲援，不必輕涉其地，與之力争。俟蜀漢、山東之兵俱集，遲以歲月，必有機會可乘，此萬全之策也。」

初，諸路歲鑄銅錢一百六十萬貫。自紹興以來，權以五十萬貫爲額，而近歲虧甚多。是年，止及一十萬一千貫，數内惟嚴州神泉監密邇行都，今徑自輸，而建之豐國、韶之永通，與贛之鑄錢院，悉赴提點官所，就饒之永平監團綱津發，泛大江，轉入浙西漕渠，納之京帑。

是年，詔籍鄉兵。知荆南府續觱，乃請籍民爲義勇。其法取於主户之雙丁，每十萬户爲一甲，五甲爲一團，甲團皆有長，又擇一邑之豪爲總首，歲於農隙教以武事，而官給其糧。其後隸於籍者，至七八千人。此據楊偰江陵志。又武昌令薛季宣亦求得故河北、陝西弓箭手保甲法，五家爲保，二保爲甲，六甲爲隊。據地形便利，則爲總不限，以鄉總首領焉。諸總皆有射團，教民射，而旗幟亦隨總而别其色云。

校勘記

〔一〕以上丙子記事　原闕，據建炎以來繫年要録卷一九四補。

〔二〕以上丁丑記事　原闕，據建炎以來繫年要録卷一九四補。

〔三〕乃北抵瓜洲　「洲」，原作「州」，據文義與史實改。

宋朝中興紀事本末卷一〇〇

起紹興三十二年正月盡五月

紹興三十二年歲在壬午。

春正月戊辰朔，日有食之。

初，鄧州安撫蕭中一率先歸正，上嘉其忠義，嘗欲築館待之，使其至如歸。至是，爲亂兵所害。州民乞立廟襄陽，都統制吳拱、知均州武鉅列上其事。丙子，上諭宰執，宜與贈官，并賜廟額。仍令拱輩致其孤於武昌，多方恤之。

時江東提舉常平官洪适，因上殿言：「江鄉之民，以旱荒而徙淮甸，比遭敵騎之擾，復還故鄉。所棄之産，已爲官司估賣。形勢之家，買者十不償一。佃者量納租課，無補於官，有害於民。乞斷自紹興二十八年以後，州縣所賣逃産，許元業人子孫，以元估價就贖，專委提舉常平官覺察。」從之。

先是，京東忠義軍耿京等〔二〕，以占東平府，遣使來奏。己丑，以京爲天平軍節度，就知東平府，仍節制京東、河北忠義軍。

二月戊戌朔，以中書舍人權直學士院虞允文爲兵部尚書，川陝宣諭使，於興州置司。癸卯，上發建康府。初，上欲付留守張浚以江淮之事，已而中止，乃以宿衛使楊存中爲宣撫使。中書舍人劉珙不書録黄，且論其不可。珙，子羽子也。

上謂宰執曰：「劉珙之父，爲張浚所知，比奏事，專爲浚地耳。」然存中宣撫之命亦寢，俾專措置而已。

乙巳，上次鎮江府。

乙卯，上至臨安府。

己未，以觀文殿大學士行宫留守湯思退知紹興府。

先是，統制官趙樽再得蔡州城，復爲金兵所圍，樽戰却之。會鄂帥吴拱進軍駐南陽，遣統制官成皐、華旺等各以所部來援。而金帥裴滿率精甲十萬，止於城西，依汝水爲寨。

一日，淩旦來攻。統制官焦元中流矢，敵乘勝登城，樽牙將王世顯募敢死巷戰。敵敗退，再來攻，又不利，敵燒營而遁。屬有旨班師。

乙丑，樽軍還信陽。

閏二月，太尉、提舉萬壽觀劉錡卒。

右諫議大夫梁仲敏、殿中侍御史吴芾、左正言劉度言：「參知政事楊椿，無所建明。」三月丁酉朔，罷爲資政殿學士，奉外祠。再論，遂降授端明殿學士。

壬寅，詔諸路帥府，各置會子庫。上之幸建康也，翰林學士何浦，以屬疾不能扈從。至是，力求去。

己巳，以浦爲龍圖閣學士，提舉太平興國宫。

夏四月，御史中丞汪澈宣諭荆、襄回。戊寅，入見，遂除參知政事。

甲申，上與宰執論及近年諸將之子，躐取科第，有居清望官者。上曰：「武臣子孫，只宜爲武臣，清望須還白屋。今以將家居之，則公議自然籍籍。」於是，陳康伯等，退而歎仰不已。

是月，資政殿學士魏良臣卒〔二〕。

太傅、和義郡王楊存中罷措置兩淮。詔以建康留守張浚兼之。

四川宣撫使吴璘，時已復大散關、和尚原。至是，又遣都統制姚仲率師攻德順軍，未下。敵衆來援，璘恐士有退志，即自秦馳赴，率數十騎，繞城傳呼，城中之人，欲識璘面，不發一矢，敵氣自索。既戰，又爲我軍所敗，遂遁去。璘入城，父老擁拜馬前，幾不可行。

開府儀同三司、領殿前都指揮使趙密，累章乞解印，尋除萬壽觀使，奉朝請。

五月甲辰，宰執奏近探報，皆言黄河南北，蝗蟲爲災，今已數年，天意可見。而江、淮之間，蠶麥大稔，此實聖德所召。上愀然曰：「去歲完顏興師無名，彼曲我直，豈無天理？朕德不足以動天，賴祖宗仁澤所致。今幸蠶麥告登，更望有秋。設或邊事未息，必可枝梧。」於是，陳康伯等惶懼，仰歎而退。

戊申，太傅、和義郡王楊存中罷御營宿衛使，復爲醴泉觀使。

壬戌，龍圖閣學士洪遵復爲翰林學士。

望仙橋東新葺宫成。六月戊辰，詔以德壽爲名。

己巳，立皇子建王爲皇太子，改名昚。從大從目。初，民間讖語曰：「朝廷自有龍兒在，頭角生時方見天。」至是，讖者謂從天而加一點，乃頭角之生。其下從日，則如日當天，而天下利見，此見天之義也。

右僕射朱倬，罷爲觀文殿學士，奉祠而去。制辭略曰：「君子邦家之基，未聞成效；元良天下之本，乃覬疇庸。」未幾，落職。

甲戌，皇太子賜字元永。故宗室秘閣修撰子偁，追封秀王，妻宜人張氏封王夫人。內降御札：「皇太子可即皇帝位，朕稱太上皇帝，皇后稱太上皇后。應軍國事，并聽嗣君處分。」

丙子，上行内禪之禮。有司設仗紫宸殿下，百寮起居畢，宰執陳康伯、葉義問、汪澈、黄祖舜言：「臣等不才輔政，今陛下超然獨斷，高蹈堯、舜之舉，臣等心實欽仰，但自此不獲日望清光，犬馬之情，不勝依戀。」因再拜辭，相與泣下，幾至號慟。上亦爲之揮涕，曰：「朕在位三十六年，今老且病，久欲閑退。此事斷自朕意，非由臣下開陳。卿等當悉力，以輔嗣君。」康伯等復奏曰：「皇太子仁聖，天下所共知。似聞謙遜太過，未肯便御正殿。」上曰：「朕前此固嘗與之言，早來禁中，又面諭之，即步行，徑趨側殿門，欲還東宮。朕已再三敦勉邀留，今在殿後矣。」上即還内，羣臣移班殿門外，聽宣詔書。少頃，皇太子服履袍，内侍扶掖至御榻前，側立不坐。百官拜舞，山呼起居畢，康伯等升殿奏：「願陛下即御坐，以正南面，仰副太上皇傳授之意。」天顔愀然曰：「君父之命，出於獨斷。此大位，懼不敢當，尚容辭避。」康伯等再奏：「陛下應天順人，龍飛寶位。臣以駑下之材，恐不足以仰副新政。然依乘風雲千載之遇，實與四海蒼生，不勝大慶。」賀畢，駕還内，百官赴祥曦殿，候太上皇登輦，扈從至德壽宮而退。

校勘記

〔一〕京東忠義軍耿京等　「京」，原作「景」，諸書皆書作「京」，因據建炎以來繫年要録卷一九六改。下同。

〔二〕資政殿學士魏良臣卒　「臣」，原闕，據建炎以來繫年要録卷一九九補。

附録一　諸家著録題跋

陳振孫直齋書録解題卷四

中興小曆　四十一卷。

熊克撰。克之爲書，往往疏略，多牴牾，不稱良史。

王應麟玉海卷四七

熊克中興紀事本末，一名中興小曆。

馬端臨文獻通考卷一九三

中興小曆　四十一卷。

陳氏曰：熊克撰。克之爲書，往往疏略，多牴牾，不稱良史。

脱脱等宋史卷一五六藝文志二

熊克九朝通略　一百六十八卷。

中興小曆　四十一卷。

文淵閣書目卷二

宋中興紀事本末　一部三十二册。

宋中興小曆　一部十册。

葉盛菉竹堂書目

宋中興紀事本末　二十一册。

宋中興小曆　十册。

萬曆建陽縣志卷七藝文志

中興小曆一百卷，官制新典十卷，諸子精華六十卷，俱熊克撰。

朱彝尊曝書亭集卷四五宋學士院中興紀事本末跋

中興紀事本末六十七卷，學士院經進。始建炎元年五月，至紹興二十年十二月。南渡君臣時政，詳於徐夢莘三朝北盟會編、李心傳建炎以來朝野雜記。茲編記載有出二書之外者，可以資考證也。所載岳鄂王獄具，秦檜言：「飛子雲與張憲書不明，其事體必須有。」韓蘄王争曰：「相公必須有三字，何以使人甘心？」惟徐自明宰輔編年録同之。今羣書皆作「莫須有」，恐未若二書之得其實也。

按：此跋語又爲宋筠轉録於抄本宋朝中興紀事本末之後，宋筠并附識數語：「秀水朱彝尊跋，梁園宋筠録於晉陽臬署，時雍正九年辛亥正月三日也。」

清抄本宋朝中興紀事本末宋筠跋

南北宋正史外，如莆田陳均九朝編年備要、學士院上進中興紀事本末，皆足以廣聞見，補正史所不及。然此二書流傳絶少。康熙辛丑歲，於吴門藏書家借録編年備要，鈔本已藏之家塾矣。曩閲朱竹垞先生集，有中興紀事本末一跋，惜未見其書。偶於京師書肆獲覩宋槧精本，目駭情移，不能遽購，嘗往來予懷。雍正庚戌，得於晉陽觀察署中，如逢故人，頓還舊觀。摩挲展覽，爲狂喜者久之。案牘紛紛，未暇題誌。兹攜清江館舍，濡筆述獲書之緣起，并録竹垞跋語於前，以見余於古帙中生有夙好，必償所願，豈此中亦有神契耶？爲示子孫，永永寳之。壬子閏五月，筠又識。

南宋襍事詩卷二

辛輔編年録：岳鄂王獄具，秦檜言：「岳雲與張憲書，其事體必須有。」蘄王争曰：「必須有三字，何以使人甘心？」按此三字與中興紀事本末同，今皆作「莫須有」，恐不若紀事本末之得其實也。

四庫全書總目卷四七

中興小紀四十卷　永樂大典本。

宋熊克撰。克字子復，建陽人。孝宗時官至起居郎兼直學士院，出知台州。事迹具宋史文苑傳。是編排次南渡以後事迹，首建炎丁未，迄紹興壬午。年經月緯，勒成一書。宋制，凡累朝國史，先修日紀，其曰小紀，蓋以别於官書也。陳振孫書録解題稱克之爲書，往往疏略，多牴牾，不稱良史。岳珂桯史亦摘其記金海陵南侵，誤以薰風殿之議與武德殿之議并書於紹興二十八年，合而爲一。蓋以當時人記當時之事，耳目既有難周，是非尚未論定，自不及李心傳書，纂輯於記載詳備之餘。然其上援朝典，下參私記，綴緝連貫，具有倫理。其於心傳之書，亦不失先河之導。創始難工，固未可一例論也。宋史藝文志載克所著，尚有九朝通略一百六十八卷，今永樂大典僅存十有一卷，首尾零落，已無端委。僅此書尚爲完本。惟原書篇第爲編纂者所合并，舊目已不可尋。今約略年月，依宋史所載原數，仍勒爲四十卷。

鐵琴銅劍樓書目卷九

中興小紀四十卷，抄本。

宋熊克撰。排次南渡以後事迹，始建炎丁未，終紹興壬午。宋史藝文志作四十卷，陳氏書録解題作四十一卷。是書前列四庫提要云：「原書篇第爲編纂者所合并，舊目已不可尋。今約略年月，依宋史所載原數，仍勒爲四十卷。」蓋從四庫本傳録者也。

周中孚鄭堂讀書記卷一六

中興小紀四十卷，文瀾閣傳抄本。

宋熊克撰（克字子復，建陽人。孝宗時官至起居郎，兼直學士院，出知台州），四庫全書著録，書録解題通考宋志俱作中興小曆四十一卷。其書久佚，今館臣從永樂大典録出，分爲四十卷，考解題以下諸書載其先有九朝通略一百六十八卷，以紀北宋之事，是書所載高宗一朝事迹，自建炎丁未至紹興壬午止，蓋以續九朝通略而作。因其出自私撰，故曰小紀。陳氏稱克之爲書往往疏略，多抵牾，不稱良史。岳倦翁桯史亦指摘其訛，然其書能合朝典、野記，編年紀月，連屬成書，實開李微之繫年要録之先，則此編未始非李氏書所取材矣。惜其九朝通略散見於永樂大典中者，所存不及十之一二，無從輯成全書也。此本從文瀾閣傳抄，冠以提要一篇。

丁丙善本室藏書志卷七

中興小紀，抄本，宋熊克撰。按克字子復，建陽人，官至起居郎兼直學士院，出知台州。宋史文苑有傳。是紀首建炎丁未，迄紹興壬午，排次南渡以後事迹，而曰小紀者，蓋别於國史，先修日紀也。陳振孫書録解題、岳珂桯史於此書皆有譏評，然上援朝典，下參私記，纂在李心傳之前，未可因一節而廢全書，館臣采自大典，有以哉！

廣雅書局刻本廖廷相跋

是書爲巴陵方氏傳抄本。原文訛奪，不可卒讀。今據徐夢莘三朝北盟會編、李心傳建炎以来繫年要録、朝野雜記、宋史、金史諸書，詳加校正，隨綴案語。其可疑者亦附注俟考。原抄本間有案語，未審爲誰，以原案別之。原引各書，止空一格，殊與正文相混。且前後語意未免隔斷，今改作夾註，附當句下，以便觀覽。案四庫總目，原書久佚，蓋從永樂大典録出者。提要言約略年月，依宋史所載，仍勒爲四十卷。考直齋解題，本四十一卷，殆別目録數之也。宋史文苑傳稱克好學善屬文，尤淹習宋朝典故。然觀此書所紀，多詆抑李綱、趙鼎諸賢，而傅會和議，是非已謬於當時。君臣諛頌之辭，瑣屑必録。而韓、岳戰功反略。武穆之冤，未能表白。所徵引如汪伯彦時政記、朱勝非閒居録等書，尤屬誣辭，殊少別擇。文語亦復艱澀。陳伯玉譏其書往往疏略，多牴牾，非苛論也。雜記載克以上所著九朝通略遷官，而此書未嘗進御。乾道八年秋，商人戴十六者，私持渡淮，盱眙軍以聞，遂命諸道帥憲臣察言觀色郡邑書坊所鬻，凡事干國體者，悉令毁棄。則當時已少傳本。要録所引，類多摘瑕訂誤。以其爲宋人舊帙，於中興事迹亦有可備參考者，故刊而存之。

光緒十六年五月南海廖廷相識。

余嘉錫四庫提要辨證卷四

中興小紀四十卷　宋熊克是編排次南渡以後事迹，首建炎丁未，迄紹興壬午，年經月緯，勒成一書。宋制，凡累朝國史，先修日紀，其名「小紀」，蓋以别於官書也。

嘉錫案：宋史藝文志編年類，熊克中興小曆四十一卷。書録解題卷四、通考卷一百九十三同，李心傳建炎以來朝野雜記卷六亦作中興小曆。玉海卷四十七云：「熊克中興紀事本末，一名中興小曆。」然則此書本名小曆，并無「小紀」之名。且宋制，累朝未修實録之前，先修日曆，有日曆所，隸秘書省。其沿革見於宋史職官志，其故事存於宋會要，第七十册。亦無所謂「日紀」。疑提要此條乃館臣避高宗御名改「曆」爲「紀」。考歷代因避諱而改書名者，固多有之，然大抵以義近之字爲代。如唐太宗諱「世」之字曰「代」，諱「民」之字曰「人」。改世本爲代本，四民月令爲四人月令，唐高宗諱「治」之字曰「理」，改羣書治要爲羣書理要是也；未有隨意取一字以爲代者。「曆」字應以「歷」字代，著於功令。即以總目本卷言之，其繫年要録、編年備要、靖康要録條下，提要皆有「日歷」字，未嘗改爲「日紀」。再以天文演算法類言之，其著録之書有聖壽萬年歷律歷融通古今律歷考歷體略歷象考成歷算全書大統歷志勿庵歷算書記等，皆只用代字，未嘗改其書名。乃獨於此書，忽别創一例，改「曆」爲「紀」，按之功令既不合，推之全書復不通，可謂進退失據，自相牴牾者矣。余嘗舉以告張孟劬爾田，孟劬云：「想是因御名之上加一小字，嫌於不敬也。」斯言近之。

陳振孫書録解題稱克之爲書，往往疏略多牴牾，不稱良史。岳珂桯史亦摘其記金海陵南侵，誤以薰風殿之議與武德殿之議并書於紹興二十八年，合而爲一。蓋以當時人記當時之事，耳目既有難周，是非尚未論定，自不及李心傳書，纂輯於記載詳備之餘。然其上援朝典，下參私記，綴緝連貫，具有倫理。其於心傳之書，亦不失先河之導。創始難工，固未可一例論也。

案朝野雜記云：「商人戴十六者，私持子復熊克字。中興小曆及通略等書渡淮，盱貽軍以聞。遂命諸道帥臣察郡邑書坊所鬻，及事干國體者，悉令毁棄。中興小曆者，自建炎初元至紹興之季年，雖已成書，未嘗進御。其書多避就，不爲精博，非長編之比。」可見李心傳於此書頗致不滿，其作繫年要録，駁正小曆之誤，幾於指不勝屈。心傳此書自是以李燾長編爲法，不假此爲先河之導也。

宋史藝文志載克所著，尚有九朝通略一百六十八卷，今永樂大典僅存十有一卷，首尾零落，已無端委。僅此書尚爲完本。惟原書篇第爲編纂者所合并，舊目已不可尋。今約略年月，依宋史所載原數，仍勒爲四十卷。

案：徐松所輯宋會要第五十六册云：「十一年淳熙十二月四日，知台州熊克進九朝通略六十册。詔特轉一官，其書付秘書省。」玉海卷四十七略同，惟「六十册」作「一百六十八卷」，注云一百册，無「其書付秘書省」一句。且云：「仿通鑑之體，作編年之書，一載釐爲一卷。簡要不如徐度之紀，徐度有國紀五十八卷，見書録解題。詳備不如李燾之編。」其書之體例尚可考見。九朝者，包北宋一代。小曆之作，蓋與通略相續而成也。小曆見於著録者，皆四十一卷，今提要既云依宋志所載原數，乃止勒成四十卷，亦小疏也。

木樨軒藏書書録李盛鐸跋

中興小曆四十卷，舊抄本（清抄本）。

宋熊克撰。黑格抄本。有「古潭州袁臥雪廬收藏」白文方印。

宋朝中興紀事本末影印本序

宋熊克所著宋朝中興紀事本末（即皇朝中興紀事本末）又名中興小曆，是南宋高宗一朝的編年史，是一部頗受治宋史者重視的史學著述。但歷來僅以中興小曆爲名著録於目録之書，置放於學者案頭，紀事本末之名反而不甚爲人所知。以至作者姓名亦久佚無考。中興小曆雖有刻本流傳，然而自陳振孫直齋書録解題、宋史藝文志及明初文淵閣書目著録之後，原本佚失，爲世人所不睹，也已有六百餘年。

目前流傳於世的中興小曆，只有一個四十卷的四庫全書本，是四庫館臣從永樂大典中輯録出來的。但此本并不是一個好輯本，主要問題是：一、爲了避清乾隆皇帝的名諱，把書名改爲中興小紀；二、殘闕不全；三、館臣出於民族偏見，竄改原書。而根據四庫本的抄本印行的幾個傳本，如清廣雅書局光緒十七年（一八九一）刻本、商務印書館叢書集成排印本、福建人民出版社一九八四年排印本，則不但上述問題得不到解決，反而由於所據底本「原文訛奪，不可卒讀」〔一〕，以及校點不善諸原因，錯誤較四庫本更多。

中興小曆需要整理才能更好地利用。最近幾年，我曾據宋人文獻增補校訂此書，雖有所獲，但終不能令人滿意。然而有幸的是，我在北京國家圖書館看到了清抄本皇朝中興紀事本末，經考察，我認爲它就是熊克中興小曆最早印行而以「紀事本末」爲名的一個本子。

宋朝中興紀事本末抄本現存二十册，七十六卷，不著撰人姓名，每卷之下題署「學士

〔一〕 廣雅書局本中興小紀跋，廖廷相撰文。

院上進」五字。每葉十一行，行二十二字。其記事起於建炎元年（一一二七）五月「康王即皇帝位於南京」，迄紹興二十年（一一五〇）十二月，相當於四庫本中興小紀卷一至卷三四的記事範圍，而高宗朝尚缺佚紹興二十一年至三十二年的記事，可見抄本已非完帙。這個本子是清雍正九年（一七三一）的抄本，據書後所附宋筠的跋語，知抄本所據的底本乃「宋槧精本」，這從抄本遇宋帝名諱多以他字取代，如「魏徵」改爲「魏證」，「齊桓」改爲「齊威」，「章惇」改爲「章厚」等情形中得到了證實。另考朱彝尊曝書亭集卷四五宋學士院中興紀事本末跋，原書也只有七十六卷，知宋刻本流傳至清初，已有若干卷散佚〔二〕。

朱彝尊和宋筠都可稱得上飽學之士，然而他們都未對此書細加研考，推尋其作者并發現其與中興小曆之間的關係。查宋王應麟玉海卷四七載録宋代史書時已明確記載：「熊克中興紀事本末，一名中興小曆。」王應麟雖不是熊克同時期人，但與熊克同時的記載

〔二〕萬曆重修建陽縣志卷七載熊克中興小曆一〇〇卷。查陳振孫直齋書録解題和宋史藝文志均著録小曆爲四十一卷，無百卷之説。而中興紀事本末原書卷數無考，從現存七十六卷看，其全書極有可能即一百卷，可見明代人是知道兩書雖然卷數不同，實爲一書，因疑其一百卷即指中興紀事本末而言。

既都歸於泯滅，則此記載尤爲寶貴。而中興紀事本末卷一七於紹興元年五月江東大帥呂頤浩言韓世清可疑的一條記事後，有撰者所作的評述，其中説：「呂頤浩方招安張琪，而世清襲擊琪，破之。頤浩以世清壞其事，故不樂。徽人羅汝楫在言路，嘗欲爲世清辯白而未果。今敷文閣直學士程大昌亦徽人，知其事，嘗親與克言之。」「親與克言之」，正是撰者自及其名。上述這段話，同樣載於四庫本中興小紀的卷一〇，可知兩書本一書異名，其撰作者本就是一個人。明代中期所編撰的明一統志卷七六熊克傳中也記載熊克「所著有高宗紀事本末及九朝通略」等書。另外，將此本與四庫本對校，又可以發現兩本實即一書。所有這些外證和內證，都有力地證明，由學士院上進的中興紀事本末與後來改換書名刊印的中興小曆，其撰作者正爲熊克，應當是無可懷疑的。

熊克字子復，建陽人，紹興二十七年進士，「博聞强記，自少至老，著述外無他嗜，尤淹習宋朝典故」〔一〕。宋孝宗淳熙九年（一一八二）七月以秘書郎兼直學士院〔二〕。其中興紀事

〔一〕宋史文苑熊克傳。
〔二〕宋中興宮寮題名。

本末撰寫於淳熙十四年(一一八八)前後。其書以「紀事本末」爲名,是因爲雖以編年爲體,然而又注重把事件之起迄本末作綜合記述,多「聯書」之例,故初印時以此爲名。而在有明一代和清代初年,這部中興紀事本末是和中興小曆并行不悖的[一]。

學術界歷來認爲,中興小曆作爲最早的一部高宗朝編年史,有其開創先河的功績,但同時又不盡人意。如陳振孫批評此書「疏略多抵牾」,李心傳批評此書「多避就未爲精博」[二],後人頗受其影響。但也有人公正的指出,其書「上援朝典,下參私記,綴緝聯貫,具有倫理。其於心傳之書,亦不失先河之導」[三]。更有人指出,晚出的李心傳所著建炎以來繫年要録,「以小曆爲本」[四]。這後一點尤爲重要。儘管有人否認中興小曆開建炎以來繫年要録的先河,但據我們實事求是核對,中興小曆一書什之八九都被建炎以來繫年要録整條全文收録,其駁正中興小曆處雖亦不少,但也不完全正確。所以中興小曆一書的學

[一] 現存典籍中,著録或引用中興紀事本末的就有羣書考索、文淵閣書目、資治通鑑後編、六藝之一録等書。
[二] 陳振孫直齋書録解題卷四、李心傳建炎以來朝野雜記甲集卷六嘉泰禁私史。
[三] 四庫全書總目卷四七中興小紀提要。
[四] 光緒乙酉中夏仁壽蕭氏重校建炎以來繫年要録,蕭藩跋語。

術價值是不容抹煞的。

既然可以認爲中興紀事本末和中興小曆是一本書先後刻印時所使用的不同書名，兩書本爲一書，而中興小曆在流傳過程中幾經災難性的摧殘，以致部帙不全，慘遭竄亂，則中興紀事本末的發現，就具有特別重要的意義和學術價值。

其一是，訂正四庫本中興小紀及其傳印本的訛謬。四庫館臣避滿族統治者的忌諱，曾對中興小曆大加竄改，不但改了書名，還對宋人稱呼女真人的「虜」「胡」「賊」「夷狄」，以及涉及女真人物、官職、地理名稱等，或其認爲有所違礙的字句，都肆行竄改。而此書由於是清初抄本，上述有所違礙的字詞語句都一仍宋本原貌而未加改動，這是極爲可貴的。

其二是，四庫本及其傳印本中興小紀的缺佚，原本是一個無法解決的問題。四庫館臣在輯佚的過程中，曾有意或無意地對原本進行删削，以致全書殘缺不全。今查中興紀事本末，其多出中興小紀前三十四卷的記事就將近七百條，幾達十萬言。四庫本中興小紀大量錯訛脱漏的語，在此本中也大都完整而無缺誤。

其三是，在中興紀事本末多出中興小紀的記事中，有大量朝臣關於宋金和戰問題和南宋内政問題的議論，以及現今已經佚失的宋人筆録雜記，這些都是研究宋金史的第一手資料。李心傳建炎以來繫年要録雖多徵引中興小曆的記事，但往往不注明出處，而且，此書也同樣存在著清人竄亂的問題，故其相應部分的史料價值却不如此本。

略舉數例：如中興紀事本末卷四六，紹興八年十二月丁丑，下詔金人歸還陝西地，令尚書省榜諭一條，記載宋廷應對和議及朝臣激烈反對的經過，援引御史中丞勾龍如淵所著退朝録記事一千餘字，爲四庫本中興小紀所遺佚。建炎以來繫年要録則編爲正文，又不注出處，此則退朝録的原文，而退朝録久已佚失（此書凡六引退朝録，均極具參考價值）。

又如，中興紀事本末卷五一，紹興十年六月，劉錡大破金兵於順昌。四庫本中興小紀對此戰經過全無記述，所缺佚甚多。此書則不但有近一千字的記載，還援引了順昌破敵録和順昌破虜記兩書的原文。後一書，號稱搜羅極爲宏富的三朝北盟會編亦未見引用，其所述金人韓常抱怨兀朮的話語，建炎以來繫年要録也失於記載。

再如，中興紀事本末卷五八，紹興十一年十二月岳飛獄事成，韓世忠質問秦檜岳飛何罪，秦檜的回答是：「飛子雲與張憲書不明，其事體必須有。」韓世忠則曰：「相公言必須有，此三字何以使人甘心？」現存有關此事的史籍，「必須有」三字多作「莫須有」。而近人解釋「莫須有」則多作「或許有」，幾成學術定論。然而，「莫須有」三字的本意也即「自應有」，「一定有」，這是姦相秦檜硬要誣陷岳飛的典型語言，決不可作「或許有」解。應當説，此書作「必須有」是最接近秦檜語句本意的。

正因爲中興紀事本末具有如上所述的學術價值，國家圖書館出版社現今把這部存世的孤本影印刊行，以利海内個研究宋金和戰問題和爲一時期歷史問題的學者們參考，是一件很有意義的事情。相信它的出版發行，也將對深入探討和研究南宋史學史，對中興小曆等有關史學著作的整理工作發揮作用。

由於抄本兼是孤本，中興紀事本末各卷都存在一些俗體字、異體字，個别卷次有錯簡的問題，如卷一下建炎元年六月壬戌「綱又上三議」等五條，似應移至同卷建炎元年六月丁亥之前。請讀者在使用時稍加留意。

辛更儒　二〇〇五年一月十日於黑龍江大學文學院

附録二　有關熊克的傳記資料

名臣氏族言行類稿　章定

熊克，字子復，遠之孫，建陽人也。舉進士，歷官起居郎，兼直學士院，出知台州。紹熙間卒。所著書有九朝通略中興小曆官制新典帝王經譜。婿王克勤狀其行實曰：「文有顔延之錯綜之工，史有陳壽叙事之長，牧民得曹參清静之旨，制行有徐公通介之常。」

四朝聞見録乙集熊子復　葉紹翁

熊克字子復，建寧人。早歲嘗與謝明伯東上禮闈，道出衢之江郎廟。遂與謝憩於廟下客邸。神號知進士科級事。謝邀熊同宿廟宫謁夢。子復曰：「克倦矣，明伯自詣可也。」謝盥手濯足畢，服紫衫，持瓣香以入宿營。翌朝就邸，熊迎謝，笑語之曰：「定夢見做狀元也。」謝正色謂熊曰：「却與子復得佳夢。」熊又笑謂之曰：「夢亦分惠耶？」謝曰：「不則劇。」熊試叩之，則謂初入一朱門，仰視金扁，則右文之殿。自東廡入，與主人揖，則子復也。子復揖而入，其位有扁在，楣書曰校書郎。扁懸風中摇摇然，壁堵飾猶濕。與熊笑語甚歡，酌謝酒至五爵。謝語熊曰：「此處儒流清選也，子復自此升矣。」熊與叙舊極款。茗畢，即送謝出右文，則猶目謝。熊信其說，亦頗自負。後熊與謝累上南宫不利。熊後收科歲，謝再試南廊，不入等。熊調銓闕，遣僕就邸，偶與中秘書對，熊恐已應夢，賦詩以自解。暨調餘姚尉，史越王嘗爲是官，適以舊學召入相，道出餘姚，熊攜行卷詣王舟上謁，王讀其文而器之。會上賜曲宴，語王以兩制艱其選，王遂亟以熊薦，進所投行卷。上即召克詣都省，旋給札中秘，序轉校書郎。時明伯甫授文學，部胥語以法須京朝官保識。謝熟思良久，語僕曰：「熊校書，吾故人也。」遂叩熊官舍。會熊直未下，往來廊廡間。熊嘗與謝通家，内子自廳事後窺見謝，亟令小史：「傳語謝新恩，校書偶入局，孺人不得相見，校書曾說，謝新恩來，可使人隨至秘書省，要說話。」謝至秘書所，與熊酬酢，與前夢無毫髮差。熊已不記江郎事。謝遂語熊，相與太息。因問扁壁，熊對以「校書久不除官，以位貯炭。某叨冒恩除，甫懸扁飾壁」。謝赴省時，猶未識中秘書。越王識熊於百僚邸，至以應詔，熊竟至法從。謝憔悴以老，神之戲謝，亦劇矣。熊不與謝入俱謁夢，定力過人矣。山谷謂鬼神百般弄人，信哉！

齊東野語卷八熊子復

周密

熊克字子復，博學有文。王季海守富沙日，漕使開宴，命子復撰樂語。季海讀之稱善，詢司謁者曰：「誰爲之？」答曰：「新任某州熊教授也。」自此甚見前席。別後，子復一向官湖湘間，不相聞者幾二十年。及改秩作邑滿，造朝謁光範。季海時爲元樞，詢子復曰：「近亦有著述乎？」子復以兩編獻。一日，後殿奏事畢，阜陵從容曰：「卿見近日有作四六者乎？」時學士院闕官，上不訪之趙丞相而訪之季海。於是，以陸務觀等數人對。上云：「朕自知之，今欲得在下僚未知名者爾。」季海遂及子復姓名。上云：「此人有近作可進來。」季海退以所獻繳入。翌日，上謂季海曰：「熊克之文，朕嘗觀之，可喜。」蓋欲置之三館兼翰苑也。季海奏云：「如此恐太驟，不如且除院轄，徐召試，使克文聲著于士大夫間，則人無間言。」皐陵然之，遂除提轄文思院。他日趙丞相進擬，上曰：「朕自有人。」趙問：「何人？」上曰：「熊克。」又曰：「陛下何以得之？」曰：「朕嘗見其文字。」又問：「陛下何從得其文字，此必有近習爲道地者。」上曰：「不然。」季海雖知由己所薦，以上既不言，亦不敢泄，而趙終疑之。未幾召試。故時，學士院發策，率先示大略，試者得爲之備。趙乃喻周子充云：「此非佳士也。」克屢造請，求問目，子充不答，及對策殊略，克大以爲恨。故在玉堂，每當子充制詔，輒無美辭，後竟出知台州。

晝簾緒論

昔熊子復宰暨陽，日間不時趨獄點視，夜則置一鈴，其索直達寢所，夜半掣鈴，獄卒應諾，否則必罰，由是無不測之慮，最爲可法。

宋史全文續資治通鑑卷二七上

淳熙十一年甲辰，二月癸酉，進呈次諭：「熊克台州未赴上，卿等曾以朕意宣諭否？

克爲人性緩，古人有韋弦之戒，緩者勉之，急者緩之，全在抑揚之道。」

宋史文苑傳

熊克字子復，建寧建陽人，御史大夫博之後。將生，有雀翠羽翔卧内。克幼而翹秀，既長，好學善屬文。郡博士胡憲器之，曰：「子學老于年，他日當以文章顯。」紹興中進士第，知紹興府諸暨縣。越帥課賦頗急，諸邑率督趣以應。克曰：「寧吾獲罪，不忍困吾民。」他日，府遣幕僚閲視有亡，時方不雨，克對之泣曰：「此催租時耶？」部使者芮煇行縣至其境，謂克曰：「曩知子文墨而已，今乃見古循吏。」爲表薦之，入爲提轄文思院。

嘗以文獻曾覿，覿持白於孝宗。孝宗喜之，内出御筆，除直學士院。宰相趙雄甚異之，因奏曰：「翰苑清選，熊克小臣，不由論薦而得，無以服衆論。請自朝廷召試，然後用之。」上曰善。乃以爲校書郎。累遷學士院權直。上御選德殿，召諭曰：「卿制誥甚工，且有體，自此燕閑可論治道。」

克自以見知於上，數有論奏。嘗言：「金人雖講和，而不能保於他日。今宜以和爲守，以守爲攻。當和好之時，爲備守之計，彼不能禁吾不爲也。邊備既實，金人萬一猖獗，必不得志於我，退而乘我，曲不在我矣。且今日之守，莫重淮東。金犯淮西，負糧自隨，其勢必難。若犯淮東，清河糧船直下，易耳。然則守淮之策，以墾田、修堰、教民兵爲先。援淮東之策，莫若即江陰建水軍，緩急可以相應。然驟立一軍，慮敵生變，當托以海道商賈之衝，多奪攘，置一巡檢警督之，自此歲增兵，不出十年，隱然一軍矣。中興之際，不患兵不可用，而患將權難收。今日之弊，不患將不可馭，而患軍情易動。往時諸大將拊士卒如家人，自罷諸將兵權，御前主帥，更徒不常，凡軍中管榷之利，所以養士卒者，今皆轉而爲包苴矣。又朘其餘以佐之，得無怨乎？宜嚴戒將帥，毋縱掊削。」帝嘉其志。召草明堂赦書，克言：「二浙薦饑，蝗且起，赦文不宜飾詞。」帝嘉其識體。除起居郎兼直學士院。以言者出知台州，奉祠。

克博聞强記，自少至老，著述外無他嗜。尤淹習宋朝典故，有問者酬答如響。家素儉給，雖貴不改。舊所居卑陋，門不容轍。雖部使者郡守至，必降車乃入。嘗愛臨川童子王克勤之才，將妻以女而乏資遣。會草制獲賜金，遂以歸之。人稱其清介。卒，年七十三。

明一統志卷七六

熊克，建陽人，幼翹楚，既長好學，善屬文。紹興中進士第，孝宗時累官學士，後出知台州。克博文强記，著述外無他嗜。所著有高宗紀事本末及九朝通略帝王經譜諸子菁華。

萬姓統譜卷一　淩迪知

熊克，字子復，遠之孫，建陽人也。著書有九朝通略中興小曆官制新典帝王經譜。婿王克勤狀其行實曰：「文有顏延之錯綜之工，史有陳壽叙事之長，牧民得曹參清静之旨，制行有徐公通介之常。」

景泰建陽縣志卷三

熊克字子復，弱冠領鄉薦。紹興二十七年登進士第，授延平府順昌縣主簿，除鎮江府儒學教授，纂鎮江志，以體要稱。比滿，改秩，知紹興府諸暨縣。憲使芮煇行部至其境，謂曰：「曩吾知子文墨而已，不謂治績乃若此。」即薦其材，提轄文思院，召試館職，除秘書省收郎，兼國史院編修官。時周益公必大參知政事，謂公曰：「百官志疎甚，公談習典故，宜增損之。」旬日纂成，益公稱歎。會他史官議不合，不果用。公後自以官制新典名所纂書。九年，遷秘書郎。八月，權直學士院。遞宿得對，上曰：「卿制誥甚工，自此閑暇可論道。」公頓首謝。他日又曰：「卿文字有體。」因對上，論備邊足兵事。其略曰：「今虜之更事多，知守和好，其子孫他日可保耶？所宜以和爲守，以守爲政。」又曰：「今日之守，莫重淮東。」又曰：「往時大將撫士卒如家人，自收諸將兵權歸御前，主帥徙移不定，凡軍中筦榷所以養士卒者，今轉而爲苞苴矣，又朘其餘以佐之，得無怨乎？宜戒諸將勿令棓削。」上每嘉其有志。召草明堂赦書，公以二浙薦饑，蝗且起，赦文不宜飾藻，務見以實應天之意。既進稿，除起居郎兼直學士院。以論罷。知台州。先是，會粹九朝事爲通略，未及上，到郡始上之。詔增一秩。召赴行在，部使者劾公縱私鹵不治，報罷。奉祠，除太平州不赴，杜門蕭然，專以裒集高廟一朝大典爲己任，其書如通略，別號中興小曆。屬疾，告老，未幾卒。公所著書，九朝通略一百六十八卷，中興曆一百卷，官制新典一十卷，帝王經譜二十四卷，諸子精華六十卷。公無他好，一意嗜書。始公母娠，有翠羽翔卧内，及公即生乃去，識者知其爲文字之詳。中興曆雖藏于家，未進，而史館每有修纂，必下本郡取索，其有補于世亦多矣。公所居十里許有廟曰蕉湖，禱祠甚驗。公之生也，其祠靈異頓減，公卒數日，有父老語人曰：「吾夢熊舍人揞笏入廟，不復出，何也？」既而響答如舊。

嘉靖建陽縣志卷一一

熊克字子復，御史大夫博之後。將生，有雀翠羽翔其内。克幼而翹楚，既長好學，善屬文，胡憲器之，曰：「子學老於年，他日當以文章顯。」第進士，出知諸暨縣，部使者芮煇稱爲古循吏，表薦之，入提轄文思院。孝宗得其文于近司，内批直學士院。宰相持不可，乃以爲校書郎。累遷學士院權直。上御選德殿，召諭：「卿制誥甚工，且有體，自此燕閑可論治道。」克感知遇，數有論奏。嘗言金人雖講和而不能保於他日，今宜以和爲守，以守爲攻，當和好之時，爲備守之計，彼不能禁吾不爲也。邊備既實，金人萬一狂獗，必不得志於我，退而乘我，曲不在我矣。因陳守淮及援淮東之策，又請戒將帥毋縱掊削以優士卒。

帝嘉其志，召草明堂赦書。除起居郎兼直學士院，尋出知台州，奉祠。克博學强記，喜著述，有中興小曆、九朝通略、官制新典、帝王經譜等書。

萬曆重修建陽縣志卷六

熊克字子復，番之子。將生，有翠鳥翔臥内，及生，乃去。長好學，善屬文。胡憲器之，曰：「子學老於年，他日當以文章顯。」弱冠第進士，授順昌縣主簿。除鎮江府儒學教授，纂鎮江志，以體要稱。改秩知諸暨縣，憲使芮煇行部至境，歎曰：「囊知子之文耳，不謂其長於吏。」表薦之，提轄文思院。遷秘書郎，權直學士院。以閣直得對，上曰：「卿制誥甚工，文字亦有體。」因上論爲備邊，以爲金人雖講和，而不能保於他日，今宜以和爲守，以守爲攻，當和好之時，爲備守之計，彼不能禁吾不爲也。邊備既實，萬一猖獗，必不得志於我。又曰：「今日之守莫重淮東。」又曰：「往時大將撫士卒如家人，自收諸將兵權歸禦前，主帥移徙不定，及軍中管榷所以養士卒者，今轉而爲苞苴矣，又朘其餘以佐之，得無怨乎？宜戒諸將，勿令掊剋。」上嘉之，召草明堂赦書，克以二浙薦饑，赦文不宜飾辭，務見以實應天之意。草成，除起居郎兼直學士院。尋出知台州，奉祠不赴，杜門蕭然，專以裒集高廟一朝大典爲己任。所著有中興小曆九朝通略官制新典帝王經譜諸子精華等書。

萬曆重修建陽縣志卷八

熊舍人克所居十里許有廟曰蕉湖，禱祠甚驗。克之生也，其神靈異頓減。公卒數日，父老語人曰：「吾夢熊舍人攜笻入廟，不復出，何也？」繼而響答如舊。

閩中理學淵源考卷三

胡憲字原仲，文定公從父兄之子也。……紹興中卒，年七十七，諡靖肅先生。……呂祖謙、林之奇、魏掞之、熊克、曾逢，皆其門人，學者稱籍溪先生。

中興小曆作者熊克的生平事迹叢考

辛更儒

中興小曆是一部由私家著述的宋高宗一朝編年史，其作者是建陽人熊克。關於熊克的生平事歷，我們所知不多。由於熊克的詩文集不傳，且目前尚未發現記載其一生事迹的行狀、墓誌銘，所以今人研究熊克及其中興小曆的論著亦未多見。目前，我們藉以叙述熊克生平的惟一依據便是宋史文苑傳中的熊克傳，但此傳記載既甚簡略，復多謬誤。今將此傳的主要部分摘録如下：

熊克字子復，建寧建陽人，御史人夫博之後。……紹興中進士第，知紹興府諸暨縣。……部使者芮煇行縣至其境，謂克曰：「曩知子文墨而已，今乃見古循吏。」爲表薦之，入爲提轄文思院。嘗以文獻曾覿，覿持白於孝宗，孝宗喜之，内出御筆除直學士院。宰相趙雄甚異之，因奏曰：「翰苑清選，熊克小臣，不由論薦而得，無以服衆論，請自朝廷召試，然後用之。」上曰善，乃以爲校書郎，累遷學士院權直。……召草明堂赦書。……除起居郎兼直學士院，以言者出知台州，奉祠。……卒年七十三。

按本傳所載熊克生平及仕歷中存在許多闕略和疑點，應須藉史籍予以考證訂補，今就幾個重要問題試作考求。

（一）家世。據熊克同郡人章定所撰名賢氏族言行類稿卷一，熊克爲晉豫章人熊遠之後[一]，宋史本傳謂出唐末熊博。按熊博仕至建州刺史，因移居建州。現存於建陽的潭陽熊氏宗譜卷首熊氏源流序載，熊氏祖居豫章，唐末因亂徙居閩地，與上述記載吻合。序稱「博公卜居建陽北門赤岸，分東西族，裔孫有遹、蕃、克」[二]。熊克之父熊蕃字叔茂，著有宣和北苑貢茶録。直齋書録解題卷一四稱此書「建陽熊蕃叔茂撰，其子克又益寫其形製而傳之」。宋詩紀事卷四二謂熊蕃「宗王安石之學，長於吟詠」，四庫全書總目卷一五亦不能在此之外多著一字。而萬曆重修建陽縣志卷六隱逸載：「熊蕃字叔茂，崇泰里熊屯人。善屬文，長於吟詠，宗王臨川之學，分章構句，極有條貫。築堂名獨善，號獨善先生，嘗著茶録，別其品第高下最當，又有製茶詠傳世。」熊克文中稱其父爲「獨善先生」或「宋野

[一] 晉書熊遠傳謂熊遠字孝文，豫章南昌人。熊克雖居建陽，發解却在豫章，蓋用其祖籍也。
[二] 此譜予未見，上引係武夷山朱熹研究中心方彦壽先生所提供。

遺民」[一]，大概終生未仕。

（二）生卒年。曾任建陽縣令和知建寧府的韓元吉，其南澗甲乙稿卷二有熊子復惠十詩作長句謝之，内云：「白首相期翰墨中，衰齡況是甲庚同。」據知韓與熊二人同齡。韓元吉生於北宋徽宗重和元年（一一一八），熊克亦當生於是年[二]。言行類稿載云：「熊克字子復，建陽人也。……紹熙間卒。」按紹熙爲宋光宗年號，共五年。此文未言熊克確切卒年。但熊克曾作賀朱侍講啓有云：「恭惟侍講宫使寶文，性藴高明，氣涵光大。探先天之妙理，藴開濟之宏圖。……方且倡諸儒於六經，行當奉明主於三代。」其後又有「猥聯鄉墨」「徒慕門牆」等語[三]，知所賀者爲朱熹。查朱子年譜卷四，朱熹於紹熙五年（一一九四）十月丙子以侍講、焕章閣待制與宫觀，壬午進寶文閣待制。十一月朱熹還考亭，十二月依前焕章閣待制提舉南京鴻慶宫。此啓稱朱熹爲「侍講宫使寶文」，正與朱熹十月至十二月間的官

[一] 五百家播芳大全文粹卷九三熊克獨善堂上梁文：「恭惟先君獨善先生。」自注：「先君亦號宋野遺民。」卷九亦有熊克先考獨善先生祠堂祭文。
[二] 韓元吉易繫辭解序有「戊戌歲，既年六十有　」語，戊戌歲即淳熙五年（一一七八）。
[三] 見五百家播芳大全文粹卷一二。

職相符，知即朱熹還考亭後熊克所作賀啓。可見紹熙五年冬熊克尚在人世。如果言行類稿所載「紹熙間卒」無誤，則熊克必卒於此年歲杪。是年熊克七十七歲，本傳言七十三，或……誤。

（三）登第。據南宋館閣續録卷八，熊克爲紹興二十七年（一一五七）王十朋榜進士出身，治詩賦。以其生年推算，登第之年四十歲。據四朝聞見録乙集熊子復條載，熊克早年「累上南宫不利」。其賀湯丞相（思退）啓自稱：「某早窺崇仞，遠託洪鈞。名則甚微，半世選舉而始得；學雖不輟，過時勤苦而難成。」另據其謝漕司發解啓云：「如某者，才礫裂而少韻，學膚淺而不根。早空羨於雲鵬，進每旋於風鷁。凡三置於鄉老，未一第於春官。兹避東甌之嫌，俾赴南昌之試。[一]」知其登第之前，曾於紹興十八年、二十一年、二十四年三次應禮部試，皆黜落於春官。紹興二十六年移試洪州轉運司，得解送，遂於紹興二十七年登第。

（四）家居。熊克登第後，未即出仕，閒居有年。按南宋進士登第後，往往有較長時

[一] 五百家播芳大全文粹卷三八。

間等待注授官職。即使已注授某官，也須待次。故選人注官，時間獨長，有經六七年或更長時間始得一差遣者。熊克登第後，即因待次而家居多年。

（五）熊克初任順昌縣（屬福建路南劍州）主簿，惟見萬曆建陽縣志，事在何年，已無可考。

（六）餘姚尉。四朝聞見録載熊克「既調餘姚尉，史越王嘗爲是官，適以舊學召入相，道出餘姚，熊攜行卷詣王舟上謁，王讀其文而器之」。按史浩（即史越王）兩次入相，第一次在隆興元年（一一六三）正月，乃自翰林學士、參知政事遷右僕射；第二次是淳熙四年（一一七七）自賦閑召爲待讀，以觀文殿大學士授右丞相。所謂「舊學」指史浩曾任建王府（宋孝宗即位前封建王）教授。但史浩的這兩次入相與熊克出仕的時間皆不符。隆興元年熊克尚居建陽。但熊克任餘姚尉與史浩的經歷有關，却是事實。查熊克有一篇祭史丞相母夫人文云：「某仰高自昔，守職於兹。顧靡逮於升堂，敢薄陳於奠斝。〔一〕」另查樓鑰攻媿集卷九三純誠厚德元老之碑及嘉泰會稽志卷二，乾道六年（一一七〇）四月，史浩母洪

〔一〕錦繡萬花谷後集卷二二。

氏卒於紹興，史浩當時知紹興府兼浙東安撫使，遂守喪奉祠歸四明。祭文所稱「守職於茲」，表明熊克當時正是史浩之下屬。其所任職應即紹興府屬縣餘姚縣尉，故此有祭文之作。這可見熊克作尉必與史浩帥浙東同時。熊克何時出仕，亦可考查。熊克有宴汪帥文，稱汪帥爲「安撫樞使相公」，稱其「制閫閩山，屬機廷之大老；途經建水，遇册府之高賢」[一]。此汪帥即汪澈，嘗任樞密使，乾道四年（一一六八）十二月以觀文殿學士知福州兼福建安撫使[二]。汪澈經行建安，熊克於宴席上作此致語，可知當時熊克尚閒居於家，則其出任餘姚尉必在乾道五年。

（七）鎮江府教授。熊克於乾道六年任鎮江府教授。陸遊入蜀記卷一乾道六年六月十七日：「入鎮江，泊船西驛，見……府學教授左文林郎熊克。……同坐熊教授，建寧人。[三]」周必大乾道庚寅（六年）奏事録：「閏五月壬午，……府學教授熊克并相候。」其任

[一] 五百家播芳大全文粹卷九〇。
[二] 淳熙三山志卷二二。
[三] 原文誤作「右文林郎」。熊克是進士出身，「右」應爲「左」之誤。

滿在乾道八年。萬曆鎮江府志卷一六宋教授：「熊克字子復，建安人，乾道八年任。」但宋刻新定三禮圖集注跋云：「始熊君子復得蜀本，欲以刻於學而予至，因囑予刻之。……淳熙乙未閏三月永嘉陳伯廣書。」另據府志，陳伯廣於淳熙二年（一一七五）乙未始任鎮江府教授，則熊克任滿未即離鎮江，等待新命。熊克乾道九年十月爲梁克家知建寧府所作的賀梁丞相判建寧啓稱：「某猥迫衰齡，浪擬劇邑。嘗乞爲祠觀香火之吏，蒙許陶成；豈意於學校齏鹽之生，共依教育。[一]」這表明，熊克在此年奉祠，且已注授知某縣（劇邑）。

（八）知諸暨縣。熊克於淳熙二年知諸暨縣。陳俊卿於本年知福州，見淳熙三山志卷二二，熊克有賀陳丞相帥閩啓自云：「輔邦引疾，本祈閒散之居；潛府移麾，更受劇煩之任。[二]」前指任鎮江教授，後指知諸暨縣。本傳謂部使者芮煇薦舉改官，而無確切時間。查芮煇任浙東提刑在淳熙二年十二月至四年十月[三]，召還任秘書少監。知熊克淳熙五年

[一] 五百家播芳大全文粹卷一七。
[二] 宋史翼卷一三芮煇傳。
[三] 寶慶會續志卷二提刑題名。

召歸。

（九）提轄文思院。當在淳熙五年即芮煇入朝之後。宋會要輯稿禮一二之六載將作監申文思院提轄熊克等札子，言鑄造韓世忠家廟祭器事，時淳熙六年正月六日。宋詩紀事卷四五載熊克壽芮秘書詩三首，有「帝調玉燭召春還」句。詩應作於淳熙六年春。

（十）校書郎、秘書郎。熊克以淳熙七年三月除校書郎，九年六月遷秘書郎，十年二月遷起居舍人〔一〕。但南宋館閣録謂熊克由秘書郎除起居郎則誤。其除學士院權直，亦自淳熙七年爲始。周必大淳熙玉堂雜記卷下載：「必大久在翰苑，……上數令薦詞臣爲代。……戊戌九月丁丑，御藥院傳旨，問近例除官有無三員者。吏具。……後旬餘，崔大雅服闋還朝，上曰：『卿來適其時。』遂再兼權直。十月復增莫子齊濟，尋卒。其後繼增趙大本彦中、熊子復克，予遂參預。」按：戊戌爲淳熙五年，是年九月，以崔敦詩（大雅）爲樞

〔一〕南宋館閣續録卷八。

密院編修官權直學士院，繼又增莫濟權直，翰苑雖增至三員，而周必大尚未能脱身大用。至趙彦中、熊克權直後，始除參政。周必大自翰林學士除禮部尚書兼學士在淳熙五年十一月，熊克除校書郎在七年三月，五月周必大進除參知政事〔一〕，則知熊克兼權直學士院自當在此年三月除校書郎之後〔二〕。

關於熊克以四六文字爲宋孝宗賞識由何人推薦的問題，見於文獻記載有三説：一爲四朝聞見録，謂史浩以熊克行卷上奏，孝宗令「給札中秘，序轉校書郎」。一爲本傳，謂由曾覿引薦。本傳言：「嘗以文獻曾覿。覿持白於孝宗。孝宗喜之，内出御筆除直學士院，宰相趙雄甚異之。……以爲校書郎，累遷學士院權直。」一爲齊東野語卷八熊子復條，謂王季海（淮）守富沙（建寧府）日，讀子復樂語稱善，以此相知引薦。今按：史浩薦舉説恐不確。蓋史浩再罷相在淳熙五年十一月，而熊克七年始除秘書郎。本傳所載也當係誤傳。曾覿之再次弄權，當以其乾道八年使金歸來提舉京祠爲始，以淳熙四年貶逐參知政

〔一〕宋史孝宗紀。
〔二〕宣和北苑貢茶録卷末有熊克跋語，自署「淳熙九年冬十二月四日朝散郎行秘書郎兼國史編修官學士院權直熊克謹記」。

事襲茂良爲巔峰。此後由於臣僚反復進諫，特別是淳熙五年十月前宰相陳俊卿知建康府過闕入見，力陳曾覿干政誤國，孝宗有所悔悟，隨即表示今後將不再聽從曾覿所言。曾覿遂因寵衰憂恚，於七年十一月死去[一]。熊克前此雖曾以文干曾覿，但他入館時曾覿已無進退人才之力（七年三月），況且在曾覿聲名狼狽之時，即使熊克爲曾覿所薦，孝宗也必有所顧忌而不敢用。更何況如史傳所言，熊克係爲校書郎之後纔「累遷權直」，則更遲至曾覿既死，而全無此種可能了。

三説中，我以爲惟有王淮薦舉説較爲可信。王淮曾於紹興二十七年任殿試點檢試卷官[二]，乾道四年知建寧府[三]，與熊克相識。故李心傳説熊克「本王淮門下士」[四]。齊東野語載王淮薦舉事頗詳，具引如下：

[一] 宋史卷四七〇佞幸傳。
[二] 宋會要輯稿選舉二〇之一二。
[三] 攻媿集卷八七少師觀文殿大學士魯國公致仕贈太師王公行狀。
[四] 建炎以來繫年要録卷一七七。

改秩作邑滿，造朝謁光範。季海（王淮）時爲元樞，詢子復曰：「近亦有著述乎？」子復以兩編獻。一日後殿奏事畢，阜陵（孝宗）從容曰：「卿見近日有作四六者乎？」時學士院缺官，上不訪之趙丞相（雄）而訪之季海。……遂及子復姓名。上云：「此人有近作可進來。」季海退以所獻繳入。翌日上謂季海曰：「熊克之文，朕嘗觀之，可喜。」蓋欲置之三館兼翰苑也。季海奏云：「如此恐太驟，不如且除院轄，徐召試，使克文聲著於士大夫間，則人無間言。」阜陵然之，遂除提轄文思院。他日趙丞相進擬，上曰：「朕自有人。」趙問何人。上曰：「熊克。」又曰：「陛下何以知之？」曰：「朕嘗見其文字。」又問：「陛下何從得其文字，此必有近習爲道地者。」上曰：「不然。」季海雖知由己所薦，以上既不言，亦不敢泄，而趙終疑之。

而楊萬里所作王淮神道碑亦載王淮曾薦「熊克之文辭，可使登法從」，而此神道碑即以「熊公克所作行狀」撰寫[一]。可知王淮薦舉確爲事實。

熊克提轄文思院、除校書郎正當趙雄任右丞相、王淮任樞密使期間。野語所載，細節或有出人，但大致過程當屬實。直齋書録解題卷一八謂熊克「以王丞相季海薦驟用。王時在樞府，趙温叔（雄）當國，莫知其所從來，頗疑其由徑，沮之，而上意鄉之，不能回也」。王淮薦舉事既未公開，曾覿又爲衆惡所歸，則在趙雄等所謂正人君子眼中，熊克之遽進超遷自然不無可疑之處，這也許是曾覿薦舉説的源頭所在。

（十一）起居舍人。熊克於淳熙十年二月除起居舍人，同月罷。宋會要輯稿職官七二之七載：「淳熙十年二月二十六日，新除起居舍人熊克與在外差遣，以言者論克夤緣請托，急叨召試，今兹峻除，士論尤駭，故寢新命。」直齋書録解題、言行類稿、宋史本傳等書皆謂熊克所除爲起居郎，章定於言行類稿卷二六著文載其先君所交友好共四十九人，其中熊克被稱爲「熊舍人克」，與宋會要輯稿一書相同，當以此爲是。

[一] 誠齋集卷一二〇宋故少師大觀文左丞相魯國王公神道碑。

（十二）知台州。嘉定赤城志卷九載熊克於淳熙十一年三月以朝請郎知台州，十二年正月以進九朝通略轉朝奉大夫[一]。其赴任與寄居官啓亦云：「誤恩起廢，猥假一麾。……某者處世多奇，與時寡合。……册府無裨，旋以語言而去國。久自甘於閒散，上曲記於衰遲。薦更南紀之麾，後寓西清之職。[二]」據知熊克罷起居舍人後即奉外祠，至此又起知台州。熊克於十三年正月罷知台州。赤城志謂「十三年正月二日召」亦誤。實際上熊克是因被浙東提刑趙公碩、提舉岳甫論其縱容軍人盗販私鹽而罷免，時間是十二年十二月（赤城志是實際去任時間）[三]。此後，熊克即家居飾終。

（十三）著述。直齋書録解題著録熊克著作六種，宋史藝文志著録其著作五種，其他書籍著録其著作三種，去其重複，共十一種。現據諸書考證如下：

九朝通略一百六十八卷。此書記載北宋九朝歷史，目録書皆列於編年類。永樂大典

[一] 按宋會要輯稿崇儒五之四，進書在淳熙十一年十二月。
[二] 五百家播芳大全文粹卷四四。
[三] 宋會要輯稿職官七二之四三。

收録此書，至清乾隆間編纂四庫全書時，尚存十一卷，惜館臣未能輯出，今已全部亡佚。宋人類書如古今合璧事類備要、羣書會元截江網、羣書考索古今源流至論均引其文。其中關於徽、欽二朝事可補長編之缺。

中興小曆四十一卷（今署名學士院上進而實爲熊克所著的宋朝中興紀事本末實存七十六卷，則紀事本末之足本應爲一百卷，後來小曆又合併爲四十一卷）。

官制新典十卷。解題卷六謂「其書以元豐新制爲主，而元祐之略加通變，崇、政之恣爲紛更，皆具焉」。可知此書乃是考述北宋以來官制變遷沿革歷史的一部專著。

聖朝職略二十卷。解題同卷稱此書「仿馬永錫唐職林，考其廢置因革，亦頗採故事，摘舊制誥中語附焉」。其書猶草創未成，蓋應用之具也」。此書當是職官類類書，爲詞臣應用準備的工具書，今羣書考索頗引此書佚文。

鎮江志十卷。此書當是任鎮江府學教授時所撰，在京口地志中爲草創之作。

京口詩集十卷，續集二卷。解題卷一五稱此書係熊克「集開寶以來詩文，本二十卷，止刻其詩。續又得二卷，自南唐而上曾所遺者補八十餘篇」。按明鎮江志卷一六載：「熊克，……乾道八年任，集開寶以來詩文二十卷，又補丹陽類稿所遺八十餘篇，爲京口集。」據知熊克所編鎮江之詩文總集蓋二十卷，又集或因未即刻行之故，而爲解題及藝文志所不載。

館學喜雪唱和詩一卷。見宋史藝文志。宋會要輯稿瑞異一之五：「淳熙癸卯前立春一夕大雪，秘書郎熊克賦詩，館學之士和焉。」癸卯爲淳熙十年，唱和詩當編成於是年正月。

四六類稿三十卷。此書爲熊克所作四六文集，其他詩文是否結集無考〔一〕。

諸子精華，六十卷〔二〕。

帝王經譜，不知卷數〔三〕。

西晉新語四册，不知卷數〔四〕。

熊克生平著述宏富，借流傳至今的著作只有中興小曆一種，還是清四庫館臣從永樂

〔一〕嘉定赤城志卷三七載其勸農詩十首。
〔二〕萬曆建陽縣志卷四四。
〔三〕名臣氏族言行録卷一。
〔四〕現存宋人著述總録，劉琳、沈治宏編，巴蜀書社一九九五年出版。

大典中輯出的，非其原刊本。其他著述則已全部亡佚。但熊克的詩文，尚間見於宋人方志、類書、總集中，尤以五百家播芳大全文粹所録四六啓札最多，有近百篇，大概是從紹熙間問世的四六類稿中輯録的。文粹編者作序於紹熙元年，編成當在寧宗慶元改元之前後，其大量引録熊克的四六文字，説明熊克的四六文在其生前即被當作範文而廣泛流傳，這與他以四六之作著稱於世也是相符合的。

（摘自有關熊克及其中興小曆的幾個問題，發表於文史第五十八輯，收入本書時略有增改）